Hans Otto Meissner

Die Macht ergreifung

30. Januar 1933

Hans Otto Meissner

Die Machtergreifung

30. Januar 1933

Herbig

Titel der Original-Ausgabe 1976:
30. Januar '33 Hitlers Machtergreifung

Schutzumschlag:
Hitler vor wenigen Stunden Reichskanzler geworden, grüßt die jubelnde Menge vor einem Fenster der Reichskanzlei.

Lizenzausgabe für F. A. Herbig Verlagsbuchhandlung,
München · Berlin
Schutzumschlaggestaltung: Christel Aumann, München, unter
Verwendung eines Photos aus dem
Zeitgeschichtlichen Archiv Heinrich Hoffmann
Druck: Jos. C. Huber, Dießen am Ammersee
Binden: Thomas Buchbinderei, Augsburg
Printed in Germany 1983
ISBN: 3-7766-1279-7

Inhaltsverzeichnis

Vorwort

Am 30. Januar 1933 wurde Adolf Hitler zum Reichskanzler ernannt. Am 27. Februar 1933 ging der Reichstag in Flammen auf, und drei Wochen später begann in Deutschland die »Drittes Reich« genannte Diktatur.

Seit dem schicksalhaften Geschehen jener Tage sind viereinhalb Jahrzehnte vergangen. Eine lange Zeit, wie es scheint, aber heute noch und weiter in unabsehbare Zukunft hinein werden die Geschicke vieler Völker Europas, ebenso die Lebensverhältnisse von Millionen einzelner Familien durch Umstände bestimmt, die fast zwangsläufig Folgen jener Entwicklung sind, deren entscheidende Endphase in weniger als drei Monaten zur absoluten Herrschaft *eines* Mannes geführt hat.

Obwohl man sich angewöhnt hat, die »Machtergreifung« mit dem 30. Januar 1933 zu datieren, besteht sie in Wahrheit aus einer Kette aufregender Ereignisse, in deren Verlauf die Betrauung Hitlers mit dem Kanzleramt nur eines von vielen Gliedern darstellt. Ihren Höhepunkt erreichten die so rasch ablaufenden Ereignisse hintereinander im Reichstagsbrand am 27. Februar 1933 und ihren Abschluß im Ermächtigungsgesetz vom 24. März 1933.

Den wirklichen Ablauf jener Tage mit ihren Hintergründen exakt zu erfassen und darzustellen, ist lange Zeit unmöglich gewesen. Zuerst war es der 1933 ins Leben getretene totale Staat selbst, der alles daransetzte, die Geschichte seiner Entstehung zu vernebeln. Nach dem Zusammenbruch von 1945 waren es gleichermaßen die Feinde wie die Förderer des Dritten Reiches, die eine sachliche Aufklärung der entscheidenden Zusammenhänge nicht wünschen konnten... aus entgegengesetzten Motiven!

Verfasser dieses Buches ist Dr. Hans-Otto Meißner, einziger Sohn des Staatssekretärs (später Staatsministers) Dr. Otto Meißner, der seit März 1919 im Büro des Reichspräsidenten tätig war, seit Mai 1920 als dessen Chef. Er blieb mit etwa den gleichen Aufgaben an der Spitze der gleichen Behörde — unter Hitler Präsidialkanzlei genannt — während eines vollen Vierteljahrhunderts bis zur Auslöschung des Deutschen Reichs im Mai 1945. Nur Bismarck ausgenommen, war das für deutsche Behördenchefs wahrscheinlich die längste Amtsdauer überhaupt.

Während dieser 25 Jahre hatte Otto Meißner eine Stellung inne, die zwar kein entscheidendes persönliches Eingreifen in die Staatsgeschäfte ermöglichte, aber es gab keinen maßgeblichen politischen Vorgang, der nicht durch seine Hände ging, und keine Persönlichkeit von staatspolitischer Bedeutung, die ihm nicht bekannt geworden oder begegnet wäre. Seine außerordentliche Sprachbegabung, die auch seinem Sohn zugute kam, machte den Staatssekretär unabhängig von Dolmetschern und Übersetzungen. Die Herkunft aus Elsaß-Lothringen, wo die Menschen in zweierlei Kulturen zu leben und Andersdenkende zu tolerieren gewohnt sind, ließ Otto Meißner, wann immer es möglich war, den Ausgleich, die Kunst des Kompromisses suchen.

Auch nach Hindenburgs Tod verblieb Staatssekretär Dr. Meißner in seinem, allerdings politisch bald bedeutungslos gewordenen Amt. Als er in den Jahren 1948—1949 seine Erinnerungen niederlegte, waren ihm die Archive des Staates wie die großen Bibliotheken verschlossen, seine eigenen Unterlagen verschleppt oder verbrannt. Memoiren-Werke anderer Persönlichkeiten waren noch nicht erschienen. Er begann seine Niederschrift, fast allein aufs Gedächtnis angewiesen, in verschiedenen Internierungslagern, dann auch im Nürnberger Militärgefängnis. Infolge der dort nur schlechten, schwachen Beleuchtung hat die Sehkraft des Inhaftierten stark gelitten. Nach seinem Freispruch im Wilhelmstraßen-Prozeß erschien das Werk und erregte außerordentliches Interesse (Dr. Otto Meißner, *Staatssekretär unter Ebert, Hindenburg und Hitler*, 1950).

Nicht nur das Fehlen von Unterlagen, sondern auch die Rücksichtnahme gegenüber Personen, die durch »Enthüllungen« in berufliche oder persönliche Gefahr geraten konnten, verhinderte damals die zu wünschende restlose Aufhellung. Diese in einem zweiten Werk nachfolgen zu lassen, blieb dem Staatssekretär nicht vergönnt. Er starb am 28. Mai 1953.
Seiner schwindenden Sehkraft wegen hatte er Mitte 1952 begonnen, seinen Sohn, der inzwischen einige unpolitische Bücher veröffentlicht hatte, heranzuziehen. So übernahm der in der Wilhelmstraße aufgewachsene Hans-Otto Meißner, dem das Regierungsviertel Heimat und das Milieu vertraut war, das Wissen seines Vaters.
Um zu vermeiden, daß sich bei der Wiedergabe der vorwiegend mündlichen Darstellungen Mißverständnisse oder Ungenauigkeiten einschleichen, hatte Dr. Meißner jun. zu einigen Gesprächen mit seinem Vater auch sachkundige Partner herangezogen, wie unter anderem den Publizisten Harry Wilde, damals Herausgeber des *»Echo der Woche«*. So entstand bis 1957 eine erste Ausgabe dieses Werkes. Sie erregte schon deswegen großes und weites Interesse, weil hier zum ersten Male Hintergründe geschildert, auch Zusammenhänge aufgeklärt wurden, die andere über die gleiche Epoche schreibende Autoren nicht wissen konnten. Einfach deshalb nicht, weil es außer Dr. Otto Meißner dafür keine Zeugen gegeben hat.
Indessen sind wieder fast 20 Jahre vergangen, und vieles, was seinerzeit dem interessierten Leser wohlbekannte Personen, Begriffe und Ereignisse waren, kann nicht mehr als selbstverständlich vorausgesetzt werden. Eine neugefaßte, leichter begreifliche Darstellung erschien deshalb notwendig. Schon der erste Titel *»Die Machtergreifung«* kann heute die Frage veranlassen, um welche es sich handelt. Deshalb der neue, erklärende Titel.
Dr. Hans-Otto Meißner ist nun selbst bekannt als einer der meistgelesenen Schriftsteller deutscher Sprache. Aus seiner Feder stammen mehr als fünfzig Bücher unpolitischen, teilweise historischen Inhalts. Er schrieb zahlreiche Berichte über seine Weltreisen, über sein Vordringen in fernste Wildnis, wie über

seine Jagderlebnisse in allen Kontinenten. Weit verbreitet und vielfach übersetzt seine zwölfbändige Reihe »Abenteuer der Weltentdeckung«. Nun hat er sich nochmals und sehr eingehend mit der Vorgeschichte, den damals herrschenden Verhältnissen und dem wahrlich erschütternden Verlauf jener Entwicklung befaßt. Da er selbst während dieser Jahre Monate und Wochen in der Wilhelmstraße lebte, im Hause des Reichspräsidenten, sind bis heute für ihn die besondere Atmosphäre, die damals dort wirkenden Menschen und ihre Umwelteinflüsse so lebendig geblieben, als wären sie noch vorhanden. Jedenfalls kann er sich ganz und gar in sie hineinversetzen. Vor allem das Thema der Machtergreifung ließ ihn nicht los. Noch leben, wenn auch ruhig, schweigsam und zurückgezogen, eine erfreulich große Zahl von Beamten, Sekretärinnen, Angestellten und Amtsboten des ehemaligen Büros des Reichspräsidenten, die sogar eine sich hin und wieder zusammenfindende Gemeinschaft bilden. Der Sohn ihres einstigen Chefs hat sie alle besucht, getroffen und mit ihnen gesprochen. Was diese »kleinen Leute« noch alles wußten, war verblüffend. Viele der anscheinend unbedeutenden Details, die sie berichten, werfen bezeichnendes Licht auf Geschehen und Persönlichkeiten von großer Bedeutung.

Nur durch die Gesamtbetrachtung der Entwicklung konnte gelingen, jene Epoche auch denen verständlich zu machen, die damals noch nicht geboren oder noch nicht zu politischem Bewußtsein erwacht waren. Sie alle können die Ereignisse jener unruhigen Jahre, auch den Untergang des Dritten Reiches in Blut, Rauch und Tränen, die Zerreißung unseres Vaterlandes und die politischen Probleme, vor denen wir stehen, nur beurteilen, wenn sie begreifen, was dem deutschen Volke damals geschehen ist.

Berichte und Hinweise, auch die Schilderung von Zusammenhängen, die damalige KPD und ihre Organisationen betreffend, gehen im wesentlichen auf Kenntnisse und Forschungen *Harry Schulze-Wildes* zurück, dem an dieser Stelle nochmals für seine wertvolle Mitarbeit gedankt wird. H. O. M.

1. Der Streik

Das Jahr 1932, ein von politischen und wirtschaftlichen Krisen erschüttertes Jahr, neigt sich dem Ende zu. Doch bevor es in den »Weihnachtsfrieden« einmündet, jenen von der Regierung auf dem Verordnungswege verfügten Burgfrieden mit Demonstrationsverbot, werden wider Erwarten und aus nebensächlichem Anlaß noch einmal alle politischen Leidenschaften aufgewühlt. Aber nicht die für den 6. November angesetzte Wahl zum Deutschen Reichstag ist der Ausgangspunkt schwerer bürgerkriegähnlicher Ausschreitungen, sondern ein Streik der Berliner Verkehrsarbeiter wegen einer zweiprozentigen Lohnkürzung. Mit einem Schlage wird unmittelbar vor der Wahl das gesamte Leben der Reichshauptstadt lahmgelegt.
In den letzten acht Monaten dieses Jahres 1932 wurde das deutsche Volk schon viermal zu den Wahlurnen gerufen. Jetzt ist es müde geworden. In den Augen der sechs Millionen (!) Erwerbslosen und angesichts der Bedrängnis der Millionen kleiner Handwerker und Kaufleute ließ das auf keine Änderung und Besserung der trostlosen Zustände hoffen.
Es gibt noch keine Institute, um die Meinung des Volkes zu erforschen, dennoch spürt man in den Zentralen der großen Parteien, wie das Volk denkt. Die Versammlungen in den letzten Wochen weisen einen erheblich geringeren Besuch auf als die Wahlversammlungen im Sommer. Auch die Sammelbüchsen klappern hohler als sonst. Die zahlreichen Wahlplakate an den Häuserfronten und Litfaßsäulen, die von Reklameflugzeugen in den Himmel gemalten Parolen und die Sprechchöre der halbmilitärischen Nebenorganisationen der großen Parteien finden nur wenig Beachtung. Nicht einmal das an sich wirkungsvolle Bildplakat der Nationalsozialisten, das ein Knochengerippe in der Uniform eines sowjetischen Rotgardisten zeigt, regt zur Diskus-

sion an, und auch nicht das kaum minder blickfangende Plakat ihrer Hauptgegner, der Kommunisten, das neben der Uniform eines SA-Mannes und der Überschrift »Wer zahlt?« die Kürzungen der Erwerbslosenunterstützung vorrechnet und die amtierende Regierung als Werkzeug der Nationalsozialisten bezeichnet.

Der unbefangene Beobachter muß den Eindruck gewinnen, als spitze sich dieser fünfte Wahlgang des Jahres 1932 auf ein Rennen zwischen Nationalsozialisten und Kommunisten zu. Aber dennoch trifft die hektische Betriebsamkeit, die schon beinahe amerikanische Ausmaße annimmt, nicht das Herz der Wählermassen. In den Hauptquartieren der Parteien suchen deshalb die Propagandachefs verzweifelt nach einem zugkräftigen Wahlschlager oder fragen sich, wie und wo man einen »Coup landen« könnte, der geeignet wäre, die Trägheit der Wähler im letzten Moment aufzuputschen.

Die NSDAP, die vom »politischen Flugsand«, also von jenen Wählern, die sich nicht nach Programmen und Zielen, sondern nur nach augenblicklichen Stimmungen ausrichten, bisher am meisten profitierte, hat jetzt auch am meisten die Wahlmüdigkeit zu fürchten. Diese Partei, die in den letzten vier Jahren wie eine Treibhauspflanze emporgeschossen ist, brachte es bei der Wahl zum 4. Deutschen Reichstag im Jahre 1928 auf nur 12 Abgeordnete oder 2,6 Prozent aller Stimmen. Zwei Jahre später zogen bereits 107 nationalsozialistische Abgeordnete in den 5. Deutschen Reichstag ein, und bei der Neuwahl am 31. Juli 1932 eroberte die NSDAP sogar 230 Mandate gleich 37,3 Prozent. Den Wählern imponierte die Aktivität dieser neuen Partei, aber das Auf-der-Stelle-Treten seit dem großen Erfolg im Sommer dieses Jahres, die vergeblichen Bemühungen ihres Führers Adolf Hitler, an die Macht zu kommen, haben viele Wähler enttäuscht. Mit den Herbstwinden des Jahres 1932 beginnt der »Flugsand« abzuwandern.

Daß die NSDAP den Zenit überschritten hat, ist in den letzten Wochen ihren Parteistrategen bewußt geworden. Dr. Joseph Goebbels, ihr Propagandachef, glaubt auch nicht, daß ein weiterer nennenswerter Einbruch in die auf rund 10 Prozent aller

Stimmen zusammengeschmolzenen nichtkatholischen bürgerlichen Parteien möglich ist. Dem katholischen Zentrum etwas abzujagen, erscheint ausgeschlossen. Dagegen sieht Goebbels in den Wählern der Sozialdemokratie und der Kommunisten ein noch nicht ausgeschöpftes Reservoir. Dort auf Stimmenfang zu gehen, setzt allerdings voraus, daß die NSDAP einen radikalen Kurs mit sozialistischen Vorzeichen steuert. Anders lassen sich die festen Blöcke der SPD und KPD nicht erschüttern.

In der Auseinandersetzung im nationalsozialistischen Führungsgremium, ob man bürgerlich-konservative oder mehr proletarisch-revolutionäre Töne anschlagen soll, versucht Dr. Goebbels Anfang November eine Entscheidung herbeizuführen. Als Anlaß dient ihm ein Problem, das von außen an die NSDAP herangetragen wird.

Die städtischen Verkehrsmittel: das Untergrund-Bahn-Netz, 73 Straßenbahn- und 33 Omnibus-Linien, sind alle in der Berliner-Verkehrs-Gesellschaft (BVG) zusammengeschlossen. Rund 22 000 Arbeiter und Angestellte sind bei ihr beschäftigt. Die S-Bahn (Schnell-Bahn), die etwa 10 Prozent des hauptstädtischen Verkehrs bewältigt, untersteht der Deutschen Reichsbahn.

Die Wirtschaftskrise mit nahezu 6 Millionen registrierten Erwerbslosen lastet auf Berlin besonders schwer. Die BVG leidet ebenfalls unter ihr, denn ihre Verkehrsmittel werden bei weitem nicht voll ausgenützt. Um ein Defizit auszugleichen, verfügt die BVG-Leitung eine zweiprozentige Kürzung des Stundenlohnes für den Monat November. Das ist zwar eine unpopuläre, aber angesichts der allgemeinen Not — auch die Beamtengehälter wurden gekürzt — eine nicht allzu harte Maßnahme. Empfindlicher wären Entlassungen von Arbeitern und Angestellten. Auch liegen die Löhne der BVG noch über denen der Reichsbahn.

Die Absicht der BVG-Leitung, das Budget durch Lohnkürzungen auszugleichen, weckt das Mißtrauen der vorwiegend kommunistisch orientierten Belegschaft. Nur für einen Monat sollen die Kürzungen gelten? fragt man ungläubig. Verstärkt wird das Unbehagen unter der Arbeiterschaft, als bekannt wird, daß auch für die kommende Zeit Defizite und damit Lohnkürzungen zu erwarten sind.

Der Betriebsrat der BVG, der mehrheitlich von Kommunisten besetzt ist, lehnt die beabsichtigte Lohnkürzung ab und droht mit Streik. Die für den 1. und 2. November angesetzte Urabstimmung, ob gestreikt werden soll oder nicht, ergibt 14 471 Stimmen für einen Streik und 3993 dagegen, während sich 3365 der Stimmen enthalten. Da die gewerkschaftlichen Satzungen vorschreiben, daß von allen Betriebsangehörigen Dreiviertel für einen Streik stimmen müssen, damit er anerkannt wird und Streikunterstützungen gezahlt werden können, ist mit 14 471 Stimmen die absolute Dreiviertelmehrheit nicht erreicht. Am Mittwochabend, dem 2. November, erklären die Gewerkschaftsführer einhellig, es dürfe nicht gestreikt werden.

Der Betriebsrat der BVG tagt um dieselbe Zeit. Aber entgegen den sozialdemokratischen Gewerkschaftsführern proklamiert er den Streik, denn es hätten sich, so argumentiert man, vier Fünftel von den 18 464 abgegebenen Stimmen dafür ausgesprochen. Ohne Zweifel sind die kommunistischen Betriebsräte, gestützt auf die von ihnen kontrollierte Revolutionäre Gewerkschaftsopposition (RGO) auch in der Lage, einen Streik zu entfesseln. Die sozialdemokratisch, christlich und nationalsozialistisch orientierten Verkehrsarbeiter sind ihnen gegenüber in der Minderheit, und die Kommunisten sind fest entschlossen, ihre starke Position bei der BVG bis zum Letzten auszunützen, schon in Anbetracht der bevorstehenden Wahlen. Kampf gegen Lohnkürzungen hört sich in Wahlreden immer gut an und wirkt auch nach außen hin stärker als das beste Plakat. Die Frage ist nur, ob die Gewerkschaften dazu gebracht werden können, Streikunterstützungen zu zahlen. Einige Tage kann man ohne diese durchhalten, dann wird man weitersehen. Ist die Wahl vorbei, hat der Streik auch seinen Zweck erfüllt.

Überraschenderweise erklärt in der Betriebsratssitzung der Vertreter der Nationalsozialistischen Betriebs-Zellen-Organisation (NSBO), sich am Streik beteiligen zu wollen. Den Kommunisten verschlägt es für einen Moment die Sprache! Sie fragen sich, ob der Sprecher vorher im Gaubüro bei Dr. Goebbels angefragt hat. Eine Entscheidung von derartiger Tragweite kann er doch kaum von sich aus fällen[1]. Was bedeutet also dieser Schachzug des kleinen Doktors? Die Beteiligung der NSBO am Streik schafft eine gänzlich neue Lage gegenüber den sozialdemokratischen Gewerkschaftsführern. Angesichts dieser Einheitsfront zwischen Kommunisten und Nationalsozialisten werden sie sich kaum weiter zurückhalten können. Sollten sie es dennoch wagen, sich nicht am Streik zu beteiligen, so werden sie in vier Tagen bei den Wahlen die Quittung erhalten. Doch die Gewerkschaftsführer lassen sich nicht von wahltaktischen Erwägungen leiten und beharren auf ihrem ablehnenden Standpunkt.

Ohne die bevorstehende Entscheidung des angerufenen Schiedsgerichts abzuwarten, fordern sowohl Kommunisten wie Nationalsozialisten in den zahlreichen Straßenbahn- und Omnibus-Depots und in den Kopfstationen der U-Bahn durch ihre Anhänger zur Arbeitsniederlegung auf. Wenn man durch den Streik Kapital für die bevorstehende Wahl herausschlagen will, ist keine Zeit mehr zu verlieren.

Im Wettstreit, wer zuerst die Streiknachricht überbringt, kommt es zu grotesken Situationen. In wenigen Wagendepots treffen die Nationalsozialisten als erste ein und proklamieren den Ausstand, was den Protest der Kommunisten hervorruft — bis diese von ihren Funktionären hören, daß ihre Partei zusammen mit den Nationalsozialisten gegen die Sozialdemokratie marschiert.

In den Regierungsbüros explodiert die Nachricht vom Zusammengehen der beiden radikalen Flügelparteien wie eine Bombe. Alle, die bisher glaubten, der Radikalismus von links hebe den von rechts auf und umgekehrt, und eine direkte Gefahr für den Staat bestehe nicht, merken mit Schrecken, daß die Todfeinde auch ein Bündnis auf der Straße eingehen können.

Ganz so neu ist die Bundesgenossenschaft der KPD und NSDAP übrigens nicht. Im Reichstag und in den Landtagen stimmten die Kommunisten ungezählte Male mit den Nationalsozialisten gegen die staatserhaltenden Parteien. In den beiden letzten Jahren kam es verschiedentlich zu einem Zusammenge-

hen der Anhängermassen. Im Jahre 1931 hatte der Stahlhelm zuerst ein Volksbegehren[2] eingereicht und gefordert, den preußischen Landtag vorzeitig aufzulösen. Träger dieser Aktion waren, außer dem Stahlhelm, der Reichslandbund, die Deutschnationale Volkspartei (DNVP) und die NSDAP. Die Kommunisten hatten sich erst dagegen ausgesprochen, aber erklärten plötzlich, sich an dem Volksentscheid zu beteiligen[3].
Die einfachen SA-Leute und die Anhänger des verbotenen, aber heimlich weiter existierenden Rot-Frontkämpfer-Bundes (RFB), die sich sonst bei jeder Gelegenheit erbittert bekämpften, stellten ihre Feindschaft über Nacht zurück, wenn von oben ein Zusammengehen befohlen wurde.
Diese partielle Bundesgenossenschaft wirkte sich auch bei vielen kleinen Einzelaktionen gegen bestimmte staatliche Maßnahmen aus, beispielsweise bei der Verhinderung von Exmittierungen. Durch die verheerende Arbeitslosigkeit liefen bei vielen Familien Mietrückstände auf. Die Hauswirte waren wegen der Mietzinssteuer, die sie bezahlen mußten, auch wenn sie keine Miete erhielten, gezwungen, die Gerichte anzurufen, die meistens zwangsweise Räumung der Wohnungen verfügten. Gerichtsvollzieher stellten die Möbel einfach auf die Straße. Wenn dann die Polizei abgezogen war, trugen SA und Rotfront im trauten Verein den Hausrat wieder in die Wohnung zurück. Dieses lokal bedingte Zusammenspiel ließ sich bis in diese Tage beobachten.
Im Wettlauf um die schneidigste Haltung bei der Aufforderung zum Streiken überbieten sich auch die den beiden Parteien nahestehenden Zeitungen. Die *»Welt am Abend«, ein* kommunistisches Boulevardblatt, das zum »Konzern Münzenberg« gehört, und die *»Rote Fahne«*, das Zentralorgan der KPD, schreiben mit kaum zu überbietender Schärfe gegen die Regierung, die genaugenommen für diese Lohnkürzungen gar nicht verantwortlich zu machen ist. Beide Organe werden für eine Woche verboten. Zwei weitere Verbote gegen kommunistische Zeitungen folgen einige Tage später. Der *»Angriff«*, das Blatt von Dr. Goebbels, ist vorsichtiger. Es ist für den Doktor auch nicht ganz einfach, seinen Lesern die Bundesgenossenschaft mit den

Kommunisten in einem Streik mit rein klassenkämpferischen und marxistischen Vorzeichen plausibel zu machen. Er schreibt:

> »Der Ursprung dieses neuen wirtschaftlichen Kampfes von 20 000 Arbeitnehmern der BVG ist in jahrelanger sozialdemokratischer Korruptionspolitik und in der Notverordnung des Herrn von Papen zu suchen ... Auch dieser neue wirtschaftliche Kampf wird die Nationalsozialisten wie immer in vorderster Front für die Rechte der Arbeitnehmerschaft sehen. Daher werden PGs und Sympathisierende sowie alle Betriebszellen aufgefordert, sofort ihre Sympathie mit den Streikenden insofern zu beweisen, daß jeder das an geldlichen Mitteln zur Verfügung stellt, was er trotz Not und Armut noch geben kann. Volksgenossen, zeigt, daß Ihr Sozialisten der Tat seid!«

Am Donnerstag gegen Mittag ist der gesamte hauptstädtische Verkehr, bis auf die S-Bahn der Reichsbahn, lahmgelegt. Polizei, Technische Nothilfe und über 3000 arbeitswillige, meist sozialdemokratische Arbeiter und Angestellte versuchen zwar, einen Behelfsbetrieb in Gang zu bringen, doch die Gegenwehr der SA und von Rotfront hat bereits eingesetzt. Sie hatten einen Vorsprung von einigen Stunden, und die geheime Streikleitung versteht ihren Vorteil zu nützen. Noch in der Nacht vom 2. zum 3. November hatten »Delegationen« von SA-Leuten in kommunistischen Verkehrslokalen und Rotfrontler in nationalsozialistischen SA-Heimen[4] vorgesprochen und gemeinsame Aktionen gegen einen möglichen Notbetrieb verabredet. Bei der organisatorischen Begabung der Deutschen einigte man sich in Minuten. Das ist überhaupt das Erstaunliche: die schnelle Einigung der beiden Gegner und das feste Zusammenstehen gegenüber der Polizei, der es nicht gelingt, das illegale Hauptquartier der Streikleitung aufzuspüren.

Als in den frühen Morgenstunden des 3. November einzelne Straßenbahnzüge ausfahren wollen, werden sie schnell angehalten. Es kommt dabei zu ernsten Ausschreitungen gegenüber den begleitenden Polizeikommandos, die vergeblich versuchen, die arbeitswilligen Chauffeure, Fahrer und Schaffner zu schützen. Bald sind die Linien durch umgestürzte Straßenbahnwagen blockiert. Die vielen Hunderttausende Arbeiter und Angestellte, die auf ein Verkehrsmittel angewiesen sind, müssen durch den Regen zu Fuß gehen, um ihre Arbeitsstellen zu erreichen. Der Streik der Berliner Verkehrsarbeiter trifft das gesamte Wirtschaftsleben der Reichshauptstadt.

Die Auto- und Pferdedroschken, die Sammeltransporte fahren und an diesem Morgen keine Minute zur Ruhe kommen, bewältigen nur einen Bruchteil des Verkehrs. Bald können die Bürgersteige die Massen der Fußgänger nicht mehr aufnehmen. Auf den Fahrdämmen hindern sich die Menschenknäuel gegenseitig am Vorwärtskommen. Die Straßen der Innenstadt sind völlig verstopft.

In den Parteizentralen und Verkehrslokalen der beiden verbündeten Parteien herrscht Hochbetrieb. Einerseits bemüht man sich, nach den Weisungen der kommunistischen Streikleitung einen Notdienst für die Streikenden zustande zu bringen. Sammelaktionen mit Listen und Sammelbüchsen sollen Massenküchen für die Streikenden finanzieren, denn die Gewerkschaftskassen wollen keine Unterstützung zahlen, andererseits bespricht man Maßnahmen für die kommende Nacht, um mit Sabotageaktionen einen Notbetrieb der Verkehrsmittel zu unterbinden. Fliegende Kommandos erhalten den Auftrag, Weichen an Verkehrsknotenpunkten mit Zement auszugießen, Oberleitungen zu durchschneiden und notfalls Barrikaden zu errichten. Die führenden Parteikreise sind sich darüber im klaren, daß der Streik in wenigen Tagen zusammenbrechen muß. Ohne Streikgelder hält die Arbeiterschaft nicht durch. Die Parteikassen können nicht aushelfen, da sie leer sind. Fünf Wahlgänge haben die letzten Reserven verbraucht und die Schulden in astronomische Höhen steigen lassen.

Die Sammelaktionen der Roten Hilfe (RH) und der Arbeiterhilfe (IAH) auf der Linken und der Frauenorganisationen der Nationalsozialisten sind nur ein Tropfen auf den heißen Stein. Immerhin ist es ein nicht alltägliches Bild, Nationalsozialisten und Kommunisten, die erbittertsten Feinde von gestern und morgen, in einem Streik verbündet zu sehen, der von den Kommunisten ausgelöst wurde und auch von ihnen geführt wird.

Dabei hängen noch die Wahlplakate der NSDAP an den Litfaßsäulen und Bauzäunen, auf denen die Bundesgenossen von heute als Agenten überstaatlicher Mächte denunziert werden.
Den Vogel auf diesem Jahrmarkt der verwechselten politischen Begriffe und Fronten schießt der *»Angriff«* ab, der die Nachricht über die ersten Todesopfer bei den zunehmenden Ausschreitungen mit den Worten überschreibt: »Unsere Volksgemeinschaft durch Blut geweiht!«
Viele parteipolitisch nicht gebundene Arbeiter kommen an diesem ersten Streiktag, Donnerstag den 3. November, zu der Überzeugung, es sei wohl besser, der Parole der Gewerkschaften zu folgen und die Arbeit wieder aufzunehmen. Inzwischen ist auch das Schiedsgericht zusammengetreten und hat in einem Schiedsspruch die Lohnkürzungen als zu Recht bestehend anerkannt. Noch in der Nacht zum Freitag wird der Spruch als verbindlich erklärt.
Angesichts der beunruhigenden Risse in der Streikfront — die Zahl der Arbeitswilligen steigt am zweiten Streiktag von 3000 auf 6000 — verabreden einige SA- und Rotfront-Führer einen Gegenschlag. Um den Behelfsverkehr nach dem Norden der Stadt zu unterbinden, lassen sie einen Verkehrsknotenpunkt in der Nähe des Stettiner Bahnhofs, Chaussee-, Ecke Invalidenstraße, unpassierbar machen. Eine SA-Gruppe besorgt sich aus einem Reparaturdepot der Straßenbahn Arbeitskleider, Geräte und Warnschilder und beginnt dort, höchst fachmännisch die Schienen aufzureißen. Verabredungsgemäß erscheint ein Trupp Kommunisten, die gegen die »Streikbrecher« vorgehen. Die als Instandhaltungskommando getarnten SA-Leute rufen, wie abgemacht, polizeilichen Schutz an. Ein Überfallwagen der Polizei erscheint und schützt die »Arbeitswilligen« vor den Kommunisten. Nachdem das Zerstörungswerk gründlich durchgeführt ist, packen die SA-Leute ihre Sachen zusammen und verschwinden. Erst am nächsten Tage merken die Behörden, wem man aufgesessen ist.
Am Samstag legen die Müllkutscher, die zu den höchstbezahlten städtischen Arbeitern gehören, unter dem Einfluß der NSBO »aus Sympathie« die Arbeit nieder. Um so erbitterter

sind deshalb die Nationalsozialisten, als sie hören, die geheime kommunistische Streikleitung werfe ihnen Sabotage am Streik vor. Sie erkennen nicht, daß diese Behauptung nichts anderes als eine vorsorgliche Maßnahme für den Abbruch des Streiks ist. Der *»Angriff«* macht sich stark und schreibt: »Der Streik geht weiter!«

Der nächste Tag ist der Wahltag. Jetzt muß sich erweisen, ob es richtig war, den Verkehrsarbeiterstreik auszulösen. Daß keine Straßenbahnen fahren, stört die Wahlhandlung nicht. Wer wählen will, kann sein Wahllokal zu Fuß erreichen.

Bei der Reichstagswahl am 31. Juli waren im Wahlkreis Stadt Berlin 80,6 Prozent der Stadtbürger zur Urne gegangen. Voraussagen noch vor einer Woche prophezeiten ein Absinken auf 75—70 Prozent. Doch kurz nach Eröffnung der Wahlhandlung bilden sich bereits Schlangen. Als die Lokale um 6 Uhr abends geschlossen werden, hat es 80,4 Prozent Wähler gegeben. Der Verkehrsarbeiterstreik hat die Massen in Berlin tatsächlich aufgerüttelt: im Reich ging der Wahleifer von 84 auf 80,5 Prozent zurück.

Die Gewinner des Tages sind die Deutschnationalen, die 15 Mandate mehr erringen konnten als im Juli und jetzt im Reichstag über 52 Sitze verfügen, und die Kommunisten, die von 89 Sitzen auf 100 emporschnellten. Die SPD verlor 12 Mandate und sinkt damit auf 121 Abgeordnete ab, die Nationalsozialisten bekamen nur 196 Mandate gegenüber 230 vor drei Monaten. Das bedeutet einen Verlust von über zwei Millionen Anhängern innerhalb eines Vierteljahres.

Dennoch war Dr. Goebbels' Taktik für Berlin richtig. Während der Stimmanteil der Nationalsozialisten im Reich um 4,2 Prozent sank, ging er im Wahlkreis Berlin um nur 2,1 Prozent zurück. Doch Dr. Goebbels' Gegner halten ihm die finanziellen Folgen vor. Die Schatzmeister der Partei und der Gaue meldeten von überallher übereinstimmend, daß die Industrie und andere bürgerliche Geldgeber erklärt hätten, bei dem radikalen Linkskurs der Partei keine Mark mehr spenden zu wollen[5]. Das ist bei einer Schuldenlast von über 10 Millionen Mark und demnächst fällig werdenden Wechseln recht bedrückend.

Die Sozialdemokraten treffen ihre Verluste in Berlin besonders schwer. Während sie im Reich 1,2 Prozent Stimmen einbüßen, verlieren sie in der Reichshauptstadt 4,2 Prozent. Die Kommunisten gewinnen im Reich 2,5 Prozent, in Berlin aber 4,3 Prozent.

Das vorläufige Gesamtergebnis der Wahl liegt bereits in den späten Nachtstunden des 6. November vor. Reichskanzler Franz von Papen ist zufrieden. Die hinter ihm stehenden Deutschnationalen schnitten recht gut ab. Seine dringendste Aufgabe ist nun, den lähmenden Verkehrsarbeiterstreik beizulegen, womöglich mit militärischer Gewalt. Mit Polizeimaßnahmen allein ist der Einheitsfront von Braun und Rot nicht mehr beizukommen. Schon rein zahlenmäßig reichen die Kräfte nicht aus. Reichskanzler von Papen erwägt deshalb, die vollziehende Gewalt dem General von Fritsch, Kommandeur des Wehrkreises III/Berlin, zu übertragen und damit gleichzeitig die Grundlage für eine von ihm geplante Verfassungsreform zu schaffen, die ohne die Bajonette der Reichswehr sowieso nicht zu verwirklichen ist. Doch bevor es dazu kommt, erlischt der Streik. Fast könnte man meinen, die Kommunisten hätten von Papens Absicht Wind bekommen.

Doch dem ist nicht so. Die KPD ist aus anderen Gründen an einer Fortführung des Streiks nicht mehr interessiert. Einesteils befürchtet sie, die Nationalsozialisten könnten abspringen. Damit würde die unerwartet hohe und ständig wachsende Zahl von Arbeitswilligen einen erheblichen Zuzug bekommen und die BVG-Verwaltung könnte dann, mit der SA als Schutztruppe auf ihrer Seite, einen verhältnismäßig gut funktionierenden Notbetrieb aufbauen. Doch wichtiger ist eine andere Erwägung. Die Gewerkschaften zahlen keine Unterstützungen. Da die meisten der Streikenden der KPD angehören oder mit ihr sympathisieren, trifft dieser Streik die KPD am stärksten. Bricht er aus wirtschaftlicher Not der Streikenden zusammen, so muß sich das stimmungsmäßig gegen die Partei auswirken. Die kommunistischen Funktionäre werden deshalb am 7. November angewiesen, einen Abbruch des Streiks »ins Auge zu fassen«. In die Sprache des KP-Versammlungsredners übersetzt heißt das: ver-

stärkte Angriffe gegen die Sozialdemokratie, aber auch gegen die NSDAP.
Die Nationalsozialisten schalten diesmal erheblich langsamer, vielleicht weil sie in dieser Sache parteiintern gespalten sind. Während sich Dr. Goebbels gegen die Vorwürfe seiner Gegner verteidigt, der Streik habe der Partei ungeheuer geschadet, bemühen sich die nationalsozialistischen Arbeiter und Angestellten der städtischen Gas-, Wasser- und Elektrizitätswerke, einen Sympathiestreik zu entfesseln. Zu ihrem Erstaunen stoßen sie bei den kommunistischen Betriebsräten dieser Werke auf keinerlei Gegenliebe, denn diese haben unterdessen von ihrer Partei den Wink erhalten, kurzzutreten.
Inzwischen wächst die Verlustliste auf beiden Seiten. Wurden am 4. November 105 Personen festgenommen, weil sie gegen die Polizei oder Arbeitswillige vorgingen, so ist die Zahl am 7. abends bereits auf nahezu eintausend gestiegen. Bei den Ausschreitungen, denen die Polizei mit Waffengewalt begegnen muß, werden 10 Personen getötet und über 100 verletzt, zum Teil recht schwer. Die BVG-Verwaltung wiederum registriert den Verlust von 70 Autobussen und Straßenbahnwagen, die meist auf rätselhafte Weise in Flammen aufgingen oder sonstwie schwer beschädigt wurden. Die Beseitigung der Schäden am Schienen- und Stromnetz dürfte Hunderttausende kosten.
Am Morgen des 8. November beginnt der Streik schnell zu verlöschen. Die Arbeiter strömen in Scharen in die Depots. Fuhren am Samstag wenige von der Polizei beschützte Straßenbahnen und Autobusse unter dem Gejohle der Massen durch die Straßen, so belebt sich am Dienstagvormittag das Straßenbild rasch mit öffentlichen Verkehrsmitteln, deren Fahrgäste keine Angst mehr zu haben brauchen, durch Steinwürfe verletzt zu werden. Dafür darf von den sechstausend hauptstädtischen Taxis, zum Kummer ihrer Besitzer, wieder nur die Hälfte in Betrieb sein.
Zwei Tage später sind schon fast normale Verhältnisse eingekehrt. Nur die Straßenbahnen haben noch mit Schwierigkeiten zu kämpfen. Doch zahlreiche Arbeitertrupps bemühen sich in

drei Schichten fieberhaft, die mit Zement ausgegossenen Weichen und durchschnittenen Oberleitungen zu reparieren.
Eine Woche nach der Wahl scheint der Streik nur ein Spuk gewesen zu sein. Auch die Zeitungen der beiden Parteien, die ihn entfesselten, erwähnen ihn nur noch am Rande. Die Kommunisten schieben den Abbruch des ergebnislosen Streiks den »verräterischen sozialfaschistischen[6] Gewerkschaften« zu, und der *»Angriff«* schreibt auf Goebbels Befehl: »Die Kommunisten würgten den Streik ab!« So kommen beide auf ihre Rechnung. Die Leidtragenden sind zweitausend Mann des Fahrpersonals und fünfhundert Werkstattarbeiter, die von der BVG als »Hauptthetzer« entlassen werden. Es sind durchweg Kommunisten, die brav der Parole ihrer Partei folgten.
Die Beteiligten lassen den Streik am liebsten in Vergessenheit geraten oder nehmen ihn allenfalls noch zum Anlaß, die Schuld an den Folgen den anderen anzulasten. Die für innere Ordnung verantwortlichen Behörden aber nehmen ihn nicht auf die leichte Schulter. Im Reichswehrministerium trägt der für den Einsatz der Truppe bei inneren Unruhen verantwortliche Oberstleutnant Ott seinem Chef, dem Reichswehrminister von Schleicher, die Notwendigkeit vor, ein Planspiel über einen Generalstreik und seine Abwehr zu veranstalten. Der General hält nicht eben viel davon, doch läßt er seinen Referenten gewähren. Ott ruft die Stabschefs der sieben Reichswehrdivisionen, die beiden Marine-Stabschefs, leitende Beamte des preußischen und des Reichsinnenministeriums, der Technischen Nothilfe und hohe preußische Polizeioffiziere zu einer dreitägigen Sitzung in die Bendlerstraße, um mit ihnen mögliche Abwehrmaßnahmen gegen einen Generalstreik durchzuexerzieren. Die Besprechung ist streng geheim, nicht einmal ein Protokoll wird angefertigt. Nur Oberstleutnant Ott macht sich Notizen, um später seinem zuständigen Minister von Schleicher einen schriftlichen Bericht vorlegen zu können. Die Teilnehmer erörtern die Auswirkungen eines Streiks, sowohl die eines Generalstreiks als auch die eines Teilstreiks, wie man ihn jetzt soeben in Berlin erlebte, mit militärischer Gründlichkeit. Man denkt dabei nicht nur an die innerpolitischen Folgen und an die Ver-

sorgung der Bevölkerung mit Nahrung, Licht und Wasser, man diskutiert auch über die mögliche militärische Gefährdung des Reiches von außen, die durch einen solchen Streik entstehen könnte. Die Ergebnisse der dreitägigen Besprechungen sind wenig erfreulich, doch sie machen Geschichte. Einige Tage nach Abschluß der Konferenz wird Oberstleutnant Ott in die Reichskanzlei befohlen, um dort in einer Kabinettssitzung Vortrag zu halten. Seine Ausführungen werden der letzte Anlaß zum Rücktritt des Kabinetts von Papen. Die Ergebnisse des »Kriegsspiels« beeinflussen auch die Regierungsbildung seines Nachfolgers Kurt von Schleicher, sie spielen sogar noch bei dessen Sturz eine Rolle.
Verständlich werden die folgenschweren Auswirkungen eines routinemäßigen Kriegsspieles über einen Streik erst durch die besondere innen- und außenpolitische Situation der ersten deutschen Republik. Entstanden nach einem verlorenen Krieg, hatte sie nicht nur Feinde im Innern, sondern auch chauvinistische und imperialistische Kräfte jenseits der Grenzen machten ihr das Leben schwer. Es erscheint deshalb notwendig, die Entstehung der deutschen Republik und ihre Entwicklung bis zum November 1932 etwas ausführlicher zu schildern. Nur aus ihrer Kenntnis wird die Machtergreifung der Nationalsozialisten verständlich.

2. Die Geburt der Republik

Von Kiel ausgehend hatte sich Anfang November 1918 eine Matrosenrevolte[1] wie ein Lauffeuer über das ganze Reich verbreitet. Die Arbeiter und die von den Fronten zurückflutenden Soldaten verbrüderten sich nach mehr als vier Jahren Krieg mit den Matrosen. Das Kaiserreich brach zusammen.

Nach dem Thronverzicht Kaiser Wilhelms II. am 9. November 1918 legte Reichskanzler Prinz Max von Baden die Regierungsgeschäfte in die Hände von Friedrich Ebert. In der Reichshauptstadt proklamierte Karl Liebknecht vom Balkon des kaiserlichen Schlosses aus die Sozialistische Räterepublik. Das fast auf den Tag genau ein Jahr vorher von der kommunistischen Revolution überrannte Rußland diente ihm und seiner Kampfgefährtin Rosa Luxemburg dabei als Vorbild. Kurz danach ließ Philipp Scheidemann von der Rampe des Reichstags aus die Republik hochleben, weniger um vollendete politische Tatsachen zu schaffen, als vielmehr der USPD in dem Rennen um die Gunst der Straße keinen allzu großen Vorsprung zu lassen[2].

Während von den Außenbezirken immer neue Arbeiterzüge in das Innere der Reichshauptstadt zogen, ging Prinz Max von Baden noch einmal zu Friedrich Ebert, um sich von ihm zu verabschieden. Prinz Max wußte, daß sein Nachfolger sich in den letzten Tagen bemüht hatte, bei einem Rücktritt des Kaisers die Übertragung der Regierungsgewalt auf einen seiner Söhne oder Enkel zu sichern. Auch jetzt noch, da der monarchische Gedanke bereits ausgelöscht schien, bat Ebert den Prinzen, zu bleiben.

»Zu welchem Zweck?« fragte Max von Baden.

»Ich möchte«, antwortete Ebert zögernd, »daß Sie als Reichsverweser bleiben.«

Diese Bitte war in den letzten Stunden wiederholt an Prinz Max herangetragen worden, doch hatte er sich nicht dazu ent-

schließen können. Zögernd erwiderte er Ebert: »Ich weiß, daß Sie im Begriff sind, mit der USPD ein Abkommen zu treffen, und mit den Unabhängigen kann ich nicht zusammenarbeiten[3].«
Ebert zuckte resigniert mit den Schultern. Gern arbeitete auch er nicht mit den USPD-Leuten zusammen, aber es gab nun einmal politische Notwendigkeiten, denen man sich nicht entziehen konnte, wollte man nicht alles aufs Spiel setzen, in diesem Falle den Bestand des Reiches.
Schon an der Tür stehend, wandte sich Prinz Max noch einmal um. Mit leiser Stimme sagte er: »Herr Ebert, ich lege Ihnen das deutsche Reich ans Herz.«
Friedrich Ebert, der Mann aus dem Volk, Sattlergeselle und ehemaliger Gastwirt, Gewerkschaftler, Arbeitersekretär, Mitglied des Reichstages, Führer der Partei, die der Kaiser noch vor wenigen Jahren als »vaterlandslose Gesellen« bezeichnet hatte, lehnte abgekämpft in seinem viel zu weit gewordenen schwarzen Rock am Schreibtisch, an dem einst Bismarck gesessen hatte. Den Kopf gesenkt, als schäme er sich, so etwas Persönliches sagen zu müssen, antwortete Ebert seinem badischen Landsmann mit einer Stimme, in der noch die Trauer um den Verlust mitschwang: »Königliche Hoheit, ich habe zwei Söhne für dieses Reich verloren!«[4]
Die Demonstrationszüge in der Wilhelmstraße und die Erregung der von Liebknecht aufgeputschten Massen glichen einer Fieberkurve. Würde das von Bismarck gegründete Reich sterben? Lange konnte die Regierung der Volksbeauftragten[5] dem Druck der Straße nicht widerstehen. Das erkannte Ebert schon am ersten Tage dieser Revolution.
Durch einen Zufall gelang es ihm, mit dem Großen Hauptquartier in Verbindung zu treten. Um ein Stadtgespräch zu führen, griff er nach einem der Telefonapparate auf seinem Schreibtisch. Statt der Zentrale meldete sich ein Major von Schleicher im Großen Hauptquartier in Spa. In der Folge telefonierte der sozialdemokratische Volksbeauftragte Ebert jeden Abend mit dem Großen Hauptquartier. Eine Zeitlang war dieser Draht, von dem keiner der anderen fünf Volksbeauftragten etwas

wußte, die einzige Verbindung nach draußen. Von ihm hing tagelang die Existenz der Regierung und damit auch die Existenz des Reiches ab. Wenn die in der Wilhelmstraße aufmarschierten Revolutionäre den Regierungssitz eroberten, so ließ sich nicht voraussehen, welche Entwicklung Deutschland nehmen würde.

Um der in Berlin drohenden Revolution von links die Stirn bieten zu können, benötigte die Regierung Truppenverbände, die fest in der Hand ihrer Offiziere waren. Erst um die Weihnachtstage 1918, die als »die blutige Weihnacht«[6] in die Geschichte eingingen, war es möglich, mit den vom Großen Hauptquartier zur Verfügung gestellten Truppen die Ordnung wiederherzustellen. Anfang des Jahres 1919 kam es dann nochmals zu einem Aufstand, aber die Wahl zur Nationalversammlung am 19. Januar verlief bereits ohne nennenswerte Störungen. Wider Erwarten brachte sie der SPD, die sich inzwischen von den Unabhängigen getrennt hatte und allein regierte, nicht die erhoffte Mehrheit[7].

Am 11. Februar wählte die nach Weimar einberufene Nationalversammlung Friedrich Ebert zum vorläufigen Reichspräsidenten. Ebert beauftragte seinen Parteifreund Scheidemann mit der Bildung der ersten Reichsregierung der deutschen Republik. Die revolutionäre Epoche war damit überwunden, doch brachen in den nächsten Jahren noch verschiedentlich Aufstände aus.

In den Kapitulationsverhandlungen[8] des letzten kaiserlichen Kanzlers Prinz Max von Baden mit dem amerikanischen Präsidenten Woodrow Wilson war von diesem die Demokratisierung des Reiches gefordert worden. Die Weimarer Verfassung trug dem von sich aus Rechnung, nicht weil die Sieger es gewünscht hatten, sondern weil das deutsche Volk es forderte. Aber die neuen Männer an der Spitze der Regierung mußten furchtbare Aufgaben übernehmen: die Liquidierung eines vierjährigen Weltkrieges, für dessen Ausbruch und Führung sie nicht verantwortlich waren, und die Überwindung einer Mauer von Haß, die von den Gegnern Deutschlands um das Reich errichtet worden war.

Georges Clemenceau, französischer Ministerpräsident, einer der Großen Vier[9], die in Paris den Friedensvertrag für Deutschland ausarbeiteten, hatte es durchgesetzt, daß die neue deutsche Regierung nicht zu den Verhandlungen eingeladen wurde. Nur der fertige Vertrag sollte ihr vorgelegt werden, wie einem Verurteilten der Richterspruch. Es war eine bis dahin in zwischenstaatlichen Beziehungen nicht geübte Praxis. Sie ging davon aus, daß nicht nur die Staatsmänner, die 1914 bei Kriegsausbruch an der Spitze des Reiches gestanden hatten, völkerrechtlicher Verbrechen für schuldig befunden wurden, sondern das ganze deutsche Volk.
Clemenceau wußte natürlich, daß diese These unhaltbar war, aber um seinen Haß, seinen ganz persönlichen Haß zu befriedigen, war er zu kleinlichster Rachsucht fähig. Er sorgte auch dafür, daß die deutsche Delegation den Vertrag, ein Hohn auf die zum Kriegsziel erhobenen Vierzehn Punkte Wilsons, unter den verletzendsten Formen vorgelegt bekam. Kein Zimmermädchen und kein Hausdiener sollten den Deutschen zu Diensten stehen. Graf Brockdorff-Rantzau, Außenminister der ersten republikanischen Regierung, versierter Diplomat und überzeugter Demokrat, führte die deutsche Delegation, der als militärischer Sachverständiger Generalmajor Hans von Seeckt angehörte. Clemenceau ließ Brockdorff-Rantzau die »Tagesordnung der Sitzung im Hotel ›Trianon-Palast‹ am 7. Mai 1919« im Quartier der Deutschen überreichen, deren einziger Punkt lautete: »Mitteilung der Friedenspräliminarien an die deutschen Delegierten«. Dabei wurde gleich betont, daß es »keinerlei mündliche Unterhaltung geben soll, und daß Bemerkungen schriftlich vorgebracht werden müssen«. Als Frist war eine Zeit von zwei Wochen vorgesehen, innerhalb der die Deutschen Rückfragen stellen konnten. Brockdorff-Rantzau hatte also ganze vierzehn Tage Zeit, um über die Annahme oder Ablehnung eines Vertrages zu entscheiden, der das Schicksal Deutschlands für Generationen bestimmen sollte.
Von ihrem mit Stacheldraht abgesperrten ›Hotel des Reservoirs‹ in Versailles[10] fuhren die Deutschen im Auto zum Hotel Trianon-Palast. Man erhob sich, als Brockdorff-Rantzau den

Saal betrat. Clemenceau, zwischen dem Präsidenten der Vereinigten Staaten und dem englischen Premierminister Lloyd George sitzend, stand auf, um eine Rede zu halten. Auf seine Hände gestützt, diese Hände, die nie jemand sah, denn der »Tiger« trug ständig schon legendär gewordene graue Zwirnhandschuhe, führte er aus:
»Hier ist weder die Stunde noch die Gelegenheit zu überflüssigen Worten ... Sie haben uns den Krieg aufgedrungen ... Die Stunde der Abrechnung ist da. Sie haben uns um Frieden gebeten. Wir sind geneigt, Ihnen Frieden zu gewähren ...«
Brockdorff-Rantzau wollte erwidern, aber Clemenceau unterbrach ihn: »Erst die Übersetzung!« Die Welt sollte noch einmal hören, was er gesagt hatte. Dieser Sieg über die Deutschen war sein persönlicher Sieg, der Triumph dieser Stunde war nicht nur der Triumph Frankreichs, nicht nur der Triumph der alliierten und assoziierten Staaten, die Deutschland den Krieg erklärt oder auch nicht erklärt hatten und nur in Versailles anwesend waren[11], sondern in erster Linie sein, Georges Clemenceaus Triumph.
Endlich kam Brockdorff-Rantzau zu Wort. Von den beiden Redeentwürfen, die er mitgebracht hatte, wählte er den längeren und entschiedeneren. Clemenceaus kurze Rede hatte deutlich gemacht, was die Deutschen erwartete. Brockdorff-Rantzau protestierte sofort gegen die Behauptung der deutschen Kriegsschuld:
»... Wir täuschen uns nicht über den Umfang unserer Niederlage, den Grund unserer Ohnmacht ... Wir kennen die Macht des Hasses, die uns hier entgegentritt, und wir haben die leidenschaftliche Forderung gehört, daß die Sieger uns zugleich als Überwundene zahlen lassen und als Schuldige bestrafen wollen. Es wird von uns verlangt, daß wir uns als die allein Schuldigen am Kriege bekennen. Solch Bekenntnis wäre in meinem Munde eine Lüge. Wir sind fern davon, jede Verantwortung dafür, daß es zu diesem Weltkrieg kam und daß er so geführt wurde, von Deutschland abzuwälzen. Die Haltung der früheren deutschen Regierung auf den Haager Friedenskonferenzen, ihre Handlungen und Unterlassungen in den tragischen

zwölf Julitagen[12] mögen zu dem Unheil beigetragen haben, aber wir bestreiten nachdrücklich, daß Deutschland, dessen Volk überzeugt war, einen Verteidigungskrieg zu führen, allein mit der Schuld belastet ist . . .«

Wieder im Hotel, übersetzten die Dolmetscher in fliegender Hast das den Deutschen übergebene Dokument, ein dickes Buch in fünfzehn Teilen mit mehreren hundert Artikeln. Dem Außenminister wurde klar, daß er diesen Vertragsentwurf niemals unterschreiben konnte. Er sah nicht einmal feste Grenzen und endgültige Reparationssummen vor. Ein solcher Vertrag konnte nicht von Dauer sein.

Nach zwei Wochen fruchtloser Verhandlungen, in denen sich der deutsche Außenminister verzweifelt bemühte, Milderungen zu erreichen, fuhr Brockdorff-Rantzau mit seinem Stab in die Heimat zurück.

Die Nationalversammlung in Weimar unterbrach ihre Beratung der neuen Reichsverfassung. Reichsministerpräsident[13] Scheidemann hatte bereits am 12. Mai den in der Aula der Berliner Universität versammelten Abgeordneten seine Meinung bekanntgegeben. Unter dem Bilde Fichtes stehend, hatte er ausgeführt: »Was unseren Beratungen zugrunde liegt, dies dicke Buch, in dem hundert Absätze beginnen: Deutschland verzichtet, verzichtet, verzichtet — dieser schauerlichste und mörderische Hexenhammer, mit dem einem großen Volk das Bekenntnis der eigenen Unwürdigkeit, die Zustimmung zur erbarmungslosen Zerstückelung, das Einverständnis mit Versklavung und Helotentum abgepreßt werden sollen, dies Buch darf nicht zum Gesetz der Zukunft werden. Welche Hand müßte nicht verdorren[14], die uns in diese Fesseln legt? Und dabei sollen wir die Hände regen und arbeiten, Frondienste für die ganze Welt leisten . . .? Dieser Vertrag ist nach Auffassung der Reichsregierung unannehmbar. So unannehmbar, daß ich noch nicht zu glauben vermag, die Erde könne solch ein Buch ertragen, ohne daß aus Millionen und aber Millionen Kehlen aller Länder, ohne Unterschied der Partei, der Ruf erschallt: Weg mit diesem Mordplan . . . Eine Verwilderung der moralischen Begriffe ohnegleichen, das wäre die Folge eines solchen Vertrages von

Versailles.« Der Bemerkung Scheidemanns von der »Verwilderung der moralischen Begriffe« kam eine fast prophetische Bedeutung zu. Wir erleben das von Tag zu Tag!
Als in der zweiten Junihälfte die Abgeordneten der Nationalversammlung vor der Frage standen, ob sie den Vertrag annehmen oder ablehnen sollten, neigten wohl die meisten von ihnen dazu, mit Nein zu stimmen. Aber die deutsche Ernährung stand vor dem Zusammenbruch. Die deutschen Häfen waren noch immer blockiert[15], und eine Verweigerung der Unterschrift mußte Zehntausenden Großstadtkindern den Hungertod bringen und Millionen Jugendlichen gesundheitliche Schäden für ihr ganzes Leben. So beugte sich die Nationalversammlung schweren Herzens dem Ultimatum der Sieger und nahm am 22. Juni mit 237 gegen 138 Stimmen[16] den Vertrag unter leidenschaftlichem Protest an. Sechs Tage später setzten Hermann Müller, der Außenminister der Regierung Bauer, und der Zentrumsminister Dr. Bell ihre Unterschriften unter den Vertrag im selben Spiegelsaal von Versailles, in dem am 8. Januar 1871 das deutsche Kaiserreich ausgerufen worden war.
Die unmittelbare Folge des Versailler Diktats mit der Kriegsschuldklausel[17] war eine Stärkung der republikfeindlichen und antidemokratischen Kräfte. Die Zeitfreiwilligen-Verbände und die Freikorps, die sich vielfach gebildet hatten, erfuhren dadurch eine erhebliche Stärkung.
Neun Monate später, im März 1920, glaubten die Feinde der Weimarer Republik zum Schlage ausholen zu können. Unzufriedene Generale marschierten vom Truppenübungsplatz Döberitz aus mit ihren Verbänden, die aufgelöst werden sollten, in Berlin ein, erklärten die amtierende Reichsregierung für abgesetzt und nominierten Generallandschaftsdirektor Kapp zum Regierungschef. Präsident Ebert und die gesetzmäßige Regierung entzogen sich der drohenden Festnahme und riefen von Süddeutschland aus zum Generalstreik auf, dem die gesamte Arbeiterschaft einmütig Folge leistete. Die Putschisten mußten nach wenigen Tagen einsehen, daß ihr Staatsstreich angesichts des Widerstandes der Arbeiterschaft gescheitert war. Kapp floh nach Schweden, die Reichsregierung kehrte nach Berlin zurück.

Der erste Ansturm gegen die »Republik von Weimar« war abgewehrt.
Die Sieger des ersten Weltkrieges hatten als eines ihrer Kriegsziele die Demokratisierung des Deutschen Reiches verkündet. Aber sie dachten auch jetzt nicht daran, die junge deutsche Demokratie, die soeben ihre erste Feuerprobe glänzend bestanden hatte, zu unterstützen. In den Reden zu den Vierzehn Punkten des Präsidenten Wilson war ausdrücklich festgelegt worden, daß keinerlei Kriegsentschädigung von den Besiegten gefordert werden sollte, lediglich die Kosten des Wiederaufbaus der während des Krieges zerstörten Gebiete in Nordfrankreich und Belgien, also die »Schäden der Zivilbevölkerung«, sollten von Deutschland als Reparationen vergütet werden. Doch der Versailler Vertrag setzte die Höhe der Reparationssumme nicht fest. Deutschland wurde gezwungen, eine Schuld von unbekannter Höhe anzuerkennen.
Dazu lehnte der USA-Senat es ab, den Versailler Friedensvertrag zu unterzeichnen[18]. Die Folge war, daß Frankreich in der Reparations-Kommission die entscheidende Stimme hatte. Es versuchte dauernd, unter dem Deckwort »Reparationen« doch Kriegsentschädigungen zu erhalten.
Ursprünglich hatten französische Politiker davon gesprochen, von Deutschland 800 Milliarden Goldmark zu fordern. »Le Boche payera tout«. Nach den Maßstäben der damaligen Zeit bezifferte sich der gesamte wirtschaftliche Wert des Reiches auf die Hälfte dieser Summe; außerdem gab es noch 150 Milliarden fundierte und schwebende Reichsschulden. Es dauerte zwei Jahre, bis die Reparationskommission im April 1921 die Reparationsschuld auf 132 Gold-Milliarden festsetzte, zahlbar in Jahresraten zu 2 Milliarden. Dabei aber wurden die bis dahin gezahlten Barbeträge und die Sachlieferungen, die erheblichen Werte der abgetretenen Gebiete, der Kolonien, der deutschen Handelsflotte und von über viertausend Auslandspatenten nicht angerechnet. Natürlich war auch diese ermäßigte Summe niemals aufzubringen. Aber man zwang die deutsche Regierung in einem Ultimatum, die Regelung der Reparationskommission

anzuerkennen. Ein weiteres Absinken der deutschen Währung war die unausbleibliche Folge.
Bereits die ersten Raten konnten nur mit Hilfe kurzfristiger Auslandskredite geleistet werden. Als die Reichsregierung für weitere Zahlungen um Stundung nachsuchte, verweigerte man jede Hilfe. Ministerpräsident Raymond Poincaré ließ am 11. Januar 1923 französische Truppen ins Ruhrgebiet einmarschieren, weil Deutschland infolge eines Streiks mit Sachlieferungen von Holz und Kohle um ganze 2 Prozent in Rückstand geraten war. Sein eigentliches Ziel war nicht, Reparationen mit Hilfe französischer Panzer und Maschinengewehre einzutreiben, sondern es ging ihm darum, aus dem Rheinland und dem Ruhrgebiet eine selbständige »Rheinische Republik« von Frankreichs Gnaden zu schaffen.
Militärisch völlig machtlos, erklärte die Reichsregierung den passiven Widerstand. Die Gruben wurden stillgelegt, die Sachlieferungen nach Frankreich und Belgien eingestellt und die Bevölkerung aufgefordert, für die fremden Besatzungstruppen keine Hand zu rühren. Frankreichs Vorgehen, das die Weltmeinung nahezu einmütig ablehnte, erwies sich als ein Griff ins Leere. Außer Belgien beteiligte sich keine der kriegsverbündeten Regierungen an der neuen Besetzung deutschen Gebietes. Die Menschen an der Ruhr erwiesen sich, bis auf wenige Ausnahmen, gegen die französischen Lockungen immun[19].
Die deutsche Mark war bereits Ende 1922 nicht einmal mehr einen Goldpfennig wert. Jetzt nahm die Inflation bisher nicht für möglich gehaltene Ausmaße an. Ende November 1923 war ein Dollar vier Billionen zweihundert Milliarden (in Zahlen: 4 200 000 000 000) deutsche Mark wert. Die Inflation befreite zwar das Deutsche Reich von seiner Inlandsschuld von fast 200 Goldmilliarden, zerstörte aber auch Hunderttausende Vermögen. Weite Schichten der Bevölkerung waren um ihre Sparpfennige gebracht und fielen der öffentlichen Wohlfahrt zur Last. Sie machten aber nicht den verlorenen Krieg oder die Feindmächte, sondern »die Republik« für ihr Elend verantwortlich.
In der Pfalz, in Koblenz und in Köln waren Separatisten am Werk, um die »Rheinische Republik« vom Reich abzutrennen,

in Sachsen und Thüringen amtierten halbkommunistische Länderregierungen, in Hamburg jagten Moskauer Agenten fanatisierte Arbeiter auf die Barrikaden. In München rief Adolf Hitler, höchstwahrscheinlich mit französischem Gelde bezahlt[20], zum Marsch auf Berlin auf und putschte an der Feldherrnhalle. Aber alle diese Zersetzungserscheinungen konnten schließlich überwunden werden, als die Mark stabilisiert wurde. Dies eine großartige Leistung, woran das »Finanzgenie« Dr. Hjalmar Schacht entscheidend beteiligt war. Den Putschisten von rechts und links und den Agenten aus dem Osten und Westen war mit Trockenlegung des Inflationssumpfes der Nährboden entzogen.

Mit dem Abbruch des Ruhrkampfes im Oktober und der Stabilisierung der deutschen Mark im November 1923 kam auch eine Neuregelung der Reparationen in Gang. Eine unter dem Amerikaner Charles G. Dawes zusammentretende Kommission arbeitete einen Plan aus, nach dem die Ausfuhrabgaben und sonstige Lasten fortfallen und an Reparationen in den nächsten drei Jahren nur 1 bis 1,2 Milliarden gezahlt werden sollten; erst vom fünften Jahr ab — 1930 — waren 2½ Milliarden jährlich zu begleichen. Allerdings blieb die Gesamtsumme auch weiterhin offen. Das Ruhrgebiet war innerhalb eines Jahres zu räumen. Der auf der Londoner Konferenz im August 1924 unterzeichnete und vom Reichstag bald ratifizierte Vertrag über den »Dawes-Plan« belebte die deutsche Wirtschaft. Sie erholte sich erstaunlich schnell. Nachdem sich die USA eingeschaltet hatten, faßte auch das übrige Ausland wieder Vertrauen. Ein Strom von Krediten floß nach Deutschland. Ungezählte Großbetriebe und Gemeinden nahmen kurzfristige Anleihen auf und modernisierten ihre Werke oder beseitigten die Kriegsschäden. Daß diese Anleihe-Politik Gefahren besonderer Art heraufbeschwor, sollte sich wenige Jahre später zeigen.

Den vom jahrelangen Ringen um den Bestand des Reiches und der Demokratie erschöpften Reichspräsidenten Ebert raffte Ende Februar 1925 eine plötzliche Krankheit dahin, vier Monate vor Ablauf seiner Amtszeit. Die von der Verfassung vorgesehene Volkswahl bot den Feinden der Republik Gelegenheit, ihre

Kräfte mit den Parteien zu messen, die den neuen Staat bejahten. Es gelang nicht, Reichswehrminister Geßler als gemeinsamen bürgerlichen Kandidaten aufzustellen. Zu der für den 29. März ausgeschriebenen Wahl kandidierten schließlich sechs Politiker, als siebenter der von den Nationalsozialisten präsentierte General Erich Ludendorff. Wie zu erwarten war, errang keiner der Kandidaten die vorgeschriebene absolute Mehrheit, so daß ein zweiter Wahlgang notwendig wurde[21].

Für die endgültige Wahl am 26. April 1925, bei der die relative Mehrheit ausreichte, einigten sich Zentrum, SPD und Demokraten auf den Katholiken Dr. Wilhelm Marx. Die Kommunisten präsentierten wiederum Ernst Thälmann, während die Rechtsparteien den 78jährigen Generalfeldmarschall des Ersten Weltkrieges, Paul von Beneckendorff und Hindenburg, als ihren neuen Sammelkandidaten aufstellten. Die katholische Bayrische Volkspartei empfahl ihren Anhängern, Hindenburg zu wählen. Die mit einer Million zu beziffernden Stimmen dieser Partei entschieden das Rennen. Im zweiten Wahlgang wurde Hindenburg mit relativer Mehrheit gewählt[22].

In ihrer Propaganda für ihren Kandidaten hatten die Rechtsparteien den Mund sehr voll genommen. Eines ihrer Hauptargumente war, der Alte Herr werde als Präsident die Renten und Sparguthaben weitgehend aufwerten. Dieses Wahlversprechen einzulösen war unmöglich, und niemand wußte das genauer als jene, die es gaben. Aber es hatte sich, wie das Ergebnis der Wahl bewies, gelohnt. Ungezählte durch die Inflation verarmte Rentner hatten sich für den Generalfeldmarschall als ihren »Retter«, wie er ihnen auf den Plakaten angepriesen worden war, entschieden.

Die antidemokratischen Kräfte jubelten. Die Wahl Hindenburgs schien der erste weithin sichtbare Sieg der Rechten gegen den »Staat von Weimar«, gegen das »Novemberverbrechen« und gegen den »Dolchstoß«. Mit Hindenburg hatte auch die Monarchie gesiegt, denn der neue Präsident war »die Fortsetzung des Kaiserreichs mit anderen Mitteln«[23]. Eines Tages würde der Generalfeldmarschall den Kaiser und die 22 deutschen Landesfürsten zurückholen und damit die »gute alte Zeit«, in der ein

Pfennig ein Pfennig und eine Mark eine Mark gewesen waren. Wider Erwarten seiner Entdecker hielt jedoch Hindenburg seinen auf die Weimarer Verfassung geschworenen Eid. Wohl betrachtete sich der Alte Herr als Statthalter der Hohenzollern, aber deswegen seinen Eid zu brechen, kam ihm nicht in den Sinn. Sorgenvoll äußerte der deutschvölkische Abgeordnete von Graefe gleich nach der Feierlichkeit zu Parteifreunden: »Ich fürchte, der Feldmarschall wird diesen Eid genau halten[24].«

3. Ausbruch der Wirtschaftskrise

Der Erste Weltkrieg hatte beim deutschen Volke tiefe Spuren hinterlassen. Doch weniger die Tatsache, daß er verloren wurde, als vielmehr die Begleiterscheinungen prägten sich in das Bewußtsein ein. Den ersten heftigen Widerstand weckte die Kriegsschuldklausel des Friedensvertrages. Mehr als dreizehn Millionen Deutsche waren Soldaten gewesen. Zwei Millionen waren gefallen. Die nach Hause zurückgekehrt waren, sollten nun plötzlich Kriegsverbrecher gewesen sein oder Kriegsverbrechern gedient haben? Diese Zumutung an sie zu stellen, war eine politische Dummheit ersten Ranges. Noch schwerer fiel es den Hinterbliebenen der zwei Millionen Gefallenen, zu glauben, ihre Toten seien Werkzeuge eines Verbrechens oder gar selber Kriegsverbrecher gewesen[1]. Aber wie man weiß, sind fast alle Politiker unfähig, irgend etwas aus den Fehlentscheidungen ihrer Vorgänger zu lernen. Nach dem Zweiten Weltkrieg wiederholten die Sieger einen großen Teil der gleichen Fehler, und stehen nun erstaunt vor deren Folgen.

Verschiedene Artikel des Versailler Vertrages waren unklar gefaßt. Die Sieger legten sie zu ihren Gunsten aus. Das festigte im deutschen Volke die Gewißheit, man habe absichtlich so gehandelt, um nachträglich das zu bekommen, was man wegen des ungünstigen internationalen Eindrucks nicht gleich habe wegnehmen können. So hieß es im Vertrag, die Bevölkerung der beiden Kreise Eupen und Malmedy, die Belgien forderte, müsse »befragt« werden. Die »Befragung« geschah, indem der belgische Hochkommissar General Baltia Listen auflegen ließ, in die sich diejenigen eintragen sollten, die für Deutschland optierten. Wer sich daraufhin zum Deutschen Reiche bekannte, wurde kurzfristig ausgewiesen. Frankreich wies Zehntausende Bewohner der ehemaligen Reichslande Elsaß-Lothringen aus ih-

rer Heimat aus. Polen verfuhr noch rigoroser. Es vertrieb nicht nur Hunderttausende von Heim und Hof, sondern eignete sich durch Handstreich Gebiete an, die ihm gar nicht zugesprochen waren oder deren Bevölkerung sich mit erdrückender Mehrheit für den Verbleib bei Deutschland ausgesprochen hatte. Die Ausweisung bedeutete praktisch den Verlust des persönlichen Besitzes. Wer bot schon, wenn überhaupt noch Zeit dafür vorhanden war, für einen Hof oder ein Haus den realen Wert, wenn der Besitzer innerhalb einer bestimmten Frist das Land verlassen mußte? Könige und Völker hatten schon oft Kriege verloren; Bewohner ganzer Landstriche und großer Städte waren unzählige Male über Nacht Untertanen eines anderen Herrschers geworden. Das kannte man, und damit hätten sich auch die Deutschen nach 1918 abgefunden. Daß man aber mit dem Wechsel der Staatsbürgerschaft auch Sprache und Besitz aufgeben mußte, war eine der bösen Folgen der Pariser Friedensverträge. (Aber nichts hat man daraus gelernt!)
Noch eine andere Kriegsfolge hatte verheerende Auswirkungen: der Verlust des Goldstandards. Natürlich litten auch die Siegermächte schwer. Sie waren ohne Ausnahme von Gläubigerstaaten zu Schuldnerstaaten herabgesunken — bis auf die Vereinigten Staaten von Amerika. Die USA hatten Anleihen geben müssen und forderten nicht nur Zinsen, sondern auch Rückzahlung. Auf die Idee, eine gemeinsame europäische Regelung zu versuchen, kam im Rausche der Siegesfeiern niemand. Alle wollten sich schadlos halten, sowohl territorial wie militärisch, wirtschaftlich und finanziell. Weil die Türkei und Österreich-Ungarn aufgeteilt worden waren, hielt man sich an Deutschland. Es sollte für alle und alles aufkommen! Da man schon dabei war, forderte man nicht nur Reparationen, sondern belegte auch die deutsche Ausfuhr mit einer Taxe, um die deutsche Konkurrenz auszuschalten.
Gegen diesen volkswirtschaftlichen Irrsinn liefen nicht nur die deutschen Sachverständigen Sturm. Auch alliierte Fachleute erklärten, niemals ließen sich die Bestimmungen des Versailler Vertrages erfüllen[2].

Von den Politikern auf der Siegerseite begriff der englische Premierminister Lloyd George ziemlich früh, daß es mit der Einteilung der Welt in Sieger und Besiegte nicht weitergehen konnte. Er berief 1922 eine Weltwirtschaftskonferenz nach Genua ein, zu der erstmals auch Deutschland und die Sowjetunion als gleichberechtigte Mitglieder geladen wurden, um beide wieder in die Weltwirtschaft einzugliedern.

Die Konferenz begann am 10. April 1922, und 36 Staaten nahmen daran teil. Mit den Sachverständigen waren ungefähr zweitausend Personen nach der malerisch gelegenen italienischen Hafenstadt geströmt, aus der man alle Bettler evakuiert hatte. Aber die Konferenz war schon vor ihrem Beginn zum Scheitern verurteilt, denn über das ärgste Hindernis für eine Gesundung der europäischen Wirtschaft, über die Ursache der Krankheit, also das zentrale Problem: die Reparationen, durfte nach dem Willen des französischen Ministerpräsidenten Poincaré, der berechnenderweise zu Hause geblieben war, nicht gesprochen werden. Sein Vertreter und Vertrauensmann, der Justizminister seines Kabinetts, rief gleich nach der Eröffnung in den Saal: »Hier ist kein Kassationshof[3] für den Friedensvertrag.«

Die deutsche Delegation stand unter der Führung des Reichskanzlers Dr. Joseph Wirth, doch ihr geistiger Führer war Außenminister Dr. Walther Rathenau, der als Wiederaufbauminister bereits die ersten außenpolitischen Erfolge Deutschlands nach dem Kriege zu verzeichnen gehabt hatte. Es war ihm gelungen, Reparationszahlungen in Sachlieferungen umzuwandeln und damit der deutschen Wirtschaft neue Impulse zu geben. Auch in Genua machte Rathenau von sich reden. Als die Westmächte die Sowjetunion, die sich bisher strikt geweigert hatte, den Vertrag von Versailles anzuerkennen, aufforderten, die Pariser Vorortsverträge nachträglich zu unterzeichnen und damit in den Genuß von Reparationen zu kommen, als Gegenleistung aber das kaukasische Öl herauszugeben, schloß Rathenau mit den Vertretern der UdSSR den sogenannten Rapallo-Vertrag. Mit ihm zogen Deutschland und die Sowjetunion einen Strich

unter die Vergangenheit und verzichteten gegenseitig auf irgendwelche Forderungen und Wiedergutmachungsansprüche.
Rathenau war für die Verhandlungen mit den Sowjets besonders prädestiniert. Er hatte schon ziemlich früh erkannt, daß sich das neue Staatsgebilde behaupten würde. Auch hatte er bereits mit Karl Radek, dem Vertreter der UdSSR, verhandelt. Andererseits war die Sowjetunion dem Deutschen Reich schon einmal politisch zu Hilfe gekommen. Als der Text des Versailler Vertrages bekannt wurde, der »feststellte«, daß Deutschland am Ausbruch des Ersten Weltkrieges schuldig sei, veröffentlichte die Sowjetregierung gegen den Protest der Westmächte die Geheim-Akten des russischen Außenministeriums, aus denen klar hervorging, daß der zaristischen Regierung zumindest die gleiche Schuld zukam wie der deutschen, daß aber auch die französischen Regierungen nicht schuldlos waren[4]. Dazu hatte der sowjetische Staatsmann Lenin das Problem mit dem bösen Wort kommentiert, der Krieg sei geführt worden, um zu entscheiden, wer den Weltmarkt beherrschen sollte — die englische oder die deutsche Wirtschaft. Den Beweis für diese Behauptung schienen die Sieger mit ihren Reparationsforderungen zu liefern. Die Redner der KPD versäumten jahrelang nicht, dieses Leninsche Standard-Schlagwort immer wieder zu zitieren.
Der Abschluß des Rapallo-Vertrages kam völlig überraschend. Die Westmächte fühlten sich hintergangen, weil nicht sie einen Vertrag mit der Sowjetunion geschlossen hatten und weil ein Abkommen über das kaukasische Öl jetzt illusorisch geworden war. Aber auch in Deutschland wurde der Rapallo-Vertrag stark kritisiert[5]. Später, am 24. April 1926, schloß man eine Art Ergänzungsvertrag ab, den sogenannten Berliner Vertrag, in dem sich Deutschland und die Sowjetunion im Falle eines Krieges gegenseitig Neutralität zusicherten und sich außerdem verpflichteten, sich an einem Boykott gegen eine der vertragschließenden Mächte nicht zu beteiligen.
Die beiden Verträge, welche die traditionelle Freundschaft Preußen-Deutschlands mit Rußland fortzusetzen schienen, konnten nicht die Tatsache verdecken, daß sich alle deutschen

Parteien — außer der KPD — zum Westen hingezogen fühlten. Auch die deutschen Generale, die insgeheim mit der Sowjetunion, insbesondere mit der Roten Armee, engste Tuchfühlung hielten[6], hegten keinerlei Sympathie für das bolschewistische Regime. Das Zusammengehen der Militärs beider Staaten war rein zweckbedingt und erklärte sich nur aus der Intransigenz der Westmächte.

Der Berliner Vertrag, der noch einmal die besondere Stellung Deutschlands zwischen Ost und West unterstrich, war bereits die Folge einer veränderten Haltung der Westmächte. Sowohl in Frankreich wie in England waren bei den Parlamentswahlen 1924 verständigungsbereite Politiker an die Macht gekommen. Nur daher war es möglich gewesen, den Dawes-Plan zu verwirklichen und die Räumung des Ruhrgebiets zu vereinbaren. Jetzt führte Außenminister Stresemann die Befriedungspolitik weiter. In einer im Februar 1925 an die französische Regierung gerichteten Denkschrift erklärte er sich bereit, die deutschen Westgrenzen anzuerkennen — also die erzwungene Unterschrift unter den Versailler Vertrag insoweit durch eine freiwillige zu ergänzen. Auch brachten seine Gedanken den Willen der Reichsregierung zum Ausdruck, dem Sicherheitsbedürfnis Frankreichs durch dauernde freiwillige Beibehaltung der entmilitarisierten Zone Genüge zu leisten. Im Oktober 1925 kam es zur Konferenz der vier Mächte Deutschland, England, Frankreich und Italien in Locarno im Schweizer Kanton Tessin. In dem am 1. Dezember in London unterzeichneten Schlußprotokoll verpflichteten sich Frankreich, Belgien und Deutschland, die Versailler Westgrenze Deutschlands anzuerkennen und auf jede gewaltsame Änderung zu verzichten. England und Italien übernahmen die Garantie dafür, und Streitigkeiten sollten einem Schiedsgericht unterbreitet werden. Deutschland sollte dem Völkerbund beitreten und einen ständigen Ratssitz erhalten.

Die Welt atmete auf. Der uralte Gegensatz Deutschland-Frankreich schien überwunden und eine lange Friedensperiode gesichert. Der Berliner Vertrag mit der Sowjetunion gab ihr die Sicherheit, daß Deutschland sein Gebiet nicht zu Truppen-Durch-

märschen zur Verfügung stellen würde. Diese Ergänzung des Locarno- wie des Rapallo-Vertrages wurde im Reichstag von allen Parteien gutgeheißen.
Ein Jahr später wurde Deutschland einstimmig in den Völkerbund aufgenommen. Parallel mit der politischen Entspannung konsolidierten sich die wirtschaftlichen Verhältnisse Europas. Es begann sich in verblüffend raschem Tempo von den ungeheuren Schäden des Weltkrieges zu erholen.
Der wirtschaftliche und politische Aufstieg führte bei der Reichstagswahl im Mai 1928 zu einer Stärkung der Sozialdemokratie, die vornehmlich die Entspannungspolitik getragen hatte. Hindenburg betraute Hermann Müller mit der Bildung einer großen Koalition aus SPD, DDP, Zentrum und DVP. Ende Juni legte er als Reichskanzler — und mit ihm drei Parteifreunde und die anderen Reichsminister — den Eid in die Hand des neugewählten Reichspräsidenten ab. Der im Januar zum Reichswehrminister berufene General a. D. Wilhelm Groener war im Amt geblieben.
Die Regierung Müller konnte eine Reihe beachtlicher Erfolge verbuchen. Unter anderem erreichte sie den Abschluß des Young-Planes. Da die Zahlungen aus dem Dawes-Plan auf $2^1/_2$ Milliarden angestiegen waren und man die Unmöglichkeit einsah, solche großen Beträge dauernd zu transferieren, wurde unter dem Vorsitz des Amerikaners Young ein neuer Plan ausgearbeitet, der die jährliche Zahlung spürbar verminderte. Allerdings sah er eine fast 60jährige Laufzeit vor: die Kriegsschulden Englands, Frankreichs, Belgiens und Italiens an die USA hatten die gleiche Laufdauer und sollten aus den deutschen Reparationen bezahlt werden. Das Reich erhielt aber das Verfügungsrecht über die Deutsche Reichsbahn zurück, das militärische Kontrollsystem des Versailler Vertrages wurde abgeschafft, und die vorzeitige Räumung des Rheinlandes — vor dem Jahre 1935 — rückte in greifbare Nähe. Die Reichsregierung trat auch dem nach dem amerikanischen Staatssekretär so genannten Kellogg-Pakt bei, worin die Mächte auf den Krieg als Mittel der Politik ausdrücklich verzichteten. Die Wirtschaft hatte sich gut entwickelt, und man durfte hoffen, daß Deutschland auch

noch die militärischen Fesseln des Versailler Vertrages abstreifen und die militärische Gleichberechtigung erhalten würde. Vielleicht ließ sich auch für die Reparations- und interalliierten Schuldenfragen allmählich eine vernünftige Lösung finden.
In der Periode der Konsolidierung der Weltwirtschaft in den Jahren 1924 bis 1929 machte sich die Sowjetunion als störender Wirtschaftsfaktor nicht bemerkbar. Aber nachdem es im Herbst 1929 in New York zu einem Zusammenbruch der spekulativ hochgetriebenen Aktienkurse gekommen war, bei dem über Nacht Hunderte von Millionen Dollar in Nichts zerflossen, setzte die UdSSR alles daran, die Krise durch Unterbietung der Warenpreise noch zu verschärfen. Industrieprodukte konnte sie allerdings nicht auf den Markt werfen, aber sehr wohl Rohstoffe und Agrarprodukte. Während der Weltmarktpreis für Weizen sich auf 0,81 Dollar je Scheffel belief, verkaufte die Sowjetunion ihn zu 0,69 Dollar. Dabei betrug der Gestehungspreis der unrentabel arbeitenden Staatsgüter plus Transportkosten 1,30 Dollar[7]. Die UdSSR verschleuderte ihr Getreide, zur gleichen Zeit verhungerten in der Ukraine, dem klassischen Getreideland, nach vorsichtigen Schätzungen sechs Millionen Bauern[8]. Dasselbe Dumping wie beim Getreide trieb die Sowjetunion auch bei Holz, Kohlen, Koks, Erdölprodukten und anderen Rohstoffen. Als die Staaten sich dagegen mit Zöllen und Festpreisen zu schützen begannen, schloß die UdSSR Verträge ohne feste Preise, nur mit der Klausel: »10 Prozent unter Weltmarktpreis.«[9]
Die Weltwirtschaftskrise, die sich aus dem Börsenzusammenbruch in New York entwickelt hatte, wurde durch die sowjetischen Praktiken außerordentlich verschärft. In den westlichen Ländern mußten Agrarprodukte verbrannt werden, weil sie nicht absetzbar waren und die Lagerung teurer zu stehen gekommen wäre als das Produkt selber. Dabei hungerten ungezählte Menschen. Die Vernichtung von Lebensmitteln war natürlich für die Kommunisten ein ausgezeichneter Propagandaschlager, so wirksam, daß sich auch die Nationalsozialisten darauf stürzten und sich in diesem Punkte ihrer Propaganda gegenüber den Westmächten kaum noch von den Kommunisten

unterschieden. Am 27. März 1930 trat die Regierung Müller aus nichtigen Gründen zurück. Die Minister der Deutschen Volkspartei und der SPD konnten sich nach dem Tode Stresemanns nicht mehr über die Höhe der Beiträge für die Erwerbslosenversicherung einigen. Die Arbeitsämter registrierten zu diesem Zeitpunkt knapp drei Millionen Arbeitsuchende, die unterstützt werden mußten. Das war für die Jahreszeit, vor Beginn der Bausaison, nicht sonderlich beunruhigend[10]. In den USA betrug die Arbeitslosigkeit fast das Doppelte, in Großbritannien war sie, wenn man den Unterschied der Einwohnerzahl berücksichtigt, fast gleich hoch. Nur in Frankreich und Italien lagen die Ziffern erheblich niedriger. Welche Ausmaße die Arbeitslosigkeit innerhalb kurzer Zeit annehmen sollte, sah niemand voraus, und noch weniger, daß die Beträge, um die man sich im Kabinett Müller stritt — ein halbes Prozent vom Arbeitslohn, das nur zur Hälfte vom Arbeitnehmer, zur Hälfte vom Arbeitgeber getragen werden sollte — in wenigen Monaten nicht mehr ausreichen würden.
Reichspräsident von Hindenburg betraute den Fraktionsführer des Zentrums, Dr. Heinrich Brüning, mit der Bildung des neuen Kabinetts. Am 30. März wurde es vereidigt.
Zwei Tage später, am 1. April 1930, stand Dr. Brüning, für sein Amt noch verhältnismäßig jung, vor dem Reichstag. Sein Kabinett umfaßte Vertreter von fünf Parteien: dem Zentrum, den Demokraten, der Volkspartei und den beiden Splittergruppen Wirtschaftspartei und Volkskonservative, aber es verfügte nur über rund zweihundert von 491 Stimmen. Den Deutschnationalen fiel es schwer, die neue Regierung zu tolerieren, denn sie konnten es nicht verwinden, daß sich Dr. Brüning ausgerechnet als Innenminister jenen Dr. Wirth holte, der nach dem Rathenaumord die Parole ausgegeben hatte: »Der Feind steht rechts!«
Dr. Brünings Programm unterschied sich von jenem der vorhergehenden Regierung nur geringfügig. Mehr drohend als warnend erklärte er: »Das Kabinett ist gebildet mit dem Zweck, die nach allgemeiner Auffassung für das Reich notwendigen Auf-

gaben in kürzester Frist zu lösen. Es wird der letzte Versuch sein, die Lösung mit diesem Reichstag durchzuführen.«

Der letzte Versuch? Die Abgeordneten sahen überrascht zum Rednerpult hoch, doch weder die auf den Regierungsbänken, noch jene der Opposition erkannten, daß es nicht nur der letzte Versuch mit *diesem* Reichstag werden sollte, sondern der letzte Versuch mit dem Reichstag als gesetzgeberischer Einrichtung überhaupt!

Über den Ausgleich des Reichshaushalts hatte man sich schon im Kabinett Müller zerstritten. Genau genommen war das auch der Grund, warum General von Schleicher, Chef des Ministeramtes im Reichswehrministerium, auf den Gedanken gekommen war, den Finanzsachverständigen Dr. Brüning zu empfehlen. Zwar war es nicht die verfassungsmäßige Aufgabe des Generals, Vorschläge für die Ernennung von Reichskanzlern zu machen. Dafür hatte das Staatsoberhaupt seine Berater, aber wenn man demselben Regiment entstammte wie der Reichspräsident und dessen Sohn, Oskar von Hindenburg, und wenn man mit diesem Sohn dazu noch engstens befreundet war, dann hatten solche Ratschläge schon ihr Gewicht[11].

Der Vorschlag Schleichers sprach für sich. Dr. Brüning stand auf dem linken Flügel des Zentrums, er war sozialpolitisch erfahren, er war aus den Christlichen Gewerkschaften hervorgegangen, er war ein unermüdlicher Arbeiter und ein Fachmann für Steuerfragen. Außerdem war er noch Frontoffizier bis zum letzten Tage gewesen[12]. Alle diese Eigenschaften empfahlen ihn teils nach links, teils nach rechts.

Zunächst ging auch alles gut. Dr. Brüning brachte im Reichstag die Erhöhung der Umsatz-, Bier- und Warenhaussteuer, des Benzinzolls und die Einführung einer Mineralsteuer durch, doch zwei Monate später zeigte sich, daß im Haushalt das Defizit nicht verschwunden, sondern im Gegenteil auf 850 Millionen angewachsen war. Die sprunghaft ansteigenden Ziffern der Erwerbslosigkeit und damit auch der Ausgaben, und auf der anderen Seite die immer mehr zurückgehenden Steuererträgnisse machten jede Planung illusorisch. Die Regierung sah sich gezwungen, eine neue Steuervorlage einzubringen, doch der

Reichstag weigerte sich, sie zu billigen. Brünings Finanzminister erklärte daraufhin seine Demission. Die Regierung zog ihre Vorlage zurück, aber damit war der Fehlbetrag nicht gedeckt.
In seiner Not verfiel der Kanzler auf einen Ausweg, der Schule machen sollte. Er veranlaßte den Reichspräsidenten, die Steuervorlage, die der Reichstag soeben abgelehnt hatte, leicht abgeändert als Notverordnungen zu erlassen. Die Abgeordneten waren ungehalten und glaubten ihr Recht als Gesetzgeber bedroht. Zwar hatte der Reichstag bereits früheren Regierungen zugestanden, auf dem Verordnungswege Gesetze zu erlassen, aber das waren andere Zeiten gewesen[13]. Als die SPD den Antrag stellte, die beiden Notverordnungen aufzuheben, wozu die Regierung nach der Verfassung verpflichtet war, wenn das Parlament es forderte, stimmten 236 Abgeordnete dafür und nur 221 dagegen.
Der Regierung boten sich nur zwei Wege, entweder zurückzutreten oder den Reichstag aufzulösen. Reichspräsident von Hindenburg entschied sich auf Vorschlag Dr. Brünings am 18. Juni 1930 für die Auflösung des 4. Deutschen Reichstags, der erst vor zwei Jahren gewählt worden war. Für den 14. September wurde die Neuwahl angesetzt.
Weder Dr. Brüning noch die anderen Parteiführer, nicht einmal die Nationalsozialisten und die Kommunisten, die von einer Auflösung am meisten zu erwarten hatten, ahnten, was die Wahl erbringen würde. Am meisten enttäuscht wurde Dr. Brüning. Er hatte auf eine Zunahme der Volkskonservativen gehofft, jener Absplitterung der Deutschnationalen, aber die Volkskonservativen, inzwischen in Konservative Volkspartei umgetauft, wurden praktisch aufgerieben.
Im Jahre 1928 hatte die deutsche Industrie beinahe Vollbeschäftigung erreicht. Die Arbeitsämter verzeichneten zwar noch über eine Million Erwerbslose, aber diese Zahl trog, denn die Fabriken arbeiteten auf Hochtouren. Im folgenden Jahr, vornehmlich im letzten Viertel, machten sich jedoch Störungen durch den Abzug der Auslandskredite bemerkbar. Im Wahljahr 1930 sank die Produktion, gemessen an 1928, auf 88 Prozent. Die Weltwirtschaftskrise ließ auch die Preise stark absinken,

besonders für Agrarprodukte. Der Weltmarktpreis für Weizen sank um 48 Prozent. Ein furchtbarer Kreislauf setzte ein. Die Arbeitslosen kauften weniger Agrarprodukte, die Bauern konnten infolgedessen weniger Industriewaren kaufen, wodurch sich die Arbeitslosigkeit noch mehr erhöhte. Trotz zollpolitischer Maßnahmen, die wiederum auf die Ausfuhr von Industriegütern drückten, litt die Landwirtschaft schwer, besonders in jenen Teilen des Reiches, in denen die großbäuerlichen Betriebe vorherrschten.

In dieser Situation wurde gewählt. Zweifelsohne hatte weder Dr. Brüning noch die zu ihm in Opposition stehende SPD diese Entwicklung vorausgesehen. Beider Entscheidung wäre dann sicher anders ausgefallen. Die Legislaturperiode des 1928 gewählten Reichstags lief ja erst 1932 ab, und mit ihm hätte man sehr wohl bis zu diesem Zeitpunkt regieren können. Höchstwahrscheinlich würde es dann auch nicht zu dem schnellen Anwachsen der NSDAP gekommen sein, denn erst die Wahl 1930 brach das Eis.

Die Parteien gingen nach altbewährtem Muster in den Wahlkampf: man ließ mehr oder minder wirksame Plakate anschlagen, veranstaltete Kundgebungen und in den größten Städten Großkundgebungen[14], ließ Flugblätter verteilen und Erwerbslose und Hausfrauen in den Wohnungen »individuelle Propaganda« machen. Das hatte man seit Jahren getan, und so verfuhr man auch diesmal. Anders jedoch die Nationalsozialisten, die 1928 kaum in Erscheinung getreten waren. Sie brachten eine gänzlich neue Note in den Wahlkampf. Hitler flog im eigenen Flugzeug von Stadt zu Stadt und von Großkundgebung zu Großkundgebung, an Hunderttausenden von Litfaßsäulen klebten Wahlplakate, die keine figürlichen Darstellungen wie allgemein üblich brachten, sondern in der Art der Boulevardblätter mit Schlagzeilen und sogar mit kleinen Leitartikeln warben. Diese Plakate veranlaßten die Passanten, stehenzubleiben, um die Texte zu lesen, was wiederum andere Passanten anlockte. Die Anschläge der NSDAP waren fast stets umlagert, und man fragte sich, was denn das für eine Partei sei, die ein derartiges Aufsehen erregte und deren Anhänger in braunen Uniformen rudelweise auf Lastwagen durch die Straßen fuhren und bestrebt waren, unter allen Umständen die Aufmerksamkeit auf sich zu ziehen. Diese Aktivität steckte an, es ließ sich nicht ableugnen.

Für die Wahlleiter der anderen Parteien war es ein Rätsel, woher die NSDAP das Geld für diese großzügige Propaganda nahm. Was Partei und SA verbrauchten, mußte in die Millionen gehen[15]. Gegen diese Sturzflut nationalsozialistischer Werbung, die über Nacht eingesetzt hatte, kam keine der anderen Parteien auf. Vor allem jene nicht, die keine freiwilligen Helfer hatten, und die ihre Flugblätter durch Arbeitslose gegen Entgelt vertreiben lassen mußten. Ein besonderer Schlager für die NSDAP waren »Hofsänger«, die in Hinterhöfen schmalzige Lieder sangen und ihren Vortrag mit einer Wahlrede beendeten. Allein der KPD gelang es, noch schnell einige der nationalsozialistischen Werbemethoden nachzuahmen.

In den braunen Hauptquartieren, den Gaubüros — in Berlin in der Hedemannstraße — und im Braunen Haus in München rechnete man mit einem Stimmenzuwachs von vielleicht zwei Millionen. Ganz kühne Optimisten sprachen von drei Millionen. Wie dem auch sei, zunehmen mußte die Partei, und vorsorglich mietete man schon vorher Säle für die Siegesfeiern, zu denen Plakate einluden: »Am Sonntag Abend feiern die bösen Nazis ihren Wahlsieg in den ... Sälen. Alle sind willkommen außer Juden und marxistischen Bonzen! Eintritt frei.« In Berlin traf man sich im Sportpalast.

In den frühen Morgenstunden des 15. September wurde das vorläufige Endergebnis bekannt. Es löste grenzenlose Bestürzung aus. Die Nationalsozialisten waren von 2,6 Prozent aller Stimmen im Jahre 1928 auf 18,3 Prozent angewachsen. Statt 12 Abgeordnete schickten sie jetzt 107 in den Reichstag. Selbst in den nationalsozialistischen Gaubüros und den SA-Heimen war man überrascht. Diesen Erfolg hatte keiner erwartet. Zwar war der NSDAP ein Einbruch in die Reihen der kommunistischen und sozialdemokratischen Arbeiter nicht gelungen, der »marxistische Turm« stand beinahe unbeschädigt; aber den bürgerlichen Parteien auf der Rechten hatte die Wahl furchtbare Verluste gebracht. Die Deutschnationalen und Volksparteiler waren buchstäblich halbiert worden, und darüber war man bei den Nationalsozialisten beinahe mehr erfreut als über eine Niederlage der »Marxisten«. Mit denen würde man mit der Faust abrechnen, den »Freunden« auf der Rechten konnte man nur mit dem Stimmzettel beikommen.

Für die SA-Männer waren die Deutschnationalen dasselbe, was für die Kommunisten die Sozialdemokraten waren. Die Kommunisten sahen eine Chance, an die Macht zu kommen, nur nach der Vernichtung der SPD, und die SA-Leute sahen ihre Chance nur nach der Zersetzung der Deutschnationalen Volkspartei.

Niemand war sich mehr über die Stimmung seiner SA-Leute im klaren als der OSAF[16] Adolf Hitler. Er hatte nicht gefragt, woher diese Männer in den braunen Uniformen[17] kamen und was sie dachten. Es genügte, wenn sie für ihn kämpften. Diese halbmilitärischen Bataillone waren die Basis seiner Macht, sie agierten für ihn umsonst, sie warben allein schon durch ihre Existenz: sie schüchterten die Unentschlossenen ein und überzeugten sie, daß es gut sei, hinter den starken SA-Trupps herzulaufen.

In den SA-Heimen und Sturmlokalen herrschte ein rüder Ton, aber in welcher Kaserne wäre das je anders gewesen? Peinlich war nur, wenn revolutionäre Redensarten oder gar Skandale an die Öffentlichkeit drangen. Da mußte durchgegriffen werden. Nur — diese SA-Leute ließen ein Durchgreifen oft nicht zu. Erst vor kurzem war es wieder zu einer Meuterei gekommen, die Adolf Hitler nur mit Mühe hatte beilegen können. Anders würde es erst werden, wenn Ernst Röhm, der sich noch in Bolivien befand, die Führung in die Hand bekam. Dieser Hauptmann aus dem Ersten Weltkrieg, den der Führer der NSDAP nach der Meuterei zurückberufen hatte, war ein geborener Troupier, der den wüstesten Haufen zu bändigen verstand. Auf ihn glaubte sich Hitler verlassen zu können.

Aus dem Putsch vor der Feldherrnhalle in München im Jahre 1923 hatte Hitler die Lehre gezogen, daß man legal an die Macht kommen müsse, um dann den Staat von oben her zu

erobern. Nicht Revolution oder Putsche, sondern Staatsstreiche waren die Forderung des Tages.
Nach der Septemberwahl 1930 sollte sich bald Gelegenheit ergeben, diese »antirevolutionäre« Erkenntnis Hitlers der Öffentlichkeit mitzuteilen: legal die Macht zu übernehmen mit den Mitteln und nach den Spielregeln der Demokratie. Was er dann mit der Macht beginnen würde, stand auf einem anderen Blatt. Im Frühjahr 1930 waren die Leutnants Scheringer und Ludin und der Oberleutnant a. D. Wendt nach München gefahren und hatten mit dem SA-Führer von Pfeffer Gespräche über die politische Lage geführt. Da die beiden noch in der Reichswehr dienenden Leutnants ihre neu erworbene Weisheit nicht für sich behalten, sondern mit Kameraden darüber gesprochen hatten, war ihr politischer Ausflug ins Braune Haus ruchbar geworden. Wegen Vorbereitung eines Hochverrates angeklagt, standen sie am 23. September, acht Tage nach der Wahl, vor Gericht. In seiner Anklagerede führte der Oberstaatsanwalt aus, die Werbung der NSDAP sei der Werbung für die Revolution gleichzusetzen. Ihr Tun sei also glatter Hochverrat, ja bereits Vorbereitung eines Putsches gewesen, denn die ungezählten Besprechungen der drei Angeklagten mit anderen Personen nach den Unterredungen in München könnten kaum anders als Agitation für einen Umsturz aufgefaßt werden.
Die Angeklagten, keiner über 24 Jahre alt, hatten sich Hans Frank, einen gewichtigen Anwalt der nationalsozialistischen Bewegung, zu ihrem Verteidiger erkoren. Frank, Sohn eines jüdischen Anwalts[18] und seiner nichtjüdischen Frau, erreichte es, daß der Führer der NSDAP, also jener Partei, die illegaler Handlungen verdächtigt wurde und die schon einmal einen Putsch versucht hatte, als Zeuge unter Eid aussagen konnte, für Deutschland ein Novum. Hitler erklärte[19]: »Ich will legal zur Macht kommen, wie jede andere politische Partei in Anwendung der Verfassung dies auch will. Ich habe einmal in meinem Leben, im November 1923, unter außergewöhnlichen Umständen einen Putsch unternommen und bin dafür bestraft worden. Aber damals war das Reich schier aus den Fugen. Es drohte zu allen wirtschaftlichen Katastrophen der Abfall Bayerns vom

Reich[20]. Ich habe vielleicht gerade dies durch mein Unternehmen verhindert — wer weiß! Und keine der Handlungen, die ich seither beging oder meinen Parteiangehörigen befahl, ist irgendwie gegen diese meine Absicht.« Hitler erläuterte dann noch die besondere Stellung seiner Partei. Die DNVP sei eine Partei der Reform, aber die NSDAP sei etwas völlig Neues und Umwälzendes, und in diesem Sinne sei der Ausdruck »Revolution« zu verstehen, ebenso der Ausdruck »Zertrümmerung«.
Auf den überfüllten Zuschauertribünen regte sich Beifall. Nach dem großen Wahlerfolg vom 14. September, der die NSDAP in die Rangliste der Parteien von der neunten auf die zweite Stelle hatte hochrücken lassen, wußte man, daß man nicht allein stand, daß man jemand war. Das bewies auch die große Zahl von Zuschauern vor dem Gerichtsgebäude, auf Anregung von Dr. Goebbels hindirigiert. Sie hatten zwar keine Eintrittskarte erhalten, aber sie sorgten für »Atmosphäre«. Die Dutzenden in- und ausländischer Journalisten bekamen von der Beliebtheit Hitlers, des Führers der zweitstärksten Partei, gleich den richtigen Vorgeschmack, noch bevor sie das Gerichtsgebäude betreten hatten. Aber auch die Mitglieder des Hohen Gerichts in ihren roten Roben konnten sich der Szenerie nicht entziehen.
Der Vorsitzende faßte den Zeugen Hitler, der noch nicht einmal deutscher Staatsbürger war und der von fünf Jahren Festungshaft ganze neun Monate abgesessen hatte, dank der außerordentlichen Gnadenbereitschaft der bayerischen Regierung, wie ein rohes Ei an. »Herr Hitler«, fragte er, »Sie sprechen oft in Ihren Reden von Strafen, die Sie den von Ihnen so genannten Verrätern Deutschlands auferlegen wollen, wenn Sie jemals etwas in Deutschland zu sagen haben sollten. Klingt das nicht wie Gewaltandrohung?«
Die Journalisten sahen auf. Wollte der hohe Herr in seiner roten Robe einen Witz machen? Das klang doch nicht nach Gewaltandrohung, was Hitler sagte, das war doch bereits eine Drohung, und sie war nicht die einzige aus dem Munde von Nationalsozialisten. Hitler holte tief Atem, dann sagte er mit tremolierender Stimme: »Ich stehe hier unter Eid vor Gott dem Allmächtigen. Ich sage Ihnen, daß, wenn ich legal zur Macht

gekommen sein werde, dann will ich in legaler Regierung Staatsgerichte einsetzen, die die Verantwortlichen an dem Unglück unseres Volkes gesetzmäßig aburteilen sollen. Dann werden möglicherweise legal einige Köpfe rollen[21].«

Hitler spürte mit seinem sechsten Sinn für Publikumswirkung sofort, seine Erklärung war »angekommen«, und sie würde auch draußen wirken, nicht nur bei den beifallklatschenden Zuschauern im Saale. In der Tat, dieses Wort vom »Köpfe rollen« rollte über Deutschland hin und fand viel Anklang, denn wer wollte nicht, daß jene, die den Rentnern ihre Sparpfennige gestohlen hatten und die die Erwerbslosen hinderten, sich ihr Brot durch ihrer Hände Arbeit zu verdienen, bestraft werden? Nur gab Hitler auf die Frage, wer die Schuldigen waren, eine andere Antwort als die Mehrheit des deutschen Volkes und die Geschichte.

Mit seinem Anwalt wieder allein, drückte er Frank die Hand und sagte zu ihm: »Sie werden einmal Reichsjustizminister sein! Das werde ich Ihnen nicht vergessen, was Sie da für mich erkämpft haben. Dieser Eid gilt mehr als viele, viele Anstrengungen, die wir sonst gehabt hätten. Das liest auch Hindenburg, und er wird mir vielleicht geneigter werden.[22]«

Die Bedeutung des Hitlerschen Legalitätseides für die Entwicklung der Ereignisse in den Jahren 1931 und 1932 kann daher kaum überschätzt werden. Was außer ihm damals niemand erkannte, wurde dem Führer der NSDAP um so deutlicher bewußt. Er hatte begriffen, was für einen Mann wie Hindenburg ein Eid bedeutete, und er hatte auch begriffen, daß man gegen die Reichswehr nicht putschen konnte. Wenn seine SA es wagen sollte, gegen die bewaffnete Macht des Staates vorzugehen, würden sich der Reichswehr alle nationalen Verbände anschließen, sogar das sozialdemokratische Reichsbanner. Nur die Kommunisten dürften in einem solchen Falle Gewehr bei Fuß stehenbleiben. Es gab tatsächlich nur eine Möglichkeit: die Übernahme der Macht auf gesetzlichem Wege, wie es in der Verfassung vorgeschrieben war.

In der SA, als Repräsentantin des revolutionären Flügels der nationalsozialistischen Bewegung, nahm man den Legalitätseid

Hitlers mit einem Augenzwinkern zur Kenntnis. »Na ja, es muß wohl so sein, aber wenn der Tag X[23] gekommen ist, werden wir die Straße beherrschen!«
Genau entgegengesetzt wirkte der Eid Hitlers auf die konservativen Kräfte im deutschen Volke. Für sie stand es jetzt fest, daß die NSDAP ihre Flegeljahre hinter sich hatte. Man konnte allmählich daran denken, diesen jungen Österreicher, der stramm national dachte, »in den Staat einzubauen«. Er lieferte ihnen etwas, worum man sich bis jetzt vergeblich bemüht hatte: die Massen. Dieser Hitler, so flüsterte man sich zu, soll sogar ehemalige Kommunisten überzeugt und für seine SA gewonnen haben[24]!
In gewissem Sinne entscheidend war die Wirkung des Hitlerschen Legalitätseides in Regierungs- und Reichswehrkreisen. Natürlich machte man sich in Ministerien und Kanzleien der Wilhelmstraße[25] Gedanken über den Führer der Partei, die im ersten Ansturm von der neunten auf die zweite Stelle gerückt war. Die Sozialdemokratie hatte über vierzig Jahre gebraucht, um 1912 fast dreißig Prozent aller Sitze zu erobern, das Zentrum erreichte zwar schon bei der zweiten Wahl nach seiner Gründung die Stärke von 91 Mandaten, blieb aber dann konstant; es hatte seine Wählermassen erfaßt. Wie würde das bei den Nationalsozialisten sein? War die Septemberwahl bereits die oberste Stufe, oder war sie die erste Sprosse auf der Leiter nach oben?
Reichskanzler Brüning bekam bei der Eröffnung des neuen Reichstags am 13. Oktober 1930 sofort einen Vorgeschmack dessen, was ihn erwartete. Die 107 nationalsozialistischen Abgeordneten marschierten im Braunhemd in den Plenarsaal des Reichstags. Das hatte man noch nicht erlebt. Den Kommunisten verschlug es die Sprache. Daß nicht sie auf die Idee gekommen waren, ihre Abgeordneten nach dem Verbot des Roten Frontkämpferbundes im Jahre 1929 in der Uniform der Rotfrontler einmarschieren zu lassen!
Von der Pressetribüne aus erschien der kompakte Block der uniformierten 107 Abgeordneten wie eine Kompanie Soldaten. War wieder ein Krieg ausgebrochen? Die Frage beantwortete

sich zur selben Stunde. Mit der Septemberwahl 1930 war tatsächlich ein Krieg ausgebrochen: der deutsche Bürgerkrieg[26]. Und eine Art Ouvertüre spielte die SA an jenem 13. Oktober. Während ihre Abgeordneten in der braunen Uniform in den Plenarsaal marschierten, zerschlugen SA-Männer in Zivil die Fensterscheiben jüdischer Geschäfte und Warenhäuser. Damit bezweckte Dr. Goebbels, zweifelsohne der Initiator dieser »spontanen Aktion«, zweierlei. Erstens wollte man dem notleidenden Mittelstand zeigen, wer an seinem Elend schuld sei: nicht die Wirtschaftskrise, sondern die Juden, und dann war man bestrebt, dem Führer der Partei, »Adolphe Légalité«[27], beizubringen, daß trotz seiner »Legalitätsduseleien« noch die SA vorhanden war, die »eine richtige Revolution« haben wollte. Diese Ausschreitungen waren Hitler äußerst peinlich. Nicht etwa, weil er den materiellen Schaden jüdischer Geschäftsleute bedauerte, sondern weil er bestrebt war, den zwar scharfen, aber gesetzes- und verfassungstreuen Politiker zu spielen. Was Goebbels da hatte aufführen lassen, war geeignet, die günstige Wirkung des Leipziger Legalitätseides aufzuheben. Aber Hitler wußte sich zu helfen. Er behauptete, die Rowdies und Ladendiebe — es war bei diesen Aktionen geplündert worden — seien kommunistische Provokateure. Damit bereicherte er die Farbskala der bisherigen Parteipropaganda außerordentlich. In den folgenden drei Jahren liefen die »kommunistischen Provokateure« wie ein roter Faden durch seine und seiner Freunde Reden. Aber auch das Pendant sollte nicht fehlen. Die Kommunisten, bestrebt, die gängigen Propagandaschlager von ihren feindlichen Brüdern zu übernehmen, webten eilig ein braunes Garn in ihr »Referentenmaterial« und schoben in Zukunft den bösen Nazis so ziemlich alles in die Schuhe.

4. Die Harzburger Front

Das saisonbedingte winterliche Ansteigen der Erwerbslosigkeit nahm um die Jahreswende 1930/31 verheerende Formen an. Im Januar 1931 wurde erstmals die Fünf-Millionen-Grenze erreicht. Das bedeutete ein jedes Maß sprengendes Absinken der Steuererträgnisse. An Reparationen waren 1931 zwar nur 800 Millionen Goldmark zu zahlen, aber auch die waren nicht vorhanden, und erst recht nicht die 1,5 Milliarden Goldmark für den Zinsendienst der Anleihen. Die Aktienkurse, die 1929 im Durchschnitt noch bei 150 Prozent über dem Nominalwert gelegen hatten, sanken 1931 auf 56 Prozent ab, der Gold- und Devisenbestand der Reichsbank schmolz wie Schnee in der Sonne.

Reichskanzler Brüning lehnte es ab, den Reichsfinanzen durch Abwertung der Mark Luft zu verschaffen. Im Innern sparte er eisern, kürzte die Erwerbslosensätze und Beamtengehälter, um den Etat auszubalancieren. Außenpolitisch versuchte er, der deutschen Wirtschaft Aufträge zu verschaffen und gleichzeitig die drückenden Zahlungsverpflichtungen zu erleichtern. Er griff auf die früheren Verhandlungen über eine Zollunion zurück, die schon Reichskanzler Müller mit Österreich geführt hatte. Das war um so naheliegender, als schon das Deutsche Reich und die Österreichisch-Ungarische Monarchie sich zollpolitisch und postalisch begünstigt hatten. Außenminister Curtius und der österreichische Bundeskanzler Schober schlossen am 21. März 1931 einen Zoll-Unions-Vertrag mit dem Ziel, die Wirtschaft beider Länder zu beleben.

Sofort nach Bekanntwerden des Vertragsschlusses erhob Frankreich heftigen Widerspruch, dem sich Italien, die Tschechoslowakei und — wenn auch zögernd — England anschlossen. Diese Staaten verwiesen auf bestehende Verträge, die durch den

Zoll-Unions-Vertrag verletzt würden, und verlangten Überweisung des Falles an den Völkerbund. Die französische Presse, vom Quai d'Orsay glänzend dirigiert, schilderte die Gefahren eines Anschlusses Österreichs an Deutschland in den grellsten Farben. Damit würde »le Reich« einen unerträglichen Machtzuwachs erhalten, der wegen des europäischen Gleichgewichts nicht geduldet werden könne. Von möglichen wirtschaftlichen Gefahren für Frankreich sprach man nicht. Sie ließen sich auch nicht belegen, denn in den Außenhandelsbilanzen Österreichs und Frankreichs rangierten beide Staaten ziemlich weit unten. Entscheidend war wohl für Frankreich weniger die »Anschluß-Gefahr« als der Wunsch, die deutsche Wirtschaftskrise nicht abklingen zu lassen. Solange auf dem Deutschen Reich die Arbeitslosigkeit lastete, stellte es auch keine militärische Bedrohung dar. Daß die unheimlich anschwellenden halbmilitärischen Verbände, vor allem die SA, viel größere Gefahren heraufbeschworen, wollte man in Paris nicht sehen. Der Völkerbundsrat verwies den Streitfall an den Internationalen Gerichtshof im Haag, der sich mit der geringen Mehrheit von acht gegen sieben Stimmen gegen den Zoll-Unions-Vertrag aussprach. Am 3. September 1931 verzichteten Österreich und das Deutsche Reich angesichts des französischen Widerstandes auf den Plan, der damit gescheitert war.

Während die Zahl der Erwerbslosen in den Industrieländern auf über dreißig Millionen stieg, wurde in Deutschland die allgemeine Krise noch durch die Kündigung der kurzfristigen Darlehen verschärft, die die amerikanischen Banken nach dem »Schwarzen Freitag[1]« abberufen hatten. Nach dem Wiener Exkurs der deutschen Außenpolitik kündigte auch Frankreich seine nach Österreich und Deutschland gegebenen Darlehen. Die Folge war der Zusammenbruch der Österreichischen Creditanstalt[2], die im Mai 1931 ihre Zahlungen einstellen mußte. Dieser Bankkrach kam einer europäischen Katastrophe gleich. Am 13. Juli schloß eine der vier deutschen Großbanken, die Danatbank, ihre Schalter, kurz darauf kam auch die Dresdner Bank in Schwierigkeiten. Das Reich mußte helfend eingreifen, um einen Zusammenbruch der gesamten deutschen Geldwirtschaft zu verhindern. Das Reichskabinett tagte sozusagen in Permanenz. Dr. Brüning erwog, eine »größere Auslandsanleihe aufzunehmen, aber das erwies sich angesichts der hohen Vorbelastung des deutschen Volksvermögens mit der Reparationsschuld des Young-Plans und wegen der unsicheren innenpolitischen Lage des Reiches als undurchführbar«[3]. Reichsbankpräsident Luther bemühte sich in Paris vergeblich.

Die kurzsichtige französische Politik war Wasser auf die Mühlen der deutschen Rechten und Linken. In erster Linie profitierten die Nationalsozialisten von der allgemeinen Verwirrung nach den Bankzusammenbrüchen. Die Sparer, die zum zweiten Male befürchteten, ihr Geld zu verlieren, wandten sich der NSDAP zu, die ihnen alles versprach. Die Mitgliederzahl der Partei, die nach der Wahl am 30. September 1930 ihren Höhepunkt erreicht zu haben schien, stieg Ende 1931 nach der Zahlungseinstellung der Großbanken sprunghaft von 389 000 auf über 800 000. Die SA erlebte die gleiche stürmische Entwicklung, und Hitler weihte unermüdlich Sturmfahnen und Standarten[4].

Das ließ wiederum den Kommunisten keine Ruhe, deren Mitgliederwerbung besonderen Erfolg unter den Intellektuellen versprach. Diese Bevölkerungsschicht litt unter der Krise besonders schwer; sie »verproletarisierte«. Es war nur logisch, daß die Intellektuellen bestrebt waren, von der »proletarischen Revolution« und »ihrer Vorhut, der KPD«, anerkannt zu werden. Die Parteileitung im Karl-Liebknecht-Haus ersann eine neue Form der Überreichung des Mitgliedsbuches. Die Aushändigung des Beweises, daß man der weltumspannenden KP angehörte, fand jetzt in feierlichem Rahmen statt, in Berlin meist im Riesenraum des Zirkus Busch. Ein Orchester spielte »etwas Klassisches«, sehr oft Beethovens »Eroica«, einer der prominenten Schauspieler, die sich in großer Zahl danach drängten, dem Proletariat gratis ihre Kunst darzubringen[5], rezitierte Gedichte von Heine, Herwegh und anderen Sängern der Revolution — und dann kam der große Augenblick. Die neuen Mitglieder mußten auf die Bühne, und ein hoher Funktionär, in Berlin in der Regel Wilhelm Pieck, überreichte nach einer erhebenden

Ansprache — ein Funktionär »könnt einen Pfarrer lehren« — das rot eingebundene Mitgliedsbuch, so wie man einen Orden überreicht. Keiner der Festredner vergaß, darauf hinzuweisen, daß in der Sowjetunion, der »Heimat aller Werktätigen«, das Mitgliedsbuch der Partei mehr gelte als alles andere. Anschließend spielte eine Agitprop-Truppe einige Kurzszenen, und zum Abschluß sang die Versammlung stehend die Internationale. Die neu aufgenommenen Mitglieder gingen beseligt nach Hause. Kommunistische Arbeiter hatten ihnen auf die Schultern geklopft und sie sogar mit dem brüderlichen Du[6] angeredet. Die Revolution konnte beginnen!
In den Vereinigten Staaten war man schon seit längerer Zeit zu der Überzeugung gelangt, daß die Reparations- und Kriegsschuldenzahlungen zwar nicht die Ursache der weltweiten Schwierigkeiten waren, aber doch eine Gesundung unterbanden. Der Präsident Herbert Hoover schlug bereits im Juni, also vor den deutschen Zusammenbrüchen, ein Moratorium vor. Die Schulden- und Tributzahlungen sollten um ein Jahr ausgesetzt werden. Parallel mit diesem Vorschlag lief ein Ersuchen Hindenburgs an Hoover der gleichen Art. Im Juli wurde dann ein Weltfeierjahr für alle politischen Nachkriegszahlungen beschlossen, dem sich ein Stillhalteabkommen der amerikanischen und englischen Banken anschloß, keine Kredite mehr abzuberufen und die kurzfristigen Anleihen in langfristige umzuwandeln.
Mit einem arbeitsfähigen Reichstag, wie es noch der vom Jahre 1928 war, hätte die Regierung Brüning wahrscheinlich manche Aufgabe leichter lösen können. Man hat sich oft gefragt, warum Dr. Brüning diesen Reichstag aufgelöst hatte. Wenn er durch die Neuwahlen erreichen wollte, ohne die Sozialdemokratie auszukommen, dann erwies sich seine Hoffnung auf eine Stärkung der gemäßigten Rechten als folgenschwerer Irrtum. Gewachsen war die NSDAP, die nicht als »Rechtspartei« nach herkömmlichen Begriffen anzusprechen war, obwohl sie auf der äußersten Rechten des Hauses saß. Ihr Fraktionsvorsitzender Gregor Strasser hatte in seinen Ansprachen nie ein Hehl daraus gemacht, daß die NSDAP innenpolitisch »die Macht, nichts an-

deres als die ganze Macht« forderte, dazu die Wiederaufrüstung, um die Ungültigkeitserklärung des Versailler Vertrages, die sofortige Einstellung aller Reparationszahlungen und den Widerruf der Kriegsschuldklauseln mit Gewalt durchzusetzen. Dr. Brüning wurde klar, daß alles, was von den Nationalsozialisten kam, nur auf Propaganda abgestellt war und nicht auf sachliche Arbeit. Ihre Legalitätseide und alle sonstigen Zusicherungen waren nichts wert. Peinlich berührte es besonders, daß auch die gemäßigten Mitglieder der deutschnationalen Fraktion, wie Dr. Oberfohren, ins gleiche Horn stießen. Aber im Rennen um die Gunst der Straße konnte es die DNVP mit den Nationalsozialisten niemals aufnehmen.

Unter diesen Umständen blieb dem Reichskanzler nur übrig, mit Notverordnungen zu regieren. Gesetze auf normalem Wege durchzubringen, war nicht mehr möglich. Aber um die Aufhebung der Notverordnungen zu verhindern, mußte er sich gerade jener Partei bedienen, die er mit der Reichstagsauflösung hatte ausschalten wollen: der SPD. Nur mit ihrer Hilfe konnte er sich halten. Immer wenn die Kommunisten und die Nationalsozialisten verlangten, den Reichstag einzuberufen — allein im Jahre 1931 sechsmal —, stimmten die Sozialdemokraten im Ältestenrat mit dem Zentrum und den Mittelparteien dagegen.

Die SPD war sich ihrer Verantwortung bewußt, obwohl sie klar erkannte, daß ihre Tolerierungspolitik viele Anhänger vor den Kopf stieß. Aber sie war bereit, in der Hoffnung auf bessere Zeiten Opfer zu bringen. Mit einer Stabilisierung der wirtschaftlichen Verhältnisse mußten sich auch die politischen wieder festigen. Den ultrasozialistischen Zielen aus der Jugendzeit hatte die SPD längst abgeschworen. Dr. Brüning wußte die Bemerkung ihres Wirtschaftsexperten, seine Partei wolle »Arzt am Krankenbett des Kapitalismus« sein, sehr wohl zu deuten. Daß gerade in jenem Augenblick, als sich sowohl die wirtschaftlichen wie die politischen Zustände zum Besseren wandten, eine Intrige alles zunichte machen würde, hielt im Krisenherbst 1931 niemand für möglich.

Im Sommer 1931 wiesen Dr. Brüning und sein Außenminister Curtius anläßlich eines Besuchs in London auf die Unmöglichkeit hin, den Young-Plan zu erfüllen. Dieser Plan, so führten sie aus, sei auf einer Steigerung der deutschen Ausfuhr aufgebaut. Statt dessen sei das genaue Gegenteil eingetreten. Infolge der Weltwirtschaftskrise sei die deutsche Ausfuhr erheblich zusammengeschrumpft. Die englische Regierung konnte sich der zwingenden Logik dieser mit Statistiken belegten Argumente[7] nicht entziehen und erklärte sich bereit, auf die französische Regierung einzuwirken.

Bald bot sich Gelegenheit, mit den Franzosen selber zu sprechen. Im September 1931 kamen der französische Regierungschef Laval und sein Außenminister Aristide Briand zu einem Gegenbesuch nach Berlin, dem ersten Staatsbesuch amtierender französischer Minister überhaupt. In normalen Zeiten wäre das eine Sensation gewesen, ein Beweis für Deutschlands wiedergewonnene Weltgeltung, aber der nüchterne, sparsame Dr. Brüning kam gar nicht auf die Idee, den Staatsbesuch propagandistisch für sich auszunützen. Das hätte Geld gekostet, und in seiner Regierung wurde Sparen ganz groß geschrieben.

Die deutschen Zeitungen schrieben zwar über den Besuch, aber für die breite Masse ging die Anwesenheit der französischen Minister spurlos vorüber. Wenn drei in Arbeit Stehende einen vierten mit zu unterhalten hatten, hörte das Interesse an staatspolitischen Dingen auf. Nur Fahnen, Aufmärsche und Autokolonnen hätten die Bevölkerung aufgeweckt und vielleicht für die Regierung Stimmung gemacht. Der nüchterne, ja asketische Brüning hatte jedoch keinen Sinn dafür.

Briand, mit Stresemann Träger einer deutsch-französischen Verständigungs- und Aussöhnungspolitik und darüber hinaus »Europäer«, das heißt Anhänger einer Union der europäischen Staaten, hatte sich über die deutsch-österreichischen Zoll-Unions-Pläne sehr verärgert gezeigt, obwohl deren Scheitern bereits feststand. Sie seien geeignet, so hatte er ausgeführt, seine Stellung in Frankreich zu erschweren und jenen Kräften Waffen in die Hand zu geben, die an der Erhaltung des alten deutsch-französischen Gegensatzes interessiert seien.

Kaum in Berlin angekommen, ging Briand zum Grab seines großen Kollegen Gustav Stresemann auf dem Luisenstädtischen

Friedhof. Mit Stresemann wäre die Panne mit der Zoll-Union nicht passiert. Langsam schritt er durch die Gräberreihen bis zur letzten Ruhestätte des deutschen Außenministers, nahm aus den Händen seines Begleiters den Kranz, legte ihn auf das Grab und ging dann nachdenklich zurück. Auf dem Wege zum Tor bemerkte er ein über und über mit Kränzen bedecktes frisches Grab, vor dem zwei SA-Leute Wache hielten. Briand blieb einen Augenblick stehen. Das also war das neue Deutschland, das seine Landsleute so sehr fürchteten! Dr. Brüning hätte noch hinzufügen können: und weil die Franzosen Deutschland fürchteten und nicht in der Lage waren, Unterschiede zu machen, hatten verblendete Politiker in Paris diese neue Macht in Deutschland groß werden lassen, sogar groß machen helfen in der Hoffnung, das Deutsche Reich durch innere Spannungen für immer klein zu halten.

Briands und Lavals Besuch in Berlin brachte keine greifbaren Ergebnisse. In dem Bestreben, die Sorgen des anderen zu verstehen, war man höflich, aber zu Zugeständnissen fand man sich nicht bereit. Zu Hause in Paris warteten die Politiker im Parlament, intransigent und »empörend rechtschaffen« auf ihre Paragraphen pochend. Dabei hätte eine großzügige Geste im Herbst 1931 noch manches retten können und der Regierung Brüning vielleicht jenen politischen Kredit gegeben, den sie so dringend brauchte.

Dennoch hatte der Besuch der beiden französischen Staatsmänner eine unmittelbare Auswirkung. Als Dr. Curtius Anfang Oktober nach dem endgültigen Scheitern der Zoll-Union auf Verlangen seiner Partei zurücktrat und Reichskanzler Brüning ebenfalls demissionieren wollte, entzog ihm Reichspräsident von Hindenburg nicht sein Vertrauen. Der Alte Herr hatte sehr wohl begriffen, was der Briand-Laval-Besuch bedeutete, auch wenn man nicht viel erreicht hatte. Nur eines wünschte er: die Ausbootung Dr. Wirths. Seine Stelle als Innenminister sollte Dr. Geßler einnehmen, der nach Gustav Noskes Rücktritt 1920 acht Jahre lang Reichswehrminister gewesen war. Dr. Brüning machte den Gegenvorschlag, dem Reichswehrminister General Groener gleichzeitig auch das Innenministerium anzuvertrauen. Hindenburg wollte nicht sofort seine Zustimmung geben. Ein ehemaliger General sollte »Polizeiminister« werden? Das hatte es unter dem Kaiser nicht gegeben! Zwar unterstanden die Polizeikräfte gar nicht dem Reichsinnenminister, sondern den Innenministern der Länder, aber das änderte am Sachverhalt in Hindenburgs Augen nichts. Aber Dr. Brüning bekam seinen Willen, nachdem sich auch General von Schleicher, von Hindenburg um seinen Rat befragt, ebenfalls für diese Lösung ausgesprochen hatte. Schleicher führte aus, durch Groener bekäme »die Dame ohne Unterleib« — das Reichsinnenministerium ohne Polizei — erst die richtige Bedeutung. Das entschied. An Stelle des scheidenden Justizministers Professor Bredt, der der Wirtschaftspartei angehörte, holte sich Dr. Brüning den bisherigen Staatssekretär des Ministeriums, Joël, in sein Kabinett. Das Außenministerium übernahm er selbst.

Am 9. Oktober 1931 wurde das zweite Kabinett Brüning vereidigt. Damit war es nach der Verfassung im Amt, aber noch nicht vom Reichstag bestätigt. Hindenburg war entschlossen, seinen Kanzler, der achtzehn Monate zu seiner Zufriedenheit regiert und dem er wieder das Vertrauen geschenkt hatte, auch direkt zu unterstützen. Er wollte selber mit »diesem Österreicher« sprechen, der die zweitstärkste Partei im Reich führte. Bisher hatte er ihn noch nicht kennengelernt. Vielleicht beugte sich dieser ehemalige Gefreite der Autorität seines Generalfeldmarschalls und ließ sich dazu herbei, in Zukunft den Reichskanzler des präsidentialen Vertrauens zu tolerieren oder wenigstens nicht mehr so schamlos anzugreifen. Brüning war doch Offizier bis zum letzten Tage des Großen Kriegs gewesen!

Hitler war glücklich, als er die Einladung bekam, sich im Präsidentenpalais einzufinden. Mehr als ein Jahr hatte er um diese Audienz gekämpft, aber erst der neue Stabschef der SA, Hauptmann a. D. Ernst Röhm, konnte sie erreichen.

Ernst Röhm hatte sofort nach seiner Rückkehr aus Bolivien Verbindung mit Schleicher aufgenommen, um den alten Streit zwischen der SA und der Reichswehr zu bereinigen. Seit langem bestand ein Verbot, Nationalsozialisten in die Reichswehr einzustellen oder in der Heeresverwaltung zu beschäftigen[8]. Seinem Legalitätseid in Leipzig hatte Hitler als weiteren Beitrag zur Bereinigung der Differenzen am 20. Februar 1931 noch einen Erlaß an die SA hinzugefügt, sich jeder Teilnahme an Straßenkämpfen zu enthalten. Das war für Eingeweihte nichts anderes als ein schlechter Witz, denn gerade die SA hatte die Schärfe in den politischen Kampf getragen und auf den Schutz ihrer Versammlungen durch die Polizei stolz verzichtet. SA bedeutete schließlich nichts anderes als »Sturm-Abteilung«. Aber mit jenem Erlaß konnte Schleicher bei Hindenburg gut operieren, dem die Straßenkämpfe und der oft von der SA gebrauchte Begriff »politische Soldaten« ein Greuel waren.

Zwischen Schleicher und Hauptmann Röhm war es schließlich im Laufe der Gespräche zu einer Art modus vivendi gekommen. Als Röhm dann mit treuherzigem Augenaufschlag den mächtigen Chef des Ministeramtes im Reichswehrministerium noch bat, eine Audienz seines Führers bei Hindenburg durchzusetzen, war Schleicher sofort bereit dazu. Er hatte selber schon mit dem Gedanken gespielt, und eines Tages mußte der Präsident den Chef der stärksten Rechtspartei schon aus staatspolitischen Erwägungen kennenlernen. Hitler wollte auf keinen Fall allein zum »Generalfeldmarschall« gehen. Hohen Militärs gegenüber quälte ihn sein Minderwertigkeitskomplex besonders stark. Er haßte Offiziere schon seit seiner Jugend[9]. Im Ersten Weltkrieg schlug dieser Haß in Bewunderung für die exakt laufende Militärmaschine um; lieben lernte Hitler die Offiziere nie. Sie waren nach seiner Meinung politisch unfähig[10]. Auch in den ersten Jahren der nationalsozialistischen Bewegung machte Hitler keinesfalls nur gute Erfahrungen mit den Offizieren. Sie behandelten ihn zu herablassend, gerade gut genug, Massen zu bändigen, aber nicht mehr. Dennoch drängte es Hitler, mit dem Generalfeldmarschall des Ersten Weltkrieges zu sprechen. Er traute sich zu, den alten Mann, der nach seiner Meinung nicht allzu viel von Politik verstehen konnte, zu überzeugen. Doch der Führer der NSDAP war an jenem 10. Oktober 1931, als er Hindenburg zum ersten Male begegnen sollte, in schlechter Verfassung. Kurz vorher hatte sich seine geliebte Nichte Geli Raubal das Leben genommen. Das wirkte in Hitler

noch nach. Auch konnte er sich bis zum letzten Moment nicht entscheiden, wer von seinen Unterführern ihn ins Präsidentenpalais begleiten sollte. In der Rangordnung und den Verdiensten nach wäre Röhm der Gegebene gewesen, aber man hatte Hitler wissen lassen, daß es besser sei, Hermann Göring mitzubringen. Der aber weilte in Schweden am Krankenlager seiner Frau Karin. Schließlich rief ihn ein dringendes Telegramm Hitlers aus Schweden zurück. Der Kriegsflieger und Kommandeur des berühmten Jagdgeschwaders von Richthofen, Träger des »Pour le mérite« und anderer hoher Orden, riß sich vom Sterbelager seiner Frau. Göring sollte sie lebend nicht wiedersehen.
Die Unterredung zwischen Hindenburg und Hitler führte jedoch zu nichts. Hitler gebrauchte Schlagworte, die dem Alten Herrn völlig fremd waren. Er sprach nahezu unentwegt. Der Präsident ließ es seinen Gast fühlen, daß ein ehemaliger Gefreiter sich einem Generalfeldmarschall gegenüber nicht so benehmen durfte. Hindenburg war sich sehr wohl bewußt, daß er ein Stück preußisch-deutscher Tradition verkörperte. Er hatte im preußisch-österreichischen Kriege 1866 mitgefochten — der Tschako aus diesem Feldzug, von einer Kugel durchbohrt, stand im Arbeitszimmer unter Glas —, dann hatte er 1870 der Kaiserproklamation in Versailles als Vertreter seines Regiments beigewohnt[11] und war mit in Paris eingezogen. Und ihm wollte dieser »böhmische Gefreite«[12] erzählen, was deutsch und was nicht deutsch war? Nicht einmal von dem Hauptmann Göring, Träger des höchsten deutschen Kriegsordens, würde sich der Präsident das bieten lassen, geschweige von einem Österreicher, der nicht einmal die Reichsangehörigkeit besaß. Hindenburg spürte auch, daß seine Ermahnungen an Hitler, dem Kanzler Dr. Brüning gegenüber loyal aufzutreten, nichts fruchteten und eher das Gegenteil bewirkten.
Hitler seinerseits war über den väterlich-strengen Ton des Präsidenten verärgert und noch mehr über das Nicht-Verstehen-Wollen des Alten Herrn. Noch am selben Tage reiste er nach Harzburg weiter.
Nachdem Hitler und Göring, der überhaupt nichts gesprochen hatte, gegangen waren, saß Hindenburg noch eine Weile am

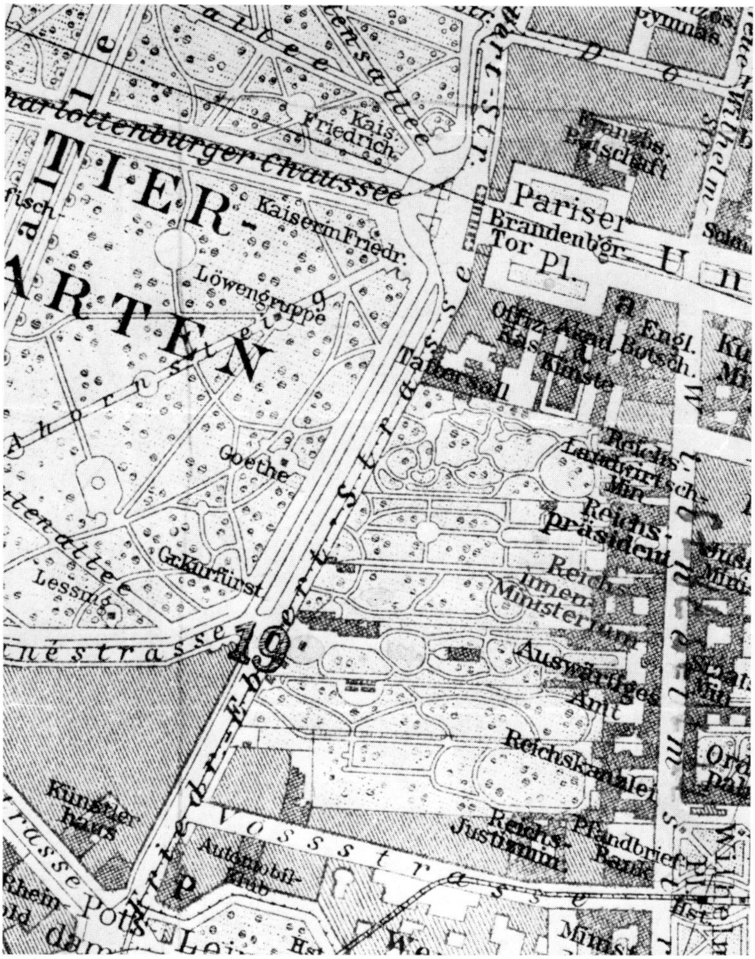

1 Diese Teilkarte der Berliner Innenstadt zeigt deutlich die — den meisten Berlinern völlig unbekannten — Ministergärten zwischen Wilhelmstraße und Friedrich-Ebert-Straße (zeitweise umbenannt in Hermann-Göring-Straße, Ernst-Thälmann-Straße, Budapester Straße). Die Mauer an der Friedrich-Ebert-Straße ließ von den Gärten nur ein paar hohe Baumkronen erkennen. Einige der rückwärtigen, stets geschlossenen Portale trugen noch bis zum Ende des Dritten Reichs Preußische Adler mit goldbronzierten Krönchen. Heute verläuft zwischen diesen Gärten und der Friedrich-Ebert-Straße die Grenze zwischen West-Berlin und Ost-Berlin.

2 Der große, alte Park hinter dem Palais des Reichspräsidenten, von der Gartenterrasse aus gesehen. Am Brunnen die Enkel Hindenburgs.

3 Bisher unveröffentlichte Aufnahme der geheimen, d. h. der Öffentlichkeit, der Presse und sonstigen Beobachtern nicht bekannten Pforte hinter dem Palais des Reichspräsidenten, die seinen großen Garten mit den Parks hinter dem Reichsinnenministerium und durch weitere Pforten mit allen Ministergärten in der Wilhelmstraße verband. Auf diese Weise, und nur auf diese Weise, war es dem Reichskanzler, dem Vizekanzler, den Ministern und sonstigen politischen Persönlichkeiten ohne jedes Protokoll möglich, den Präsidenten zu besuchen. So konnte kein Unbefugter erfahren, wer zu welcher Zeit mit dem Reichspräsidenten, dem Kanzler oder mit einem Minister konferiert hatte. Natürlich wurde diese sonst festverschlossene Pforte von den zuständigen Hausmeistern nur auf besondere Weisung geöffnet. Hier empfängt Hindenburg an »seiner« Gartentür den Vizekanzler von Papen. Gerade dessen direkte, geheimen, nicht erkennbaren Besuche haben in den Wochen vor Hitlers Machtergreifung besondere Bedeutung.

Schreibtisch und wartete auf seinen Staatssekretär, der die beiden Herren hinausbegleitete. Als Dr. Meißner ins Zimmer zurückkehrte, gab der Präsident seiner Verwunderung Ausdruck, was General von Schleicher ihm da für einen komischen Kerl geschickt habe. »Dieser böhmische Gefreite will Reichskanzler werden? Niemals!« Am anderen Tage sprach Hindenburg mit Schleicher, und dabei wurde der Präsident recht drastisch: »Reichskanzler will der werden? Höchstens Postminister. Dann kann er mich auf den Briefmarken von hinten . . .![13]«

Es hatte seit Hitlers großem und überraschendem Wahlerfolg nicht an Versuchen gefehlt, die konservative Rechte: die Deutschnationalen, und die aus dem Nichts gekommene revolutionäre Rechte: die Nationalsozialisten, zu vereinen oder wenigstens zum gemeinsamen Handeln zu bewegen. Natürlich beanspruchten die Deutschnationalen die Führung, denn die maßgebenden Herren dieser Partei glaubten, ein Anrecht darauf zu haben. Ihre Familien hatten bereits Preußen und später ganz Deutschland beherrscht, bis »die Novemberverbrecher« die gottgewollte Ordnung störten und die Vorrechte einer ganzen Gesellschaftsschicht aufhoben. Jetzt schien die Zeit gekommen, die Jahre nach 1918 auszulöschen. Zum großen Kummer der Deutschnationalen hatten sich jedoch die Nationalsozialisten bisher allen Versuchen widersetzt, zu einem gemeinsamen Handeln zu kommen.

Erst nach dem gescheiterten »Volksentscheid gegen Preußen« im Sommer 1931 kam es zu der Abmachung, sich im Oktober in dem kleinen Harzstädtchen Harzburg zu treffen, um über die Bildung eines »nationalen Kabinetts« im Reich und in Preußen, Neuwahlen zum Reichstag und preußischen Landtag, über die Abschaffung des Versailler Vertrages, Aufhebung der Reparationen und ähnliche Probleme zu beraten. Das hätte man zwar billiger in Berlin haben können. Im Reichstagsgebäude standen dafür Fraktionszimmer zur Verfügung. Aber eine »nationale Tagung« war ohne Fahnenparade und Vorbeimarsch nicht denkbar. Doch in der Reichshauptstadt mit ihrer linken Mehrheit[14] bereitete ein Aufmarsch der SA, des Stahlhelms und anderer »vaterländischer Verbände« gewisse Schwierigkeiten.

Noch eine andere Überlegung spielte bei der Wahl des kleinen Städtchens am Fuße des Harzgebirges mit. Im Lande Braunschweig, zu dem es gehörte, war seit 1930 eine deutschnational-nationalsozialistische Regierung am Ruder[15]. Das gab gewisse Sicherheiten, denn zu allem Überfluß hatte man es noch für richtig gehalten, das Gerücht in die Welt zu setzen, die vereinigte Rechte plane so etwas wie seinerzeit Mussolini mit seinem Marsch auf Rom[16].
Auf den ersten Blick erschien das nicht unwahrscheinlich. Der Stahlhelm und die inzwischen unheimlich angewachsene SA konnten zusammen, verstärkt durch Bauernverbände und sonstige Gruppen, immerhin eine halbe Million Mann, meist Uniformierte, aufbringen. Aber in den Kreisen um Hitler wußte man genau, daß an eine Aktion gleich der Mussolinis nicht zu denken war. Hindenburg als Oberbefehlshaber der Reichswehr würde niemals vor der Straße kapitulieren. Ein Putsch in Deutschland war nur möglich, wenn sich die Reichswehr neutral verhielt.
Doch erreichten die in die Welt gesetzten Gerüchte ihren Zweck, denn sie beunruhigten die Regierung Brüning, die angesichts der vermeintlichen Gefahren Maßnahmen treffen mußte, um gegebenenfalls Ruhe und Ordnung aufrecht zu erhalten. Reichswehr und preußische Polizei standen bereit[17], jeden Versuch eines Marsches auf Berlin im Keime zu ersticken. Diese Maßnahmen mußten getroffen werden, ohne daß die Öffentlichkeit etwas davon merkte. Nicht einmal der Reichspräsident wurde in vollem Umfange informiert, um den Alten Herrn nicht unnötig zu beunruhigen.
Abgesehen von den geschlossenen Stahlhelm- und SA-Verbänden kam eine illustre Schar bekannter Persönlichkeiten in das Harzstädtchen. Die Verbindung von SA und Stahlhelm, von NSDAP und DNVP wollten viele miterleben. Neben Hugenberg, dem Führer der Deutschnationalen, sah man Dr. Hjalmar Schacht, unter den Militärs den General a. D. von Seeckt und Oberstleutnant a. D. Duesterberg, den 2. Vorsitzenden des Stahlhelms, ferner den 1. Vorsitzenden dieses Wehrverbandes, Franz Seldte, einige Kaisersöhne und sonstige Prinzen. Aber

auch ehemals regierende Fürsten waren, neben Industriemagnaten, »Bank- und Börsenfürsten«, nach Harzburg gekommen. Es war in der Tat ein glanzvolles Bild. Doch bei Hitler bewirkten die ordenübersäten Uniformen und Gehröcke gerade das Gegenteil. Er fühlte sich in dieser Gesellschaft nicht gehoben, sondern bedrückt. Noch keine 24 Stunden vorher hatte der Generalfeldmarschall ihn, den Gefreiten, den Bohemien aus Wien, seine Vergangenheit und Herkunft fühlen lassen. Auch die in Harzburg versammelten hohen Herren ließen dem Führer der NSDAP gegenüber jede Herzlichkeit vermissen. Für sie war Hugenberg wichtiger[18].

Nach matt verlaufenen Beratungen las Hitler bei der Schlußkundgebung seine Rede ohne jede Anteilnahme herunter, hörte sich höflicherweise die Ansprachen Duesterbergs und Hugenbergs an und nahm dann den Vorbeimarsch seiner SA-Garden ab. Sie waren nicht so zahlreich nach Harzburg gekommen wie die Einheiten des finanzkräftigeren Stahlhelms. Eines hatte er durchsetzen können: die SA marschierte mit ihren Hakenkreuzfahnen an der Spitze der Parade. Auf der Tribüne stehend grüßte der OSAF seine Anhänger mit dem Hitler-Gruß. Als die letzte Gruppe vorbeimarschierte und schon die ersten schwarz-weiß-roten Fahnen des Stahlhelms zu sehen waren, drehte sich Hitler brüsk um, verließ die Tribüne und fuhr nach Hause. Das war ein Affront sondergleichen, der den deutschnationalen Herren eigentlich hätte eine Warnung sein sollen, aber sie verstanden nicht, was Hitler damit sagen wollte — oder sie wollten nicht verstehen.

Am nächsten Tag, am 13. Oktober 1931, stellte Dr. Brüning sein neues Kabinett dem Reichstag vor. Schon während der Verlesung der Regierungserklärung hagelte es Zwischenrufe. Dann sprach für die nationalsozialistische Fraktion Dr. Frick. Er sagte der Regierung Brüning den schärfsten Kampf an. Die Deutschnationalen und die Volksparteiler wollten bei dieser Bekundung »nationalen Willens« nicht zurückstehen und bliesen ins gleiche Horn. Dennoch wurden die gekoppelten Mißtrauensanträge der Rechten und der Kommunisten abgelehnt, wenn auch nur mit der geringen Mehrheit von 294 gegen 270 Stim-

men. Entscheidend war, daß sich die SPD nicht versagte und mit dem Zentrum, den Demokraten und einigen Splittergruppen die Regierung stützte. Den Kommunisten machte es nichts aus, mit den Anhängern von Hitler, der in Harzburg gerade eine Rede gegen die KPD gehalten hatte, zu paktieren.
Nur eine Woche nach der Harzburger Tagung nahm Hitler in Braunschweig den Vorbeimarsch von über hunderttausend SA-Männern ab. Dabei erklärte er: »Sie haben heute 24 Standarten empfangen. Ich glaube, es werden die letzten sein, die Sie vor dem Siege der Bewegung in Ihre treue Obhut nehmen. Wenn wir nicht in letzter Minute die Nerven verlieren, wird keine Macht in Deutschland uns niederzwingen.«
Trotz dieser Rede, einer Art Absage an die Harzburger Front, da sie indirekt die Alleinherrschaft der Nationalsozialisten forderte, kam der Tagung in dem kleinen braunschweigischen Städtchen doch eine erhebliche Bedeutung zu, denn die Deutschnationalen beharrten weiter in ihrer Illusion, es müsse möglich sein, mit der NSDAP ein Bündnis einzugehen.
Die unmittelbare Folge der Harzburger Tagung war die Bildung der »Eisernen Front« auf der gemäßigten Linken. Bei der Gründungsfeier im Sitzungssaal des Reichswirtschaftsrates begeisterte man sich an der Tatsache, daß alle auf dem Boden der Demokratie stehenden Organisationen, ohne Rücksicht auf ihre sonstigen politischen Ziele, bereit waren, Hand in Hand mit den bewaffneten Kräften des Staates, der Reichswehr und der preußischen Polizei, die Weimarer Republik zu verteidigen. Das erschien auch dringend notwendig, denn Hitlers Legalitätseid konnte man kaum noch Glauben schenken. Man hatte allen Grund zu zweifeln! Kurz vorher waren dem Frankfurter Polizeipräsidenten Entwürfe von Verordnungen in die Hände gelangt, die im Falle der Machtergreifung erlassen werden sollten. Verfasser dieser »Boxheimer Dokumente« war der Rechtsberater der NSDAP in Hessen, Dr. Werner Best. Er hatte nach geheimen Besprechungen mit einer kleinen Gruppe von Parteigenossen im »Boxheimer Hof«, festgehalten, was dort erörtert worden war.

Im »Falle eines kommunistischen Aufstandes« sollten Proklamationen erlassen werden, die folgendes verkündeten: sofortige Hinrichtung jener, die Widerstand leisteten, die sich weigerten, die SA zu unterstützen, oder die Waffen besaßen. An wirtschaftlichen Maßnahmen hatte man ins Auge gefaßt: Aufhebung des Privateigentums, Löschung der Schuldverpflichtungen, Aufhebung der Sparzinsen und aller privaten Einkommen. Die SA sollte berechtigt sein, das Vermögen des Staates und der Bevölkerung zu verwalten. Auch Zwangsarbeit sahen die Best'schen Entwürfe vor, ebenso Lebensmittelkarten und Gemeinschaftsküchen.

Die Veröffentlichung der Boxheimer Dokumente rief Sensation hervor. Hitler erklärte sofort, er wisse nichts von diesen Plänen und billige sie auch nicht. Das war höchstwahrscheinlich zutreffend, denn sie waren ihm zu sozialistisch. Unterschiede zu den Verordnungen der Sowjets während der Periode des Kriegskommunismus[19] ließen sich kaum noch erkennen. Aber die Dokumente waren dennoch recht bezeichnend. Sie warfen ein Schlaglicht auf den Geist vieler SA-Führer, die nichts anderes kannten als Gewalt und Erschießen, um mit irgendwelchen Schwierigkeiten fertig zu werden. Da nirgends ein kommunistischer Putsch drohte, konnten die Stilübungen des Dr. Best nur für einen Putsch der SA berechnet sein.

Die hessischen und preußischen Länderregierungen stellten beim Reichsinnen- und Reichswehrminister Groener den Antrag, die SA zu verbieten, da aus den Boxheimer Dokumenten einwandfrei der staatsgefährliche Charakter dieser Organisation hervorgehe. Doch General Groener lehnte den Antrag ab. Er hatte den maßgebenden Generalen der Reichswehr sein Wort gegeben, ein Verbot der SA nicht zu billigen. Im Reichswehrministerium glaubte man nach wie vor an die Beteuerungen Hitlers in Leipzig, nicht mehr putschen zu wollen. Ein Jahr später wurde Best vom Reichsgericht in dem sofort wegen Hochverrates eingeleiteten Strafverfahren freigesprochen.

5. Brünings Sturz

Im Frühjahr 1932 ging Hindenburgs siebenjährige Amtsperiode ihrem Ende zu. Der Alte Herr weigerte sich entschieden, mit 82 Jahren noch einmal zu kandidieren. Erst nach längerem Zureden erklärte er sich bereit, für weitere zwei bis drei Jahre die Last des Amtes auf sich zu nehmen. Um das durchzusetzen, bedurfte es eines verfassungsändernden Gesetzes, das mit Zweidrittelmehrheit im Reichstag angenommen werden mußte. Dazu aber waren die Stimmen der Nationalsozialisten notwendig. Die Mittelparteien und die Sozialdemokraten waren einverstanden. Auch der Führer der Deutschnationalen, der kleine quecksilbrige Hugenberg, hatte nichts gegen eine Amtsverlängerung der Präsidentschaft auf gesetzlichem Wege, doch mit den Sozialdemokraten für ein solches Gesetz zu stimmen, widerstrebte ihm. Man hatte schließlich seine Prinzipien! Hitlers Zusage wiederum kam einer Absage gleich, denn er verlangte als Gegenleistung für die Zustimmung der NSDAP zu einer Verfassungsänderung die Auflösung des Reichstags und des preußischen Landtags, Rücktritt der Präsidialregierung Brüning und Bildung »einer nationalen Regierung«, worunter Hitler eine Regierung verstand, in der er tonangebend war. Nur was er forderte, war in seinen Augen national; alle anderen waren, je nach ihrer Haltung abgestuft: antinational, bolschewistisch verseucht, vaterlandslos und verräterisch.

Dr. Meißner, dem Hitler seine Forderungen im »Kaiserhof«[1] Anfang Januar vortrug, erklärte dem Führer der NSDAP, der Herr Reichspräsident sei leider nicht bereit und willens, sich von Dr. Brüning zu trennen, denn der Kanzler genieße sein Vertrauen. Auch könne der Alte Herr keiner politischen Partei oder Bewegung irgendwelche Versprechungen machen, ebensowenig könne er einer Partei verbieten, sich für ihn einzusetzen.

Hitler erkannte, daß sich die Abneigung Hindenburgs gegen ihn nicht geändert hatte. Wütend erklärte er Dr. Meißner[2]: »Wenn der Feldmarschall die Kandidatur eines Linksblocks annehmen will, so werde ich, den Wünschen der hinter mir stehenden nationalen Bewegung folgend, ihm notgedrungen als Gegenkandidat für die Präsidentschaft entgegentreten, und ich zweifle nicht daran, aus diesem Wahlkampf als Sieger hervorzugehen.«

Das waren große Worte: die »hinter ihm stehende nationale Bewegung« werde ihm zum Siege gegen das Idol des deutschen Volkes, Generalfeldmarschall Paul von Hindenburg, verhelfen. Hitler besaß zu diesem Zeitpunkt noch nicht die deutsche Staatsbürgerschaft.

Die Hoffnung, dem deutschen Volke in dieser entsetzlichen Krisenzeit — die Arbeitsämter registrierten sechs Millionen Erwerbslose — einen Wahlkampf zu ersparen, war damit zunichte geworden. In Frage kam jetzt nur eine Wahl nach der Weimarer Verfassung, also eine Wahl für sieben Jahre und direkt durch das Volk. Die Fronten verschoben sich. Die Parteien, die Hindenburg 1925 erbittert bekämpft und ihm damals sein hohes Alter vorgehalten hatten, erklärten sich jetzt mit seiner Kandidatur einverstanden: das Zentrum, die SPD und die Demokraten.

Doch bevor der Alte Herr endgültig sein Ja-Wort gab, ließ er sich von seinen Ärzten auf Herz und Nieren untersuchen. Erst als diese erklärten, der Herr Reichspräsident sei sehr wohl in der Lage, durchzuhalten, und Meißner ihn an den alten Kaiser Wilhelm I. erinnerte, der mit 91 Jahren gesagt hatte, er habe keine Zeit, müde zu sein, gab Hindenburg seine Zustimmung. Er wollte seinem einstigen König und Kaiser in der Pflichterfüllung nicht nachstehen. Wenn Hitler im Gespräch mit Staatssekretär Meißner geäußert hatte, Nationalsozialisten, Deutschnationale und Stahlhelmer seien bereit, Hindenburg als ihren gemeinsamen Kandidaten aufzustellen, und alle diese Stimmen würden ihm zufließen, wenn die Einigung scheitere, so war diese Rechnung falsch. Selbst in der NSDAP war man nicht so ohne weiteres bereit, Hitlers Kandidatur gegen Hindenburg zuzustimmen. Es war Dr. Goebbels, dem es gelang, Hitlers eigene Bedenken und die prominenter Unterführer zu überwinden. Am 4. Februar schrieb der kleine Doktor in sein Tagebuch:

»Tolle Pressehetze. Die Journaille ist dahinter gekommen, daß Frick im Jahre 1930 den Vorschlag gemacht hat, den Führer mit einem untergeordneten Posten in Hildburghausen zu betrauen, um ihm damit die Staatsbürgerschaft zu verschaffen ... Diese Frage muß übrigens in Kürze noch gelöst werden. Der Führer muß ja Staatsbürger sein, um kandidieren zu können. Klagges wird damit beauftragt, diese Frage zu lösen. Es ist geplant, den Führer zum außerordentlichen Professor in Braunschweig zu ernennen ...«

22. Februar:

»... Zum Schluß noch einmal die Frage der Präsidentschaftskandidaten durchgesprochen. Hauptsache ist, daß jetzt das Schweigen gebrochen wird. Der Führer gibt mir Erlaubnis, am Abend im Sportpalast vorzuprellen ...«

24. Februar:

»Die Einbürgerungsfrage ist noch nicht gelöst. Die bürgerlichen Patrioten machen Schwierigkeiten ...«

25. Februar:

»Eben kommt die Nachricht, daß er zum braunschweigischen Regierungsrat ernannt worden ist. Wir sind überglücklich, daß diese wesentliche Frage gelöst wurde.«

Mit dem Entschluß vom 2. Februar und seiner Verkündung am 22. Februar meldete ein Mann seine Kandidatur für den höchsten Posten in einem Staate an, ohne Bürger dieses Staates zu sein, ein Vorgang ohne Parallele! Aber in der toleranten Weimarer Republik war vieles möglich, sogar daß ein Mann von der Tribüne des Reichstages aus erklären konnte: »Sage mir, wer dich lobt, und ich sage dir, wer du bist. Hindenburg wird gelobt von der Berliner Asphaltpresse, von der Partei der Deserteure ...«

Nachdem die Rechte es schon 1925 fertig bekommen hatte, den Reichspräsidenten Ebert als Landesverräter zu beschimpfen, wagte es einer der prominentesten Nationalsozialisten, den Generalfeldmarschall des Ersten Weltkrieges als »Asphaltpflanze«[3] und »Deserteur« zu verdächtigen. Dabei war Dr. Goebbels nie Soldat gewesen, ebensowenig wie sein Fraktionsvorsitzender Dr. Frick, der den Krieg als Beamter in Pirmasens verlebt hatte, und der Chefredakteur des nationalsozialistischen Zentralorgans, Alfred Rosenberg, der 1918 noch die russische Staatsbürgerschaft besaß. Nach einem unbeschreiblichen Tumult ging ein junger, schwerkriegsbeschädigter sozialdemokratischer Abgeordneter namens Kurt Schumacher auf die Rednertribüne. »In einer mitreißenden Rede sprach er das stärkste, was im Reichstag je gesagt wurde über die moralische und intellektuelle Verlumpung des deutschen Volkes durch die Methoden der nationalsozialistischen Agitation[4].«

Dieser Auftakt im Reichstag gab den Ton des Wahlkampfes an. Hitlers körperliche Leistung war erstaunlich. Er sprach bis zu dreimal am Tage und flog in einer Sondermaschine von Versammlung zu Versammlung. Auch Dr. Goebbels zog alle Register seiner Propagandakunst. Für Hitlers Flugreisen prägte er den Slogan: »Hitler über Deutschland!«

Dennoch mußte der Führer der NSDAP eine empfindliche Niederlage einstecken. Bei der Wahl am 13. März 1932 errang Hindenburg 18,6 Millionen Stimmen (49,6 Prozent), während Hitler nur 11,3 Millionen (30,4 Prozent) erhielt. In den Rest teilten sich Ernst Thälmann, der Kandidat der KPD, mit 4,9 Millionen Stimmen (13 Prozent) und Oberstleutnant Duesterberg, der Kandidat der Deutschnationalen und des Stahlhelms, der es nur auf 2,5 Millionen (6,8 Prozent) bringen konnte.

Für den zweiten Wahlgang am 10. April schied Duesterberg aus dem Rennen. Thälmanns Anteil sank auf 10,2 Prozent (3,7 Millionen) ab, der von Hitler stieg auf 36,8 Prozent (13,4 Millionen). Hindenburg erreichte mit 53 Prozent (19,3 Millionen) die absolute Mehrheit. Damit war dieser Angriff der Nationalsozialisten abgeschlagen.

Fast schien es, als sei mit Hitlers Niederlage bei der Reichspräsidentenwahl der Reichs- wie der preußischen Regierung die Energie zurückgekommen. Schon am Tage des ersten Wahlganges hatte die Preußenregierung sich aufgerafft, durch ihre Polizei die in ihrem Bereich liegenden SA-Heime durchsuchen zu lassen. Es waren ihr Nachrichten zugegangen, Stabschef Ernst Röhm habe seine SA-Einheiten rund um Berlin konzentriert, um im Falle der Wahl Hitlers sofort marschieren zu können. Auch hatten sich SA-Leute auffällig darum bemüht, die Waffenlager der Reichswehr auszukundschaften. Besonders bedenklich erschien der Regierung die Ersetzung »ziviler« SA-Führer durch kriegserfahrene Offiziere.

Was bei den Haussuchungen an Schriften beschlagnahmt werden konnte, sprach für sich. Das Braune Haus hatte befohlen, die »Waffen der Landesverteidigung«, also der Reichswehr, zu beschlagnahmen. Dann sollten Gemeindevorsteher und Landjäger in ihren Unterkünften festgesetzt, die Telephone besetzt und Zu- wie Abfahrtswege durch bewaffnete Trupps gesichert werden. Landkarten mit eingezeichneten Punkten bewiesen, daß diese Befehle auch für örtliche Verhältnisse ausgearbeitet worden waren. Das alles ließ sich nicht mehr mit Maßnahmen zur »Abwehr eines kommunistischen Putsches« hinstellen, das waren einwandfreie Vorbereitungen für einen nationalsozialistischen Staatsstreich. Erregend waren auch die Befehle an die SA, im Falle eines polnischen Einfalles in deutsches Gebiet sich neutral zu verhalten. Das deckte sich mit einer Rede Hitlers in dem pommerschen Städtchen Lauenburg, in der er erklärt hatte, es sei nicht die Aufgabe seiner Gefolgschaft, den gegenwärtigen Staat nach außen zu verteidigen[5].

Die Empörung im Reichswehrministerium war ungeheuer. Die Führung der durch den Versailler Vertrag auf einhunderttausend Mann beschränkten Wehrmacht, die dazu nur mit zweitrangigen Waffen ausgerüstet war, hatte bisher geglaubt, sich im Ernstfalle auf die sogenannten nationalen Verbände verlassen zu können. Nun stellte sich heraus, daß die SA nicht mitmachen würde, und das wiederum bedeutete, daß auch der Jung-Stahlhelm, der in Ostpreußen und Pommern stark zu Hitler hinneigte, sich höchstwahrscheinlich neutral verhielt.

Otto Braun, preußischer Ministerpräsident und »ungekrönter König« dieses Landes, stellte in einer Rede im Sportpalast[6] in Berlin die Frage, was wohl aus dem Deutschen Reiche geworden wäre, wenn die deutsche Sozialdemokratie 1914 dieselbe

Haltung eingenommen hätte wie jetzt Hitler als OSAF der SA. Hitler sah ein, daß er eine kapitale Dummheit begangen hatte und begann zu berichtigen, doch seine Klagedrohung gegen das sozialdemokratische Zentralorgan *»Vorwärts«* wegen Verleumdung machte er nicht wahr. Zu viele Journalisten hätten bezeugen können, daß Hitler tatsächlich diese Äußerung getan hatte. Mit ihr unterschied er sich in nichts mehr von dem Kommunistenführer Ernst Thälmann.

Aber drohte überhaupt ein polnischer Einfall in deutsches Reichsgebiet? Das war das Problem, das die Haltung und die Erregung der deutschen Reichswehrführung erst verständlich machte. Auch im November und im März des kommenden Jahres spielte es eine ausschlaggebende Rolle.

Polen, im 14. und 15. Jahrhundert ein mächtiger Staat, der außer dem rein polnischen Siedlungsgebiet auch die Ukraine und Weißrußland in seine Grenzen einschloß, war Ende des 18. Jahrhunderts dreimal geteilt worden. Den größten Brocken hatte Rußland geschluckt, während Österreich Galizien mit Lemberg und Kleinpolen mit Krakau erhielt. Preußen hatte damals den Nordwesten einschließlich Warschaus bekommen.

In den napoleonischen Kriegen entstand dann ein Großherzogtum Polen, das im Wiener Kongreß unter die Oberhoheit des russischen Zaren kam. Im Ersten Weltkrieg errichteten Deutschland und Österreich-Ungarn nach der Besetzung dieser Gebiete ein polnisches Königreich. Nach der Kapitulation der Mittelmächte waren die polnischen Politiker bestrebt, ihr Land weit über das polnische Sprachgebiet hinaus »abzurunden«. Auf der Pariser Friedenskonferenz fanden sie außerordentliches Verständnis. Der von Präsident Wilson in seinen 14 Punkten geforderte sichere Zugang Polens zum Meer, ursprünglich nur als Neutralisierung der Weichsel gedacht, wuchs sich unter der Patronanz des französischen Ministerpräsidenten Clemenceau zum Polnischen Korridor aus. Das war ethnographisch nicht gerechtfertigt, denn in diesem Gebiet lebten mehr Deutsche als Polen. Die rein deutsche Stadt Danzig wurde vom Reiche getrennt. Am ehesten zu rechtfertigen war noch der Erwerb der Stadt und Provinz Posen.

Aber auch im Osten war Polen bestrebt, Gebiete zu erwerben, auf die es keinerlei Anspruch hatte. Im Oktober 1919 war von dem englischen Außenminister George Curzon die sogenannte Curzonlinie als Grenze zwischen Rußland und Polen festgelegt worden. Sie folgte ziemlich genau den ethnographischen Verhältnissen und entspricht — mit geringen Abweichungen — der Ostgrenze Polens seit 1945, wie sie auf der Konferenz von Jalta mit Zustimmung Churchills und Roosevelts festgelegt wurde[7]. Doch im Frühjahr 1920 erklärte Polen der Sowjetunion den Krieg, der die polnischen Armeen bis nach Kiew und die sowjetischen bis vor Warschau führte. Dank des französischen Eingreifens und Mißhelligkeiten in der sowjetischen Führung konnte Polen diesen Krieg siegreich beenden. Im Frieden zu Riga erhielt es dann Gebiete, die es auf Grund des Selbstbestimmungsrechts der Völker niemals hätte beanspruchen können[8].

Auch gegenüber dem neugeschaffenen Staat Litauen ging Polen aggressiv vor. Mit einem Handstreich raubten polnische Freischärler im Oktober 1920 den Litauern ihre Hauptstadt Wilna. Die deutschen Befürchtungen, Polen könnte eine augenblickliche Schwächung Deutschlands benutzen, um sich weiteres deutsches Gebiet anzueignen, waren auch im Hinblick auf die polnischen Vorstöße in Oberschlesien im Jahre 1921 nicht unbegründet. Neuerdings war durch die Sowjetregierung der deutschen Regierung der polnische Mobilisationsplan in die Hände gespielt worden[9]. Aus diesen Dokumenten war klar ersichtlich, daß Polen die Absicht hatte, bei gebotener Gelegenheit die deutsche Provinz Schlesien zu besetzen. Auf den Völkerbund glaubten die deutschen Militärs sich nicht verlassen zu können, denn dieser hatte im vergangenen Herbst nichts unternommen, als das Völkerbundsmitglied Japan dem Völkerbundsmitglied China mit Hilfe einer »Polizeiaktion« die Mandschurei wegnahm, obwohl eine Untersuchungskommission die Schuld Japans an den die »Polizeiaktion« auslösenden Zwischenfällen einwandfrei feststellte. Nur wenn sich Deutschland lange genug hinhaltend verteidigen konnte, so glaubten die Militärs, werde

es möglich sein, die Weltmeinung zu seinen Gunsten zu mobilisieren.
Reichskanzler Dr. Brüning konnte sich den Befürchtungen der Generale nicht verschließen, denn seine eigenen Erfahrungen deckten sich mit denen der Reichswehrführung. Im August des vorigen Jahres waren an Hindenburg während seines Urlaubs in Dietramszell Nachrichten herangetragen worden, französische und polnische Persönlichkeiten hätten Hitler wissen lassen, eine Einbeziehung der NSDAP in die Regierung würde die internationale Stellung Deutschlands bessern[10]. Auf den Alten Herrn hatte das einen tiefenEindruck gemacht, und er hatte seinem Kanzler nahegelegt, doch einmal mit Hugenberg und Hitler zu sprechen. Das war auch geschehen, aber zu einem Ergebnis war Dr. Brüning nicht gekommen. Immerhin ließ die Tatsache der Fühlungnahme polnisch-französischer Agenten mit der NSDAP die 1932 in SA-Heimen aufgefundenen Befehle an die SA, im Falle eines polnischen Angriffs sich neutral zu verhalten, äußerst merkwürdig erscheinen.
Unter dem Eindruck all dieser Vorkommnisse war man sich in Regierungskreisen einig, daß man gegen Hitler vorgehen müsse, und zwar mit Hilfe von Reichsmaßnahmen. Ein SA-Verbot konnte man den Länderregierungen unmöglich überlassen. Die Länderregierungen zu Verboten zu zwingen, war nach der Verfassung nicht möglich. Es konnte nun die groteske Situation entstehen, daß es zwar in Preußen verboten war, eine SA-Uniform zu tragen, nicht aber in dem völlig von preußischem Gebiet eingeschlossenen Lande Braunschweig, das einen nationalsozialistischen Innenminister hatte. Daß der Schlag zuerst gegen die SA geführt werden mußte, darüber waren sich alle einig. Mit der SA traf man Hitlers Machtbasis, ohne sie war die NSDAP eine Partei wie jede andere.
Der Winter 1931/32 war der schwerste, den Deutschland je durchzustehen hatte. Die Arbeitslosigkeit erreichte einen nie für möglich gehaltenen Stand. Die Arbeitsämter registrierten über sechs Millionen unterstützungsberechtigte Erwerbslose. Daneben gab es die nicht erfaßten »Ausgesteuerten«, jene, die keinerlei Unterstützung mehr bekamen. Sie lebten meist vom

Betteln und schliefen in Obdachlosenasylen, oder sie wanderten ziellos über die Landstraßen. Allein die Jugendlichen, die sich in den Jahren 1931 und 1932 als Wanderburschen durchschlugen, praktisch also von der öffentlichen Fürsorge und vom Betteln lebten, schätzte man auf über eine Million. Alles in allem dürften in den ersten Monaten des Jahres 1932 an die acht Millionen Deutsche keiner geregelten Arbeit nachgegangen sein, ein erschreckend hoher Anteil an den auf 32 Millionen geschätzten Arbeitslosen in der ganzen Welt. Doch war nach allgemeiner Ansicht im März 1932 der tiefste Stand der Weltwirtschaftskrise erreicht.

Bereits im Oktober 1931 hatte Dr. Brüning den Mechanismus des Young-Planes in Bewegung gesetzt und die Einberufung des Sonderausschusses verlangt. Dieser war auch zusammengetreten und hatte kurz vor Weihnachten den sogenannten »Beneduce-Bericht« erstattet, der Dr. Brüning im großen und ganzen recht gab und zu den Feststellungen kam, der Young-Plan sei auf falschen Voraussetzungen aufgebaut. Statt einer ständigen Ausdehnung des Welthandels sei eine Schrumpfung eingetreten. Es müsse nunmehr sofort gehandelt werden, sonst bestehe die Gefahr, daß sich die deutsche Krise über die ganze Welt ausdehne. Transferierungen erschütterten nur die Zahlungsbilanzen und verschärften das Chaos. Die Anpassung aller zwischenstaatlichen Schulden an die zerrüttete Weltlage müsse ohne Verzug stattfinden[11]. Nach diesem Bericht blieb nur übrig, eine neue Reparationskonferenz einzuberufen. Man kam — nach mehreren Terminverschiebungen — überein, sich im Juni in Lausanne zu treffen. Dr. Brüning erklärte sofort, mit einer Stundung der Reparationsbeträge sei ihm nicht gedient, nur die Streichung aller Zahlungsverpflichtungen aus dem Versailler Vertrag könne durchgreifende Hilfe bringen.

Die Indexzahlen des Welthandels bewiesen, wie richtig der deutsche Regierungschef die Lage beurteilte. Vor Ausbruch der Krise, im Jahre 1928, kauften 28 europäische Staaten Waren für 80 Milliarden, 1931 nur noch für 36 Milliarden Mark. Auf ausländische Rohprodukte für seine Industrie und auf Nahrungsmittel für seine Bevölkerung besonders angewiesen, kaufte Deutschland 1928 für 14 Milliarden, 1931 nur noch für 6,7 Milliarden. Die ersten Monate des Jahres 1932 ließen eine weitere Schrumpfung um die Hälfte der vorjährigenSätze befürchten.

Allein schon die Ankündigung einer Neuregelung der Reparationen belebte die Wirtschaft mit neuer Hoffnung. Die beiden letzten Jahre hatten einen harten Ausleseprozeß zur Folge gehabt, wie die Zahl der Konkurse bewies[12]. Wer bis jetzt durchgehalten hatte, konnte hoffen, auch weiterhin zu existieren. Besonders galt das auch für die Landwirtschaft, das größte Sorgenkind der Regierung.

Doch auf einen hoffnungsvollen Frühlingsanfang folgte noch einmal ein Rückschlag. Am Samstag, dem 12. März 1932, wurde gemeldet, daß sich der schwedische Finanzmann Ivar Kreuger in seiner Pariser Wohnung das Leben genommen habe. Es lag auf der Hand, daß dieser Selbstmord wirtschaftliche Hintergründe haben mußte. Aber erst nach Wochen war die Größe dieser Katastrophe zu erkennen. Deutschland, das mit Kreuger eine Anleihe von 125 Millionen Dollar abgeschlossen hatte, traf der Zusammenbruch des Kreuger-Konzerns besonders schwer.

Die Abtrennung der Provinz Ostpreußen vom Reich durch die Schaffung des polnischen Korridors hatte bei der ostpreußischen Landwirtschaft erhebliche Schwierigkeiten hervorgerufen. Dieses landwirtschaftliche Überschußgebiet konnte seine Produkte im Reich nicht preiswert genug anbieten. Im Frühjahr 1928 stellten deshalb die Reichsregierung und die preußische Regierung, die damals beide unter sozialdemokratischer Führung standen, 100 Millionen Mark zur Verfügung. Im Rahmen einer »Ostpreußenhilfe« sollten Hypothekenzinsen verbilligt, Zuschüsse zu den Transportkosten, Kartoffelschnaps zu überhöhten Preisen angekauft und ähnliche Hilfen gewährt werden. Im Mai 1929 wurden noch einmal 95 Millionen Mark ausgeworfen.

Aus dieser Ostpreußenhilfe entstand die »Osthilfe«. Die Agrarier rechts der Oder hatten sich darüber beschwert, daß bisher nur die in Ostpreußen in den Genuß von Reichsgeldern gekommen waren. Tatsächlich litt die Landwirtschaft nach Ausbruch

der Weltwirtschaftskrise in großen Teilen Deutschlands schwer, vor allem die Mittelbetriebe. Bereits im Frühjahr 1930 lag dem Reichstag ein Gesetzentwurf für eine Osthilfe vor. Als er wegen der Auflösung des Parlamentes nicht mehr zur Beratung kam, erließ die Reichsregierung im Juli eine Notverordnung. Sie stellte damit 122 Millionen bereit. Es sollten in den nächsten Jahren rund 900 Millionen für die notleidende Landwirtschaft in Ostdeutschland ausgegeben werden. Dabei war vorgesehen, dauernd unrentable Güter an landlose Bauernsöhne zu verteilen. Die Industrie unterstützte diese Absicht; sie versprach sich von der Neuschaffung vieler kleiner Bauernhöfe eine Belebung des Inlandmarktes. Die Reichswehrführung wiederum glaubte, ein von deutschen Bauern dicht besiedeltes Gebiet biete bei einem polnischen Angriff größere Verteidigungschancen als menschenarme Landschaften, die noch dazu von polnischen Saisonarbeitern durchsetzt waren.
Zweifellos befand sich der größte Teil der deutschen Landwirtschaft wirklich in Not. In Tausenden von Höfen wurde das Korn auf dem Halm gepfändet. Andererseits wurden bald schwere Fälle von Korruption bekannt. Ein Untersuchungsausschuß des Reichstages förderte skandalöse Dinge zutage. Manche Gutsbesitzer hatten sich zwei- und dreimal »entschulden« lassen, andere sich von Reichsgeldern Autos, Güter, Schmuck und sonstige Luxusgegenstände gekauft, waren sogar nach Monte Carlo gefahren und hatten Reichsgelder im Roulette verspielt. Ein allbekannter märkischer Gutsbesitzer war umgeschuldet, also entschuldet worden, obwohl die zuständige Finanzstelle gutachtlich festgestellt hatte, der Herr habe sein Vermögen »verjeut, verhurt und versoffen«[13]. Besonders belastend war die offensichtliche Bevorzugung der landwirtschaftlichen Großbetriebe, und peinlich war, daß ausländische Zeitungen die Frage aufwarfen, wieso die deutsche Regierung die Aufhebung der Reparationen verlange, wenn sie auf der anderen Seite die Gelder zum Fenster hinauswerfe. Die Korruptionsfälle auf Kosten des Steuerzahlers wirkten um so aufreizender, als zur gleichen Zeit 6 Millionen Arbeitslose sich nicht satt essen konnten. Als aber die deutsche Presse nahezu geschlossen — bis auf die

4 Reichspräsident von Hindenburg in der Felduniform eines Generalfeldmarschalls beim Reichswehrmanöver in Thüringen 1930. In Zivil neben ihm der Reichswehrminister General a. D. Groener.

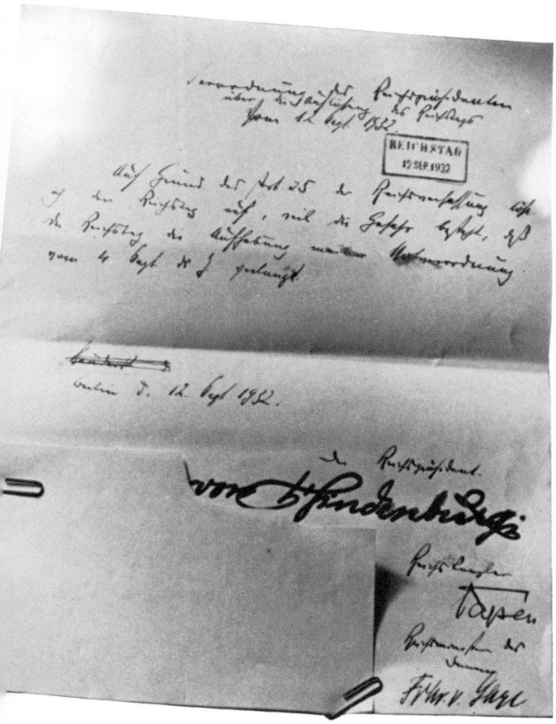

REICHSTAG
12 SEP. 1932

5 Ein besonders interessantes Dokument der Zeitgeschichte: die aus zwingenden Gründen in fliegender Eile formulierte Auflösung des Reichstages vom 12. September 1932, womit noch einmal die Regierung von Papen gerettet wurde. Die Verordnung ist handschriftlich von Staatssekretär Dr. Meissner verfaßt, der versehentlich als Ausstellungsort zunächst »Neudeck« schrieb, aber gleich wieder strich und Berlin daruntersetzte. Der Reichskanzler von Papen und der Reichsinnenminister mußten gegenzeichnen.

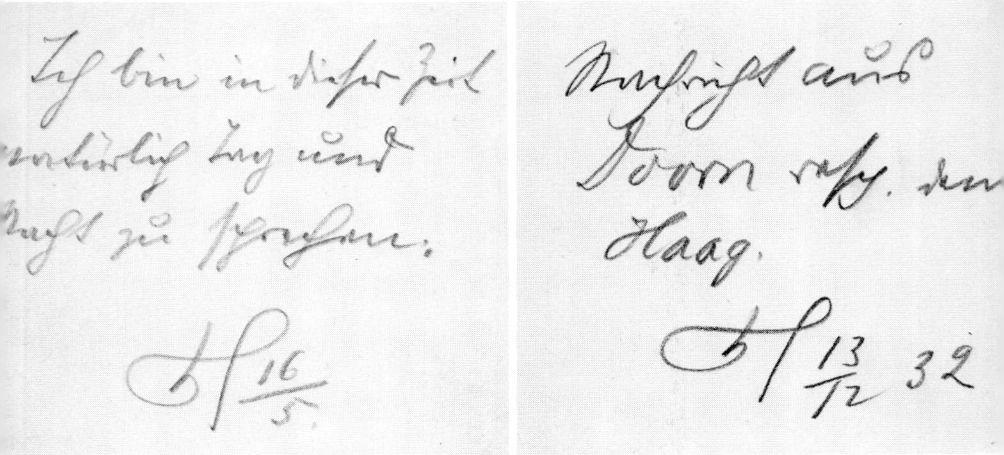

Ich bin in dieser Zeit [illegible] Tag und Nacht zu sprechen.

Nachricht aus Doorn [illegible] [illegible] den Haag.

6 Handzettel Hindenburgs an Staatssekretär Meissner (Originale im Besitz von H. O. Meissner).

7 Gartenfront der Alten Reichskanzlei in der Wilhelmstraße. Die Ernennung und Vereidigung Hitlers zum Reichskanzler am 30. Januar 1933 fand in diesem Hause statt — hinter den drei Fenstern links im ersten Stock —, weil gerade in diesen Wochen das Reichspräsidentenpalais renoviert wurde.

Zeitungen der Rechten — gegen den Skandal Front machten, wurde von einem bestimmten ostpreußischen Großgrundbesitzer, der vier Rittergüter besaß und 621 000 Mark erhalten hatte, das schöne Wort bekannt: »Da sprach der alte Pelikan, jetzt, Kinder, laßt auch mich mal ran.« Das entsprach nach der allgemeinen Überzeugung weitester Kreise der Mentalität eines Junkers vom alten Schlag, eines Nachfahren der alten Raubritter. Diese Herren, so sagte man, hätten nichts gelernt, und für sie sei der Staat noch immer eine Geldquelle gewesen. Jetzt seien Hindenburg und die Reichsregierung für sie die Melkkuh.

Der »alte Pelikan« Elard von Oldenburg-Januschau hatte Brüning als den »besten Kanzler seit Bismarck« bezeichnet, solange dessen Regierung Riesenbeträge für die Osthilfe aufwandte. Als sich der Regierungschef gegen die unerhörten Auswüchse und Mißbräuche wandte, bezichtigte der gleiche Mann den gleichen Kanzler kommunistischer Tendenzen. Die Methode der Nationalsozialisten und Kommunisten, einen Gegner mit allen Mitteln zu diffamieren und zu denunzieren, hatte Schule gemacht. Aber der alte Januschauer, im weiteren Sinne ostpreußischer Nachbar Hindenburgs, hatte beim Reichspräsidenten gewisse Sympathien. Anläßlich des bevorstehenden 80. Geburtstags des Präsidenten im Jahre 1927 hatte er den gescheiten Einfall gehabt, vornehmlich in Industriekreisen Sammellisten zirkulieren zu lassen, um das Geld für den Rückkauf des ehemals Hindenburgischen Familiengutes Neudeck zusammenzubringen. Das war gelungen, und Neudeck war wieder in Hindenburgischem Besitz. So war es nur natürlich, daß der Alte Herr, der vor 70 Jahren auf eben diesem Gute aufgewachsen war, für die Sorgen der ostpreußischen Gutsbesitzer ein offenes Ohr hatte und für den Januschauer Dankbarkeit empfand.

Der Reichswehr- und Reichsinnenminister, General a. D. Groener, hatte Anfang des Jahres 1932 befürchtet, der Kandidat der Nationalsozialisten, Adolf Hitler, würde bei der Reichspräsidentenwahl etwa 35 Prozent der Stimmen erhalten, ebensoviel wie Hindenburg, und in den Rest würden sich Duesterberg mit 10 Prozent und Thälmann mit 20 Prozent teilen. Das war nicht eingetroffen[14]. Der General zog daraus den Schluß, daß es noch möglich sein müsse, gegen die NSDAP und ihre Nebenorganisationen, hauptsächlich gegen die SA, mit Verboten vorzugehen. Nachdem bei den Haussuchungen am 13. März die belastenden Papiere gefunden worden waren und der zweite Wahlgang einen Sieg Hindenburgs versprach, berief Groener für den 5. April eine Sitzung der Innenminister von Preußen, Sachsen, Bayern, Württemberg, Baden und Hessen nach Berlin ein. Er eröffnete seinen Kollegen aus den Ländern, daß er nunmehr ihrem Drängen nachgeben und jetzt die SA verbieten werde.

Bei der Besprechung mit den Länderministern, an der auch der Reichsminister der Justiz und Dr. Meißner »als Vertreter des Präsidenten« teilnahmen — Reichskanzler Dr. Brüning war nicht in Berlin —, wurde völlige Übereinstimmung erzielt. Groener betonte, die nächste Aufgabe müsse sein, die in der SA zweifellos vorhandenen wertvollen Elemente in irgendeiner Weise an den Staat heranzuziehen und nutzbar zu machen, denn mit Polizeimaßnahmen allein könne man einer Bewegung wie der nationalsozialistischen nicht beikommen[15].

Aber Minister Groener hatte führenden Generalen der Reichswehr versprochen, nicht gegen die SA vorzugehen. Nicht deshalb, weil diese Militärs mit Hitler sympathisierten — im Gegenteil, sie waren wegen seiner Lauenburger Erklärung über ihn empört. Aber von einer Auflösung der SA befürchteten sie eine ernstliche Schwächung der Landesverteidigung[16]. Zwei Tage nach seiner Besprechung mit den Innenministern der Länder lud deshalb General Groener die Chefs der Heeres- und Marineleitung zu sich. Auch der Chef des Ministeramtes, General von Schleicher, den Groener wie seinen Sohn betrachtete, nahm an dieser Besprechung teil. Schleicher begründete den Wunsch seines Vorgesetzten, in den nächsten Tagen ein SA-Verbot zu erlassen, als Ergänzung des bereits 1929 erlassenen Verbots des Rot-Front-Kämpfer-Bundes. General von Hammerstein-Equord, Chef der Heeresleitung, stimmte den Absichten Groeners rückhaltlos zu, wobei er noch schärfere Worte gebrauchte als vor ihm General von Schleicher. Nur Admiral Raeder meinte, man müsse dann wohl auch das Reichsbanner verbieten. Am Nachmittag teilte Schleicher dem Chef der Reichskanzlei, Staatsse-

kretär Pünder, seine Genugtuung über das bevorstehende Verbot mit und stellte es so dar, als habe er, Schleicher, General Groener dazu gebracht[17].
Von irgendeiner Seite wurde der NSDAP Mitteilung gemacht, welche Erwägungen die Regierung anstelle[18]. Die Gerüchte in Berlin jagten sich. In nationalsozialistischen Führungskreisen wollte man nicht glauben, daß die Regierung es wagen würde, die Wehrorganisation der stärksten Partei zu verbieten. Trotzdem ordnete der Stabschef der SA, Hauptmann Ernst Röhm, an, die Büros zu »säubern«, das Stichwort für die Beseitigung aller kompromittierenden Papiere. Motorradfahrer überbrachten diesen mündlichen Befehl an alle unteren Stellen. Erst vor einigen Tagen hatte die Polizei Material über den Kurfürstendammprozeß gefunden, der die SA und Partei schwer bloßstellte. Diesmal durfte es keine solche Panne geben.
Samstag, den 9. April, hielt Major Marcks, Leiter der Presseabteilung des Reichswehrministeriums, seinem Minister Vortrag. Natürlich kam man auch auf das bevorstehende Verbot zu sprechen, denn der Major mußte es den Zeitungsleuten gegenüber vertreten. Zur Überraschung Groeners erhob Marcks gegen das Verbot Einwände[19]. Anschließend ließ sich Schleicher bei Groener melden. Er machte auf seinen väterlichen Freund, den Reichswehrminister, einen bedrückten Eindruck. Auf seine Frage erklärte Schleicher, er habe sich alles noch einmal überlegt. Das bevorstehende Verbot der SA bereite ihm jetzt solche Sorge, daß er die Nacht nicht habe schlafen können. Wenn man die SA aus ihren Quartieren jage, so werde das eine ungünstige Wirkung auf die Preußenwahlen haben[20]. Auch seien gestern abend die Abgeordneten Dingeldey von der DVP und Dr. Gerecke vom Deutschen Landvolk bei ihm erschienen und hätten erklärt, ein Verbot der SA würde bei der zwei Wochen nach der Reichspräsidentenwahl stattfindenden Wahl zum preußischen Landtag ihre Parteien aufs schwerste schädigen.
Groener fragte erstaunt, woher die Herren überhaupt etwas wüßten und was die Führer dieser kleinen Parteien mit dem SA-Verbot zu tun hätten? Mit oder ohne Verbot würden diese kleinen Parteigruppierungen verschwinden, denn die Tendenz

der Wähler ginge dahin, großen Parteien ihre Stimme zu geben. Dann bat Groener den Chef des Ministeramtes um seine persönliche Ansicht.
Kurt von Schleicher schlug vor, einer anderen Taktik zu folgen und die Auflösung der SA Hitler anzulasten, indem man ihm bestimmte Bedingungen stelle, die er innerhalb kurzer Frist zu erfüllen habe, aber kaum erfüllen könne, ohne sein Gesicht zu verlieren.
Groener konnte sich nicht vorstellen, was Schleicher damit meinte, und bat ihn deshalb, einen solchen Brief zu entwerfen. Dem Reichswehrminister war der Vorschlag Schleichers nicht willkommen. Der alte Soldat zog es vor, seine Gegner offen anzugreifen. Schleichers Absicht, Hitler mit der Verantwortung für das SA-Verbot zu belasten, war Groener zu spitzfindig. Reichspräsident Hindenburg schloß sich Groeners Ansicht an und meinte, man werde diesem Österreicher doch nicht erst einen Brief schreiben, sondern gleich das Verbot aussprechen. Dabei hatte der Minister den Eindruck, als sei der Präsident bereit, das Verbot sofort zu unterzeichnen. Das aber wünschte Groener gar nicht, da er zunächst die Meinung des von Berlin noch immer abwesenden Kanzlers einholen wollte[21].
Nach Brünings Rückkehr fand in der Reichskanzlei eine Sitzung statt, in der Groener dem Kanzler seine Meinung vortrug. Auch General von Schleicher kam zu Wort und verlas seinen Briefentwurf, doch der Reichsinnenminister weigerte sich, diesen Brief abzuschicken, und meinte, Hitler werde sicher eine vor Hohn triefende Antwort erteilen[22].
Drei Tage nach seiner Wiederwahl legten der Reichskanzler und General Groener dem Reichspräsidenten eine Notverordnung auf Grund des Artikels 48, Absatz 2 der Verfassung vor, nach der die SA verboten und deren Vermögen zugunsten der Länder eingezogen wurde. Nun aber äußerte Hindenburg zur Überraschung von Groener ebenfalls Bedenken und machte seine Zustimmung von einem gleichzeitigen Verbot des Reichsbanners abhängig. Dr. Brüning bezeichnete das als unmöglich. Als der Präsident noch immer zögerte, erklärten Dr. Brüning und General Groener, in diesem Falle müßten sie ihren Rück-

tritt erklären. Widerwillig setzte Hindenburg unter die Notverordnung seinen Namen[23].

Am 14. April 1932 trat die Notverordnung in Kraft. Die SA-Heime wurden geschlossen, die Akten beschlagnahmt und ein Verbot erlassen, die braune Uniform der SA zu tragen. Die Weimarer Republik stellte sich zum Kampf. Am Abend schrieb Dr. Goebbels in sein Tagebuch:

> »... Nachmittags um 5 Uhr kommt das SA-Verbot. Es wird für das ganze Reich erlassen. Das ist Groeners Geschoß. Vielleicht aber wird er darüber zu Fall gebracht. Uns wird mitgeteilt, daß Schleicher seinen Kurs mißbilligt. Als ich abfahre, besetzt die Polizei gerade das Parteigebäude in Berlin ... Anruf einer bekannten Dame, die mit General Schleicher befreundet ist. Der General will zurücktreten. Vielleicht aber ist es auch nur ein Manöver ...[24]«

Stabschef Röhm war nicht geneigt, das Verbot so ohne weiteres hinzunehmen[25]. Ohne die SA war er nicht mehr zweiter Mann in der Partei. Aber Hitler ließ sich nicht dreinreden. Er hatte den besseren Instinkt, vielleicht auch die besseren Informationen. Nicht ausgeschlossen war, daß ihm die Macht, die sich Röhm innerhalb eines Jahres aufbaute, bereits zu stark zu werden drohte. So ordnete Hitler an, die SA aufzulösen, aber die 400 000 SA-Männer in die Partei aufzunehmen, und zwar als geschlossene Kader.

Allein schon mit dieser Maßnahme wurde dem Groenerschen Verbot die Spitze abgebrochen. Faktisch blieb die SA als geschlossene Formation erhalten.

Wie Schleicher und Dr. Meißner befürchtet hatten, konzentrierten die Nationalsozialisten und ihre Freunde auf der Rechten ihre Aktivität weniger auf den Reichsinnenminister als auf den Reichspräsidenten. Er habe, so argumentierten die nationalsozialistischen Zeitungen in einer erstaunlichen Sprachregelung, mit der Unterschrift unter die Notverordnung Partei genommen und sei somit nicht mehr die über den Parteien stehende Persönlichkeit. Als ob nicht jedes Gesetz und jede Verordnung gegen oder für etwas »Partei« nähme! Aber diese Vorwürfe auf den Reichspräsidenten wirkten. Goebbels hütete sich jedoch,

den Präsidenten so massiv anzugreifen wie vor kurzem. Die beiden Wahlgänge hatten gezeigt, daß er noch über außerordentliche Sympathien im Volke verfügte.
Schon am Freitag, dem 15. April, rissen die Besuche im Reichspräsidentenpalais nicht mehr ab. Die Protestbriefe stapelten sich bergehoch. Die NSDAP wußte, wie man so etwas organisierte, und sie hatte auch genügend Zeit gehabt, die Protestaktion vorzubereiten. Vornehmlich schickte sie Militärs ins Feuer, die nicht der Partei angehörten, wie den General von der Goltz, den Admiral a. D. von Levetzow, die Generale von Stülpnagel, den Inhaber der *»Berliner Börsenzeitung«*, von Bock und von Blomberg, beide Befehlshaber östlicher Wehrkreise[26]. Sie machten geltend, ein Verbot der SA benachteilige die Schlagkraft des Grenzschutzes und damit der Verteidigung, also gerade das, was Hitler als nicht Sache der SA bezeichnet hatte. Man mußte es dem »böhmischen Gefreiten« lassen, er wußte auf allen Klaviaturen zu spielen.
Einer der Besucher schlug vor[27], das Verbot des Reichsbanners zu verlangen, und unterbreitete dem Präsidenten Zeitungsartikel, die — natürlich auf Bestellung — erst an diesem Morgen erschienen waren und übereinstimmend behaupteten, was man der SA vorwerfe, träfe haargenau auf das Reichsbanner zu. Die Regie klappte vorzüglich.
Doch auf Grund von Zeitungsartikeln konnte man keine Organisation verbieten, die bei jeder Gelegenheit betonte und auch durch ihr Verhalten bewiesen hatte, daß sie auf dem Boden der Verfassung stand und nicht daran dachte, den bestehenden Staat zu zerschlagen, sondern im Gegenteil bemüht war, ihn zu erhalten. Außerdem hatten sich die Mitglieder des Reichsbanners in zwei Wahlkämpfen für Hindenburg geschlagen, manchmal im buchstäblichen Sinne des Wortes, und zudem war das Reichsbanner fast so etwas wie eine Organisation der Regierung. Es stand der SPD nahe, ohne deren Tolerierung das Kabinett Brüning nicht existieren konnte. Staatssekretär Dr. Meißner machte den Präsidenten sehr nachdrücklich auf alle diese Umstände aufmerksam[28] und glaubte auch, Hindenburg überzeugt zu haben, als dieser sich am Abend zur Ruhe begab.

Am nächsten Tage, Samstag, dem 16. April, legte Kurt von Schleicher, Chef des Ministeramtes im Reichswehrministerium und Freund des amtierenden Reichswehrministers, aber auch des Reichspräsidenten und seines Sohnes, Hindenburg einen Akt aus dem Reichswehrministerium vor, und zwar aus jener Abteilung, die Oberstleutnant Ott unterstand[29]. Die Dokumente völlig harmlosen Inhalts sollten weniger beweisen, daß das Reichsbanner nicht verfassungstreu, sondern daß es ebenfalls eine militärisch gegliederte Organisation sei. Mit dieser Begründung hatte man die SA verboten, weil militärische Verbände zu unterhalten, auch wenn sie unbewaffnet waren, ausschließlich Sache des Staates sei[30]. Schleichers Handlungsweise war nicht ganz korrekt. Auch der Reichspräsident konnte sich eigentlich Aktenmaterial aus dem Reichswehrministerium unter Umgehung des Reichswehrministers nicht geben lassen[31].
Noch am selben Tage wurde Dr. Meißner ein Briefentwurf vorgelegt, gerichtet an den Reichswehr- und Reichsinnenminister, Generalleutnant a. D. Dr. Dr. h. c. Groener, in dem der Präsident die Auflösung des Reichsbanners forderte. Meißner erkannte, daß Hindenburg nicht mehr geneigt war, sich das Für und Wider anzuhören, sondern seine Entscheidung getroffen hatte. Er diktierte den Brief ins reine, der noch am Abend Groener zugestellt wurde. Reichskanzler Dr. Brüning wurde nicht befragt, und erst recht nicht zeichnete er den Brief gegen. Auf Wunsch Hindenburgs wurde er auch der Presse übergeben, die dessen Inhalt in ihren Sonntagsausgaben groß aufgemacht veröffentlichte. Damit war aus einer Meinungsverschiedenheit eine Staatsaktion geworden[32].
Hitler konnte zufrieden sein. Als er am 16. April zum zweiten Deutschlandflug startete, um für die am 24. April stattfindenden Landtagswahlen in Preußen, Bayern, Württemberg, Anhalt und Hamburg zu sprechen, konnte er hoffen, daß das SA-Verbot zu einem Bumerang für das Kabinett werden würde. Wie richtig war doch seine Anordnung, sich widerspruchslos zu fügen, statt zu putschen, wie es Röhm gewollt hatte!
Die Landtagswahlen brachten einen neuen Erdrutsch. In Preußen erhielt die NSDAP acht Millionen Stimmen, und ihre Man-

date stiegen dort von 6 auf 162, in Bayern von 9 auf 43; in Württemberg erhielt die NSDAP 23 von 80, in Anhalt 15 von 36 und in Hamburg 51 von 160 Sitzen. Das warf alle Planungen des Reichswehrministeriums über den Haufen. In einzelnen Bezirken Ostpreußens, dem nach Meinung der Generale am meisten gefährdeten Gebiet, hatte die NSDAP die Hälfte aller Stimmen erhalten. Eilfertig legten Hitlers Emissäre das Ergebnis als Mißtrauensvotum des Volkes gegen General Groener aus. In dreister Umkehrung der tatsächlichen Verhältnisse stellten diese Herren den Militärs die Frage, wie man die Provinz Ostpreußen im Falle X ohne die SA verteidigen solle[33]?

Dr. Brüning betrachtete die politische Lage erheblich ruhiger. Die Gefahr eines polnischen Einfalls rückte erst dann in greifbare Nähe, wenn es in Deutschland zum Bürgerkrieg kam. Andererseits mußte es aber zu einer grundsätzlichen Befriedung oder Sicherung im Osten kommen. Für diesen Fall hatte er schon vor längerer Zeit zusammen mit General Groener einen Vorschlag ausgearbeitet, der den auf der Abrüstungskonferenz in Genf vertretenen Mächten vorgelegt werden sollte. Nach diesem Plan sollte die im Versailler Vertrag festgelegte zwölfjährige Dienstzeit für die Reichswehrsoldaten auf fünf Jahre ermäßigt und gleichzeitig eine Miliz nach Schweizer Muster in der Höchststärke von hunderttausend Mann und einer Dienstzeit von sechs bis zwölf Monaten geschaffen werden[34]. Das würde über hunderttausend Mann mit einem Schlage von der Straße wegholen: vielleicht die stärkste Bedrohung der SA, deren Männer sich danach drängen würden, Dienst in der Reichswehr zu verrichten. Dort gab es ausreichend zu essen, geheizte Unterkünfte und feste Löhnung. In den Kasernen würde es kaum Schwierigkeiten bereiten, die jungen Leute zu entpolitisieren.

Kurt von Schleicher wollte aber noch einen Schritt weiter gehen. Sein Plan war, noch vor der Verwirklichung einer Auffüllung der Reichswehr alle wehrpolitischen und halbmilitärischen Verbände aufzulösen und sie in einer vom Reichswehrministerium kontrollierten Dachorganisation sportlicher Art aufzufangen. Dafür sollte ein »Reichskuratorium für Jugendertüchtigung« unter der Leitung des Generals a. D. Edwin von Stülpnagel sorgen[35]. Das schien Schleicher und seinen Freunden nach dem SA-Verbot nicht mehr möglich. Da auch Groener dieses Ziel angestrebt hatte, fühlten sich die Herren jetzt von ihm »verraten«[36]. Ein tragisches Mißverständnis!

Hier zeigte sich der Rechenfehler in Schleichers Denken. Er war in keiner Partei groß geworden und nicht fähig, zu begreifen, daß man politisch ausgerichtete Menschen nicht herumkommandieren kann. Es war völlig ausgeschlossen, bei einer Auflösung des Reichsbanners die dort erfaßte Jugend freiwillig zum Eintritt in ein von einem General, und mochte er noch so »links« eingestellt sein, geleitetes Reichskuratorium zu gewinnen. Der General a. D. Groener, Chef im Reichsinnenministerium sah in diesem Punkte klarer als von Schleicher und dessen Freunde in der Bendlerstraße.

General Groener hatte als Witwer mit 62 Jahren noch einmal geheiratet, und zwar seine recht jugendliche Sekretärin. Das mochte hingehen und war seine Privatangelegenheit. Aber Groener wurde bereits nach fünf Monaten Vater. Auch das ging niemanden etwas an, aber weil der General aus seiner ersten Ehe keinen Sohn hatte, war er jetzt auf den Stammhalter besonders stolz und ließ sich mit dem Kinderwagen fotografieren. Eine Illustrierte verbreitete das Bild und bereitete damit dem etwas voreilig angekommenen Sohn eine ungewöhnliche Publizität.

Schleicher erzählte nun dem sonst einem Kasinowitz nicht abgeneigten Hindenburg, in der Reichswehr nenne man den Sohn Groeners »Nurmi«, nach dem finnischen Olympia-Schnelläufer. Wider Erwarten lachte Hindenburg nicht, sondern wurde ernstlich böse. Ein Wehrminister mit Kinderwagen — unmöglich, und nun machte man noch Witze über ihn? So etwas durfte in der alten kaiserlichen Armee nichtmal einem Feldwebel passieren, geschweige einem Offizier[37]. Nein, das ging wirklich nicht, mochten sich auch die Zeiten geändert haben. Für Offiziere gab es nach wie vor Kavaliersbegriffe. »So kann es nicht weitergehen!« meinte der Alte Herr, und Schleicher gab ihm recht, wobei die Frage offen blieb, was »nicht so weitergehen« konnte[38].

Auch sonst war Hindenburg Groener gram. Er hatte ihn, den Reichspräsidenten, mit seiner Rücktrittsdrohung gezwungen, etwas zu tun, was er nicht tun wollte, und er hatte mit dem SA-Verbot Ostpreußen gefährdet, wie alle Generale, nicht nur Schleicher, bestätigten. Ostpreußen war aber seit der Schenkung des Neudeckschen Gutes wieder Hindenburgs Heimat. Zwar hatte auch Dr. Brüning mit seinem Rücktritt gedroht, aber das war etwas anderes. Dieser Brüning war auch Offizier gewesen, das war richtig, aber kein Berufssoldat wie Groener, der sich von der Kadettenanstalt bis zum General hinaufgedient hatte und wissen mußte, daß man einem Generalfeldmarschall nichts aufzwingt. Auch daß Groener ihn genötigt hatte, die Briefangelegenheit Reichsbanner mit einer Notverordnung aus der Welt zu schaffen, in der alle Organisationen verpflichtet wurden, ihre Statuten einzureichen, verübelte der Präsident seinem Reichsinnenminister.
Es war nicht zu leugnen, Hindenburg war ungehalten, in erster Linie zwar gegen Groener, aber auch, wenn vielleicht noch unbewußt, gegen seinen Kanzler. Deshalb brauchte Dr. Brüning dringend einen Erfolg, vornehmlich seinem Präsidenten gegenüber. Zu allen anderen Schwierigkeiten ging es auch in der Außenpolitik nicht mehr recht voran. Auf der Abrüstungskonferenz[39], zu der man Deutschland eingeladen hatte, legte der Kanzler seinen Plan vor, der vom Versailler Vertrag ausging. Vierzehn Jahre nach Kriegsschluß forderte Deutschland angesichts der ständigen Bedrohung aus dem Osten Gleichberechtigung. Mit zweihunderttausend Mann, zusammengesetzt aus einem stehenden Berufsheer und einer Miliz, konnte man, bei aufeinander abgestimmten Rüstungen, wirklich keinen Angriffskrieg führen, aber doch wohl einen Angriff abwehren.
Kam nach der außenpolitischen Niederlage in der Zoll-Unions-Frage auch dieser Plan zum Scheitern, so mußte der Kanzler dem Druck der Opposition erliegen. Daß Dr. Brüning wirklich einer der besten Regierungschefs seit Bismarck war, wie selbst der alte Januschauer einst erklärt hatte, lag für jeden Einsichtigen auf der Hand, auch wenn die Erfolge des Kanzlers in erster Linie »Abwehrerfolge« waren. Er hatte das Kunststück

fertigbekommen, die Währung intakt zu halten und den Haushalt auszugleichen, ohne neue Schulden zu machen.
Die Vertreter Englands, der USA und Italiens waren bereit, der von Dr. Brüning ausgearbeiteten Rüstungsübereinkunft beizustimmen, aber Frankreich sagte wieder einmal Nein. Der französische Botschafter in Berlin hatte wahrscheinlich, gleich den anderen Botschaftern, einen Wink bekommen, daß Dr. Brünings Stellung erschüttert sei, und das natürlich sofort nach Paris gemeldet. Also würde man ihm nichts mehr konzedieren. Kam eine Regierungskrise, war die leidige Abrüstungsfrage noch einmal hinausgeschoben. Der französische Ministerpräsident Tardieu, telephonisch aufgefordert, nach Genf zu kommen, ließ sich entschuldigen, er sei krank und nicht abkömmlich[40]. Also fuhr Dr. Brüning mit leeren Händen nach Berlin zurück. Hitler triumphierte.
Am 9. Mai trat nach längerer Zeit wieder der Reichstag zusammen. Die 107 Nationalsozialisten, denen nach den unwahrscheinlichen Wahlerfolgen in den Ländern der Kamm geschwollen war, benahmen sich noch renitenter als sonst. Als am zweiten Tag Minister Groener die Tribüne bestieg, begann ein Spektakel sondergleichen. Der General konnte sich nur mit Mühe verständlich machen. Am Abend schrieb Dr. Goebbels in sein Tagebuch:

> »Die Debatte im hohen Hause plätscherte dahin wie ein dünn gewordenes Bächlein. Dann spricht Göring. Er greift Groener massiv und heftig an. Der Erfolg ist über alle Erwartungen groß.
> Groener antwortet. Ein gleiches Beispiel an Unfähigkeit und Ohnmacht wurde noch nicht erlebt. Wir decken ihn derartig mit Zwischenrufen zu, daß das ganze Haus vor Lachen bebt und sich schüttelt. Am Ende hat man nur noch Mitleid mit ihm. Ein erledigter Mann! Er hat sein eigenes Grablied gesungen. Einer von uns beantragt, daß seine Rede auf den Rundfunk übertragen werden soll ...«

Das alles war natürlich arrangiert. Groener, an sich kein überragender Redner, hatte sich irre machen lassen und manchmal den Faden verloren[41]. Aber ein erledigter Mann war er nicht . . . noch nicht.

Jetzt begann ein Kesseltreiben. Graf Westarp suchte noch am selben Tage mit einem Parteifreund den Kanzler auf und sagte ihm, es handle sich nicht nur um einen rednerischen Mißerfolg seines Reichswehr- und Reichsinnenministers, es sei viel schlimmer. Groeners Rede habe offenbar gemacht, daß er weder politisch noch gesundheitlich seinem Amt gewachsen sei. Er sei ein verbrauchter Mann und habe nur eine Pflicht: schleunigst abzutreten. Er, Dr. Brüning, müsse natürlich aus außenpolitischen Gründen bleiben.

Der vornehme Dr. Brüning stellte sich vor seinen Innenminister und lehnte den Rücktritt Groeners ab. Aber Graf Westarp gab keine Ruhe. Er war Groener wegen der Vorgänge am 9. November 1918 im Großen Hauptquartier in Spa noch immer spinnefeind[42]. Er ging am nächsten Tage zu Hindenburg und machte ihm klar, General Groener habe sich »als nicht felddienstfähig« für seinen Posten erwiesen[43].

Inzwischen legte Schleicher, in Kenntnis dessen, was sich zusammenbraute, seinem Mentor und väterlichen Freund Groener nahe, sich krank zu melden oder in Urlaub zu gehen, zweifelsohne in der Absicht, seinen Chef noch zu retten. Groener lehnte das ab: »Das wäre feige Fahnenflucht mitten im Kampf[44]!« So nahm das Verhängnis seinen Lauf, denn auch die Generalität forderte den Rücktritt des Reichswehrministers. Schleicher erklärte sich bereit, ihm zusammen mit von Hammerstein die Nachricht zu überbringen.

Als Hindenburg seinen Staatssekretär in Gegenwart Graf Westarps fragte, was man tun könne, erwiderte Dr. Meißner, Hammerstein und Schleicher seien gerade bei Groener, um ihm seinen Rücktritt nahezulegen. Der nächste Besucher im Reichspräsidentenpalais werde wahrscheinlich Dr. Groener mit seiner Demission sein[45].

General Groener reichte in der Tat noch am selben Tage sein Rücktrittsgesuch als Reichswehrminister ein, das der Präsident genehmigte. Das Amt des Reichsinnenministers behielt er bei. Man muß sich wirklich fragen, wo sich Hitler geschult hatte.

Sein Kampf gegen Groener war bereits eine beachtliche Leistung, sozusagen das Gesellenstück im Kampf um die Macht. Weder der korrekte Dr. Brüning noch der immer mächtiger werdende Freund des Hauses Hindenburg, General von Schleicher, waren — wie sich bald zeigen sollte — dieser Verschlagenheit gewachsen, und erst recht nicht die hinter der Regierung stehenden Parteien.

Dr. Brüning wußte, daß gegen ihn gewühlt wurde, er wußte höchstwahrscheinlich auch, daß hinter den innenpolitischen Kräften ausländische Drahtzieher standen, aber er war zu vornehm, die gleichen Mittel anzuwenden. Die Reichstagsabgeordneten bekamen am 12. Mai 1932 einen Begriff von der Bitterkeit, die diesen Kanzler erfüllte, als er erklärte:

»Ich habe sehr lange zu vielen Dingen geschwiegen, und ich will mich davon auch jetzt nicht abbringen lassen. Denn täte ich das, so würde ich damit einen schweren politischen Fehler begehen, weil ich dann meine Ruhe verlieren würde. Die Ruhe aber braucht man, besonders bei den letzten hundert Metern vor dem Ziel.«

Die Abgeordneten der Mittelparteien, die Dr. Brüning immer gestützt hatten, erschraken. Sie ahnten, was er mit den Dingen meinte, über die er bisher geschwiegen hatte, aber daß zu diesem Zeitpunkt der Fallstrick schon gelegt war, der diesen Kanzler zehn Tage vor seinem Ziel stürzen sollte, von dieser feingesponnenen Intrige war am 12. Mai 1932 noch nichts zu sehen. Der letzte Akt der Tragödie Brünings begann nicht in Berlin, dem Sitz der Regierung und des Reichstags, sondern in Neudeck, dem Stammgut derer von Beneckendorff und Hindenburg. Der Präsident war am 13. Mai, unmittelbar nach dem Rücktritt Groeners als Reichswehrminister, nach Ostpreußen abgereist. Dr. Brüning versuchte inzwischen sein Kabinett zu vervollständigen, aus dem auch der Wirtschaftsminister ausgeschieden war. Am dringendsten war die Ernennung eines Reichswehrministers, doch niemand wollte dieses heikle Amt übernehmen. Schleicher lehnte ab: »Ich möchte schon, aber nicht in Ihrer Regierung!«[46]

Dr. Brüning wußte jetzt, daß seine Tage gezählt waren. Doch wenn er sich der Hoffnung hingab, in Neudeck sei der Präsident weniger intriganten politischen Einflüssen ausgesetzt als in Berlin, so irrte er sich. Gerade in der Isolierung des Familiengutes wurde die Mine gelegt.

Ein Freiherr von Gayl, dessen Traum es schon lange war, Reichsminister zu werden, war irgendwie in den Besitz eines Referentenentwurfs für eine Notverordnung gekommen[47], nach der über ihren Wert hinaus verschuldete Güter zwangsweise versteigert werden konnten, ohne den oft langwierigen Instanzenweg beschreiten zu müssen. Die Absicht war, möglichst schnell Siedlungsstellen verfügbar zu haben[48]. Gayl hatte nichts Eiligeres zu tun, als Hindenburg in einem Brief mit der schönen und bezeichnenden Anrede »Hochzuverehrender, hochgebietender Herr Generalfeldmarschall« zu bitten, seine »schwere Sorge vortragen zu dürfen, die heute weitere Kreise des Ostens und der deutschen Wirtschaft bewegt«. Wahrheitswidrig behauptete von Gayl, das Reichskabinett beriete zur Zeit den Entwurf, während in Wirklichkeit weder Dr. Brüning noch der Reichskommissar für die Osthilfe, Schlange-Schöningen, etwas davon wußten und erst recht nicht die übrigen Minister. Aber wenn es darum ging, den Mann der Mitte, Dr. Brüning, hundert Meter vor dem Ziel zu stürzen, um ein Rechtskabinett die Früchte seiner jahrelangen Arbeit einheimsen zu lassen, kam es auf eine Lüge mehr oder weniger nicht an. Dramatisch werdend schrieb Gayl:

> »Durch das Bekanntwerden des Entwurfes sind weite Kreise des Ostens in Landwirtschaft und städtischem Mittelstand schwer beunruhigt. Die Zermürbung der Seelen macht im Osten furchtbare Fortschritte. Sie wirkt allmählich auf die Widerstandskraft der Kreise, welche bisher Träger des nationalen Wehrwillens gegenüber Polen sind. Diese Beobachtung ist auch den militärischen Kreisen nicht entgangen. In dieser kritischen Zeit müßte alles vermieden werden, das irgendwie den Widerstandswillen schwächt . . .«[49]

Aus diesen Zeilen ging klar hervor, daß — abgesehen von der Unwahrhaftigkeit — Gayl nur das Sprachrohr anderer Kreise war, vielleicht eine der »Wühlmäuse«, von denen Goebbels am 18. Mai schrieb:

»Unsere Wühlmäuse sind bei der Arbeit, die Brünings Position vollkommen zernagen ...«

Über Kurt von Schleicher wußte Goebbels in diesem Zusammenhang nichts zu berichten. War Schleicher nicht mit von der Partie? Doch von Gayls Bemerkung in seinem Brief, der (nicht einmal dem Reichskanzler bekannte) Entwurf untergrabe die Widerstandskraft der Träger des nationalen Wehrwillens, deutete darauf hin, daß der Briefschreiber mit zumindest einem hohen Militär gesprochen haben mußte. Trotzdem dürfte die Intrige nicht im Reichswehrministerium entstanden sein, dafür war sie zu raffiniert.

Von Gayl brachte seinen Brief persönlich in das Palais des Reichspräsidenten, um sicherzugehen, daß er schnell in Hindenburgs Hände gelangte. Dr. Meißner bereitete sich gerade auf die Reise nach Neudeck vor und versprach, den Brief dem Alten Herrn sofort zu übergeben. Auf Hindenburgs Familiensitz angekommen, mußte der Staatssekretär feststellen, daß der Präsident von dem Referentenentwurf, vor dem Gayl »den Generalfeldmarschall gehorsamst und dringend« zu warnen für nötig hielt, schon gehört hatte. Dr. Meißner erfuhr auch, daß in den Tagen vor seiner Ankunft einige an der Erhaltung selbst des unhaltbaren Grundbesitzes interessierte Herren bei Hindenburg gewesen waren[50]. Der Staatssekretär hatte das Gefühl, daß bereits ein neuer Reichskanzler vorgesehen war, doch glaubte er nicht an einen unmittelbaren Wechsel, sondern war der Meinung, erst in Berlin werde die Entscheidung fallen.

Wieder in der Reichshauptstadt, fühlte sich Dr. Meißner gedrängt, Reichskanzler Dr. Brüning eine Warnung zukommen zu lassen. In vorsichtigen Worten regte er bei Staatssekretär Pünder an, nach der Rückkehr Hindenburgs eine Aussprache herbeizuführen. Die Beschuldigungen, Dr. Brüning sei ein »Agrarbolschewist«, und die geplanten Zwangsversteigerungen hätten den Zweck, »Kolchosen« zu schaffen, seien nicht nur infam, sondern auch unglaublich dumm und ließen sich in einem Gespräch zwischen dem Kanzler und dem Präsidenten sicher entkräften. Auch den Reichskommissar für die Osthilfe, Schlange-Schöningen, warnte Dr. Meißner. Er riet ihm, sich einfach zum Vortrag beim Reichspräsidenten zu melden und bei dieser Gelegenheit alles zu erklären. Doch der Reichskommissar wählte einen anderen Weg. Er schrieb Hindenburg einen Brief und stellte sein Amt zur Verfügung, für den Fall, daß sich der Präsident nicht entschließen könne, das Siedlungswerk gutzuheißen[51].

Auch mit General von Schleicher sprach Meißner. Aus den Erklärungen des Generals glaubte der Staatssekretär entnehmen zu können, daß Schleicher über die Aktion der ostelbischen Junker Bescheid wußte[52], aber nichts getan hatte, sie zu unterbinden[53]. Das überraschte Meißner, der die Pläne des Generals zu kennen glaubte: das Zentrum als Mittelpartei mehr nach rechts heranzuführen, nachdem es jahrelang mit der Linken paktiert hatte. Mit dem zweiten Kabinett Brüning war das eigentlich erreicht. Vielleicht hätte sich ein Weg finden lassen, es noch weiter nach rechts anzulehnen, ohne gleich auf die Linie der Großagrarier einzuschwenken oder gar jene Hitlers. Im übrigen wußte der Staatssekretär auch, daß General von Schleicher keinerlei Sympathien für den Nationalsozialismus hegte[54]. Nach seiner ersten Unterredung mit dem Führer der NSDAP hatte Schleicher unzweideutig erklärt: »*Der* nicht!«[55]

Dr. Meißner war unbekannt, daß Kurt von Schleicher zu diesem Zeitpunkt nicht nur abermals mit Hitler, sondern auch mehrere Male mit Abgesandten von ihm — wie Hauptmann Röhm, Göring und Graf Helldorf[56] — verhandelt hatte und Zusicherungen in der Tasche zu haben glaubte, daß die NSDAP ein noch weiter nach rechts orientiertes Kabinett, als es die jetzige zweite Regierung Brüning war, unterstützen werde. Wie beim Reichskuratorium für Jugendertüchtigung gab sich Schleicher auch hier einem Trugschluß hin, wenn er hoffte, Hitler mit Kompromissen abspeisen zu können. Denn die NSDAP wollte die ganze Macht, wie sich schon nach wenigen Wochen herausstellen sollte. Der General war den vernebelnden und beruhigenden Versicherungen der nationalsozialistischen Unterführer erlegen, die im Gegensatz zu ihrem Führer zuhören konnten.

In der Nacht vom 28. zum 29. Mai kehrte Hindenburg aus Neudeck nach Berlin zurück. Bereits am Morgen des 29. meldete sich Dr. Brüning im Reichspräsidentenpalais zum Vortrag. Voll Hoffnung betrat er das Arbeitszimmer des Präsidenten, aber ganz gegen seine Gewohnheit unterbrach Hindenburg seinen Kanzler und forderte ihn auf, das Kabinett nach rechts hin zu erweitern. Auch der Reichstag müsse aufgelöst und Neuwahlen ausgeschrieben werden.

Dr. Brüning erschrak. Das konnte nicht Hindenburgs Ernst sein! Eine Neuwahl in dieser Zeit mußte einen katastrophalen Stimmenzuwachs der Nationalsozialisten bringen. Dagegen würde in einem halben Jahr alles ganz anders aussehen. Dr. Brüning war informiert, daß sich in der NSDAP Zersetzungserscheinungen bemerkbar machten. Doch der Präsident wollte von all dem nichts wissen. Hartnäckig bestand er auf einer Erweiterung des Kabinetts nach rechts. Mittelsmänner[57] hätten ihm versichert, Hitler und Hugenberg seien bereit, ein solches nach rechts hin erweitertes Kabinett zu stützen. Er, Hindenburg, sei jedenfalls nicht mehr willens, weitere Notverordnungen zu unterschreiben, und verlange, daß nunmehr jedes Gesetz die vorgeschriebenen drei Lesungen im Reichstag durchlaufe.

Dr. Brüning, durch die ultimative Redeweise des Präsidenten gekränkt, brach die Unterhaltung ab und verabschiedete sich. Draußen begegnete er Dr. Meißner, den er kurz informierte. Der Staatssekretär versuchte, Hindenburgs Verhalten zu entschuldigen, aber Dr. Brüning antwortete: »Der Reichspräsident hat mir unzweideutig zu verstehen gegeben, daß er mir sein Vertrauen entzieht. Ich kann darauf nur mit meinem Rücktritt antworten.«[58]

Vor der Kabinettssitzung ließ sich der amerikanische Botschafter Sackett bei Brüning melden, um ihm ein Handschreiben des Präsidenten der USA zu übergeben, das in der Reparationsfrage ein sehr weites, bisher nicht erwartetes Entgegenkommen enthielt. Sackett war tief bewegt, als er hörte, daß der Kanzler zurückzutreten beabsichtige[59], und nahm das nur für Dr. Brüning bestimmte Handschreiben wieder mit.[60] Das Verhängnis nahm seinen Lauf, als wäre jeder seiner raschen Schritte von einem unabänderlichen Schicksal vorgezeichnet. Brüning stand wirklich vor der Schwelle des Erfolges, der Weg in eine bessere, einigermaßen gesicherte Zukunft schien wunderbarerweise frei von hohen Hindernissen zu sein, als er über Stolperdrähte stürzte. Wäre seine Gesinnung nicht so vornehm gewesen oder, anders ausgedrückt, hätte er nicht so empfindlich auf Hindenburgs Forderungen reagiert, alles ... wirklich alles wäre anders gekommen!

In den Morgenstunden des 30. Mai ließ sich Sackett ein zweites Mal melden, um Dr. Brüning mitzuteilen, daß nunmehr auch Frankreich die deutsche Abrüstungsformel im Prinzip angenommen habe[61], wonach Deutschland seine Truppenzahl erhöhen konnte. Doch kam auch das zu spät. Es schien Dr. Brüning, als hätte sich alles gegen ihn verschworen, um eben noch vor der großen Wende den greifbar nahen, schon sicheren Erfolg zu verderben. Frankreich und die Reichswehr, Nationalsozialisten und Agrarier, Deutschnationale und politische Hasardeure. Botschafter Sackett verließ Brünings Arbeitszimmer, von der Tragik dieses deutschen Kanzlers erschüttert.

Dr. Brüning hatte für diesen Tag um eine weitere Audienz beim Präsidenten gebeten. Jetzt wartete er, daß man ihm einen Termin durchgäbe. Erst im Laufe des Vormittags wurde ihm gemeldet, daß ihn der Präsident um 10 Uhr 30 erwarte. Zufällige oder vielleicht sogar klug gelenkte Störungen brachten es aber mit sich, daß Brüning erst wenige Minuten vor zwölf empfangen wurde[62]. Damit wußte der Kanzler, daß er keine Zeit zu einem ausführlichen Gespräch haben würde. Denn wie alljährlich zum Gedenken der Seeschlacht von Skagerrak, begann auch heute für einige Tage, pünktlich um 12 Uhr, eine Wachkompanie der Marine durch die Wilhelmstraße zu ziehen, wo dann ein Zug als Ehrenwache für das Präsidenten-Palais in den Vorhof abschwenkte. Sonst war das Aufgabe der Berliner Garnison, und deren Feldgrau war man gewohnt. Die blauen Jungs aber, die an jenen Tagen mit fliegenden Mützenbändern und

klingendem Spiel durch die Regierungsstraße zogen, boten ein schneidiges Schauspiel, das die Berliner mächtig anzog. Eine tausendköpfige Menge stand draußen vor dem Palais, zumal bekannt war, daß Hindenburg auf den Balkon treten würde, um den Vorbeimarsch der Marinekompanie abzunehmen.
Der Kanzler fand in der Tat keine Gelegenheit zu einer Aussprache. Auf die Uhr sehend, forderte Hindenburg erneut die Erweiterung des Kabinetts nach rechts. Müde geworden durch den Kampf der letzten beiden Jahre, resignierte Dr. Brüning. Er sagte sich auch, daß alles doch keinen Zweck mehr habe, nachdem man ihm berichtet hatte, der französische Botschafter flüstere seit gestern jedem, der es wissen wollte, den Namen des neuen Kanzlers ins Ohr: Franz von Papen[63].
Noch am Nachmittag dieses denkwürdigen Tages wurde Papen offiziell mit der Regierungsbildung betraut. Als ihm Hitler am Nachmittag seine Aufwartung machte, noch bevor er vereidigt worden war, erhielt der Führer der NSDAP alle Zusagen, das SA-Verbot baldigst aufzuheben[64].
Drei Tage später ließ sich Dr. Brüning noch einmal im Reichspräsidentenpalais melden, um sich von Hindenburg zu verabschieden. Der Alte Herr erschien ihm diesmal frischer als am 30. Mai[65]. Väterlich wohlwollend sahen seine Augen auf den Kanzler, den er vor wenigen Tagen entlassen hatte. Dann sagte er: »Mein lieber Brüning, wir haben jetzt ein Kabinett, wie ich es immer gerne gehabt hätte, aber ich bin wieder betrogen worden. Dieser Kanzler wird es niemals schaffen. Ich bin noch nicht zu alt, um das nicht zu sehen. Sie hätten bleiben sollen, und alles würde in Ordnung gekommen sein[66] . . .« Allein diese Worte, diese Erkenntnis dürften beweisen, daß Hindenburg auch im Alter von 83 Jahren keineswegs senil oder gar »vertrottelt« war, wie wahrheitswidrig in zahlreichen späteren Schriften behauptet wird, deren Autoren den Hindenburg jener Tage nie gesehen oder gar gesprochen haben.
Aber eigentlich waren die Würfel schon an diesen Tagen gefallen.

6. Schleicher und sein Kabinett von Papen

Von den 22 Tageszeitungen der Reichshauptstadt nahm die *»Tägliche Rundschau«* im Mai 1932 eine besondere Stellung ein. Ursprünglich eine Zeitung der Deutschen Volkspartei, war sie Anfang des Jahres mit nicht mehr als 1200 Abonnenten zur Bedeutungslosigkeit herabgesunken. Faktisch bankrott, hatte sie Hans Zehrer übernommen, ein verhältnismäßig junger Redakteur des renommierten Ullsteinorgans *»Vossische Zeitung«*. Mit der Zusage des Generals von Schleicher in der Tasche, aus Reichswehrfonds monatlich 15 000 Mark Beihilfe zu gewähren, glaubte Zehrer, die *»Tägliche Rundschau«* durchbringen zu können. Dem Chef des Ministeramtes im Reichswehrministerium war daran gelegen, eine Zeitung als Sprachrohr zu haben.
Hans Zehrer hatte als Chefredakteur der *»Tat«*, einer vielgelesenen Monatsschrift, die er gleichzeitig leitete, einen Kreis aktiver junger Publizisten um sich gesammelt, deren Bücher, Broschüren und Artikel immer mehr Beachtung fanden. Der »Tat-Kreis« war innerhalb kurzer Zeit zu einem Begriff geworden. Zehrer, jung, begabt, unbeschwert und einer der findigsten Journalisten der Reichshauptstadt, hatte sich mit seinen Freunden Gedanken gemacht, wie man die parlamentarische und politische Krise der Zeit überwinden könne. Bereits in Verbindung mit Otto Strasser stehend, nahm er auch Fühlung mit dessen Bruder Gregor auf, dem Reichsorganisationsleiter der NSDAP, und damit einem der wichtigsten Männer dieser Partei. Die beiden Brüder Strasser, obwohl in getrennten Lagern stehend, zeigten für Zehrers Ideen außerordentliches Verständnis.
Anfang des Jahres 1932 glaubte Hans Zehrer, einen Weg gefunden zu haben, aus der Sackgasse herauszukommen, ohne daß er hätte sagen können, durch was oder wen und wann ihm

der Genieblitz gekommen war. Er schlug vor, über die Köpfe der in Parteidoktrinen befangenen Parlamentarier hinweg ein »Kabinett der Gewerkschaften« zu bilden, dem Vertreter aller Parteirichtungen angehören sollten. Als Chef eines solchen Kabinetts dachte er sich General von Schleicher, den Vertreter der stärksten intakten Ordnungsmacht im Staate. Zehrer ging offensichtlich von der Überzeugung aus, daß sich Reichswehr und Zivilverwaltung nicht mehr voneinander trennen ließen, sondern nach Brünings wahrscheinlichem Sturz wie zwei Ströme in ein gemeinsames Bett geleitet werden müßten. Hierin begegnete er Schleicher, dem daran gelegen war, die Reichswehr aus ihrer politischen Indifferenz herauszuführen. Auch mit Leipart von den Freien und Stegerwald von den Christlichen Gewerkschaften hatte Zehrer Verbindung aufgenommen und eine gewisse Bereitschaft festgestellt, über die Köpfe der Parteiführungen hinweg eine arbeitsfähige Regierung zu bilden. Während Zehrer hoffte, seinen Plan bald verwirklicht zu sehen, und seine Freunde bereits in Wort und Schrift Propaganda dafür machten, war plötzlich die Krise um Brüning ausgebrochen, schneller, als eigentlich zu erwarten gewesen war.

In der Redaktion der *»Täglichen Rundschau«* rätselte man herum, wen Schleicher dem Präsidenten als Kanzler vorschlagen würde. Selbstverständlich hofften die jungen Leute, einen Mann an der Spitze der Regierung zu sehen, der ihren Gedankengängen Interesse entgegenbrachte. Sie ahnten nicht, daß der vorgesehene Kabinettschef bereits auf dem Weg nach Berlin war. General Schleicher hatte ihn von seinem Gut Wallerfangen im Saargebiet in die Reichshauptstadt zitiert. Am Samstag, dem 28. Mai — der Präsident war noch nicht in Berlin, er wurde erst für die Morgenstunden des kommenden Tages erwartet —, meldete sich Franz von Papen im Reichswehrministerium. Dort eröffnete ihm der General von Schleicher, für was er ausersehen sei[1].

Am Abend desselben Tages ließ sich auch Friedrich von Oertzen bei General von Schleicher melden und fragte ihn geradeheraus: »Exzellenz, wen machen Sie denn nun zum Reichskanzler?«

Der Chef des Ministeramtes wollte nicht recht mit der Sprache heraus. Andererseits hatte von Oertzen als Vertreter der *»Täglichen Rundschau«*, also »seiner« Zeitung, ein gewisses Recht darauf, mit Informationen bevorzugt behandelt zu werden. Hinter seinem Schreibtisch sitzend, sah Schleicher auf den Fragenden und lächelte geheimnisvoll. Dann sagte er: »Ich habe da ganz was Feines! Sie werden staunen!«

Am Nachmittag des 30. Mai gaben die Fernschreiber bekannt, wen der Reichspräsident mit der Kabinettsbildung betraut hatte. In den Archiven der Zeitungsredaktionen begann eine fieberhafte Suche nach Unterlagen über den neuen Mann. Bis zuletzt war man der Überzeugung gewesen, Graf Westarp[2] liege an der Spitze. Auch der Name Goerdeler, der sich als Preiskommissar im vergangenen Jahr Verdienste erworben und den schon Brüning aufgefordert hatte, an Stelle des zurückgetretenen Wirtschaftsministers in sein Kabinett einzutreten, war genannt worden. Jetzt machte zu aller Überraschung der Außenseiter Franz von Papen das Rennen. Wer hatte ihn entdeckt? Wer hatte ihn dem Präsidenten empfohlen? Einer mußte doch schließlich seinen Namen genannt haben! Und womit hatte sich dieser Papen verdient gemacht, daß er jetzt mit dem zweithöchsten Amt im Reiche betraut wurde?

Der neue Kanzler war in der Tat weitesten Kreisen unbekannt. Wohl hatte er während des ersten Weltkrieges einige Male als deutscher Militärattaché in Washington — mehr negativ als positiv — von sich reden gemacht, er war sogar aus den USA ausgewiesen worden. Vor wenigen Wochen war er als preußischer Landtagsabgeordneter aufgefallen, weil er gegen seine Fraktion, das Zentrum, Stellung nahm. Er hatte sich von der Abstimmung über den Antrag, bei der Wahl des Ministerpräsidenten, statt der relativen künftig die absolute Mehrheit erforderlich sein zu lassen, aus dem Saale entfernt. Aber diese Änderung der Geschäftsordnung[3] hatte den Antragsteller, den sozialdemokratischen Fraktionsführer Heilmann, und nicht Papen in die Schlagzeilen der Presse gebracht. Die Redaktionssekretäre stellten enttäuscht fest, daß über den neuen Kanzler, außer den dürren Angaben im Verzeichnis der Landtagsabgeordneten, »kein Vorgang vorhanden« war. Eines sprach sich allerdings schnell herum: Kurt von Schleicher hatte den neuen Mann entdeckt und dem Reichspräsidenten vorgeschlagen. Aber warum war der General gerade auf Papen verfallen? Weil dieser schon 1925 gegen die preußische Regierung gestimmt und als Begründung angegeben hatte, das Zentrum solle sich, nach der Zusammenarbeit mit der Linken nach 1918, nun allmählich mehr nach rechts anschließen? Das war haargenau Schleichers Ansicht, wenn auch nicht im Jahre 1925. Oder weil Papen Großaktionär der *»Germania«* war, des Berliner Organs des Zentrums? Natürlich hatte es seine Vorteile, wenn ein Kanzler über seine eigene Zeitung verfügte, aber weil jemand Aktionär einer Zeitung war, machte man ihn nicht gleich zum Regierungschef! Oder hatte man diesen Papen geholt, weil er fließend englisch und französisch sprach, ein Kavalier der alten Schule war und sich auf dem Parkett der Großen Welt sicher bewegen konnte? Vielleicht weil er Grundbesitzer im Westfälischen, Ulanenoffizier und gleichzeitig mit den saarländischen Industriebaronen Villeroy & Boch verschwägert war? Daß er dem Zentrum angehörte, stempelte ihn nicht als ausgesprochen reaktionär. Er hatte im Aufsichtsrat der *»Germania«* sogar einen christlichen Gewerkschaftler sitzen. Dabei gehörte er dem feudalen »Herrenklub« an und verfügte über ausgezeichnete Beziehungen zu Rechtskreisen. Selbst auf dem internationalen Parkett konnte er sich sehen lassen.

Nun, nicht wegen einer dieser Eigenschaften war Schleichers Auge auf Franz von Papen gefallen, sondern die Summe all dieser »Vorzüge« hatten das Interesse des Generals geweckt. Daß man dabei in eingeweihten Kreisen »Fränzchen« nicht gerade als intelligent hinstellte, war für Schleicher vielleicht der ausschlaggebende Grund gewesen. Der neue Kanzler sollte ja nicht der »Kopf« der Regierung sein, sondern nur ihr »Hut«[4]. Der Kopf des neuen Kabinetts, für das man den schönen Namen »Kabinett der nationalen Konzentration« gefunden hatte, wollte Schleicher selber sein.

Eigentlich war das Prädikat »nationale Konzentration« eine Provokation. Den bisherigen Kabinetten konnte man kaum vorwerfen, daß sie nicht national gewesen seien. In anderen Ländern nannte man Kabinette der nationalen Konzentration solche, die alle Parteien, also auch die der Opposition, umschlossen. Hier bedeutete dieser Name eine Kampfansage gegen die Linke, der man damit gewissermaßen die nationale Ehre absprach.

Es war nur natürlich, daß sich der Begriff »Kabinett der nationalen Konzentration« nicht einbürgerte, dagegen ein anderer Name schon nach wenigen Tagen, wenn nicht schon nach wenigen Stunden, die Runde machte: »Kabinett der Barone«. Die Kommunisten hatten ihn erfunden, und dieser Begriff saß nach Maß! Tatsächlich waren von zehn Ministern sieben Aristokraten, eine schwere psychologische Belastung in einer Zeit, da jeder vierte Deutsche keine geregelte Arbeit hatte und mit seiner Familie hungerte. Nur vierzehn Jahre zurück verband man mit Adelstiteln den Begriff des Reichtums, des Großgrundbesitzes, der standesherrlichen Vorrechte. Wollten die Grafen und Barone die alte Zeit zurückholen, in der sie die Herren im Staate gewesen waren? Die Häufung von adligen Namen konnte kein Zufall sein! Nicht nur die Kommunisten argumentierten so, auch in der SA lästerte man sehr böse über die neue Regierung. Dabei trafen die Vorwürfe gegen die neuen Minister nur teilweise zu. Durch die Bank waren sie alte Beamte: Außenminister von Neurath, bisher Botschafter in London, war schon 1903 in den Staatsdienst getreten, Finanzminister Lutz Graf Schwerin von Krosigk 1920. Der Postminister Eltz von Rübenach war seit 1919 Beamter, der Ernährungsminister Freiherr von Braun* kam aus dem preußischen Landwirtschaftsministerium. Als ausgesprochen reaktionär war Herr von Gayl anzusehen, während der neue Reichsjustizminister Gürtner im gleichen Ressort in Bayern seit den zwanziger Jahren Hitler und die NSDAP hinter den Kulissen spürbar unterstützt hatte[5]. Die beiden anderen nichtadligen Reichsminister des Kabinetts, Professor Warmbold und Arbeitsminister Schäffer, waren politisch nicht abgestempelt und galten als Fachleute.

---

* Vater Wernher von Brauns, dem es die USA im wesentlichen mitverdanken, daß sie als erste Menschen den Mond betreten durften.

Der einzige Minister, der noch nicht im Rahmen der preußischen oder deutschen Verwaltung gearbeitet hatte, war der Kanzler selber. Das mußte nicht unbedingt ein Nachteil sein, denn Außenseiter haben manchmal Erfolge, wo Fachleute scheitern. Der abgetretene Kanzler Dr. Brüning war ein Beispiel dafür. Um so mehr ministerielle Erfahrung brachte General von Schleicher mit: im Bürodienst groß geworden und seit Jahren Chef des Ministeramtes der Reichswehr, wurde er jetzt Reichswehrminister. Das mußte eigentlich einen Ausgleich schaffen.
Nachdem Franz von Papen am 1. Juni mit der Bildung der Reichsregierung betraut worden war, schrieb in der Nacht zum 2. Juni Hans Zehrer in der *»Täglichen Rundschau«* einen scharfen Angriff gegen ihn. Das sei kein Mann, legte er dar, der soziale Politik machen könne. Der werde sich nicht dazu hergeben, im Osten zu siedeln, um damit einer wirtschaftlichen und strategischen Notwendigkeit zu entsprechen. Und noch weniger werde er eine soziale Politik im Reich treiben. Der Artikel ließ dabei durchblicken, daß Papen genau das tun wolle, oder daß man erwarte, daß er es tun werde, was man bisher zu verhindern bestrebt war: nämlich der NSDAP den Weg zur Macht zu ebnen[6].
Zehrers Behauptung kam nicht von ungefähr. Obwohl kein offizielles Kommuniqué herausgegeben worden war, wußte er, welche Hoffnungen man sich im Hauptquartier Hitlers, dem Kaiserhof, machte, und er wußte auch, daß der Führer der NSDAP den noch nicht vereidigten Kanzler besucht hatte. Zehrer hatte es verstanden, sich unter den Mitgliedern des SD-Kommandos, dem Sicherheitsdienst Hitlers, für die nicht eben großartige Summe von dreitausend Mark einen Mann zu kaufen, der den Chefredakteur der *»Täglichen Rundschau«* über alles informierte, was sich um Hitler abspielte[7]. Der Mann arbeitete gut, zuverlässig und schnell, und wenn man wissen wollte, was nicht nur Schleicher, der das Blatt subventioniert hatte, sondern auch Hitler im geheimen erstrebten, mußte man die *»Tägliche Rundschau«* lesen.
Schleicher bekam einen Wutanfall, als er am Morgen des 2. Juni den Artikel Zehrers gegen Papen las. Er, der neue Reichs-

wehrminister, hatte das Blatt vor dem Bankrott gerettet, und ausgerechnet diese Zeitung griff den von ihm entdeckten Kanzler aufs schärfste an. Auch ruhigere Leute, die nicht an der Galle litten, hätten sich darüber geärgert[8]. Der General ließ Zehrer rufen und schnaubte ihn an: »Ich lasse Sie vor ein Kriegsgericht stellen[9].«

Zehrer ließ sich nicht verblüffen. »Kriegsgericht, Herr General? Was für ein Unsinn!«

Schleicher sah ein, daß es mit dem Kriegsgericht tatsächlich Unsinn war. Aber widerrufen müsse das Blatt, forderte er, denn Papen sei ein ausgezeichneter Mann. Zehrer dachte gar nicht daran, nachzugeben, und machte auch keinen Hehl daraus, denn Herr von Papen sei in seinen Augen gar kein ausgezeichneter Mann, im Gegenteil, er werde die so oft von dem Herrn General beschworenen »apokalyptischen Reiter« herbeirufen.

Schleicher versuchte, Zehrer mit Ironie beizukommen. Das stimme nicht, sagte er, Papen habe nicht bei den apokalyptischen Reitern gedient, sondern bei den Düsseldorfer Ulanen. Aber wenn der Herr Chefredakteur den Kurs seiner Zeitung nicht ändere, gäbe es keinen Pfennig mehr.

Zehrer sah auf den Minister. Fünfzehntausend Mark im Monat waren nicht zu verachten. Das Blatt hielt sich noch lange nicht, obwohl die Abonnentenzahl ständig stieg. Wie er ohne den Zuschuß die *»Tägliche Rundschau«* durchbringen sollte, war ihm momentan nicht klar. Doch gab er zurück, er werde den Teufel tun und den Kurs nicht ändern. Mit den fünfzehntausend Mark, die erst einmal gezahlt worden waren, habe er sich nicht verkauft.

»Dann gibt es keinen Pfennig mehr!« rief Schleicher.

Zehrer stand auf. Bevor er das Zimmer verließ, drehte er sich noch einmal um. Zu Schleicher gewandt sagte er: »Mit dem Herrn von Papen werden Sie, Herr Minister, Ihr blaues Wunder erleben. Ehe der Hahn dreimal kräht, hat er Sie verraten[10]!«

Wer war dieser General Kurt von Schleicher, Reichswehrminister im Kabinett Papen, der da glaubte, den »Hut« seines ersten Kabinetts verteidigen zu müssen? War er die »Graue Eminenz« der deutschen Politik oder nur die »Feldgraue Eminenz« einer

Zeit, in der das Deutsche Reich ohne die Reichswehr nicht mehr existieren konnte? Verfolgte der General außer dem Schutz des Staates noch eigene und eigennützige Ziele? Das war die Frage, die sich in jenen Tagen die politischen Publizisten stellten. Nicht der unbekannte, aus dem Nichts emporgestiegene Franz von Papen war das große Rätsel, sondern der starke Mann, der Reichswehrminister Kurt von Schleicher.
Rein äußerlich schien der Werdegang des Generals bis Kriegsbeginn 1914 normal königlich-preußisch. Seiner Natur nach war er allerdings kein Soldat im herkömmlichen Sinne. Das Soldatische mußte ihm erst anerzogen werden, obwohl er der Sohn eines Offiziers war. Kurt von Schleicher war mehr der Mutter nachgeraten, die aus einem bürgerlichen Hause stammte. Ihr Vater war der Danziger Reeder und Großkaufmann Heyn. Mit seiner Mutter verlebte der junge Kurt seine Ferien im Hause des Großvaters, und nach dem frühen Tode des Vaters blieb er, bis zu seinem Eintritt in die Kadettenanstalt, in Danzig. Die freie, liberale Gedankenwelt dieser alten Hansestadt und des alten Heyn färbte auf den Enkel ab. Auch dem späteren Kurt von Schleicher war der bürgerliche und liberale Großvater gegenwärtiger als der Vater[11].
Die Kadettenanstalt verließ Schleicher mit 17 Jahren, um als Leutnant in das 3. Garderegiment einzutreten. Im selben Regiment diente auch Oskar von Hindenburg, wie vordem auch schon sein Vater. Mit 27 Jahren — man schrieb inzwischen 1910 — bezog Kurt von Schleicher als Oberleutnant die Kriegsakademie, und mit 30 Jahren gehörte er als Hauptmann dem Großen Generalstab an. Das war, wie man heute sagen würde, der »braintrust« für alle militärischen Belange des Deutschen Reiches. Dem Eingang in diese Elite gingen äußerst schwierige und langwierige Prüfungen voraus, und gerade dabei waren noch so gute Beziehungen bedeutungslos. Äußerlich waren die Generalstäbler an den breiten, karmesinroten Streifen ihrer Hosen zu erkennen. Ihr Ansehen in militärischen und auch gesellschaftlichen Kreisen war sehr hoch.
In jenen Jahren muß sich in Kurt von Schleicher eine Wandlung vollzogen haben. Im Garderegiment wimmelte es von Ad-

ligen, weniger im Großen Generalstab[12]. Die Herren Leutnants und Oberleutnants beriefen sich bei jeder Gelegenheit auf Vorfahren, die schon unter den Fahnen der brandenburgischen Kurfürsten gekämpft hatten. Der junge Schleicher konnte nur mit einem erfundenen »Grafen Schlei«[13] aufwarten. Aber wenn man über bürgerliche Offiziere die Nase rümpfte[14] und von den »Koofmichs« sprach, die sich jetzt überall breit machten, gab es Schleicher stets einen Stich. Auch seine Mutter war eine Bürgerliche, und der verehrte Großvater ein »Koofmich«, wenn auch ein sehr angesehener, einer von jener Sorte, die der Kaiser einmal als »königliche Kaufleute« bezeichnet hatte: der alte Heyn war Präsident der Danziger Kaufmannschaft und der Danziger Handelskammer gewesen, und seine Schiffe waren über alle Meere gefahren. Die Vorfahren von Schleichers Kameraden dagegen hatten nur auf ihren »Klitschen« gesessen, und ihr Horizont deckte sich oft mit den Grenzen ihres väterlichen Gutes.

Im Großen Generalstab wurde Schleicher dem Oberstleutnant in der Eisenbahnabteilung Wilhelm Groener, Sohn eines Beamten der mittleren Laufbahn, zugeteilt. Diese Begegnung sollte dem Hauptmann von Schleicher zum Schicksal werden. Dem um fünfzehn Jahre älteren Groener gefiel dieser junge Untergebene, der so treffende und spitze Bemerkungen machen konnte. Sie waren Ausdruck einer gesicherten Existenz, aus der heraus man mehr zu sagen wagte als andere, die keinen Zuschuß von zu Hause bekamen, aber auch Ausdruck einer gewissen Aufgeschlossenheit und der Abwehr starrer Anschauungen und adligen Stolzes. Groener hatte durch eisernen Fleiß und Sparsamkeit erreicht, was anderen durch Protektion und Namen zufiel. Schleicher dagegen war, obgleich er einen adligen Namen trug, seinem ganzen Benehmen nach ein Bürgerlicher. Das verband Groener mit seinem Untergebenen und Schleicher mit seinem Vorgesetzten.

Der 1914 ausbrechende Weltkrieg ließ die Bedeutung des Eisenbahnwesens plötzlich ins Ungemessene steigen. Der deutsche Aufmarsch war völlig reibungslos verlaufen. In den bereits in Friedenszeiten aufgestellten Fahrplänen hatten sich keinerlei

Fehlerquellen gezeigt. Das war eine ganz hervorragende Leistung, deren sich keine der anderen kriegführenden Mächte rühmen konnte[15]. Wilhelm II. fühlte sich gedrängt, den Eisenbahnern und den Offizieren in der zuständigen Abteilung des Generalstabs seinen Dank als Oberster Kriegsherr auszusprechen. Das gab Groener wie Schleicher Rückhalt.

Auf Grund seiner Erfolge fiel Groener und seinem Stab 1916 die Leitung des Kriegsernährungsamtes zu und ein halbes Jahr später die des Kriegsamtes, dem die Beschaffung von Munition, Waffen und Rohstoffen oblag. Die SPD, die Gewerkschaften und die Arbeiterschaft sahen erst mit äußerstem Mißtrauen einen General an der Spitze eines solchen Amtes, aber es gelang Groener und seinen Mitarbeitern, das Vertrauen der Arbeiterschaft und ihrer Vertreter zu gewinnen.

Im August 1917 kam es, fast ist man zu sagen versucht: zwangsläufig, zum Eklat. Groener und sein Stab hatten den Mut, gegen die an Schamlosigkeit grenzenden Methoden mancher Großindustrieller vorzugehen. Für einige von ihnen war der Krieg kein vaterländischer Kampf, sondern in erster Linie eine Möglichkeit, Geld zu verdienen. Groener überreichte dem damaligen Reichskanzler Michaelis eine vom Rittmeister d. R. Merton aufgesetzte Denkschrift, in der mit Schärfe gegen die ungeheuren Kriegsgewinne gewisser Unternehmer Stellung genommen wurde[16]. Die von solcher Kritik ins Mark getroffenen Kreise aber waren stärker und gingen zum Gegenangriff über. Der aufsässige und allzu sozial denkende General wurde abgehalftert.

Mit Groener flog sein ganzer Stab auf. Er selbst bekam ein Kommando an der Ostfront, und Merton wurde nach Flandern geschickt. Schleicher, der schon im Mai 1917 dem Stab einer Division im Osten zugeteilt worden war, tauchte erst im Herbst 1918 wieder im Großen Generalstab auf, als Groener Nachfolger des vom Kaiser entlassenen allmächtigen Generalquartiermeisters Ludendorff geworden war.

Schleicher und seinem väterlichen Vorgesetzten war klar, daß der verlorene Krieg furchtbare Folgen für Deutschland haben mußte. Ihre Befürchtungen sollten sich bald als nur zu richtig erweisen. Während jenseits der Front die deutschen Unterhändler unter Führung des Reichstagsabgeordneten Matthias Erzberger die Waffenstillstandsbedingungen[17] entgegennahmen, brach die Heimat zusammen. Aber auch die Front, die bis jetzt erstaunlicherweise gehalten hatte, bröckelte auseinander. Die Soldaten wollten nach viereinhalb Jahren Krieg endlich nach Hause. Schleicher erkannte sehr schnell, daß es sich, trotz der Vorgänge in der Heimat, bei dieser sogenannten Revolution von 1918 mehr um einen »Soldatenstreik« handelte und zog daraus seine Lehren. Manches von dem, was in jenen Novembertagen geschah, hatte er kommen sehen. Die an der Front stehenden Armeen waren nicht mehr das alte Heer, das die Generale in der Hand gehabt hatten. Mit dem immer jünger und immer älter werdenden Nachschub — schon die Siebzehnjährigen mußte man an die Front schicken, zusammen mit den Fünfundvierzigjährigen — war kein Krieg mehr zu führen. Flüchtig ausgebildet, glich dieser Ersatz eher einem letzten Aufgebot als regulären Soldaten einer Armee, deren Traditionen auf den Großen Kurfürsten und Friedrich den Großen zurückgingen. Die Waffenstillstandsbedingungen ließen ahnen, was der Friedensvertrag bringen würde. Vielleicht gab es bald keine deutsche Armee mehr.

Schleicher wußte, wie sein Chef Groener, daß man sich mit Friedrich Ebert, dem Führer der SPD, verbünden mußte, wenn die Wahl für die verfassunggebende Nationalversammlung stattfinden sollte. Dieser Arbeiterführer Friedrich Ebert entwikkelte, das erkannten die beiden Militärs sehr schnell, eine geradezu staatsmännische Begabung. Sie nahmen auch scharf gegen jene Offiziere Stellung, die sich in abfälligen Bemerkungen über den »Sattlergesellen« nicht genug tun konnten. Daß dem Deutschen Reich ein Mann wie Ebert in der dunkelsten Stunde seiner Geschichte erstanden war, betrachteten Groener wie Schleicher, beide religiös denkend, als Gnade[18].

Groener schickte Anfang Dezember 1918 Major von Schleicher als Verbindungsmann des Generalstabes zur Regierung der Volksbeauftragten nach Berlin. Am 16. Dezember versammelten sich in der »Roten Bude«, dem schmucklosen Ziegelbau am Königsplatz in Berlin, Dienstgebäude des Generalstabs, die in der Reichshauptstadt anwesenden Generalstabsoffiziere. Man wollte beratschlagen, was man tun könne. Was man besprach, wurde nicht bekannt, aber vier Tage vor Weihnachten traf man sich wieder, und diesmal ergriff Schleicher das Wort. Seine Ausführungen waren gleichzeitig die Gedanken seines Chefs Groener, aber die Formulierungen stammten von ihm. Man müsse Freiwilligenverbände aufstellen, meinte Schleicher, um der provisorischen Regierung ein Machtinstrument in die Hand zu geben. Um die Anerkennung der augenblicklichen Verhältnisse komme man nicht herum. Für später sei die Aufstellung eines Berufsheeres zu empfehlen, statt eines auf der allgemeinen Dienstpflicht basierenden stehenden Heeres oder gar einer Miliz, wie sie die SPD in ihrem Erfurter Programm forderte[19].

Soweit sprach der Generalstabsoffizier, der mit wachen Sinnen den Umbruch erlebt hatte und dem der Schreck über den Soldatenstreik noch in den Gliedern saß. Was Schleicher dann sagte, war nicht mehr die Meinung eines Offiziers, der die Rechte seiner Kaste verteidigen zu müssen glaubte, sondern die Ansicht eines Nachkommen von Großkaufleuten, die durch kluge Geschäftsgebarung zu Vermögen und Ansehen gelangt waren. Eine neue Autorität, so führte Schleicher aus, werde zur Gesundung des Wirtschaftslebens führen, und damit bekäme Deutschland wieder Weltgeltung.

Für den Großteil der Stabsoffiziere waren Schleichers Ausführungen eine Zumutung. Vor wenigen Wochen noch hätten sie ihn niedergeschrien, aber bei der Forderung der Soldatenräte, alle Offiziere ihres Amtes zu entheben, bei der Praxis der Revolutionäre, Offizieren die Achselstücke herunterzureißen[20], und bei der gewittrigen Stimmung in Berlin, die jeden Augenblick den Ausbruch einer wirklichen Revolution befürchten ließ[21], die russische Ausmaße annehmen könnte, empfahl es sich, vorsichtig zu sein. Wie viele alte Sozialdemokraten ihren früheren oppositionellen Standpunkt nicht vergessen konnten und nicht begreifen wollten, daß jetzt ihre Partei den neuen Staat bilden half, so konnten ungezählte Offiziere nicht begreifen, daß es keine privilegierten Schichten mehr geben sollte und in Zukunft auch der Offizier nur ein Staatsbürger unter anderen war.

In das Stimmengewirr hinein sprach plötzlich Generalmajor von Seeckt, letzter Generalstabschef des Osmanischen Kaiserreiches. Er gab Schleicher recht, nicht ein Massenheer brauche man, sondern ein Berufsheer. Aber dann wandte er sich gegen Schleicher. Sei diese Armee erst einmal vorhanden, führte Seeckt jedes Wort betonend aus, dann werde Deutschland auch wieder bündnisfähig sein, und das sei die Voraussetzung für den Wiederaufstieg des Reiches. Die Armee, nicht die Wirtschaft habe das Brandenburg des Großen Kurfürsten, die Keimzelle Preußens und damit Deutschlands, bündnisfähig gemacht und diesem Staat unter dem großen Friedrich die Stellung einer Großmacht verschafft. So sei es auch heute. Er, Seeckt, fürchte den Osten nicht, und man wisse auch nicht, wie sich die Dinge entwickeln würden. Wie dem auch sei, eine Armee von dreihunderttausend Mann sei für den Anfang genug.

Kaum acht Tage nach Unterzeichnung des Versailler Vertrages am 28. Juni 1919 ging man an den Aufbau der neuen Reichswehr[22]. Den Ausgangspunkt bildeten die vom Großen Hauptquartier aufgestellten Truppenverbände zum Schutze der Regierung. Aus ihnen sollten möglichst viele Offiziere übernommen werden. Insgesamt standen etwa 20 000 zur Verfügung, mit anderen Worten: praktisch das gesamte Offizierkorps der kaiserlichen Armee. Doch die neue Reichswehr durfte, gemäß den Vorschriften des soeben unter Zwang unterzeichneten Vertrages, nicht einmal zehn Prozent dieser Zahl haben: 1500 Offiziere aller Grade.

Einer von ihnen war Schleicher, zwar nicht gerade der unwichtigste, aber auch keiner von denen, die am Schalthebel des politischen Geschehens saßen. Gegen den Befehlshaber der Reichswehr, General von Seeckt, konnte er zunächst nicht aufkommen. Erst nach der Wahl Hindenburgs im Jahre 1925 sollte sich das ändern. Kameradschaftlich verbunden mit Oskar von Hindenburg durch ihre gemeinsame Dienstzeit im 3. Garderegiment zu

Fuß, war Schleicher oft im Palais des Reichspräsidenten zu sehen. Nach der Wahl des Alten Herrn hatte er dafür gesorgt, daß dieser seinen Sohn als Adjutanten zugeteilt bekam[23].
In jenen Jahren schloß Kurt von Schleicher auch Freundschaft mit Staatssekretär Dr. Meißner und mit Gustav Stresemann, der ihn für seine Entspannungspolitik im Westen gewann. Bisher hatte Schleicher, dem allgemeinen Trend der Reichswehrpolitik unter Seeckt folgend, in seiner Privatwohnung hauptsächlich Besucher aus dem Osten empfangen, jetzt trafen sich dort Politiker aus dem Westen. Aus jenen Jahren datieren auch die Bestrebungen Schleichers, die heimlichen, über die Bestimmungen des Versailler Vertrages hinausgehenden Mannschafts- und Waffenbestände nicht ungebührlich anwachsen zu lassen. Im Notfalle fielen sie doch nicht ins Gewicht. Wurden Verstöße aufgedeckt, waren sie nur ein Hindernis bei der angestrebten Wiederherstellung der Rüstungsgleichheit gegenüber den östlichen Nachbarn. Sie konnten auch Arnold Rechbergs Bemühungen um einen deutsch-französischen Ausgleich vereiteln. Der Kaliindustrielle mit der bewegten Vergangenheit glaubte, zu einer Militärallianz mit Frankreich gelangen zu können. Die französischen Wahlen von 1924 hatten in Paris erstmals nach dem Kriege verständigungs- und versöhnungsbereite Politiker an die Macht gebracht. Vielleicht ließ sich der uralte Traum, die Rivalen zu beiden Seiten des Rheins auszusöhnen, doch noch verwirklichen.
Trotzdem gab Schleicher die Verbindung mit dem Osten nicht auf. In seinem politischen Bild spielte dieses Ost-Kalkül eine gewichtige Rolle. Vorwürfen westlicher Politiker begegnete er mit der Bemerkung, auch Frankreich habe vor Rapallo versucht, mit der UdSSR zu einem Akkord zu kommen, hinter dem doch nichts anderes gestanden haben könne als der Wunsch, eine ständige Bedrohung des Deutschen Reiches zu schaffen. Deutschland hingegen habe sich mit seinen Ostbeziehungen nur eine Rückendeckung gegenüber dem immer angriffslustigen Polen verschafft, das offen die Annexion unzweifelhaft deutscher Gebiete anstrebe.
Daß es zwischen den Westmächten und der Sowjetunion ein-

mal zu einer Auseinandersetzung kommen müsse, stand für Schleicher fest. Für diese Tage wollte er Deutschland gerüstet wissen, nicht um in diesen Konflikt einzugreifen, sondern um das Reich heraushalten zu können. Es sollte nicht zum Schlachtfeld werden. Keine der beiden Parteien würde, seiner Meinung nach, die deutschen Grenzen respektieren, wenn die Reichswehr nicht in der Lage wäre, das zu verhindern. Das Ost-West-Spiel war also für Schleicher keine Schaukelpolitik, kein Versuch, die beiden präsumptiven Gegner gegeneinander auszuspielen, sondern eine Wiederholung des Bismarckschen »Spiels mit fünf Bällen«. Dieses Spiel traute er sich zu!
Wie weit diese Ansichten über den Sohn an Hindenburg gelangten oder von Schleicher dem Präsidenten gegenüber im direkten Gespräch entwickelt wurden, blieb verborgen und mußte verborgen bleiben, denn Seeckt war ein Gegner solcher Gedankengänge. Doch führten Schleichers Ansichten zu der Annahme, er habe gegen den Chef der Reichswehr intrigiert. Aber er war an dessen Sturz nicht beteiligt. Allerdings stützte er ihn auch nicht, als sich über Seeckt ein Gewitter zusammenzog. Das wäre angesichts des gespannten Verhältnisses zwischen den beiden — man verkehrte schon seit langem gesellschaftlich nicht mehr miteinander — ein bißchen zu viel verlangt gewesen. Seeckt hatte einmal mit der Idee geliebäugelt, bei der Neuwahl für das Amt des Reichspräsidenten zu kandidieren, und Schleicher mit der propagandistischen Vorbereitung für eine derartige Kandidatur beauftragt. Diese Pläne wurden durch den überraschenden Tod Friedrich Eberts durchkreuzt. Seitdem beklagte sich Schleicher über schlechte Behandlung von seiten seines Chefs[24].
Seeckts Nachfolger wurde General Heye, der aus Ostpreußen kam. Das Kommando in dem ostpreußischen Wehrkreis I galt nicht umsonst als das Vorzimmer zum Oberbefehl. Unter Heye blieb die Reichswehr die unpolitische Truppe. Die von dem Reichswehrminister Geßler gegründete Wehrmachtsabteilung, zu deren Leiter er Schleicher berief, zog zudem alles, was nach Politik aussah, an sich. Schleicher war durch seine Freundschaft zum Hause Hindenburg dazu prädestiniert. Der Präsident fand

auch an dem Regimentskameraden seines Sohnes Gefallen. In dieser »verrückten Zeit«, in der Kaiser und Könige wie unfähige Direktoren einfach abgesetzt wurden, in der man sich einen Generalfeldmarschall als »Kaiserersatz«[25] holte und Militärs in die Lage kamen, zwischen Berufspolitikern zu vermitteln, waren Offiziere wie Schleicher notwendig. Hindenburg, für den die Uniform Zeit seines Lebens das Ehrenkleid gewesen war, hatte — wenigstens bei Schleicher — nichts dagegen, daß dieser in der Öffentlichkeit sehr oft den Zivilisten herauskehrte. Der Chef der Wehrmachtsabteilung war ja auch der Chef der Abteilung »R« (Sowjetunion) des Reichswehrministeriums und hatte als solcher mit Leuten zu verkehren, denen man besser nicht in Uniform begegnete.
Schleicher legte in der Tat die Uniform gern ab. Heute bei der Bundeswehr ist das nach dem täglichen Dienst und erst recht an dienstfreien Tagen allgemein üblich. Damals jedoch war es ungewöhnlich, ja geradezu ein Verstoß gegen Tradition und gute Sitte, wenn ein aktiver Offizier bei geselligen oder gesellschaftlichen Anlässen in Zivil erschien. Auch bei vielen offiziellen Anlässen sah man Kurt von Schleicher im Frack oder Smoking, auf Tennisturnieren im Straßenanzug und auf Faschingsbällen sogar im Kostüm. Das war eben »die neue Zeit«. Anerkennend stellte Hindenburg fest, daß Schleicher trotz seiner Extravaganzen, die dem Präsidenten oft absichtlich zugetragen wurden, seine dienstlichen Obliegenheiten nicht im geringsten vernachlässigte. Wenn er die ganze Nacht durchtanzt oder durchzecht hatte, ritt er am frühen Morgen eine Stunde im Tiergarten. Sehr oft zusammen mit seinem Freund Otto Meißner.
Eine imponierende Erscheinung war Schleicher nicht. Viele konnten seine außerordentlichen Erfolge bei Frauen nicht verstehen. Er hatte sie auch später noch, als ein Gallen- und Leberleiden seine Gesichtsfarbe gelblich erscheinen ließ. Auch seine einst militärisch straffe Haltung wurde mit den Jahren nachlässiger. Sein vorgewölbter Leib — sein »Spitzkühler«, wie er ihn, sich selber persiflierend, nannte — gab ihm sogar ein gewisses spießbürgerliches Aussehen. Aber sobald man mit ihm

sprach, spürte man die unheimliche Energie, die in diesem Manne steckte. Auch Schleichers Charme konnten sich nur wenige entziehen. Trat er in eine Runde, dann erschallte bald fröhliches Lachen, und wenige Minuten später machte sein neuester Witz oder ein spitzes, manchmal sogar verletzendes Bonmot die Runde durch die Gesellschaft.

Nach Seeckts Verabschiedung floß Schleicher alles wie von selbst zu. Politische Fragen, Presseangelegenheiten, Haushaltsprobleme, Rechtsfragen und was es sonst sein mochte, wurden erst einmal seinem Büro zugeleitet. Eines Tages stand die Reichswehr im Mittelpunkt eines Skandals. Ein Kapitän zur See hatte alle möglichen Geschäfte getätigt, sich sogar in der Filmbranche versucht und natürlich Schiffbruch erlitten. Seeoffiziere und Filmkaufleute geben kein Gespann ab. Bei der Untersuchung des Falles wurde bekannt, in welch riesigem Umfang die Reichswehr über Geheimfonds verfügte. Geßler stellte sich als verantwortlicher Minister vor seine Untergebenen und nahm Anfang 1928 seinen Abschied.

Wie beim Sturz von Seeckt merkte Schleicher auch diesmal, über welche Zwirnsfäden ein Mann in verantwortlicher Position stolpern kann. Des langen und breiten unterhielt er sich darüber mit Staatssekretär Dr. Meißner, nur eine Lehre für sich selber zog er nicht daraus. Doch der Abgang Geßlers brachte ihm nur Vorteile. Als Hindenburg vor der Frage stand, wen er zum Reichswehrminister ernennen solle, schlug Schleicher seinen früheren Chef, den General Groener, vor. Auch der Zentrums-Reichskanzler Dr. Wilhelm Marx war für ihn, doch die drei deutschnationalen Minister seines Kabinetts bestürmten den Präsidenten, Groener »nicht die Reichswehr zu überantworten«. Die Deutschnationalen waren ihm noch wegen seiner Haltung zum Soldateneid im November 1918 gram. Aber Marx lag daran, sein Kabinett nach der linken Mitte hin zu erweitern. Schleicher unterstützte seine Bestrebungen und gab mit seinem Rat schließlich bei Hindenburg den Ausschlag[26]. Der Oberst von Schleicher hatte seinen erster Minister »gemacht«.

In eingeweihten Kreisen sprach sich schnell herum, daß Schleicher ein Mann »im Kommen« sei, und wie immer bei solchen

Gesprächen hinter der Tür, übertrieb man. Am 1. März 1929 wurde Schleicher zum »Chef des Ministeramtes im Reichswehrministerium« ernannt, eine bis dahin nicht existierende Einrichtung. Das neue Amt erhob Schleicher in den Rang eines Staatssekretärs. Seine Stellung war jetzt beinahe unangreifbar geworden, unangreifbarer jedenfalls als die des verantwortlichen Reichswehrministers Groener, der zwar, nach dem Rücktritt von Marx, in das im Juni 1928 berufene Kabinett unter dem Sozialdemokraten Müller als Reichswehrminister mit übernommen worden war, der aber schließlich »von dem Vertrauen des Reichstags« abhängig blieb.

Zwei Jahre danach wurde auch der Zentrumspolitiker Dr. Brüning auf Vorschlag von Schleicher zum Reichskanzler ernannt[27]. Es ließ sich nicht leugnen: General Kurt von Schleicher war ein Faktor der deutschen Politik geworden, mit dem man rechnen mußte, wenn auch nur wenige darum wußten. Der Sturz Groeners als Reichswehrminister schob Schleicher dann allerdings, ganz gegen seinen Willen, ins Rampenlicht der großen Politik. Der kurz darauf erfolgende Rücktritt Dr. Brünings trug Schleicher bereits den Vorwurf der Intrige ein, wenn man sich auch hütete, diese Behauptung allzu laut auszusprechen. Manchmal hatten Wände Ohren.

Schleicher war sich der Undurchsichtigkeit seiner Stellung und seiner Rolle beim Sturze des Kabinetts Brüning wohl bewußt. Auch daß man ihn der Intrige beschuldigte, war ihm zugetragen worden. Doch er tat nichts, um diese Auffassung zu beseitigen. In der breiten Öffentlichkeit konnte er sowieso nicht aufklärend wirken, und wer von seinen alten Freunden nicht zu ihm hielt, konnte es bleiben lassen. Seine Enttäuschungen verbarg er hinter Zynismen, die nicht gerade dazu beitrugen, ihn beliebter zu machen.

Viele fragten sich, was das Ziel des Mannes sei, der da so offensichtlich an den Fäden des politischen Marionettenspiels zog, der Minister in Vorschlag brachte und sie, was gar nicht immer den Tatsachen entsprach, auch wieder »absetzte«. War er das Werkzeug Hindenburgs, oder war Hindenburg nur der Wandschirm ehrgeiziger Pläne eines Generals? Beides war falsch. Seeckt war ohne dessen Zutun gestürzt worden, Geßler hatte sich selber geopfert[28], das Kabinett Müller scheiterte an einer unbedeutenden Frage, die außerhalb der Kompetenz und Einflußnahme Schleichers lag, und Groener hatten die maßgebenden Generale der Reichswehr die Gefolgschaft aufgekündigt. Schleicher hatte sogar noch den Versuch unternommen, den älteren Freund zu retten. Er wollte, daß der Minister in Urlaub ging in der Hoffnung, der Sturm werde inzwischen abklingen. Brüning war nach dem Sturz Groeners nicht mehr zu halten gewesen.

Nein, der Generalleutnant Kurt von Schleicher, Staatssekretär im Reichswehrministerium, hatte keine Intrigen eingefädelt. Dennoch waren Vorwürfe, die man ihm machte, in gewisser Hinsicht berechtigt. Er hatte zwar nichts gegen all diese Männer unternommen, aber auch nicht versucht, sie zu halten. Dabei galt sein Wort beim Reichspräsidenten sehr viel. Höchstwahrscheinlich stand Schleicher zur Zeit von Brünings Sturz bei Hindenburg am höchsten im Kurs[29].

Eine Unterlassung kann Verrat sein, aber gerade Dr. Brüning und General Groener hätten sich schärfstens gegen diese Bezeichnung gewandt[30]. Sie erkannten, daß diese Unterlassung Schleichers nicht die Folge persönlichen Ehrgeizes war, sondern der Ausdruck verschiedener Auffassungen über den Weg, Deutschland aus der wirtschaftlichen und politischen Krise herauszuführen. Über das Ziel waren die beiden gestürzten Minister Brüning und Groener mit dem Herrn von Schleicher weitgehend derselben Meinung.

Schleichers Ziel war, das Reich im Innern wie nach außen hin zu festigen, um es dann einem deutschen Kaiser anzuvertrauen. Dabei war er kein traditioneller Monarchist, sondern bekannte sich aus Vernunftgründen zur Monarchie. Der Reichspräsident, inzwischen 84 Jahre alt, konnte nicht mehr lange leben. Dann drohten dem Reich ungeheure Gefahren. Nach dem Tode Hindenburgs war die Wahl Hitlers zum deutschen Staatsoberhaupt nicht mehr zu verhindern. Der einzig mögliche Gegenpol konnte für Schleicher nach Lage der Dinge nur ein Monarch sein[31]. Hier lag der tiefste Grund, warum der Reichspräsident so sehr auf Schleichers Rat hörte. Auch Hindenburg sah — als traditionsgebundener Monarchist — in der Wiederherstellung des Kaiserreiches die einzige Möglichkeit, die Präsidentschaft des »böhmischen Gefreiten« Hitler zu verhindern, und, wie Schleicher, glaubte auch Hindenburg nicht, daß man der nationalsozialistischen Bewegung mit Verboten beikommen könne[32].

Die Haltung des Reichspräsidenten wurde noch von der Tatsache bestimmt, daß seine Wiederwahl durch die Links- und Mittelparteien erfolgt war, in den Augen des Alten Herrn eine Ungereimtheit, fast so schlimm wie der Übertritt Seiner Majestät auf holländisches Staatsgebiet an jenem verhängnisvollen 9. November 1918. Damals hatte er, der Generalfeldmarschall, auf Groener gehört und Wilhelm II. zu diesem Schritt geraten, jedenfalls nicht davon abgeraten. In welcher Formulierung damals am 9. November 1918 die entscheidenden Worte gefallen sind — wenn überhaupt —, ist bis heute ein historisches Geheimnis geblieben. Hindenburg selbst hat später, im Sinne absoluter Vasallentreue, dem Ex-Kaiser schriftlich bestätigt, daß er als einzigen Ausweg zur Flucht nach Holland geraten hat. Denn diese Flucht ins neutrale Ausland war es, die auch von den Konservativen und erst recht von den überzeugten Monarchisten dem ehemaligen Kaiser verübelt wurde. Diese Schuld erschien geringer, wenn der allverehrte Hindenburg sie als einzig noch verbliebene Möglichkeit erklärt hätte. Jedoch hat Hindenburg später seinen engsten Vertrauten gegenüber, so auch seinem Staatssekretär Dr. Meißner, versichert, daß er dem Kaiser *nicht* zur Flucht geraten hat[33].

Wie dem auch sei, blieb Hindenburg seinem Kaiser so treu verbunden, daß er sich 1925 der Zustimmung des im holländischen Exil lebenden Monarchen zu seiner Kandidatur für die Reichspräsidentenwahl versicherte[34]. Doch nun auf dem Rücken von Demokraten, Katholiken und Sozialdemokraten wieder ins Amt zu ziehen, widerstrebte ihm. War das nicht ein Verrat an Seiner Majestät?

Mit Dr. Brüning trat der letzte aus dem Parlament hervorgegangene Kanzler zurück. Sein Nachfolger konnte eigentlich nur ein Mann der Reichswehr sein — oder man überließ Adolf Hitler gleich und ohne jeden Kampf das Feld. Unter diesen Voraussetzungen war der gegebene Kandidat für den Kanzlerposten Kurt von Schleicher. Aber zur allgemeinen Überraschung betrat nicht er die Bühne, auch nicht Graf Westarp oder ein anderer Zivilist, sondern Franz von Papen. In ihm sah man den Strohmann Schleichers, wozu sich weder Westarp noch Goerdeler, so folgerte man, hergegeben hätten. Das Ganze schien nichts weiter zu sein als ein raffinierter Schachzug Schleicherscher Kulissenpolitik: er wollte weiterhin im Dunkeln bleiben. Aber in diesem Punkte irrten die Kritiker des Generals.

Schleichers »Stärke« lag im Verhandeln im kleinen Kreise. Hier setzte er sich durch seine klare, vorurteilslose Beurteilung der Dinge, seine schnelle und genaue Auffassung und die Gabe, auch aus schwierigen politischen und wirtschaftlichen Lagen immer noch einen brauchbaren Ausweg zu finden, fast immer durch«[35]. Ein Parlamentsredner dagegen — und das wußte er selber am besten — war Schleicher nicht. Doch ein Kanzler mußte in der Lage sein, vor dem Reichstag zu sprechen und in einer Massenversammlung die Zuhörer zu begeistern.

Papen war in erster Linie von Schleicher als eine Art »Sprechminister« gedacht. Verstecken wollte er sich hinter ihm nicht. Doch wer einmal in den Ruf eines Intriganten geraten ist, dem wird schließlich jedes Handeln als Intrige ausgelegt[36].

»Wer Preußen hat, hat Deutschland[37].« Diese Stahlhelmparole traf in der Tat ins Schwarze. Preußen umfaßte knapp Zweidrittel des gesamten Reichsgebietes und Zweidrittel der Bevölkerung. Schon Bismarck hatte das richtig einzuschätzen gewußt und die Personalunion von Reichskanzler und preußischem Ministerpräsidenten eingeführt. Die Weimarer Verfassung sah sie nicht vor, aber die Polizeihoheit hatte auch sie bei den Ländern belassen. Infolgedessen waren die Aufrechterhaltung der Ordnung in Berlin und der Schutz der Reichsbehörden Sache der preußischen Polizei, der — nach der Reichswehr — am stärksten bewaffneten Macht in Deutschland.

Seit 1918 hatten — mit einer halbjährigen Unterbrechung — die Sozialdemokraten in Preußen regiert und demgemäß fast immer den Ministerpräsidenten und den Innenminister gestellt. Die von ihnen gut ausgerüsteten und geschulten kasernierten Polizeieinheiten waren zuverlässig republikanisch eingestellt. Jede Verfassungsreform im Reiche mußte also mit der preußischen Bastion rechnen, ja noch mehr, jede Reform mußte in Preußen beginnen. Niemand hatte das klarer erkannt als die Rechte. Schon in der ersten Unterredung zwischen Papen und Schleicher am 28. Mai war von einer »Verfassungsreform« die Rede gewesen[38]. Selbst wenn man dabei nicht auf Preußen zu sprechen gekommen war, mußte den beiden Gesprächspartnern klar sein, daß kein anderer Weg zur Reichsreform führte als der über das preußische Innenministerium. Dort regierte noch immer der Sozialdemokrat Carl Severing, der von seinen Parteifreunden hochgeschätzte, von Kommunisten und Nationalsozialisten glühend gehaßte »kleine Metallarbeiter« aus Bielefeld.

Franz von Papen setzte mit der Forschheit des Herrenreiters[39] zum Sturm auf Preußen an. Dort hatten die Nationalsozialisten am 24. April einen ihrem Stimmenanteil bei der Präsidentenwahl zwei Sonntage vorher entsprechenden Wahlsieg erfochten, der sie zur weitaus stärksten Partei im preußischen Landtag machte. Wenn nun der neue Reichskanzler am 4. Juni den Reichstag auflöste und seine Neuwahl auf den 31. Juli ansetzte, so bedeutete das nichts anderes als eine Einladung an die unentschlossenen Wähler, nicht den Anschluß zu verpassen und ihre Stimme der NSDAP zu geben, der Partei, die »im Kommen« war und wohl demnächst Posten zu vergeben haben würde. Am 13. Juni sprach Papen zum zweiten Male[40] mit Hitler. Doch nicht in seinem Amtssitz in der Reichskanzlei empfing der Kanzler den Führer der NSDAP, sondern in der Wohnung des politischen Vermittlers Werner von Alvensleben. Fünf Tage danach fiel das SA-Verbot. Die Zurücknahme der Notverordnung vom 14. April 1932 war schon in der Unterredung zwischen Papen und Schleicher am 28. Mai festgelegt und Hitler anläßlich seines Höflichkeitsbesuches bei Papen am 1. Juni zugesichert worden, aber man wartete schicklicherweise bis zum 17. Juni. An diesem Tage befand sich Papen bereits in Lausanne, um in direkten Verhandlungen mit Franzosen und Engländern die endgültige Regelung, eigentlich die Streichung, der Reparationsverpflichtungen zu er-

reichen. Die Regierung erwartete von der oppositionellen Presse, daß sie den Kanzler, während er gerade auf einer wichtigen internationalen Konferenz war, nicht allzu hart angreifen würde. Hugenberg und seine Mannen hatten sich zwar bei gleichen Gelegenheiten den Staatsmännern der Linken gegenüber nicht so rücksichtsvoll benommen, aber das war etwas anderes: die hatten kein Kabinett der nationalen Konzentration repräsentiert.
Die Konferenz in Lausanne, zweimal verschoben, bis Dr. Brüning, der sie mit unendlicher Geduld vorbereitet hatte, gestürzt war, begann am 16. Juni 1932. Papen trat zum ersten Male vor einem derartigen Gremium auf, und er hatte sich viel vorgenommen. Nicht nur die Regelung der Reparationsfrage, auch die Streichung der Kriegsschuldklausel des Versailler Vertrags wollte der neue Kanzler durchsetzen.
Der vorsichtige Brüning wäre froh gewesen, in einem Punkte eine brauchbare Lösung mit nach Hause zu bringen, und er hätte vielleicht gerade deswegen auch die längst fällige Nichtigkeitserklärung der deutschen Kriegsschulderklärung erreicht, gegen die man schon in Versailles protestiert hatte. Seitdem waren auch in den angelsächsischen Ländern und in Frankreich ungezählte Historiker zu der Überzeugung gekommen, daß diese Klausel eine geschichtliche Lüge war. Sogar einzelne Staatsmänner, die man mit zu den Vätern der Schuldthese rechnen konnte, hatten sie widerrufen.
Der französische Ministerpräsident Herriot war bereit, in dieser Frage die Initiative zu ergreifen. Nur stellte er zur Bedingung, daß die Deutschen die Streichung der Kriegsschuldklausel nicht als Forderung erheben sollten, denn das würde es ihm unmöglich machen, am Schluß seiner Rede bei der Abschlußtagung den Verzicht Frankreichs auf das deutsche Schuldbekenntnis auszusprechen. Doch Papen glitt auf dem glatten Parkett der Konferenz aus und sprach, gegen die Abmachung, von der Annullierung der Kriegsschuldparagraphen. Damit war die Frage des Widerrufs erledigt[41].
Einen Erfolg brachte Papen allerdings nach Hause. Die Reparationsverpflichtungen wurden praktisch gestrichen. Deutschland versprach zwar noch, eine Restzahlung von 3 Milliarden Mark

zu leisten, aber die Teilnehmer der Konferenz waren sich darüber im klaren, daß dieses Versprechen nur eine Formsache war. Deutschland würde nichts mehr zahlen und auch nicht mehr gezwungen werden, etwas zu zahlen[42].

Wieder in Berlin, stellte Papen mit Erstaunen fest, daß die Bevölkerung von der Endregelung der Reparationen kaum Notiz nahm. Sie war zu spät gekommen. Der Wahlkampf war im vollen Gange, die wieder erlaubte SA durchzog singend und provozierender als sonst die Straßen, und Nationalsozialisten wie Kommunisten behaupteten in ihren Zeitungen, der Geist von Versailles sei wieder einmal siegreich gewesen, der Kanzler habe einen neuen Schuldschein unterschrieben und »die Versailler Räuberbande« schicke sich an, aus dem deutschen Proletarier den allerletzten Groschen herauszupressen[43]. Besser werde alles erst werden, wenn Adolf Hitler oder — wie die Kommunisten forderten — Ernst Thälmann das Heft in der Hand halte. Papen erlebte im Anfang seiner Kanzlerschaft das, was Gustav Stresemann, den die Freunde Papens als »Landesverräter« beschimpft hatten, kurz vor seinem Tode im Reichstag in einer Rede feststellte:

> »Ich habe aufrichtig für den Frieden und die Versöhnung gearbeitet. Ich habe mich für eine englisch-französisch-deutsche Verständigung eingesetzt. Achtzig Prozent der deutschen Bevölkerung habe ich für meine Politik gewonnen. Ich habe mein Land in den Völkerbund gebracht. Ich habe den Locarno-Pakt unterzeichnet. Ich habe gegeben, gegeben und nochmals gegeben, bis meine Landsleute sich gegen mich wandten. Es ist jetzt fünf Jahre her, daß wir Locarno unterzeichneten. Wenn mir die Siegermächte nur ein Zugeständnis gemacht hätten, so hätte ich mein Volk gewonnen. Auch heute könnte ich es noch. Aber sie haben nichts gegeben, und die winzigen Zugeständnisse, die sie gemacht haben, kamen immer zu spät. Die Jugend Deutschlands, die wir für den Frieden, für ein neues Europa hätten gewinnen können, haben wir für beides verloren. Das ist meine Tragik und ihr Verbrechen[44].«

Ein großer Teil dieser deutschen Jugend hörte 1932 auf Dr.

Goebbels, der es für richtig befand, sie zum Empfang des deutschen Reichskanzlers Franz von Papen vor den Bahnhof zu dirigieren, um den Heimkehrenden mit faulen Eiern und Tomaten zu begrüßen.

7. Der kleine Staatsstreich

Beim Zusammentritt des neu gewählten preußischen Landtags am 24. Mai hatte die Regierung Braun ihren Rücktritt erklärt. Den Ministerpräsidenten Braun ekelte Gezänk. Es war vorauszusehen, daß der neue Landtag nicht in der Lage sein würde, einen Regierungschef zu wählen, der nicht nur im ersten, sondern auch in den weiteren Wahlgängen die absolute Mehrheit aller Mitglieder auf sich vereinigen mußte, wie die noch vom alten Landtag angenommene Abänderung der Geschäftsordnung vorsah. So konnte die Regierung im Amt bleiben, aber der sozialdemokratische Ministerpräsident Braun übergab seine Geschäfte dem Zentrumsminister Hirtsiefer.

Daß zurückgetretene Regierungen weiter amtierten, war nicht ungewöhnlich. Auch in anderen deutschen Ländern, wie in Bayern, Sachsen, Württemberg, Hessen und Hamburg, regierten geschäftsführende Kabinette, teilweise schon seit 1930, weil die Volksvertretungen nicht in der Lage waren, Mehrheitsregierungen zu bilden. Otto Braun aber, mehr als elf Jahre preußischer Minister und Ministerpräsident, war müde geworden. Schon vor der Wahl zum Landtag hatte er resigniert einem Polizeibeamten, der ihm Fahrunterricht erteilte, gesagt, mit dem deutschen Volke sei es wie mit einem Hund, der eine Wunde habe und sich dauernd kratze. Dadurch heile sie nie zu, sondern werde im Gegenteil immer schlimmer. Er lerne jetzt Autofahren und werde sich dann in sein Häuschen bei Ascona am Lago Maggiore in der italienischen Schweiz zurückziehen[1].

Diese Unfähigkeit der Landtage, Regierungen zu bilden, wirkte im Bewußtsein des Volkes zersetzender als die Sterilität des Reichstags. Dort einigte man sich wenigstens noch auf Notverordnungen, und an der Spitze des Reiches stand ein ehrwürdiger alter Mann, der mit keiner Partei zu identifizieren war. Das schaffte einen Ausgleich. In den Ländern gab es das nicht. Sie waren handfeste Beispiele für die Behauptung der Nationalsozialisten, der Parlamentarismus habe sich überlebt, und nur ein starker Mann könne die Lage meistern. Die Kommunisten zogen ähnliche Schlüsse. Für sie war allerdings die parlamentsgläubige Sozialdemokratie der schuldige Teil. Diese vertrete nicht mehr die Interessen des Proletariats, dem nur mit einer Diktatur gedient sei. Die Spektakelsitzungen des preußischen Landtags wurden zu Sehenswürdigkeiten. Auf den Tribünen drängten sich die Erwerbslosen, die zusehen wollten, wie sich die Volksvertreter gegenseitig verprügelten, sich wie Schulbuben mit Tinte bespritzten oder an den Haaren zogen und an den Krawatten drosselten — so geschah es bei der Eröffnungssitzung am 24. Mai 1932 — oder Schimpfworte an den Kopf warfen, für die jeder gewöhnliche Staatsbürger ins Gefängnis gekommen wäre. Bei der letzten »ordentlichen« Sitzung des Landtagsplenums riefen die 162 nationalsozialistischen Abgeordneten am Schluß dreimal »Heil Hitler« und schrien unisono das Horst-Wessel-Lied, das die Kommunisten mit dem Gedröhn der Internationale zu übertönen versuchten. Die Tribünenbesucher waren sich einig: gegenüber den Sitzungen des Landtags kamen weder Theater noch Varieté oder Kino, nicht einmal Boxveranstaltungen und Sechstagerennen im Sportpalast mit. Auch grundsätzliche Anhänger der Demokratie waren der Meinung, das, was sich im preußischen Landtag abspiele, käme einer Bankrotterklärung des parlamentarischen Prinzips gleich. Aber gerade das wollten die beiden extremen Parteien erreichen. In ihrem rüpelhaften Benehmen steckte System.

Nach der Rückkehr Papens aus Lausanne sollten die Dinge schnell in Fluß kommen. Im Anschluß an die Berichterstattung beim Reichspräsidenten brachte der Kanzler das Gespräch auf Preußen. Er legte Hindenburg zwei vorbereitete Notverordnungen zur Unterschrift vor. Die erste sah die Reichsexekution gegen Preußen vor, wie 1923 gegen Sachsen und Thüringen[2], die andere die Verhängung des Ausnahmezustandes für Groß-Berlin und Brandenburg. Für den Fall von Unruhen sollte Generalleutnant Rundstedt die vollziehende Gewalt übernehmen.

Doch der Reichspräsident zögerte, seine Unterschrift zu geben. Zwischen ihm und dem preußischen Ministerpräsidenten Braun, der abgesetzt werden sollte, bestand eine gegenseitige Wertschätzung, wenn auch sehr auf Distanz. Beide waren Ostpreußen, beide sprachen gern über Jagd, und beide mochten weder die Kommunisten noch die Nationalsozialisten. Außerdem hatte sich Braun 1919/20 als Landwirtschaftsminister bewährt. Hindenburg wollte sich auch sichern, um nötigenfalls vor dem Staatsgerichtshof bestehen zu können. Jedenfalls machte ihn Staatssekretär Dr. Meißner sehr nachdrücklich auf diese Gefahr aufmerksam[3]. Deshalb verlangte der Präsident Beweise für die Notwendigkeit eines Vorgehens gegen Preußens Regierungen.
Der Alte Herr aber war der Überredungskunst Papens nicht gewachsen. Der führte gewichtige Argumente und noch gewichtigere Persönlichkeiten ins Feld[4], darunter einen Staatsrechtler von Rang. Seit Aufhebung des SA-Verbotes, so führte der Kanzler aus, habe es 99 Tote und 125 Schwerverletzte gegeben, allein letzten Sonntag beim Marsch der SA durch die roten Viertel Altonas[5] 19 Tote und 285 Verletzte, darunter mehrere sehr schwer. Die Schuld für diese erschreckend hohe Zahl von Opfern des »kalten Bürgerkrieges« schob Papen der preußischen Regierung zu, die offensichtlich nicht mehr in der Lage sei, Ruhe und Ordnung zu garantieren. Daß die Unruhen erst seit der Aufhebung des SA-Verbotes so rapid zugenommen hatten und bei näherer Prüfung der einzelnen Fälle die Schuld am Beginn irgendeines Zusammenstoßes meist bei der SA, oft auch bei den Kommunisten, dagegen fast nie bei den Organisationen der Mitte und der SPD lag, verschwieg er. Dafür kam er ausführlich auf eine Nachricht zu sprechen, die General von Schleicher zugegangen war[6]. Mit gehobener Stimme berichtete er, Staatssekretär Abegg[7] habe mit den Kommunistenführern Caspar und Torgler gesprochen, wie ein Regierungsrat Dr. Diels bezeugen könne[8]. Das sei wohl das Letzte und mache dringend eine Reichsexekution gegen Preußen erforderlich. Daraufhin unterschrieb der Alte Herr.
Die beiden Notverordnungen im Portefeuille, lud Papen den Wohlfahrtsminister Hirtsiefer, als Stellvertreter des Minister-

präsidenten, den Innenminister Severing — auf den es am meisten ankam, denn er kommandierte die preußische Polizei — und den Finanzminister Klepper zu sich in die Reichskanzlei, letzteren nur aus Tarnungsgründen. In der Einladung hieß es, auf der Tagesordnung stünden »finanz- und agrarpolitische Angelegenheiten«. In Wirklichkeit ging es jedoch darum, die drei Minister von ihren Amtsbereichen zu isolieren.
Noch auf einer anderen Linie wurden die Fäden gezogen: Der inzwischen mit den Stimmen der NSDAP und des Zentrums zum preußischen Landtagspräsidenten gewählte Nationalsozialist Kerrl schrieb an Papen einen Brief, in dem er ihm das Scheitern aller Koalitionsverhandlungen mitteilte und sich bitter darüber beschwerte, daß sich das Zentrum weigere, einem nationalsozialistischen Ministerpräsidenten seine Stimme und »völlige Freiheit in der Bildung des Kabinetts und der Festlegung des Regierungsprogramms« zu geben[9]. Deshalb fordere er, Kerrl, das Eingreifen des Reiches in Preußen auf Grund des Artikels 48 der Reichsverfassung. Dieser Brief hätte jeden verantwortungsbewußten Regierungschef stutzig machen müssen. Wohl war er in seiner Forderung nach der Reichsexekutive bestellte Arbeit, aber aus den anderen Teilen sprach »die Stimme seines Herrn« Adolf Hitler, der — es war mit der Hand zu greifen — morgen dasselbe für das Reich fordern würde. Merkwürdigerweise fand aber Franz von Papen den Brief ganz in Ordnung.
Als die drei preußischen Minister am 20. Juli zehn Uhr vormittags in der Reichskanzlei vorsprachen, erklärte ihnen Papen, die Reichsregierung sähe sich »zu ihrem Bedauern« gezwungen, das Amt des Ministerpräsidenten wie des Innenministers kommissarisch zu übernehmen. Die anderen Minister könnten in ihren Ämtern verbleiben. Severing erhob Einwände, aber Papen ging nicht darauf ein, versicherte aber — Kavalier auch im Staatsstreich[10] — den »kleinen Metallarbeiter« seiner persönlichen Hochachtung und appellierte an die »staatsmännische Einsicht« des Sozialdemokraten. Gleichzeitig gab er einem an der Tür wartenden Offizier einen Wink[11], das verabredete Zeichen, den Ausnahmezustand gemäß der zweiten Notverordnung auszulösen, während man noch verhandelte. Als die drei Herren die

Reichskanzlei verließen, war bereits alles entschieden. Dem Ministerpräsidenten Braun, der sich, telefonisch benachrichtigt, in seine Amtsräume begeben wollte, wurde bedeutet, er dürfe das besetzte und abgeriegelte Haus nicht betreten. Innenminister Severing zwang man am Abend durch ein Polizeiaufgebot, sein Amt ebenfalls zu räumen.

Die Besetzung der öffentlichen Gebäude durch die Reichswehr ging nach einem genauen Plan vor sich. Noch bevor in Berlin jemand etwas merkte, war der »kleine Staatsstreich« vollzogen. Als am Nachmittag bekannt wurde, was geschehen war, gebärdeten sich die Kommunisten wie wild und verlangten von den Sozialdemokraten die Ausrufung des Generalstreiks, doch im Hauptquartier der SPD in der Lindenstraße wußte man, daß dies nur ein propagandistisches Spiel mit Worten war. Vielleicht hätte der Parteivorstand trotzdem anders entschieden, wäre er sicher gewesen, daß die KPD im Falle eines Streikes sich bescheiden und nicht wie beim Kapp-Putsch weiter gesteckte Ziele verfolgen würde. Aber des Zusammengehens der Kommunisten mit den Nationalsozialisten im Volksentscheid gegen Preußen eingedenk, lehnte die SPD jede Kampfmaßnahme ab. Die preußische Regierung beschritt den Klageweg gegen das Reich.

Erst am 25. Oktober entschied der Staatsgerichtshof, die Notverordnung vom 20. Juli 1932 sei zwar formell rechtsgültig, aber die verfassungsmäßigen Hoheitsrechte, wie die Vertretung Preußens im Reichsrat, im Landtag, im Staatsrat und gegenüber anderen deutschen Ländern, lägen nach wie vor bei der alten Regierung. Dieser Spruch kam einer Verurteilung der Regierung Papen gleich, wenn er ihr formell auch in anderer Hinsicht »recht« gab. Das, was der Reichspräsident auf Grund der Darlegungen seines Staatssekretärs Dr. Meißner bereits befürchtet hatte, trat ein: der Staatsgerichtshof erklärte das Vorgehen zum Teil für rechtswidrig. Doch blieb es bei den neuen Verhältnissen. Verfassungsfragen waren noch immer Machtfragen, und die preußische Polizei war inzwischen fest in der Hand der neuen kommissarischen Regierung. Papen hatte die preußische Bastion handstreichartig genommen und das größte Hindernis einer Dik-

tatur beseitigt. Wenige Monate später sollte Hitler die Früchte ernten.
Wenn Papen gehofft hatte, mit seinem »apokalyptischen Ulanenritt« gegen Preußen sich die Sympathien der Wähler zu erwerben, die nach Taten schrieen, erwies sich das schnell als Irrtum. Am 31. Juli machte nicht er das Rennen, sondern Hitler. Die NSDAP stieg von 107 Mandaten auf 230 und wurde damit zur weitaus stärksten Partei. Die Verluste der Sozialdemokraten blieben weit hinter den Erwartungen zurück. Sie ging nur von 143 auf 133 Abgeordnete zurück, während die KPD um 12 Sitze auf 89 zunahm. Peinlich für Papen war das Ansteigen der Zentrumsstimmen. Als er Reichskanzler wurde, hatte sich die Partei, der er fast seit einem Menschenalter angehörte, in einer scharfen Erklärung gegen ihn gewandt und ihm den Kampf angesagt. Am 31. Juli stiegen die Mandate der beiden katholischen Parteien — Zentrum und Bayerische Volkspartei — von 87 auf 97. Das war ein seit 1919 nicht erreichter Höchststand und eine nachträgliche Vertrauenserklärung breiter Wählermassen für Dr. Brüning.
Die Rechnung hatte neben den Deutschnationalen, die von 41 auf 37 Abgeordnete sanken, die Deutsche Volkspartei zu bezahlen, die statt dreißig nur noch sieben Mandate erringen konnte, und die Demokraten, die von zwanzig ganze vier Sitze retteten. Noch nachteiliger wirkte sich für Papen das Ergebnis der Wahl in einer anderen Hinsicht aus: General von Schleicher begann sich von ihm abzuwenden.
Schon der nur halbe Erfolg in Lausanne, dann der von Goebbels arrangierte »Empfang« des Kanzlers am Bahnhof und die Opposition der Deutschnationalen gegen die Lösung der Reparationsfrage hatten den General nachdenklich gestimmt und ihn vor die Frage gestellt, ob es richtig gewesen war, Franz von Papen zum Kanzler zu machen. Mit dem an sich geglückten Schlag gegen Preußen waren paradoxerweise Schleichers Bedenken gegen Papen noch gewachsen. Denn es hatte sich gezeigt, daß NSDAP und KPD so stark waren, daß die Sozialdemokratie einen Generalstreik nicht mehr wagen konnte, nicht weil sie die Reichswehr fürchtete, sondern weil ihr nur ein Teil der Ar-

beiterschaft gefolgt wäre. Der andere stand entweder bei der KPD oder bei der NSDAP, die längst keine Partei nur des Mittelstandes oder Kleinbürgertums mehr war. Das Problem der Verfassungsreform — zu dieser Einsicht rang sich Schleicher in den Augusttagen des Jahres 1932 durch — mußte nach den Wahlen am 31. Juli von einer gänzlich anderen Seite aufgerollt werden: von den Gewerkschaften. Das aber konnte nicht der erzkonservative Franz von Papen vollbringen, hinter dem bestenfalls der restaurative Stahlhelm stand, dafür mußte ein neuer Mann gefunden werden, der »proletarische Töne« anschlagen konnte.

Schon bei dem ersten Gespräch mit Papen am 28. Mai war von Schleicher — allerdings mehr nebenbei — die Frage einer Beteiligung der Gewerkschaften bei den durchzuführenden Verfassungsreformen in die Debatte geworfen, von dem präsumptiven Kanzler jedoch abgelehnt worden[12]. Jetzt nahm der General diesen Gedanken wieder auf, der eigentlich nicht sein Gedanke war, sondern der Hans Zehrers vom »Tat-Kreis« und von der *»Täglichen Rundschau«*. Allerdings mußte da erst einiges repariert werden.

Nach dem Streit wegen der Berufung Papens war zwischen Schleicher und Zehrer eine Entfremdung eingetreten. Da die fünfzehntausend Mark monatliche Unterstützung ausgeblieben waren, hatte Zehrer schwer kämpfen müssen, um seine Zeitung durchzuhalten. Aber es war ihm gelungen, sich durchzusetzen. In den Augen der Öffentlichkeit galt die *»Tägliche Rundschau«* nach wie vor als die Zeitung Schleichers, und ihre Auflage war sprunghaft angestiegen. Die informativen Leitartikel ihres Chefredakteurs, eines der bestinformierten Journalisten der Reichshauptstadt, spiegelten nach allgemeiner Meinung die Ansichten des Reichswehrministers wider.

Als sich Zehrer und Schleicher wieder einmal begegneten, klagte der Minister über Papens Versagen und seine zunehmenden Eigenmächtigkeiten und stellte die Frage: »Wie werde ich den wieder los?«[13]. Das konnte auch Zehrer nicht beantworten, aber sein Vorschlag, eine Begegnung Schleichers mit Gregor Strasser zu arrangieren, war in gewissem Sinne doch eine Antwort auf die Frage des Generals. Strasser war der Gegenpol zu Papen und gleichzeitig zu Hitler. Der Bayer genoß auch außerhalb der NSDAP eine gewisse Achtung. Seine Rede am 10. Mai im Reichstag beispielsweise hatte viel Beachtung gefunden und war noch in allgemeiner Erinnerung. Ohne jede Phrase hatte Strasser erklärt:

»Der Aufstieg der nationalsozialistischen Bewegung ist der Protest des Volkes gegen einen Staat, der das Recht auf Arbeit und Wiederherstellung des natürlichen Auskommens verweigert. Wenn der Verteilungsapparat des weltwirtschaftlichen Systems von heute es nicht versteht, den Ertragsreichtum der Natur richtig zu verteilen, dann ist dieses System falsch und muß geändert werden ... Das Wesentliche an der gegenwärtigen Entwicklung ist die große antikapitalistische Sehnsucht, die durch unser Volk geht. Sie ist der Protest des Volkes gegen eine entartete Wirtschaft, und sie verlangt vom Staate, daß er, um das eigene Lebensrecht zu sichern, mit den Dämonen Gold, Weltwirtschaft, Materialismus, mit dem Denken in Ausfuhrstatistik und Reichsbankdiskont bricht und ehrliches Auskommen für ehrlich geleistete Arbeit wieder herzustellen in der Lage ist. Diese antikapitalistische Sehnsucht ist ein Beweis dafür, daß wir vor einer großen Zeitwende stehen: die Überwindung des Liberalismus und das Aufkommen eines neuen Denkens in der Wirtschaft und einer neuen Einstellung zum Staat[14].«

Schleicher zögerte noch, aber als Hitler in den Verhandlungen nach der Wahl Forderungen auch auf preußische Ministerien stellte und damit sein Anspruch nach totaler Alleinherrschaft zum ersten Male klar erkennbar wurde, erklärte sich der General bereit, gelegentlich mit Strasser zu sprechen. Vielleicht bot sich von dieser Seite eine Möglichkeit, die NSDAP zu zähmen. Die SA war sich wohl bewußt, daß der riesige Wahlsieg am 31. Juli zum großen Teil ihr Verdienst war, denn sie hatte die Kleinarbeit bei der Wahlpropaganda geleistet. So meldete auch die SA ihre Forderungen an. Die Männer wollten Beamte werden oder sonst ein sicheres Einkommen haben. Sie wollten endlich hinter dem Schalter sitzen, statt vor ihm zu stehen, mit der Stempelkarte der Arbeitslosenversicherung in der Hand. Kein geringerer als Hitler selber machte sich zum Fürsprecher dieser Wünsche und sprach bei Schleicher vor. Die beiden trafen sich am 5. August nicht in Berlin, sondern in Fürstenberg in der Mark. Die Begegnung verlief, äußerlich betrachtet, freundschaftlich. Hitler hatte seine Forderungen »angemeldet«, über seinen Ausführungen aber gar nicht gemerkt, daß der General keinerlei feste Zusagen gemacht hatte[15], und auch nicht gemerkt, daß Schleicher außerordentlich enttäuscht war. Vor Papens Regierungsantritt hatte der General mit Hitler ausgehandelt, die NSDAP werde ein »Kabinett der nationalen Konzentration« tolerieren. Jetzt verlangte Hitler die Führung im Kabinett. Das war gegen die Abmachung und niemals zu erfüllen, oder man überantwortete der SA gleich das Reich und Preußen.

Am 6. August notierte Goebbels:

> »... Der Führer besteht auf seiner Kanzlerschaft und auf dem preußischen Ministerpräsidentenposten; das Reichs- und preußische Innenministerium, ein neu zu gründendes Volkserziehungs- und Propagandaministerium, Landwirtschaft und Luftfahrt sollen uns überantwortet werden, ebenso die Justiz ...«
>
> 8. August: » ... Anruf von Berlin. Dort rumort es. Vor allem auch in der eigenen Partei und SA ... Die SA verläßt ihre Arbeitsplätze, um sich bereit zu machen.
>
> Wenn es gut geht, dann ist alles in Ordnung. Geht es aber schlecht, dann gibt es einen furchtbaren Rückschlag.
>
> Wir überlegen mit dem Führer bis zum einbrechenden Morgen. Die Probleme der Machtergreifung werden eingehend durchgesprochen ...«
>
> 10. August: »... Die SA steht alarmbereit, Gewehr bei Fuß. Die Wilhelmstraße ist darüber sehr nervös geworden, aber das ist ja auch der Zweck der Übung ... Immer dichter wird die SA um Berlin zusammengezogen. Dieses Schauspiel vollzieht sich mit einer imponierenden Genauigkeit und Disziplin ...«

Als trotz dieser Bürgerkriegs- und Putschdrohung nichts geschah, wurde Hitler nervös und schickte seinen Adjutanten

Brückner nach Berlin. Er sollte im Büro des Reichspräsidenten um eine Unterredung mit Hindenburg nachsuchen. Staatssekretär Dr. Meißner erklärte sich bereit, für den 13. August eine Audienz Hitlers bei Hindenburg vorzumerken, riet aber, vorher noch einmal mit Papen zu sprechen[16].

Am 12. August, an dem Goebbels in sein Tagebuch notierte:

> »In Berlin ist die Lage ruhig. Die SA liegt in ihren Quartieren. Bis jetzt ist alles reibungslos verlaufen. Die Leute wollen marschieren ...«,

empfing der Kanzler den Stabschef der SA, Ernst Röhm, und Graf Helldorf. Sie kamen im Auftrag ihres Führers, um die Meinung Papens zu erforschen und um ihm nochmals mitzuteilen, daß die SA nicht gewillt sei, eine andere Lösung anzunehmen als die Reichskanzlerschaft Hitlers. Das grenzte schon an Erpressung. Man einigte sich, daß der Kanzler am nächsten Tage den bereits auf dem Weg nach Berlin befindlichen Hitler selbst empfangen würde.

Als der Führer der NSDAP genau 24 Stunden später in Begleitung von Dr. Frick in der Reichskanzlei vorsprach, kam es zu einer recht bewegten Diskussion. Papen erklärte unverblümt, der Reichspräsident sei nach wie vor nicht gewillt, Herrn Hitler die Regierungsbildung zu überlassen, da er den Führer der NSDAP zu wenig kenne. Hitler war nicht so naiv, um nicht in diesen Worten die Spitze gegen seine Person zu erkennen. Hatte Hindenburg etwa Hermann Müller oder Dr. Brüning oder Franz von Papen vorher besser gekannt? Bleich vor Zorn verlangte er den Posten des Regierungschefs: ihn als den Führer der stärksten Partei mit der Vizekanzlerschaft oder vielleicht dem Postministerium abzufinden, das würde die SA niemals gestatten. Papen erwiderte, vielleicht könne er, Hitler, außerhalb der Regierung bleiben und nur einen seiner Leute in das Kabinett delegieren? Dieser Vorschlag erregte Hitler noch mehr. Wütend verabschiedete er sich[17].

Bei Goebbels am Reichskanzlerplatz zu Gast, meditierte Hitler, an dem ganzen Fiasko sei natürlich niemand anders als Schleicher schuld. Er hätte nur zu wollen brauchen, wie er bei Groener und Brüning und Papen gewollt habe, und alles wäre glatt ge-

gangen. Dabei hatte er ihm doch vor genau einer Woche in Fürstenberg alles versprochen! Oder sollte er den General falsch verstanden haben?
Während Hitler noch um den Eßtisch wanderte, kam die telefonische Aufforderung von Staatssekretär Planck aus der Reichskanzlei, sich zur Audienz beim Reichspräsidenten einzufinden. Auf die Bemerkung, daß die Entscheidung ja schon gefallen sei und daher doch jedes weitere Gespräch sinnlos erscheine, meinte Planck, das sei falsch. Nach wie vor sei die Frage der Regierungsumbildung offen, denn der Herr Reichspräsident habe sich alles vorbehalten.
Erwartungsvoll fuhr Hitler in die Wilhelmstraße. In seiner Begleitung befanden sich Dr. Frick und Stabschef Röhm. Die Wahl dieser beiden Begleiter war ein schwerer taktischer Fehler. Frick hatte sich 1923 beim Hitlerputsch eigenmächtig auf den Stuhl des Münchner Polizeipräsidenten gesetzt, was nach Meinung Hindenburgs ein königlich-bayerischer Beamter niemals hätte tun dürfen, und den Hauptmann Röhm konnte der Präsident noch weniger ausstehen. In seinen Augen war dieser ehemalige königlich-bayerische Offizier zum Kommandeur von Radaubrüdern herabgesunken. Hatten nicht erst vor wenigen Tagen in Potempa fünf SA-Leute den Kommunisten Pietrzuch vor den Augen seiner entsetzten Mutter buchstäblich zu Tode getrampelt? Der Alte Herr hatte in der Tat das Gefühl, als klebe noch Blut an den Stiefeln Röhms[18].
Der Reichspräsident empfing die drei Nationalsozialisten stehend, umgeben vom Reichskanzler und Reichswehrminister, Staatssekretär und Adjutanten. In Erinnerung an seinen Mißgriff bei der ersten Unterredung, hatte sich der Führer der NSDAP vorgenommen, diesmal nicht so viel zu reden. Er kam auch gar nicht dazu! Hindenburg gab keinem der drei Besucher die Hand und forderte sie nicht auf, sich zu setzen. Auf seinen Stock gestützt las er ihnen seine Pläne für ein Kabinett — von Papen vor. Hitler glaubte nicht recht zu hören. War er deswegen in die Reichskanzlei bestellt worden, um das über sich ergehen zu lassen? Hatten Papen und Schleicher von ihrem Triumph in der Vormittagsunterredung noch nicht genug?

Am Schluß seiner Ausführungen fragte Hindenburg streng, ob »Herr Hitler« bereit sei, »an einem solchen Kabinett mitzuarbeiten«. Hitler fühlte die eisige Atmosphäre und begann zu stottern: nein, das könne er nicht und das habe er doch schon den Herren von Papen und von Schleicher erklärt.
Der Reichspräsident richtete sich hoch auf. In seinem schwarzen Gehrock wirkte er wie ein Monument aus einer vielleicht besseren, aber jedenfalls anderen Zeit, in der es keine »böhmischen Gefreiten« an der Spitze nationaler Parteien gab. Mit dem Stock aufstoßend fragte er: »Sie wollen also die ganze Macht?« Und ohne eine Antwort abzuwarten, fuhr Hindenburg fort, das könne er vor seinem Gewissen nicht verantworten, denn er habe den Eid auf die Verfassung geschworen. Herr Hitler aber werde die Macht mißbrauchen, wie die Zwischenfälle der letzten Monate: Überfälle auf die Polizei, Übergriffe gegen jüdische Bürger, sogar Morde an Andersdenkenden, gezeigt hätten. Natürlich sei es bedauerlich, wenn der Kampf im nationalen Lager weitergehen sollte, aber was sich nicht vermeiden lasse, lasse sich eben nicht vermeiden. Doch bitte er den Herrn Hitler für diesen Fall, den Kampf ritterlich zu führen, wie er das vor den Wahlen versprochen habe[19].
Der letzte Satz war der furchtbarste Schlag: der Vorwurf des Wortbruchs. Leichenblaß stand Hitler dem Präsidenten gegenüber. Darauf gab es keine Erwiderung, die Unterredung war beendet. Sie dauerte keine halbe Stunde, und die betont kühle Verabschiedung kam einem Hinauswurf gleich.
Noch bevor die Nationalsozialisten sich von ihrem Schrecken erholten, ließ Papen eilfertig ein Communiqué verbreiten, in dem breit und deutlich ausgeführt war, der Herr Reichspräsident habe Herrn Hitler ermahnt, die »Opposition der NSDAP ritterlich zu führen und sich der Verantwortung vor seinem Vaterland und dem deutschen Volk bewußt zu bleiben«.
»Seinem Vaterland!« Auch das war ein Schlag mit dem Krückstock des Alten Herrn. Hitler war ja erst seit einigen Monaten deutscher Staatsbürger.
Die erste Begegnung Schleichers mit Strasser fand in der Wohnung des Zahnarztes Elbrechter in der Schaperstraße in Ber-

lin W statt[20]. Der General, trotz seiner Beleibtheit in den Schultern fast schmächtig zu nennen, schnell in seinen Erwiderungen, war beweglich wie ein Florettfechter. Der vierschrötige, breitschultrige Strasser dagegen glich mehr einem Kämpfer mit schweren Säbeln. Dennoch fanden sich die beiden so gegensätzlichen Naturen schon nach kurzer Zeit, obwohl bei diesem ersten Gespräch noch vieles unausgesprochen blieb und manches nur angedeutet wurde, um erst einmal vorzufühlen, wie weit man gehen konnte. Doch Schleicher fand es sympathisch, daß der Bayer zuhören konnte und nicht, wie Hitler, Monologe von manischer Besessenheit hielt. Strasser konnte auf Argumente eingehen und über die Meinung des Gesprächspartners diskutieren, statt ihm ein Thema aufzuzwingen.

Der ersten Begegnung schloß sich eine zweite und dritte an, und man verblieb bei der Verabredung, daß Schleicher bei passender Gelegenheit den zweitwichtigsten Mann der NSDAP, ihren Reichsorganisationsleiter, einmal Hindenburg zuführen werde. Wann das sein sollte, wurde nicht festgelegt, doch erwarteten beide Gesprächspartner eine schnelle Entwicklung[21].

Inzwischen fand die erste Sitzung des neugewählten Reichstags statt. Bei der Suche nach einem Alterspräsidenten stellte es sich heraus, daß die kommunistische Abgeordnete Klara Zetkin das älteste Mitglied des Hauses war. Sie lebte gar nicht mehr in Deutschland, sondern in Moskau, wo man ihr als einer Veteranin der sozialistischen Frauenbewegung eine Wohnung im Kreml überlassen hatte. Sie wurde im Triumph nach Berlin geholt. Neben ihr am Präsidentenpult stehend, soufflierte ihr der kommunistische Abgeordnete Ernst Torgler die Eröffnungsrede. Die Abgeordneten der Mitte — die Deutschnationalen waren nicht erschienen — ertrugen die Propagandaphrasen der alten Frau mit Schweigen. Die Kommunisten schrien am Schluß hysterisch »Rot-Front!«, während man von den Bänken der Nationalsozialisten die unflätigsten Ausdrücke zu hören bekam. Zum Präsidenten wurde mit den Stimmen des Zentrums und der BVP Hermann Göring gewählt, der erste Nationalsozialist, dem ein hohes Amt im Reich zufiel[22]. Man konnte ihm seine Befriedigung auf dem Gesicht ablesen.

In seiner Eröffnungsrede führte Göring aus: »In letzter Zeit häuften sich die Nachrichten über eine beabsichtigte Ausschaltung des Reichstags. Er soll angeblich über keine arbeitsfähige Mehrheit verfügen. Ich stelle vor dem ganzen deutschen Volke fest, daß die heutige Sitzung sowie vor allem die Wahl des Präsidenten, eindeutig erwiesen haben, daß der neue Reichstag über eine große arbeitsfähige nationale Mehrheit verfügt, und somit in keiner Weise der Tatbestand eines staatsrechtlichen Notstandes gegeben ist.«
Der Appell Görings an die Verfassungstreue wirkte entwaffnend. Man wußte nicht, worüber man mehr staunen sollte: über die Naivität des neuen Präsidenten, der glauben machen wollte, die Legalitätsbeteuerungen der Nationalsozialisten gegenüber dem Reichstag, den sie hundertmal als »nutzlose Schwatzbude« bezeichnet hatten, seien ernst zu nehmen, oder über die Erhebung des Zentrums zur nationalen Partei, nachdem Goebbels es jahrelang bolschewistischer Tendenzen verdächtigt oder der intellektuellen Handlangerschaft für den Kommunismus bezichtigt hatte.
In der für den 12. September 1932 anberaumten ersten Arbeitssitzung wollte Papen eine Rede halten, um über die dreieinhalb Monate seiner Regierungstätigkeit Rechenschaft abzulegen. Er selber war nie Mitglied dieses Hohen Hauses gewesen[23]. Es würde also seine Jungfernrede im Reichstag und als Reichskanzler sein. Dafür hatte er sich besonders präpariert, denn bei solchen Gelegenheiten pflegte das Haus wie die Diplomatenlogen und die Presse- und Zuschauertribünen gut besetzt zu sein.
Papen erschien um 15 Uhr im Sitzungssaal, gefolgt von den Mitgliedern und Staatssekretären seines Kabinetts. Er gab sich unbeschwert, obwohl er wußte, daß es heiß hergehen würde, grüßte nach allen Seiten und nahm dann auf seinem Stuhl in der Regierungsbank Platz. Auf der Tagesordnung stand als Punkt I eine Erklärung der Regierung, in der Papen sein wirtschaftliches Sanierungsprogramm darlegen wollte. Der Rede des Kanzlers sollte sich nach einer Pause eine Aussprache anschließen, die sich wahrscheinlich über mehrere Tage erstrecken würde.

Die Stimmung im Hause glich der Atmosphäre unmittelbar vor Ausbruch eines Gewitters. Die Augen der 230 nationalsozialistischen Abgeordneten sprühten Haß. Das also war dieser Papen, der sie von Amt, Würden und Futterkrippe fernzuhalten versuchte und der fünf ihrer Kameraden durch ein Sondergericht am 22. August wegen der Ermordung eines Kommunisten hatte zum Tode verurteilen lassen! Wenn auch die fünf Mörder zu lebenslänglichem Zuchthaus begnadigt worden waren, bestimmte Hitlers Telegramm an die Verurteilten auch weiterhin die Haltung der NSDAP gegenüber dem Kabinett Papen:

> »An die Parteigenossen Gräupner, Kottisch, Lachmann, Müller und Wollnitza, Gerichtsgefängnis Beuthen OS. Meine Kameraden! Angesichts dieses ungeheuerlichen Bluturteils fühle ich mich Euch in unbegrenzter Treue verbunden. Eure Freiheit ist von diesem Augenblick an eine Frage unserer Ehre, der Kampf gegen eine Regierung, unter der dies möglich ist, unsere Pflicht. Adolf Hitler[24].«

Auch Göring, der sonst seine Herkunft aus »gutem Hause« bei jeder Gelegenheit herauszustreichen liebte, bemühte sich, böse auf Papen zu sein. Jedenfalls dachte er nicht daran, sich den Gepflogenheiten des Hohen Hauses unterzuordnen und dem Regierungschef das Wort zu erteilen. Er würdigte die Regierungsbank keines Blickes, sondern gab nach Eröffnung der Sitzung sofort dem Fraktionsführer der Kommunisten Ernst Torgler das Wort zu einem Antrag auf Änderung der Tagesordnung. Statt sich erst die Regierungserklärung anzuhören, sollte das Plenum des Reichstags die letzten Notverordnungen aufheben und der Regierung das Mißtrauen aussprechen. Da er mit Widerspruch gegen seinen Antrag rechnete, bat Torgler für diesen Fall darum, die Sitzung zu schließen und eine neue einzuberufen[25].

Während man sich auf der Regierungsbank noch über die Unverfrorenheit entrüstete, mit der sich Göring über die Wortmeldung des Kanzlers hinwegsetzte, erteilte dieser dem Sozialdemokraten Löbe das Wort. Auch der ehemalige Reichstagspräsident beantragte, die Tagesordnung abzuändern und die Abstimmung über die letzten Notverordnungen vordringlich zu behandeln.

Ostentativ die Minister auf der Regierungsbank übersehend, wiederholte Göring die beiden Anträge und fragte das Plenum, ob es dagegen Widerspruch erheben werde. Lähmende Stille — kein Abgeordneter des Hauses widersprach. Endlich hob Dr. Frick[26], der Fraktionsvorsitzende der Nationalsozialisten, die Hand und beantragte, die Sitzung für eine halbe Stunde zu unterbrechen.

Vom Standpunkt der NSDAP aus gesehen, beging Dr. Frick damit einen schweren Fehler. Er wollte Zeit für eine Besprechung mit seinen Fraktionskollegen gewinnen, bedachte aber nicht, daß auch Papen diese Zeit nützen könnte. Die Kommunisten und ein Teil der SPD begriffen das viel besser und erkannten sofort die Chance, die Papen damit gegeben wurde. Sie glaubten deshalb, die Nationalsozialisten spielten mit der Regierung zusammen, und begannen zu lärmen: »Da seht Ihr die Papen-Front!« Fricks Antrag wurde mit den Stimmen des Zentrums und der Nationalsozialisten angenommen und die Sitzung um 15 Uhr 15 für eine halbe Stunde unterbrochen.

Das Manöver Görings brachte Papen in äußerste Bedrängnis. Zweifellos würden nach Wiedereröffnung der Sitzung die Anträge der KPD und SPD angenommen und dann die Regierung gestürzt werden. Es gab nur ein Mittel, das zu verhindern: die Auflösung des Reichstages, bevor das Plenum abstimmen konnte. Dazu brauchte Papen aber die Order des Reichspräsidenten. Dies Papier besaß Papen noch nicht, obwohl es ihm von Hindenburg für den äußersten Notfall versprochen worden war[27]. Papen mußte also versuchen, es sofort zu erhalten. Des Nationalsozialisten Frick unbedachter Antrag, die Sitzung eine halbe Stunde zu unterbrechen, gab dem Reichskanzler die Möglichkeit, es herbeizuschaffen und damit seine Regierung zu retten.

In einem der seltsamsten Wettrennen der Geschichte wurde die Auflösungsorder des Reichspräsidenten telefonisch angefordert, ausgestellt, unterzeichnet und zu Papen gebracht. Das Original ist in einer Photographie erhalten geblieben. Man hielt sich nicht mit einer Sekretärin oder Schreibmaschine auf, sondern Staatssekretär Dr. Meißner schrieb den Text mit eigener Hand. Bei der großen Eile verschrieb er sich und setzte als Ausstellungsort »Neudeck« ein, von wo er gerade mit dem Reichspräsidenten gekommen war. Dann strich er das Wort durch und ersetzte es durch »Berlin«. Nachdem Hindenburg mit ruhigen, großen Buchstaben seinen Namen daruntergesetzt hatte, fuhr Meißner im schnellsten Mercedes der Präsidialkanzlei zum Reichstag, wo Papen schon ungeduldig wartete. Der Reichskanzler und der Innenminister unterschrieben ebenfalls, und damit war die Auflösungsorder rechtskräftig[28].

Als Hermann Göring um 15 Uhr 46 Minuten auf dem Präsidentenstuhle Platz nahm, trug der Reichskanzler bei seinem Erscheinen im Sitzungssaal die berühmte und berüchtigte »Rote Mappe«[29] unter dem Arm. Jeder Abgeordnete sah, mit welcher Waffe sich Papen inzwischen gerüstet hatte.

Der Kanzler meldete sich sofort zum Wort, und jedem im Saale war es klar, daß er dem Reichstag die Auflösung verkünden werde. Aber Göring ließ Papen nicht zu Worte kommen, ein offensichtlicher Verstoß gegen die Geschäftsordnung, da ein Regierungsvertreter jederzeit das Wort verlangen konnte. »Meine Damen und Herren«, erklärte der Reichstagspräsident, »nachdem vorhin kein Widerspruch gegen die Abänderung der Tagesordnung geltend gemacht wurde, kommen wir jetzt sofort zur Abstimmung über den Antrag des Abgeordneten Torgler.«

Während der Reichskanzler von seinem Platz aus wieder vergeblich versuchte, sich bemerkbar zu machen, beantragte Torgler namentliche Abstimmung.

»Die Abstimmung ist namentlich!« rief Göring in den immer größer werdenden Tumult hinein. »Wer für den Antrag des Abgeordneten Torgler stimmt, der gibt eine Karte mit Ja ab, wer dagegen stimmt, eine Karte mit Nein.«

Papen, aufs äußerste erregt, versuchte, dem Präsidenten klarzumachen, daß der Reichstag aufgelöst sei, aber Göring nahm es nicht zur Kenntnis. Er gab sich den Anschein, als verstehe er wirklich nicht, was der Reichskanzler sagte. Aber was der Kanzler wollte, wußte Göring genau, denn auch er hatte die Rote Mappe gesehen.

Der Kanzler nahm nun alle seine Stimmkraft zu Hilfe und forderte, daß man ihm sofort das Wort erteile, doch Göring wies

ihn ärgerlich ab. »Sie können mich jetzt nicht stören. Sie sehen doch, daß wir mitten in der Abstimmung sind!«
Die Abgeordneten im Saal, die Diplomaten in den Logen, die Presseleute und die Zuschauer auf den Tribünen verfolgten das Duell zwischen Regierungsbank und Präsidentenstuhl. Höhnische Zurufe von der Linken und äußersten Rechten drangen nach oben. In den Logen und auf den Rängen erhoben sich die Zuhörer von ihren Plätzen, um besser sehen zu können. Papen sprach mit lebhaften Handbewegungen auf Göring ein, doch der wandte ihm geflissentlich seinen breiten Rücken zu. Schließlich blieb dem Kanzler nichts weiter übrig, als mit ein paar schnellen Schritten die Rote Mappe auf das Pult des Reichstagspräsidenten zu knallen.
Von der Linken des Hohen Hauses wurden Rufe laut: »Nieder!« und »Hinaus!«, Göring schwang seine Glocke, beachtete aber weder den Kanzler noch die vor ihm liegende Rote Mappe. Die Abstimmung ging weiter, und Papen konnte nichts mehr tun, als von den Mitgliedern seines Kabinetts gefolgt, unter Schmährufen und Gelächter den Sitzungssaal zu verlassen, um in die Wilhelmstraße zu fahren.
Der Reichstag nahm die beiden kommunistischen Anträge mit 512 gegen 42 Stimmen an[30]. Die Sozialdemokraten und sogar das Zentrum, Papens frühere Partei, entzogen zusammen mit den Kommunisten und Nationalsozialisten der Reichsregierung das Vertrauen und hoben die Notverordnung auf.
Unter stürmischem Applaus verkündete Göring das Ergebnis. Erst dann öffnete er mit überlegenem Lächeln die Rote Mappe. Nachdem er das Schriftstück gelesen hatte, erklärte er, die Auflösungsorder des Reichspräsidenten sei »natürlich« ungültig, da ein bereits gestürzter Reichskanzler sie gegengezeichnet habe.
Die Abgeordneten lachten, klatschten in die Hände und klapperten mit den Pultdeckeln, um dann später doch die Auflösung anerkennen zu müssen. Am Abend hielt Herr von Papen eine Rede im Rundfunk. Er und sein Nachfolger waren die beiden Reichskanzler, die vor dem Reichstag nie zu Wort kamen.
Nach der Rechtslage war Papen nicht gestürzt, denn der Reichstag war vor der Abstimmung aufgelöst worden. Gemäß der Ge-

schäftsordnung hatte das Parlament bereits in dem Augenblick keine Machtbefugnis mehr, in dem das Auflösungsdekret dem Reichstagspräsidenten »zugestellt« wurde. Und es war ihm zugestellt worden! Göring hatte die Rote Mappe vor aller Augen und vom Reichskanzler selbst erhalten. Die Abstimmung war ungültig. Das entsprach nicht nur der Auffassung der Regierung, sondern auch der des Geschäftsordnungs-Ausschusses, der den Fall eingehend untersuchte.

Immerhin hatten die Nationalsozialisten, die Kommunisten, die Sozialisten und das Zentrum viel erreicht. Die turbulente Abstimmung war und blieb eine vernichtende Demonstration gegen das »Kabinett von Papen«. Es war der deutschen Öffentlichkeit und auch der Welt gezeigt worden, daß so gut wie niemand hinter der amtierenden Regierung stand. Man hatte einen moralischen Schlag gegen Papen geführt, wie es überhaupt nicht schlimmer sein konnte. Rechtlich mochte das Ergebnis der Reichstagssitzung vom 12. September 1932 ungültig sein, aber in den Augen der Öffentlichkeit galt das Kabinett Papen nicht mehr als »richtige Regierung«, und was vielleicht noch stärker ins Gewicht fiel: auch für den Reichswehrminister General Kurt von Schleicher war der Kanzler ein erledigter Mann.

Was bis dahin für Schleicher nur Überlegung gewesen sein mochte, wurde nach dem 12. September zur politischen Notwendigkeit: Papen mußte verschwinden, denn die Zeit drängte. Bevor man die Reform der Verfassung in Angriff nahm, mußte irgend etwas auf wirtschaftlichem Gebiete geschehen. Statistiken wiesen aus, daß mehr als 23 Millionen Deutsche — Arbeitslose und ihre Familienmitglieder — von öffentlichen Mitteln lebten. Das Reich mußte jährlich über zwei Milliarden für die unproduktive Arbeitslosenhilfe aufbringen. Das konnte nicht so weitergehen, oder eine Revolution löschte das Deutsche Reich aus.

Daß etwas geschehen mußte, sagte sich auch Papen, und mit der Unbekümmertheit und Forschheit, die alle seine Regierungshandlungen auszeichneten, setzte er mittels Notverordnung einen von seinen Fachministern ausgearbeiteten Sanierungsplan in Kraft. An sich schien der Plan nicht einmal schlecht zu sein.

Er hatte nur den großen Nachteil, daß sich Papen dabei ausschließlich auf Berater aus industriellen Kreisen gestützt hatte. Zwar konnte eine Belebung der Wirtschaft in der Tat nur von dieser Seite einsetzen, aber er hätte wenigstens den Versuch machen müssen, auch gewerkschaftliche Kreise bei der Ausarbeitung und Durchführung mit heranzuziehen, wenn auch nur, um das Gesicht zu wahren. Das Schlagwort »Kabinett der Barone« schien sich daher bei dem Sanierungsplan erneut zu bestätigen. Nicht nur auf der Linken wurde gegen alles, was von dieser Regierung kam, geschrien. Fast noch mehr schimpfte man in den SA-Heimen auf die »Barone von Schlot und Korn«[31].
Papens Plan sah vor, den produzierenden Betrieben des Landes zwei Milliarden Mark zur Ankurbelung neuer Tätigkeit vorzuschießen, um die Wirtschaft instand zu setzen und diese Beträge später ratenweise als Steuer zurückzuzahlen. Die Darlehen sollten in Form von Steuergutscheinen gegeben werden, die bank- und börsenfähige Papiere darstellten. Für jeden neu eingestellten Arbeiter wurde weiter eine Steuerermäßigung von 400 Mark pro Jahr vorgesehen[32].
Die Nationalsozialisten erhoben ein schreckliches Geschrei. Papen habe ihnen, so behaupteten sie, ihren »Sanierungsplan« gestohlen, den berühmten, beinahe schon sagenhaften »Plan in der Schublade«, der in jeder Versammlungsrede zitiert wurde. Allerdings hatten sie auch allen Grund dazu, besorgt zu sein. Papens Plan belebte tatsächlich die deutsche Wirtschaft, die zudem durch die Erholung der Weltwirtschaft begünstigt wurde[33]. Im Monat Oktober, in einer an sich ungünstigen Jahreszeit, sank die Erwerbslosenzahl um 123 000. Würde das so weiter gehen, entstand die Gefahr, daß die Industrie für die Nationalisten keinen Pfennig mehr hergab. Jede Zahlungsstockung bedrohte aber das Gefüge der SA. Die Meuterei vom Jahre 1930 wegen ungenügender Geldbeihilfen konnte sich wiederholen[34]. Die Schulden der NSDAP hatten im Spätsommer 1932 beinahe die Zehn-Millionen-Grenze erreicht. Wenn kein Geld mehr hereinkam, war der Bankrott unausbleiblich[35].
Noch eine weitere Überlegung ließ die nationalsozialistische Führung nervös werden. Als kommissarischer preußischer Mini-

8 Die Entscheidung ist gefallen. Umjubelt von seinen Anhängern verläßt der Wagen mit dem eben neu ernannten deutschen Reichskanzler Adolf Hitler die Alte Reichskanzlei in Berlin, wo Hindenburg den Führer der NSDAP mit der Regierungsbildung beauftragt hat.

9 Am späten Abend des 30. Januar 1933, dem »Tag der Nationalen Erhebung«, formiert sich am Brandenburger Tor — von der NSDAP-Führung in aller Eile und mit großem Geschick organisiert — ein kilometerlanger Zug von SA, SS, Hitler-Jugend, Stahlhelm und anderen nationalen Verbänden, um die Ernennung Hitlers zum Reichskanzler zu feiern. Der Marschkolonne, die viele tausend Fackeln mitführt, folgt eine unabsehbare Menge Berliner Bürger. Man zieht durch die Linden in die Wilhelmstraße, wo Hitler und auch Hindenburg (an verschiedenen) Fenstern stehen.

10 Die neue Reichsregierung am historischen 30. Januar 1933. V. l. n. r. Funk, Lammers, Darré, Seldte, Gürtner, Goebbels, Papen, Eltz v. Rübenach, Hitler, Göring, Dr. Schmidt, Blomberg, Frick, v. Neurath, Schacht, Schwerin von Krosigk, Meissner. Dr. Lammers, Staatssekretär der Reichskanzlei (zweiter von links) und Dr. Meissner, Staatssekretär und Chef der Präsidialkanzlei (ganz rechts) gehörten nicht zum eigentlichen Kabinett. Hugenberg nicht auf dem Bild.

sterpräsident begann Papen die hohen Beamtenstellen in der Provinz auszuwechseln. An sich konnte die NSDAP nicht dagegen sein. Auch sie würde, wenn Hitler einmal die Macht übernehmen sollte, alle Sozialdemokraten Demokraten und Katholiken aus ihren Ämtern entfernen. Die »Ausmerzung des Parteibuch-Beamten« gehörte mit zu den Propagandaschlagern der nationalsozialistischen Versammlungsredner, wobei natürlich unausgesprochen blieb, daß man die leergewordenen Sessel mit eigenen Parteigenossen besetzen würde, die auch nicht gerade »gelernte Beamte« waren. Dieser Papen besaß nun die Unverfrorenheit, das zu tun, was die Nationalsozialisten planten. Das mußte Hitler in Harnisch bringen, denn Papen besetzte die frei gewordenen Stellen selbstverständlich mit seinen Freunden, die gleichzeitig auch die Freunde Hindenburgs waren. Sie nach der Machtübernahme abzubauen, würde nicht so leicht sein, wie Beamte »des Systems« auf die Straße zu setzen. Die von Papen ernannten Herren hatten Zugang zum Reichspräsidenten, um sich zu beschweren[36].

Goebbels reagierte auf die wirtschaftliche Festigung der politisch unmöglich gewordenen Regierung Papen auf seine Weise. Er schlug in seiner Zeitung, *»Der Angriff«*, täglich schärfere Töne an. Seine Kampagne unterschied sich von jener der Kommunisten höchstens durch größere Geschicklichkeit und Treffsicherheit. Am 5. Oktober apostrophierte er Hugenberg, den Führer der DNVP, die als einzige hinter der Regierung stand, folgendermaßen:

> »Stellt Euch bitte ein Dutzend kräftiger Riesen vor, die mit weit ausholenden Schritten in den Kampf stürmen! Stellt Euch weiterhin einen lächerlichen Zwerg vor, einen Hugenzwerg, der dem niederwalzenden Weg dieser Riesen nachzutrippeln versucht und dann erklärt, er begrüße es mit Genugtuung, daß diese Riesen sich ihm angeschlossen hätten.«

Tags darauf griff er Papen und seine Mitarbeiter mit folgenden Worten an:

> »Wir sollen den Dreck wegfegen, und sie treten dann geschniegelt und gebügelt als vornehme Kavaliere und etwas

> breitstelzig und leicht angedooft in die gute deutsche Stube. Kann es etwas Unanständigeres geben als diese politische Erbschleicherei?[37]«

Auf den Tag genau vier Wochen später machte Goebbels gemeinsam mit den Kommunisten gegen die »politische Erbschleicherei« Papens Front und entfesselte den Verkehrsarbeiterstreik. Goebbels wußte, was er wollte, das ging aus seinen Artikeln hervor. Auch die Kommunisten glaubten zu wissen, was sie wollten, als sie Arm in Arm mit den Nationalsozialisten gegen die Sozialdemokratie vorgingen. Selbstzufrieden erklärte der preußische Landtagsabgeordnete Obuch seinem Zentrumskollegen Diel, der ihn darauf hingewiesen hatte, daß die Taktik der KPD nur den Nationalsozialisten zugute komme:

»Kollege Diel, das wollen wir gerade! Wir Kommunisten sind uns darüber klar, daß wir niemals eine Chance haben werden, an die Macht zu kommen, solange die in der Freien und in der Christlichen Gewerkschaft organisierten Arbeiter hinter der Regierung stehen. Wir müssen darum so taktieren, daß zunächst einmal die Rechte zur Macht kommt. Gegen diese Regierung wird dann die gesamte Arbeiterschaft geschlossen in Opposition gehen. Die Herrschaft wird nicht lange dauern. Sie wird bald zusammenbrechen, und die Erben, die sind dann wir[38].«

8. »Ich hatt' einen Kameraden!«

Nach den bedeutsamen, aber oft turbulenten Ereignissen des Jahres 1932: den zwei Wahlgängen für den Reichspräsidenten, der sensationellen Wahl zum preußischen Landtag und anderen Länderparlamenten, der Regelung der Reparationsfrage, dem »kleinen Staatsstreich« gegen Preußen, der Reichstagswahl am 31. Juli, Papens blamabler Niederlage im Reichstag am 12. September, der Neuwahl des Reichstags am 6. November im Zeichen des lähmenden Verkehrsarbeiterstreiks in Berlin, scheinen die politischen Leidenschaften endlich zur Ruhe zu kommen. Es ist, als hätten sich Menschen und Parteien in ihrer Kraft und in ihrem Willen, die Verhältnisse zu ändern, verausgabt, lange bevor der behördlich verordnete Weihnachtsfrieden Demonstrationen und politische Versammlungen unmöglich macht.

Da nach Niederlage der Nationalsozialisten bei der Novemberwahl das Problem der NSDAP an Schärfe bedeutend verloren hat, werden nach dem Zusammenbruch des Verkehrsarbeiterstreiks in den verantwortlichen Regierungskreisen nicht nur Abwehrmaßnahmen gegen die Wirtschaftskrise in Angriff genommen. Papen will nicht nur die Arbeitslosigkeit eindämmen und die Wirtschaft ankurbeln — dem Kanzler und seinen Mitarbeitern geht es jetzt um weit mehr.

Deutschland war bis zum Oktober 1918 ein halb autoritär[1] regierter Staat, in dem der Kaiser den Reichskanzler und die Minister (damals nur Staatssekretäre genannt) ohne Mitwirkung des Reichstags berief und entließ. Die ehemals herrschenden Kreise des deutschen Kaiserreiches bekämpften die Sozialdemokratie mit unversöhnlichem Haß. Die Sozialdemokraten und mit ihnen die bürgerlichen Demokraten sowie ein Teil des katholischen Zentrums waren nach Meinung solcher Kreise an allem schuld, was Deutschland nach 1918 erdulden mußte: Nicht etwa der verlorene Krieg und die Unversöhnlichkeit der ehemaligen Gegner und auch nicht die Weltwirtschaftskrise, die alle Länder getroffen hat. Besser würde es dann erst werden, predigen die Zeitungen dieser Rechtskreise in jenen Monaten in seltener Einmütigkeit, wenn man die Weimarer Verfassung »reformiert« habe, wenn wieder ein starker Mann regiere, wenn wieder die führenden Herren von Industrie und Landwirtschaft das entscheidende Wort zu sagen hätten.

Die Regierung von Papen, bei ihrer Ernennung ironisch als »Kabinett der Barone« begrüßt, ist in den Augen breiter Volksmassen offensichtlich dabei, dieses Schimpfwort zu rechtfertigen. Die Notverordnung vom 4. September, die Lohnkürzungen bis zu 20 Prozent möglich macht, ohne daß die Gewerkschaften gehört werden, entspricht der »Friß-Vogel-oder-Stirb«-Mentalität einer vergangenen Epoche. Auch aus seiner vernichtenden Niederlage im Reichstag, bei der es hauptsächlich um jene unmögliche Notverordnung ging, hat Papen nichts gelernt. Er sieht nicht, daß sich gerade dadurch die politischen Gewichte innerhalb des Kabinetts zu seinen Ungunsten verschieben. Reichswehrminister Kurt von Schleicher ist wieder der starke Mann. Ohne ihn ist die Verfassungsreform, die Papen plant, nicht durchzuführen, nachdem sich die parlamentarische Schwäche der Regierung so eklatant aufzeigte. Ganz gegen sein Zutun ist damit Schleicher zur Vordergrundfigur des politischen Geschehens in Deutschland geworden.

Aber auch er will die Verfassung ändern, welche die demokratischste genannt worden ist, die je in einem Land in Kraft gesetzt wurde. Sie hat nur den einzigen Nachteil, daß sich mit ihr in solchen Notzeiten wie im Jahre 1932 nicht regieren läßt. Vielleicht ist auch das deutsche Volk noch nicht reif für eine Demokratie, die weder gewachsen ist noch erkämpft wurde, sondern die ihm zufiel, und zwar infolge eines Sieges, den seine Feinde über das Kaiserreich errungen hatten. Eine Frucht der Niederlage zu sein, war ein Makel, den diese — für normale Zeiten so vorzügliche — Verfassung nie überwinden konnte. Schleicher ist überzeugt, diese Verfassung muß eine Zeitlang außer Kraft gesetzt, sogar reformiert, unter Umständen durch eine neue ersetzt werden. Soweit ist sich der Reichswehrminister mit Papen einig. Doch schon der nächste Schritt läßt den Unterschied zwischen beiden Männern deutlich werden. Papen will zurück zur Bismarckschen Verfassung. Er will die Personalunion zwischen dem Reich und Preußen wieder herstellen. Er will eine vom Reichstag unabhängige Regierung wie unter dem Kaiser, eine weitgehende Ausschaltung der Linken, und er will ein Pluralwahlrecht[2], ähnlich jenem im alten Preußen. Während der größere Teil der Arbeiterschaft den alten Marxschen Klassenstandpunkt[3] überwunden hat, will Papen ihn von rechts her wieder festigen. Hier rebelliert in Schleicher der Schüler des süddeutschen Demokraten Groener. Was man nach 1918 gemacht hatte, war in vielem falsch, aber ein Zurückgehen, wie es Papen wünscht, wäre noch viel falscher. Schleicher denkt nicht daran, die Arbeiterschaft auszuschalten, im Gegenteil, er will sie als tragende Kraft in den Staat einbauen. Das ist der fundamentale Gegensatz des Reichswehrministers zum Kanzler.

Als am 28. Mai 1932 Schleicher und Papen erstmals über die Ziele und Zwecke einer neuen Regierung sprachen, war das dem General noch nicht so klar geworden. Es mußten ihm erst die fünf Monate Kanzlerschaft Franz von Papens einen Anschauungsunterricht schaffen. Aber diese fünf Monate haben ihn auch gelehrt, daß die Berufung Papens ein Kardinalfehler war. Wie recht hatte doch dieser Hans Zehrer von der *»Täglichen Rundschau«!*

Nach der Wahl am 6. November stellt sich für Schleicher immer drängender die Frage: wie werde ich diesen Papen wieder los? Er, Schleicher, hat ihn berufen, er ist sogar mit ihm befreundet. Aber das verpflichtet nicht, ihn dauernd als Kanzler zu akzeptieren, wenn sich sein Wirken als schädlich herausstellte. Ein Kanzler, der über 90 Prozent der Abgeordneten gegen sich aufbrachte, kann keine Verfassungsreform durchführen, seine Maßnahmen würden gar zu sehr einem Staatsstreich nach südamerikanischem Muster ähnlich sehen. Gegen die überwältigende Mehrheit der Volksvertretung durchgeführt, wären sie ein Pronunziamento der Reichswehr mit einem Zivilisten an der Spitze[4]. Eine Verfassungsreform kann nur auf einer breiten

Massenbasis durchgeführt werden, wie es Zehrer vorschlug, wie es Strasser erstrebt und auch die sozialdemokratischen Gewerkschaftsführer zu wünschen scheinen oder zumindest dulden werden[5].

Schleicher weiß, daß auch Hindenburg dieser Meinung ist, doch besitzt er nicht mehr das Ohr des Präsidenten, denn Papen hat ihn ausgestochen. Hindenburg aber glaubt, der Kanzler von Papen könnte es noch schaffen, die NSDAP zu einer Tolerierung seiner Regierung zu bewegen. Einen offenen Verfassungsbruch lehnt der Präsident ab, ihm sitzt noch das Urteil des Staatsgerichtshofes in Leipzig in den Gliedern. Sein Staatssekretär Dr. Meißner hat ihm deutlich auseinandergesetzt, daß jene, von den höchsten Richtern Deutschlands gemachten Vorbehalte einem Spruch gegen die Rechtmäßigkeit des Vorgehens gegen Preußen gleichkamen[6].

Hindenburgs Hoffnung, Hitler sei zu einer Tolerierung der Papenschen Präsidialregierung jetzt eher bereit als vor dem 6. November, gründet sich darauf, daß die NSDAP über zwei Millionen Stimmen und 34 Abgeordnete verlor. Schleicher dagegen weiß von Gregor Strasser, daß Hitler eher der Meinung von Goebbels zuneigt, der es nach wie vor ablehnt, mit dem »Kabinett der Barone« zu paktieren[7]. Das will auch Strasser nicht, für den nur Schleicher als Reichskanzler akzeptabel ist, aber Goebbels will nur eine Kanzlerschaft Hitlers anerkennen. Mit Hitler selber zu verhandeln ist nicht möglich, er hält sich ganz bewußt von Berlin fern. Am 8. November, am Tage des Streikzusammenbruchs, schreibt Goebbels in sein Tagebuch:

> »Aus Berlin kommt die Nachricht, daß die Wilhelmstraße einlenken möchte. Aber wir schließen keinen Frieden nach einer Niederlage, nur nach einem Sieg.«

Einen Tag danach:

> »Die Wilhelmstraße hat einen Sendboten an den Führer geschickt. Es werden ihm dieselben Bedingungen wie am 13. August vorgelegt ...«

Dieselben Bedingungen wie am 13. August? Das heißt: Hitler soll Vizekanzler werden mit Papen als Kanzler. Goebbels läßt alle seine Überredungskünste spielen und macht seinem Führer klar: wenn er, Hitler, nicht die Kanzlerschaft bekomme, dann werde die NSDAP eine Partei wie jede beliebige andere werden und bei einer neuerlichen Reichstagswahl ihre, trotz der Niederlage noch immer dominierende Stellung einbüßen. Für einen Nationalsozialisten gebe es nur eins: die Macht zu erobern, die ganze Macht.

Für Hitler sind diese Worte nur eine Bestätigung der eigenen Ansicht. Noch vor wenigen Wochen erklärte er in Königsberg: »Ich will die Macht. Wenn wir einmal die Macht bekommen, dann werden wir sie, so wahr uns Gott helfe, behalten. Wegnehmen lassen wir sie uns dann nicht mehr!«

Aber Goebbels weiß, daß bei einem Politiker ein »Niemals« auch ein »Vielleicht« bedeuten kann, und ein »Vielleicht« bereits ein halbes »Ja« ist. Er interpretiert deshalb diesen Ausspruch Hitlers auf seine Weise. Am 11. November vermerkt er:

> »Wir dürfen uns überhaupt nicht auf mündliche Verhandlungen einlassen. Was man schwarz auf weiß besitzt, kann man getrost nach Hause tragen ... Ich schreibe jeden Tag einen Aufsatz gegen das Kabinett. Steter Tropfen höhlt den Stein. Man sieht zwar nicht unmittelbar, daß diese Angriffe Erfolg haben, aber auf die lange Dauer können sie nicht ohne Auswirkung bleiben.«

Vor allem nicht ohne Auswirkung auf die Partei! Denn darüber ist sich Goebbels im klaren: selbst wenn sein Führer hart bleibt, werden in der NSDAP die kompromißbereiten Kräfte von Tag zu Tag stärker. Sogar Hermann Göring gehört dazu, der sich allzugern auf einem Ministersessel sehen möchte. Noch gefährlicher für Goebbels ist Strassers Bereitschaft, sich zu verständigen. Hier beginnt ein Riß in der NSDAP! So sind die Angriffe des kleinen Doktors nicht nur Attacken gegen Papen, sondern auch gegen die »Kompromißler« innerhalb der eigenen Reihen.

Da sich Hitler trotz aller Anforderungen nicht in der Reichskanzlei melden läßt und offenbar auch Werner von Alvensleben als Mittelsmann versagt, schreibt Papen am 13. November einen Brief, in dem es heißt:

> »... Der Herr Reichspräsident hat mich erneut beauftragt, nunmehr durch Besprechungen mit den Führern der in

Frage kommenden Parteien festzustellen, ob ... diese bereit seien, die Durchführung des in Angriff genommenen ... Programms der Reichsregierung zu unterstützen. Obschon die nationalsozialistische Presse geschrieben hat ... mit Papen gäbe es keine Verhandlungen, würde ich es für eine Pflichtverletzung halten ... wenn ich mich nicht trotzdem ... an Sie wenden würde ...«

Auf den sachlichen und, trotz seiner Kühle, auch versöhnlichen Brief, antwortete Hitler am 16. November mit einem achtseitigen Schriftsatz, der von Hohn und Verachtung trieft und aus dem noch die Wut über die Abfuhr vom 13. August bei Hindenburg herauszulesen ist. Bis auf wenige stilistisch daneben geratene Sätze dürfte wohl Goebbels der Schreiber des Briefes sein. Wie dieser schon in seiner Tagebuchnotiz, lehnt auch Hitler mündliche Verhandlungen ab und will sich nur brieflich mit Papen auseinandersetzen. Pathetisch schließt er:

»Was mich mit Bitternis erfüllt, ist, zusehen zu müssen, wie unter der wenig glücklichen Hand Ihrer Staatsführung, Herr Reichskanzler, von Tag zu Tag mehr von einem nationalen Gut vertan wird, an dessen Schaffung ich vor der deutschen Geschichte einen redlichen Anteil besitze.«

Da Hitler bekannt ist, daß nach Papens Mißerfolgen die Stellung Schleichers wieder gewachsen ist, fügt er seinem Brief ein PS hinzu:

»Da mir mitgeteilt wurde, daß von dem Inhalt Ihres Schreibens, Herr Reichskanzler, General von Schleicher Kenntnis erhielt, erlaubte ich mir, diesem auch meinerseits eine Abschrift zuzuleiten.«

Aber nicht nur Hitler erteilt Papen eine Abfuhr. Bis auf die Deutschnationalen, die jetzt über 52 von 584 Sitzen verfügen, und die Volksparteiler mit 11 Mandaten, ist keine Partei geneigt, ein Kabinett Papen parlamentarisch zu stützen. Die SPD und das Zentrum lehnen es sogar ab, mit dem Kanzler auch nur zu sprechen[8]. Doch zurückzutreten, wie es in parlamentarisch regierten Staaten nach einer Wahl für ein Kabinett eigentlich üblich ist, lehnt Franz von Papen ab. Er besitzt nach wie vor das Vertrauen des Präsidenten, und das genügt ihm. Auf ihn gestützt und mit der Reichswehr unter General von Schleicher im Rücken, glaubt er, seine Verfassungsreform durchziehen zu können. Wer forsch ein Hindernis angeht, wird schon darüber hinwegkommen! Daß man auch abgeworfen werden kann, daran denkt der Herrenreiter Franz von Papen am Abend des 16. November nicht. In der für den nächsten Morgen anberaumten Kabinettsitzung wird er seine Kollegen einweihen, und dann kann der Kampf um die »Reform« beginnen.

Am 17. November 1932 morgens neun Uhr versammeln sich in der Reichskanzlei die Minister und Staatssekretäre. Trotz der vorgerückten Jahreszeit ist es noch herbstlich warm. Durch die bis zum Fußboden reichenden Fenster des sogenannten Gartensaales sieht man auf den gepflegten, ruhigen Park hinter der Reichskanzlei. Nur wenige Berliner ahnen etwas von diesem großen, schattigen Garten inmitten der Viermillionenstadt. Er ist der älteste Garten in Berlin überhaupt, und schon der Vater des Alten Fritz hat ihn anlegen lassen. Uralte Eichen, Ulmen und Linden beschatten die Parkwege, Gartenteiche schmiegen sich in gepflegte Rasenflächen. In einem künstlichen Hügel verbirgt sich das Gemäuer eines mittelalterlichen Wachtturms. Es gibt auch einige graubemooste Skulpturen und ein Teehaus aus der Zeit des Rokoko. Auf den hohen Mauern, die den Park gegen die Friedrich-Ebert-Straße[9] begrenzten, sitzen preußische Adler aus Terrakotta. Sie tragen noch kleine, vergoldete Bronzekronen auf ihren Häuptern. Die Republik hat sich nicht die Mühe gemacht, sie ihnen abzuschlagen. Hier lebte Bismarck während seiner siebenundzwanzigjährigen Amtszeit als preußischer Ministerpräsident und deutscher Reichskanzler[10]. Der Garten hinter der Reichskanzlei stand seinem Herzen besonders nahe. Keinen politischen Schritt hat er seinem Nachfolger, dem General Graf von Caprivi, so verübelt, wie das Fällen einiger alter Bäume in diesem Park. Gewiß, ihr allzu schattiges Astwerk verdunkelte das Arbeitszimmer des neuen Kanzlers. Aber sein Vorgänger, Fürst Bismarck, hatte ein anderes Mittel als die Axt gewußt: er zündete die Petroleumlampe auf seinem Schreibtisch an. Auch seine Pferde und Hunde, unter anderem den Trakehnerhengst, der ihn 1866 in der Schlacht bei Königgrätz getragen

hatte, und den legendären »Reichs«-Hund Tyras, begrub Bismarck in diesem Garten.
Keiner von den Ministern, die sich jetzt in der Reichskanzlei versammeln und nochmals einen Blick auf das besonnte, vergoldete Herbstlaub dieses historischen Gartens werfen, bevor sie Platz nehmen, ahnt, wie es darin zwölfeinhalb Jahre später, Ende April 1945, aussehen wird.
Erst als die Minister des Reichskabinetts schon vollzählig versammelt sind, tritt der Hausherr und Reichskanzler Franz von Papen ein. Er macht zweifelsohne eine gute Figur, obwohl er sich leicht vornübergebeugt hält. Seine Kleidung ist fast zu gepflegt. Nachdem er die zunächst stehenden Herren begrüßt hat, bittet er ohne Umschweife, Platz zu nehmen. Er selber setzt sich nicht an die Stirnseite des Tisches, sondern auf einen Stuhl in der Mitte. Wenn er die Augen hebt, kann er von seinem Platz aus in die Tiefe des Parkes blicken. Rechts neben ihm läßt sich der Reichsaußenminister Konstantin von Neurath nieder, links vom Kanzler sitzt der Reichswehrminister General Kurt von Schleicher. Die übrigen Mitglieder der Reichsregierung nehmen gemäß Rangfolge Platz, die ihnen das Protokoll und überlieferte Bestimmungen vorschreiben. Staatssekretär Dr. Meißner nimmt wie gewöhnlich auch an dieser Sitzung der Reichsregierung teil. Er ist hier als Vertreter des Reichspräsidenten[11].
Der Sitzungsraum, in dem sich die Reichsregierung versammelt, ist neu erbaut, wie überhaupt die ganze Reichskanzlei neu ist. Wer noch vor dem Umbau durch das alte Palais ging, mußte meinen, in eine frühere Epoche zurückversetzt zu sein. Bis 1931 war alles so geblieben, wie es schon vor der Gründung des Zweiten Kaiserreiches gewesen war. Möbel, Teppiche, Vorhänge und Bilder sprachen noch von einer Zeit, wo man in Berlin nicht auf dem Flugplatz Tempelhof oder am Anhalter Bahnhof eintraf, sondern mit der Postkutsche am Brandenburger Tor. Wichtige Sitzungen fanden im Kongreß-Saal statt. Dieser Saal trägt seinen Namen seit dem »Berliner Kongreß«[12], den Bismarck einberief und zu dem die damaligen Großmächte ihre Vertreter entsandten, um die Landkarte Europas für ein Menschenalter festzulegen.

Bevor die Wilhelmstraße 77 zur »Reichskanzlei« wurde, war sie ein Privathaus: das Stadtschloß des unermeßlich reichen Fürsten Radziwill, daher ursprünglich »Palais Radziwill« genannt. Vor hundertfünfzig Jahren waren dort glänzende Bälle gegeben worden, und die erlauchtesten Geister aus Kunst und Wissenschaft waren zu Gast. Kaiser Wilhelm I. hatte hier als blutjunger Prinz seine Liebesromanze mit der schönen Elise Radziwill erlebt.

Mit der Tradition dieser vergangenen Zeiten wurde im Jahre 1931 gebrochen. Für das baufällig gewordene, ehrwürdige Haus begann der »Umbruch« nicht erst unter Hitler. Die »Neue Reichskanzlei« entstand zum Teil schon unter Brüning. Wer nach diesem Umbau den Wilhelmsplatz überquerte, der wunderte sich beim Anblick des neuen, kunstlosen Gebäudes dicht an der Ecke der Wilhelm- und Voßstraße. Schmucklos, großflächig und aus hellem Travertin war dieser Anbau ein geschmacklicher Fehlgriff und ein architektonischer Fremdkörper in der sonst so stilvollen und einheitlichen Wilhelmstraße[13]. Später schrieb man diesen Teil der Reichskanzlei Adolf Hitler zu, und in der Tat, das Gebäude glich in vielem den späteren Parteibauten des Dritten Reiches, aber an diesem Neubau war der »Führer« unschuldig. Er ließ dem häßlichen Gebäude lediglich einen Balkon anbauen, auf dem er sich der Volksmenge zeigen konnte. Reichskanzler Brüning wäre nie auf die Idee gekommen, für sich einen Balkon einfügen zu lassen, er dachte viel zu nüchtern und hielt nichts von solcher »Effekthascherei«.

Reichskanzler Franz von Papen eröffnet die Sitzung und schildert seinen Ministerkollegen die Lage. Es sei unmöglich, führt er aus, Hitler zur Mitarbeit in diesem oder in irgendeinem anderen Kabinett zu gewinnen, wie es der Herr Reichspräsident angenommen habe. Der Führer der NSDAP wolle die Macht mit niemand teilen, wie aus dem Briefwechsel klar hervorgehe. Dabei verfüge Hitler zusammen mit dem Zentrum und der Bayrischen Volkspartei nicht mehr über die Mehrheit, wie noch im Reichstag vom 31. Juli. Dazu benötige er neuerdings auch die Deutschnationalen. Wie dem auch sei, der Herr Präsident schenke ihm, Franz von Papen, nach wie vor sein Vertrauen. Der Marschall wolle am Präsidialkabinett festhalten, was nicht ausschließe, daß Veränderungen oder Ergänzungen notwendig werden könnten, vor allem im Hinblick auf die in Angriff zu nehmende Verfassungsreform. Vorher müsse sich der Präsident selber noch einmal an die Parteiführer wenden. Danach könne man an die Reform gehen und auch an einen eventuell notwendig werdenden Umbau des Kabinetts. Natürlich sei es möglich, schon jetzt die Demission der Regierung zu erklären, aber für nötig halte er das nicht.

Die Minister erheben keinerlei Einwendungen. Nur einer glaubt, eine andere Auffassung betonen zu müssen: Kurt von Schleicher. Er hält es für notwendig, den Rücktritt des Kabinetts zu erklären, um dem Reichspräsidenten schon bei den Verhandlungen freie Hand zu geben und einen eventuellen Umbau nicht erst nach den Parteiführer-Befragungen durch den Präsidenten vorzunehmen[14].

Obwohl das, was Schleicher sagt, eigentlich selbstverständlich ist, wundert sich Papen. Für ihn — und darin hat er recht — steht fest, daß auch Hindenburg nicht in der Lage sein wird, ein »Kabinett der nationalen Konzentration« zusammenzustellen oder die Basis der augenblicklichen Regierung zu erweitern. Nur eines ist sicher: Hindenburg wird, das hat er fest zugesagt, an ihm, dem bisherigen Kanzler, festhalten.

Schleicher widerspricht der Auffassung Papens nicht, er verlangt nur den Rücktritt des Kabinetts, um den Präsidenten nicht zu binden. Allerdings kann der General eine leise Genugtuung nur schwer verbergen. Seit Tagen fragt er sich, wie man Papen beibringen könne, daß er sein Amt zur Verfügung stellen müsse. Jetzt ist es Papen selbst, der diesen Gedanken in die Debatte wirft, wenn auch in der Hoffnung, daß ihm von allen Seiten widersprochen wird. Aber es ist schon so: »Fränzchen hat sich selbst entdeckt«[15], er hat am Regieren Geschmack gefunden und läßt sich nicht mehr so ohne weiteres beiseite schieben. Doch jetzt drängt sich durch Entwicklung der Dinge sein Rücktritt auf, wenn auch Papen selber glaubt, daß es sich nur um eine formale Angelegenheit handelt. Die anderen Kabinettsmitglieder schließen sich der Auffassung Schleichers an. Sie sind samt und sonders ein wenig altmodisch und glauben, im Gegensatz

zum Regierungschef, jedes Kabinett habe nach einer Wahl anstandshalber seine Demission anzubieten.
Kaum eine halbe Stunde später sitzt Franz von Papen dem greisen Präsidenten gegenüber, der sich als pflichtbewußtes Staatsoberhaupt den mühevollen Besprechungen mit den Parteiführern unterziehen will. Bereits am folgenden Tag beginnt der Reigen der Konferenzen.

Als ersten Parteivorsitzenden empfängt der Präsident den Parteiführer der Deutschnationalen, Dr. Hugenberg, der in der nationalsozialistischen Propaganda zusammen mit Papen im Augenblick so etwas wie Volksfeind Nr. 1 ist, noch vor den Kommunisten. Versteckt und offen gießt Goebbels in seiner Zeitung und in Versammlungen täglich seinen ätzenden Hohn über den »Silberfuchs«, den »Hugenzwerg«, den »kleinen Sergeanten« aus, wobei Goebbels ganz vergißt, daß auch er nicht gerade ein Riese ist und mit seinem Klumpfuß, seiner fliehenden Stirn und seiner schmalen Brust viel weniger einem nordischen Idealbild gleicht als der zwar etwas klein geratene, aber körperlich nicht »gezeichnete« Hugenberg. Doch auch Hindenburg hält nicht viel von dem Vorsitzenden der DNVP. Für den Generalfeldmarschall ist Hugenberg das Urbild eines Spießers, der das gerade noch tragbare Soldatenmaß hat[16].

Aber diesmal sind sich die beiden so verschiedenen Männer einig. Was Hugenberg sagt, tut dem Präsidenten in der Seele wohl: »Im Prinzip habe ich vor Harzburg mit Hitler auf der Grundlage verhandelt, daß er, Hitler, weder Reichspräsident noch Reichskanzler werden, sondern nur der Führer und Trommler[17] seiner Bewegung bleiben wolle. Dann aber ist Hitler umgeschwenkt und hat erst die Präsidentschaft, dann die Kanzlerschaft verlangt. Ich habe nicht viel Vertragstreue bei Hitler gefunden. Seine ganze Art der Behandlung politischer Dinge erschwert es außerordentlich, ihm die politische Führung zu übertragen. Jedenfalls hätte ich sehr große Bedenken dagegen[18].« Was der nun folgende Zentrumsvorsitzende Dr. Kaas sagt, geht in eine andere Richtung. Der Prälat schlägt vor, eine Regierung von drei bis vier »mutigen Parteiführern« zu bilden, die sich durch einen »Treue-Pakt« verbunden fühlen. Da deren

Regierung über eine parlamentarische Mehrheit verfügen soll, kann Dr. Kaas nur meinen, man müsse auch einen »mutigen« Führer aus der NSDAP dazunehmen. Hindenburg kann seine Verwunderung nicht ganz verbergen. Dr. Hugenberg von der Harzburger Front sprach noch vor keiner halben Stunde dem Führer der NSDAP jede Vertragstreue ab, dieser katholische Priester dagegen scheint anderer Meinung zu sein. Wer die Regierung führen soll, sagt Dr. Kaas dagegen nicht; wahrscheinlich denkt er mehr an sich selbst. Nur eines scheint für ihn festzustehen: Franz von Papen kann es nicht sein[19].

Nach dem Zentrumsführer betritt Dingeldey, der Vorsitzende der DVP, der Partei des toten Stresemann, das Arbeitszimmer des Präsidenten. Im Gegensatz zu Dr. Kaas hat Dingeldey gegen eine weitere Kanzlerschaft Papens nichts einzuwenden[20]. Die Sozialdemokraten schließlich werden gar nicht aufgefordert[21], sich an den Gesprächen zu beteiligen.

Am 19. November steht der Name Hitlers auf der Besucherliste des Reichspräsidenten. Der Führer der NSDAP weiß natürlich, daß vor ihm schon drei Parteiführer empfangen wurden. Das ärgert ihn, doch er hat sich vorgenommen, sich nichts anmerken zu lassen. Im Gegenteil, er hat Dr. Meißner sogar gebeten, ihm eine Unterredung mit dem Präsidenten unter vier Augen zu arrangieren. Dieser Bitte konnte sich der Staatssekretär nicht entziehen. Am Tage zuvor notierte Goebbels in sein Tagebuch:

> »Seine Unterredung mit dem Reichspräsidenten wird vielleicht von ausschlaggebender Bedeutung sein. Wenn diese beiden Männer sich einmal die Hände reichen, dann ist die deutsche Revolution gesichert. Sie müssen sich Auge in Auge gegenübertreten und Vertrauen zueinander fassen ... Der 13. August darf nicht wiederholt werden. Alles andere, nur das nicht.«

Am Morgen des 19. November füllt sich die Wilhelmstraße und der Wilhelmplatz vor Hitlers Hauptquartier, dem Hotel Kaiserhof, mit auffallend viel jungen Leuten, SA-Männern in Zivil, von Goebbels hindirigiert, um für die »richtige Stimmung« zu sorgen. Sie rufen auch laut ihr »Heil«, als der Mercedes des Führers vor das Hotelportal fährt und Hitler einsteigt, um die hundert Meter zur Amtswohnung des Reichspräsidenten zu fahren. Als das Auto in den Ehrenhof einbiegt, öffnet sich wie von unsichtbaren Händen bewegt, das Portal, und Hitler schreitet mit betonter Würde ins Haus. Dr. Meißner tritt dem Führer der stärksten Partei, dessen Anfahrt man bereits an den anschwellenden »Heil«-Rufen wahrnehmen konnte, höflich entgegen und geleitet ihn zum Arbeitszimmer des Präsidenten. Dann zieht er sich zurück.

Mehr als eine Stunde sprechen Hindenburg und Hitler unter vier Augen miteinander[22], doch sehr ergiebig ist diese vertrauliche Aussprache nicht. Als Meißner ins Zimmer gerufen wird, stellt der Präsident abschließend fest, sozusagen unter Zeugen, der Forderung des Herrn Hitler nach der Kanzlerschaft in einem Präsidialkabinett könne er nicht entsprechen. Wohl halte er, Hindenburg, an dem Prinzip der überparteilichen Regierung fest, und in einem solchen Kabinett stünden auch einige Ministersessel für Vertreter der NSDAP zur Verfügung, aber die Kanzlerschaft müsse ein Mann seines Vertrauens einnehmen, der über den Parteien stehe. Natürlich sei es Herrn Hitler überlassen, auch eine reine Parteienregierung zu bilden, aber die müsse sich dann auf eine Mehrheit im Reichstag stützen, wie jede andere parlamentarische Regierung.

Dr. Meißner hat das Gefühl, daß Hitler gleich losbrechen wird. Seine auf den Knien liegenden Hände ballen sich, eine Haarsträhne fällt über die Stirn. Mit verhaltener Wut erklärt er dem »Herrn Feldmarschall«[23], Verhandlungen mit anderen Parteien könne er logischerweise erst dann aufnehmen, wenn er den Auftrag zur Regierungsbildung erhalten habe.

Auf diese Andeutung hin bleibt der Präsident stumm. Er erinnert sich genau seiner Bemerkung, den »böhmischen Gefreiten« niemals zum Kanzler zu machen. Sollte dieser Hitler allerdings eine arbeitsfähige Regierung zusammenbringen und dann zu ihm kommen, wird er, Generalfeldmarschall Paul von Hindenburg, nicht anders können, aber anbieten wird er »dem Böhmen« das Amt des Reichskanzlers nicht.

Das Schweigen des Präsidenten macht Hitler nervös. Fahrig streicht er vom Revers seines Anzugs ein gar nicht vorhandenes

Stäubchen weg. Es ist für ihn schwer, irgendwo seine Hände unterzubringen. Der steife Renaissance-Lehnstuhl hat keine Armstützen und ist auch sonst nicht gerade ein bequemes Sitzmöbel. Auf seinem Stuhl wie ein Examens-Kandidat sitzend, fährt Hitler fort, er beabsichtige gar nicht, so diktatorisch zu regieren, wie es der »Herr Feldmarschall« anzunehmen scheine. Wenn der »Herr Feldmarschall« darauf bestehe, dann werde er, Adolf Hitler, der eine Millionenbewegung auf die Beine gestellt habe, eben eine Regierungsmehrheit zustande bringen, wie es der »Herr Feldmarschall« wünsche. Allerdings auf eines könne er nicht verzichten: auf ein Ermächtigungsgesetz. Selbstverständlich müsse dies Gesetz erst vom Reichstag angenommen werden, bevor es dem »Herrn Feldmarschall« zur Unterzeichnung vorgelegt werde.

Der Reichspräsident nickt, um eine Nuance gnädiger. Das wäre vielleicht der Weg. Meißner scheint es, als ob ein ironisches Lächeln über das Gesicht des Alten Herrn huscht. Stehend verabschiedet Hindenburg seinen Besucher, den Dr. Meißner hinausbegleitet. Im Vorzimmer wartet bereits der Führer der Bayerischen Volkspartei, Schäffer. Als Dr. Meißner ins Zimmer Hindenburgs zurückkommt, um ihn anzumelden, sagt der Präsident: »Na, Kindchen, es scheint ja so, als ob der Mann allmählich vernünftig wird[24]!«

Fritz Schäffer vertritt — im Gegensatz zu den anderen Parteiführern — eine ganz andere Meinung über Hitler und seine NSDAP. Die Gefahr liege, meint der Bayer, weniger in der Person Hitlers, als in seiner Umgebung, die auf einen Mißbrauch der Macht durch eine Parteidiktatur dränge. Gegen eine Kanzlerschaft Hitlers erhebt Schäffer keine prinzipiellen Einwendungen, nur müsse in einem solchen Falle dem Kabinett eine starke Persönlichkeit als Gegengewicht angehören. Als Schäffer das erstaunte Gesicht Hindenburgs sieht, fügt er schnell erklärend hinzu: »Über eine Kanzlerschaft Hitlers wäre die Bayrische Volkspartei natürlich nicht sonderlich erfreut[25].«

Nachdem auch der Vertreter der BVP gegangen ist, bespricht Meißner mit dem Alten Herrn das amtliche Kommuniqué. Hin-

11 Nach der Vereidigung Adolf Hitlers als Reichskanzler (30. Januar 1933) wird in der Wilhelmstraße auch Reichspräsident von Hindenburg mit Jubel und Heilrufen bedacht. Am rechten Fenster seine Schwiegertochter mit Kindern.

12 Hitler, vor wenigen Stunden Reichskanzler geworden, grüßt die jubelnde Menge von einem Fenster der Reichskanzlei. Wenige Monate danach läßt er vor dem gleichen Fenster einen Balkon anbauen, um sich besser der Menge zeigen zu können.

denburg hat gegen den Entwurf seines Staatssekretärs nichts einzuwenden. Noch am Abend wird es der Presse übergeben:

»In der Unterredung, die am Sonnabend, den 19. November 1932 zwischen dem Herrn Reichspräsidenten und Herrn Adolf Hitler stattfand, erklärte Herr Hitler, daß er seine Bewegung nur für ein Kabinett zur Verfügung stellen würde, an dessen Spitze er selber stände. Ferner gab er der Erwartung Ausdruck, daß er in Besprechungen mit den Parteien eine Basis finden werde, auf der er und eine von ihm zu bildende Regierung ein Ermächtigungsgesetz vom Reichstag bekommen werde. Daher fühlte sich der Herr Reichspräsident verpflichtet, die Bildung einer Mehrheitsregierung unter Hitlers Führung zu versuchen.«

Als Hitler zwei Tage später erneut vom Präsidenten empfangen wird, übergibt er Hindenburg sofort ein langes Schreiben. Darin wird in Redewendungen, die stark propagandistisch gehalten sind, betont, daß er durchaus zu würdigen wisse, mit der Kabinettsbildung beauftragt zu werden, aber es sei bitter, daß ihm nicht gegeben werde, was man Brüning und Papen gegeben habe. Im Gegensatz zu diesen beiden Politikern, die außer sich selbst niemanden gebracht hätten, werfe er, Adolf Hitler, immerhin die größte Partei des Reiches als Stütze einer Regierung in die Waagschale. Er lehnt in dem Schreiben den Versuch nicht ab, eine Mehrheitsregierung zu bilden, doch gibt er zu verstehen, daß er sie dann nur als Übergangslösung betrachten könne, die ihm herzlich unsympathisch sei. Wenn man mit dem Gedanken einer Militärdiktatur umgehe, so sei davor zu warnen. Sie würde das bolschewistische Chaos bedeuten, sagt er, meint aber, daß dann auch die SA und die NSDAP zu den Waffen greifen würden.

Nicht nur Hitler, auch Hindenburg hat eine schriftliche Erklärung vorbereitet. Sie ist bedeutend kürzer. Unter anderem heißt es darin:

»Sie haben erklärt, daß Sie Ihre Bewegung nur für ein Kabinett zur Verfügung stellen könnten, an dessen Spitze Sie, der Parteiführer, stehen würden. Wenn ich auf diesen Ihren Gedanken eingehe, so muß ich verlangen, daß ein solches Kabinett eine Mehrheit im Reichstag hat. Deshalb ersuche ich Sie als den Führer der stärksten Partei, festzustellen, ob und unter welchen Bedingungen Sie für eine von Ihnen geführte Regierung eine sichere, arbeitsfähige Mehrheit mit festem, einheitlichem Arbeitsprogramm im Reichstag haben würden. Ich bitte Sie um Ihre Antwort bis Donnerstag abend ...«

Adolf Hitler betont, daß er die ihm übergebene Erklärung des Herrn Reichspräsidenten zunächst erst einmal überdenken und mit seinen Unterführern besprechen müsse. Sobald er klarer sehe, werde er von sich hören lassen.

Nach stundenlangen Verhandlungen mit seinen Parteifreunden im Kaiserhof schreibt Adolf Hitler am Abend an Dr. Meißner einen Brief:

> »Berlin, den 21. November 32
>
> Sehr verehrter Herr Staatssekretär!
>
> Erfüllt von der großen Verantwortung in dieser schweren Zeit, habe ich eine gründliche Durchprüfung des mir heute vom Herrn Reichspräsidenten zugestellten Auftrags vorgenommen ...
>
> Ehe ich dazu Stellung nehme ... darf ich Sie, Herr Staatssekretär, bitten, die Ansicht des Herrn Reichspräsidenten festzustellen und mir mitzuteilen, welche Regierungsform der Herr Reichspräsident wünscht ... Schwebt ihm ein Präsidialkabinett vor unter Sicherstellung der ... parlamentarischen Toleranz, oder will Seine Exzellenz ein parlamentarisches Kabinett mit Vorbehalten, ... die ihrem ganzen Wesen nach nur von einer autoritären Staatsführung eingehalten und damit versprochen werden können?
>
> Hinzufügen möchte ich noch, daß Herr Reichskanzler Brüning einer der parteipolitischen Führer des Zentrums war und geblieben ist und dennoch in seinem zweiten Kabinett Präsidialkanzler wurde. Ich selbst habe mich nicht als ›Parteiführer‹ gefühlt, sondern einfach als Deutscher, und nur um Deutschland vom Druck des Marxismus zu erlösen, gründete und organisierte ich eine Bewegung, die weit über

die Grenzen des Deutschen Reiches hinaus lebt und wirksam ist...

Mit dem Ausdruck vorzüglicher Hochachtung

Ihr sehr ergebener

gez.: Adolf Hitler.«

In einem weiteren Schreiben sucht der Führer der NSDAP offensichtlich dann noch nach einem Mittelweg zwischen Präsidialkabinett und Mehrheitsregierung, der ihm nach zwei Seiten hin Möglichkeiten offen läßt. Im Auftrag des Reichspräsidenten geht Staatssekretär Meißner auf diesen bewußt unklar gehaltenen Vorschlag nicht ein und antwortet am nächsten Tag:

»... Der Herr Reichspräsident sieht den Unterschied zwischen einem Präsidialkabinett und einer parlamentarischen Regierung in folgenden Merkmalen:

1. Das Präsidialkabinett ... bezieht seine Machtvollkommenheit in erster Linie vom Reichspräsidenten und braucht den Reichstag im allgemeinen nur zum Tolerieren ... dieser Maßnahmen. Eine parlamentarische Regierung dagegen muß alle Gesetzentwürfe vor ihrem Inkrafttreten dem Reichstag zur Beratung und Genehmigung vorlegen... Daraus ergibt sich, daß der Führer eines Präsidialkabinetts nur ein Mann des besonderen Vertrauens des Herrn Reichspräsidenten sein kann.

2. Das Präsidialkabinett muß überparteilich geführt und zusammengesetzt sein und ein vom Reichspräsidenten gutgeheißenes überparteiliches Programm verfolgen. Eine parlamentarische Regierung verfolgt im wesentlichen Ziele, auf die der Reichspräsident nur in geringem Maße und nur mittelbaren Einfluß hat. Hiernach kann ein Parteiführer, noch dazu der Führer einer, die Ausschließlichkeit seiner Bewegung fordernden Partei nicht Führer eines Präsidialkabinetts sein.

3. Reichskanzler Brüning hat bei seiner ersten Berufung ... ein auf die Parteien gestütztes Kabinett gebildet, das sich allmählich zu einer Art Präsidialkabinett verwandelt hat, als der Reichstag bei der Gesetzgebung versagte und Herr Brüning sich das Vertrauen des Herrn Reichspräsidenten

erworben hatte. Die verschiedenen Änderungen ... seines Kabinetts ... wurden in erster Linie durch den Wunsch des Herrn Reichspräsidenten herbeigeführt, diese in Erscheinung treten zu lassen und den Schein einer Zentrumsherrschaft durch entsprechende personelle Änderungen zu vermeiden.

Auf ähnlichem Wege könnte naturgemäß auch eine von Ihnen geführte parlamentarische Regierung im Laufe der Zeit sich zum Präsidialkabinett wandeln.«

Der Führer der NSDAP fühlt sich durch den Inhalt dieses Schreibens zurückgestoßen. Er kann es nicht verwinden, daß ihm Hindenburg sein persönliches Vertrauen versagt und empfindet das als Zurücksetzung gegenüber Papen und Brüning. Auch behagt es ihm nicht, daß er dem Reichspräsidenten vorher sein Regierungsprogramm zur Billigung vorlegen muß. Und dann ist da noch von »grundsätzlichen Forderungen« die Rede, die ihm auferlegt werden sollen. Das sind zu viele Forderungen, zu viele Fesseln für eine nach der totalen Macht strebende Bewegung.

Es ist vor allem Goebbels, der Hitler dazu bewegt, den Auftrag zur Bildung einer parlamentarischen Regierung abzulehnen. Am nächsten Tage erhält Staatssekretär Meißner von Adolf Hitler einen neuen, außerordentlich langen Brief, der mitunter einen recht ungehaltenen Ton anschlägt. Gegen Ende heißt es:

»... Ich bitte Sie deshalb, Herr Staatssekretär, Seiner Exzellenz, dem hochverehrten Herrn Reichspräsidenten, folgende ehrerbietige Meldung übermitteln zu wollen: Den mir am Montag, dem 21. d. M., vom Herrn Reichspräsidenten erteilten Auftrag kann ich infolge seiner inneren Undurchführbarkeit nicht entgegennehmen und lege ihn daher in die Hand des Herrn Reichspräsidenten zurück. Angesichts der trostlosen Lage unseres Vaterlandes ... und um mein letztes zu tun, damit Volk und Reich nicht im Chaos versinken, möchte ich nach wie vor dem ehrwürdigen Herrn Reichspräsidenten und Feldmarschall des Weltkrieges die nationalsozialistische Bewegung mit dem Glauben, der Kraft und Hoffnung der deutschen Jugend zur Verfügung stellen. Ich schlage daher unter vollständiger Umgehung aller immer nur verwirrenden Begriffe folgenden positiven Weg vor:

1. Der Herr Reichspräsident fordert mich auf ... binnen 48 Stunden ein kurzes Programm über die beabsichtigten ... Maßregeln vorzulegen.

2. Ich werde nach Billigung dieses Programms binnen vierundzwanzig Stunden dem Herrn Reichspräsidenten eine Ministerliste vorlegen.

3. Ich werde neben anderen aus der derzeitigen Regierung zu übernehmenden Ministern dem Herrn Reichspräsidenten selbst für das Reichswehrministerium seinen mir bekannten persönlichen Vertrauensmann General von Schleicher und für das Reichsaußenministerium Freiherr von Neurath vorschlagen.

4. Der Herr Reichspräsident erteilt mir den Auftrag ... und gibt mir ... jene Vollmachten, die in so kritischen und schweren Zeiten auch parlamentarischen Reichskanzlern nicht versagt worden sind.«

Adolf Hitler verlangt also immer wieder, wenn auch mit andern Worten, dasselbe: ein Präsidialkabinett. Er möchte es dem Reichspräsidenten schmackhaft machen, indem er verspricht, den bisherigen Außenminister von Neurath und General von Schleicher in seine zukünftige Regierung aufzunehmen, doch dem dringenden Wunsch Hindenburgs, mit einer Reichstagsmehrheit zu regieren, will er nicht entsprechen.

In seiner Antwort vom nächsten Morgen spricht Meißner eine recht deutliche Sprache:

»Sehr geehrter Herr Hitler!

Auf Ihr gestriges Schreiben beehre ich mich, Ihnen im Auftrag des Herrn Reichspräsidenten folgendes zu erwidern:

1. Der Herr Reichspräsident nimmt Ihre Antwort zur Kenntnis, daß Sie den Versuch der Bildung einer parlamentarischen Mehrheitsregierung nicht für aussichtsreich halten und deshalb den Ihnen erteilten Auftrag zurückgeben.

Zu der von Ihnen für diese Ablehnung gegebenen Begründung läßt der Herr Reichspräsident bemerken, daß er gerade nach den Ausführungen des Zentrums und der Bayerischen Volkspartei, aber auch nach Ihren eigenen Ausführungen ... annehmen mußte, daß eine Mehrheitsbildung im Reichstag möglich war ...
2. Der Herr Reichspräsident dankt Ihnen, sehr verehrter Herr Hitler, für Ihre Bereitwilligkeit, die Führung eines »Präsidialkabinetts« zu übernehmen. Er glaubt aber, es vor dem deutschen Volke nicht vertreten zu können, dem Führer einer Partei seine präsidialen Vollmachten zu geben, die immer erneut ihre Ausschließlichkeit betont hat, und die gegen ihn persönlich wie auch gegenüber den von ihm für notwendig erachteten ... Maßnahmen ... verneinend eingestellt war. Der Herr Reichspräsident muß unter diesen Umständen befürchten, daß ein von Ihnen geführtes Präsidialkabinett sich zwangsläufig zu einer Parteidiktatur ... entwickeln würde, die herbeigeführt zu haben er vor seinem Eid und seinem Gewissen nicht verantworten könnte.
3. Nachdem Sie zum lebhaften Bedauern des Herrn Reichspräsidenten sowohl in den bisherigen Besprechungen ... jede andere Art der Mitarbeit innerhalb und außerhalb einer neu zu bildenden Regierung ... mit aller Entschiedenheit abgelehnt haben, verspricht sich der Herr Reichspräsident von weiteren schriftlichen oder mündlichen Erörterungen über diese Frage keinen Erfolg ...
Der Herr Reichspräsident wiederholt aber seine in der letzten Besprechung am Montag gegebene Erklärung, daß seine Tür jederzeit für Sie offen stehe, und er wird immer bereit sein, Ihre Auffassung ... anzuhören. Denn er will die Hoffnung nicht aufgeben, daß es ... doch noch gelingen werde, Sie und Ihre Bewegung zur Zusammenarbeit mit allen anderen aufbauwilligen Kräften der Nation zu gewinnen.
Mit dem Ausdruck der vorzüglichen Hochachtung verbleibe ich, sehr verehrter Herr Hitler, Ihr sehr ergebener

gez. Dr. Meißner.«

Mit diesem Brief wird die Tür hörbar zugeschlagen, wenn auch im letzten Absatz die Möglichkeit angedeutet wird, daß sich eben diese Tür wieder öffnen könne. Adolf Hitler kommt durch den Abbruch der Verhandlungen in keine gute Lage. Er ist enttäuscht und verbittert. Aus dieser Verbitterung heraus schreibt er auf den abschließenden Brief Meißners noch ganz unnötigerweise eine Antwort. Im Ton ist sie unbeherrscht, und man fühlt, daß sie aus großer Erregung heraus verfaßt wurde.
Für die Geschichtsschreibung ist dieser Brief wichtig, denn Hitler bekennt sich darin zu Grundsätzen, die er nach seiner Machtergreifung verleugnen wird.

»Sehr geehrter Herr Staatssekretär!

Indem ich Ihr Schreiben, das die Ablehnung meines Vorschlags zur Lösung der Krise durch den Herrn Reichspräsidenten enthält, zur Kenntnis nehme, muß ich abschließend noch ein paar Feststellungen treffen.

1. Ich habe nicht den Versuch der Bildung einer parlamentarischen Mehrheitsregierung für aussichtslos gehalten, sondern ihn nur insofern der daran geknüpften Bedingungen als unmöglich bezeichnet.

2. ...

3. Ich habe nicht die Führung eines Präsidialkabinetts verlangt, sondern einen mit diesem Begriff in keinem Zusammenhang stehenden Vorschlag zur Lösung der deutschen Regierungskrise unterbreitet.

4. Ich habe zum Unterschied anderer unentwegt die Notwendigkeit eines in der Verfassung begründeten Zusammenarbeitens mit der Volksvertretung betont und ausdrücklich versichert, nur unter solchen gesetzmäßigen Voraussetzungen arbeiten zu wollen.

5. Ich habe keine Parteidiktatur verlangt, sondern war ... bereit, mit all den anderen dafür in Frage kommenden Parteien Verhandlungen zu führen, um eine Basis für eine Regierung zu schaffen.

Es ist daher auch nicht nötig, mich zur Zusammenarbeit mit anderen aufbauwilligen Kräften der Nation gewinnen zu wollen, da ich in dieser Hinsicht trotz schwerster Anfeindungen ... alles nur mögliche getan habe ...

6. ...

7. Ich war vor allem nicht bereit und werde auch in Zukunft niemals bereit sein, die von mir geschaffene Bewegung anderen Interessen zur Verfügung zu stellen, als denen des deutschen Volkes.

Im übrigen bitte ich, Seiner Exzellenz, dem Herrn Reichspräsidenten, nach wie vor den Ausdruck meiner tiefsten Ergebenheit übermitteln zu wollen.

Mit vorzüglicher Hochachtung Ihr sehr ergebener

gez. Adolf Hitler.«

Aus dem Briefwechsel[26] geht klar hervor: Hindenburg und Meißner auf der einen und Hitler auf der anderen Seite sprechen zwei verschiedene Sprachen. Wenn Hindenburg vom deutschen Volke spricht, so meint er das ganze deutsche Volk von rechts bis links, dann meint er auch seine Gegner, für deren Wohlergehen er sich ebenfalls verantwortlich fühlt. Hitler dagegen identifiziert sich und seine Bewegung mit dem deutschen Volk. Wie seine Bewegung Ton in seinen Händen ist, den er nach seinem Willen formen kann, so will er das deutsche Volk nach eigenem Willen formen. Das wird zwar weder Hindenburg noch Meißner in jenen Tagen klar, aber sie fühlen heraus, daß hinter den von Hitler geprägten Begriffen andere Realitäten stehen. Deshalb versucht Hindenburg, von seinen Beratern darin unterstützt, die ihm unheimliche NSDAP in eine ihm verständliche Form zu pressen, nämlich in eine vom Parlament abhängige Regierung. Zwar hält der Reichspräsident nicht mehr allzuviel von dieser Volksvertretung, aber als Fessel für das Phänomen Nationalsozialismus ist es ihm dennoch recht. Im Reichstag sitzen immer noch Männer, die er versteht und die ihn verstehen, mögen sie nun dem Zentrum oder den Deutschnationalen, den Demokraten oder den Sozialdemokraten angehören.

Noch etwas anderes macht Hindenburg — und erst recht Meißner — stutzig. In dem Brief vom 22. November will der Führer der NSDAP ein Programm vorlegen und sich dafür Hindenburgs Ja-Wort holen, wobei er natürlich — das liegt auf der Hand —

manches herauszuhandeln gedenkt. Danach erst will er die Ministerliste vorlegen, um anschließend besondere Vollmachten für diese Minister zu fordern. Den Nationalsozialisten unter ihnen aber wird man nicht vertrauen können. Sie werden keine Persönlichkeiten sein, die in die Verantwortlichkeit ihrer Ämter hineinwachsen und ihre Interessen nach bestem Gewissen wahrnehmen, sondern sie werden willige Befehlsempfänger Hitlers sein. So fühlt sich der Reichspräsident im Grunde erleichtert, als Hitler seine Bedingungen so entschieden ablehnt. Aber gelöst ist damit die Krise noch lange nicht.

Ohne die Mitwirkung der NSDAP ist eine Mehrheitsregierung nicht zu bilden. Das weiß man natürlich auch im Reichspräsidentenpalais. Doch gibt man sich dort der Hoffnung hin, daß es vielleicht möglich sei, einen Kanzler zu finden, dessen Regierung von einer Reichstagsmehrheit toleriert wird, und daß Hindenburg auf diese Weise von dem ominösen Artikel 48 freikommt. Der Präsident ist sogar bereit, auf seinen Lieblingskanzler Papen zu verzichten, wenn er dadurch nicht für alles selber die Verantwortung zu tragen braucht, sondern wieder der Reichstag die Gesetze beschließt.

Hindenburgs Bestrebungen in den nächsten Tagen sind auf diese letzte Chance gerichtet. Er bittet den Prälaten Dr. Kaas zu sich und gibt ihm den Auftrag, bei den Mittelparteien zu sondieren, ob sie einem von Hindenburg ernannten Präsidialkabinett das Arbeiten durch stillschweigende Duldung ermöglichen wollen. Dr. Kaas stellt bei dieser Besprechung sofort fest, eine nochmalige Reichskanzlerschaft Papen komme niemals in Frage, nicht nur nicht für das Zentrum, sondern auch für die anderen Parteien. Selbst für die Deutschnationalen sei die Wiederbetrauung Papens problematisch geworden. Schließlich schlägt er Dr. Brüning vor[27]. Hindenburg lehnt das strikt ab, und auch Dr. Meißner stimmt dem Präsidenten zu. Die Nationalsozialisten und die Kommunisten verfügen im Reichstag zusammen über 296 Sitze von 584 Sitzen. Das sind vier Sitze über die Hälfte. Selbst eine Regierung, die sich auf die Parteien von den Deutschnationalen bis zu den Sozialdemokraten stützen könnte — die jedoch praktisch unmöglich ist —, würde noch nicht die Mehrheit im Parla-

ment haben. Immer würden ihr fünf Stimmen fehlen; die Nationalsozialisten und Kommunisten zusammen würden Brüning sofort stürzen.
Bereits am nächsten Tage, am 25. November, läßt sich Dr. Kaas erneut bei Hindenburg melden und teilt ihm das Scheitern seiner Bemühungen mit. Damit ist auch der greise Präsident am Ende. Doch Hitler zu berufen, steht nach wie vor außerhalb seiner Erwägungen. Andererseits muß eine Regierung gebildet werden, denn die Papen-Krise dauert nun schon beinahe zwei Wochen. Aber Dr. Kaas' Bemerkung hat immerhin eines bewirkt: der Präsident erinnerte sich seines ersten Präsidialkanzlers, der stets einen Ausweg wußte. Er schickte Staatssekretär Dr. Meißner zu Dr. Brüning[28].
Der ehemalige Kanzler ist überrascht, aber er gibt bereitwillig seinen Rat: nur einer komme in Frage, der die Situation meistern könne, und das sei General von Schleicher. Er stehe über den Parteien, verfüge über die Reichswehr und sei auch nicht als reaktionär verschrien. Dr. Meißner wirft den Namen Dr. Goerdelers in das Gespräch, aber Brüning sagt, er glaube nicht, daß es dieser an sich sehr fähige Verwaltungsbeamte schaffen werde. Der gegebene Mann sei und bleibe Schleicher.
Auch der Staatssekretär muß zugeben, daß sich der General jetzt nicht mehr der Verantwortung entziehen kann. Aber ebenso gut weiß er, daß Schleicher nicht danach strebt, das Amt des Reichskanzlers zu übernehmen. Dabei ist sich Meißner nicht im klaren, ob es seine Scheu ist, vor großen Menschenmassen zu sprechen, oder nur seine Abneigung, sich auf das rein politische Parkett zu begeben. Wohl hat sich Schleicher als »Bürogeneral« in den letzten Jahren nahezu ausschließlich mit politischen Dingen beschäftigt, aber trotzdem blieb er noch immer Soldat.
Bezeichnend für das Rätselraten, das während jener Tage in der Öffentlichkeit über die Person des zukünftigen Kanzlers angestellt wird, ist die von der Presse wiederholt geäußerte Ansicht, hierfür käme wohl Dr. Meißner am ehesten selbst in Frage. Tatsächlich hat auch Schleicher dem Staatssekretär diesen Vorschlag gemacht. Geradezu erschrocken lehnt ihn Meißner jedoch ab und bittet dringend, dem Reichspräsidenten nicht davon

zu sprechen. Die Gründe hierfür sind verständlich: ebenso wie Schleicher ist auch Meißner ein Mann des »kleinen Kreises«, der sich bewußt ist, nicht auf große Massen wirken zu können. Seine sachliche Nüchternheit hätte niemanden mitgerissen, auch wäre der alte Verwaltungsbeamte und Verfassungsrechtler durch formaljuristische Bedenken viel zu sehr gehemmt worden. Im übrigen kennt er seinen Freund Schleicher zu gut. Ohne ihn wäre auch ein Kabinett Meißner nicht ausgekommen. Es wäre in vollkommene Abhängigkeit von dem General geraten und daher dessen ausführendes Organ für Pläne geworden, die er nicht übersehen kann. Mögen die beiden Männer auch seit Jahren befreundet sein, für die Rolle als »Sprechminister« Schleichers fühlt sich Meißner nicht geeignet. Als er sich weigert, den Gedanken der Ernennung zum Reichskanzler auch nur zu erörtern, spürt er den Ärger Schleichers, der es schlecht verträgt, wenn man sich seinen Absichten nicht fügt. Das beiderseitige Verhältnis wird in der Folge, neben anderen Gründen, etwas kühler[29].

Es dauert noch einige Tage, bis sich der Reichspräsident entschließt, die ungeklärte Lage »so oder so« zu entwirren. Denn geschehen muß etwas. Bestenfalls kann man eines der deutschen Länder auf längere Zeit mit geschäftsführenden Kabinetten regieren, niemals aber das Reich selber. Es muß also wieder ein verantwortlicher Kanzler her. Tief bedrückt von seiner Verantwortung in beinahe auswegloser Lage klagt Hindenburg: »Ich komme in eine immer schwierigere Situation. Man will mir den Mann meines Vertrauens wegnehmen und mir einen Kanzler aufzwingen[30].«

Am 1. Dezember morgens läßt Hindenburg durch seinen Staatssekretär sowohl Papen wie Schleicher, der seinerseits ebenfalls Sondierungen bei den Parteien vorgenommen hat, für 6 Uhr abends zu sich bitten. Auch Dr. Meißner und Oskar von Hindenburg nehmen an der Besprechung teil.

Schleicher schildert kurz seine Verhandlungen mit der NSDAP. Er hat nur Göring erreicht, Hitler versagte sich ihm. Die Besprechungen mit den anderen Parteiführern ergaben das gleiche

Bild, wie es auch der Herr Präsident bereits gewonnen hat. Von seinen Plänen mit Strasser sagt Schleicher vorerst noch nichts. Daraufhin entwickelt Papen noch einmal seine Pläne einer Verfassungsreform auf kaltem Wege, über den Kopf des Reichstags hinweg, aber dazu sei es notwendig, den Ausnahmezustand zu verkünden und in der Zwischenzeit mit Notverordnungen zu regieren.

Nach dem Fiasko der letzten Tage ist Hindenburg geneigt, die Bedenken, die er am 17. November äußerte, beiseite zu schieben und Papen doch die ihm bereits einmal zugesagten nötigen Vollmachten zu geben. Aber jetzt tritt Schleicher auf den Plan. Er betont, daß er eine Möglichkeit sehe, die Krise zu lösen, ohne daß der Herr Präsident genötigt werde, seinen Eid zu verletzen. Er, Schleicher, habe die Zeit nicht ungenützt verstreichen lassen und mit Gregor Strasser verhandelt. Aus den Besprechungen mit dem Reichsorganisationsleiter der NSDAP habe er den Eindruck gewonnen, daß dieser bereit sei, die nationalsozialistische Reichstagsfraktion zu spalten. Sechzig bis siebzig Abgeordnete würden nach Gregor Strassers Meinung diesen Schritt mitmachen[31].

Merkwürdigerweise geht der Präsident auf die neue Möglichkeit, die Schleicher darstellt, gar nicht ein. Wahrscheinlich begreift er die Chance nicht, die sich bei einer Spaltung der NSDAP bieten würde. Er ist offenbar zu müde, um darüber nachzudenken. Den ganzen Tag hatte er Besprechungen, die ihn sehr mitnahmen. Um so überraschter ist Papen, der blitzartig begreift, daß der General da etwas eingefädelt hat, von dem nur seine allerengsten Mitarbeiter im Reichswehrministerium Bescheid wissen dürfen. Steckt da noch mehr dahinter? fragt sich Papen. Denn daß Schleicher alle seine Karten auf den Tisch gelegt hat, ist kaum anzunehmen!

Der Reichswehrminister hat noch ein heißes Eisen im Feuer. Um dieselbe Zeit, in der Schleicher mit dem gestürzten Kanzler in Hindenburgs Arbeitszimmer sitzt, konferiert Oberstleutnant Ott in Weimar mit Hitler. Aber auch der Plan eines »Kabinetts der Gewerkschaften« ist weitreichender als Schleicher angedeutet hat. Doch der General wird sich hüten, in Gegenwart Papens

alle seine Absichten zu enthüllen. Zudem ist er sich noch nicht darüber im klaren, ob er einer solchen Regierung selber vorsitzen oder sich wieder eines »Sprechministers« bedienen soll — vorausgesetzt, daß sich einer findet.
Der Reichspräsident hat sich beide Meinungen angehört. Seine Sympathie gilt offensichtlich Papen. Nicht daß ihm Schleicher unangenehm wäre, aber Papens Vorschlag ist, wenn auch gewagt, klar und übersichtlich. Schleicher dagegen will Parteien spalten, und so etwas widerstrebt dem alten Soldaten auf dem Präsidentenstuhl. So trifft er, bedächtig jedes Wort abwägend, die Entscheidung und bietet Franz von Papen erneut die Bildung eines Präsidialkabinetts an.
Das Gesicht des gestürzten Kanzlers leuchtet auf. Er hat über den General gesiegt, der Reichspräsident entschied sich für ihn. Schleicher dagegen ist entsetzt. Begreift der Präsident denn nicht, daß ein Kanzler, der sich so blamierte, der 90 Prozent des Parlaments gegen sich hat, niemals eine Verfassungsreform durchführen kann? Aber Hindenburgs Entscheidung kommt einem Befehl gleich, dem er als Offizier zu gehorchen hat. Schleicher spürt auch, daß der Präsident völlig erschöpft ist. Die Überbeanspruchung der letzten Tage war zu stark.
Der Alte Herr erhebt sich, mühsam auf seinen Stock gestützt. Damit ist die Unterredung beendet. Von Meißner hinausgeleitet, verlassen Papen und Schleicher Hindenburgs Arbeitszimmer.
Im Vorraum bleiben die drei Herren noch einen Augenblick stehen. Franz von Papen nutzt die Gelegenheit und versucht, Schleicher für sich zu gewinnen. Aber der General bleibt schweigsam. Er weiß, diese neuerliche Betrauung Papens muß sehr schnell zurückgenommen werden, sonst kommt es zu einer neuen »Blutigen Weihnacht«. Hitlers Drohungen sind sehr ernst zu nehmen[32]. Aber was zu tun ist, muß wohl überlegt werden. Auch liegt noch kein Bericht von Ott über seine Unterredung mit Hitler vor. So sagt der General nur, als sich Papen schließlich eilig von ihm verabschiedet: »Mönchlein, Mönchlein, du gehst einen schweren Gang[33].«
Staatssekretär Meißner sieht Schleicher fragend an. Der General

zögert einen Moment, dann sagt er, mit dem Blick zur Tür, durch die soeben Franz von Papen den Raum verließ: »Papen genießt keine Popularität. Außerdem ist er ein ständiger Pechvogel. Leute, die kein Glück haben, sind in der hohen Politik nicht zu gebrauchen[34]«.

Das ist eine Kampfansage. Der General gibt sich also noch nicht geschlagen. Meißner registriert diese Tatsache, ohne selbst Stellung zu nehmen.

Im Reichswehrministerium angekommen, wird Schleicher ans Telefon gerufen. Oberstleutnant Ott ist am Apparat und gibt seinem Vorgesetzten einen vorläufigen Bericht über die Unterredung mit Hitler in Weimar.

Obwohl Schleicher durchaus nicht die Absicht hatte, Reichskanzler zu werden, erkannte er in den letzten Novembertagen immer mehr, daß sich die Krise zu einem Rennen zwischen Papen und ihm zuspitzen würde. Bei Hitler, der sich auf den Obersalzberg zurückgezogen hatte, ließ Schleicher daher anfragen, ob er nicht noch einmal nach Berlin kommen wolle. Der Führer der NSDAP war nicht abgeneigt. Schleicher hatte sich ihm gegenüber bis jetzt noch keine Blöße gegeben, und er betrachtete demnach den General nicht als seinen ausgesprochenen Gegner. Hier schien sich also noch eine Chance zu bieten, in die Regierung zu kommen. Aber Göring, der in Berlin als Beobachter zurückgeblieben war, riet ab, und erst recht der Gauleiter von Berlin, Dr. Joseph Goebbels, dessen Überlegungen weitgehend persönlicher Natur sind. Bei einem Koalitionskabinett unter Führung von Schleicher würden Strasser, Frick, Göring und Röhm vor ihm rangieren. Das ist nicht nach dem Geschmack des Doktors.

Am Abend des 30. November 1932 reist Göring seinem Führer entgegen und holt Hitler in Jena aus dem Zug. Im Auto fahren beide nach Weimar, wo anläßlich der Gemeindewahlen in Thüringen eine Führerbesprechung stattfinden soll. Goebbels, auf Wahltournee, eilt nach einer Versammlung in Apolda ebenfalls nach der thüringischen Hauptstadt, denn auch Göring ist sein Konkurrent im Rennen um die Ministersitze[35].

Am Vormittag des 1. Dezember kommt es im Hotel »Elephant«, wo Hitler abgestiegen ist, zu erregten Szenen. Strasser und Dr.

Frick sind dafür, das Angebot Schleichers anzunehmen, falls er zum Reichskanzler ernannt werden sollte, Dr. Goebbels spricht sich mit scharfen Worten dagegen aus. Göring versucht, eine vermittelnde Haltung einzunehmen. Da er noch nicht weiß, was für ihn dabei herausspringt, will er sich nicht festlegen. Um den Faden nicht abreißen zu lassen, erklärt Göring, er habe General Schleicher gebeten, einen Vertrauensmann, aber nicht Herrn von Alvensleben, sondern einen Offizier, nach Weimar zu schicken. Wie er heute früh gehört habe, sei Oberstleutnant Ott bereits auf dem Wege.

Wenig später sitzt Ott in einem zweibettigen Hotelschlafzimmer Hitler gegenüber. Doch der Führer der NSDAP läßt den Oberstleutnant nicht zu Worte kommen. In einem zweistündigen Vortrag redet er auf den Abgesandten Schleichers ein und versucht ihm klarzumachen, wie falsch es wäre, wenn der General jetzt die Regierungsbildung übernehmen würde. Eine Regierung von Papen lehnt Hitler bedingungslos ab und droht für diesen Fall mit schärfster Kampfansage.

Als Hitler seine Wanderung um die beiden Hotelbetten unterbricht, gelingt es Ott, sich in den Monolog einzuschalten. Aber die ruhigen, mit militärischer Sachlichkeit vorgebrachten Argumente des Oberstleutnants bleiben ohne Wirkung. Hitler lehnt ein Kabinett Schleicher ebenso ab, wie ein Kabinett Papen, wenn auch nicht mit so scharfen Worten.

Nach drei Stunden erkennt Ott, daß seine Mission, für eine Regierung Schleicher die Zusage einer Tolerierung seitens der NSDAP zu erhalten, gescheitert ist. Er verabschiedet sich betont kühl von Hitler und beeilt sich, seinem Vorgesetzten Meldung zu machen. In der Hotelhalle wird er von Göring abgefangen, der ihn zum Mittagessen in ein Weinrestaurant einlädt. Goebbels, der ebenfalls in der Halle wartet, kreuzt ihren Weg. In seinen Reitstiefeln macht er keine sehr glückliche Figur, und Ott kann sich eines Lächelns nicht erwehren[36].

Erst kurz vor Abgang seines Zuges findet der Oberstleutnant vom Dienstzimmer einer in Weimar stationierten Artillerie-Einheit Gelegenheit, mit dem Reichswehrminister zu telefonieren, der soeben von seiner Konferenz mit Hindenburg und Papen zurückgekommen ist. Der General hört sich den Bericht schweigend an. Hitler will also nicht! Obwohl das eigentlich zu erwarten war, hatte sich Schleicher der Hoffnung hingegeben, wenigstens eine Atempause aushandeln zu können.

Unmittelbar nach seinem Telefonat steigt Ott in den Nachtzug nach Berlin. Nach seiner Ankunft läßt er sich bei Schleicher melden und wiederholt ihm die Ausführungen Hitlers. Nachdenklich sitzt der General auf seinem Stuhl. Aus den Worten seines Abgesandten ist klar zu erkennen, daß eine Regierung Papen zur Katastrophe führen muß, unter Umständen sogar zum Bürgerkrieg. So bleibt als einziger Ausweg nur noch das Experiment mit Gregor Strasser und den Gewerkschaftsführern. Als Fernziel zeichnet sich dann die Gründung einer neuen Partei ab[37]. Aber das erfordert Zeit.

Als sich Ott in den frühen Morgenstunden des 2. Dezember verabschiedet, bittet ihn Schleicher, sich um neun Uhr in der Reichskanzlei einzufinden[38].

Auch Papen konferiert in jener Nacht vom 1. zum 2. Dezember 1932. Nach den parlamentarischen Spielregeln müßte er jetzt mit den Parteiführern verhandeln, aber mit dem Auftrag Hindenburgs für ein »Präsidialkabinett« in der Tasche, glaubt er davon absehen zu können. Eine Vorstellung, was zu tun sei, hat er nicht. Sein »Regierungsprogramm« ist das Vertrauen des Alten Herrn, ist die Verfassungsreform auf den Spitzen der Bajonette. Die Erinnerung an die vernichtende Niederlage im Reichstag am 12. September stört ihn nicht. Bestenfalls ist er bereit, einige Herren des alten Kabinetts auszubooten, mehr aber auch nicht. Papens erste Gesprächspartner sind die Reichsminister Dr. Gürtner und von Eltz-Rübenach. Von seiner Mission überzeugt, fragt er die beiden Herren, ob sie bereit sind, mit ihm durch dick und dünn zu gehen. Der Reichsjustizminister und der Reichsverkehrs- und Postminister geben ihre Zusage, machen aber Papen darauf aufmerksam, daß General von Schleicher in den letzten Tagen nahezu mit allen anderen Ministern verhandelte und ihnen die Unmöglichkeit einer nochmaligen Berufung Papens vor Augen hielt[39]. Der Kanzler erkennt, daß keine Zeit mehr zu verlieren ist, wenn er das Rennen gegen Schleicher gewinnen will.

Das Vertrauen des Reichspräsidenten allein genügt ja nicht, um Minister zu finden. Auf Wunsch mehrerer seiner Ministerkollegen beraumt Papen bereits für den nächsten Morgen eine Kabinettssitzung an.
Am 2. Dezember sitzen die elf Mitglieder der zurückgetretenen Reichsregierung, die noch immer »die Geschäfte wahrnimmt«, im historischen Gartensaal der Reichskanzlei um den langen Tisch. Draußen hängen die Wolken tief am Himmel und künden einen frühen und harten Winter an. Die Herren, die noch in der Nacht telefonisch gebeten wurden, in die Reichskanzlei zu kommen, unterhalten sich nur leise, als könne ein lautes Wort die Spannung im Raum zur Entladung bringen.
Franz von Papen betritt wenige Minuten nach neun Uhr den Sitzungssaal. Er gibt keinem der Anwesenden die Hand und nimmt sofort an der Mitte des Tisches Platz. Ohne Umschweife eröffnet er die Sitzung und schildert mit kurzen Worten die Situation, wie sie sich nach der Unterredung mit dem Reichspräsidenten am gestrigen Abend darstellt. Er gibt sich zuversichtlich und schneidig, aber seine Worte bleiben im Raume hängen. Von keinem der Herren kommt ein anerkennendes Zeichen, außer von Innenminister von Gayl, der zustimmend nickt.
Nach Papen ergreift Schleicher das Wort. Man sieht es dem General nicht an, daß er bis in die frühen Morgenstunden hinein mit den Wehrkreisbefehlshabern im gesamten Reich telefonisch konferierte, um dann nach seinem gewohnten Morgenritt im Tiergarten zur Kabinettssitzung zu eilen. Dr. Meißner, der wie immer als Vertreter des Präsidenten an der Sitzung teilnimmt, versucht in den Augen des Reichswehrministers zu lesen, doch die Blicke Schleichers sind nach draußen gerichtet, als suchten sie in dem kahlen Geäst der uralten Bäume nach einem festen Punkt. Aber man sieht dem Wehrminister an, daß es ihm nicht leichtfällt, von seinen Plänen zu sprechen, wobei das Wichtigste verschwiegen werden muß.
Schleicher berichtet von der Unterredung Otts mit Hitler in Weimar. Um sich gegen einen möglichen Vorwurf der Intrige zu schützen, weist er nachdrücklich darauf hin, daß er ihn auf Görings Bitte dorthin geschickt habe. Hitler habe den Abgesand-

ten nicht im Zweifel darüber gelassen, eine neuerliche Betrauung Papens würde die schärfste Opposition der NSDAP auslösen. Das könne, wenn Worte einen Sinn hätten, nur den Bürgerkrieg bedeuten. Käme es aber dazu, würden sicher auch die Kommunisten versuchen, ihr Süppchen am Feuer eines bewaffneten Aufstandes zu kochen, wie der Verkehrsarbeiterstreik bewiesen habe. Die Reichswehr jedoch sei nicht in der Lage, gleichzeitig gegen rechts und links vorzugehen.

Auch der Reichsfinanzminister Graf Schwerin von Krosigk schließt sich Schleichers Auffassung an. Eine Wiederbetrauung Herrn von Papens werde eine Kampfstimmung im Volke gegen die Regierung entstehen lassen und alle Ansätze zur Besserung des Wirtschaftslebens vernichten[40]. Schleicher fährt jetzt noch stärkeres Geschütz auf. Über die Möglichkeiten, einen Aufstand von Braun und Rot niederschlagen zu können, habe vor kurzem ein Kriegsspiel stattgefunden. Um die Herren hierüber aber eingehend zu informieren, habe er den Leiter dieses Kriegsspiels, Oberstleutnant Ott, gebeten, in die Reichskanzlei zu kommen. Das Einverständnis des Herrn Reichskanzlers vorausgesetzt, möchte er, Schleicher, den Oberstleutnant jetzt in den Saal bitten.

Sekunden später steht Ott im Konferenzzimmer. Er geht bis an den Sitzungstisch heran. Nach einer kurzen Verbeugung zieht er aus seiner Aktenmappe einen Stoß Papiere und beginnt ohne jede weitere Aufforderung mit seinem Vortrag:

»Die taktische Studie, die wir durchgeführt haben, berücksichtigt sowohl die unbedingt nötigen, als auch die vielleicht möglichen Maßnahmen, die zu treffen wären, falls ein Staatsnotstand die bewaffnete Macht zum Eingreifen zwingt.« Bis hierher hat Ott frei gesprochen. Jetzt nimmt er seine Notizen zu Hilfe[41].

»Bei der allgemeinen Übersicht scheint in einem Ernstfall Ostpreußen besonders gefährdet zu sein. Es besteht durchaus die Möglichkeit, daß radikale polnische Elemente die Gelegenheit innerer Unruhen in Deutschland benutzen, um ihrerseits einzugreifen. Die in Versailles bestimmte polnisch-deutsche Grenze ist ja noch immer umstritten, und die polnisch-deutschen Beziehungen sind sehr gespannt. Sollten die Polen eingreifen, wären die ostpreußischen Truppenteile vom übrigen Deutschland abgeschnitten. Auch mit Hilfe des Stahlhelms ließe sich nicht mehr als nur eine schwache Grenzverteidigung aufstellen. Außerdem ist ein befriedigendes Zusammenwirken des Stahlhelms mit der Reichswehr sehr zweifelhaft. Der ostpreußische Stahlhelm besteht vorwiegend aus jungen Leuten, die größtenteils schon zu Hitler neigen. Die doppelte Aufgabe, nach außen hin die Grenze und im Innern die Regierung zu verteidigen, dürfte es mit Sicherheit unmöglich machen, überall die militärische Disziplin zu wahren.«

Während die Augen aller mit einer Spannung ohnegleichen den Ausführungen Otts lauschen, der äußerlich unbeteiligt Dinge derartiger Tragweite vorträgt, schaut Papen zu dem General hin. Schleicher gibt sich jedoch den Anschein, als bemerke er das wachsende Erstaunen des Kanzlers nicht.

»Die voraussichtliche Entwicklung in Hamburg wird die sein«, fährt Oberstleutnant Ott fort, »daß die Dockarbeiter in den Streik treten. Dadurch wird sowohl die Einfuhr von Nahrungsmitteln verhindert als auch der Export deutscher Waren. Die staatlichen Machtmittel und ihre Hilfskräfte sind nicht in der Lage, die Aufrechterhaltung solcher und anderer lebenswichtiger Arbeiten zu garantieren. Fernerhin steht zu erwarten, daß im Ruhrgebiet der gesamte Bergbau und die Schwerindustrie lahmgelegt werden. Die Schiffahrt auf dem Rhein wird zum Stillstand kommen, und die Separatisten werden sich abermals erheben. Angesichts der Bestimmungen des Versailler Vertrages darf die Reichswehr das entmilitarisierte Rheinland nicht betreten. Damit steht der Regierung dort nur die örtliche Polizei zur Verfügung, die schon während früherer Unruhen bewiesen hat, daß sie zur Sicherung von Ruhe und Ordnung keinesfalls ausreicht. Erfahrungen während der letzten Monate haben im übrigen gezeigt, daß die Polizei im Kampf gegen die Kommunisten nicht absolut zuverlässig ist. Es kann also für den Schutz der deutschen Wirtschaft keine Garantie übernommen werden.«

»Zu ähnlichen Ergebnissen«, trägt Ott unbeirrt weiter vor, »muß man bei verantwortungsbewußter Lagebetrachtung auch bezüglich aller anderen Landesteile kommen. Taktische Reserven für den Einsatz an besonderen Gefahrenpunkten stehen nirgendwo zur Verfügung. So ergibt denn das ernste Studium aller Gegebenheiten, daß die Verteidigung der Ostgrenze sowie der Schutz der inneren Ordnung gegen die Nationalsozialisten und Kommunisten gleichzeitig über die Kräfte hinausgehen, die dem Staat zur Verfügung stehen. Es muß der Reichsregierung daher von Maßnahmen abgeraten werden, die zu einer solchen Situation führen.«

Der Oberstleutnant faltet seine Notizen zusammen, versenkt sie in seine Aktentasche, ohne den Ministern eine Kopie als Diskussionsgrundlage zurückzulassen, schlägt die Hacken zusammen und verläßt den Gartensaal. Papen ist leichenblaß, die anderen Herren am Tisch senken den Blick. Nur der Reichswehrminister kann die peinliche Situation retten. Schleicher nimmt auch, nachdem sich hinter Ott die Tür geschlossen hat, das Wort, aber was er zu sagen hat, ist wenig und nur eine Zustimmung zu den Ausführungen seines Oberstleutnants.

Der Kanzler ist überrascht. Er begreift nichts, weder warum sich fast alle Kabinettsmitglieder gegen ihn stellen, und noch weniger die Beweggründe des Reichswehrministers — und er wird sie nie begreifen! In seiner Bestürzung vergißt Papen das Nächstliegende: eine sachliche Besprechung des Ottschen Berichts. Eine Diskussion würde nämlich aufzeigen, daß sich dagegen eine ganze Menge sagen läßt.

Erstens weigerten sich deutsche Arbeiter bisher noch bei keinem Streik, lebensnotwendige Arbeiten zu verrichten, zu denen auch die Löschung und der Transport von Lebensmitteln gehören. Ihre Familien würden ja am meisten darunter leiden. Selbst die lebensnotwendigen Arbeiten zur Erhaltung der Arbeitsstätten, wie das Auspumpen der Schächte, wurden bisher bei allen Streiks weitergeführt. Von Separatisten ist ebenfalls nichts zu befürchten. Auch in diesem Falle würden sich sowohl die Nationalsozialisten wie die Kommunisten, beide Gegner föderalistischer oder separatistischer Gedanken, dagegen stellen[42]. Weiter trifft es, von wenigen Ausnahmen abgesehen, nicht zu, daß die Polizei kommunistisch durchsetzt ist. In Preußen, dem stärksten Bundesland, ist sie vorwiegend sozialdemokratisch. Mit Rotfront würde sie niemals paktieren. Ebensowenig ist anzunehmen, daß die Mehrheit der SA auf die Reichswehr schießen würde. Die meisten SA-Leute trugen im Kriege den feldgrauen Rock. Nur wenige würden es über sich bringen, auf dieselbe feldgraue Farbe zu feuern. Die Armee dagegen, die in Abwehr handelt und unter dem Kommando Hindenburgs steht, würde sich ohne weiteres gegen die SA wenden und erst recht gegen die Kommunisten.

Viertens ist nicht anzunehmen, daß ein Aufstand der NSDAP und KPD durch einen Generalstreik Unterstützung erfahren würde. Die mächtigsten Gewerkschaften stehen unter gemäßigtem sozialdemokratischen Einfluß. Die SPD würde einen Bürgerkrieg gewiß nicht unterstützen. Außer den sozialdemokratischen Gewerkschaften gibt es noch die christlichen und die rechts stehenden Verbände, hinter denen 20 Prozent der Arbeitnehmer stehen. Diese würden die Regierung Papen höchstwahrscheinlich unterstützen, ebenso der Deutschnationale Angestelltenbund.

Schließlich wurde die Reichswehr in den Jahren 1919 bis 1923 mit allen revolutionären Umtrieben fertig. Damals gingen diese Aufstände zwar meist von kommunistischer Seite aus, aber dafür war die Truppe in jenen Jahren auch noch nicht so gut ausgerüstet und nicht so fest in der Hand ihrer Führer wie 1932. Der Bericht Otts ist demnach auf einer Reihe von Fehlschlüssen aufgebaut und läßt sich nur aus dem Schock verstehen, den der Verkehrsarbeiterstreik auf Regierung und Reichswehr ausübte. Dr. Goebbels, der die Beteiligung der NSDAP an dem von den Kommunisten angezettelten Streik durchsetzte, erwies also seiner Partei nachträglich und ungewollt einen außerordentlichen Dienst.

Was bleibt, ist die außenpolitische Frage, ist die Angst vor einem polnischen Überfall. Hier sind die Befürchtungen der Reichswehrleitung nicht so ohne weiteres von der Hand zu weisen. Die deutsche Regierung hat unlängst (dank freundlicher Vermittlung der Sowjetregierung) eine Kopie des natürlich strengst geheimen Mobilmachungsplans der polnischen Armee erhalten, und daraus läßt sich deutlich erkennen, auf was man in

Warschau abzielt. Freilich läßt sich auch dagegen eine ganze Menge einwenden. Die internationale Lage ist nicht so, daß man im Ausland einen polnischen Handstreich auf deutsche Gebiete so ohne weiteres dulden würde, beispielsweise wäre eine englische Blockade des einzigen polnischen Hafens Gdingen durchaus denkbar[43]. Auch die Sowjetunion würde sich gegen Polen, ihren traditionellen Feind, stellen, schon auf Grund des Berliner Vertrages vom Jahre 1926. Das wiederum dürfte die deutschen Kommunisten veranlassen, gegen Polen zu den Waffen zu greifen. Vor wenigen Jahren, als in Frankreich Poincaré noch an der Macht war, mußte man Deutschlands Stellung als viel schwächer einschätzen. Die jetzige französische Regierung und auch das Parlament, in dem die verständigungsbereiten Politiker eine starke Gruppe bilden, würden sich kaum bereit erklären, einen polnischen Gewaltakt hinzunehmen.
Aber zu einer Erörterung all dieser Fragen kommt es nicht. Der Reichskanzler fühlt sich aus dem Sattel geworfen. Er tritt auf Staatssekretär Meißner zu und bittet, obwohl er direkten Zugang zum Präsidenten hat, förmlich um eine Audienz. Dann verläßt er mit einer korrekten Verbeugung den Sitzungssaal. Er gibt niemandem die Hand, weil er sie dann auch dem Reichswehrminister geben müßte. Man sieht dem gestürzten Kanzler an, wie bitter alles für ihn ist.
Kaum daß er den Raum verlassen hat, geht auch Schleicher auf Dr. Meißner zu. »Lieber Freund, darf ich Sie bitten, auch mich für heute nachmittag beim Herrn Reichspräsidenten anzumelden[44]?«
Die Dinge, die zwei Wochen zäh dahinflossen, sind plötzlich in Bewegung gekommen. Hindenburg, von Papen unmittelbar nach der Kabinettssitzung informiert, ist verärgert. Frischer als am Abend vorher, erkennt der Präsident, daß Schleichers Wendung gegen Papen eigentlich auch ein Affront gegen ihn ist. Wohl stellten sich die anderen Kabinettsmitglieder ebenfalls gegen den Kanzler, doch Schleicher hat noch gestern abend die Wehrkreisbefehlshaber der Reichswehr konsultiert, und alle sprachen sich gegen den Entschluß des Präsidenten aus[45]. Truppenkommandeure befaßt man aber, nach Meinung Hindenburgs, nicht

mit politischen Fragen, und wenn man es schon tut, so ist das Sache des Oberbefehlshabers, also Hindenburgs selber. Bisher schickte ein Generalfeldmarschall einen widerspenstigen General, der gegen einen klaren Befehl handelte, nach Hause oder versetzte ihn an eine andere Front. Diesen Kurt von Schleicher kann Hindenburg jedoch in dieser gefährlichen Situation des Reiches nicht ohne weiteres entlassen. Er muß sich ihm fügen.

Den Kopf gesenkt, erklärte er seinem Kanzler: »Sie werden mich, lieber Papen, für einen Schuft halten, wenn ich jetzt meine Meinung ändere. Aber ich bin zu alt, um am Ende meines Lebens noch die Verantwortung für einen Bürgerkrieg zu übernehmen. Dann müssen wir in Gottes Namen Herrn von Schleicher sein Glück versuchen lassen[46].«

Papen erhebt sich. Hindenburg verabschiedet seinen Lieblingskanzler, der Tränen in den Augen hat. Staatssekretär Dr. Meißner fragt sich, ob die Tränen dem scheidenden Franz von Papen gelten, oder Hindenburg selber, der sich in dieser Welt nicht mehr zurechtfindet und Dinge tun muß, die er nicht tun wollte, und der sich von einem Kanzler trennen muß, den er gern hat, nur weil es so ein »Windbeutel« wie Schleicher will[47].

Kurz nachdem Papen das Arbeitszimmer Hindenburgs verlassen hat, läßt sich General von Schleicher melden. Die gedrückte Stimmung des Präsidenten schlägt sofort ins Gegenteil um. In befehlendem Ton erteilt er dem General den Auftrag, eine Regierung zu bilden. Schleicher zögert, den Auftrag anzunehmen und erklärt: »Herr Generalfeldmarschall, ich bin Ihr letztes Pferd im Stall und sollte lieber im Verborgenen gehalten werden!« Hindenburgs Unmut bricht durch. Er ist jetzt nicht mehr gewillt, mit sich handeln zu lassen. Einmal muß die verfahrene Situation in Ordnung gebracht werden. »Sie werden mich doch nicht im Stiche lassen!« sagt er und faßt den General — sinnbildlich — ans Portepee des Ehrensäbels, den er ihm verlieh. Als Schleicher noch immer zögert, verspricht er, ihm jederzeit die Vollmacht zur Auflösung des Reichstages zu geben[48].

Widerwillig fügt sich Schleicher, und schon am frühen Nachmittag wird ihm die Ernennungsurkunde zugestellt. Der Reichspräsident hat es eilig, einen Schlußstrich unter die Regierungskrise zu setzen, die länger als einen halben Monat dauerte. Dem gestürzten Kanzler Franz von Papen schickt er eine Fotografie mit der Unterschrift: »Ich hatt' einen Kameraden!« In dem üblichen Handschreiben, das am nächsten Tage abgeht, dankt er Papen sowohl im Namen des Reiches wie in seinem eigenen für alles, was er »in diesen schweren Monaten für das Vaterland getan hat[49]«.

Schon in den frühen Nachmittagsstunden geben die Fernschreiber die Meldung von Schleichers Ernennung an die Redaktionen durch. Goebbels ist noch in Weimar[50]. Er triumphiert! Endlich wurde dieser von ihm so glühend gehaßte Papen gestürzt, dieser Papen mit dem adligen Namen, dem Erbteil des Vaters, dem großen Vermögen der Frau, das die Freiherrenkrone frisch vergoldete, dieser Papen mit der guten Kinderstube, dem kraft seines Namens alles von selbst zufiel, der sich nichts hatte erhungern und erarbeiten müssen. Und zum anderen wurde Hitler nicht Vizekanzler. Wäre der Führer der NSDAP in ein Koalitionskabinett eingetreten, so würde sich für ihn, den kleinen, von Natur gezeichneten Dr. Goebbels, kaum eine Möglichkeit ergeben haben, auch einmal das Dekret seiner Ernennung zum Minister zu erhalten. Nur die ganze Macht kann auch ihm den Aufstieg bringen.

Doch gegen Schleicher muß man vorläufig leise treten. Erst allmählich wird man ihn mit vollen Breitseiten beschießen können. So diktiert Goebbels, ganz gegen seine Gewohnheit, seinen Leitartikel zögernd und jedes Wort abwägend:

> »Eines ist erreicht worden, daß der General von Schleicher, der bisher immer im Hintergrund stand und auf die Dinge des Tages lediglich seinen Schatten warf, nun nach vorn gerückt ist und somit vom hellen Scheinwerfer der Öffentlichkeit ganz und gar bestrahlt wird. Wir glauben nicht, daß es für ihn von Vorteil sein wird; denn bekanntlich ist der Schatten eines Menschen immer größer als er selbst.«

Dieses nur teilweise zutreffende Bild spricht für sich selber. Ein Schatten ist dann größer, wenn man gegen die untergehende Sonne steht. Oder gegen die aufgehende Sonne!

Schleicher weiß, daß die Gunst des Generalfeldmarschalls für ihn im Abnehmen ist. Als er von Hindenburg wieder in sein Arbeitszimmer im Reichswehrministerium zurückkehrt, begrüßt ihn Oberstleutnant Ott und gratuliert ihm zur Ernennung zum Reichskanzler. Schleicher sieht seinen Mitarbeiter müde lächelnd an, dann sagt er die Worte der römischen Gladiatoren, die sie dem Cäsar zuriefen, wenn sie die Kampfarena betraten: »Morituri te salutant«[51]. Auf uns, die wir Schleichers weiteres Schicksal kennen, wirkt diese Andeutung nachgerade unheimlich. Nach anderthalb Jahren erfüllte sich seine Prophezeiung, und Schleicher fiel, zusammen mit seiner Gattin, unter den Kugeln politischer Mörder.

9. »Da steckt der Wurm drin!«

Bis Ende Mai 1932 befand sich die Dienstwohnung des amtierenden Reichskanzlers in der Reichskanzlei, Wilhelmstraße 77. Vier Gebäude entfernt, in der Wilhelmstraße 73, dem ehemaligen Ministerium des Königlichen Hauses, residierte der Reichspräsident[1]. Nachdem unter der Kanzlerschaft Brünings die Reichskanzlei erneuert und erweitert worden war, erwies sich 1932 auch eine Renovierung des Präsidentenpalais als unerläßlich. Die Decke des Festsaals und der Halle zeigten fingerbreite Risse. Die Fußböden hatten sich so stark gesenkt, daß man handbreite Holzklötzchen unter die Möbel schieben mußte, damit sie nicht schief standen. Während des letzten großen Diplomaten-Empfangs im Januar 1932 standen unter der Halle Beamte der Baupolizei und beobachteten besorgt die Risse in der Decke, über der Deutschlands greiser Präsident seine Gäste begrüßte. Von den Botschaftern und Gesandten aus aller Welt in ihren bestickten und ordenübersäten Uniformen vermutete keiner, daß im Hof eine Gruppe von Bauarbeitern mit Balken und Winden bereit stand, um den Empfangssaal, der solch repräsentativen Belastungen kaum noch gewachsen war, notfalls abzustützen.

Die Sparsamkeit des Alten Herrn und seines Kanzlers Brüning hatten lange jede grundlegende Reparatur verhindert. Erst als Beamte der Baupolizei kategorisch erklärten: »Da steckt der Wurm drin, die Balken sind total zernagt. Das Palais muß geräumt und völlig überholt werden«, bequemte man sich, die Gelder für einen Neubau in den Etat einzusetzen und mit allen erforderlichen Gutachten und Kostenvoranschlägen zu begründen. Die Minister der Weimarer Republik mit ihrem Respekt vor dem kritischen Auge des Reichsrechnungshofes[2] wollten sich — besonders in dieser Krisenzeit — decken.

Durch die Wiederherstellungsarbeiten im baufälligen Palais des Reichspräsidenten trat auch eine Verschiebung innerhalb der in der Wilhelmstraße zur Verfügung stehenden Dienstwohnungen ein, die den internen Verkehr der leitenden Persönlichkeiten von der Mitte des Jahres 1932 an nicht unerheblich durcheinander brachte. Hindenburg siedelte Anfang Juni in die ehemalige Bismarcksche Amtswohnung in der Reichskanzlei um, während der neue Reichskanzler Franz von Papen in die Dienstwohnung des Innenministers zog, im Gartenflügel des Hauses Wilhelmstraße 74, neben dem eigentlichen Palais des Reichspräsidenten. Der Innenminister wurde aus der Wilhelmstraße ausquartiert und bekam eine gemietete Villa zugewiesen. Staatssekretär Dr. Meißner, an dessen Allgegenwart im Reichspräsidentenpalais man seit vierzehn Jahren gewöhnt war, wurde in einer möblierten Privatwohnung der Bendlerstraße untergebracht, dem ehemaligen Heim des bekannten »Hellsehers« Erik Jan Hanussen, alias Herrschel Steinschneider. Der Staatssekretär war also gerade in den ereignisreichen Monaten nach Brünings Sturz für Hindenburg nicht immer gleich erreichbar. Das sollte sich als recht folgenschwer erweisen.

Der neue Kanzler Kurt von Schleicher, der als Junggeselle jahrelang einige ihm von einer Tante abgetretene und auf eigene Kosten komfortabel eingerichtete Zimmer in der Matthäi-Kirch-Straße im vornehmen Tiergarten-Viertel bewohnte, heiratete vor kurzem die Witwe seines verstorbenen Vetters Bogislav von Schleicher, die Tochter des Generals von Hennings. Dank seines von mütterlicher Seite stammenden Privatvermögens richtete er sich seine neue Wohnung in der Alsenstraße auf das modernste ein. Als Reichskanzler will er sie nun nicht aufgeben, denn sie ist weit behaglicher als die ihm nun zustehende Amtswohnung in der Wilhelmstraße.

Dem gestürzten Kanzler, der eben jene Dienstwohnung bei der Amtsübernahme bezog, ist das gerade recht. So kann er auch nach seinem Rücktritt in der ruhigen, vornehmen Wilhelmstraße wohnen bleiben, um so mehr sich für ihn, wie er sagt, noch nichts Passendes gefunden habe. Er bemüht sich wohl auch nicht sonderlich, eine neue Wohnung zu bekommen, obwohl in diesem Krisenwinter »hochherrschaftliche Etagenwohnungen« zu Hunderten in Berlin recht preiswert ausgeschrieben sind. Natürlich könnte Schleicher auf eine baldige, ja sofortige Räumung drängen, aber er möchte nicht unhöflich sein. Als der General dann merkt, wie sich sein Entgegenkommen auswirkt, ist es zu spät.

Um von einem Ministerium in der Wilhelmstraße in das andere zu gelangen, ist es nicht nötig, die Straße zu betreten, auf der es gelegentlich Fotografen, Journalisten und andere Beobachter gibt. Hinter jedem Palais und Ministerium dehnt sich ein schöner Park. In die Mauern zwischen den einzelnen Palais-Gärten sind Türen eingelassen. Wer dafür die Schlüssel hat, kann sich unauffällig von einem Amtssitz zum anderen begeben. Es ist sogar möglich, Besucher, die nicht gesehen werden wollen, von der rückwärtigen Friedrich-Ebert-Straße aus einzulassen, denn auch in der hohen Mauer nach dem Tiergarten hin befinden sich kleine Pforten.*

Franz von Papen hat also die Möglichkeit, den Präsidenten zu besuchen, ohne sich anmelden zu müssen. Er kann direkt vom Garten her in die Privaträume des Alten Herrn und seines Soh-

---

*) In der umfangreichen, neuerdings wieder anschwellenden Literatur über die Ereignisse und folgenschweren Entwicklungen gegen Ende der Weimarer Zeit ist von dieser, an sich doch sehr bedeutsamen „Verschiebung der Wohnsitze" keine Rede, oder nur ausnahmsweise wird das erwähnt. Aber mangels eigener Ortskenntnis in den „Ministergärten", die in Wirklichkeit schattige und ziemlich große Parks waren, konnte wohl keiner der Autoren die Wichtigkeit der direkten, verborgenen und geheimen Verbindungswege erkennen. Da seit Kriegsende alle diese Mauern, Parkanlagen und Gartenpforten spurlos verschwunden sind und an dieses Gelände auf der DDR-Seite die Berliner Mauer angrenzt und man es daher nicht betreten darf, läßt sich die damalige Lage nicht mehr an Ort und Stelle rekonstruieren. Die Reproduktion eines alten Berliner Stadtplanes muß den Augenschein ersetzen. Der Verfasser hat in seiner Jugend mit anderen Wilhelmstraßen-Kindern alle Parks gut gekannt und ebenso die verschlossene Türe von einem Ministerpark zum anderen. Es gab auch manche Stellen, wo man mit Hilfe von tiefhängenden Baumästen die Mauern übersteigen konnte. Die Gärten waren nicht bewacht.

nes Oskar gelangen. Hinzu kommt, daß auch Staatssekretär Dr. Meißner nicht mehr unter demselben Dach mit Hindenburg wohnt. Dieser Umstand ist sogar der direkte Anlaß zu weiteren Besuchen Franz von Papens. Oft taucht noch nach Dienstschluß eine Frage auf, die der Alte Herr beantwortet haben möchte. Bisher griff er einfach zum Bleistift und schrieb eine Notiz an Dr. Meißner, der sich dann gleich einfand. Jetzt wird Papen aufgefordert, mit seinem Rat einzuspringen. Es ist natürlich, daß Fragen des Präsidenten, was für ein Mann ein bestimmter Parlamentarier ist, wen ein für den nächsten Tag angesagter Besucher repräsentiert und wie ein Paragraph der Verfassung auszulegen ist, sehr oft in die Erörterung hochpolitischer Probleme einmünden.

Als er von den auffällig zahlreichen Besuchen Papens in dem provisorischen Heim des Präsidenten hört, läßt Schleicher die Telefonleitungen der Präsidialkanzlei überwachen. Das Reichswehrministerium verfügt über die dazu notwendigen Apparaturen und Fachleute[3]. Viel springt dabei nicht heraus, höchstens die Erkenntnis, daß auch Dr. Meißner nicht mehr zu allen Beratungen im Präsidentenpalais herangezogen wird. Schleicher bedauert, diesen gefährlichen Gesprächen kein Ende machen zu können. Leider nahm Franz von Papen den Posten des deutschen Botschafters in Frankreich, für den der weltmännische Herrenreiter geradezu prädestiniert erscheint, nicht an. Es wäre die einfachste Lösung gewesen. Zwar fühlte sich Papen geschmeichelt, als Schleicher ihm, gleich nachdem er Kanzler geworden war, das Angebot machte, aber er sagte nicht zu. Der Präsident habe ihn »inständig« gebeten, nicht nach Paris zu gehen, denn er brauche in dieser bewegten und sorgenvollen Zeit einen Mann in seiner Nähe, auf dessen Rat er hören könne[4].

Schleicher erkennt erst nachträglich, daß dies eine Sturmwarnung erster Ordnung war. Franz von Papen resigniert nicht wie Brüning. Näher am Ohr des Präsidenten als der verantwortliche erste Beamte des Reiches und als der zuständige Staatssekretär des Reichspräsidialamtes, Dr. Meißner, wird er alles versuchen, um die Scharte vom 2. Dezember auszuwetzen. Der General Kurt von Schleicher muß sich beeilen. Er muß bald Erfolge melden können, sonst wird er eines baldigen Tages gestürzt werden, und dann dürfte sich kaum verhindern lassen, daß Hitler in der Wilhelmstraße Einzug hält.

Nach seinem Rücktritt genießt Papen für kurze Zeit gewisse Sympathien[5]. Hindenburgs Umgebung verübelt Schleicher, wie er an dem Kanzler handelte, den er doch selbst entdeckt habe. Denn alle halten den Vortrag von Ott für eine bestellte Arbeit Schleichers, was tatsächlich nicht der Fall ist[6]. Auch zwischen Schleicher und Meißner kommt es in diesen Tagen zu einer vorübergehenden Entfremdung. Der Staatssekretär sagt dem General offen, er fände es »ziemlich scheußlich«, wie er mit Papen umgesprungen sei. Doch Schleicher bemerkt kühl: »Lieber Freund, vergessen Sie nicht, daß ich alle Leute, die nicht mit mir gehen, als meine Gegner betrachte. Ich hätte zum Beispiel keine Bedenken, auch Ihr Gegner zu sein.«

Meißner erwidert mit dem Anflug eines Lächelns: »Wenn Sie vorhaben, gefährliche Wege zu betreten, mein Lieber, müssen Sie das schon alleine tun.[7]«

Schleicher fühlt, daß er zu weit gegangen ist und bemüht sich, den Wortwechsel als einen Scherz hinzustellen. Aber der Staatssekretär ist ein zu guter Beobachter, als daß er nicht gemerkt hätte, wie ernst es Schleicher mit seiner Bemerkung war. Doch Dr. Meißner sieht auch, daß die tiefen Sorgenfalten im Gesicht des Generals täglich schärfer hervortreten. Mit Erstaunen konstatiert er, daß der sprichwörtliche Zynismus Schleichers, mehr eine im Laufe der langen Berliner Jahre angenommene Schnodderigkeit als ein Mangel an Gefühl, allmählich verschwindet. Mit der Last des Kanzler-Amtes scheint bei dem General das Bewußtsein für die Schwere seiner Aufgabe mächtig gestiegen zu sein. Gerade dieser Ernst, der von Schleicher Besitz ergriffen hat, läßt Dr. Meißner wieder zu ihm finden. Er begreift, daß dieser Mann nicht die Macht um der Macht willen suchte, als er gegen Papen Stellung nahm, sondern aus tiefem Verantwortungsbewußtsein heraus so und nicht anders handeln konnte[8].

Für Schleicher bedeutet es in der Tat eine aus bitterer Erfahrung gewonnene Erkenntnis, in Papen nicht den »Konservativen« gefunden zu haben, wie er das erwartet hatte, sondern den »Reaktionär«. Unter »konservativ« versteht Schleicher auch eine »Konservierung«, das heißt Bewahrung der Rechte der Arbeiterschaft, die sie nach 1918 erwarb. Nicht zufällig gehört die Aufhebung der so scharf abgelehnten Notverordnung Papens vom 4. September, die den Unternehmern erhebliche Lohnkürzungen gestattet, ohne daß sie des Tarifbruchs beschuldigt werden können, zu einer seiner ersten Regierungshandlungen. Schleicher will auch nicht am Achtstundentag rütteln, er steuert im Gegenteil auf die Vierzig-Stunden-Woche zu, um möglichst vielen Arbeitslosen eine Stellung zu verschaffen. Auch die politischen Rechte der Arbeiterschaft sollen nicht beschnitten werden. In der Verfassungsreform, wie sie Schleicher plant, spielt die Arbeiterschaft eine ganz wesentliche Rolle. Es soll ihr ein bestimmender, nach heutigem Sprachgebrauch ein mitbestimmender Platz zugewiesen werden. Ihre Organisationen, die Gewerkschaften, sollen Pfeiler des Staates sein und nicht Kampforganisationen bei Lohnstreitigkeiten.

Es ist kein Zufall, daß Schleicher Ende November, als er noch nicht einmal Kanzler war, bei dem sozialdemokratischen Fraktionsvorsitzenden Dr. Breitscheid mit der Frage vorfühlte: »Würde die SPD, wenn der Reichstag wegen Arbeitsunfähigkeit aufgelöst und die Frist für Neuwahlen nicht eingehalten würde, deshalb auf die Barrikaden steigen?« Der intellektuelle, aus dem Bürgertum hervorgegangene Arbeiterführer Dr. Breitscheid begriff nicht, um was es Schleicher mit dieser Frage ging und schnitt jede weitere Diskussion mit der Bemerkung ab, eine derartige Herausforderung würde die stärksten Stürme hervorrufen[9]. Die aus dem Arbeiterstande stammenden SPD-Führer Severing, Noske und Leipart — das hatte Schleicher inzwischen erfahren — brachten ihm erheblich mehr Verständnis entgegen. Ebenso unduldsam wie Dr. Breitscheid wird sich wohl auch Papen seinen Reformplänen gegenüber zeigen, wenn auch aus einer ganz anderen, entgegengesetzten Sicht heraus. Nicht daß Papen unsozial wäre oder sich früher unsozial gezeigt hätte. Im Gegenteil, er kehrte seit je und heute erst recht den jovialen Gutsherrn heraus, der die Veranstaltungen des Gesindes besucht, Siegerpreise bei Pferderennen des von ihm gegründeten ländlichen Reitervereins austeilt und sich auch sonst volkstümlich gibt — aber immer als Herr, der anderen biedermännisch auf die Schultern klopft und dessen Händedruck die Anerkennung für Leistungen darstellt, aber kein Gruß unter Gleichstehenden ist. Aber wie für Herrn von Papen im Kaiserreich der Monarch »ein Jahrtausend lang von Gott gesetztes Oberhaupt« war[10], so ist ihm noch heute der Gutsherr oder Fabrikbesitzer der Repräsentant einer »gottgewollten Ordnung«. Sogar die Weimarer Verfassung beruht nach Papens Meinung auf einer »Irrlehre«, die im »diametralen Gegensatz zur Lehre der römisch-katholischen Kirche« steht[11]. Sie gründet sich auf der Rousseauschen These: »Alle Staatsgewalt geht vom Volke aus.« Mit Papen, das erkennt Schleicher täglich mehr, und er spricht es auch ganz ungeniert aus[12], kann man nicht nur keine fortschrittliche, im »Konservativen« wurzelnde neue Verfassung machen, sondern man muß auch befürchten, daß er Schleichers Arbeit erheblich stören wird. Papen kennt ja aus der letzten Kabinettssitzung und aus den Besprechungen beim Präsidenten die Pläne des Generals mit Strasser: die NSDAP zu spalten und mit dem Gewerkschaftsflügel aller Parteien etwas Neues zu schaffen. Das muß für den standesbewußten Franz von Papen ein beinahe noch größerer Greuel sein als die Weimarer Verfassung, die noch auf der weiteren »Irrlehre« der Gleichheit beruht. Gott schuf doch nun mal die verschiedenen Klassen. Ein Glück ist nur, daß Papen so tödlich mit den Nationalsozialisten verfeindet ist, sonst wäre womöglich zu befürchten, daß er sich mit ihnen verbündet und damit Hitler doch die Tür zur Wilhelmstraße öffnet ...

Unmittelbar nach seinem Amtsantritt läßt Schleicher den Organisationsleiter der NSDAP, Gregor Strasser, zu sich bitten. Sie treffen sich in der privaten Wohnung des Kanzlers, um jedes Aufsehen zu vermeiden. Der Reichsorganisationsleiter betont auf die Frage des Kanzlers, daß hinter ihm nicht nur eine große Anzahl der einfachen Parteigenossen stehe, sondern auch eine Reihe prominenter Führer, zum Beispiel Dr. Frick und Gottfried Feder, aber auch Gauleiter wie Koch (Ostpreußen), Kaufmann (Hamburg) und Terboven (Ruhrgebiet). Der »proletarischen«

Gaue fühlt sich Strasser überhaupt sicher. In Nord-, Mittel- und Westdeutschland heißen viele Parteihäuser nicht »Adolf-Hitler-Haus«, sondern »Gregor-Strasser-Haus«.
Schleicher zieht aus dieser Unterredung positivere Schlüsse als angebracht ist. Er glaubt, es bedürfe nur eines geringen Anstoßes, um Strasser und seine Anhänger von der Partei Hitlers zu lösen, ein Gedanke, der dem Reichsorganisationsleiter bisher noch gar nicht gekommen ist. Auf Anraten Strassers entschließt sich der Kanzler, nochmals bei Hitler vorfühlen zu lassen, ob man nicht doch, trotz der Ablehnung in Weimar gegenüber Oberstleutnant Ott, zu einem Gespräch kommen könne mit dem Ziel, für die Regierung durch stillschweigende Tolerierung wenigstens eine längere Atempause zu erreichen.
Der Vertrauensmann Schleichers erhält zur Antwort: »Eine Duldung der Regierung Schleicher durch die NSDAP kommt keinesfalls in Frage.« Ganz nutzlos ist aber die Intervention doch nicht. Die »Führerbesprechung« am Abend des 5. Dezember im Hotel »Kaiserhof« steht ganz unter dem Eindruck der katastrophalen thüringischen Wahl, die der NSDAP Verluste bis 40 Prozent erbrachte[13]. Zwar prallen die Meinungen hart aufeinander, doch kommt es zu einer Art Kompromiß. Hitler, der in diesem Augenblick noch nichts von Strassers Besuch bei Schleicher weiß, lehnt zwar das neue Kabinett bedingungslos ab und wird darin von Goebbels und anderen unterstützt, während Strasser für den Eintritt in die Regierung plädiert. Aber schließlich einigt man sich darauf, in den Reichstagssitzungen der nächsten Tage stillzuhalten. Man befürchtet eine neuerliche Reichstagsauflösung[14], die angesichts der leeren Parteikassen und der Stimmung im Volke bei der NSDAP zu einer Katastrophe führen müßte. Noch etwas bestimmt Hitlers Haltung: sein Instinkt rät ihm, den Riß, der sich in der Diskussion zwischen Strasser und ihm aufzeigte, nicht weiter zu vertiefen.
Schleicher erfährt noch in der gleichen Nacht das Ergebnis dieser Führerbesprechung und macht Bilanz. Er ist außerordentlich optimistisch. Die Gefahr eines Mißtrauensvotums ist gebannt. Im Innern sind also die Chancen nicht schlecht. Auch der Staatshaushalt ist ausgeglichen und das saisonbedingte Anstei-

gen der Arbeitslosigkeit in diesem Winter geringer als vor einem Jahr. Nicht nur in Deutschland rechnet man mit dem Abflauen der Weltwirtschaftskrise.

Am nächsten Tage tritt der Reichstag zusammen. Diesmal ist General a. D. Litzmann von der NSDAP Alterspräsident. In seiner Ansprache kann er sich nicht versagen, Hindenburgs militärische Lorbeeren aus dem Jahre 1914 für sich zu reklamieren: seine Division habe den Sieg bei Tannenberg herbeigeführt, und den Feldmarschall treffe der »Fluch der Weltgeschichte«, wenn er Hitler nicht zum Reichskanzler mache[15]. Von der Linken kommen höhnische Zwischenrufe, ebenso ist man auf der Rechten von den deplazierten Bemerkungen des alten Haudegens peinlich berührt.

Bei der Wahl des Reichstagspräsidenten kommt es zu Überraschungen. Göring kann nur mit knapper Mehrheit wieder den Präsidentenstuhl einnehmen, und bei der Aufstellung der drei Vizepräsidenten bricht die Harzburger Front endgültig auseinander. Es werden nur Vertreter des Zentrums, der Bayerischen Volkspartei und der SPD gewählt. Die Deutschnationalen gehen leer aus. Die nationalsozialistische Fraktion benimmt sich außerordentlich gesittet, geradezu parlamentarisch. Nur in der Wandelhalle kommt es zu einer schnell beigelegten Prügelei. Schleicher, dem am Abend über den Verlauf des ersten Sitzungstages Vortrag gehalten wird, ist recht zufrieden.

Der zweite Tag bringt eine weitere Überraschung. Wie am 12. September haben die Kommunisten einen Mißtrauensantrag gegen die Regierung eingebracht, aber die NSDAP stimmt für Vertagung. Dann steht ein nationalsozialistischer Gesetzentwurf zur Debatte, daß im Falle der Behinderung des Reichspräsidenten, seine Amtsgeschäfte wahrzunehmen, oder im Falle seines Todes nicht der Reichskanzler an seine Stelle tritt, wie es die Verfassung vorsieht, sondern der Reichsgerichtspräsident. Auch das deutet Schleicher als ein Entgegenkommen der Nationalsozialisten, die ihren Antrag ohne jede Begründung eingebracht haben. Der Kanzler erkennt nicht, daß sich dieser Gesetzentwurf in erster Linie gegen ihn selber richtet. Weil das Gesetz verfassungsändernd ist, muß es mit Zweidrittelmehrheit angenommen werden. Nur die Deutschnationalen und Kommunisten stimmen dagegen[16].

Am 9. Dezember vertagt sich der Reichstag auf unbestimmte Zeit, ohne daß die Regierung in Bedrängnis gekommen wäre. Die nächste Sitzung soll der Ältestenrat festlegen. Das wird, wegen des »Weihnachtsfriedens«, erst im Januar der Fall sein. Die Regierung hat eine mehrwöchige Gnadenfrist.

Schleicher glaubt in der Haltung der nationalsozialistischen Reichstagsfraktion Anknüpfungspunkte für ein fruchtbares Gespräch zu sehen. Daß er inzwischen eine Niederlage erlitt, die nicht unwesentlich zu seinem Sturz acht Wochen später beiträgt, wird ihm erst nach einiger Zeit bewußt.

Vom ersten bis zum letzten Tage gab es innerhalb der NSDAP schwere Machtkämpfe. Sie waren um so stärker, als die verschiedenen Meinungen nicht durch »Flügel« oder feste »Gruppen« vertreten wurden, sondern durch einzelne Männer. Damit war persönlichen Intrigen Tür und Tor geöffnet, denn jeder trachtete danach, seinen Gegner beim »Führer« anzuschwärzen und auszustechen. Im Laufe der Jahre schwollen die geheimen Privatakten in einzelnen Panzerschränken und Banksafes immer mehr an. Selbst über Hitler gab es »Akten«, sogar recht peinliche.

Des öfteren schon war die Partei von inneren Krisen erschüttert worden, da immer wieder eigenwillige Männer aufstanden, die sich Hitler nicht so ohne weiteres beugen wollten. 1931 hatte Hauptmann Stennes, OSAF-Stellvertreter Ost, gegen Hitler rebelliert, ein anderes Mal kam es unter Hauptmann a. D. Pfeffer von Salomon zu Meutereien. Doch die schwerste Krise steht der NSDAP noch bevor. Sie wird durch Gregor Strasser ausgelöst. Der Reichsorganisationsleiter verkörpert das sozialistische Element der Bewegung. Seine Reden und Aufsätze, wenn auch radikal in der Forderung, wirken aber weniger aufreizend als jene von Goebbels und Hitler. Man spürt, hinter den Worten steckt eine in sich geschlossene Persönlichkeit. Gelegentlich laden ihn sogar seine Gegner ein, vor ihnen zu sprechen. Bei einer dieser Reden fällt auch der Satz: »Höflich bis zur letzten Leitersprosse, aber gehenkt wird doch!« Strasser erstrebt vor allem die

Hebung des Lebensstandards der Industrie- und Landarbeiter. Deshalb bauen auch die »proletarischen« Elemente in der NSDAP auf den bedächtigen Bayer, in dessen schwerem Körper niemand die unheimliche Energie und das außergewöhnliche Organisationstalent vermutet, die ihn auszeichnen.

Gregor Strasser hat in seinem Leben viele Enttäuschungen verwinden müssen. Einer seiner Sekretäre, der ihm bis zum Jahre 1925 überallhin wie ein Schatten folgte, war der Parteigenosse Dr. Joseph Goebbels, der für seine Tätigkeit monatlich 100 Mark bezog. Goebbels war damals, wie sein Meister Strasser, radikaler Sozialist. Doch das sollte sich schnell ändern.

Als im Jahre 1926 auf einer Führertagung der norddeutschen Gauleiter in Hannover, auf der ein neues Parteiprogramm beschlossen werden sollte, Gottfried Feder als einziger Vertreter der süddeutschen NSDAP erschienen war, hatte Goebbels getobt und verlangt, man solle »den Idioten herausschmeißen«. Der Abgesandte wurde aber trotzdem zugelassen, und Feder gab, zusammen mit Ley, bei der Abstimmung über dieses neue Programm den Ausschlag. Es wurde nicht angenommen, das heißt, vorläufig nicht. Goebbels und auch Strasser gaben sich der Hoffnung hin, daß man Adolf Hitler in Bayern von den »blamablen Personen« wie dem »Idioten Feder«, dem »Psychopathen Streicher«, dem »sturen Feldwebel Max Amann« und dem »geisteskranken Rosenberg« befreien könne. Vielleicht würde sich dann der »Spießbürger Hitler«, wie Goebbels sich in der Diskussion ausdrückte, doch für die »richtige Linie« gewinnen lassen. Zu dieser Zeit diskutierte man noch in der NSDAP, wenigstens in Norddeutschland. Die Gauleiter vertraten ihre Meinungen und waren noch nicht bloße Befehlsempfänger geworden. »Nationalsozialisten sind freie Männer und Demokraten, sie erkennen keinen Papst an, der sich für unfehlbar halten könnte«, erwiderte noch 1930 der Gauleiter von Hannover und spätere Reichserziehungsminister Rust auf einer Tagung von NS-Journalisten, auf der Hitler den Unfehlbarkeitsanspruch erhoben hatte.

Hitler holte schnell zum Gegenschlag aus und berief eine Führertagung nach Bamberg ein. Der Ort war klug gewählt; von den armen norddeutschen Gauleitern konnte nur Strasser mit dem unvermeidlichen Dr. Goebbels in der Mainstadt erscheinen. Auf der Tagesordnung stand die Frage, ob man sich an dem Volksbegehren über die sogenannte Fürstenabfindung[17] beteiligen solle. Strasser und seine norddeutschen Freunde traten für eine entschädigungslose Enteignung der zweiundzwanzig deutschen Fürstenhäuser ein, Hitler war dagegen. Er erhielt damals private Unterstützung von einer Herzogin und nannte die Agitation gegen die Forderungen der Fürsten einen »jüdischen Schwindel[18]«.

Goebbels merkte, lange bevor es zur Abstimmung kam, woher der Wind wehte, und ging mit fliegenden Fahnen zu Hitler über. Seinen Frontwechsel erklärte er damit, eingesehen zu haben, in welchem Irrtum er befangen gewesen wäre. Nach der Tagung nahm er eine Einladung nach München an. Dort ließ ihn Hitler im Zirkus Krone sprechen und ernannte ihn anschließend zum Gauleiter von Berlin. Das war sicher einer der klügsten Schachzüge Hitlers gewesen. Er hatte Goebbels von seinem bisherigen Brotgeber Gregor Strasser getrennt und die beiden tödlich miteinander verfeindet. Zum Überfluß setzte er Goebbels noch dem machtvollsten Führer der NSDAP in Norddeutschland als Gauleiter von Berlin vor die Nase. Seitdem nannte Gregor Strasser seinen ehemaligen Sekretär den »kleinen hinkenden Mephisto«. Strasser hatte sich danach einen neuen Sekretär suchen müssen. Er zog einen bisher ganz unbekannten Parteigenossen an sich heran, den er aus Bayern kannte, einen gewissen Heinrich Himmler. Es war derselbe, der ihn 1934 ermorden ließ[19]. Strasser hatte mit seinen Mitarbeitern keine glückliche Hand!

Während im Reichstag die letzte ordentliche Sitzung des Jahres 1932 über die Bühne geht, erfährt Hitler, daß Strasser von Schleicher empfangen worden ist. Es sickern auch Einzelheiten des Planes einer »Gewerkschaftsachse« durch. Der Führer der NSDAP kann sich jetzt ein ungefähres Bild machen, was der Kanzler-General tatsächlich plant. Hitler wird sich der ungeheuren Gefahr bewußt, die damit seiner Bewegung droht. Wenn Strasser, der über eine unheimliche Arbeitskraft verfügt, Mini-

ster wird, ist Hitlers Traum, Reichskanzler zu werden, sehr wahrscheinlich ausgeträumt.
Goebbels triumphiert, als er hört, daß Strasser ohne Auftrag der Partei mit Schleicher verhandelte, und schreibt in sein Tagebuch, diesen »Verrat am Führer« habe er vorausgesehen. Sein Haß gegen den Reichsorganisationsleiter, der ihn einen »Schrumpfgermanen« nannte, hat neue Nahrung bekommen[20].
Hitler stellt Strasser zur Rede, und so kommt die Krise zum offenen Ausbruch. Während sich im Plenarsaal des Reichstags die nationalsozialistischen Abgeordneten an die ihnen von Hitler gegebenen Direktiven halten, jagen sich im Hotel Kaiserhof die Hiobsbotschaften.
Empört über Hitlers Vorwurf der »Treulosigkeit« knallt Strasser die Tür ins Schloß und zieht sich in sein Hotel Excelsior zurück. Am meisten ärgert ihn, daß man für die weiteren Verhandlungen mit Schleicher nicht ihn, sondern Göring und Dr. Frick bestimmte[21].
In seinem Hotel angekommen, schreibt Strasser an »Herrn Hitler«[22] einen Brief, in dem er ausführt, die nationalsozialistische Bewegung verbrauche sich in nutzloser Opposition. Seiner Meinung nach sei jetzt der Moment gekommen, die Partei aus der ewigen Verneinung herauszuführen. Sie müsse nunmehr positive Arbeit leisten und sich auch mit anderen Kräften, die ihre Hand ehrlich ausstreckten, an der Verantwortung beteiligen. Da sich aber »Herr Hitler« für diesen Kurs anscheinend nicht entschließen könne, lehne er die weitere Verantwortung ab. Um ihm aber freie Bahn zu geben, lege er vorerst seine sämtlichen Parteiämter als Reichsorganisationsleiter nieder, bleibe aber einfaches Parteimitglied.
Der Brief erreicht Hitler am 8. Dezember mittags und schlägt wie eine Bombe ein. Goebbels und Göring toben, obwohl Goebbels seinen Triumph nur schlecht verbergen kann. Wenn die Partei die Krise übersteht, ist für ihn einer der hinderlichsten Vordermänner beseitigt.
Hitler zieht sich in die Privatwohnung von Dr. Goebbels zurück. Dort sitzt er niedergeschlagen in einem tiefen Sessel oder wandert im Zimmer umher. Frau Magda Goebbels versucht, ihren

»Führer«, der sich immer wieder in weinerlichen Jeremiaden ergeht, zu trösten. Aber er hat seinen tragischen Tag, und stößt schließlich hervor: »Wenn die Partei zerfällt, dann mache ich Schluß in drei Minuten[23].«
Währenddessen wartet Strasser in seinem Hotel auf irgendeine Antwort. Doch kein Brief oder Telefonanruf erreicht ihn. Das deutet er als Zustimmung zu seinem Rücktrittsangebot. An sich hat er nicht die Absicht, sich zurückzuziehen. Er wollte Hitler mit dem Brief nur bewegen, zu irgendeinem Entschluß zu kommen. Strasser hätte eigentlich wissen müssen, daß Hitler Entscheidungen prinzipiell ausweicht, daß seine »Kraft« als »Führer der Bewegung« ja gerade darauf beruht, die Gegner innerhalb der Partei sich zerstreiten zu lassen, bis sich die Lösung von selbst anbietet.
Gegen Abend packt Gregor seinen Koffer, zahlt die Hotelrechnung und verschwindet. Den Koffer deponiert er in der Gepäckaufbewahrung des Anhalter Bahnhofes. Unterwegs trifft er einen alten Freund, der von all den Zerwürfnissen in der Parteiführung nichts weiß und ihn deshalb auch nichts fragen kann. Mit ihm setzt er sich in ein Restaurant, eigentlich in eine Kneipe, wo es bayerisches Bier gibt, und verschwatzt die Zeit bis zum Abgang des Zuges, der ihn nach München bringen soll, wo Frau und Kinder zur Fahrt in den Süden auf ihn warten[24].
In der Redaktion der *»Täglichen Rundschau«* klingelt am späten Nachmittag des 8. Dezember das Telefon. Der Vertrauensmann, den Chefredakteur Zehrer in der allernächsten Umgebung Hitlers besitzt, gibt die Ereignisse im Kaiserhof durch und bemerkt dazu, der Zerfall der NSDAP stehe unmittelbar bevor. Das ist zwar übertrieben, aber die Meldung spiegelt haargenau die Panikstimmung wider, die im Hauptquartier Hitlers herrscht. Zehrer horcht auf, als der Anrufer auch die Meinung vertritt, die SA stehe geschlossen hinter Strasser. Nun ist es ein offenes Geheimnis, daß sich in einzelnen Stürmen ein immer größerer Unmut bemerkbar macht. Die Mehrzahl der Männer, die in den SA-Heimen leben, sind erwerbslos und müssen mit ihrer geringen Unterstützung auskommen. Die Schulden der SA sind womöglich noch höher als jene der Partei, die ihre Zahlungen an die

braune Schutztruppe vor geraumer Zeit eingestellt hat[25]. Allenthalben sieht man uniformierte SA-Trupps an den Straßenecken den Passanten ihre Sammelbüchse mit dem Ruf »Für die bösen Nazis« vor die Nase halten. Der Ertrag ist recht mager. Die Mißstimmung, die in den letzten Wahlen zum Reichstag und zu den thüringischen Gemeindeparlamenten zum Ausdruck kam, macht sich auch bei den Sammelerträgnissen bemerkbar. Viele SA-Leute sehen deshalb in Gregor Strasser ihren Retter. Denn, so kalkulieren sie, wenn die NSDAP erst einmal Regierungspartei ist, wird der Staat schon für sie sorgen. Aber auch eine Reihe prominenter Parteimitglieder hat sich inzwischen für Strasser ausgesprochen, darunter Kube, Graf Reventlow und Stöhr. In den Gängen des »Kaiserhof« und an der Bar des Hotels erzählt man sich, daß selbst Brückner, Hitlers persönlicher Adjutant, den Eintritt in die Regierung befürwortet.
Hans Zehrer gibt in seinem Leitartikel für die Morgenausgabe des 9. Dezember der Meinung Ausdruck, daß Strasser die Führung der NSDAP übernehmen werde, um sie gründlich zu reformieren. Diese neue nationalsozialistische Partei werde nicht abseits stehen, sondern sich mit allen aufbauwilligen Kräften an der Verantwortung beteiligen. Damit prellt Zehrer erheblich vor und läßt Dinge durchblicken, die sich noch im Stadium der Planung befinden und mit denen Strasser auch nichts zu tun hat oder wenigstens vorläufig nichts zu tun haben will. Dieser Vorstoß hat schwerwiegende Folgen.
Wenige Stunden später rufen die Zeitungsjungen die Sensation in den Straßen Berlins aus. Jeder glaubt, hinter dem Artikel stehe Reichskanzler Schleicher. Der Händler vor dem »Kaiserhof« hat seine Nummern im Nu ausverkauft. In der Hotelhalle stehen die Unterführer der NSDAP in dichten Gruppen zusammen und kommentieren Zehrers Artikel. Dr. Robert Ley, der soeben erfahren hat, wo sich Hitler aufhält, geht zum Telefon und läßt sich mit Goebbels' Wohnung verbinden. »Der Führer muß sofort ins Hotel kommen«, ruft er aufgeregt in die Muschel, denn die Partei sei in höchster Gefahr. Auch Ley hält die Informationen, die Zehrer wiedergibt, für richtig.
Kurz darauf betritt Hitler das Hotel »Kaiserhof«. Mit ihm sind

auch Goebbels und Göring eingetroffen. Doch niemand weiß Rat, alle sind wie gelähmt. Schließlich gilt es ja, sich rechtzeitig auf die richtige Seite zu schlagen, und zu diesem Zeitpunkt scheint es, als stehe das Rennen für Strasser günstiger. Nur jene, die mit ihm verfeindet sind oder von denen er nichts hält, stehen bedingungslos zu Hitler.

Den Parteiapparat beherrscht Strasser, das wissen alle. Da muß natürlich irgend etwas geschehen, aber was, weiß keiner. Es scheint auch fast, als scheue man sich, durchgreifende Maßnahmen zu treffen, aus Angst, dann vor noch katastrophalere Tatsachen gestellt zu werden. Wenn die Nachricht stimmt, und alles spricht dafür, daß sie stimmt, dann hat Strasser einen Vorsprung von nahezu 24 Stunden. Bei der Mißstimmung in der Partei kann das viel, wenn nicht alles bedeuten. Aber wo soll man einhaken? Weder Goebbels noch Göring besitzen die Autorität Strassers. Nur Hitler selbst ist in der Lage, hier einen Ausweg zu finden[26].

Die Verwirrung jener Stunden findet in Goebbels' Buch »Vom Kaiserhof zur Reichskanzlei« einen beredten Ausdruck:

> »Der Führer geht ständig mit langen Schritten im Hotelzimmer auf und ab, man sieht es seinen Gesichtszügen an, daß es mächtig in ihm arbeitet. Er ist verbittert und durch diese Treulosigkeit aufs tiefste verwundet... Uns steht allen der Verstand still vor so viel Niedertracht. Verrat! Verrat! Verrat!«

Während also Hitler nach Dr. Goebbels' Darstellung völlig ratlos im Hotelzimmer auf- und abgeht, läßt sich Frick melden. Er bestürmt seinen »Führer«, Strassers Eintritt in die Regierung zu genehmigen, denn damit löse sich die Krise innerhalb der Partei von selbst. Später könne man dann weitersehen. Der Brief Strassers, meint Frick auf Hitlers Einwand beruhigend, lasse sich reparieren. Ginge man aber nicht auf seine Forderung ein, dann sei der Zerfall der Partei beinahe sicher. Wenn Schleicher noch dazu den Reichstag auflöse, müsse mit einem vollkommenen Zusammenbruch der NSDAP gerechnet werden. Goebbels und Göring schauen mißtrauisch auf Frick, dessen Sympathien für Strasser kein Geheimnis sind. Auch bei Hitler meldet sich ein

leises Mißbehagen. Andererseits ist er aber tief beeindruckt, denn Frick gehört seit 1922 zu den »Treuesten der ersten Tage«. Er verlor durch seine Teilnahme am Münchner Putsch 1923 Beamtenstellung und Freiheit und stand in anderen Krisen immer hinter ihm. So gibt Hitler den Befehl, Gregor Strasser »um jeden Preis« heranzuholen.
Ein Dutzend Motorradfahrer brausen durch die abendlichen Straßen der Reichshauptstadt auf der Suche nach Strasser. Aber der Reichsorganisationsleiter ist verschwunden. Im Hotel Excelsior hat er seine Rechnung beglichen, in seinen Stammkneipen hat er sich nicht sehen lassen, und auch bei seinen näheren Freunden hält er sich nicht auf, wie telefonische Rückfragen ergeben. Es ist, als habe ihn der Erdboden verschluckt. Schließlich kommt einer der Boten auf die Idee, am Anhalter Bahnhof nachzufragen. Der Schaffner kann sich erinnern, daß ein Reichstagsabgeordneter Strasser die Sperre passierte und wahrscheinlich in den Zug nach München stieg.
Die Nachricht von der Abreise Strassers bringt die Parteiführer im Kaiserhof womöglich noch mehr durcheinander. »Was bedeutet denn das wieder?», fragt man sich und vermutet eine besondere Infamie dahinter. Es ist Hitler, der sofort begreift, was im Herzen seines Reichsorganisationsleiters vorging. Strasser hat resigniert! Die alte Taktik, durch Verzögerung Dinge sich von selbst erledigen zu lassen, hat sich wieder einmal bewährt.
Goebbels' Warnung, der Reichsorganisationsleiter könne von der »Hauptstadt der Bewegung[27]« aus die Revolte organisieren, schiebt Hitler beiseite. Eines muß man ihm lassen, von der menschlichen Psychologie versteht Hitler intuitiv mehr als sämtliche seiner Mitarbeiter. *Dieses treffsichere Erfühlen der geheimsten Regungen in anderer Menschen Brust ist wohl das Geheimnis aller Hitlerschen Erfolge.* Was in diesem Augenblick keiner begreift, das weiß Hitler, und mit Hilfe dieses Wissens kann er nun die Krise lösen und eine Gefahr bannen, die ihn um ein Haar die Macht gekostet und die Welt vor ihm bewahrt hätte. Strasser ist kein Rebell. Es fehlt ihm der Entschluß und die innere Unabhängigkeit zum Abfall. Der Mann weicht

bereits aus! Hitler weiß das und handelt entsprechend, vorsichtshalber gibt er telefonisch den Befehl durch, Strasser nicht ins Braune Haus in München einzulassen.
Goebbels entwirft in fliegender Hast eine Erklärung, die auf einer Fraktionssitzung allen Abgeordneten vorgelegt werden soll. Die anwesenden Gauleiter, von der plötzlichen Aktivität beeindruckt, unterschreiben sofort. Als nächstes prasseln noch in der Nacht — die Nacht liebte Hitler seit jeher für besondere Aktionen — Entlassungen und Amtsenthebungen auf die Anhänger des zurückgetretenen Reichsorganisationsleiters in allen möglichen Büros nieder. Wenige Stunden später sind die wichtigsten Mitarbeiter Strassers kaltgestellt. Am Abend des 9. Dezember spricht Hitler in einer Sitzung der nationalsozialistischen Abgeordneten und einer Reihe Unterführer im Palais des Reichstagspräsidenten Göring. Noch ließe sich vielleicht für Strasser die Situation retten, wenn er nur anwesend wäre. Aber er hat zu dieser Stunde bereits die deutsche Reichsgrenze überschritten. So sind seine Anhänger führerlos und fühlen sich geprellt. Die gedrückte Stimmung, die anfangs im Saale herrscht, verfliegt bald, nachdem Hitler zu sprechen begonnen hat. Heute hat er eine seiner großen Stunden. Seiner herzbewegenden Beredsamkeit kann niemand widerstehen. Mit pathetischen Worten schildert er, wie er Strasser immer die Treue gehalten habe, und niemand merkt, daß gerade das Gegenteil der Fall ist: Strasser hielt Hitler die Treue und weigerte sich, gegen ihn zu intrigieren. »Aber jetzt«, fährt Hitler fort, »jetzt ist mir Strasser in den Rücken gefallen und hat die Partei in eine schwierige Lage gebracht, fünf Minuten vor dem Endsieg. Nie hätte ich Strasser dies zugetraut!« Schluchzend unterbricht sich Hitler und legt den Kopf auf seinen Arm[28].
Viele der anwesenden Parteileute weinen mit. Streicher, der »Frankenführer«, wie er sich gern nennen läßt, der Herausgeber des pornographischen *»Stürmer«*, in dem er Woche für Woche angesehene Staatsbürger jüdischen Glaubens mit Schmutz bewirft und sie der schauerlichsten Verbrechen bezichtigt, ruft von seinem Platz im Hintergrund: »Empörend, daß Strasser unserem

Führer so etwas antun konnte!« Auf seinem Gesicht spiegelt sich dabei tiefe Befriedigung, denn bei einer Reorganisation der Partei würde Strasser gerade ihn als ersten hinauswerfen.
Die Rühr- und Tränenszene erreicht ihren Zweck: alle unterschreiben die von Goebbels verfaßte Treueerklärung. Die Einheit der Partei ist mit diesem Rütlischwur gerettet. Während die Zeitungen in großer Aufmachung von den Spannungen innerhalb der NSDAP berichten und die Reporter sich die Beine ablaufen, um weiteres zu erfahren, ist die Krise schon überwunden.
Den Abgang des »jahrelangen Saboteurs« Strasser, mit dem soeben der Führer eine vernichtende Abrechnung hielt, gibt die Pressestelle der NSDAP mit der auf harmlos frisierten Verlautbarung bekannt:

> »Parteigenosse Gregor Strasser tritt mit Genehmigung des Führers einen Krankheitsurlaub von drei Wochen an. Alle weiteren daran geknüpften Gerüchte und Kombinationen sind unzutreffend und entbehren jeder Grundlage.«

Kurt von Schleicher erfährt am 9. Dezember morgens von der Entwicklung der Dinge durch Zehrers Leitartikel in der *»Täglichen Rundschau«*. Er läßt sofort bei Strasser anrufen, aber der zurückgetretene Reichsorganisationsleiter ist abgereist. Noch mißt Schleicher dieser Nachricht keine Bedeutung bei, aber als sich Strasser auch am nächsten Tag nicht meldet, und dem Kanzler vertraulich der Verlauf der rührseligen Szenen in Görings Präsidentenpalais mitgeteilt wird, begreift er, daß diese Schlacht verlorenging. Allein durch den Mangel an Entschlußkraft bei Strasser ist die wohl erfolgversprechendste Möglichkeit vertan, die Gefahr Hitler noch zu bannen.
Mit der zähen Unbeirrbarkeit, die Schleicher auszeichnet, versucht er sogleich, anderweitig Boden zu gewinnen.
Außenpolitisch glaubt er am ehesten zu einem Erfolg zu kommen. Sein Außenminister von Neurath hat in Genf am 11. Dezember endlich die offizielle Zustimmung zur Rüstungsgleichheit erreicht. Das Reich nimmt wieder an der Abrüstungskonferenz teil. Innenpolitisch sieht Schleicher ebenfalls recht optimistisch. Die Haltung der parlamentarischen Mitte während der

viertägigen Reichstagssitzungen verspricht ein gedeihliches Zusammenarbeiten, wenigstens für einige Zeit. Schleichers besonderes Interesse gilt jetzt der Sozialdemokratie. Er versucht sie zu überzeugen, daß sie seine Regierung stillschweigend tolerieren müsse, wenn sie nicht eines Tages unter der Diktatur Hitlers aufwachen will. Noske, Oberpräsident von Hannover, tritt aufs wärmste für eine Verständigung der SPD mit dem neuen Kanzler ein. Auch die Gewerkschaftsführer Leipart und Graßmann plädieren für eine Tolerierung der Regierung, und selbst Severing, der von Papen am 20. Juli mit Gewalt seines Amtes als preußischer Innenminister enthoben wurde, spricht sich für eine Duldung der Regierung Schleicher aus. Doch die gemäßigten Mitglieder der Parteiführung können sich gegenüber dem linken Flügel unter Führung von Breitscheid nicht durchsetzen. Dieser stößt sich als Antimilitarist daran, daß Schleicher ein adliger General ist, und verkennt ganz, daß er ja schon im ersten Weltkrieg echtes soziales Verständnis bewiesen hatte. Er und seine Gesinnungsfreunde gehen Schleicher gegenüber von Vorstellungen aus, die auf einen Mann seiner Art einfach nicht zutreffen. Die Witzblätter der Linken stellen Schleicher zum Vergnügen der NSDAP-Führer als den Typ des reaktionären Junkers dar. In den Karikaturen der kommunistischen und sozialdemokratischen Presse erscheint er als adelsstolzer, steifbeiniger Potsdamer Kasernenoffizier, mit arroganter Miene, das Monokel im Auge und die Reitstiefel auf Hochglanz poliert. Dabei bemüht sich Schleicher, die soziale Note seiner Regierung zu unterstreichen, indem er sich vom Wirtschaftsprogramm Papens distanziert. Auch die Bereitstellung von Darlehen für umfangreiche öffentliche Arbeiten kündigt er an, um den Arbeitsmarkt zu beleben, und ein Winterhilfsprogramm soll die augenblickliche Not bannen helfen.

Schleicher gibt auch den Kampf um den linken Flügel der NSDAP nicht auf. Seine Emissäre bekommen endlich heraus, wo sich Gregor Strasser aufhält. Der aber weigert sich, schon jetzt — oder überhaupt — in die politische Arena zu steigen und mit Hitler den offenen Kampf aufzunehmen. Der Kanzler plant die Gründung einer neuen Partei, der »Sozialen National-Partei«. Dafür wäre Strasser der geeignete Mann. Er würde sicher hunderttausende aktive Parteigenossen herüberlocken.

Für diesen Tag X, der Gründung einer neuen Partei, hält Schleicher ein schweres Geschoß bereit: den Militärakt Hitlers aus Österreich, ergänzt durch die Krankengeschichte Hitlers aus dem Pasewalker Lazarett[29]. Diese Dinge müssen den Führer der NSDAP moralisch unmöglich machen. Um diese blamablen Dokumente als Flugzettel, Broschüren und auf Plakaten bis ins letzte Haus und letzte Dorf zu tragen, ist genügend Geld vorhanden. Die geheimen Fonds des Reichswehrministeriums sind noch lange nicht erschöpft. Dagegen würden alle Parteien bei einem neuen Wahlkampf unter Geldmangel zu leiden haben, vor allem die NSDAP, die von der Industrie keinen Pfennig bekommen würde, wenn sich die Reichswehr gegen sie stellt[30].

Aber hier zeigt sich, daß Schleicher nicht in einer Partei groß geworden ist, nicht einmal — wie Brüning — im Kampf um die Zustimmung der Parteien zu einem Regierungsprogramm. Im Grunde genommen ist Schleicher eben doch Soldat, der glaubt, man könne Wählern kommandieren. Ein Erfolg für die neue Partei ist nur dann zu erreichen, wenn es gelingt, bekannte Parteigrößen aus anderen politischen Gruppierungen zu gewinnen. Von seiten der KPD wie SPD und des Zentrums ist das nicht zu erwarten. Selbst ein außenpolitischer Erfolg, wie etwa die Verstärkung der Reichswehr auf 300 000 Mann, wird sich innenpolitisch erst nach gewisser Zeit auswirken.

Schleicher trägt seine Pläne dem Reichspräsidenten vor, der sich befriedigt zeigt. Hindenburg kann noch weniger als sein Kanzler die Fehlerquellen der Rechnung erkennen. Immerhin stellt er die für den Alten Herrn erstaunliche Frage, ob »dieser Hitler nicht doch putschen wird«. Schleicher antwortet beruhigend. Hindenburg will keinen Bürgerkrieg, und Schleicher bestreitet, daß unmittelbare Gefahren bestehen. Im Grunde käme ihm ein Putsch der NSDAP wohl gar nicht so ungelegen. Er würde innerhalb weniger Tage niedergekämpft sein. Im Zuge eines Ausnahmezustandes ließe sich dann auch gleich die Reichs- und Verfassungsreform durchführen[31]. Natürlich hütet sich Schleicher, diese Entwicklungsmöglichkeiten seinem Präsidenten auseinanderzusetzen.

Kurz vor Weihnachten unternimmt Schleicher noch einen Vorstoß. Er schickt Oberst von Bredow, Chef des Ministeramtes im Reichswehrministerium, zur SPD mit dem Ersuchen einer Zusammenarbeit. Bredow schlägt vor, das Parlament zu vertagen, ohne Neuwahlen anzusetzen[32] und Reichsbanner und Stahlhelm zu einem gemeinsamen »Reichskriegerbund« zu vereinigen, bei gleichzeitiger Auflösung aller anderen Wehrorganisationen[33]. Auch die Gewerkschaften sollen zu einer »Einheitsgewerkschaft« vereinigt werden. Ob Strasser, der sich in Rom aufhält und mit dem Schleicher jetzt in telefonischer Verbindung steht, von diesem Angebot an die SPD weiß, muß bezweifelt werden. Der ehemalige Reichsorganisationsleiter ist ja nach wie vor Mitglied der NSDAP.

Bredows Vorschläge werden von der SPD abgelehnt. Wer Schleicher überhaupt dazu bewog, sie machen zu lassen, ist nicht geklärt, doch zeugen sie von einer völligen Verkennung der Möglichkeiten. Diese Vorschläge mußten das Mißtrauen der Sozialdemokraten, sogar jener vom rechten Flügel hervorrufen. Andererseits wird Schleichers Programmrede, die er am 15. Dezember über den Rundfunk hält, von der SPD teilweise recht beifällig aufgenommen[34].

Burschikos erklärte er, sein einziges Programm sei, Arbeit zu schaffen. Unter Berufung auf die Aufhebung der unsozialen Notverordnungen des Papenschen Kabinetts und auf weitgehende Siedlungspläne in Ostdeutschland, wagt er zu erklären: »Ich bin ketzerisch genug einzugestehen, daß ich weder ein Anhänger des Kapitalismus noch des Sozialismus bin.« Nach einem Ausfall gegen jene Unternehmer, die wohl die Vorteile der freien Wirtschaft genießen wollten, aber bestrebt seien, deren Risiko auf den Staat abzuwälzen, fährt er fort: »Also ein sozialer General! höre ich manchen mit zweifelndem Achselzucken sagen. Ja, es hat in der Tat nichts Sozialeres gegeben als die Armee der allgemeinen Wehrpflicht.« Auch eine Verbesserung der Arbeitslosenhilfe verspricht er, und die Ausnahmebestimmungen zum Schutze der Ruhe und Ordnung sollen aufgehoben werden.

Aber er droht auch: »Den gewerbsmäßigen Unruhestiftern, ebenso wie einer gewissen aufreizenden, die Atmosphäre vergiftenden Presse, darf ich in diesem Zusammenhang warnend zur Kenntnis bringen, daß eine solche Verordnung fertig im Schubkasten liegt und in der Tat in ihrer Lückenlosigkeit eine ausgezeichnete Arbeit darstellt.«

Das sind weniger Drohungen gegen die Kommunisten als vielmehr gegen die nationalsozialistische Presse. Doch Goebbels schert sich nicht darum. Ihm wäre ein Verbot des *»Angriff«* sogar recht. Es würde ihn von den drückenden Geldsorgen befreien, denn was gäbe es für eine bessere Begründung für eine Zahlungseinstellung als ein Verbot[35]? Sein Tagebuch läßt diese Haltung durchblicken:

> 21. Dezember:
> »In der Partei selbst ist viel Stunk und Mißhelligkeit auszuräumen. Das sind immer die Folgen von inneren Krisen; aber man muß dabei die Ruhe bewahren.
> Die Geldkamalität dauert an, aber wir wehren uns tapfer dagegen...«
> 22. Dezember:
> »Wir müssen die Gehälter im Gau abbauen, da wir sonst finanziell nicht durchkommen. Alle Angestellten beweisen dabei einen bewundernswerten Opfermut. Keiner sagt auch nur ein böses Wort.«
> 23. Dezember:
> »Das Jahr 1932 war eine ewige Pechsträhne. Man muß es in Scherben schlagen ... Die Vergangenheit war schwer, und die Zukunft ist dunkel und trübe; alle Aussichten und Hoffnungen vollends entschwunden ...«

Hindenburg verbringt das Weihnachtsfest auf seinem Gut Neudeck in Ostpreußen. Von dort schickt er seinem Kanzler, der trotz seines Gallenleidens mit verbissener Energie weiterarbeitet, ein Handschreiben:

> »Lieber junger Freund!
> Ich danke Ihnen für die ruhige, stille Weihnacht, die ruhigste Zeit, die ich in meiner Amtszeit erlebt habe.
> ... Mit Freude drücke ich Ihnen, lieber junger Freund,

meine größte Zufriedenheit mit Ihrer Regierungsführung aus ...«

Auch das übrige Deutschland atmet auf. Die *Kölnische Zeitung* schreibt am 1. Januar 1933:

> »Die Kreditdeflation ist wohl endgültig überwunden; die Auflockerung am Kapitalmarkt ist fortgeschritten, der internationale Preisverfall zum Stillstand gekommen. In der deutschen Schwerindustrie war in den vergangenen Monaten eine leichte Zunahme der Erzeugung zu beobachten, und gleichzeitig stieg der Kurs der Montanpapiere.«

Auch die angesehene *Frankfurter Zeitung* spricht von einer »Konsolidierung« und schließt ihre optimistische Betrachtung mit der Feststellung:

> »Wir wissen heute, der Karren ist nicht unbeweglich festgefahren ... Der gewaltige nationalsozialistische Angriff auf den Staat ist abgeschlagen ... Herr von Schleicher hat sich der Nation als ein Reichskanzler vorgestellt, der entschlossen zu sein scheint, alle diejenigen zu enttäuschen, die glaubten, der Sinn seiner vieljährigen Tätigkeit hinter den Kulissen könne nur auf etwas Antidemokratisches, Reaktionäres und Monarchistisches hinauslaufen. Statt dessen sehen wir in ihm einen die Nation vorsichtig abtastenden und zu keinerlei Abenteuer aufgelegten Staatsmann, einen Mann, der sich bisher bestrebt zeigt, den demokratischen Organismus des Weimarer Staates beleben zu helfen, soweit das von ihm abhängt.«

Der Führer der Freien Gewerkschaften, Leipart, meint in seinem Neujahrsaufruf:

> »Die Gewerkschaften aber sind gegründet, um die Lage der Arbeiter im Rahmen der heutigen Wirtschaftsordnung zu verbessern. Heute versucht Schleicher einen Teil unserer Forderungen zu erfüllen. Können wir in dieser Situation die Aufforderung der Regierung ablehnen, an der Durchführung der Arbeitsbeschaffung mitzuarbeiten?«

Das ist ein Angebot zur Mitarbeit! Aber den Vogel schießt der Münchner *Simplizissimus* mit seinem Neujahrsgedicht ab. Diese glänzend geleitete Zeitschrift, die schon vor Jahren, als der

Führer der NSDAP sich noch nicht fotografieren ließ und nirgends ein Bild von ihm aufzutreiben war[36], prophetisch behauptet hatte, Hitler sei keine Person, sondern ein Zustand, schreibt diesmal:

»Geht mit euren Horoskopen, / denn ihr prophezeiet schlecht! / Pessimisten, Misanthropen / haben leider meistens recht. / Eins nur läßt sich sicher sagen, / und das freut uns rundherum: / Hitler geht es an den Kragen, / Dieses ›Führers‹ Zeit ist um.«

Dies Gedicht drückt die Stimmung aus, die jetzt durch das deutsche Volk geht, soweit es nicht auf Hitler schwört. Es will Ruhe haben, es will wieder friedlich und nicht heroisch und auch nicht »gefährlich leben«[37]. Die Ernüchterung hat eingesetzt. Doch der Wurm sitzt bereits im Gebälk, und die Optimisten würden wahrscheinlich nicht so hoffnungsvoll ins kommende Jahr sehen, wenn sie die Notiz gelesen hätten, die Dr. Goebbels am 29. Dezember in sein Tagebuch schreibt:

»Es besteht die Möglichkeit, daß der Führer in einigen Tagen eine Unterredung mit Papen hat. Da eröffnet sich eine neue Chance.«

10. Die Kölner Intrige

Noch vor dem Weihnachtsfest erfuhr der Kanzler, daß Herr von Papen im Herrenklub einen Vortrag gehalten hatte, in dem er die Politik seiner Regierung nachträglich verteidigte. »Es war immer das Schicksal Papens, sich verteidigen zu müssen!«, meinte Schleicher sarkastisch zu seinem Gewährsmann, der ihn über den Vortrag informierte. »Papen ist eben ein Pechvogel.« »Wenn er nur das wäre ...!«, wird ihm erwidert[1].

Gegen Papen waren im Laufe der Jahre tatsächlich so viele Vorwürfe erhoben worden, wie kaum gegen eine andere Person des öffentlichen Lebens. Doch Schleicher übersah, daß sich sein Vorgänger oft mit Erfolg verteidigt hatte. Auch im Herrenklub machten Papens geschickt vorgetragene Behauptungen, daß er leider am 2. Dezember die Flinte zu früh ins Korn geworfen habe, relativ starken Eindruck. Aber was Schleicher beim Anhören des Versammlungsberichts stutzig werden ließ, waren die wiederholten Erklärungen Papens, er hege in gar keiner Weise persönliche Feindschaft gegen den Reichskanzler. Obwohl der General glaubte, daß Papen auch keine Veranlassung dazu habe, meinte er, wer sich so intensiv verteidigt, klagt sich noch immer an. Ein anderer Besucher des Vortrags gab eine noch weniger harmlose Darstellung. Nach dessen Meinung hatten viele der 300 prominenten Gäste den Worten Franz von Papens dem Sinne nach entnommen, daß er die Möglichkeiten für den Eintritt der NSDAP in die Regierung abklopfe[2]. Anders hätten sich seine Ausführungen eigentlich kaum verstehen lassen, denn es sei doch ein Unglück, wenn sich die stärkste Partei des Landes, zudem eine nationale Partei, in der Opposition befände. So würden, habe Papen weiter ausgeführt, wertvolle Kräfte im Angriff gegen den Staat und die Gesellschaftsordnung verschwendet, während es doch Aufgabe einer verantwortlichen

Führung sei, sie dafür nutzbar zu machen. Leider habe er selber in diesem Bestreben keinen Erfolg gehabt, aber das läge in der Vergangenheit begründet. Man hätte Hitler bereits zur Mitarbeit in einer Mehrheitsregierung gewinnen müssen, als er sich noch bescheidener gab, etwa zu Anfang des zweiten Brüning-Kabinetts, jedenfalls aber vor der zweiten Wahl Hindenburgs zum Reichspräsidenten. Es sei deshalb seine, Papens, feste Überzeugung, daß eine künftige Regierung früher oder später doch mit Hitler zusammenarbeiten müsse.

Aber Schleichers Bekannter wußte noch mehr zu berichten. Er hatte sich nach dem Vortrag in der Nähe Papens gehalten und infolgedessen auch das Gespräch mitgehört, das der gestürzte Kanzler mit dem Kölner Bankier Freiherrn von Schröder führte. Der Kanzler hob den Kopf und fragte zurück: »Von Schröder? Bisher spielte dieser Bankier in der Politik keine Rolle.«

»Von Schröder, ja, der war es! Und dieser Herr vertrat die Ansicht, man solle versuchen, mit Hitler zu irgendeiner Einigung zu gelangen, trotz allem, was auch geschehen sein möge. Eine Reichsreform, wie sie ja unbedingt notwendig sei, wäre ohne Mitwirkung der stärksten Partei im Staate gar nicht denkbar. Nach der Schlappe, die Hitler unlängst erlitten habe, läge es im Bereich der Möglichkeit, daß er sich jetzt nachgiebiger und billiger gebe.«

Schleicher überdachte die Lage. Eine unmittelbare Gefahr bestand kaum. Hindenburg würde die Weihnachtstage über in Neudeck sein, Papen mit seiner Familie in Wallerfangen an der Saar. Da konnte also nichts passieren, denn nur über den Reichspräsidenten war eine Änderung der augenblicklichen Regierungszusammensetzung möglich. Doch schien Vorsicht geboten, und der General ordnete an, über von Schröder eine Akte anzulegen. Vielleicht war es von Vorteil, wenn man zur gegebenen Zeit etwas über diesen Herrn zur Hand hatte.

Schleicher wäre weniger unbesorgt gewesen, wenn er gewußt hätte, daß sich Papen bereits am 10. Dezember über einen Mittelsmann[3] an den Kölner Bankier mit so guten Beziehungen zur Ruhrindustrie gewandt hatte mit der Bitte, doch bei Hitler an-

zufragen, ob man sich einmal irgendwo über das Wetter unterhalten könne, über das politische Wetter selbstverständlich[4].
Unmittelbar nach Weihnachten wird Schleicher gemeldet, daß Strasser Rom in Richtung Deutschland verlassen habe[5]. Wo er sich augenblicklich aufhalte, sei nicht feststellbar. Der Kanzler ist darüber verärgert. Er braucht Strasser und glaubt trotz allem noch immer, daß dieser auch ihn brauche. Ohne Strasser ist kein Einbruch in die Reihen der NSDAP zu erreichen. Soviel hat der General in den letzten Tagen schon begriffen: eine neue Partei kann man nicht mit Offizieren aufbauen. Solche Aufgaben bedürfen besonderer organisatorischer Fähigkeiten, die man auf der Kriegsschule nicht lernen kann. Aber wo ist Strasser?
Gregor Strasser hat am 8. Dezember den Brief an Hitler geschrieben, ohne sich mit Schleicher vorher zu besprechen. Schon jetzt erweist sich sein Rücktritt als schwerer taktischer Fehler. Aber noch immer bestehen Möglichkeiten, den Block der 196 nationalsozialistischen Abgeordneten zu sprengen, nur muß Strasser dafür nach Berlin kommen. Statt dessen fährt er irgendwo herum, ohne seine Anschrift zu hinterlassen. Hat man ihn vielleicht ermordet? Schleicher befürchtet es allen Ernstes, da er sich kaum vorstellen kann, daß sich Strasser nicht von selbst meldet[6].
Das Geheimnis, wo sich Strasser aufhält, klärt sich bald. Der schwerblütige Bayer kehrte nach Deutschland zurück und las nachträglich die Artikel, die Goebbels gegen ihn geschrieben hatte, hörte auch von alten Freunden, was man in der Parteiführung von ihm erzählte. Das versetzte den Rechtschaffenen in maßlose Wut. Man bezichtigte ihn des »Verrats«, der »Intrige«, sprach vom »Judas Strasser«, der »das Herz des Führers gebrochen« habe, der die »Partei um Ministersessel willen verkaufen« wollte. War der Gesprächspartner ein ehemaliger Freund, erklärte man, Strasser sei ein »Idealist«, der sich von dem »hinterlistigen und intriganten General von Schleicher in eine Falle locken ließ«. Sogar Hitler hatte sich an der Hetze beteiligt, ihn als »Lump« bezeichnet, und dann wieder mit »Wehmut von seinem alten Kampfgefährten« geschwärmt, der das »Opfer einer

erschütternden Verwirrung« geworden sei, dem man aber als »Gestraucheltem« den Weg zurück offen halten müsse[7].
Was war eigentlich geschehen? Hat er, Gregor Strasser, ehemaliger Reichsorganisationsleiter und damit mächtigster Mann in der Partei nach Hitler, diese Behandlung verdient? Wer hat denn die Bewegung in Norddeutschland aufgebaut? Er hatte seine Apotheke in Landshut verkauft, alles hinter sich geworfen und war nach Berlin gegangen. Zugegeben, in vielem war er anderer Meinung als Hitler, aber gab es in einer Partei nur eine Meinung? Und ging es in einer Partei nur nach einem Kopf? Konnte man einen deutschen Sozialismus aufbauen und gleichzeitig der Schwerindustrie alles Mögliche versprechen? Mit Krupp und Thyssen ließ sich doch kein nationaler sozialistischer Staat errichten?
Er soll die Treue gebrochen haben? Welch infame Verdrehung! Während sein Bruder Otto die Partei verließ, blieb er selber Mitglied der NSDAP. Sein Bruder, den er zwei Jahre nicht mehr sah, könnte ihm mit viel größerer Berechtigung den Vorwurf der Treulosigkeit machen. Das, was ihn, Gregor, drängte, gegen Hitler zu opponieren, war ja gerade die Sorge um die Partei. Aber wer kann diese Verleumdungen richtigstellen?
Strasser erinnert sich des sächsischen Gauleiters Mutschmann, mit dem ihn einstmals viel verband[8]. Vielleicht hat er den notwendigen Mut. Strasser fährt zu ihm hin und redet sich dort seinen Zorn von der Seele. Mutschmann verspricht ihm auch, bei Hitler zu intervenieren, damit die Angriffe in den von Goebbels kontrollierten und beeinflußten Zeitungen aufhören. Als Gegenleistung verspricht Gregor Strasser, die Verbindung mit Schleicher abzubrechen. Schließlich muß doch Mutschmann auf dem Berghof Hitler etwas präsentieren können.
Am 28. Dezember fährt Strasser wieder nach Berlin, und Mutschmann macht sich auf den Weg nach Berchtesgaden. Es ist der gleiche Tag, an dem Freiherr von Schröder von Köln aus mit Wallerfangen telefoniert und Herrn von Papen fragt, ob er noch immer bereit sei, mit Hitler zusammenzutreffen, und wann es ihm passe. Schröder betont, Herr Adolf Hitler werde sich ganz nach den Wünschen Seiner Exzellenz richten. Franz von

Papen überlegt nicht lange und sagt für den 4. Januar 1933 seinen Besuch in Köln an[9].

Wenige Minuten, nachdem Strasser im Hotel Excelsior am Anhalter Bahnhof abgestiegen ist, klingelt in seinem Zimmer das Telefon. Es meldet sich Schleicher, der seiner Befriedigung über die Rückkehr Strassers Ausdruck gibt. Doch überraschenderweise lehnt der es ab, sofort in die Reichskanzlei zu kommen. Man vereinbart, daß man sich wieder »zusammentelefonieren« werde. Von seinem Besuch bei Mutschmann sagt Strasser nichts[10].

Dem General ist noch immer daran gelegen, das Zusammenspiel trotz der Zauderei seines Partners voranzutreiben. Er ahnt nicht, daß dieser schon längst kein rechter Partner mehr ist. Die nächste Etappe wäre, den ehemaligen Reichsorganisationsleiter dem Reichspräsidenten vorzustellen. Doch Hindenburg kommt erst nach Neujahr wieder in die Reichshauptstadt. Die Präsidialkanzlei gibt dem Kanzler die Termine durch, ohne zu ahnen, warum Schleicher fragt, und wen er beim Präsidenten einzuführen gedenkt. Der Kanzler-General ist wieder zuversichtlicher als noch vor einigen Tagen. Leiparts Neujahrsbotschaft an die Freien Gewerkschaften weckt bei ihm große Hoffnungen, und daß Strasser wieder aufgetaucht ist, bietet die Möglichkeit zum Generalangriff gegen die NSDAP.

Hitler in Berchtesgaden hört sich den Bericht seines sächsischen Gauleiters an, ohne über Strassers Zusage, nicht mehr mit Schleicher verhandeln zu wollen, seiner Genugtuung Ausdruck zu geben. Mutschmann hat den Eindruck, die ganze Affäre interessiere seinen Führer gar nicht mehr. Das ist nicht einmal falsch. Kurz vor Mutschmanns Eintreffen gab Schröder die Nachricht durch, Papen sei bereit, sich mit ihm, Hitler, am 4. Januar in Köln zu treffen. Hitler weiß, daß der ehemalige Reichskanzler bei Hindenburg einen großen Einfluß hat. So unterläßt es Hitler, Anweisung zu geben, die Angriffe gegen Strasser einzustellen.

Auch Goebbels hat erfahren, daß Strasser aus dem Ausland zurückgekehrt ist. Das bedeutet höchste Alarmstufe. In den folgenden Tagen feuert er eine Breitseite nach der anderen gegen den »Verräter Strasser« ab, um einer möglichen Aussöhnung mit Hitler vorzubeugen. Aber noch wirksamer sind die Gerüchte, die er gegen den ehemaligen Reichsorganisationsleiter in die Welt setzt. Strasser, der natürlich davon erfährt, fühlt sich zum zweiten Male verkauft. Erst jetzt dämmert dem schwerblütigen Bayern, welchen Gefallen er seinen Todfeinden in der NSDAP bereitet hat, als er freiwillig auf alles verzichtete, statt den Kampf aufzunehmen[11]. So nimmt er Schleichers Angebot einer Audienz bei Hindenburg an.

Am 4. Januar ist Staatssekretär Dr. Meißner wegen eines kurzen Winterurlaubs nicht in Berlin. Auch Papen ist abwesend. Reichskanzler Schleicher ist an diesem Tage schon sehr früh in seinem Büro erschienen und empfängt einen geheimnisvollen Besucher. »Durch die Gärten« geleitet er seinen Gast zur Wohnung Hindenburgs. Niemand weiß von dieser Audienz, Schleicher hat nicht einmal seine Ministerkollegen davon in Kenntnis gesetzt. An der Besprechung selbst nimmt er nicht teil[12].

Die Unterredung zwischen Hindenburg und Strasser verläuft außerordentlich positiv. Dem Alten Herrn auf dem Präsidentenstuhl gefällt dieser Mann, mit dem man sachlich reden kann. Dabei sind die Endziele Strassers dem Reichspräsidenten so fremd wie nur irgend möglich, wahrscheinlich versteht er sie gar nicht. Es ist der äußere Eindruck Strassers, der auf Hindenburg wirkt. Der Präsident ist bereit, ihn als Vizekanzler zu akzeptieren. Als er Schleicher wenige Stunden später sieht, erklärt Hindenburg: »Der Mann macht eine ganz andere Figur als dieser Hitler, das ist eine ganz andere Sache. Der Strasser gefällt mir bedeutend besser[13].«

Schleicher atmet auf. Diese Hürde wäre also genommen. Mit den christlichen und sozialdemokratischen Gewerkschaftsführern wird sich Hindenburg auch verstehen. Das ist ja gerade, was der Reichspräsident will: keine Parteiprogramme, die immer nur einen Teil des Volkes erfassen, sondern Dienst am Ganzen. Er will Männer als Minister, die nicht nach Statuten schielen, sondern ernsthaft versuchen, das Bestmögliche aus einer Situation herauszuholen.

Obwohl Schleicher alles tut, ein Bekanntwerden dieser Audienz zu verhindern, erfährt Hitler sehr schnell davon, wahrscheinlich durch eine Indiskretion aus der Umgebung Hindenburgs. Aber sie regt ihn schon nicht mehr auf, denn an demselben Tage, an dem Strasser beim Reichspräsidenten war, traf er sich in Köln im Hause des Bankiers von Schröder mit Franz von Papen.

Der »Weihnachts-« oder »Burgfrieden« ist am 2. Januar zu Ende gegangen. Am 3. Januar setzt der Wahlkampf in Lippe ein, einem kleinen Ländchen mit damals 170 000 Einwohnern, von denen rund 100 000 wahlberechtigt sind. In der Existenzkrise Deutschlands scheint diese kleine Wahl nicht sonderlich interessant. Aber für die NSDAP-Führung kommt es darauf an, die beiden Wahlniederlagen im November im Reich und im Dezember in Thüringen auszuwetzen. So wird beschlossen, über das kleine Land, das am 15. Januar seinen Landtag neu wählen soll, mit riesigem Aufwand an Propaganda herzufallen. Alle prominenten Führer der Partei sollen sprechen, nicht das kleinste Dorf, nicht der letzte Bauernhof sollen ausgelassen werden. Die meist ländliche Bevölkerung, so kalkuliert man, wird dem Trommelfeuer der nationalsozialistischen Prominenz erliegen müssen.

Hitler läßt verkünden, daß er selber nach Lippe kommen werde. Am Abend des 3. Januar besteigt er in München tatsächlich einen Zug nach Norden, aber seine Begleitung wundert sich, warum er den Schnellzug nach Köln benutzt, statt den nach Hannover, doch keiner wagt zu fragen. »Der Führer wird schon wissen, was er tut!«, antwortet der Pressechef der Partei, Otto Dietrich.

Dennoch sickert auch hier etwas durch. Kurz vor Abfahrt des Zuges erhält Hans Zehrer von seinem Vertrauensmann in der Umgebung Hitlers die Nachricht, der »Führer« werde sich in Köln mit Papen treffen. Das ist eine Sensation ersten Ranges! Und Zehrer zweifelt einen Augenblick, ob die Nachricht überhaupt stimmen kann. Kaum ein Politiker, Kanzler oder Minister wurde von der nationalsozialistischen Presse so beschimpft wie Papen. Nun soll derselbe Papen sich mit Hitler treffen?

Wer geht da zu wem? Wer suchte da aus einer politischen Charakterlosigkeit sondergleichen heraus die Aussprache mit dem anderen? Hitler bringt eine Partei mit, Papen dagegen nichts — außer der Autorität des Präsidenten, »die er sich lieh, um Schleicher zu stürzen«[14].

Da Zehrer auch die genaue Zeit mitgeteilt wird, fällt es ihm nicht schwer, zwei Reporter, darunter einen Fotografen, vor dem Hause Schröders zu postieren. Zehrer versucht auch, Herrn von Schleicher auf das Treffen aufmerksam zu machen, doch an diesem Abend kann er ihn nirgends mehr erreichen. Erst am folgenden Morgen gibt er ihm die Nachricht durch, doch Schleicher weigert sich, der Information Glauben zu schenken, und fertigt Zehrer ziemlich ungnädig ab[15]. Nachträglich überlegt er sich aber, daß dieser Journalist schon in manchem recht behalten hat und läßt sich die Akte Schröder kommen. Es ist nicht viel, was in der dünnen Mappe liegt. Am interessantesten erscheint ihm die Kopie eines Briefes[16] an den Reichspräsidenten:

> Ew. Exzellenz, ... November 1932
> Hochzuverehrender Herr Reichspräsident!
>
> Gleich Eurer Exzellenz durchdrungen von heißer Liebe zum deutschen Volk und Vaterland, haben die Unterzeichneten die grundsätzliche Wandlung, die Eure Exzellenz in der Führung der Staatsgeschäfte angebahnt haben, mit Hoffnung begrüßt. Mit Eurer Exzellenz bejahen wir die Notwendigkeit einer vom parlamentarischen Parteiwesen unabhängigen Regierung, wie sie in dem von Eurer Exzellenz formulierten Gedanken eines Präsidialkabinetts zum Ausdruck kommt.
>
> Der Ausgang der Reichstagswahl vom 6. November d. J. hat gezeigt, daß das derzeitige Kabinett, dessen aufrechten Willen niemand im deutschen Volke bezweifelt, für den von ihm eingeschlagenen Weg keine ausreichende Stütze im deutschen Volke gefunden hat, daß aber das von Eurer Exzellenz gezeigte Ziel eine volle Mehrheit im deutschen Volke besitzt, wenn man — wie es geschehen muß — von der staatsverneinenden kommunistischen Partei absieht.

Gegen das bisherige parlamentarische Parteiregime sind nicht nur die Deutschnationale Volkspartei und die ihr nahestehenden kleineren Gruppen, sondern auch die Nationalsozialistische Deutsche Arbeiter-Partei grundsätzlich eingestellt und haben damit das Ziel Eurer Exzellenz bejaht. Wir halten dieses Ergebnis für außerordentlich erfreulich und können uns nicht vorstellen, daß die Verwirklichung dieses Zieles nunmehr an der Beibehaltung einer unwirksamen Methode scheitern sollte.

Es ist klar, daß eine des öfteren wiederholte Reichstagsauflösung mit sich häufenden, den Parteikampf immer weiter zuspitzenden Neuwahlen nicht nur einer politischen, sondern auch jeder wirtschaftlichen Beruhigung und Festigung entgegenwirken muß. Es ist aber auch klar, daß jede Verfassungsänderung, die nicht von breitester Volksströmung getragen ist, noch schlimmere wirtschaftliche, politische und seelische Wirkungen auslösen wird.

Wir erachten es deshalb für unsere Gewissenspflicht, Eure Exzellenz ehrerbietigst zu bitten, daß zur Erreichung des von uns allen unterstützten Zieles Eurer Exzellenz die Umgestaltung des Reichskabinetts in einer Weise erfolgen möge, die die größtmögliche Volkskraft hinter das Kabinett bringt. Wir bekennen uns frei von jeder engen parteipolitischen Einstellung. Wir erkennen in der nationalen Bewegung, die durch unser Volk geht, den verheißungsvollen Beginn einer Zeit, die durch Überwindung des Klassengegensatzes die unerläßliche Grundlage für einen Wiederaufbau der deutschen Wirtschaft erst schafft. Wir wissen, daß dieser Aufstieg noch viele Opfer erfordert. Wir glauben, daß diese Opfer nur dann willig gebracht werden können, wenn die größte Gruppe dieser nationalen Bewegung führend an der Regierung beteiligt wird. Die Übertragung der verantwortlichen Leitung eines mit den besten sachlichen und persönlichen Kräften ausgestatteten Präsidialkabinetts auf den Führer der größten nationalen Gruppe wird die Schwächen und Fehler, die jeder Massenbewegung notgedrungen anhaften, ausmerzen und Millionen Menschen,

die heute abseits stehen, zu bejahender Kraft mitreißen.
Im vollen Vertrauen zu Eurer Exzellenz Weisheit und Eurer Exzellenz Gefühl der Volksverbundenheit begrüßen wir Eure Exzellenz

mit größter Ehrerbietung
(gez.) Kurt Freiherr von Schröder

Schleicher erinnert sich an die Aktion. Ist der Bankier vielleicht einer der Geldgeber der NSDAP?
Am frühen Morgen verläßt der Führer der NSDAP in Bonn mit seinem Gefolge den Zug. Am Bahnhof des verschlafenen Universitätsstädtchens (dem es beschieden sein sollte, rund 15 Jahre später die Hauptstadt im westlichen Teil Deutschlands zu werden, dank der von Hitler ausgelösten folgenschwersten Katastrophe unserer Geschichte) wartet Julius Schreck mit dem »Führer-Wagen«, einem sechssitzigen Mercedes, der die Reisegesellschaft nach Bad Godesberg bringt. Der überraschte Besitzer vom Hotel Dreesen beeilt sich, das Frühstück richten zu lassen. Während man ißt, gibt Hitler seinem Pressechef Dietrich Anweisung, gegen 11 Uhr mit Schrecks Wagen in Richtung Düsseldorf zu fahren, drei Kilometer hinter Köln anzuhalten und dort zu warten. Dietrich soll sich auf den Sitz neben dem Chauffeur setzen, sonst Hitlers Platz, und die Autokappe aufsetzen. Heinrich Hoffmann, der ebenfalls mitgekommen ist, erhält den Platz im Fond des Wagens zugewiesen[17]. Dietrich fragt nicht nach dem Grund dieser Geheimnistuerei.
Bevor die Begleiter Hitlers mit dem Frühstück fertig sind, rollt ein Auto mit verhängten Fenstern vor. Hitler, Heß, Himmler und Keppler steigen ein. Die Zurückbleibenden ergehen sich in allen möglichen Vermutungen, wo sich ihr Chef mit dem »kleinen Gefolge« hinbegeben haben könnte. Zur befohlenen Zeit halten sie hinter Köln auf der Straße nach Düsseldorf. Sie steigen aus und vertreten sich die Füße. Bei dem naßkalten Wetter ist es nicht gerade angenehm, stundenlang auf der Landstraße zu warten.
Hitler und seine Begleiter erscheinen erst gegen 16 Uhr. Sie verlassen den geschlossenen Wagen, der sie von Godesberg nach Köln brachte, steigen in den Mercedes um, und Hitler gibt

Schreck den Befehl, in scharfem Tempo weiterzufahren. Für den Abend ist eine Versammlung in Detmold angesetzt, und Wähler darf man nicht allzulange warten lassen. Mit erheblicher Verspätung kommen sie in Detmold an, doch keiner der Versammlungsteilnehmer ist nach Hause gegangen. Adolf Hitler bei sich zu sehen, ist ein einmaliges Ereignis. Gewöhnlich spricht er nur in Großstädten und in Riesensälen oder in eigens dafür aufgebauten Zirkuszelten.
Dietrich weiß noch immer nicht, mit wem Hitler in Köln zusammentraf. Nur eines kann er aus den spärlichen Andeutungen seines Parteichefs entnehmen, daß es eine politische Persönlichkeit sein muß und daß das Ergebnis der Unterredung zufriedenstellend ist.
Am Morgen des 5. Januar steht in der *»Täglichen Rundschau«* und in den bereits am Vormittag erscheinenden Mittagszeitungen: Adolf Hitler traf sich im Hause des Kölner Bankiers Kurt Freiherr von Schröder mit dem ehemaligen Reichskanzler Franz von Papen. Das Geheimnis, das man mit allen Mitteln zu wahren suchte, ist also bereits zwölf Stunden später kein Geheimnis mehr, dank der journalistischen Findigkeit des Chefredakteurs der *»Täglichen Rundschau«*[18].
Wilhelm Keppler, Hitlers Wirtschaftsberater, glaubte das Kölner Treffen gut vorbereitet zu haben. Ihm war das Arrangement mit den verschiedenen Autos zu verdanken. Es war kaum seine Schuld, daß die Besprechung nicht geheim blieb.
Als man vor Schröders Haus hielt, bemerkte Hitler wohl einige »zufällige« Passanten, doch daß er fotografiert wurde, entging ihm. Etwas später traf Franz von Papen in einer Taxe ein. Diesmal gab sich der Fotograf keine Mühe, verborgen zu bleiben. Vielleicht erwartete er auch, Herr von Papen käme in einem Privatwagen, und es blieb dem Pressemann keine Zeit mehr, sich zu tarnen. Papen erkannte sofort, daß irgend etwas durchgesikkert sein mußte, doch hielt er den Fotografen für einen Agenten Schleichers und nicht für einen Bildberichterstatter.
Nach den ersten formellen Begrüßungen zogen sich Papen und Hitler mit Schröder in dessen »Studierzimmer«[19] zurück. Heß, Himmler und Keppler warteten im Nebenzimmer, während von

Schröder der Unterredung beiwohnte, doch ohne sich zu beteiligen.

Nachdem sich Hitler seinen Zorn über die bisherigen Schwierigkeiten vom Leibe geredet hatte[20], kam er schnell zum eigentlichen Gesprächsthema: die Bildung einer Regierung unter Einschluß der NSDAP. Papen war eingefallen, wie man die Quadratur des politischen Zirkels lösen könnte: Hitler zum Kanzler zu machen, wie er seit Jahren forderte, und ihn doch nicht Reichskanzler werden zu lassen, was Hindenburg als Bedingung stellte. Er schlug Hitler ein Duumvirat vor und erklärte sogleich das Fremdwort: eine Zweimännerherrschaft, denn bei dem ehemaligen Künstler aus Wien setzte Papen nicht genügend Geschichtskenntnis voraus[21]. Der Führer der NSDAP unterdrückte seinen Ärger. Nein, das ginge nicht, man müßte es anders und viel besser machen. Nicht er, Hitler, werde seine Leute in eine »Duumvirats«-Regierung schicken, sondern Papen könne seine, respektive Hindenburgs Vertrauensleute in eine Regierung Hitler schicken[22].

Erst im Laufe des Gesprächs ging dem Führer der NSDAP ein Licht auf, was Papen mit seinem Vorschlag bezweckte. Es kam ja nicht nur darauf an, auf die SA und Partei Rücksicht zu nehmen, sondern in erster Linie das ewig wache Mißtrauen des Alten Herrn einzuschläfern.

Hitler besprach offensichtlich mit Schröder auch noch die Finanzlage der Partei. Es ist sicher kein Zufall, daß ausgerechnet am 5. Januar 1933 Dr. Goebbels seine tägliche Notiz mit der Feststellung begann:

»Die Kassenlage im Gau Berlin hat sich etwas gebessert!«

Der Schluß der Tagebucheintragung lautete:

> »Die Unterredung zwischen dem Führer und Herrn von Papen in Köln hat stattgefunden. Sie sollte geheim bleiben, aber durch eine Indiskretion ist sie in die Öffentlichkeit gedrungen, und Schleicher läßt sie nun ganz groß in der Presse ausposaunen. Man scheint zu ahnen, was hier gespielt wird. Die Journaille lügt das Blaue vom Himmel herunter.

Eins wird die amtierende Regierung auch wissen: daß es im Ernst um ihren Sturz geht. Wenn dieser Coup gelingt, dann sind wir nicht mehr weit von der Macht entfernt[23].«

Nach dem Lunch verabschiedete man sich von dem Hausherrn. Papen und Hitler gaben sich vor dem Haus freundlich lächelnd die Hand, ohne zu bemerken, daß der Fotograf auch diese Szene festhielt. Dann bestieg Hitler mit seinen drei Begleitern das geheimnisvolle Auto, um am Kilometerstein 3 wieder in seinen eigenen Wagen hinüberzuwechseln. Franz von Papen reiste nach Düsseldorf weiter und zog sich sofort in sein Zimmer im Hotel Excelsior zurück. Ohne Verzug setzte er sich an den Schreibtisch und schilderte in einem langen Brief an Reichskanzler von Schleicher die Unterredung mit Hitler — natürlich so, wie er wünschte, daß sie gesehen werden sollte[24].

Am Morgen des 5. Januar schlägt die Nachricht, daß sich Hitler mit Papen traf, in Berlin wie eine Bombe ein. Von Schröder übergibt der Presse sofort eine Verlautbarung, worin das Zusammentreffen verharmlost wird. Papen und Hitler einigen sich auf eine gemeinsame Erklärung:

»Gegenüber unrichtigen Kombinationen, die in der Presse über das Zusammentreffen Adolf Hitlers mit dem früheren Reichskanzler v. Papen vielfach verbreitet wurden, stellen die Unterzeichneten fest, daß die Besprechung sich ausschließlich mit den Fragen der Möglichkeit einer großen nationalen, politischen Einheitsfront befaßt hat und daß insbesondere die beiderseitigen Auffassungen über das zur Zeit amtierende Reichskabinett im Rahmen dieser allgemeinen Aussprache überhaupt nicht berührt worden sind[25]«.

In ganz Deutschland glaubt kein Mensch, daß diese Darstellung stimmt. In den Büros aller Parteien, in den Straßenbahnen und Kaffeehäusern wird die Meldung eifrig kommentiert: Man fragt sich, wie man über Politik sprechen kann, ohne den ersten Beamten des Reiches, den Kanzler, auch nur zu erwähnen? Schleicher weiß seit dem Morgen des 5. Januar, was die Stunde geschlagen hat, oder besser, er müßte es wissen. Noch immer möchte er die Nachricht nicht glauben und zitiert den Chefredakteur der *»Täglichen Rundschau«* zu sich. Doch Zehrer lehnt ab, gleich zu kommen. Erst wenn er die Fotos in der Hand hält, will er vor dem Kanzler erscheinen. Am Nachmittag läßt sich Zehrer melden und legt ihm die Abzüge auf den Tisch. Jetzt sind keine Zweifel mehr erlaubt. Schleicher ist erschüttert, der einst von ihm aus der Versenkung hervorgeholte Franz von Papen ist sein Feind, sein gefährlichster Feind[26].

Noch am selben Tage läßt sich Schleicher beim Reichspräsidenten melden und verlangt, daß Hindenburg Herrn von Papen untersage, sich in Dinge einzumischen, die ihn nichts angehen. Der Präsident, Generalfeldmarschall und Regimentskamerad Schleichers, würde wahrscheinlich diesem Wunsche Folge geleistet haben, wenn der Kanzler nicht zusätzlich verlangt hätte, Papen nur noch in seiner, Schleichers, Gegenwart zu empfangen. Das ist ein Eingriff in die privateste Sphäre, und ein Feldmarschall läßt sich nicht vorschreiben, wen er empfängt! So hält der Präsident seinen Kanzler hin und sagt nur eine Untersuchung der Angelegenheit zu. Mehr nicht[27].

Schleicher holt zum Gegenschlag aus und spielt der Presse Material über Korruptionsfälle bei der »Osthilfe« zu. Das ist für viele Freunde Hindenburgs außerordentlich peinlich. Der schon unter Brüning entstandene und nun von Schleicher wiederaufgenommene Plan der Aufteilung unrentabler Güter im Osten ist dem greisen Reichspräsidenten im Grunde unheimlich. Man kann doch nicht Land, das seit Jahrhunderten in der gleichen Familie war, den Besitzern von Staats wegen fortnehmen, nur weil es vorübergehend nicht genügend abwirft. Er empfindet mit seinen Standesgenossen um so lebhafter, als seine eigene Familie ihren Grundbesitz in einer Wirtschaftskrise während des vorigen Jahrhunderts verloren hatte. Er sieht nicht die Fehler und Schwächen der Enkel, die schlecht gewirtschaftet haben, sondern denkt nur an Verdienste der Vorfahren. Träger dieser Namen waren stets vorngewesen, wenn Brandenburg und Preußen in den Kampf gingen. Daß man ihren Nachkommen nun die Scholle unter den Füßen wegziehen will, kann er nicht dulden. Und wenn es schwarze Schafe (und kaum zu übersehende Anzeichen von Degeneration) unter seinen Standesge-

deutsche Ausgabe / Ausgabe A

• 46. Jahrg. • Einzelpreis 20 Pf.

Ausgabe A / Norddeutsche Ausgabe

Berlin, Dienstag, 31. Januar 1933

ÖLKISCHER BEOBACHTER

Herausgeber Adolf Hitler

Kampfblatt der national-sozialistischen Bewegung Großdeutschlands

historischer Tag:

Erste Maßnahmen der Reichsregierung Hitler

view des „Völkischen Beobachters" mit dem Reichs-enminister Frick – Tagung des neuen Kabinetts

Der Reichspräsident von Hindenburg hat Adolf Hitler zum Reichskanzler ernannt. Der neuen Regierung werden neben Adolf Hitler als Reichskanzler der frühere Minister Pg. Frick als Reichsinnenminister und der Reichstagspräsident Pg. Goering als Reichsminister ohne Geschäftsbereich und Reichskommissar für den Luftverkehr angehören. Pg. Goering wird gleichzeitig mit der Wahrnehmung der Geschäfte des Preußischen Innenministeriums betraut.

minister Dr. Frick

Reichsminister Goering

Berlin, 30. Januar.

Die im Anschluß an die Ernennung Adolf Hitlers herausgegebene amtliche Mitteilung hat folgenden Wortlaut:

„Der Reichspräsident hat Herrn Adolf Hitler zum Reichskanzler ernannt und auf dessen Vorschlag die Reichsregierung wie folgt neu gebildet:

Reichskanzler a. D. von Papen zum Stellvertreter des Kanzlers und Reichskommissar für das Land Preußen;

Freiherrn von Neurath zum Reichsminister des Auswärtigen;

Staatsminister a. D. M. d. R. Dr. Frick zum Reichsminister des Innern;

Generalleutnant Freiherrn von Blomberg zum Reichswehrminister;

Graf von Schwerin-Krosigk zum Reichsminister der Finanzen;

Geheimen Finanzrat M.d.R. Hugenberg zum Reichsminister der Wirtschaft und zum Reichsminister für Ernährung und Landwirtschaft;

Franz Seldte zum Reichsarbeitsminister;

Freiherrn von Eltz-Rübenach zum Reichspostminister und zum Reichsverkehrsminister;

Reichstagspräsidenten Goering zum Reichsminister ohne Geschäftsbereich und gleichzeitig zum Reichskommissar für den Luftverkehr.

Reichsminister Goering wurde mit der Wahrnehmung der Geschäfte des Preußischen Innenministeriums betraut.

Reichskommissar für Arbeitsbeschaffung Gereke wird in seinem Amt bestätigt.

Die Besetzung des Reichsjustizministeriums bleibt vorbehalten. Der Reichskanzler wird noch heute Verhandlungen mit dem Zentrum und der Bayerischen Volkspartei aufnehmen. Heute nachmittag 17 Uhr findet die erste Kabinettssitzung statt."

euen Regierung:

eistige und willensmäßige erung des deutschen Volkes

erklärt Reichsinnenminister Dr. Frick
rredung mit dem „Völkischen Beobachter"

Sollte sich dies die Kommunistische Partei nicht noch anders überlegen, so werden wir mit den schärfsten Maßnahmen gegen einen derartigen Generalstreik vorgehen."

Die Richtung unserer Politik deckt sich mit unserer bisherigen nationalsozialistischen Stellungnahme zu dieser Frage.

ADOLF HITLER

Der Grundstein zum Dritten Reich

Stürmische Huldigungen

Berlin, 30. Januar.

Nationalsozialistische Staatssekretäre in Preußen

Berlin, 30. Januar.

Flaggen heraus!

13 Titelseite des *»Völkischer Beobachter«* — Herausgeber Adolf Hitler — am Tage nach der Ernennung des Führers der NSDAP zum Reichskanzler.

14 Sofort nach dem 30. Januar 1933 begannen die SA-Stürme die ihnen seit Jahren bekannten Gegner in SPD und KPD zu verhaften. In diesen »wilden Konzentrationslagern« kommt es zu zahlreichen Folterungen wie auch zur Ermordung von Häftlingen. Die von Hitler geführte Reichsregierung hat davon angeblich keine Kenntnis. Als die Öffentlichkeit protestiert und der Reichspräsident deshalb Hitler zur Rede stellt, werden die »wilden Lager« aufgelöst und deren Insassen großenteils entlassen. Aber schon bald füllen sich stattdessen die »legalen« Konzentrationslager mit politischen Gegnern des Regimes, aber auch mit Kriminellen.

15 Bald nach Hitlers Machtergreifung stapeln sich bei der Parteileitung im »Braunen Haus« die Aufnahmegesuche fast bis zur Decke.

nossen gab und einige wenige die ihnen gebotene Staatshilfe mißbrauchten, dann sollte doch mindestens ein Kanzler, der selber adlig und Offizier ist, dergleichen Vorkommnisse nicht an die Öffentlichkeit zerren. Fast zwangsläufig muß sich der Reichspräsident schützend vor seine Freunde stellen[28].

Hitler ist außerordentlich zufrieden, das neue Jahr läßt sich gut an. Der Stoß Schleichers gegen den Bestand der NSDAP ist abgeschlagen, und Strasser hat klein beigegeben. Die Erlaubnis seitens der anderen Mächte, den Mannschaftsbestand der Reichswehr zu erhöhen, wird nicht so schnell erteilt werden[29]. Zu allem Überfluß begeht Schleicher noch den schlimmen Fehler, in dem Wespennest der »Osthilfe« zu stochern. Der Sturz der Regierung kann also nur noch eine Frage von ein paar Wochen sein. Wenn Papen Wort hält und beim Reichspräsidenten für ein günstiges Klima sorgt, ist die Bildung einer Regierung durch Hitler unabwendbar.

Mit seinem sechsten Sinn für Blößen, die sich ein Gegner gibt, benutzt er den Wahlkampf in Lippe, um über die Agrarreformpläne Schleichers die Schale seines Hohnes auszugießen. »Die Bauern sollen Land haben«, verspricht er, »aber nicht, indem man Bauern vertreibt.« Das ist der Gipfel der Demagogie, denn niemand will Bauern vertreiben, sondern nur einige unrentable Güter sollen aufgeteilt werden, von denen manche in einem Jahrzehnt dreimal saniert werden mußten, weil deren Besitzer keine »Bauern«, sondern unfähige Verschwender sind. Aber das wissen die Kleinbauern in Lippe, deren Interessen ja gerade die Regierung Schleicher vertritt, nicht. Sie hören nur die Lockungen Hitlers und geben ihm ihre Stimme[30].

Franz von Papen beeilt sich nach seiner Ankunft in Düsseldorf durchaus nicht, nach Berlin weiterzureisen. Er vermeidet es auch, zum Telefonhörer zu greifen und mit Reichskanzler von Schleicher zu sprechen. Der Brief an den Kanzler muß vorerst genügen. Wichtiger ist, mit einigen führenden Großindustriellen zu sprechen und sich ihrer Unterstützung zu versichern[31]. Erst am 8. Januar macht sich Papen auf den Weg in die Reichshauptstadt. Sein erster Gang am nächsten Morgen führt ihn zu Schleicher. Bevor Papen mit dem Präsidenten spricht, muß er mit dem Kanzler ins reine kommen. Anderthalb Stunden sprechen die beiden ehemaligen Freunde miteinander, ohne Zeugen, und keiner läßt sich hernach darüber aus, was wirklich besprochen wurde.

Die amtliche Verlautbarung stellt lediglich fest:

> »Die Aussprache zwischen Herrn von Papen und dem Reichskanzler ergab die völlige Haltlosigkeit der in der Presse aus der (Kölner) Begegnung erfolgten Behauptung von Gegensätzlichkeiten zwischen dem Reichskanzler und Herrn von Papen.«

Weder Schleicher noch Papen dachte bei der Abfassung dieser Verlautbarung an das Bismarck-Wort, daß ein Dementi eine Sache am sichersten bestätige. Die Öffentlichkeit nimmt diese Erklärung zur Kenntnis, ohne ihr auch nur den geringsten Glauben zu schenken[32].

Von Schleicher aus begibt sich Papen in seine Wohnung und von da zu Hindenburg, der ihn sofort empfängt. Auch diese Unterredung findet unter vier Augen statt. Ein Kommuniqué wird nicht herausgegeben. Aber Hindenburg berichtet seinem Staatssekretär, worüber er mit Papen sprach. Danach habe der ehemalige Kanzler dem Präsidenten mitgeteilt, Hitler sei jetzt bereit, mit anderen Parteien zusammen zu regieren, das heißt, er sei bereit, eine Koalitionsregierung auf parlamentarischer Basis zu bilden. Jedenfalls faßt es der fast fünfundachtzigjährige Präsident so auf. Chef dieser Regierung soll — Franz von Papen werden.

Hier bekommt der merkwürdige Vorschlag eines Duumvirats seine wirkliche Bedeutung. Vielleicht hofft Papen, wieder Kanzler zu werden und Hitler mit Hilfe des Präsidenten mit dem Posten des Vizekanzlers abspeisen zu können. Wahrscheinlicher ist jedoch, daß Papen glaubt, dem Alten Herrn auf dem Präsidentenstuhl die bittere Pille, den »böhmischen Gefreiten« zum Reichskanzler ernennen zu müssen, mit dem »Kompromiß eines Duumvirats« versüßen zu können. Es wird sich noch zeigen, daß man drei Wochen später tatsächlich eine Art Duumvirat beschließt.

Hindenburg ersucht dann seinen Staatssekretär, über das Thema seines Gesprächs mit Papen strengstes Stillschweigen zu bewahren, auch dem amtierenden Kanzler gegenüber. Meißner merkt, der Präsident ist froh, daß es dem »Kameraden« Papen endlich gelang, Hitler koalitionsbereit zu machen. In den Augen Hindenburgs hat sich damit »Fränzchen« als der bessere Diplomat erwiesen.

Auf den Rat seines Staatssekretärs führt der Präsident trotz allem von sich aus noch andere Verhandlungen. Zwar erteilte er Papen den Auftrag, mit politischen Persönlichkeiten im Sinne der Kölner Abmachungen zu sprechen, doch will er auch selber hören, was verschiedene Politiker denken. Am 11. Januar empfängt er noch einmal Gregor Strasser und unterhält sich mit ihm über die Lage[33]. Strasser ist ehrlich genug, Hindenburg reinen Wein einzuschenken und zu erklären, eine Spaltung der NSDAP habe sich als unmöglich erwiesen. Auch Hugenberg spricht beim Präsidenten vor. Faktisch ist Schleicher bereits Mitte Januar völlig isoliert. Alle Eingeweihten wissen es, aber der Kanzlergeneral ist nach wie vor optimistisch. Als ihn am 15. Januar der spätere österreichische Bundeskanzler Kurt von Schuschnigg besucht, erklärt er ihm, die nationalsozialistische Gefahr sei überwunden[34].

Am 15. Januar wählt nun das Ländchen Lippe. Die NSDAP hat dort einen solchen Wirbel entfacht, daß die Öffentlichkeit auf den Ausgang mit Spannung wartet. Noch in der Nacht kommt das Ergebnis. Die NSDAP kann einen Stimmenzuwachs von rund 17 Prozent gegenüber der Novemberwahl verzeichnen und steigt auf 39,6 Prozent aller Stimmen, bleibt damit aber noch hinter den Juli-Ergebnissen zurück! Die KPD verliert, ebenso die Deutschnationalen, während sich die SPD hält und in einzelnen Orten sogar Gewinne buchen kann. Der raffinierte Goebbels macht aus dem bescheidenen Erfolg einen entscheidenden Sieg. Wohlweislich gibt er nur Prozentzahlen an. Insgesamt wurden ja nicht einmal hunderttausend Stimmen abgegeben, etwa soviel, wie bei einer Wahl in nur einem der zwanzig Berliner Bezirke. Bei einer Reichstagswahl würde das Ergebnis ganz anders aussehen. Eigentlich ist die Bevölkerung des kleinsten

deutschen Bundeslandes dem Großeinsatz der bekanntesten nationalsozialistischen Führer nicht erlegen. Doch was macht das? Mit den prozentualen Wahlziffern kann man die beiden vorhergehenden Wahlschlappen vergessen machen.
Papen hat mit dem Lippeschen Wahlergebnis ein Argument in die Hand bekommen, um den Reichspräsidenten in seinem Sinne zu beeinflussen. Er erklärt dem Alten Herrn, »wie eine Nachwahl in England oder zwischenzeitliche Wahlen in den USA dem jeweiligen Denken der Wählerschaft klaren Ausdruck geben«, so beweise das Ergebnis der Landtagswahlen in Lippe den erneuten Aufstieg der NSDAP. Der Reichspräsident glaubt, sich den Schlußfolgerungen seines Beraters nicht entziehen zu können[35].
Schleicher bekommt die veränderte Einstellung Hindenburgs schnell zu fühlen. Der Reichspräsident tituliert seinen Kanzler nicht mehr mit »mein lieber junger Freund« wie in seinem Weihnachtsbrief, sondern spricht ihn mit »Herr Reichskanzler« an[36]. Der Wendepunkt bei Hindenburg ist der 20. Januar. An diesem Tage beschließt der Ältestenrat des Reichstags, für den 31. eine Sitzung einzuberufen. Schleicher hatte sogar gehofft, den Sitzungstermin noch weiter hinausschieben zu können, um Zeit zu gewinnen. Nur die Nationalsozialisten sind gegen eine Plenarsitzung. Sie sind sich ihrer Sache nicht so ganz sicher und befürchten, Schleicher könne es vielleicht noch gelingen, Hindenburg zu einer Auflösung zu überreden. Das würde die in Köln eingefädelte Intrige zunichte machen.
Schleicher läßt sich beim Reichspräsidenten melden und bittet ihn am 23. Januar um das Auflösungsdekret. Hindenburg antwortet hinhaltend. Er hat sich noch immer nicht endgültig entschieden. Einem General von Schleicher den Stuhl vor die Tür zu setzen, fällt ihm trotz allem schwer[37].
Am 22. Januar sind alle Minen gelegt. Jetzt will Hitler nicht mehr durch seine Mittelsmänner mit Papen verhandeln, sondern direkt. Der Sturz Schleichers ist für ihn nur noch eine Formsache. Der Streit geht nicht mehr darum, ob der Kanzler gestürzt wird, sondern wann die Leiche begraben werden soll und wer die Erbschaft antritt.

Im Hauptquartier der NSDAP traut man dabei Herrn von Papen, trotz allem, nicht über den Weg, um so weniger als man inzwischen erfahren hat, daß Hindenburg den Führer noch immer nicht als Kanzler akzeptieren will. Dabei hat Papen den Unterhändlern Hitlers versichert, er habe alle Überredungskünste spielen lassen. So entschließt sich Hitler, »in die weitere Entwicklung einzugreifen«, und schickt einen Herrn Joachim von Ribbentrop, den in der Partei kaum einer kennt, zu Papen und läßt ihn um eine Unterredung bitten. Aber nicht nur Herr von Papen soll zu Ribbentrop kommen, um dort Hitler zu treffen, sondern auch Hindenburgs Sohn Oskar und Staatssekretär Dr. Meißner[38]. Hitler kalkuliert sehr richtig, daß im Gespräch mit diesen beiden Herren aus der allerengsten Umgebung des Reichspräsidenten sich bald herausstellen wird, ob Papen wirklich alles getan hat, den Alten Herrn für eine Kanzlerschaft Hitlers zu gewinnen.

Aber diesmal geht Hitler mit seinem Mißtrauen zu weit. Papen hat wirklich alles getan, um Hindenburg zu überreden. Er ist jetzt sogar bereit, sich mit dem Posten des Vizekanzlers zufrieden zu geben. Es ist nicht seine Schuld, daß der Alte Herr dem nicht zustimmen will.

Am Nachmittag des 22. Januar findet eine Demonstration vor dem Karl-Liebknecht-Haus, dem Sitz der KPD, statt. Schon um die Mittagszeit verändert sich das Straßenbild der Reichshauptstadt. Aus der näheren Umgebung rollen SA-Stürme auf Lastwagen ins Stadtinnere. Es ist bitter kalt, und die Männer frieren erbärmlich, aber Berlin ist wie in einem Fieberzustand. Viele Tausende sind unterwegs, um das Schauspiel am Bülowplatz zu erleben. Man will dabei sein, wenn es zu Unruhen kommt. Die Kommunisten haben ihre Anhänger aufgerufen, aber auch ungezählte sozialdemokratische Arbeiter strömen zur Stadtmitte. Die Zusammenarbeit von Braun und Rot während des Verkehrsarbeiterstreiks ist vergessen. Man ahnt, daß etwas in der Luft liegt, obwohl von den Verhandlungen hinter den Kulissen nur sehr wenig an die Öffentlichkeit gedrungen ist.

Auch in den Regierungsgebäuden in der Wilhelmstraße spürt man die Unruhe. Schleicher hat Gegendemonstrationen der

Kommunisten verboten. Den Aufmarsch der Nationalsozialisten wagte er nicht zu verbieten, obwohl er weiß, daß es Hitler und Goebbels darauf anlegen, Unruhen zu provozieren. Eine Straßenschlacht würde man seiner Regierung schwer ankreiden.
Doch die Polizei bleibt Herr der Lage. Sie hat die Straßenbahnen umgeleitet, die Untergrundbahnen durchfahren die gesperrten Stationen in dem gefährdeten Gebiet, der Bülowplatz und die angrenzenden Straßen sind hermetisch abgeriegelt. Nur die Züge der SA-Kolonnen dürfen passieren. Dutzende von Überfallwagen der Polizei stehen bereit, um beginnende Schlägereien sofort zu unterdrücken. Auch die Kommunisten verhalten sich still. Eine zentrale Leitung der sich vor den Postenketten der Polizei zusammenballenden Massen ist nirgends zu bemerken. Die KPD hat »nur Wind gemacht«, um ihr Gesicht zu wahren.
General Schleicher sieht sich, in Zivil, den Aufmarsch an. Angesichts der exakt und geordnet aufmarschierenden SA-Stürme ruft er dieselben Worte aus, die er schon einmal beim Anblick der exakt und geordnet aufmarschierenden Rot-Front-Kolonnen gebrauchte: »Was für hervorragende Soldaten könnten diese Leute abgeben[39]!«
Nach der Kundgebung im Sportpalast fährt Hitler in die Wohnung Joachim von Ribbentrops nach Dahlem.
Die Unterredung, zu der er fährt, ist von entscheidender Bedeutung. Aber Hitler ist zuversichtlich. Der Wahlkampf in Lippe ging gut aus, die Strasser-Krise ist überwunden, die heutige Kundgebung vor der Hochburg der Kommunisten war ein Sieg, im Sportpalast jubelten ihm die SA-Männer zu — alles Vorzeichen, daß es ihm auch gelingen wird, Oskar von Hindenburg und Staatssekretär Meißner zu gewinnen, beide Berater des Reichspräsidenten und Gegner seiner Kanzlerschaft. Nur diese letzte Hürde muß noch genommen werden, dann ist der Weg frei.
Oskar von Hindenburg, der »in der Verfassung nicht vorgesehene« Sohn des Reichspräsidenten, und Staatssekretär Meißner fahren nicht direkt zu Ribbentrop. Es werden, wie in Köln, sorgfältige Maßnahmen der Tarnung getroffen, um die Begegnung mit Hitler geheim zu halten. In der Staatsoper Unter den Linden

ist eine Loge reserviert worden. Kurz vor Beginn der Vorstellung erscheinen beide Herren mit ihren Damen. Man legt Wert darauf, bemerkt zu werden, und das Haus nimmt auch gebührend ihre Anwesenheit zur Kenntnis.

In der großen Pause begrüßt man Bekannte, man sieht und wird gesehen, und in nichts unterscheidet sich dieser Abend von den anderen glanzvollen Aufführungen dieses Opernhauses, das zu den ersten der Welt zählt. Nach dem Klingelzeichen nehmen Hindenburg jun. und Dr. Meißner in der Loge wieder Platz und bleiben sitzen, bis die Lampen verlöschen und die ersten Akkorde erklingen. Dann erheben sich beide im Schutze der Dunkelheit, nehmen ihre Mäntel und verschwinden. Durch einen Hinterausgang verlassen sie die Oper. Es herrscht heftiges Schneetreiben. Mit hochgeschlagenen Mantelkragen überqueren sie den Opernplatz und halten ein Taxi an. Erst während der Fahrt nennen sie eine Adresse in Dahlem. Oskar sieht durch das Rückfenster, doch niemand folgt ihnen. Dr. Meißner lächelt vor sich hin. »Nicht einmal im Film geht es so geheimnisvoll zu[40].« In Dahlem entlohnen sie den Chauffeur und gehen das letzte Stück zu Fuß weiter. Es ist in der Dunkelheit und dem heftigen Schneetreiben nicht einfach, die Villa Ribbentrops zu finden. Endlich stehen sie vor der Tür. Auf ihr Klingeln öffnet ein livrierter Diener, nimmt ihnen die Mäntel ab und führt sie in den Salon. »Wer ist nun Dr. Mabuse«, fragt sich Meißner, »wir oder die anderen[41]?«

Ribbentrop begrüßt seine beiden Gäste und macht sie mit seiner Frau bekannt. Dann geben sie Hitler, der vom Garten her mit seinen Begleitern Dr. Frick und Hermann Göring ins Haus gelangt, die Hand. Auch Papen ist schon eingetroffen, vom Auto Ribbentrops aus der Wilhelmstraße geholt[42].

Dr. Meißner hat das Gefühl, zu einem Verhör gekommen zu sein.

Die Unterhaltung kommt nur langsam in Fluß. Man muß erst warm werden, im buchstäblichen Sinne. Die Fahrt im ungeheizten Taxi und der Marsch durch den Schnee waren nicht angenehm.

Ein Diener serviert Sekt der allerbesten Sorte aus den Kellereien der schwiegerväterlichen Firma Henkell. Meißner flüstert Oberst von Hindenburg zu: »Wenn es so bleibt, kann es ganz erträglich werden. Aber das dicke Ende kommt wohl noch.« Hitler, der Alkohol verabscheut, begnügt sich mit einer Flasche Mineralwasser[43].

Mitten in der allmählich flüssiger werdenden Unterhaltung erhebt sich Hitler plötzlich, geht auf Oskar von Hindenburg zu und sagt in bestimmtem Tone: »Herr Oberst, wollen wir uns bitte nebenan alleine unterhalten!?«

Die Regie klappt ausgezeichnet. Ribbentrop stößt schon die Tür zum Teezimmer auf, und bevor Hindenburg jun. sich darüber klar wird, was diese Trennung von Staatssekretär Meißner bedeuten soll, ist er mit Hitler allein im Raum. Sie sprechen etwa eine Stunde ohne Zeugen!

Hermann Göring, der »Diplomat der Bewegung«, befand sich in Dresden, als Hitler sich entschloß, zu dieser nächtlichen Besprechung auch ihn einzuladen. Auf das Telegramm hin raste er über die verschneiten und vereisten Straßen nach Berlin und kam gerade rechtzeitig in Ribbentrops Villa, um von Hitler noch die nötigen Instruktionen für ein Gespräch mit Meißner empfangen zu können. Dr. Meißner fühlt schnell heraus, daß man seinem Partner zur Gesprächsführung völlig neue, überraschende Richtlinien vorgeschrieben hat. Während Hermann Göring bis zu dieser Stunde in allen Erörterungen als kompromißloser Kämpfer um die Macht auftrat, gibt er den »Alles-oder-nichts«-Standpunkt jetzt völlig auf. Er wird jovial, schlägt sich auf seine prallen Schenkel, prostet zu und macht in seinen Ausführungen Zugeständnisse, die während des Briefwechsels im letzten Sommer nicht einmal der Präsident forderte. Aber Dr. Meißner hat keine Verhandlungsvollmacht; er soll sich lediglich informieren. So läßt er Göring reden, ohne ihn zu unterbrechen oder mit ihm zu diskutieren.

Was der Reichstagspräsident ausführt, ist wahrhaft erstaunlich. Niemals, behauptet er, niemals habe die NSDAP die ausschließliche Macht verlangt. Auch jetzt verlange sie dergleichen nicht. Um das Vaterland zu retten, sei Hitler vielmehr zu jedem vernünftigen Verzicht bereit. Obwohl er als Führer der weitaus

stärksten Partei die größten Forderungen stellen könne, verpflichte er sich auf das feierlichste zu einer loyalen Zusammenarbeit mit anderen nationalen Parteien. Die NSDAP versichere zudem ausdrücklich, daß sie die Verfassung[44] auf das ehrlichste respektieren und nur gesetzmäßig regieren werde. Obschon das der wohlorganisierten Stärke seiner Partei gar nicht entspräche, verlange der Führer nicht mehr als nur zwei von den zwölf Ministersesseln im Kabinett.
Meißner glaubt, sich verhört zu haben, und fragt zurück: »Sie sagten zwei Ministersessel, Herr Präsident?«
Hermann Göring schlägt sich auf die Brust: »Nur zwei!« Und dann fährt er fort, es bleibe dem Herrn Generalfeldmarschall außerdem überlassen, das Ministerium des Äußeren und das Reichswehrministerium zu besetzen. Auch sonst sei »der Führer zu jedem tragbaren Entgegenkommen« bereit, wenn man nur »die einzige, die selbstverständliche, die berechtigte und die notwendige Forderung erfülle«, ihn mit der Kanzlerschaft zu betrauen. Im übrigen könne die Reform, wie die NSDAP sie durchzuführen bestrebt sei, mit der Wiederaufrichtung der Monarchie ihre Krönung finden. Der Führer wisse, daß dies ein Herzenswunsch des Präsidenten sei, aber niemand wäre in der Lage, ein solches Ziel zu erreichen, als eben die NSDAP.
Staatssekretär Meißner verschlägt es die Sprache. Der Führer der NSDAP gibt hier durch Görings Mund Ansprüche auf, die er noch vor wenigen Monaten mit aller Unerbittlichkeit forderte. Hat ihn die Strasser-Krise so vorsichtig gemacht, oder fürchtet er das kommende 300 000-Mann-Heer? Weiß man in der NSDAP über dessen Bewilligung vielleicht mehr als in der Präsidialkanzlei? Warum die plötzliche Zusage, man werde sich für die Wiederherstellung des Kaiserlichen Deutschland einsetzen? Aber Dr. Meißner bleibt mißtrauisch. In den Ausführungen Görings steckt eine unbekannte Größe, irgend ein Faktor, der sich noch nicht erkennen läßt. Zu fragen ist natürlich zwecklos, denn Göring würde die Pläne seines Führers, falls er sie überhaupt kennt, bestimmt nicht preisgeben.
Die Tür zum Nebenraum öffnet sich. Oberst von Hindenburg und Hitler kehren zurück, beide mit dem Gesichtsausdruck von

Männern, die soeben über »letzte Dinge« gesprochen haben. Hindenburg und Meißner halten die Zusammenkunft für beendet und sind schon im Begriff, sich zu verabschieden, als Ribbentrop »zum Abendessen« bittet. An der festlich gedeckten Tafel gibt es ein »Eintopf«-Gericht, zu dem der Diener in weißen Handschuhen den Sekt des Hauses reicht.

Oskar von Hindenburg und Dr. Meißner wollen es nicht zu einem fröhlichen Umtrunk kommen lassen und erheben sich bald. Der Abschied ist ziemlich kühl. Draußen suchen sich die Herren eine Taxe zur Rückfahrt in ihre Wohnungen.

Staatssekretär Meißner möchte gern wissen, was Oskar von Hindenburg mit Hitler besprach, aber der Oberst bleibt schweigsam, macht sogar einen gedrückten Eindruck. »Tja!« sagt er schließlich, als man schon den halben Weg hinter sich hat. »Ich fürchte, wir werden um diesen Hitler nicht herumkommen! Er macht jetzt so viele Konzessionen und gibt so viele feierliche Versprechen, daß man wirklich nicht mehr weiß, wie es zu begründen wäre, wenn man ihn noch immer nicht heranläßt[45].«

Damals schien das richtig. Man hätte dem Führer der stärksten deutschen Partei auf seine Versprechungen kaum erwidern können: »Herr Hitler, Sie lügen! Alles, was Sie versichern und schwören, ist Unwahrheit und Betrug«.

Denn im Januar des Jahres 1933 wußte man von Hitler noch nicht, was einige Jahre später die ganze Welt erfuhr. Noch gab es kaum ausreichenden Grund, seinen feierlichen Versicherungen jede Glaubwürdigkeit abzustreiten. Daß man dem Verführer und dann auch Verderber des deutschen Volkes an jenem Abend getraut hat, gehört zu den zahlreichen tragischen Irrtümern jener Wochen.

Als Staatssekretär Meißner am nächsten Morgen um 8.30 Uhr in sein Büro kommt, hält ihm seine Sekretärin bereits den Hörer hin. »Der Herr Reichskanzler möchte Sie sprechen.«

»Einen schönen Guten Morgen«, ruft Schleicher durchs Telefon. »Darf ich mich höflichst erkundigen, wie Ihnen gestern nacht der Eintopf geschmeckt hat — im Hause dieses Herrn Ribbentrop[46]?«

Schleichers Geheimdienst funktioniert in der Tat recht gut, es entgeht ihm kaum etwas von den Vorgängen im »Führerhauptquartier« im Kaiserhof. Selbst an Ribbentrop, einen Außenseiter, an den bisher niemand gedacht hat, konnte er sich noch rechtzeitig heranspielen, um dann Staatssekretär Meißner mit seinem Wissen zu verblüffen. Aber eines erfuhr der Kanzler bisher nicht: die Höhe der Geldspenden, die Hitler in der ersten Januarhälfte 1933 zuflossen. Waren es nur einige hunderttausend Mark, oder waren es einige Millionen? Reichte das Geld, um gerade den Konkurs der Parteikasse abzuwenden, reichte es noch, um den Lippeschen Wahlkampf zu finanzieren, oder reicht es auch, einen neuen Wahlkampf im Reich durchzuhalten? Dabei wäre es für den Kanzler wichtig, die finanziellen Möglichkeiten Hitlers zu kennen.

Da Schleicher in jenen Januartagen, in denen er alle seine Pläne scheitern sieht, trotz allem nicht bereit ist, zurückzuweichen, muß er sich zum Kampf stellen. Eine neue Belastung ist für ihn, daß er sich auch mit Hugenberg überworfen hat. Der Führer der DNVP bringt zwar nur wenige Mandate mit, aber hinter ihm steht die Wirtschaft, die über die Pläne des Kanzlers mit Strasser und den anderen Gewerkschaftsführern nicht gerade entzückt war. Im Endeffekt hat Schleicher der NSDAP sogar einen Dienst erwiesen, als er die Strasser-Krise auslöste. Jetzt ist die NSDAP den »Sozialisten« los, ohne daß er Schleicher auch nur einen Abgeordneten zuführte.

Das Sondergefecht Schleicher-Hugenberg in der Abwehrschlacht des Kanzlers gegen Hitler begann bereits in der zweiten Januarwoche. Obwohl Schleicher am 11. Januar wissen mußte, daß Strasser nicht mehr für seinen Plan zu gewinnen war und auch die Sozialdemokraten sich seinem Liebeswerben verschlossen, hoffte er dennoch, wenigstens sie zur Vernunft bringen zu können. Aber bevor er den letzten Versuch startete, ließ sich Hugenberg bei ihm melden und machte ihm das Angebot, als Wirtschaftsminister in sein Kabinett einzutreten.

Hugenberg, kalkulierte Schleicher, bringt als Vorsitzender der Deutschnationalen Volkspartei nur 52 Abgeordnete mit, während die SPD über 121 im Reichstag verfügt. Vielleicht würde der Kanzler eine Woche später zugesagt haben, aber am 11. Januar lehnte er ab, denn er wußte, daß Gustav Noske nochmals einen Vorstoß bei der Führung der SPD unternehmen wollte. Hugenberg, der fest geglaubt hatte, Schleicher würde ihn beglückt umarmen und stehenden Fußes in sein Kabinett aufnehmen, schüttelte über die Ablehnung den Kopf und machte kein Hehl daraus, daß er sich »unter solchen Umständen wohl anderweitig umschauen« müsse.

Schleicher war es klar, daß er mit seiner Ablehnung Hugenberg sozusagen einlud, Adolf Hitler einen Besuch im Kaiserhof zu machen, doch der konnte mit dem kleinen, quecksilbrigen Geheimrat, der auf seine alten Tage gern noch Minister werden wollte, nicht ins reine kommen. Hugenberg ging aber nicht zu Hitler, sondern zum Reichslandbund, von dem er wußte, daß dieser Hindenburgs Ohr hatte. An sich hatte es die Industrie recht gern, wenn man Großgrundbesitzern etwas auf die Finger sah, aber als Bundesgenossen gegen Schleicher waren sie Hugenberg gerade recht.

Am nächsten Tage versammelte sich der Vorstand des Reichslandbundes und ließ verlautbaren, er wäre mit der Regierung Schleicher äußerst unzufrieden, weil sie »für das Elend der Landwirtschaft völlig blind« sei. Hugenberg ging am 13. Januar wieder zum Reichskanzler, den er jetzt für genügend gewarnt hielt, und wiederholte seinen Vorschlag. Schleicher lehnte wiederum ab. Hugenberg schüttelte abermals den Kopf und betonte mit Nachdruck, ein drittes Mal käme er nicht mehr. Aber auch jetzt ging der Führer der Deutschnationalen nicht zu Hitler, sondern zu Hindenburg und beschwerte sich dort über die Sturheit »dieses Schleicher«. So sei wohl der Zeitpunkt gekommen, die Deutschnationalen und Nationalsozialisten unter einen Hut zu bringen.

Dem Reichspräsidenten kam Dr. Hugenberg nie recht geheuer vor. Obwohl er die Deutschnationalen, seine Freunde, vertrat, konnte der Alte Herr die spießige Erscheinung dieses Mannes einfach nicht mit der großen Bedeutung in Einklang bringen, die er tatsächlich besaß. Hindenburg bewahrte ihm gegenüber deshalb eine gewisse Zurückhaltung. »Mit dem Herrn Hitler ist das so eine Sache, Herr Geheimrat«, erwiderte der Präsident zögernd. »Der will die ganze Macht für seine Partei allein. Mit dem kann man sich nicht einigen, wenn man ihm nicht alles gibt. Dazu bin ich aber nicht bereit.«

Dazu sei auch er nicht bereit, meinte Hugenberg und schaute recht grimmig durch seine dicken Brillengläser, um dann zu fragen: »Wenn Herr Hitler nun eine Koalitionsregierung bildet und eine Mehrheit im Reichstag findet?« Aus dieser Frage sprach Papen. Der Alte Herr aber sah in den Worten nur eine Bestätigung seiner eigenen Hoffnung, Hitler innerhalb einer Koalitionsregierung, mit Papen als Reichskanzler, bändigen zu können. »Das wäre natürlich etwas anderes«, antwortete er Hugenberg. »Aber ich habe ihm das schon zweimal angeboten, auch Papen und Brüning ... Aber der Hitler will den Kanzlerposten, und den kriegt er von mir nicht.« Dabei schlug er mit der Faust auf den Schreibtisch, daß der Federhalter über das Löschpapier rollte.

Hugenberg stimmte zu. »Nein! Alles darf Hitler auf keinen Fall bekommen. Man muß ihn fest an die Kandare nehmen, denn sonst weiß man wirklich nicht, was alles passiert.«

Während der letzten Worte Hugenbergs war Meißner wieder eingetreten und erinnerte den Präsidenten daran, daß ein anderer vorgemerkter Besucher schon draußen warte. Hindenburg erhob sich. Trotz seiner 85 Jahre empfing oder verabschiedete er niemals einen Besucher im Sitzen. Wie ein Baum stand er dem kleinen Hugenberg gegenüber, legte ihm die Hand auf die Schulter und sagte abschließend: »Verlassen Sie sich darauf, junger Freund« — Hugenberg war damals 67 Jahre alt — »von mir bekommt der Hitler nicht alles[47]!«

Kurz nach dem Besuch Hugenbergs bei Hindenburg erfuhr Schleicher, daß auch Noskes letzte Intervention fehlgeschlagen war. »Wenn ihr Hitler nicht wollt«, hatte er seinen Parteigenossen zugerufen, »so müßt ihr Schleicher unterstützen. Wenn er stürzt, haben wir die Nazi-Diktatur.« Doch im Hauptquartier der SPD blieb man bei der Ablehnung des Kanzler-Generals.

Hindenburg hat Hitler nicht gewollt und noch weniger getraut. Dieser Mensch, aus einer völlig anderen Welt hervorgegangen, war ihm unheimlich, jedenfalls unbegreiflich. Hindenburg wollte ihn nicht und stemmte sich gegen die Kanzlerschaft des »böhmischen Gefreiten« mit allen ihm möglichen Mitteln. Aber die einem damaligen deutschen Reichspräsidenten zur Verfügung stehenden verfassungsrechtlichen Mittel waren allmählich erschöpft.

An sich ist es für jede Demokratie normal und natürlich, daß dem Führer der stärksten Partei das Amt des Kanzlers oder Ministerpräsidenten angeboten wird. Lange genug, viel zu lange schon hatte man auf Grund des Artikels 48 und mit Hilfe von Notverordnungen ohne die eigentlich erforderliche Mehrheit im Reichstag regiert. So ging es nicht weiter, so konnte es nicht weitergehen.

Was sollte, was also konnte der Reichspräsident Generalfeldmarschall von Hindenburg noch tun?

Es scheint mir ebenso leichtfertig wie unwissend gegenüber den in der damaligen Lage bestehenden Tatsachen, von dem Alten Herrn ein halbes Jahrhundert später zu sagen, er habe Hitler zum Kanzler gemacht, habe ihm und der NSDAP zur Macht verholfen, damit also dem großen Verderben Tür und Tor geöffnet.

Ganz im Gegenteil hat Hindenburg alles versucht, um gerade das zu verhindern.

Noch weiter verbreitet und noch allgemeiner geglaubt wird die Behauptung seiner Senilität. Das stimmt einfach nicht, und wer aufmerksam die Berichte und Bücher jener Zeitgenossen liest, die am häufigsten und engsten mit dem alten Reichspräsidenten in Verbindung standen, auch solcher Autoren, die nicht seine festgewurzelten Ansichten geteilt haben, erfährt, daß sie ohne Ausnahme erstaunt waren über die geistige Frische, das gute Gedächtnis und das rasche Erkennen wichtiger Zusammenhänge bei dem zuletzt 86jährigen Greis.

Ausgenommen seine Familienangehörigen, hat niemand während seiner Präsidentenjahre intensiver mit Hindenburg zusammengearbeitet und außerdienstlich mit ihm verkehrt als sein Staatssekretär Dr. Meißner. Er bestätigt und hat auch schriftlich niedergelegt, daß der Reichspräsident — abgesehen von zwei Grippeerkrankungen — bis etwa drei Wochen vor seinem Tode

keine Spur des Versagens von geistigen Kräften gezeigt hat. Für einen Mann seines hohen Alters war die Klarheit des Denkens außergewöhnlich.
Am Morgen des 23. Januar muß sich Hindenburg den Bericht seines Sohnes[48], den seines Staatssekretärs und des Herrn von Papen über den Abend bei Ribbentrop anhören. Meißner beschränkt sich auf die Wiedergabe seines Gesprächs mit Göring, hebt aber hervor, daß neuerdings die NSDAP erstaunliche Zugeständnisse mache. Aber der Staatssekretär verschweigt nicht seine Bedenken und erklärt, daß hinter diesen Zugeständnissen offenbar eine »unbekannte Größe« stecken müsse. Es sei unwahrscheinlich, daß Hitler und die NSDAP nicht doch versuchen würden, im Laufe der Zeit die alleinige Macht zu erobern. Hindenburg hört aufmerksam zu und fragt zurück, ob Meißner bestimmte Vermutungen habe. Der Staatssekretär verneint. Er glaubt, Hitler werde in einigen Wochen, vielleicht auch Monaten nochmals die Frage eines Präsidialkabinetts aufrollen. Daß der Führer der NSDAP zu ungesetzlichen, ja kriminellen Mitteln greifen könnte, befürchtet Meißner zwar, doch gleichzeitig hält er es für unmöglich. Man kann den Staatsnotstand erklären, auch dieser und jener Entwicklung etwas nachhelfen, das gab es zu allen Zeiten und bei allen Völkern. Aber daß ein Verbrechen Hitler zum Ziele führen soll und daß der Plan für dieses Verbrechen ein Kernstück des Hitlerschen Programms ist, ahnen trotz ihrer Besorgnisse an diesem Vormittag weder der Reichspräsident noch sein Staatssekretär[49].
Bevor sich Papen bei Hindenburg meldet, erscheint Schleicher zum Vortrag. »Der Nationalsozialismus und Adolf Hitler«, erklärt er dem Reichspräsidenten mit mühsam unterdrückter Erregung, »sind die größte, aber auch die einzig wirklich gefährliche Bedrohung des Deutschen Reiches. Um diese Gefahr abzuwenden, bleibt nur die Auflösung des Reichstags, eine Auflösung bis auf weiteres. Von jetzt ab müssen wir ohne Parlament regieren.« Als Hindenburg fragt, wie er sich vorstelle, daß eine solche Maßnahme von Hitler und seinen Leuten aufgenommen werde, gibt der Kanzler nun zu, daß er mit Unruhen rechne. »Aber ich werde diese Unruhen mit Waffengewalt unterdrücken.«

Der Reichspräsident blickt lange auf den verschneiten Garten hinaus, so lange, daß Schleicher meint, der Alte Herr habe ihn völlig vergessen[50]. Nach Minuten, wie aus weiter Ferne heraus, findet Hindenburg die Antwort: »Lieber junger Freund«, sagt er bedächtig, »Sie schlagen mir da etwas vor, was Sie mir vor zwei Monaten selber noch als unmöglich hingestellt haben. Deshalb mußte Papen zurücktreten. Dabei wollte er nur das, was Sie jetzt von mir wollen. Seinen Plan, den Sie damals für undurchführbar hielten, wollen Sie jetzt durchführen. Und das mit meiner Hilfe, mit meiner Autorität und mit meiner Verantwortung.«

Schleicher ist um eine Antwort nicht verlegen. »Die Situation, Herr Generalfeldmarschall«, entgegnet er, »ist heute eine ganz andere, als sie damals war. Im November vorigen Jahres waren noch nicht alle Möglichkeiten zu einer friedlichen Lösung erschöpft, wie sie es heute sind. Die Macht der NSDAP, Herr Feldmarschall, ist größtenteils auf Sand gebaut. So großartig war der Wahlausgang in Lippe gar nicht. Trotz all des ungeheuren Lärms und ihrer riesigen Ausgaben haben die Nazis dort nicht einen Sozialdemokraten für sich gewonnen. In Braunschweig sitzen sie zwar in der Landesregierung, aber was besagt das schon im Vergleich zum Deutschen Reich? Die Strasser-Krise scheint zwar überwunden, aber in Wirklichkeit ist das nicht so. Hitler hat die Gauleiter wieder für sich gewonnen, aber ob er auch die Strasser-Anhänger für sich gewonnen hat, ist eine andere Frage. Ich glaube es nicht, sonst wäre er Ihnen gegenüber jetzt nicht so entgegenkommend, Herr Reichspräsident!« Hindenburg sieht seinen Kanzler erstaunt an. Woher weiß dieser »Windbeutel«, daß Hitler gestern abend so viele Zugeständnisse gemacht hat?

Schleicher fühlt sehr wohl, welche Frage in Hindenburgs Blick liegt, doch er fährt unbeirrt in seinem Vortrag fort: »Hitlers wirklich erstaunliche Zugeständnisse beweisen, wie groß seine Sorgen sind. Er weiß auch, daß ein großer Teil seiner SA zu den Kommunisten überlaufen wird, wenn er nicht schon bald etwas bietet. Wer hat denn bei der Reichstagswahl am 6. November verloren, und wer hat gewonnen? Hitler verlor 34 Sitze, während die Kommunisten 14 gewannen. Lippe konnte nur im

16 Der Reichstag brennt — 27. Februar 1933.

17 Marinus van der Lubbe, der Brandstiftung im Reichstag angeklagt, vor dem Reichsgericht in Leipzig (stehend, links in der Mitte, in Sträflingskleidung).

18 Nach dem Brand des Reichstags: Der zerstörte große Sitzungssaal.

Augenblick beeindrucken. Bei ruhigem Nachdenken bedeutet dieser gewiß sehr geschickt arrangierte Sieg in einem Zwergland gar nichts. Aber die Zunahme der Kommunisten im November bedeutet viel. Dadurch wurde die Wirtschaft erschreckt und die Industrie, auch das Bürgertum und die Konservativen. Und weil diese Kreise dem Staat nicht mehr zutrauen, daß er imstande ist, sie vor der roten Gefahr zu schützen, wenden sich die Verzagten an Hitler, der sehr laut und auch glaubhaft versichert, er werde die KPD vernichten. Man ist bereit, sich mit dem kleineren Übel, dem vermeintlich kleineren Übel der NSDAP, abzufinden, um sich vor dem anderen Übel, der KPD, zu schützen. Meiner Ansicht nach wird die KPD gar nicht putschen, aber in der Öffentlichkeit glaubt man, sie wäre zum Losschlagen bereit. Nur in der Person Hitlers, nicht mehr in der Staatsmacht, sieht man heute den sichersten Garanten vor einer roten Revolution. All das dürfte sich mit einem Schlage ändern, Herr Generalfeldmarschall, wenn die Regierung kräftig die Zähne zeigt und den Kampf für Ordnung und Recht entschlossen aufnimmt[51].«

»Aber damals erklärten Sie doch«, wendet Hindenburg ein, »daß die Machtmittel des Staates nicht ausreichen, um gleichzeitig gegen Hitler und die Kommunisten vorzugehen?«

Der Kanzler hat diese Frage erwartet, sie lag ja in der Luft. »Meine Verhandlungen mit Frankreich und England stehen vor dem Abschluß«, sagt er. »Mit England ist bereits alles klar, mit Frankreich ist es nur noch eine Frage von Tagen. Ich bin sicher, daß wir gleichzeitig mit einer Auflösung des Reichstags auch die entscheidende Verstärkung der Reichswehr verkünden können. Alsbald werden dann Freiwillige zu den Waffen eilen, und das, Herr Feldmarschall, ist ein Schritt, den Papen damals nicht tun konnte. Aber wir werden es können, wir werden eine schlagkräftige Reichswehr haben und können den Staat erfolgreich verteidigen.« Einen Augenblick überlegt Schleicher. Soll er dem Präsidenten auch seine politischen Bedenken gegen Papen erklären? Soll er versuchen, ihm den Unterschied zwischen »konservativ« und »reaktionär« verständlich zu machen? Doch dann hält es der Kanzler für klüger, zu schweigen.

Auch Hindenburg sitzt schweigend hinter seinem Schreibtisch. Erst nach einer langen Pause antwortet er Schleicher: »Ich bin noch weit davon entfernt, Hitler das Amt des Reichskanzlers zu übertragen.« Nach einer weiteren Pause setzt er, wie erklärend, hinzu, vorläufig sei sich die um Hitler versammelte Opposition untereinander noch gar nicht einig.

Schleicher spürt, daß der Präsident versucht, bindende Zusagen hinauszuzögern, wahrscheinlich, weil Papen heute noch nicht bei ihm war. Andererseits hat Hindenburg den Kanzler auch nicht unterbrochen, ein Zeichen großer Aufmerksamkeit. So ist Schleicher doch recht optimistisch. Im Vorzimmer gibt er Dr. Meißner, der dieser fast zweistündigen Unterredung nur teilweise beiwohnte, einen Bericht über jene Passagen des Gesprächs, die ihm entgingen. Der Staatssekretär drückt die Hand des Kanzlers und gibt der Hoffnung Ausdruck, daß sein Vorhaben gelingen möge. Was Schleicher vorhat, ist zwar ein Verfassungsbruch, aber angesichts der Lage erscheint er Dr. Meißner als das kleinere Übel.

Wenig später unterrichtet auch der Reichspräsident seinen Staatssekretär über das Gespräch mit Schleicher, aber in der Darstellung Hindenburgs sieht das Endergebnis etwas anders aus. Er habe, sagt er, dem General von Schleicher zu verstehen gegeben, daß er dessen Vorschläge positiver beurteilen würde, wenn nicht nur eine »sichere Hoffnung« auf eine französische Zustimmung zur Heeresverstärkung bestünde, sondern vielmehr die verbriefte Zusage vorläge. Er, Hindenburg, wolle keine Verträge mit dem Ausland brechen. Die Verstärkung des Heeres sei aber eine Voraussetzung für die erfolgreiche Verteidigung des Staates nach innen. Solange diese Auffüllung der Reichswehr nicht gesichert sei, könne er dem General keine »Blankovollmacht« geben, denn Schleicher habe sich nicht immer und in jeder Lage als zuverlässig erwiesen.

Meißner erkennt, daß Hindenburg den Sturz seines Präsidialkanzlers Papen noch immer nicht verwunden hat, und als Hindenburg hinzufügt, man könne ja nicht wissen, was dieser unberechenbare Mann auf dem Reichskanzlerstuhl beginnen werde, sobald er freie Hand habe, gibt Meißner ihm bis zu einem gewissen Grade recht. Sehr klar war Schleichers Handlungsweise nicht immer.

Die Vorschläge, die Schleicher dem Reichspräsidenten in seiner zweistündigen Unterredung machte, werden überraschenderweise bekannt. Es läßt sich nicht feststellen, durch wen sie zur Kenntnis der Öffentlichkeit gelangten. Höchstwahrscheinlich war es der General selber, der dafür sorgte, daß die wesentlichsten Punkte durchsickerten, in der Hoffnung, seine Gegner im nationalsozialistischen und deutschnationalen Lager damit abzuschrecken. Wenn diese Vermutung zutrifft, dann beging Schleicher einen schweren Fehler. Der Führer der Sozialdemokraten, Otto Wels, wie auch der Führer des Zentrums, Prälat Dr. Kaas, erheben in den nächsten Tagen bei Hindenburg ihre warnenden Stimmen und erklären, ein Verfassungsbruch sei äußerst gefährlich. Ihr Appell an den Eid des Reichspräsidenten bleibt nicht ohne Wirkung.

Als Meißner nach einem dieser warnenden Besuche das Arbeitszimmer Hindenburgs betritt, findet er den Alten Herrn mit gefalteten Händen und gesenktem Kopf an seinem Schreibtisch sitzend. Der Präsident bemerkt nicht, daß jemand eingetreten ist, und betet weiter. Meißner verläßt leise den Raum, um Hindenburg nicht in seinem Gespräch mit Gott zu stören[52].

In den nächsten Tagen reihen sich auch die Zeitungen in die Front gegen Schleicher ein. Nicht nur *»Der Angriff«* des Dr. Goebbels, auch die konservative und sozialdemokratische Presse feuert Breitseiten gegen die Regierung des Kanzler-Generals. Die Forderung nach seinem Rücktritt ist beinahe allgemein. Faktisch steht nur noch die *»Tägliche Rundschau«* bedingungslos hinter dem Reichskanzler.

Papen, der nach Schleicher bei Hindenburg vorsprach und von ihm den Auftrag erhielt, die Möglichkeiten einer Regierungsbildung auf parlamentarischer Grundlage zu sondieren, ist in diesen Tagen außerordentlich geschäftig. Allmählich schälen sich ihm auch die Bedingungen heraus, unter denen die neue Regierung zustande kommen könnte[53]:

1. Herr von Papen muß Vizekanzler werden, wird aber einen maßgebenden Einfluß auf die Führung der Regierung haben.

2. Herr von Papen kann stets zugegen sein, wenn Herr Hitler mit dem Staatschef eine politische Besprechung hat.
3. Herr von Papen soll nicht nur Vizekanzler, sondern auch preußischer Ministerpräsident werden.
4. Der bisherige Außenminister, Freiherr von Neurath, soll im Amt bleiben.
5. Reichswehrminister wird ein Berufsoffizier, den auszusuchen dem Reichspräsidenten vorbehalten bleibt.
6. Verkehrsminister bleibt Freiherr von Eltz-Rübenach.
7. Finanzminister bleibt Graf Schwerin von Krosigk.
8. Der Führer des Stahlhelms, Franz Seldte, erhält ein Ministeramt.

Aber Hitler verlangt für seine »Zugeständnisse« die Reichstagsauflösung, obwohl Hindenburg darauf besteht, daß nicht gewählt wird, weil er befürchtet, daß eine Wahl der NSDAP die absolute Mehrheit bringen könnte. Die Deutschnationalen unterstützen den Standpunkt des Präsidenten, ebenso Dr. Meißner. Er legt dem Präsidenten sehr genau die Folgen einer nationalsozialistischen Reichstagsmehrheit dar. Damit könnte Hitler manches durchsetzen, was zu verhindern sich Hindenburg all die Monate bemüht hat. Dr. Meißner befürchtet auch, daß Goebbels für die Wahl einen besonderen Schlager unter dem Tisch bereit hält, von dem noch niemand etwas weiß[54]. Der Staatssekretär erinnert sich nur zu genau des Verkehrsarbeiterstreiks. Für seine Befürchtungen wüßte er allerdings keine Begründung zu geben. Aber warum besteht man auf der Reichstagsauflösung?

Vor Schleicher steht drohend die Reichstagssitzung am 31. Januar. Bleibt es beim Zusammentritt des Reichstags, dann ist der Sturz der Regierung sicher. So läßt sich der Kanzler in der Präsidialkanzlei melden.

Noch steht alles offen, noch hat sich der Reichspräsident nicht endgültig entschieden. Nur der Rücktritt Schleichers scheint für ihn unabwendbar zu sein. Aber Hindenburg hält nach wie vor daran fest, daß Papen Kanzler wird und Hitler nur Vizekanzler. Falls sich Hitler dazu nicht bereit erklärt, liegt sogar ein Verbleiben Schleichers im Bereich der Möglichkeiten. Voraussetzung dafür wäre allerdings Frankreichs Einverständnis zur Erhöhung

der Wehrmachtsbestände. Da aber Paris schweigt, kommt Schleicher mit leeren Händen zu Hindenburg.
Kurz bevor der Reichskanzler in der Präsidialkanzlei erscheint, spricht Staatssekretär Meißner noch einmal mit dem Reichstagspräsidenten Göring, den die Sorge drückt, daß Schleicher doch die Auflösungsorder erhält. Die Begegnung findet in der Amtswohnung im Reichstagspräsidenten-Palais statt, und nur Körner, Görings Adjutant, der spätere Staatssekretär für den »Vierjahresplan«, ist zugegen. Wie bereits am 22. Januar in Ribbentrops Villa, versichert Göring, daß Hitler, einmal Reichskanzler geworden, die verfassungsmäßigen Rechte des Reichspräsidenten ehrfurchtsvoll respektieren werde. Ebenfalls verspreche der Führer der NSDAP dem verehrungswürdigen Generalfeldmarschall, die Weimarer Verfassung peinlichst einzuhalten. Dies sei eine Haltung, betont Göring, die Herr von Schleicher nicht einnehme. Im Gegensatz zu der strikten Verfassungstreue Hitlers beabsichtige der gegenwärtige Kanzler, die Verfassung zu brechen, um ohne Parlament zu regieren, wie man gehört habe. Die Rechte des Reichspräsidenten und die Verfassung seien bei Schleicher in Gefahr, bei Hitler jedoch sicher aufgehoben. Eine Änderung der Verfassung, wie etwa die Wiedereinführung der Monarchie, könne in Frage kommen, falls eine Zweidrittelmehrheit des Volkes sie in freier Wahl durchaus wünsche. Im übrigen werde eine Regierung Hitler ganz besonders den Oberbefehl des Reichspräsidenten über die Wehrmacht respektieren, die nach wie vor außerhalb jeder Politik bleiben müsse.
Dr. Meißner hört sich die Ausführungen Görings an, ohne ihn zu unterbrechen. »Unter diesen Umständen«, fährt Göring fort, »braucht der Herr Generalfeldmarschall doch wirklich nicht zu befürchten, daß Herr Adolf Hitler etwa seine Stellung als Reichskanzler zugunsten der NSDAP machtpolitisch mißbrauchen wird.« Mit gewinnendem Lächeln und festem Händedruck bittet Hermann Göring Staatssekretär Meißner, diese Erklärung dem Präsidenten zu übermitteln.
Die Ausführungen des Reichstagspräsidenten, an deren Ehrlichkeit nach den damals geltenden Auffassungen kaum ein Zweifel erlaubt erscheint, machen auf Hindenburg einen starken Ein-

druck. Hermann Göring ist schließlich nicht irgendwer. Im Ersten Weltkrieg war er ein tapferer Offizier. Im alten Heer genoß er als Nachfolger des beinahe schon legendären Kampffliegers von Richthofen hohe Achtung. Seine Majestät der Kaiser haben Göring mit dem höchsten Orden, dem »Pour-le-mérite«, ausgezeichnet. An den Worten eines solchen Mannes zu deuteln, bringt Hindenburg nicht fertig. Es beweist die geradezu schlafwandlerische Schlauheit Hitlers, daß er in diesen kritischen Tagen immer wieder den Kriegshelden Hermann Göring den Herren aus Hindenburgs engster Umgebung entgegenstellte. Denn gewissermaßen stammte Göring »aus ihrer Kiste«, deshalb hielten sie den höchst dekorierten Frontoffizier für einen vertrauenswürdigen Mann. Erst viel zu spät wurde dieser folgenschwere Irrtum erkannt.

Für den Reichskanzler von Schleicher ist es ein sehr unglücklicher Zufall, daß er ausgerechnet beim Reichspräsidenten erscheint, als Meißner gerade die Ehrenerklärung Görings über die absolute Verfassungstreue einer etwaigen Hitler-Regierung übermittelt hat. Der General findet also für das Ultimatum, das er dem Präsidenten stellen will, einen ungünstigen Boden.

In ruhigem Ton trägt der Kanzler dem deutschen Staatsoberhaupt zunächst vor, daß der Ältestenrat des Reichstags in seiner Sitzung vom 24. Januar seinen Wunsch, den Zusammentritt des Parlaments zu verschieben, abgelehnt habe, und zwar mit den Stimmen des Zentrums, das bisher die Regierung tolerierte. So werde denn der Reichstag am 31. Januar zusammentreten. »Unter diesen Umständen«, fährt Schleicher fort, »muß ich den Herrn Feldmarschall bitten, den Reichstag aufzulösen, die Neuwahlen zu verschieben und mich mit der gesamten vollziehenden Gewalt ohne Einschränkung zu betrauen.«

Hindenburg sieht erstaunt auf. Der General fordert also nicht mehr und nicht weniger als die absolute Diktatur, sogar unter Ausschaltung des Reichspräsidenten, der verfassungsmäßig den Oberbefehl über die Reichswehr wahrzunehmen hat. Aber vor dem deutschen Volke und — was für Hindenburg vielleicht noch wichtiger ist — »vor seinem Gott« trägt er, der Präsident, trotz-

dem die Verantwortung für alles, was sich aus der Berufung Schleichers zum Diktator ergeben würde.
Wenn man sich vergegenwärtigt, was dem Reichspräsidenten soeben von Hermann Göring für den Fall einer Berufung Hitlers aufs feierlichste zugesichert wurde, so ist zu verstehen, in welch ungünstigem Augenblick Schleicher seine Forderungen erhebt. Die NSDAP garantiert die Unverletzlichkeit der Verfassung, den Respekt vor dem Reichstag, die Unantastbarkeit der Armee und eine Regierungsführung zusammen mit anderen Parteien, gestützt auf eine Mehrheit im Parlament. Schleicher dagegen verlangt die totale Macht bei völliger Ausschaltung des Reichspräsidenten. Der General ist entschlossen, einen Bürgerkrieg zu führen, ohne die Sicherheit zu haben, wie Hindenburg meint, ihn auch gewinnen zu können. Für all das will er die Verantwortung auf die Schultern des alten Reichspräsidenten laden. Dabei steht kein einziger Abgeordneter und keine Partei hinter ihm.
Es wäre nicht verwunderlich gewesen, wenn Hindenburg Schleichers ungeheuerliche Forderung auf der Stelle abgelehnt hätte. Doch das tut er nicht! Gerade weil der Präsident so alt geworden ist, betrachtet er beide Seiten nüchtern und skeptisch. Schließlich bittet er seinen Staatssekretär herein, wiederholt ihm bedachtsam, was Schleicher soeben gefordert hat und fragt Meißner dann, ob die Pläne des Kanzlers mit der Verfassung vereinbar seien.
Der Staatssekretär ist sich der Tragweite seiner Antwort bewußt. Er weiß auch, daß er dieser Stellungnahme nicht ausweichen kann und daß sie für den Präsidenten verbindlich sein wird. Er gilt ja als Fachmann auf dem Gebiete des Staatsrechts, er schrieb einen handlichen Kommentar zur Weimarer Verfassung und noch ein weiteres dickleibiges Werk über das geltende Staatsrecht des Reichs und der Länder. Beide Bücher sind maßgebliche Nachschlagewerke für leitende Beamte des Deutschen Reichs. Sie liegen auch hier auf dem Schreibtisch des Präsidenten.
Dr. Meißner beantwortet Hindenburgs Fragen nicht direkt mit Nein, sondern mit einer Erklärung: »Nach der Reichsverfassung muß die Neuwahl eines aufgelösten Reichstags spätestens am

sechzigsten Tage nach der Auflösung stattfinden. Die Wahl durch eine auf Grund des Artikels 48 zu erlassende Notverordnung bis zur Herstellung geordneter Zustände unbefristet hinauszuschieben, wie es geplant zu sein scheint, ist in der Verfassung nicht vorgesehen. Nur dann, wenn am festgesetzten Wahltag durch schwere Unruhen die Abhaltung der Wahlen tatsächlich undurchführbar ist, kann eine Verschiebung unter Überschreitung der gesetzlichen Frist in Frage kommen.«

Hindenburg nickt zustimmend und sagt mit seiner tiefen Stimme: »Ja, so ungefähr habe ich mir das schon gedacht.« Während der Staatssekretär sich zurückzieht, erklärt der Präsident seinem Kanzler, daß er seine Forderungen nicht bewilligen könne. Wie er gehört habe und wohl auch selber wisse, seien sie mit der Verfassung nicht zu vereinbaren. Diese Verfassung aber habe er, der Präsident, vor Gott und vor dem Deutschen Reichstag feierlich beschworen.

Aus dem Gesicht des Generals ist alle Farbe gewichen. Wenn es ihm jetzt nicht gelingt, den Reichspräsidenten umzustimmen, ist alles verloren, und Hitler wird Kanzler. Wenn das geschieht, ist die unermüdliche und zähe Arbeit der letzten Monate und Jahre umsonst gewesen. Schleicher steht auf der letzten Sprosse seiner Wappenleiter[55], der nächste Schritt muß den Sturz bringen. Über Deutschland wird, statt der Fahne schwarz-weiß-rot, das Hakenkreuzbanner wehen, und das deutsche Volk wird eine Diktatur erleben, die früher oder später in den Abgrund führt.

Nur mühsam seine Erregung beherrschend, beschwört der General den Präsidenten, seinen Vorschlag anzunehmen. In einer solchen Staatskrise wie jetzt sei es die Pflicht des Staatsoberhauptes, über die bloßen Buchstaben einer Verfassung hinwegzusehen. Eine so verzweifelte Lage hätten die Väter der Verfassung von Weimar nicht voraussehen können. Die Not der Stunde verlange vom Reichspräsidenten, daß er die Zukunft des Vaterlandes höher stelle als die Paragraphen der Verfassung. Der übergesetzliche Notstand, wie er sagt, schaffe sich sein eigenes Gesetz.

General von Schleicher ist am Ende seiner Kräfte. Mit rauher Stimme zeigt er dem Reichspräsidenten noch einmal die Gefahren auf, die eine Kanzlerschaft Hitlers mit absoluter Sicherheit bringen muß, um dann zu schließen: »Um das Vaterland vor der Tyrannei und dem Verderben zu retten, gibt es jetzt nur noch den Weg der Notwehr durch außerordentliche Mittel und durch Gewalt. Die SA, die SS und die KPD müssen verboten, die gefährlichsten Führer der radikalen Parteien, vor allem Dr. Goebbels, verhaftet werden. Wenn sich die Nationalsozialisten auflehnen, wird die Reichswehr den Aufstand unterdrücken. Aber wenn Sie meinen Vorschlägen nicht zustimmen können, Herr Generalfeldmarschall«, ruft Schleicher heiser vor Erregung, »so sehe ich keinen anderen Ausweg, als mein Amt zur Verfügung zu stellen.«

Hindenburg lehnt sich erschöpft zurück und atmet schwer. Die Erregung seines Kanzlers hat sich auf ihn übertragen. Dann sagt er mit leiser Stimme: »Ich muß nach meinem Gewissen handeln . . . —, sehen Sie, lieber junger Freund, ich bin doch schon so alt. Da will man nicht mehr zum Eidbrecher werden. Einen Bürgerkrieg verantworten, das viele deutsche Blut auf mich nehmen — nein, das kann ich nicht!« Sein Kopf sinkt nach vorn, und nach einer langen, sehr langen Pause fügt er hinzu: »Ich werde ja wohl bald vor dem ewigen Richter stehen, und der wird mir sagen, ob ich recht gehandelt habe oder nicht. Hier kann mir das keiner sagen.«

Reichskanzler Schleicher erhebt sich schwerfällig. Aber dann strafft sich sein Körper. Ganz gegen seine Gewohnheit macht er vor dem alten Mann, der sich ausnahmsweise nicht erhebt, eine tiefe Verbeugung und verläßt das Zimmer. Hindenburg verharrt in seinem Lehnstuhl und starrt ins Leere[56].

Die Öffentlichkeit erfährt vorerst nichts davon, daß Schleicher gescheitert ist. Im Gegenteil, man vermutet, der General habe besondere Vollmachten bekommen. Denn daß er beim Reichspräsidenten eine Audienz hatte, weiß man, und da kein Kommuniqué herausgegeben wird, schließt man, Schleicher habe Hindenburg doch überreden können. Bereits am nächsten Tage laufen in der Präsidialkanzlei empörte Telegramme und Briefe ein, die warnen und mahnen. Der preußische Ministerpräsident Otto Braun, eine der markantesten Persönlichkeiten der Sozialdemokratie, schreibt an Hindenburg, was Schleicher vorhabe, sei »offener Hochverrat« und dürfe vom Reichspräsidenten unter keinen Umständen geduldet werden. Der *»Vorwärts«*, das Organ der SPD, protestiert in seiner Morgenausgabe vom 28. Januar:

> »Um den Reichspräsidenten wird ein nichtswürdiges Spiel gespielt. Unredliche Menschen wollen diesen redlichen Mann zu Handlungen verleiten, die nicht nur gegen die Verfassung und das Staatsgesetz verstoßen, sondern auch politisch betrachtet ein Frevel am deutschen Volk sind.«

Um die Mittagszeit des 28. Januar erstattet Schleicher in einer Kabinettssitzung seinen Kollegen Bericht über das, was vormittags geschehen ist. Mit erschrockenem Schweigen hört man seinen Schlußfolgerungen zu. Nach der kurzen Sitzung geht Schleicher allein, ohne sich erst mit Mantel und Hut zu bekleiden, durch den winterlich verschneiten Garten hinüber zum Reichspräsidenten, um ihm die Gesamtdemission seines Kabinetts zu unterbreiten. Er selbst tritt als Kanzler, Wehrminister und Reichskommissar für Preußen zurück.

Nachdem Schleicher den Präsidenten verlassen hat, tritt er in Meißners Arbeitszimmer, das neben demjenigen Hindenburgs liegt. »Dies Bündnis, das dieser Papen hinter meinem Rücken mit Hitler geschlossen hat«, erklärt er dem Staatssekretär und schlägt dabei mit den Fingerknöcheln auf die Tischplatte, »dieses unselige Bündnis wird nicht lange halten. Denn dieser sogenannte Führer glaubt selber nicht, was er verspricht. Wäre mir Papen nicht durch seine Besprechung bei Schröder in den Rükken gefallen, als ich gerade im Begriff war, die NSDAP zu spalten, so sähe es jetzt schon anders aus in Deutschland. Aber dieser böse Bund wird platzen, und der Alte Herr muß mich wieder holen, mich und meine Lösung. Dann werden wir der braunen Kanaille die Zähne zeigen[57]!«

Kaum hat er das gesagt, schlägt er sich lachend auf die Schenkel. Doch gleich darauf hat er sich wieder in der Gewalt. Wieder sachlich geworden, entwirft er gemeinsam mit Meißner das amtliche Kommuniqué über den Rücktritt seines Kabinetts[58]. Dann kehrt er in seine Amtsräume zurück, um seine Unterschrifts-

mappen zu erledigen. Obwohl zurückgetreten, ist er ja immer noch geschäftsführender Regierungschef.
Schleichers Gattin ist an diesem Tage verreist. Der General nimmt deswegen das Abendessen bei seinem Freund, dem General von Bredow, ein. Nach dem Essen ziehen sich die beiden Militärs ihren Frack an und fahren zum Presseball, dem repräsentativsten gesellschaftlichen Ereignis eines jeden Jahres im Berlin der Weimarer Zeit. Vor aller Augen nehmen sie im Festsaal des Marmorhauses in der reservierten Loge der Reichsregierung Platz. Sonst ist keiner der Minister erschienen. Die Leere um die beiden Herren ist auffallend, aber noch niemand im Saale weiß, was sich in den letzten vierundzwanzig Stunden abgespielt hat. Schleicher bestellt die beste Flasche Champagner, die zu haben ist. Lächelnd lehnt er an der Brüstung der Loge und betrachtet interessiert den Festtrubel. Sein Gesicht hat, trotz der betonten Unbeschwertheit, etwas Maskenhaftes. Gegen Mitternacht wird den dreitausend Teilnehmern des Presseballes vom Ansager die Rundfunkmeldung bekanntgegeben, daß die Regierung von Schleicher zurückgetreten ist, und Herr von Papen den Auftrag erhielt, die Möglichkeiten einer Regierungsbildung zu prüfen. Musik und Tanz brechen ab. Aller Augen richten sich auf die Regierungsloge. Der Lichtstrahl eines Scheinwerfers erfaßt die beiden einsamen Herren in der Regierungsloge. Der gestürzte Kanzler fühlt die auf ihn gerichteten Blicke. Er füllt sein Glas, tritt an die Brüstung und sagt laut und vernehmlich: »Na, denn Prost, meine Damen und Herren[59]!«

11. »Vorwärts mit Gott«

Nahezu drei Wochen wurde über die Zusammensetzung einer Regierung Hitler verhandelt. Man sollte demnach meinen, das neue Kabinett sei nunmehr fertig. Doch dem ist nicht so, ganz im Gegenteil. Am 4. Januar war man optimistisch und übersah beiderseits die Schwierigkeiten, Ende Januar prallen die verschiedenen Wünsche und »unabdingbaren Forderungen« hart aufeinander.

Obwohl Herr von Papen schon am 27. Januar wußte, daß General von Schleichers Kabinett zurücktreten werde, und er somit zwei volle Tage Zeit hatte, alle seine Minen springen zu lassen, hängt am Abend des 29. Januar noch alles in der Schwebe. Hitler versucht, bedrängt von seinen engsten Mitarbeitern, mehr als nur zwei Ministerposten herauszuhandeln. Aber selbst die Frage, wer die Regierung führen soll, Papen oder Hitler, ist noch immer nicht geklärt, vom Problem der Reichstagsauflösung ganz zu schweigen.

Dr. Hugenberg sträubt sich mit allen Mitteln gegen einen neuen Wahlgang. Zwar vertritt er nicht einmal zehn Prozent der Abgeordneten, aber seine Position ist außerordentlich stark. (Ein Vergleich mit der F.D.P. unter heutigen Verhältnissen drängt sich auf!) Wenn auch die NSDAP im Reichstag fast fünfmal so stark ist, ohne die Deutschnationalen wird Hindenburg den »Herrn Adolf Hitler« niemals mit der Regierungsbildung betrauen. Dauert dem Alten Herrn das Tauziehen um Ministersessel zu lange — »die Krise muß in kürzester Frist beendet werden«, schrieb der ahnungsvolle, vielleicht auch wissende Dr. Goebbels in sein Tagebuch —, so ist nicht ausgeschlossen, daß wiederum Schleicher Reichskanzler wird oder . . . bleibt. Denn nicht Hindenburg entließ ihn, sondern der General erklärte von sich aus seinen Rücktritt. Ein zwingender Grund lag bei Licht betrachtet gar nicht vor. Die Reichstagsauflösung hatte ihm der Präsident halb und halb zugesichert. Wenn binnen weniger Tage, woran kaum zu zweifeln war, die Zustimmung aus Paris eintraf, die Reichswehr zu vergrößern, das heißt zu verdreifachen,* wäre damit eine gänzlich neue Lage geschaffen worden. Merkwürdigerweise machte keiner der anderen Reichsminister seinen Kabinettschef in der Sitzung am 28. Januar darauf aufmerksam, daß er zu rasch demissioniert habe. Erst nachdem Schleicher bei Hindenburg den Rücktritt erklärt hatte, fragte ihn Dr. Meißner, warum er von dieser Möglichkeit, Zeit zu gewinnen, keinen Gebrauch gemacht habe. Der General zuckte nur mit den Achseln. Doch bei Abfassung des Kommuniqués scheint er sich Gedanken gemacht zu haben. Er war es, der im zweiten Teil der Presseerklärung die Tür, die er kurz zuvor mit hörbarem Knall zugeschlagen hatte, wieder einen Spalt weit öffnete[1], indem er eine »dritte Möglichkeit« aufzeigte: Die Bildung »eines neuen Präsidialkabinetts, das aber vollkommen über sämtlichen Parteien und mit keiner in irgendwelcher Verbindung stehen und dessen Aufgabe lediglich sein müßte, die Staatsautorität gegenüber sämtlichen Parteien zu wahren«.

Mit dem Rücktritt des Generals rechnete am 27. Januar niemand, selbst Hitler nicht. Man wußte, daß der Reichskanzler beim Präsidenten vorsprechen werde, und war allgemein überzeugt, daß er auch die Order zur Reichstagsauflösung erhalten würde.

Unmittelbar nachdem Schleicher nach seinem Rücktritt am 28. Januar das Arbeitszimmer des Reichspräsidenten verlassen hat, bittet dieser Herrn von Papen zu sich. Papen betritt Hinden-

---

* Die Uniformen, auch sonst die notwendigste Ausrüstung waren vorhanden, sogar die Quartiere für 200 000 (neue) Soldaten hätte man relativ rasch freimachen können. So weit war alles vorbereitet, schon nach wenigen Wochen wäre die Verdreifachung der Reichswehr ein fait accompli gewesen. Bei 6 Millionen Arbeitslosen im Land hätte man gewiß die Auswahl zwischen zehnmal mehr Bewerbern gehabt, als gebraucht wurden.

burgs Arbeitszimmer gegen 12 Uhr mittags und findet den Alten Herrn in ziemlicher Erregung vor.
In der kurzen Zeit zwischen Schleichers Weggehen und Papens Kommen hat er einen aufsehenerregenden Artikel in der *»Täglichen Rundschau«* gelesen. Diese Zeitung wird in der Wilhelmstraße viel beachtet und gilt auch in eingeweihten Kreisen als das Sprachrohr Schleichers, was allerdings nicht unbedingt der Fall ist. Das Blatt unterstützt nur die Politik des Kanzlers, wahrt aber durchaus seine eigene Meinung. Der Präsident bedauert, diesen Artikel nicht schon vor der Verabschiedung Schleichers gelesen zu haben, denn sonst hätte er nicht gezögert, dem General »sein äußerstes Befremden und Mißfallen« zum Ausdruck zu bringen.
Der Artikel wurde geschrieben, bevor Schleicher seine Forderung nach der Diktatur erhob und das präsidentielle Nein empfing. Der Verfasser untersucht die Möglichkeiten, die dem Reichspräsidenten noch blieben. Zwar war von diktatorischen Vollmachten und der Auflösung des Reichstags ohne Neuwahlen nicht ausdrücklich die Rede, aber es wurde doch ziemlich unverhüllt zum Ausdruck gebracht, daß es andere Möglichkeiten kaum gäbe. Ausdrücklich betonte der Autor, Herrn von Papen zu berufen und etwa mit diktatorischen Vollmachten auszustatten, würde zweifellos zu einer Katastrophe führen. Der Aufsatz mündete in der Feststellung, das müsse auch eine »Krise um den Reichspräsidenten« heraufbeschwören.
Hindenburg bittet Meißner, festzustellen, ob Schleicher hinter dem Artikel stecke. Der Staatssekretär erklärt, nicht zu wissen, wie er das herausbekommen soll. Die Redaktion der *»Täglichen Rundschau«* wird zweifelsohne schweigen, und Herr von Schleicher dürfte sich ebenfalls nicht dazu bekennen, die Ausführungen des Autors inspiriert zu haben. Allerdings lasse sich nicht ableugnen, daß der Artikel im allgemeinen ziemlich genau die Gedankengänge des zurückgetretenen Kanzlers wiedergebe.
Wenn Schleicher den Artikel veranlaßt hatte, war es sehr unklug, seinen Haß gegen Papen so unverblümt zum Ausdruck zu bringen. Papen ist in diesen Tagen für Schleicher gefährlicher

als Hitler und Hugenberg, denn er besitzt das Ohr des Reichspräsidenten.
Dieser Artikel verbaut Schleicher die letzte Chance, nämlich die auch von Dr. Meißner befürwortete Möglichkeit, dem neuen Kabinett als Reichswehrminister anzugehören. Das würde nach Meinung des Staatssekretärs eine Sicherung gegen Hitler bedeuten und dem Totalitätsanspruch der NSDAP einen Riegel vorschieben. Hitler rechnet mit dieser Möglichkeit[2] und ist entschlossen, sich mit einer Verwendung des gestürzten Kanzlers als Reichswehrminister abzufinden. Aber der Reichspräsident ist über den Artikel, der von einer drohenden »Krise um das Staatsoberhaupt« spricht, so verärgert, daß er sich, ohne seinen Staatssekretär zu befragen, entschließt, Schleicher die Verfügungsgewalt über die Reichswehr möglichst schnell zu entziehen.
Hindenburg gibt auch Papen gegenüber seinem Unmut Ausdruck und betont, daß er »so etwas« nie vergessen könne. Dann erörtert er mit dem präsumptiven Kanzler oder Vizekanzler noch einmal alle Möglichkeiten der Regierungsbildung. Papen betont, daß er sich auch mit dem Posten des Vizekanzlers zufrieden geben werde, angesichts der Tatsache, daß sich die Nationalsozialisten mit zwei Ministerien bescheiden. Allerdings ständen die Namen der beiden Minister noch nicht fest.
»Dann habe ich also«, fragt Hindenburg wörtlich, »die unangenehme Pflicht, diesen Hitler als Kanzler zu berufen[3]?«
Franz von Papen nickt. Und jetzt erst erteilt der Reichspräsident seinem Vertrauensmann Franz von Papen den Auftrag, in Besprechungen mit den maßgeblichen Parteiführern zu prüfen, ob und wieweit es *im Rahmen der Verfassung* möglich sei, eine Regierung unter Hitler zu bilden.
Als Franz von Papen am Nachmittag des 28. Januar Dr. Hugenberg empfängt, hört er, daß der Führer der NSDAP wiederum den Vorsitz in einem Präsidialkabinett verlange und nicht gesonnen sei, sich auf eine Reichstagsmehrheit zu stützen. Hugenberg selber fordert für die 52 Reichstagssitze seiner Partei zwei Ministersessel. Eine Stunde später trifft Papen mit Hitler selbst zusammen und bekommt neue Forderungen zu hören. Hitler

verlangt jetzt, außer dem Amt des Reichskanzlers, das Reichsinnenministerium und das »Reichskommissariat für Preußen«, also staatsrechtlich das Amt des preußischen Ministerpräsidenten[4]. Diesen Posten hat aber Hindenburg für den Vizekanzler von Papen vorgesehen. Aber das ist noch lange nicht alles. Auch das preußische Innenministerium verlangt Hitler für einen Mann seiner Partei.

Papen stutzt. Dieses Ministerium ist weit wichtiger als das Reichsinnenministerium. Dem preußischen Innenminister untersteht die gesamte preußische Polizei, die zwei Drittel der gesamten Polizeikräfte im Reich umfaßt und die nach der Reichswehr das stärkste Machtinstrument im Staat darstellt. Eine Reichspolizei gibt es nicht, der Schutz der Reichshauptstadt und des Regierungsviertels mit Reichsministerien untersteht dem preußischen Innenministerium. Die Berliner Polizei ist eine hervorragend ausgebildete und gut ausgerüstete Truppe, die sogar über militärisch geschlossene Bataillone verfügt, ein Werk des preußischen Innenministers Severing.

Maliziös fragt Papen zurück, ob Herr Hitler sich sonst mit den Forderungen des Herrn Reichspräsidenten zufrieden gäbe. Hitler fühlt die Spitze sehr wohl und stellt als »letzte Bedingung«, daß die anderen vom Präsidenten bestimmten Minister sich an keine Partei gebunden fühlen dürfen. Papen sieht im Moment keine Möglichkeit, wie die neuerlichen Bedingungen Hitlers erfüllt werden könnten. Seine Vollmacht schließt eine Zusage dafür aus. Dennoch will Papen nicht ablehnen. Er sagt nur, daß er dem Präsidenten Bericht erstatten müsse.

Als nächsten Politiker empfängt Herr von Papen den führenden Mann der Bayerischen Volkspartei, Fritz Schäffer. Dieser erklärt, er sei durchaus bereit, in eine Regierung Hitler einzutreten, dagegen werde seine Partei ein Kabinett Papen keinesfalls unterstützen[5]. Am Abend des 28. Januar ist man also von einer Regierungsbildung beinahe weiter entfernt als vierzehn Tage zuvor.

Gegen 10 Uhr abends läßt sich Papen beim Reichspräsidenten melden und teilt ihm das Ergebnis seiner Verhandlungen mit. Hindenburg bittet seinen Unterhändler, festzustellen, wer von

den Nationalsozialisten das Reichsinnenministerium übernehmen soll, und auch noch den Namen des zweiten Ministers zu ermitteln[6].
Kaum hat Papen das Zimmer des Präsidenten verlassen, werden der Chef der Heeresleitung Freiherr von Hammerstein-Equord und General von Stülpnagel gemeldet. Etwas verstimmt über die späte Stunde, in der sich der Präsident eben zur Ruhe begeben will, und auch befremdet, daß die Generale so gegen jede Form ohne Voranmeldung erscheinen, läßt der Reichspräsident bitten. Hammerstein und Stülpnagel treten in militärischer Haltung ein. Ihre Gesichter sind ernst und entschlossen. Hindenburg erhebt sich und fragt im Stehen: »Was führt die Herren so spät noch zu mir?«
Der Präsident kann recht jovial und bisweilen auch gemütlich im Umgang sein. Aber Offizieren gegenüber fühlt er sich doch als Generalfeldmarschall und Oberbefehlshaber der Reichswehr. Dazu stört ihn das steife Benehmen seiner Gäste, und das läßt ihn noch reservierter werden. In der Haltung eines Oberbefehlshabers, dem seine Offiziere eine dienstliche Meldung zu erstatten haben, fordert er die Generale nicht einmal zum Sitzen auf. Die beiden Militärs entschuldigen sich, zu so später Stunde erschienen zu sein, doch der Anlaß ihres Kommens sei sehr dringend, sehr ernst und dulde keinen Aufschub. Dann spricht der Chef der Heeresleitung, General von Hammerstein-Equord und bittet »im Namen der Reichswehr gehorsamst erklären zu dürfen, daß man im Offizierkorps wie auch bei der Truppe über die Entwicklung der Dinge sehr besorgt« sei. »Das Ausscheiden des Reichskanzlers und Reichswehrministers ist für die Armee untragbar. Ich möchte den Herrn Reichspräsidenten gehorsamst bitten, diese Maßnahme ...«
Weiter kommt Hammerstein nicht. Der Sieger von Tannenberg richtet sich auf und sieht seinen Besuch grimmig an. Den Krückstock auf den Boden stoßend stößt er zornig hervor: »Was für die Wehrmacht tragbar ist, weiß ich selber. Ich muß mir in dieser Hinsicht jede Belehrung von seiten der Herren Offiziere verbitten.«

Weder Hammerstein noch sein Begleiter haben je den Alten Herrn so zornig gesehen. Sie begreifen, daß ihre Mission gescheitert ist, noch bevor sie recht zu Worte kamen. Schweigend warten sie auf das Zeichen, sich zurückziehen zu dürfen.
Doch Hindenburg ist noch nicht fertig. Sehr ungehalten fährt er fort: »Es wäre wirklich besser, wenn sich die Herren weniger um Politik, mehr um die Ausbildung der Truppe kümmern!«
Nach diesen Worten wendet sich Hindenburg ab und geht auf die Tür zu, die in seine Privaträume führt. Die Generale legen ihre Hand an den Degengriff, schlagen die Hacken zusammen und verbeugen sich leicht. Schon in der Tür stehend, fällt dem Präsidenten ein, daß er noch eine nähere Erklärung geben muß. Sich an Hammerstein-Equord wendend, ruft er ihm noch zu: »Ihr Oderübergang, Herr von Hammerstein, Ihr Oderübergang neulich hat mir ganz und gar nicht gefallen[7]!«
Der plötzliche Zorn des Alten Herrn hat keinesfalls geheimnisvollen Grund und schon gar keinen politischen. Der Generalfeldmarschall hatte sich im vergangenen Jahr mehrfach über Hammerstein geärgert. Gerade weil er weiß, welch hochbegabter Offizier der Chef der Heeresleitung eigentlich ist, verdrießt ihn dessen Abneigung gegen geregelte Arbeit[8]. Hammersteins Jagdleidenschaft läßt ihn seine dienstlichen Pflichten vernachlässigen. Dem General stehen für seine Passion die ausgedehnten Jagdgebiete auf den waldreichen militärischen Übungsplätzen im Osten kostenlos zur Verfügung. Leider fällt die hohe Zeit der Jagd stets mit den Herbstmanövern zusammen. Auch im letzten Herbst bestieg Hammerstein lieber den Hochsitz in der Hirschbrunft, statt den Platz auf dem Feldherrnhügel einzunehmen[9]. Hindenburg hatte sich kurzfristig angesagt und schließlich den im Manöverplan vorgesehenen »Übergang über die Oder« zu sehen gewünscht. Die Operationsleitung mußte dabei, ungenügend vorbereitet, improvisieren, was natürlich dem militärisch geschulten Auge des Reichspräsidenten nicht entgangen war. Hinterher rügte er nachdrücklich einige taktische Fehler.
Und ein solcher General wollte ihn, den Generalfeldmarschall, belehren, was zu tun sei?

Sonntag, den 29. Januar, ist die Stimmung in Berlin zum Zerreißen gespannt. Keiner weiß, was morgen sein wird, keiner weiß, ob der General von Schleicher nicht doch noch zu einem Schlag ausholt.

Bis in die späten Morgenstunden liegt Hindenburg wach und überdenkt noch einmal die Situation. Er hat Anfang Dezember Schleicher berufen, um den Bürgerkrieg unter einer Regierung Franz von Papens zu verhindern, und jetzt hat er den General aus dem gleichen Grunde gehen lassen. Papen einigte sich mit Hitler in Köln, Schleicher hat an die Reichswehr appelliert. Der Präsident ist überzeugt, daß die beiden Generale gestern abend im Auftrag Schleichers zu ihm kamen. Der gestürzte Kanzler will also nachträglich noch einen Druck auf ihn ausüben! Aber ein Generalfeldmarschall läßt sich nicht zu irgend etwas zwingen. Da ist auch noch dieser Artikel in der *»Täglichen Rundschau«*. Schade, daß Dr. Meißner wegen des Umbaus zur Zeit nicht im Hause wohnt, sonst könnte er, Hindenburg, jetzt einen Zettel schreiben und ihn rufen lassen. Nun muß er alles allein überdenken und Entschlüsse fassen, ohne den Rat seines Staatssekretärs einholen zu können[10].

Erst gegen zehn Uhr erscheint Hindenburg in seinem Arbeitszimmer. Das kommt selten vor, als Soldat ist er das Frühaufstehen gewohnt. Kaum hinter seinem Schreibtisch sitzend, läßt der Präsident seinen Staatssekretär kommen. Nachdem er Dr. Meißner von dem abendlichen Besuch der beiden Generale berichtet hat, teilt er ihm mit, welchen Beschluß er in der Nacht faßte: der gestürzte, aber noch geschäftsführende Kanzler-General von Schleicher soll sofort seiner militärischen Vollmachten entbunden werden, ganz gleich, wann es unter welchen Voraussetzungen zu einer Regierungsbildung kommt.

Dr. Meißner fragt, wen der Herr Präsident vorgesehen habe, das Amt des Reichswehrministers zu übernehmen. Hindenburg schweigt lange, und man sieht seinem Gesicht an, daß er noch einmal alle in Frage kommenden Persönlichkeiten Revue passieren läßt. Aber dann ist er zu einem Entschluß gekommen. Dr. Meißner erhält den Auftrag, nach Genf ein Blitztelegramm mit dem Befehl an General von Blomberg abzuschicken, sofort und

auf schnellstem Wege nach Berlin zurückzukehren. Darüber sei strengstes Stillschweigen zu bewahren.
Hindenburg informiert nicht einmal den Mann seines besonderen Vertrauens, Franz von Papen. Doch auf Schleichers Schreibtisch flattert eine Kopie des Telegramms. Der General erkennt sofort dessen Bedeutung und setzt sich umgehend mit einem Offizier der Begleitung Blombergs in Verbindung. Kaum eine Stunde später weiß er, daß Blomberg wegen der schlechten Witterung weder mit dem Flugzeug noch mit dem Auto nach Berlin reisen kann. Er muß den fahrplanmäßigen Zug nach der Reichshauptstadt nehmen und kann deshalb nicht vor morgen früh eintreffen.
General von Blomberg[11] führt seit mehreren Jahren den Oberbefehl über den Wehrkreis I/Ostpreußen, das als die gefährdetste Provinz des Deutschen Reiches gilt. Wenn sich der Reichspräsident in Neudeck aufhält, pflegt er ihm einen Besuch zu machen. Im Laufe der Jahre entwickelte sich daraus ein freundschaftliches Verhältnis zum Hause Hindenburg. Der Präsident will, sollte ein Kabinett Hitler nicht zustande kommen, Papen zum Kanzler ernennen und Blomberg die vollziehende Gewalt übertragen. Daß der General sehr sprachgewandt ist, empfiehlt ihn Hindenburg besonders. Er verspricht sich davon direkte Verhandlungsmöglichkeiten mit Paris. Blomberg wird, dessen glaubt sich der Präsident sicher zu sein, vor allem keine Extratouren wie dieser Schleicher versuchen[12].
Herr von Papen verhandelt seit dem frühen Morgen. Zuerst spricht er mit Hitler und Göring. Die Nationalsozialisten benennen als Reichsinnenminister Dr. Wilhelm Frick, einen als gemäßigt bekannten Nationalsozialisten und alten Berufsbeamten. Gegen diesen Vorschlag, meint Papen, dürfte der Präsident kaum etwas einzuwenden haben, auch nicht gegen Göring als zweiten Reichsminister.
Um so mehr sperrt sich aber Hindenburgs Unterhändler gegen die Forderung nach der Besetzung des Reichskommissariats für Preußen und des Preußischen Innenministeriums durch einen Nationalsozialisten. Das Reichskommissariat zu vergeben, lehnt Papen ab, weil der Präsident diesen Posten für ihn selbst vorge-

sehen hat. Hitler versteht, der Alte Herr will damit Papens Stellung als Vizekanzler stärken. Um so mehr besteht Hitler auf der Besetzung des Preußischen Innenministeriums durch einen seiner Leute. Die Preußische Polizei, erklärt er, sei infolge einer mehr als zehnjährigen sozialdemokratischen Führung »falsch erzogen« und gehöre »endlich in eine zuverlässige Hand«. Papen hütet sich, dieses Verlangen Hitlers endgültig abzulehnen, um die Regierungsbildung nicht im letzten Moment scheitern zu lassen. Er läßt die Frage offen.

Danach bespricht sich Papen mit Dr. Hugenberg[13]. Der Führer der Deutschnationalen ist mit dem Wunsch des Präsidenten einverstanden, das Reichswirtschaftsministerium und das Reichsministerium für Ernährung und Landwirtschaft zu übernehmen. Auch die Stahlhelmführer wollen die kommende Regierung Hitler unterstützen. Doch Oberstleutnant a. D. Duesterberg weigert sich, ein Ministeramt zu übernehmen. Die nationalsozialistische Presse hat ihm allzuoft seine nichtarische Großmutter vorgeworfen. Sie hinderte ihn zwar nicht, an der Front seinen Platz auszufüllen, aber für eine Mitarbeit in einem Kabinett Hitler läßt ihn die »jüdische« Versippung unpassend erscheinen. Papen glaubt, daß es genüge, wenn Franz Seldte als Führer des Stahlhelms das Arbeitsministerium übernimmt. Er bringt nach Meinung des Präsidenten dafür auch eine gewisse Vorbildung mit. Die gut fundierte Sozialversicherung des Stahlhelms ist sein Werk.

General von Schleicher verbringt den Vormittag dieses Sonntags im Reichswehrministerium. Einige seiner Vertrauten, Kameraden und Untergebenen besprechen mit ihm die Lage. Einer der Herren meint, man müsse gegen Hindenburg vorgehen, das heißt, ihn nach Neudeck verbringen und dort in Ehrenhaft halten. Dann solle die Reichswehr im ganzen Reiche alarmiert und der Reichsnotstand erklärt werden, mit anderen Worten: der Vorschlag, den Schleicher vor zwei Tagen dem Reichspräsidenten machte, sollte trotz allem zur Durchführung kommen, aber ohne und sogar gegen Hindenburg. General von Schleicher hört sich das erst an, widerspricht aber sehr energisch. Seiner Meinung nach kann niemand die Hand gegen den alten Generalfeldmarschall auf dem Präsidentenstuhl, den verehrungswürdigen Sieger von Tannenberg, erheben. Wer es dennoch wagen sollte, würde der Verachtung des deutschen Volkes anheimfallen. Nach kurzer, ruhiger Überlegung wird der Gedanke als unmöglich verworfen. Allen anwesenden Generalen erscheint es ausgeschlossen, die Reichswehr in irgendeiner Form gegen ihren Oberbefehlshaber einzusetzen[14].

Am Nachmittag des 29. Januar ist die Lage verworrener als je. Die führenden Generale sind für Hitler, aber nur, weil sie gegen Papen sind und weil sie hoffen, Schleicher bleibt Reichswehrminister. Irgendwelcher Beeinflussung, außer der von Papen, kaum zugänglich, ist Hindenburg gegen Hitler und hält an Papen fest, bei gleichzeitiger Ablehnung Schleichers als Reichswehrminister. Papen will wohl Hitler zum Kanzler machen, sucht aber verzweifelt nach einer Möglichkeit, dem Präsidenten seine Kölner »Duumvirats«-Idee schmackhaft zu machen: nominell soll Hitler Reichskanzler werden, Papen dagegen Vizekanzler und preußischer Ministerpräsident. Der Vizekanzler soll aber allen Vorträgen des Kanzlers beim Präsidenten beiwohnen[15], weil es sich doch um eine »Zwei-Männer-Herrschaft« handelt. Papen kalkuliert, wenn Hindenburg einmal diese Pille geschluckt haben wird, dürfte er auch die Reichstagsauflösung zugestehen, ohne die Hitler nicht ja sagt. Kommt aber die Regierung Hitler nicht zustande, ist es durchaus möglich, daß Schleicher Kanzler bleibt. Schließlich hat Hindenburg am 1. Dezember auch ihn, Papen, gegen alle Vernunft und Gepflogenheit zum zweiten Male zum Kanzler machen wollen. Daß zu diesem Zeitpunkt Hindenburgs Ersatz für Schleicher bereits auf dem Wege nach Berlin ist, weiß Papen noch nicht[16]. Schafft er das Zustandekommen der Regierung Hitler nicht, kann er sich für ewige Zeiten auf sein Gut Wallerfangen im Saargebiet zurückziehen. In dieser verzweifelten Situation taucht Werner von Alvensleben als rettender Engel auf.

Herr von Alvensleben, ein Bruder des Grafen von Alvensleben, des Präsidenten des Herrenklubs, kehrte erst vor kurzem aus dem Ausland zurück und eröffnete ein Büro, das sich zur Aufgabe stellt, nützliche Bekanntschaften zu vermitteln. Wo Herr von

Alvensleben politisch steht, ist nicht recht ersichtlich. Er gibt sich als sozial sehr aufgeschlossen, wenn auch konservativ, unterhält Beziehungen zum Herrenklub, aber auch zu Kreisen um Röhm und zu Hitler persönlich. Seine politische Meinung deckt sich wohl jeweils mit der seines Klienten.
Um 7 Uhr abends klingelt Herr von Alvensleben an Goebbels' Wohnungstür[17] und wünscht Herrn Adolf Hitler zu sprechen. Schon hier fällt auf, daß Alvensleben genau weiß, wo sich Adolf Hitler an diesem Abend aufhält, obwohl es der Führer der NSDAP nicht liebt, seinen jeweiligen Aufenthaltsort bekanntzugeben: Außer einigen wenigen vertrauten Unterführern dürfte wohl nur der Beauftragte des Reichspräsidenten wissen, wo sich Hitler gerade befindet.
Dr. Goebbels empfängt Herrn von Alvensleben in einem Nebenzimmer und spricht mit ihm eine Zeitlang unter vier Augen. Möglich ist, daß Alvensleben nur kommt, um etwas zu hören oder etwas, das er gehört hat, nutzbringend an den Mann zu bringen. Bei der nun sehr wahrscheinlichen Reichskanzlerschaft Hitlers können Posten abfallen. Wahrscheinlicher ist aber, daß Alvensleben mit irgendeinem bestimmten Auftrag kommt[18].
Jedenfalls werden die Teilnehmer der sonntäglichen Kaffeestunde plötzlich auffällig aktiv, und die ins Stocken geratenen Verhandlungen wegen der Regierungsbildung kommen in Fluß. Man ist mit einem Male der Überzeugung, Schleicher beabsichtige, die Potsdamer Garnison zu mobilisieren, Hindenburg festzusetzen, den Reichsnotstand zu erklären und die Macht der Reichswehr auf sich zu übertragen. Um »Gegenmaßnahmen« einzuleiten, setzt sich nun jeder in Marsch. Vor allem der Reichspräsident muß alarmiert werden, aber auch sein Unterhändler, Franz von Papen. Auf das Nächstliegende, eine der Garnisonen anzurufen und nachzufragen, ob Alarm gegeben worden sei, oder Beobachter vor die Tore zu schicken, verfällt merkwürdiger-, vielleicht auch bezeichnenderweise, niemand. Göring, der es übernommen hat, Dr. Meißner zu benachrichtigen, eilt zu dessen Privatwohnung, da der Staatssekretär am Sonntagabend nicht mehr im Amt ist. Aber auch in seiner Wohnung trifft er ihn nicht mehr an. Meißner befindet sich auf dem Reit- und

Fahrturnier in den Ausstellungshallen am Funkturm. Göring fährt dorthin und findet den Staatssekretär in seiner Loge sitzend, die Ruhe selbst, während doch »ein Putsch droht«.
Meißner, ein passionierter Reiter, ist über das Auftauchen Görings nicht sonderlich begeistert. Eben wird »Der Große Preis der Republik« ausgetragen. Unter lautloser Stille der vielen tausend Zuschauer setzen Rittmeister Hasse und Oberleutnant Momm mit eleganten Sprüngen über die Hürden. Mit hastigen Worten informiert Göring den Staatssekretär, daß General von Schleicher beabsichtige, mit der Potsdamer Garnison nach Berlin zu marschieren, um den Reichspräsidenten auszuheben und eine Diktatur zu errichten. Nun sei zu befürchten, folgert Hitlers Abgesandter, daß Hindenburg umfalle und vielleicht nicht wage, »den Führer mit der Reichskanzlerschaft zu betrauen«[19].
Der Staatssekretär hat von diesen Gerüchten gehört. Kurz bevor er die Reichskanzlei verließ, kam die erste telefonische Meldung von Papen. Dr. Meißner versichert Göring, daß diese Nachricht jeder Grundlage entbehre. Es sei völlig ausgeschlossen, daß sich deutsche Soldaten dazu überreden ließen, den Sieger von Tannenberg zu verhaften. Außerdem werde der Herr Reichspräsident niemals der Gewalt weichen, von welcher Seite sie auch kommen sollte.
Hermann Göring überhört die letzte Bemerkung, die gleichzeitig eine Warnung an die NSDAP ist. Er gibt sich zufrieden und berichtet seinerseits, daß er zur Abwehr von »etwaigen verfassungswidrigen Plänen« einige zuverlässige Polizei-Hundertschaften sowie alarmierte SA- und SS-Einheiten in Bereitschaft halte. Der Staatssekretär ist darüber außerordentlich erstaunt. Hermann Göring hat als Reichstagspräsident keinerlei Verfügungsgewalt über die Polizei. Zwar steht seine Ernennung zum Stellvertretenden Reichskommissar für Preußen und zum Preußischen Innenminister und damit zum Chef der preußischen Polizei so ziemlich fest, aber im Moment hat er noch kein Recht, Befehle zu erteilen.
Göring merkt sehr wohl den fragenden Ausdruck in Meißners Augen, aber er hält es nicht für nötig, dem Staatssekretär zu sagen, welche Polizeieinheiten er bereitgestellt hat[20]. Bevor Dr.

Meißner direkt fragen kann, verabschiedet sich Göring, um zurück in Goebbels' Wohnung zu fahren, wo Hitler wartet. Dort erstattet er Bericht. Goebbels fordert die Verhaftung Schleichers, ohne zu bedenken, daß der Chef der NSDAP gar kein Recht dazu hat, jemanden zu verhaften. Adolf Hitler winkt ab. Eine Festnahme Schleichers, erklärt er, könne nur auf illegalem Wege erfolgen. Das aber wäre unter Umständen für den Reichspräsidenten ein Anlaß, seine - Hitlers - Ernennung zum Kanzler im letzten Moment zu inhibieren.

Auch der Sohn des Präsidenten, Oskar von Hindenburg, hat von den angeblichen Putschplänen erfahren und Gegenmaßnahmen veranlaßt. Den unmittelbarsten Vorteil aus diesen Gerüchten zieht aber Franz von Papen, der sich an diesem Abend selbst übertrifft. Angesichts der »drohenden Gefahr« gelingt es ihm, die letzten Schwierigkeiten aus dem Wege zu räumen. Was in drei Wochen nicht gelang, gelingt jetzt in drei Stunden. Noch in der Nacht kann die Aufforderung an Hitler und die anderen für einen Ministersessel vorgesehenen Herren hinausgehen, »anderntags um 11 Uhr in der Präsidialkanzlei zur Vereidigung zu erscheinen«. Das neue Kabinett ist endlich unter Dach und Fach.

Am ruhigsten in diesem nächtlichen Wirrwarr bleibt der Reichspräsident. Er hält es für ganz und gar unmöglich, daß ein deutscher General gegen ihn, das Oberhaupt des Reiches, die Hand erheben könne. Aber eines bewirkt die Nachricht doch: Hindenburg entschließt sich, den auf der Fahrt nach Berlin befindlichen General von Blomberg schnellstens zu vereidigen, noch bevor es zu einer Vereidigung der neuen Minister kommt. Diesem Hin und Her muß ein Ende gemacht werden!

Der Präsident gibt seinem Sohne Oskar noch in der Nacht den Befehl, den General von Blomberg am nächsten Morgen um 8 Uhr 30 am Anhalter Bahnhof zu erwarten und unverzüglich in die Präsidialkanzlei zu führen. Dann erst legt sich Hindenburg schlafen, viel später, als der Arzt vorgeschrieben hat.

In einem Punkt ist allerdings keine Einigung erzielt worden: in der Frage der Reichstagsauflösung. Papen weiß, daß Hugenberg nicht gewillt ist, nachzugeben, obwohl Hitler darauf besteht. So bemüht er sich, Hilfe heranzuholen. Am Montag, dem 30. Januar 1933, gegen 7 Uhr morgens, läßt er durch einen Mittelsmann Oberstleutnant Duesterberg zu sich bitten. Duesterberg findet Papen in »größter Erregung« vor[21]. »Wenn nicht bis 11 Uhr eine neue Regierung gebildet ist, marschiert die Reichswehr«, ruft Papen und fügt hinzu: »Es droht eine Militärdiktatur Schleicher und Hammerstein.«

Duesterberg weiß natürlich nicht, daß weniger die Putschgefahr den zukünftigen Vizekanzler unruhig werden ließ, als vielmehr die nicht geklärte Frage der Parlamentsauflösung. Inzwischen haben auch Seldte und Hugenberg das Zimmer betreten. »Woher haben Sie die Nachricht?«, will Duesterberg wissen »Vom Sohne Hindenburgs!«, gibt Papen als Antwort.

Hugenberg und Seldte horchen auf, sagen aber nichts. Duesterberg beschließt, bei Oskar von Hindenburg selbst nachzufragen, und verabschiedet sich.

Vor der Tür zum Zimmer des Präsidentensohnes steht ein Feldwebel der Reichswehr als Wache. Duesterberg weiß im ersten Moment nicht, ob Oskar von Hindenburg schon verhaftet ist oder ob er sich nur beschützen läßt. Aber er wird vorgelassen. Als er das Zimmer betritt, findet er Oskar von Hindenburg in seltener Erregung. Zwar weiß auch er nichts Bestimmtes, doch bestätigt er die Gerüchte. Dann fügte er hinzu: »Ich muß jetzt zum Anhalter Bahnhof, um Blomberg abzuholen. Aber dem Verräter Schleicher werde ich es heimzahlen.

Zur gleichen Zeit verhandelt Papen noch einmal mit Hugenberg, der aber keinen Zoll zurückweicht. »Einer Reichstagsauflösung werde ich nie und nimmer zustimmen!«, sagt der kleine Geheimrat[22] und setzt dann Papen zum hundertsten Male in diesen Tagen auseinander, daß eine neuerliche Wahl nur den Nationalsozialisten zugute käme. Wenn es eines Beweises dafür bedürfe, so habe ihn die Wahl in Lippe bereits erbracht. Dort hätten die Deutschnationalen die Zeche bezahlen müssen. Hitler habe als Wahlhelfer seine SA, die Deutschnationalen dagegen nur den an Zahl weit geringeren Stahlhelm, meist ältere Leute, die nicht halb so viel Idealismus aufbrächten wie die jungen Leute in der SA.

Man kommt zu keiner Einigung. Die Ministerliste steht zwar fest, bis auf den Reichswehrminister, dessen Namen bis zur Stunde selbst Papen noch nicht kennt — und bis auf ein Regierungsprogramm. Doch das braucht man auch nicht. Wenn man erst einmal an der Macht ist, wird sich schon das Nötige finden. Die Frage der Reichstagsauflösung dagegen muß eben in der Schwebe bleiben.

Franz von Papen ist der Verzweiflung nahe. Im stillen muß er Hugenberg und seinen Freunden recht geben: Neuwahlen sind unnötig. Die Befürchtungen des Geheimrats, die NSDAP könnte die Wahlen zu einem »Coup« benutzen, teilt Papen allerdings nicht. Er ist überzeugt, Hitler und seine Partei so fest »engagiert« oder »eingerahmt« zu haben, daß ein Ausbruch unmöglich ist.

Der D-Zug aus Genf hat die Vororte der Reichshauptstadt erreicht und strebt über ein Gewirr von Gleisen und Weichen dem Anhalter Bahnhof zu. General von Blomberg steht am Fenster und fragt sich immer wieder, was seine Rückberufung zu bedeuten hat. Als er auf dem Bahnhof aus dem Waggon steigt, tritt ein Adjutant Hammersteins[23] auf ihn zu und fordert ihn auf, sofort ins Reichswehrministerium zu kommen, ein Dienstwagen stehe bereit. Es sei große Eile geboten, und Herr von Blomberg könne nicht erst ins Hotel fahren.

Obwohl das Telegramm befahl, sich in der Präsidialkanzlei zu melden, schickt sich Blomberg schon an, dieser Aufforderung Folge zu leisten, da tritt ein großgewachsener Herr in Zivil auf ihn zu. Es ist Oskar von Hindenburg, der Sohn des Präsidenten. Auch er fordert Blomberg auf, ohne Verzug mit ihm zu kommen, und zwar in die Präsidialkanzlei. Der General versteht nicht, was hier vorgeht, denn keiner der beiden Herren erklärt sich näher. Aber angesichts des Befehls von Hindenburg gibt es für einen Soldaten keine Kompetenzfrage: der Oberbefehlshaber ist die höhere Stelle. So besteigt Blomberg den Wagen der Präsidialkanzlei.

Wenige Minuten später steht er dem Reichspräsidenten gegenüber, der ihn kurz über die politische Lage aufklärt. Hindenburg fragt den General gar nicht erst, ob er bereit sei, in einem Kabinett Hitler das Amt des Reichswehrministers zu übernehmen, sondern gibt ihm den Befehl dazu. Blomberg überlegt nicht, er ist Soldat. Er wird seinen Oberbefehlshaber in dieser schweren Stunde nicht im Stiche lassen, um so weniger, als auch er der Meinung ist, ein Bürgerkrieg müsse unter allen Umständen vermieden werden.

Hindenburg legt seinem Minister dringend ans Herz, die Reichswehr außerhalb jeder Politik zu lassen. »Mein Auftrag an Sie ist«, erklärt er, »die Reichswehr aus dem Parteigezänk herauszuhalten. Sie gehört dem ganzen Volke[24].« Dr. Meißner bringt die bereits ausgefertigte Ernennungsurkunde. Hindenburg erhebt sich und spricht dem General die Eidesformel vor. Blomberg schwört den Eid auf die Verfassung. Damit ist Kurt von Schleicher Reichswehrminister gewesen[25]. Der Staatssekretär gibt dem Gestürzten die Vereidigung seines Nachfolgers telefonisch durch. Schleicher nimmt die Nachricht ohne jede Äußerung zur Kenntnis. Auch diesen Gang mit dem Schicksal hat er verloren[26].

Blomberg fährt nach seiner Vereidigung ins Hotel, sich umzuziehen, denn bereits in einer Stunde soll er sich in der Wohnung Franz von Papens einfinden.

Die Wilhelmstraße hat sich schon nach 8 Uhr morgens mit Menschen gefüllt. Goebbels hat alle verfügbaren SA-Männer als Statisten des großen Ereignisses aufgeboten, aber befohlen, sich in »Räuberzivil« einzufinden. Gegen 10 Uhr sind nicht nur die Gehsteige völlig verstopft, auch auf dem Fahrdamm stehen die Menschen, fast nur Männer, Kopf an Kopf.

Im »Kaiserhof« reißen an diesem Morgen die Konferenzen nicht ab. Hohe SA-Führer fahren mit ihren Wagen vor, Politiker und Journalisten zwängen sich durch die Drehtür, die keinen Augenblick zur Ruhe kommt. Die Zuschauer sehen staunend auf die hektische Betriebsamkeit. Sieht so eine Machtübernahme aus? Sogar der sprichwörtliche Berliner Witz versagt. Man weiß ja nicht, wie er aufgenommen wird. Es ist, als ob alle den Atem anhalten, als ob sie fühlen: hier geschieht mehr als nur ein Regierungswechsel.

Die nationalsozialistische Führerschicht ist gespalten. Der gemäßigte Flügel vertritt die Ansicht, an der Frage der Reichstagsauflösung dürfe man die Kabinettsbildung nicht scheitern lassen. Goebbels und Röhm, die Repräsentanten des »revolutionären Flügels«, stärken Hitler in seiner Absicht, nicht nachzugeben. Ernst Röhm geht mit Goebbels einig. Er weiß noch nicht, daß der Doktor sein Todfeind ist und in dessen Tresors »Akten« über ihn bereit liegen.
Göring, der begründete Aussicht hat, Minister zu werden, schwankt hin und her. Ursprünglich vertrat auch er den »Alles-oder-nichts«-Standpunkt, aber wenn jetzt diese Chance ungenutzt vorbeigeht, kommt sie vielleicht nie wieder. Das will bedacht sein — ein Ministersessel ist schon eine Absage an »die Revolution« wert. Auch weiß er nicht um die geheimsten Pläne Hitlers, die genau genommen niemand kennt. Nur einer ahnt sie: Goebbels. Der gerissene kleine Doktor schließt ganz richtig, daß es seinem Führer erst einmal darauf ankommt, Kanzler zu werden. Aber Goebbels denkt weiter. Wenn sein Führer den Eid auf die Weimarer Verfassung leistet und parlamentarisch regieren muß, so kann er eines Tages auch wieder gestürzt werden. Bei acht Ministern, die den Deutschnationalen nahe stehen, gegen drei, die Mitglieder der NSDAP sind, ist das nicht so ausgeschlossen. In diesem Falle besteht keinerlei Chance mehr für ihn, Dr. Goebbels, auch einmal Minister zu werden. Es muß also irgend etwas geschehen, um Hitler an der Macht zu halten, oder genauer ausgedrückt, ihm überhaupt erst die totale Macht zu verschaffen. Auch das neue Kabinett kann keine wirtschaftlichen Wunder vollbringen. Auf die Dauer können sich die Nationalsozialisten nur durch Gewalt an der Regierung halten. Da der Reichspräsident auf einer Bestätigung durch den Reichstag besteht, bleibt nur übrig, den Reichstag aufzulösen und die Wahl so zu gestalten, daß Schwierigkeiten nicht zu erwarten sind.
Hitler kann sich der Logik seines Propagandachefs nicht entziehen. Dennoch trifft er keine Entscheidung oder sagt nicht, wie er sich entschieden hat. Er bricht die Diskussion plötzlich ab, denn es ist bereits 20 Minuten nach 10 Uhr. Gewichtig schreitet er, nicht rechts und links blickend, durch die Halle des Hotels.

Draußen wartet sein Mercedes. Auch Göring und Frick steigen in den Wagen. Als sich Hitlers Auto in Bewegung setzt, rufen die SA-Leute »Heil«, einige voreilige sogar schon »Sieg-Heil«, obwohl Goebbels die Parole ausgegeben hat, von »Sieg« erst nach der Ernennung Hitlers zu sprechen. Noch weiß niemand, ob es nicht im letzten Moment Schwierigkeiten geben wird.

Hitler und seine beiden Paladine sind die ersten, die in Papens Wohnräumen eintreffen. Der künftige Vizekanzler begrüßt die Herren. Im gleichen Augenblick läßt sich auch Duesterberg melden. Papen bittet ihn herein. Der Oberstleutnant betritt den Raum und stutzt. Hitler, Göring und Frick hier zu treffen, hat er nicht erwartet. Ohne die drei Nationalsozialisten zu grüßen, geht er auf Papen zu und berichtet ihm leise, was er von Oskar von Hindenburg und noch von anderer Seite hörte.

Hitler und Frick sind über das Benehmen Duesterbergs erstaunt und stecken die Köpfe zusammen. Göring erinnert seinen Meister, warum vermutlich sich der Stahlhelmer diesen Affront leistet. Hitler wittert eine Gefahr und entschließt sich, sie sofort abzuwehren. Er steht auf und geht auf Duesterbeg zu. Die Hand des Oberstleutnants mit seinen Händen fest umschließend, sagt er mit bewegter Stimme: »Ich bedaure die Ihnen durch meine Presse zugefügten gehässigen Beleidigungen. Ich versichere Ihnen auf mein Wort, daß ich sie nicht veranlaßt habe.«

Göring steht bei dieser Versöhnungsszene nicht zurück. Seine breite Hand ausgestreckt, geht er auf den Stahlhelmführer zu, der wegen seiner jüdischen Großmutter nach nationalsozialistischen Begriffen eigentlich nicht gesellschaftsfähig ist. »Jetzt müssen wir aber fest zusammenhalten[27]!«

Im selben Moment betritt Blomberg das Zimmer. Papen begrüßt ihn und hört, daß der General bereits vereidigt wurde. Der präsumptive Vizekanzler stellt dem »Herrn Reichskanzler Hitler« seinen Wehrminister Blomberg vor. Der General erzählt, wie er aus Genf zurückberufen wurde. Am Bahnhof habe ihn ein Adjutant Schleichers empfangen. Beinahe wäre er dem Ruf des gestürzten Kanzlers gefolgt, aber im letzten Moment sei Oskar von Hindenburg, etwas verspätet, erschienen und habe ihn mitgenommen.

Blomberg ahnt nicht, daß es der im Zimmer stehende Duesterberg ist, der die Verspätung des Präsidentensohnes verursachte, eine Verspätung, die vielleicht hätte Geschichte machen können. Nach der Vereidigung, fährt Blomberg fort, habe er den Wunsch geäußert, zu General von Hammerstein-Equord, dem Chef der Heeresleitung, zu fahren, aber der Sohn des Präsidenten habe ihm geantwortet: »Da werden Sie verhaftet[28].«
Papen nickt zustimmend. Ihm ist es recht, daß Blomberg das sagt. Vielleicht verzichtet Hitler unter dem Eindruck dieser Worte auf seine Forderung der Reichstagsauflösung. Der Führer der NSDAP läßt sich aber nicht anmerken, was er denkt.
Die Uhr zeigt 10 Uhr 45. Papen fordert seine Gäste auf, mit ihm hinüber zum Präsidenten zu gehen. Duesterberg, der gar kein Amt übernehmen soll, wird gebeten mitzukommen. Durch die verschneiten Ministergärten erreicht man Dr. Meißners Arbeitszimmer, wo bereits die anderen Ministerkandidaten warten. Auch hier stellt Papen den Führer der NSDAP als den »Herrn Reichskanzler« vor. Es fehlen noch genau zehn Minuten bis 11 Uhr, die Stunde der Vereidigung. Aber der letzte strittige Punkt, die Reichstagsauflösung, ist noch immer nicht geklärt.
Getreu seiner alten Taktik geht Hitler zum Angriff über. Vor Papen stehend beschwert er sich mit bitteren Worten, daß man ihn, den Führer der stärksten Partei, nicht zum Reichskommissar für Preußen ernennen wolle. Papen sucht ihn zu beruhigen. Während er erklärt, ein solcher Schritt könne ja immer noch erfolgen, wenn der Präsident erst einmal Vertrauen gefaßt habe, ereifert sich Hitler immer mehr. Mit heftigen Worten ruft er den übrigen zu, seine Befugnisse seien so weit beschnitten, daß er auf einer Auflösung und Neuwahl des Reichstags bestehen müsse. Wenn der »Herr Generalfeldmarschall von Hindenburg« zu ihm, Adolf Hitler, nicht genügend Vertrauen habe, müsse er sich eben an das deutsche Volk wenden. Das werde ihm sicher den Beweis seines Vertrauens geben.
Hugenberg horcht auf und zeigt plötzlich ein grimmiges Gesicht. Daher also weht der Wind? An sich war doch die Frage der Reichstagsauflösung zu seinen Gunsten entschieden worden! Kurz entschlossen bittet der Führer der Deutschnationalen

Staatssekretär Meißner, den Herrn Reichspräsidenten um einen kurzen Aufschub zu ersuchen, da sich soeben herausgestellt habe, daß noch eine wichtige Frage geklärt werden müsse. Dr. Meißner blickt auf die Uhr und meint, man habe auch so noch einige Minuten Zeit.

In der folgenden Viertelstunde geht das Reichskabinett Hitler-Papen beinahe noch in die Brüche. Der aufgebrachte Hugenberg zieht Hitler und Papen in eine Fensternische und erklärt, einer Auflösung des Reichstages könne er nie und nimmer zustimmen. Das habe er übrigens heute früh dem Herrn von Papen klar und deutlich gesagt. Es sei erst vor wenigen Monaten gewählt worden, und die Bevölkerung sei müde, immer wieder zur Urne zu gehen. Eine Auflösung sei unklug und unnötig.

Papen erkennt, daß Hugenberg im Begriff ist, die so mühsam zustande gebrachte Koalition zu sprengen. In Papen steigt Bitterkeit hoch. Der Geheimrat hat gut reden! Wer auch immer Kanzler wird, Hugenberg wird stets die Chance haben, in der Regierung zu sitzen, während er, Papen, kaum ein zweites Mal Reichsminister oder gar Vizekanzler wird, wenn heute nicht vereidigt wird. Aber gerade das, was Papen nachgeben läßt, gibt Hugenberg Sicherheit. Denn für Hitler würde es eine Katastrophe bedeuten, wenn er dieses Haus nicht als Reichskanzler verläßt. Schon zweimal enttäuschte er seine Anhänger. Ein neuerlicher Mißerfolg muß zur inneren Auflösung der NSDAP führen. Doch zur Überraschung des alten Geheimrats bleibt Hitler trotzdem fest. Jetzt weiß keiner mehr, wie es noch zu einer Einigung kommen soll. Dabei wartet der Reichspräsident auf die Vereidigung!

Plötzlich wechselt Hitler seine Taktik. Seine noch eben zur Schau getragene Erregung scheint wie weggeblasen. Er faßt nach Hugenbergs Hand und sagt mit bewegter Stimme: »Herr Geheimrat, ich gebe Ihnen hiermit mein feierliches Ehrenwort, daß ich mich von keinem der hier anwesenden Herren jemals trennen werde, mögen die Wahlen ausfallen, wie sie wollen.«

Auf Hugenberg macht diese Versicherung Eindruck. Dennoch kann er sein Mißtrauen nicht überwinden. Dieser Hitler brach schon einmal sein während der Harzburger Tagung gegebenes

Ehrenwort. Wenn auch nicht mehr so grimmig dreinschauend, schüttelt er nach wie vor seinen Kopf und sagt laut und vernehmlich wohl zum zehnten Male: »Nein«!

Es hat den Anschein, als ob Hitler jetzt wieder die »zornige Platte« auflegen will. Aber im selben Moment tritt Meißner hinzu und zeigt auf die Uhr. »Meine Herren! Es ist fünf Minuten über die Zeit. Der Herr Reichspräsident liebt Pünktlichkeit.«

Papen schaltet sich ein und nimmt ebenfalls seine Zuflucht zum Pathos. »Aber Herr Geheimrat!« ruft er beschwörend. »Wollen Sie denn die nationale Einigung, die nach so vielen schwierigen Verhandlungen endlich zustande kam, aufs Spiel setzen? Sie können doch nicht an dem feierlichen Ehrenwort eines deutschen Mannes zweifeln?«

Hugenberg liegt die scharfe Antwort auf der Zunge, daß man das bei Herrn Hitler sehr wohl kann, er beherrscht sich aber. Doch bleibt er stur bei seinem Nein. Ohne sich durch den vorrückenden Zeiger der Kaminuhr beeinflussen zu lassen, begründet er in aller Ausführlichkeit noch einmal seinen Standpunkt. Dabei verschweigt er natürlich, daß gerade die Wahl in Lippe ihn so hart werden ließ.

Inzwischen läßt Hindenburg seinen Staatssekretär rufen und fragt, warum ihn »die Herren schon seit einer Viertelstunde warten lassen«. Der Alte Herr fühlt sich ohnehin nicht wohl in seiner Rolle. Er hat sich bis zum letzten Moment gesträubt, den Österreicher zum Kanzler zu berufen, und jetzt läßt dieser Gefreite einen Generalfeldmarschall auch noch warten. »Sie sollen sich endlich entscheiden«, sagt Hindenburg grollend, »ob sie eine Regierung bilden wollen oder nicht. Für Verhandlungen war vordem genügend Zeit.«

Der Präsident hat von seinem Standpunkt aus wirklich Grund, böse zu sein. Sein Vertrauensmann Franz von Papen hat ihm noch gestern abend versichert, daß alles in Ordnung sei. Warum macht nun dieser Hitler neue Schwierigkeiten?

Meißner kommt zurück und findet die Führer der NSDAP und der Deutschnationalen noch immer streitend in der Fensternische. Der Staatssekretär wendet sich an Papen: »Der Herr Reichspräsident läßt bitten, ihn nicht mehr warten zu lassen. Es

ist jetzt 11.15 Uhr. Der Alte Herr kann sich jeden Augenblick zurückziehen!«
Hugenberg hört die Mahnung, aber er kehrt sich nicht daran. Meißner hat den Eindruck, daß Hugenberg fest entschlossen ist, Hitler die Unterstützung der Deutschnationalen aufzusagen. In diesem Augenblick tritt Hermann Göring zu der Gruppe. Auch er spricht, von Hitler und Papen unterstützt, auf den widerspenstigen Hugenberg ein. Meißner zuckt resigniert mit den Schultern. Er kennt Hindenburg seit sieben Jahren sehr gut und traut ihm ohne weiteres zu, daß er die Herren heute nicht mehr empfängt.
Die Spannung im Raum ist unerträglich. Die übrigen Ministerkandidaten stehen ratlos herum und wissen nicht, was sie tun sollen. Schließlich greift Hitler abermals nach Hugenbergs Hand und umschließt sie fest mit seinen beiden Händen. Mit all der unheimlichen Suggestivkraft, über die er verfügt, drängt er auf den deutschnationalen Parteiführer ein und verspricht sogar, nach einer Neuwahl auch mit dem Zentrum und der Bayerischen Volkspartei Verbindung aufzunehmen, um die parlamentarische Basis der Regierung nach der Mitte hin zu erweitern[29].
Endlich weicht Hugenberg einen Schritt zurück. Er schlägt vor, dem Präsidenten die Entscheidung zu überlassen, ob der Reichstag aufgelöst werden soll oder nicht. Damit begeht Hugenberg einen entscheidenden Fehler. Wer Hitler auch nur um einen Zoll nachgibt, hat schon das Spiel verloren. »Jetzt ist alles in Ordnung!« ruft Göring lärmend. »Jetzt können wir hinaufgehen.«
Die Regierung Hitler-Papen ist endlich zustande gekommen, zwanzig Minuten nach der für die Vereidigung festgesetzten Zeit. In ziemlicher Hast, dem feierlichen Augenblick gar nicht angemessen, eilt man über die teppichbelegten Stufen hinauf in den Empfangssaal. Hitler legt ein so schnelles Tempo vor, als fürchte er, Hugenberg könne es sich noch einmal überlegen. Der Staatssekretär neben ihm kommt ganz außer Atem. Die übrigen Minister hasten hinterher. Hugenberg trippelt als letzter der Gruppe, unverständliche Worte vor sich hinbrummelnd. Duesterberg bleibt mit einem Bekannten zurück, oben bei Hindenburg hat er nichts zu suchen. Die plötzliche Stille im Zimmer wirkt nieder-

drückend. Behutsam öffnet der Oberstleutnant die Tür und geht über den teppichbelegten Korridor nach unten. Im Vorhof stehen Soldaten als Wache, auf der Straße drängen sich die Menschen Kopf an Kopf. Nur mühsam kann er sich einen Weg bahnen. Es ist ihm, als ob er in dieser Masse ertrinke[30].

Der Empfangssaal ist leer. Nun muß man selber einige Minuten warten, bis der Haushofmeister Balser beide Flügeltüren öffnet und Paul von Hindenburg im feierlichen Gehrock, auf seinen Stock gestützt, langsam eintritt. Die zur Vereidigung versammelten Minister sind von dem würdigen Eindruck des Greises ergriffen. Jede Unterhaltung erlischt. Herr von Papen geht auf den Reichspräsidenten zu und stellt ihm das Kabinett vor. Zur allgemeinen Überraschung verzichtet Hindenburg auf eine Konversation. Er beginnt sofort, mit tiefer Stimme die Eidesformel vorzulesen, die der neue Kanzler und jeder Minister nachsprechen muß.

Als erster hebt Adolf Hitler die Hand zum Schwur und spricht laut und deutlich in den Saal: »Ich schwöre: ich werde meine ganze Kraft für das Wohl des deutschen Volkes einsetzen, die Verfassung und die Gesetze des deutschen Volkes wahren, die mir obliegenden Pflichten gewissenhaft erfüllen und meine Geschäfte unparteiisch und gerecht gegen jedermann führen.«

Hindenburg nickt. Der feierliche Ernst, mit dem sein neuer Reichskanzler den Schwur leistet, gefällt ihm. Dann schwören Franz von Papen als Vizekanzler und nach ihm die übrigen Minister. Als der letzte seinen Treueid geleistet hat, überreicht der Präsident jedem der Herren die Urkunde und bestätigt die Ernennung durch Handschlag.

Nun ergreift Hitler, was an sich nicht vorgesehen ist, das Wort. Er sagt, daß er alles daransetzen werde, die Verfassung zu wahren und die Rechte des Herrn Reichspräsidenten zu achten. Es werde auch sein Bestreben sein, betont er nachdrücklich, zum Wohle des Vaterlandes und seiner Bürger wieder zu normalen parlamentarischen Regierungsformen zurückzukehren.

Das hört sich gut an, und Hindenburg nickt wohlwollend sein Einverständnis. Hitler und die neuen Minister erwarten, daß jetzt Hindenburg eine kurze Ansprache hält, aber der Präsident

sagt nur einen Satz: »Und nun, meine Herren, vorwärts mit Gott!«
Die Feierlichkeit ist beendet[31].
Im »Kaiserhof« warten die Führer der NSDAP. Hauptmann Röhm, Dutzfreund von Hitler und Stabschef der SA, beobachtet mit einem Feldstecher vom Fenster seines Hotelzimmers aus den Eingang zur Reichskanzlei, an dem Hitler bald erscheinen muß. Schon an seinem Gesichtsausdruck hofft er zu erkennen, ob alles glatt ging. Glücklich ist Röhm gerade nicht. Die SA kommt um ihre »Nacht der langen Messer«. Aber was jetzt nicht möglich ist, läßt sich vielleicht nachholen.
Vor dem »Kaiserhof« warten Dutzende von Kurieren mit ihren Motorrädern, um die Nachricht von der Ernennung Hitlers in die entlegensten SA-Heime zu bringen.
Noch bevor Hitler die Reichskanzlei verläßt, geht ein Raunen durch die Menge. Wie ein Lauffeuer springt eine Nachricht über die Köpfe der Wartenden hinweg zum »Kaiserhof«: »Hitler ist Reichskanzler!« Irgendein Angestellter der Reichskanzlei wird der Menge die Tatsache der Vereidigung mitgeteilt haben. Eine Viertelstunde später biegt der Mercedes Hitlers aus dem Vorhof auf die Straße. Im Auto stehend nimmt der Führer der NSDAP die Ovation seiner Anhänger entgegen. Er hat sein Ziel erreicht. Hitler ist Reichskanzler, aber andere Beteiligte denken wie Papen: »Wir haben ihn uns engagiert[32]!«
General a. D. und Reichskanzler a. D. von Schleicher verzichtet darauf, seinem Nachfolger, dem Sieger des Tages, die Geschäfte zu übergeben, wie es üblich ist. Er zieht sich in seine Wohnung zurück, um ein Buch zu schreiben — »Menschen und Situationen«. Es wird nie erscheinen[33].
Kurz nachdem Hitler den »Kaiserhof« betrat, geben Goebbels und Röhm ihre Befehle aus. Die Tür des Hotelportals dreht sich wie ein Karussell. Lärmend starten ein Dutzend Motorradfahrer gleichzeitig. Jeder Kurier fühlt sich als Träger wichtigster Staatsgeheimnisse. Die Zeitungsverkäufer rufen die Extraausgaben der Berliner Abendblätter aus, der Rundfunk meldet die Betrauung Hitlers mit dem Amt des Reichskanzlers, und der Telegraph gibt die Nachricht in alle Hauptstädte der Welt. Eine

neue Zeit hat begonnen, aber nur wenige können ahnen, was sie in ihrem Schoße birgt.

Nicht nur die Berliner SA rückt zum Siegesmarsch an. Auch in den anderen deutschen Städten feiert man den Regierungsantritt Hitlers. In Bamberg marschiert ein Leutnant der dortigen Reichswehrgarnison an der Spitze eines Demonstrationszuges singend durch die Straßen der alten Bischofsstadt. Er ist glücklich, diesen Tag erleben zu dürfen, und denkt an seinen Urgroßvater, den großen Gneisenau, der einst Preußens Wiederaufstieg mit herbeiführen half. »Das Volk steht auf, der Sturm bricht los ...« rezitiert er Theodor Körners Verse am Abend im Kasino. Es ist Claus Graf von Stauffenberg. Es ist derselbe Graf Stauffenberg, der am 20. Juli 1944 das Bombenattentat gegen Hitler unternimmt.

Die ersten Interviews erscheinen: die neuen Reichsminister seien sofort an die Arbeit gegangen, heißt es darin. Die Bevölkerung nimmt solche Sätze wie Offenbarungen auf.

Am Nachmittag bespricht sich Hitler zum ersten Male mit General von Blomberg, dem Reichswehrminister des Kabinetts. Göring übernimmt das preußische Innenministerium erst am späten Nachmittag. Doch sind das alles nebensächliche Angelegenheiten gegenüber den Besprechungen, die Goebbels, Röhm und Graf Helldorf, der SA-Gruppenführer von Berlin-Brandenburg, führen. Zu dritt regeln sie bis ins kleinste alle Fragen, die mit dem abendlichen Siegesmarsch durchs Brandenburger Tor und die Wilhelmstraße zusammenhängen.

Alle drei sind sich einig, daß man den Berlinern und vor allem dem Reichspräsidenten zeigen muß, welche Macht hinter dem neuen Kanzler steht. Deshalb werden nicht nur die Berliner Stürme der SA und SS, sondern auch die aus der weiteren Umgebung aufgeboten und mit schnell gecharterten Lastwagen nach der Reichshauptstadt transportiert. Der Rundfunk, bisher eine Institution, die streng überparteilich geführt wurde und in der selbst amtierende Minister nur selten zu Worte kamen, wird gezwungen, die abendliche Demonstration zu übertragen. Im Gegensatz zu den bisherigen Machthabern weiß Dr. Goebbels, welche Propagandamöglichkeiten im Radio stecken, und er ist gewillt, sie rücksichtslos zu nutzen.

Vor dem Hotelportal wartet schon das Auto, das ihn zu seinem Gaubüro bringen soll, aber er wird nicht so schnell fertig. Für den kleinen Doktor beginnt erst jetzt die richtige Arbeit. Mit der Ernennung Hitlers zum Kanzler aber ist der nationalsozialistische Propagandachef eine der zentralen Figuren geworden.

Bis zur Erringung der totalen Macht ist noch ein weiter Weg. Alle Parteien und Personen müssen ausgeschaltet werden, die sich nicht zu Hitler und seiner NSDAP bekennen. Das ist nur mit Hilfe eines Staatsstreichs möglich. Aber im 20. Jahrhundert und besonders im autoritätsgläubigen und ordnungsliebenden Deutschland mit einem Präsidenten an der Spitze, dem ein Verfassungseid heilig ist, kann man einen Staatsstreich nicht so ohne weiteres durchführen. Er bedarf einer gründlichen propagandistischen Vorbereitung und sogar einer ideologischen Untermauerung. Man muß dem deutschen Volke erst einmal klar machen, daß es sich in einer tödlichen Gefahr befindet. Dann darf ein Staatsstreich nicht chaotische Zustände herbeiführen, sondern muß — wenigstens im Bewußtsein des Volkes — ein drohendes Chaos verhindern. Den Deutschen kann man nicht mit Konspiration kommen, sondern nur mit Ordnung.

Obwohl noch jung an Jahren, kennt Dr. Goebbels die Mentalität des deutschen Volkes, und er traut sich zu, die für einen Staatsstreich nötige Stimmung zu erzeugen. Das ist zwar eine gigantische Aufgabe, aber nur für den, der Skrupel hat. Wer nicht Bluff noch Lüge scheut, und sei die Lüge noch so ungeheuerlich[34], muß Erfolg dabei haben. Aber Dr. Goebbels wird noch mit einem besonderen Trick aufwarten. Er hat die Absicht, die Regierungsübernahme seines Führers Adolf Hitler als die Erfüllung unbewußter chiliastischer Sehnsüchte auszudeuten, die in jedem Menschen schlummern. War vor Jahren Hindenburg einmal »der Retter«, so wird Goebbels aus seinem Führer eine Art Heiland machen. Mit seiner Ernennung zum Reichskanzler bricht das Tausendjährige Reich des Glücks, des Friedens, der Sauberkeit und der Gerechtigkeit an.

Endlich kann er sein Auto besteigen und zum Gaubüro fahren, wo bereits seine Mitarbeiter auf ihn warten.
Alles drängt sich um ihn, alle wollen seine Hände drücken, seine Hände, die soeben die Hände des Führers umschlossen. Nur mit Mühe erreicht der kleine Gauleiter sein Arbeitszimmer.
Mit seinen engsten Mitarbeitern allein, schildert er ihnen die propagandistischen Maßnahmen, die er für diesen Abend getroffen hat, und ergänzt sie durch Befehle, die in den »zivilen« Sektor der Gauleitung fallen. Mit starren Augen sagt er voraus, daß für die nächste Zeit mit unliebsamen Zusammenstößen gerechnet werden muß. Wahrscheinlich werde die Kommune sogar schon heute abend Zwischenfälle provozieren[35]. »Aber vorläufig wollen wir von direkten Gegenmaßnahmen absehen. Der bolschewistische Revolutionsversuch muß zuerst einmal richtig aufflammen. Im geeigneten Moment werden wir dann zuschlagen[36]«.
Ein SA-Mann, Anhänger des gestürzten Gregor Strasser, hört durch die geöffnete Tür Dr. Goebbels' Worte. Unwillkürlich muß er an das Wort denken, das der ehemalige Reichsorganisationsleiter so gern gebrauchte: »Lügen haben kurze Beine, die Lüge hat ein kurzes Bein!« Aber diesmal lügt Dr. Goebbels wirklich nicht. Auf den Tag genau vier Wochen später wird der »bolschewistische Revolutionsversuch« tatsächlich *aufflammen*.

12. Der Reichstag brennt

Nachdem sich Papen aus dem Zimmer zurückgezogen hat, an dessen Fenster Hitler die Huldigung der SA und des Stahlhelms entgegennahm, bleibt der neue Reichskanzler mit Goebbels allein. So tief ihn die Huldigung der Massen befriedigt, Illusionen gibt sich Hitler nicht hin. Er hat zwar das Amt, aber noch nicht die totale Macht, sich im Amt auch zu halten. Weigert sich der Reichspräsident, den Reichstag aufzulösen, muß sich die neue Regierung ihm in ihrer jetzigen Zusammensetzung stellen. Eine Mehrheit des Ältestenrates könnte auch gegen die NSDAP eine Plenarsitzung beschließen. Verläuft auch die erste glimpflich, so werden andere folgen. Eines Tages könnte eine Mehrheit aus Kommunisten, Sozialdemokraten, Zentrum und Bayerischer Volkspartei der Regierung Hitlers das Vertrauen entziehen und sie zum Rücktritt zwingen. Also muß der Reichstag neu gewählt werden. Das Volk selber wird der NSDAP die alleinige Mehrheit geben. Die Reichswehr wird einen Staatsstreich nicht dulden. Nicht umsonst hat der Alte Herr seinen Vertrauensmann, General von Blomberg, zum Reichswehrminister gemacht. Bei seiner vorzeitigen Vereidigung gab er ihm sicher noch besondere Direktiven.

»Mein Führer! Wenden Sie sich doch an die Soldaten!«, schlägt Goebbels vor. »Die einfachen Soldaten werden Sie früher gewinnen als die Generale!«

Hitler ist verblüfft. Die Idee, sich direkt an die Soldaten zu wenden, ist noch keinem Reichskanzler gekommen, und keiner hätte das gewagt. Das war Sache der kommandierenden Generale, jener Generale, die Hitler Zeit seines Lebens haßte. Auf den »Deutschen Tagen« in frühen Zeiten der Bewegung behandelten ihn die hohen Offiziere wie einen Gefreiten. General von Lossow ließ am 9. November 1923 in München auf ihn schießen.

General Groener verbot die SA, General von Schleicher versuchte, die NSDAP zu spalten, und der greise Generalfeldmarschall auf dem Präsidentenstuhl sperrte sich jahrelang, ihn, Adolf Hitler, Führer der größten Partei und einer Privatarmee von 600 000 SA-Männern, zum Kanzler zu ernennen. Bisher durften die Agitatoren der Partei die Kasernenhöfe nicht betreten. Offiziere, die nationalsozialistischer Sympathien verdächtig waren, wurden aus der Reichswehr ausgestoßen. Nein, mit den Offizieren im Generalsrang fuhr Hitler nie gut.

Aber jetzt ist er Reichskanzler, und wenn es dafür auch keinen Präzedenzfall gibt, so wird er gleich morgen früh in die Kasernen fahren und zu den Soldaten sprechen. Man muß die Front von unten aufreißen, muß den eingebildeten Herren zeigen, daß die Soldaten ihm folgen werden. Ihm zu verbieten, zu den Mannschaften zu sprechen, werden sie nicht wagen[1].

Ohne geschlafen zu haben, fährt Hitler am frühen Morgen an den Kasernen vor. Der Regierungsstandarte am Kühler des Mercedes öffnen sich die Tore ohne irgendwelche Komplikationen. Die Kommandeure der Standortquartiere sind überrascht. Das haben sie noch nicht erlebt, aber sie verschließen sich in keiner Kaserne dem Wunsch des neuen Kanzlers.

Während Hitler in der ersten Kaserne zu den angetretenen Mannschaften spricht, telefonieren die Adjutanten mit dem Ministerium. Dort ist man womöglich noch verblüffter. Man informiert den Chef der Heeresleitung, General von Hammerstein-Equord. Hammerstein hat sich noch keine dreißig Stunden vorher bei Hindenburg wegen seiner Attacke gegen Hitler eine Abfuhr geholt. Er wird sich daher hüten, jetzt einzugreifen. Es geht wohl nicht an, dem Kanzler einer nationalen Regierung das Reden zu verweigern.

Bei der nächsten Kaserne sind die Tore bereits weit geöffnet, die Posten präsentieren das Gewehr, und die Offiziere stehen salutierend am Eingang. Hitler spricht kurz und »markig«. Bei der Abfahrt jubeln ihm nicht nur die Mannschaften zu, auch die jüngeren Offiziere finden, der neue Kanzler ist ein hervorragender Mann[2].

Hitler ist »in Fahrt«. Sein Sturm auf die Kasernen verlief reibungslos. Zusammen mit Papen läßt sich Hitler sofort bei Hindenburg melden. Dem Präsidenten muß man schließlich so etwas wie das Programm der neuen Regierung unterbreiten. Genau genommen hätte man das vor der Ernennung tun müssen, aber dazu fand sich bekanntlich keine Zeit.
Hitler ist glänzend disponiert. Er spricht ruhig, macht Pausen, um auch dem Präsidenten Gelegenheit zu geben, sich zu äußern. Hindenburg ist etwas abgespannt. Die letzten Tage waren recht turbulent. Seine Regierung, führt Hitler aus, plane eine großzügige Aufbauarbeit, verbunden mit einem umfassenden Arbeitsbeschaffungsprogramm. Manches müsse bei der Planung geheim bleiben, manches innerhalb von Stunden entschieden werden. Das sind Begriffe, die dem Generalfeldmarschall eingehen. Beim Militär ist es immer so gewesen. Hitler stellt mit Befriedigung fest, daß seine Worte Eindruck machen. Kühner werdend meint nun Hitler, es sei deshalb notwendig, daß ihm der Reichstag eine Art Ermächtigungsgesetz bewillige.
Hindenburg erkennt nicht die Falle. Tatsächlich verlangt Hitler damit nichts anderes als die Möglichkeit, unbeschränkt Notverordnungen zu erlassen, so wie es früher die Präsidialkabinette handhabten, die sich auf den Präsidenten stützten. Hitler dagegen erklärt, sich ausschließlich auf den Reichstag stützen zu wollen. Gerade das berührt Hindenburg recht angenehm. So kommt er von der drückenden persönlichen Verantwortung los. Der Reichstag soll entscheiden, wie es die Verfassung vorsieht.
Aber, fährt Hitler fort, ein solches Gesetz sei natürlich nicht von dem jetzigen Reichstag zu bekommen. Deshalb erscheine es ihm richtig, an das deutsche Volk zu appellieren. Das Volk selber solle durch eine Wahl zu der neuen nationalen Regierung Stellung nehmen. Er bitte also den Herrn Generalfeldmarschall gehorsamst um die Auflösungsorder.
Hindenburg sieht auf den Mann seines Vertrauens, Franz von Papen. Es war doch ausgemacht, den Reichstag nicht aufzulösen? Sein Staatssekretär Dr. Meißner hat ihm noch gestern die Bedenken des deutschnationalen Parteiführers Hugenberg auseinandergesetzt. Aber Vizekanzler Papen nickt dem Präsidenten zu,

der daraus — irrigerweise — entnimmt, daß nunmehr auch der Geheimrat einverstanden ist. So gibt Hindenburg seine folgenschwere Zustimmung. Als Wahltag wird der 5. März 1933 bestimmt[3].

Hitler kann, als er Hindenburgs Arbeitszimmer verläßt, seinen Triumph nur schwer verbergen. Die Vollmacht, den Reichstag aufzulösen, ist für ihn fast noch wertvoller als seine Ernennung zum Kanzler. Diese mußte er sich durch eine Reihe von Ehrenwörtern und einen feierlichen Verfassungseid erkaufen. Die heutige Unterschrift bietet weit mehr, nämlich die Handhabe, von Eid und Ehrenwort loszukommen. Goebbels hat ihm heute nacht versichert, daß er für die Wahlen einen »Schlager« bereithalte, der mit absoluter Gewißheit einen sensationellen Sieg der NSDAP herbeiführen werde. Wenn die nationalsozialistische Fraktion im neuen Reichstag über 51 Prozent der Sitze verfügt, kann man Hugenberg und den ganzen deutschnationalen Klüngel allmählich an die Wand drücken und aus dem Kabinett hinausekeln. Dann ist auch diese Hürde im Rennen um die totale Macht genommen[4].

Anschließend sprechen Hitler und Papen noch einmal über die Regierungserklärung, die der Reichskanzler heute abend im Rundfunk verlesen will. Den Text verfaßte der Vizekanzler auf Grund der gestrigen Kabinettsbesprechung. Hitler ist nicht restlos zufrieden. Was Papen da niederschrieb, ist zu konservativ, zu sehr dem »System« verhaftet. So geht es nicht; da muß Goebbels noch mit Hand anlegen.

Am Abend steht Hitler vor dem Mikrophon. Im Senderaum sind nur wenige Menschen anwesend: der Ansager, einige technische Angestellte, verschiedene hohe Beamte der Funkstunde und der ehemalige Reichsbankpräsident Dr. Hjalmar Schacht[5]. Hitler hält das Manuskript seiner Rede in der Hand, aber immer wieder schweift er ab. Mit geschlossenen Augen schreit er seine Sätze in das Mikrophon, am ganzen Körper bebend, als stünde er vor einer Massenversammlung von vielen tausend Zuhörern.

Der Schweiß dringt ihm durch die Poren, das Hemd ist klitschnaß. Manchmal faßt er nach dem Gestänge, auf dem das Mikro-

phon ruht, dann wieder liest er leise und eindringlich Satz für Satz aus dem Manuskript ab.
Was Hitler sagt und was die meisten Deutschen an ihren Rundfunkempfängern hören (Fernsehen war noch unbekannt!), ist ein Sammelsurium von Schlagworten. Einen Großteil davon hätten andere Reichskanzler ebensogut gesagt. Papens Manuskript umschifft sorgfältig alle Klippen und beschränkt sich auf Dinge, die Allgemeingültigkeit haben. Nur wenn Hitler seine eigenen Sätze und Gedanken anbringt, hört man das Donnergrollen einer neuen Zeit.
Gegen Hitlers Absicht, gleich für zwei Vier-Jahres-Pläne ein Ermächtigungsgesetz zu erbitten, hat Papen in der gestrigen Kabinettssitzung opponiert. Der Vizekanzler war der Meinung, das Wort »Vier-Jahres-Plan« erinnere zu sehr an die ominösen »Fünf-Jahres-Pläne« der Sowjetunion[6]. Hugenberg beteiligte sich nicht an dieser Diskussion. Für ihn war und ist Hitler auf wirtschaftlichem Gebiet ein Kind. Jeder Wiederaufbau berge einen Plan in sich, murmelte er vor sich hin, das seien doch selbstverständliche Dinge. Papen gab dann nach, aber in seiner heutigen Ansprache vermeidet Hitler trotzdem diesen Begriff.
Erst müssen die »vergangenen 14 Jahre« herhalten, dann ist die »Wahnidee vom Sieger und Besiegten« an der Reihe, schließlich die »vierzehnjährige marxistische Mißwirtschaft«, womit er auch die katholischen Kanzler von Fehrenbach bis Brüning trifft. Schließlich donnert er in das Mikrophon: »Das Erbe, das wir übernehmen, ist ein furchtbares.«
Noch kein deutscher Reichskanzler ist so fahrlässig mit der deutschen Sprache umgesprungen, aber man überhört es. Nur Herrn von Papen, dessen Entwurf ein geschlossenes Ganzes war, gibt es einen Stich. Dann geht es weiter: »Die Aufgabe, die wir lösen müssen, ist die schwerste, die seit Menschengedenken deutschen Staatsmännern gestellt wurde ...«
Vergißt er die Lage der Jahre 1918 bis 1923? Millionen erschöpfter Soldaten kehrten damals aus dem Kriege zurück und mußten wieder in den Arbeitsprozeß eingeschaltet werden. Der Krieg war verloren, im Lande erhob der Bolschewismus sein Haupt, aber die Männer der gemäßigten Linken lösten die titanischen Aufga-

ben ohne viel Lärm. Die Wirtschaftskrise mit ihren 6 Millionen registrierten Erwerbslosen ist nicht das Ergebnis ihrer »Mißwirtschaft«, sondern die Folge einer weltweiten Krise, die andere Industrieländer im gleichen Maße heimsuchte. Aber Hitler wird sich hüten, das zu sagen. Er verkündet vielmehr:
»So wird die nationale Regierung als ihre oberste und erste Aufgabe ansehen, die geistige und willensmäßige Einheit unseres Volkes wieder herzustellen. Sie wird die Fundamente wahren und verteidigen, auf denen die Kraft unserer Nation beruht. Sie wird das Christentum als Basis unserer gesamten Moral, die Familie als Keimzelle unseres Volks- und Staatskörpers in ihren festen Schutz nehmen. Sie wird über Stände und Klassen hinweg unser Volk wieder zum Bewußtsein seiner volklichen und politischen Einheit und der daraus entstehenden Pflichten bringen ...«
Jeder Student weiß, daß ein Volk von 65 Millionen kein einheitliches politisches Gesicht haben kann. Wenn Hitler dies »herstellen« will, so muß man sich fragen: mit welchen Mitteln? Die Sätze über das Christentum stammen natürlich von Papen. Hitler liest sie herunter, weil sich die gut anhören. Was er als faktische Programmpunkte anführt: Rettung des deutschen Bauern, Rettung des deutschen Arbeiters, ein Aufblühen der deutschen Wirtschaft, eine Sanierung des deutschen Reiches, der Länder und der Kommunen auf föderativer Grundlage, ebenfalls von Papen formulierte Sätze, könnte auch jeder andere Regierungschef als sein Programm verkünden.
Außenpolitisch redet Hitler einer »Gemeinschaft« der Nationen das Wort, fordert Gleichberechtigung zur Erhaltung und Festigung des Friedens, den die Welt heute mehr brauche als je zuvor. Auch das Wort Europa fällt. Das ist alles nicht neu, aber so banal diese Sätze sind, sie »kommen an«. Man hört sie nicht nur in Deutschland, sondern auch in den anderen Hauptstädten Europas und registriert sie zufrieden. Dieser Hitler scheint gar nicht so schlimm zu sein. Gleichberechtigung Deutschlands? Darum kämpften die Sozialdemokraten vom ersten Tage an. Brüning handelte sie dann aus, auf der Verständigungspolitik des toten Stresemann aufbauend, und am 11. Dezember 1932 bekam sie

das Deutsche Reich offiziell zugestanden. Hitler wird die Früchte ernten, und er hat allen Grund, zuversichtlich in das Mikrophon zu rufen: »Nun, deutsches Volk, gib uns die Zeit von vier Jahren, und dann urteile und richte uns!« Es ist genug darüber gesprochen, geschrieben und diskutiert worden, warum denn Hitlers Worte so gewaltig wirkten. Er sagte nichts Besseres und nicht grundlegend Anderes als so viele politische Redner vor ihm und nach ihm. Darunter gab es Redner, die mindestens ebenso leidenschaftlich und — wenn möglich — noch lauter waren als er. Hitler gebrauchte primitive Redensarten, er bediente sich abgegriffener Schlagworte und dumpfer Drohungen. Wie so viele Ungebildete gab er sich auf naive Weise den Anschein von Bildung, weitem Wissen und hohem Gedankenflug. Dennoch kam er an bei den Massen, beim größten Teil des Bürgertums, ja sogar bei nicht wenigen Angehörigen der sogenannten Intelligenz.

Ich selbst habe ihn gehört, das erste Mal zwei Jahre vor der Machtergreifung, als ich Student in Göttingen war und er vor etwa tausend Menschen im Garten eines Ausfluglokales sprach. Dabei machte Hitlers temperamentvolle, lautstark hinausgeschriene Rede einen tiefen Eindruck auf mich. Die gleiche Göttinger Rede habe ich unlängst von einer Schallplatte abgehört und war entsetzt über den blühenden Blödsinn seines aufdonnernden und abschwellenden Geschwafels. Meine jüngeren Verwandten, die zu ihrem Segen das Dritte Reich nicht selbst erlebt hatten, hielten das vom Plattenspieler Gebotene für die akustische Wiedergabe eines Spektakels zum Spaß. (Übrigens saß ich später am Tisch neben Hitlers Tisch und sah, daß er sich völlig verausgabt hatte. Sein Hemd war durchgeschwitzt, ihm rann Schweiß über das Gesicht. Er wurde mit einem Handtuch von Julius Schaub, seinem Adjutanten, abgetrocknet.)

Das Rätsel seiner Wirkung bleibt bestehen. Trotz aller Bemühungen von Psychologen, auch Psychiatern ist es bis heute nicht gelöst worden. Mit Faszination allein ist das Phänomen nicht zu erklären, es müssen viel stärkere Kräfte im Spiel gewesen sein. Vielleicht Hypnose mit Worten wie mit den Augen. Ich weiß es nicht, und wer will es wissen?

Im Mittelalter glaubte man in unserem Land an Hexen, in der Hauptsache an weibliche Hexen. Sollte sich noch heutigentages bei irgend jemand Spuren mittelalterlichen Aberglaubens erhalten haben, wird es ihm nicht schwerfallen, das Drama jener entscheidenden Jahre als einen Akt von Hexerei zu sehen, mit Adolf Hitler in der Hauptrolle.

Der Mephisto, der schlaue Teufel mit Klumpfuß und Bocksgeruch, läßt sich in der Person von Josef Goebbels deutlich erkennen.

Dr. Goebbels hat für die Wahl des Reichstages am 5. März 1933 ganz eigene Pläne. Er gibt sich nicht der Illusion hin, daß die NSDAP auf legale Weise die Zweidrittelmehrheit erobern kann, mit der es möglich ist, auf elegante Weise von dem Ehrenwort loszukommen, das Hitler so großzügig gegeben hat. Daß die Deutschnationalen die Regierung verlassen müssen, steht für jeden führenden Nationalsozialisten fest. Man braucht Ministerposten für die eigenen Leute, und mit den Deutschnationalen kann man keinen totalitären Staat nach nationalsozialistischem Muster errichten. Es bedarf also eines überzeugenden Anlasses, um die Notwendigkeit von Ausnahmezustand und Sondergesetzen zu begründen. Die von Hitler beschworene Weimarer Verfassung kann nur »auf verfassungsmäßigem Wege« außer Kraft gesetzt werden.

Der geniale Hinkefuß ist um eine Lösung nicht verlegen. »Erst einmal muß der bolschewistische Revolutionsversuch aufflammen!«, schrieb er am 31. Januar in sein Tagebuch. Daß er nicht von selbst aufflammen wird, weiß er. Seine Verbindungsmänner in den kommunistischen Organisationen haben ihm über die letzten Entwicklungen in der KPD und der SPD Meldung gemacht. Da ist alles ruhig geblieben, und wie es scheint, sind die Kommunisten auf Tauchstation gegangen. Also muß man nachhelfen. Der kleine hinkende Doktor verfällt dabei auf das klassische Mittel eines »Attentates«. Dabei darf Hitler natürlich nicht zu Schaden kommen, das ist die Voraussetzung.

Als Tag des »Attentates« merkt Goebbels in seinem Kalender den 27. Februar vor, den letzten Montag vor der Wahl. Am Sonntag darauf geht das deutsche Volk dann zur Urne. Der

Schock und alle Maßnahmen, die als Folge eines Anschlages gegen Hitler zu treffen sind, müssen sich aber noch vor der Wahl auswirken. Sie haben nicht nur die Kommunisten und Sozialdemokraten, sondern auch die gegnerischen bürgerlichen Kreise schachmatt zu setzen.

In der Liste der Großkundgebungen, die Goebbels aufsetzt, werden sowohl der 25., wie auch der 26. und 27. Februar ausgespart, wobei offen bleibt, ob Hitler nicht doch am 25. in irgend einer Stadt spricht. Seine Anwesenheit bei den Vorbereitungen ist nicht erforderlich, im Gegenteil, er muß herausgehalten werden, um für alle Fälle eine Rückzugslinie offenzuhaben[7]. Vorgesehen wird von Goebbels, am 27. Februar gegen das Auto des Reichskanzlers eine »Bombe« werfen zu lassen, um den Ausnahmezustand verhängen zu können.

Doch der Plan wird verraten! Jedenfalls warnt etwa zwei Wochen vorher der kommunistische Abgeordnete Wilhelm Pieck in einer der letzten Versammlungen, welche die KPD noch abhalten kann, öffentlich vor einem Attentat auf Hitler. Auch der kommunistische Abgeordnete Ernst Torgler spricht am 23. Februar in einer Sitzung des Preußischen Staatsrates, an der auch der Kölner Oberbürgermeister Dr. h. c. Konrad Adenauer teilnimmt, von einem »Attentat« auf Hitler[8], allerdings ohne zu ahnen, daß Goebbels den ursprünglichen Plan längst abgeblasen hat und daß die Vorbereitungen für einen raffinierteren Anschlag gegen die Weimarer Verfassung bereits auf vollen Touren laufen. Denn nicht nur der Anschlag selber muß vorbereitet werden, nicht nur die gesetzlichen Verordnungen und sonstigen Maßnahmen müssen fertig in der Schublade liegen, viel wichtiger ist, in den bis zum 27. Februar zur Verfügung stehenden Wochen alle zentralen Stellen in Preußen mit »vertrauenswürdigen« Personen zu besetzen. Das aber ist Görings Ressort.

Bereits am Nachmittag nach seiner Ernennung zum preußischen Innenminister war Hermann Göring in Begleitung des Adjutanten Körner zu seinem Amtssitz Unter den Linden gefahren, ausgerüstet mit den Direktiven seines Führers. Die höheren Beamten des Ministeriums saßen schon seit den Mittagsstunden in ihren Amtsräumen, bereit, dem Ruf des neuen Herrn Folge zu lei-

sten. Der Fliegerhauptmann Göring ließ sich vom Pförtner direkt in das Ministerzimmer führen, das seit der Absetzung Severings im Sommer letzten Jahres kaum noch benutzt worden war.
»Haben wir hier Leute von uns sitzen?«, fragte er als erstes. Doch bevor sein Adjutant antworten konnte, erinnerte er sich an einen Regierungsrat namens Dr. Rudolf Diels. Er befahl Körner, ihn zu rufen.
Diels betrat unmittelbar danach das Ministerzimmer und begrüßte den neuen Herrn. Göring ging gleich in medias res. »Ich will mit den Halunken, die hier im Hause sitzen, nichts zu tun haben. Gibt es hier überhaupt anständige Menschen[9]?«
Dr. Diels, jung, frech, unbeschwert, konnte seine Überraschung kaum verbergen, aber er ging schnell auf den Ton ein. Der Staatssekretär des Ministeriums, der Herr von Bismarck, meinte Diels, sei ein ganz honoriger Mann, und der Herr Minister hätte ihn eigentlich sofort empfangen müssen.
Göring hob beide Hände. »Dieser Kerl soll sich ja nicht vor mir blicken lassen, der wird als erster nach Hause geschickt.«
»Dann empfehle ich Ihnen, mit dem Ministerialdirektor Schütze zu sprechen, dem Chef der Personalabteilung«, fuhr Diels fort. Göring sah ein, daß er als neuer Minister nicht gleich alle Beamten auf die Straße setzen konnte, und ließ Schütze kommen. Nach der Unterredung mit ihm meinte er dann zu Diels, er, Göring, habe durchaus nicht die Absicht, sich als Elefant im Porzellanladen zu benehmen, ohne näher zu erläutern, was er sich darunter vorstelle.
Görings guter Vorsatz hielt ganze zwei Tage an. Dann hatte er sich eingelebt und begann zu regieren.
Einer der ersten von denen, die ihren Abschied bekommen, ist Ministerialdirektor Klausener, Ressortchef der preußischen Polizei. An seine Stelle setzt Göring einen »Gefolgsmann« Himmlers, den Angestellten der Berliner Müllabfuhr und Chef der Berliner SS, Kurt Daluege. Dieser alte Parteigenosse hatte sich bei der Rebellion der Berliner SA im Jahre 1930 gewisse Verdienste erworben. Daß nicht nur Dalueges Feinde, sondern auch seine engsten Freunde von ihm behaupten, er zeichne sich durch besonderen Mangel an Intelligenz aus, stört Göring nicht, auch

nicht, daß die vorlauten Berliner SA-Männer den neuen Protegé des Innenministers »Dummi-Dummi« nennen. Vielleicht betrachtet er das als einen Vorzug.

Kurt Daluege kommandiert die preußische Polizei und wird von Göring nach einigen Wochen sogar zum General befördert[10]. Auch ein Oberst darf sich noch die Generalstressen an seine Polizeiuniform heften: Herr Stieler von Heydekamp. Er wird Chef der westdeutschen Polizeieinheiten mit dem Sitz in Dortmund und soll das Ruhrgebiet gegen mögliche kommunistische Aufstände absichern. Major Wecke aber, der am 29. Januar die Berliner Polizeieinheiten bereitstellte, um den sagenhaften Putschplan Schleichers zu durchkreuzen, wird Führer einer motorisierten Polizeitruppe »zur speziellen Verwendung«.

Alle diese Ernennungen unterzeichnet der kommissarische preußische Ministerpräsident Franz von Papen, Vizekanzler in der Reichsregierung, ohne zu merken, daß sie nur dazu dienen, den Ast abzusägen, auf dem er und seine deutschnationalen Freunde sitzen. Sogar der Auflösung des preußischen Landtages, der ebenfalls am 5. März neu gewählt werden soll, stimmt der offenbar ahnungslose von Papen zu[11]. Auch eine Anzahl Polizeipräsidenten großer Städte werden abgelöst und durch zuverlässige Nationalsozialisten ersetzt. Wo es dennoch gelingt, einen Deutschnationalen vorzuschieben, sorgt Göring dafür, daß ihm ein strammer Nationalsozialist als Sachbearbeiter an die Seite gestellt wird.

Nebenher laufen die gesetzgeberischen Maßnahmen. Auch die Gemeindeparlamente in Preußen werden als aufgelöst erklärt und ihre Neuwahl für den 12. März angesetzt, eine Woche nach der Reichstagswahl, die ja eine totale Machtergreifung bringen soll. Wenigstens rechnet Goebbels fest damit. Um die Neubildung von Parteien zu verhindern, bestimmt eine Notverordnung, daß zur Einreichung von Wahllisten in Zukunft 60 000 Unterschriften in mindestens einem Wahlkreis notwendig sind, gegen die 500, die bisher genügten. Hitler will sich gegenüber Gregor Strasser abdecken.

Alle diese Maßnahmen in Preußen wecken das Mißtrauen der süddeutschen Länder Bayern, Württemberg, Baden und Hessen, die noch von geschäftsführenden Koalitionsregierungen nach Weimarer Muster verwaltet werden. Hitler hört auch, daß man in Bayern plant, den Kronprinzen Rupprecht als Generalstaatskommissar einzusetzen, als Vorstufe zur Wiedereinführung der Monarchie. Fürsprecher dieser Maßnahme finden sich in allen bayerischen Parteien, nur die Kommunisten machen nicht mit. Ein führender bayerischer Politiker erklärt öffentlich: wenn Hitler es wagen sollte, in Bayern einzufallen, werde man ihn an der Grenze »verhaften«[12].

Hitler erkennt sofort die Gefahr. Die bayerischen Pläne sind nicht so widersinnig, wie sie auf den ersten Blick erscheinen. Ein Wittelsbacher, dazu der recht energische Kronprinz Rupprecht, im Kriege ein ausgezeichneter Heerführer, könnten den Totalitätsansprüchen der NSDAP tatsächlich Halt gebieten, zumindest in Bayern. Der frühere Österreicher Hitler erklärt daraufhin, er sei doch selbst Bayer und werde niemals dulden, daß ein Bayer das Reich zerstöre. Außerdem sei er der erste Bayer auf dem Stuhle des deutschen Reichskanzlers[13].

Am 10. Februar spricht er im Berliner Sportpalast. Seine Rede schließt mit den Worten: »Das ist mein Glaube: Es wird wieder auferstehen ein neues Deutsches Reich der Größe, der Ehre, der Kraft und der Herrlichkeit! Amen!« Solche Sätze wirken um so mehr, als die Propaganda der anderen Parteien, sogar die der Deutschnationalen, mehr und mehr behindert wird. Eine Notverordnung legt der Presse so viele Fesseln an und wird so ungünstig ausgelegt, daß es Beschlagnahmen und Verbote von kommunistischen, sozialdemokratischen und linksbürgerlichen Zeitungen nur so hagelt. Papen wird allmählich klar, was im Kommen ist. Verzweifelt bemüht er sich, eine »Christlich-Nationale Einheitsfront« zustande zu bringen, aber es reicht nur zu einer »Kampffront Schwarz-Weiß-Rot«, die faktisch nicht mehr ist als die alte DNVP.

Nachdem Göring die Kommandostellen der Polizei umbesetzt hat, erläßt er einen Schießbefehl. Darin heißt es:

> »Dem Treiben staatsfeindlicher Organisationen ist mit den schärfsten Mitteln entgegenzutreten. Polizeibeamte, die in Ausübung dieser Pflichten von der Schußwaffe Gebrauch

machen, werden, ohne Rücksicht auf die Folgen des Schußwaffengebrauchs, von mir gedeckt. Wer hingegen in falscher Rücksichtnahme versagt, hat dienststrafrechtliche Folgen zu gewärtigen.«

In einer Rede in Essen ergänzt Göring diesen Erlaß mit den Worten: »Wenn wir auch vieles falsch machen, wir werden jedenfalls handeln. Lieber schieße ich ein paarmal zu kurz oder zu weit, aber ich schieße wenigstens.«

Noch deutlicher wird er am 20. Februar vor Berliner Polizeibeamten: »Mit einer Polizei, die Disziplinarverfahren zu fürchten hat, wenn sie ihre Pflicht tut, kann ich gegen den roten Mob nicht vorgehen. Die Verantwortung muß wieder richtiggestellt werden. Sie liegt nicht bei dem kleinen Beamten auf der Straße, sondern ich muß in Euer Hirn hineinhämmern, daß die Verantwortung bei mir allein liegt. Ihr müßt Euch klarmachen: Wenn Ihr schießt, so schieße ich. Wenn einer tot liegt, habe ich ihn erschossen, wenn ich auch oben im Ministerium sitze, denn das ist meine Verantwortung allein.«

Mitte Februar wird durch eine Notverordnung bestimmt, daß die SA, SS und der Stahlhelm als »Hilfspolizei« herangezogen werden können. Es genügt hierfür die einfache weiße Armbinde, und der neue Exekutivbeamte des Staates ist fertig. Er kann Verhaftungen und Haussuchungen vornehmen und er kann schießen, ohne befürchten zu müssen, zur Rechenschaft gezogen zu werden. »Wenn einer tot liegt«, so hat ihn ja nicht der Hilfsbeamte, sondern der Herr Minister erschossen[14].

Aber alle Provokationen und offenen Verfassungsbrüche fruchten nichts. Weder die Linksparteien noch jene der Mitte lassen sich zu offener Auflehnung hinreißen, von örtlichen Zwischenfällen abgesehen. Der »bolschewistische Revolutionsversuch«, von dem Goebbels am 31. Januar so erwartungsvoll schrieb, will und will nicht »aufflammen«. Wenn nichts geschieht, wird die Wahl am 5. März als totes Rennen ausgehen und die NSDAP nicht die Alleinmehrheit erzielen. Aber die braucht sie, um die totale Macht zu erringen. Wenn die Flammenzeichen ausbleiben, so ergibt sich für einen wie den Dr. Joseph Goebbels gewissermaßen von selbst die Frage, ob man nicht durch eigenes Zutun

eine solche Sache, ein solches »Fanal der extremen Linken«, bewerkstelligen könne.
Der damals stadtbekannte, in ganz Deutschland vielgenannte »Hellseher« Hanussen hatte für den Abend des 26. Februar in seiner großen, eleganten Wohnung in der Lietzenburger Straße eine besondere Auswahl der damaligen Berliner Prominenz zu einer »privaten Séance« geladen, also zur persönlichen Entgegennahme seiner Voraussagen kommender Dinge in der nächsten Zeit. Es war darunter mindestens ein Mitglied des ehemaligen Kaiserhauses sehr wahrscheinlich Prinz August Wilhelm (Sohn Kaiser Wilhelms II.), auch mehrere andere Prinzen, einige Wirtschaftsführer, renommierte Wissenschaftler sowie mehr als ein Dutzend der besten Künstler von Theater, Film und Oper, im übrigen auch die vielumstrittene Großfürstin Anastasia Romanowa, eine angebliche Tochter des letzten Zaren. Vor diesem Kreis illustrer, teilweise auch kritischer Zuhörer verkündet Hanussen nach Löschung des Lichtes und scheinbar in Trance verfallend, zu welchen Höhen der vom Schicksal auserwählte Adolf Hitler das deutsche Volk noch führen werde. (Von Hanussen, der nach allgemeiner Ansicht Jude gewesen war, eine erstaunliche Vorhersage. Doch um so glaubhafter mußte sie erscheinen.)
Dann schildert der Meister schlimme Visionen, die dem von Hitler geführten Aufstieg des deutschen Volkes vorhergehen ... Schreckensbilder, die schon sehr bald erscheinen werden. Er sieht »ein riesiges Feuer, das Zeichen für eine bolschewistische Revolution, höchste Gefahr für das deutsche Volk ... aber durch blitzschnelles Handeln wird der Führer Adolf Hitler die roten Revolutionsversuche im Keime ersticken[15].«
Die Zuhörer sind wie gelähmt. Also hat Hitler doch recht gehabt, die Kommunisten wollen eine Revolution machen. Wenn es einer wissen muß, dann ist es Hanussen, der »Magier von Berlin«[16], von dessen übernatürlichen Fähigkeiten man soeben wieder einen schlagenden Beweis erhalten hat[17].
Was Hanussen vorausgesagt hat, ist am folgenden Tage für jedermann im 12-Uhr-Blatt zu lesen. Und was man darin liest,

als bald kommendes Geschehen, ereignet sich noch vor dem Ende eben dieses Tages, des 27. Februar.

Es ist an diesem Abend im Reichstag schon früh still geworden. Gegen halb neun hat der Elektriker Scholz seinen üblichen Rundgang gemacht und alle Lichter in dem riesigen Bauwerk gelöscht. Dabei schaut er pflichtgemäß auch in den Plenarsaal, findet alles in Ordnung und begibt sich zur Ruhe. Wenige Minuten nach 21 Uhr geht der Student Hans Flöter (Theologie und Philosophie) an der Westseite des Reichstages, dort wo sich die große Auffahrtsrampe befindet, nach Hause in die Hindersin-Straße 4 a. Da hört er hinter sich das Klirren einer Scheibe. Nun ja, meint der junge Mann, da ging eine Fensterscheibe zu Bruch, das kommt eben vor. Aber gleich danach geschieht es zum zweiten Mal, und Flöter schaut jetzt doch in Richtung des scheppernden Geräusches. Im Hauptgeschoß, rechts vom Mittelbau, sieht er am Fenster des Restaurants eine Gestalt. Dieser Mensch, der sich lebhaft bewegt, schlägt Reste der Scheibe heraus, und dann zuckt Feuerschein. Der Student kann später aber nicht sagen, ob der Mann dort eingestiegen ist oder die Fensterscheibe von innen zerschlagen hat, um einen Luftzug für das Feuer zu schaffen.

Flöter eilt an der Front des Reichstages entlang, um irgendwo Alarm zu geben.

Am Nordende der Rampe trifft er auf den Oberwachtmeister Buwert vom Polizeirevier Tiergarten. Ihm meldet er, da sei ein Mann, der Fenster einschlage, und Feuer sei auch da. Aber das hört Buwert nicht mehr, sondern eilt schon zum nächsten Telefon. Flöter folgt dem Oberwachtmeister nicht, sondern begibt sich nach Hause. Das ist für einen jungen Menschen, der gerade im Deutschen Reichstag einen Brand entdeckt und gemeldet hat, irgendwie erstaunlich, jedenfalls ist es nicht leicht zu begreifen. Es mußte ihn doch im wahrsten Sinne des Wortes brennend interessieren, was nun weiter geschieht!

Inzwischen ist aus der Simonstraße der Schriftsetzer Werner Thaler (nebenbei Jugendmeister im 100-Meter-Lauf und Angestellter beim *»Völkischen Beobachter«*, dem weithallenden Sprachrohr der Nationalsozialisten) gekommen. Auch er hat ein

Fenster klirren gehört. In der Mitte der Rampe ist er auf die Brüstung gesprungen und glaubt, vor dem ersten Fenster des Restaurants zwei Schatten gesehen zu haben, zwei Personen, von denen die eine hineinkroch. Aber er weiß es nicht genau, vielleicht ist die Verdoppelung eine Sinnestäuschung. Er springt von der Brüstung herunter, läuft nach dem Portal II, um einen Polizisten zu verständigen, den er vorhin gesehen hat. Den sieht er aber nicht, eilt nochmals zur Rampe und begegnet Buwert. Auf Thalers Armbanduhr ist es 21.10 Uhr. Gemeinsam beobachten der Schupo, der Schriftsetzer und ein Dritter, ein junger Mann, dessen Identität sich später nicht mehr zweifelsfrei feststellen läßt, den Feuerschein, der an den Fenstern vorüberhuscht, sehr schnell, spukhaft, vom ersten bis zum fünften, dem Eckfenster. Buwert und Thaler laufen auf der Rampe mit. Am vorletzten Fenster der Südwestecke des Gebäudes steht der gespenstische Feuerschein still. »Schießen Sie doch!«, ruft Thaler. Buwert, überzeugt, daß ein Brandstifter am Werk ist, schießt. Als er zum Fenster hinläuft, ist der Schein verschwunden.
Über den Königsplatz, vom Moltkedenkmal her, nahen vier Spaziergänger, zwei Ehepaare, Freudenberg und Kuhl. Auch sie haben den Feuerschein im Reichstagsrestaurant gesehen. Im Restaurant züngelt eine Flamme empor, daneben eine zweite. Portieren fallen flammend zusammen.
Inzwischen wird dreimal Feueralarm gegeben, wie es scheint, aber nicht mit der unbedingt notwendigen Eile. Die letzte der drei Meldungen geschah durch einen Reichswehrsoldaten bei der Polizeiwache am Brandenburger Tor. Wer die Größe des Reichstagsgebäudes kennt und die Entfernungen in dieser Ecke des Tiergartens, kann verstehen, daß zumindest eine Viertelstunde verloren ging. Das wichtigste und nächstliegendste geschieht erst danach, nämlich die Verständigung des ständig anwesenden Pförtners bei Portal V des Riesengebäudes. Dieser, ein Beamter namens Wendt, verständigt, so rasch es sich machen läßt, den Maschinenmeister Mutzke und Hausinspektor Scranowitz. Ein Botenmeister und der Nachtportier des Reichstagspräsidentenhauses (wo auch Hermann Göring seine Dienstwohnung hat) kommen hinzu.

»Großer Alarm« wird aber erst 21.17 Uhr gegeben, als der fürs Regierungsviertel zuständige Polizeileutnant Lateit in seinem Dienstwagen eintrifft. Er übersieht die Lage und die Gefahr für den innen mit Holz getäfelten Mammutbau. Lateit fordert jede nur mögliche Verstärkung der Feuerwehr.
Heute würde dies alles in Sekundenschnelle durch Sprechfunk geschehen, doch im Jahre 1933 muß dafür ein Beamter auf dem Fahrrad zum Polizeirevier strampeln.
Endlich ist auch Hausinspektor Scranowitz mit dem großen, klirrenden Schlüsselbund zur Stelle. Als die Männer durchs Nordportal eindringen, schlägt ihnen starker Brandgeruch entgegen.
Die Wandelhalle, die sie durchstürmen, liegt in völligem Dunkel. In der großen Kuppelhalle mit dem Marmordenkmal des alten Kaisers Wilhelm I. sehen sie durch eine doppelwandige, offene Glastür, die den Umgang von dem Plenarsaal trennt, eine flackernde Flamme. Die Portieren links und rechts brennen, die rechte schräg von oben nach unten. Es brennt die Holzverschalung eines Kabelschrankes. Flämmchen züngeln auch von einem Gegenstand am Boden zwischen den Portieren empor. Lateit hält ihn für ein Kissen, aber es ist ein zusammengelegter Mantel[18]. Von den Garderoberäumen über die Treppe bis zum Plenarsaal haben die Männer kaum Minuten gebraucht.
Zum ersten Male in seinem Leben betritt der Leutnant Lateit den Plenarsaal. Über dem Präsidium, den die Rückwand beherrschenden Sitzen, erhebt sich kerzengrad eine ruhige, zusammenhängende Flamme, die etwa drei Meter breit und wesentlich höher ist. Die Lichtgarben, die von der Flamme nach oben gehen, scheinen Lateit wie die Pfeifen einer lodernden Orgel. Andere Brandstellen im Saal nimmt der Polizeioffizier noch nicht wahr, auch keinen Rauch. Aber Wachtmeister Losigkeit sieht, als er einen Sprung tut, eine Flamme am Stenografentisch. Lateit, der seinerzeit den nächtlichen Brand des Blücher-Palais im April 1931 miterlebt hat, gewinnt den Eindruck: »Der Saal ist noch zu retten.« Der Hausinspektor Scranowitz schaltet das Licht in den Umgängen und in der Wandelhalle ein. Das alles funktioniert noch. Lateit dreht sich zu den Polizeibeamten um und ruft ihnen

zu: »Brandstiftung! Pistolen raus!« Alle sind in äußerster Erregung und Empörung, sie alle, die den verschiedensten Kommandos der Polizei angehören und hier vom Zufall vereinigt sind. Inzwischen ist der Wachtmeister Poeschel nachgekommen. Ihm befiehlt der Leutnant: »Sie bleiben bei dem Hausinspektor!« Mit Losigkeit eilt er durch die Wandelhalle zu Portal V zurück. Dort trifft er Feuerwehrmannschaften. Der Zug VI aus der Linienstraße ist um 21.14 Uhr alarmiert worden. Führer des Zuges ist der Oberbrandmeister Puhle[19]. 21.18 Uhr ist er an der Nordostecke des Reichstags, an der Rampe, die er nicht ganz hinauffahren kann, da eine dünne Schicht von Eis und Schnee über den Steinen liegt. 21.19 Uhr ist der Zug VII aus der Turmstraße in Moabit unter dem Brandmeister Klotz zur Stelle. Lateit ruft der Feuerwehr zu: »Brandstiftung! Es brennt an allen Ecken und Kanten!« Er begibt sich zurück nach der Brandenburger Torwache. Nach dem Tagebuch ist er dort 21.25 Uhr. Alle Beteiligten haben nunmehr die Situation erfaßt. Schnell greifen Polizei und Feuerwehr ein, um den Brand zu bekämpfen. Zwei Feuerlöschboote fahren im nächtlichen Dunkel auf der Spree heran, zu sofortigem Eingreifen bereit.
Scranowitz hat sich in der Wandelhalle von den Polizisten getrennt, um die elektrischen Schalter für die Kronen des Kuppelsaales einzuschalten. Zwischen dem Kaiser-Wilhelm-Denkmal und der großen Glastür züngelt ein Feuer, das er ausstapft[20]. Er öffnet die Tür des Reichstagsrestaurants. Eine Flamme schlägt ihm entgegen. Er sieht in der Wandelhalle die brennenden Portieren, einen Brandherd hinter einer auf den Boden gestellten Tafel, im Plenarsaal den brennenden Präsidententisch, Flammen von drei Portieren bis zur Höhe der Oberkante der Holzverkleidung, Flammenbündel auf den Bänken der Regierung und des Reichsrats, Flammen auf der dritten Reihe der Abgeordnetensitze, einen Flammenkegel auf dem Rednerpult, fauchende, zypressenförmige Flammen an den Portieren des tiefer gelegenen Stenografenraumes und eine Flammenpyramide vor dem Tisch des Hauses. Er schließt die Tür des Plenarsaales, eilt mit Poeschel in den Südumgang, dem Bismarckdenkmal zu. Er passiert einen brennenden Sessel[21]. Lautlos gehen die beiden, der dicke Tep-

pichbelag nimmt das Geräusch der Schritte auf. Da taucht aus dem Umgang ein Mann auf, der offenbar von links, von der Rückwand des Plenarsaals gekommen ist, keuchend, mit kurzen Atemstößen.
Poeschel erblickt die Gestalt, ruft sie an: »Hände hoch!« Der Mann prallt zurück. Er macht eine Bewegung, als wolle er fliehen, bleibt jedoch stehen, schwingt die Arme nach oben und rührt sich nicht, als der Polizist die Pistole vor seine Brust hält. Der Mann ist halb nackt, nur mit Hose und Schuhen bekleidet. Von dem bloßen Oberkörper trieft der Schweiß. Auf dem Kopf, den er nach unten senkt, kleben wirr die Haare. Der Mensch ist jung, groß, bartlos. Poeschel untersucht seine Hosentaschen. Er findet ein Taschenmesser von normaler Größe und in der Gesäßtasche einen Paß. Den blättert Poeschel nur kurz auf, ohne ihn näher anzusehen, und versenkt das Dokument in der eigenen Manteltasche[22]. Und Scranowitz? »Warum hast du das gemacht?«, brüllt er den Fremden an. Der starrt ihm ins Gesicht und antwortet nur: »Protest! Protest!« Poeschel packt den Mann und führt ihn durch die Wandelhalle hinunter zum Portal. Dort ist es kalt. Ein Polizeibeamter hüllt den Verhafteten in eine Decke, bringt ihn zur Brandenburger-Torwache. 21.25 Uhr oder 21.27 Uhr! So wird der Holländer Marinus van der Lubbe »auf frischer Tat« im Reichstag festgenommen.
Der Brandmeister Klotz vom Zug VI ist mit einigen Feuerwehrleuten und dem »kleinen« Löschgerät die Stufen zur Wandelhalle hinaufgeeilt. Er löscht mit diesem Vorkommando zuerst das Feuer im Gang. Dann dringt er durch die linke Pendeltür in den Plenarsaal ein. Eine ungeheure Hitze strömt ihm entgegen. Im Hintergrund, auf der Galerie, sieht er einen Feuerschein. Der Saal ist durch Rauch vernebelt. So groß ist die Hitze, daß jeden Augenblick eine Stichflamme entstehen kann. Klotz macht die Pendeltür sofort wieder zu. Mit dem Oberbrandmeister Puhle, dem Führer des anderen Löschzuges, beschließt er, Verstärkungen heranzuziehen. Größter Alarm soll gegeben werden. Da Puhle den Ruf des Leutnants Lateit hört »Es brennt an allen Ekken und Kanten!«, meldet er: »Großfeuer! Zehnter Alarm!« Dieser Alarm wird vom Portal V aus gegeben. Um 21.32 Uhr setzen

sich acht neue Löschzüge in Bewegung und sind in wenigen Minuten am Reichstag.
In der Wandelhalle trifft Brandmeister Klotz den Direktor des Reichstags, Geheimrat Galle. Alle Türen läßt er sofort öffnen, damit die Feuerwehr in die Höfe einfahren kann. Als Klotz den Plenarsaal wieder betritt, ist der ganze Raum ein Flammenmeer. Die Scheiben des Glasdachs sind geplatzt, der Luftzug ist von außen nach innen gegangen. So gewaltig ist der Luftwirbel, daß sich Klotz an die Tür klammern muß, um nicht in die Glut gerissen zu werden. Die Flammen durchbrechen die Kuppel. Mit den durch Alarm zehnten Grades herbeibefohlenen Löschzügen ist der Oberbranddirektor Gempp gekommen. Noch ehe sein Schnellwagen stoppt, springt er ab und eilt ins Hauptgeschoß. Er spricht mit dem Branddirektor Lange. Um 21.42 Uhr ergeht der fünfzehnte Alarm: die höchste, nur äußerst selten gegebene Alarmstufe. Nur ganz kurze Zeit später sind am Brandplatz fünfzehn Löschzüge mit sechzig Wagen und mehreren Spezialgerätewagen versammelt, auf der Spree beginnen die Löschboote der Feuerwehr ihre Tätigkeit[23]. Der konzentrische Kampf gegen das riesige Feuer, mit aller Kraft, ist in vollem Gange.
Im Plenarsaal fallen die schweren, dicken Glasscheiben der Kuppel krachend herab. Die Vertäfelung der Wände, die Stühle, die Holzbrüstungen der Tribünen brennen. Alles stürzt zusammen, nur das Eisengerüst der Kuppelhalle bleibt intakt.
Der Reichstag, dieser Monumentalbau, nach den Plänen von P. Wallott für mehrere Millionen Goldmark in zehn Jahren, von 1884 bis 1894 erbaut, ist nicht mehr zu retten. Wenn auch die massiven Steinmauern stehen bleiben, das Innere, ganz und gar mit Holz getäfelte, brennt völlig aus.
(Hitler dachte nicht daran, die ihm verhaßte »Schwatzbude« der Systemzeit wieder aufzubauen, sondern ließ die gegenüberliegende Kroll-Oper in ein behelfsmäßiges »Parlament der Diktatur« umwandeln, wo dann üblicherweise seine Gesetze einstimmige Billigung der nur aus Nationalsozialisten bestehenden Volksvertretung erhielten. Was den Reichstag betraf, so besorgte gegen Ende des Zweiten Weltkrieges sowjetische Artillerie den Rest. Aber derart solide war zumindest das Gehäuse des

nun doppelt zerstörten Reichstages gebaut, daß selbst noch die Ruine auf jeden fremden wie einheimischen Betrachter sehr starken Eindruck ausübte. Obwohl mit einem wiederhergestellten Reichstag nicht mehr viel anzufangen war und schon gar nichts, das seinem ursprünglichen Zweck entsprach, wurden 20 Jahre und fast 100 Millionen D-Mark aufgewandt, um das Riesengebäude zu restaurieren. Aber leider geschah das ganz bewußt nicht nach alten Vorlagen, mit dem Ziel, das großenteils erhaltene Äußere mit dem neu zu schaffenden Innern harmonisch zusammenzufügen. Vielmehr bemühte man sich, drinnen alles neu, glatt, gläsern und ganz nach dem vergänglichen Zeitgeschmack der fünfziger Jahre unserer Zeitepoche zu gestalten. Gelegentlich einer Ausstellung habe ich unlängst den Alten Reichstag wieder besucht und war entsetzt über den grotesken Stilbruch zwischen draußen und drinnen. Ein äußerst kostspieliges Schaustück des eitlen Wettbewerbs, so kulturlos, geschichtsfremd und antitraditionell wie nur irgendmöglich zu sein!)

Im Haus des Reichstagspräsidenten wohnt als Gast »Putzi« Hanfstaengl. Putzi hört natürlich den Lärm. Er braucht nur aus dem Fenster zu sehen, um festzustellen, was vorgeht. Er ruft Dr. Goebbels an und meldet, was geschehen ist[24]. Der Kanzler und sein Propagandachef werfen sich in den Wagen und treffen etwa zehn Minuten später vor dem Reichstag ein. Um dieselbe Zeit fährt auch der Wagen des Vizekanzlers von Papen vor[25].

Hermann Göring hatte ebenfalls die Einladung erhalten, an diesem Abend bei Goebbels zu Gast zu sein, aber er schützte »dringende Amtsgeschäfte« vor. Er hält sich, als der Brand bemerkt wird, in seinem Ministerium Unter den Linden auf[26]. Im preußischen Innenministerium fallen die polizeilichen Entscheidungen, die unmittelbar nach dem Reichstagsbrand zur Auswirkung kommen. Dabei ist Goebbels bestrebt, Göring fest an die Kandare zu nehmen, mit Recht, wie sich schnell herausstellen soll. Der »Diplomat der Bewegung« benimmt sich recht undiplomatisch und verpatzt alles. Es kommt auf sein und Hitlers Konto, wenn bereits am nächsten Tag kein Mensch im Ausland mehr an die Täterschaft der Kommunisten glaubt.

Vom Innenministerium Unter den Linden sind es nur 300 Meter bis zum Reichstag. Göring ist deswegen auch der erste Minister, der an der Brandstätte eintrifft. Ohne von der Verhaftung Lubbes auch nur etwas zu ahnen, behauptet er sofort, der Reichstag sei von den Kommunisten angezündet worden. Zwar hat Göring vor Tagen verlautbaren lassen, man habe Pläne gefunden, nach denen alle Museen und Schlösser angezündet werden sollen, aber erst jetzt gibt er laut und vernehmlich seinem Adjutanten Befehl, sofort alle historischen Denkmäler und Museen mit einem Polizeikordon abzusichern. Das Polizeipräsidium, das die boshaften Berliner nach seinem Chef, Admiral Levetzow, »den Admiralspalast« nennen, die Telegrafenämter, Wasser- und Elektrizitätswerke, die Rundfunkstationen und Ministerien, also die Nervenzentren eines modernen Staates, läßt er nicht besetzen. Schon das macht die nacheinander eintreffenden ausländischen Korrespondenten stutzig. Sie glauben, daß irgend etwas an diesem Brand nicht stimmt.
Aber Göring begeht noch einen zweiten, weit schlimmeren Fehler. Nach seiner Ankunft am brennenden Reichstag gibt er in Gegenwart von Journalisten den Befehl, den unterirdischen Gang zu durchsuchen.
Angesichts des Flammenmeeres stößt der »Führer und Reichskanzler« Adolf Hitler Drohungen aus, die er so rasch noch nicht hätte von sich geben dürfen. So sagt er zu Vizekanzler von Papen in Gegenwart von deutschen wie ausländischen Journalisten: »Das ist ein von Gott gegebenes Zeichen. Niemand wird uns daran hindern, die Kommunisten mit eiserner Faust zu vernichten.«
Franz von Papen, der von den 677 Seiten seines Buches nur wenig mehr als zwei Seiten dem ebenso bedeutsamen wie umstrittenen Reichstagsbrand, doch wirklich ein »Schlüsselereignis«, gewidmet hat, der Vizekanzler von Papen war an diesem verhängnisvollen Abend der Veranstalter eines Essens zu Ehren des Reichspräsidenten von Hindenburg im Gebäude des damals ebenso exklusiven wie konservativen Herrenclubs in der Voßstraße. Von dort aus lag der Reichstag nur etwa zehn Gehminuten entfernt. Dessen Kuppel war bei Tage über Bäume des Tier-

gartens und der Ministergärten hinweg ganz gut zu sehen. An diesem Abend loderten nun plötzlich Flammen aus den geplatzten Fenstern des gewaltigen Baus, und Brandgeruch war bald zu spüren.

Hindenburg erhob sich in ziemlicher Erregung, wurde in aller Eile von Papen in sein Palais begleitet und wartete dort auf den Bericht seines Staatssekretärs über die Ursachen, die Ausmaße und Folgen der Brandkatastrophe. Indessen eilte der Vizekanzler zum Schauplatz des flammenden Unheils. Göring, Innenminister und Reichstagspräsident in einer Person, rief ihm dort entgegen: »Das kann nur ein Attentat der Kommune gegen unsere Regierung sein.«

So weit erscheint alles klar und bewiesen. Ebenso steht fest, daß Marinus van der Lubbe nach Dunkelwerden am 25. Februar 1933 versucht hat, mit eigens für diesen Zweck in mehreren Geschäften erworbenen Kohlenanzündern der Marke »Fleißige Hausfrau« drei Brände zu legen. Das geschah nacheinander in der Frauentoilette des Arbeitsamtes am Mittelweg, am Dach eines Seitenflügels des Rathauses von Schöneberg und sodann im ehemaligen Kaiserlichen Schloß, dessen Innenräume er über ein unbewachtes Baugerüst erreichen konnte. Alle drei Versuche schlugen fehl, obwohl zunächst dichter Qualm und knisternde Flammen entstanden. Ein Straßenpassant, der gerade beim Arbeitsamt vorüberging, alarmierte so rechtzeitig die Feuerwehr, daß der Brand rasch gelöscht wurde. Im Schöneberger Rathaus war der Hausmeister Kiekebusch mit Wassereimern so bald zur Stelle, daß man nicht einmal die Feuerwehr alarmierte, und auch im Schloß, wo gewisser Schaden angerichtet wurde, konnte die Ausbreitung des Brandes verhütet werden.

Göring, der doch Polizeiminister ist, ärgert sich sehr. Er will im Mittelpunkt stehen und das Reich vor dem kommunistischen Chaos retten. Aus dieser Verärgerung heraus überreicht er dem Vertreter des *Völkischen Beobachter* erheblich früher, als im Zeitplan vorgesehen, die Liste der zu verhaftenden Personen. Der Vertreter einer Telegrafenagentur bekommt Kenntnis davon und fordert die Liste von Goebbels, der sich damit genötigt sieht, sie ebenfalls herauszugeben[27]. Das Wolffsche Telegrafen-

büro gibt die Namen durch Fernschreiber an alle Redaktionen durch, darunter auch an jene, deren Redakteure selbst mit auf der Liste stehen. So lesen bereits in den frühen Morgenstunden einige Journalisten, daß sie »verhaftet worden sind«. Selbstverständlich verlassen sie sofort die Reichshauptstadt, und sie entkommen ins Ausland.
Noch in der Nacht gibt der »Amtliche Preußische Pressedienst« bekannt[28].

> »Der Brand des Reichstags sollte das Fanal zum blutigen Aufruhr sein. Schon für Dienstag früh 4 Uhr waren in Berlin große Plünderungen angesetzt.«

Auch der Kanzler des Deutschen Reiches beteiligt sich in Person an der Stimmungsmache. Er läßt sich mit dem Propagandachef seiner Partei in eine Berliner Redaktion fahren. Die Morgenausgabe des *Völkischen Beobachter* für den 28. Februar ist fertig umbrochen und die Walzen hängen bereits in der Maschine. Hitler läßt sich einen Fahnenabzug geben. Der Leitartikel ist ihm »zu schlapp«. Zusammen mit Goebbels diktiert er einen neuen Leitartikel. Fernschreiber geben ihn nach München durch. Auch dort werden die Maschinen angehalten und mit dem neuen, wesentlich verschärften Text versehen.
Gegen drei Uhr morgens schwärmen die Verhaftungstrupps der Polizei, verstärkt durch die SA-Hilfspolizei, durch die Straßen. Als gesetzliche Grundlage für die Haftbefehle in ihren Taschen dient eine Notverordnung, die zwar seit Tagen die Unterschrift der zuständigen Minister trägt, aber nicht die des Reichspräsidenten. Also ist sie noch nicht rechtskräftig[29]. Eine weitere Notverordnung gibt der Reichsregierung das Recht, Landesregierungen unter bestimmten Voraussetzungen abzusetzen und durch Reichskommissare oder »Reichsbevollmächtigte« zu ersetzen. Eine dritte Notverordnung bringt die Verschärfung einer ganzen Reihe von Strafbestimmungen. So kann die Todesstrafe verhängt werden für Hochverrat, Brandstiftung, für Anschläge auf Eisenbahnanlagen, schweren Aufruhr und so weiter, und zwar mit rückwirkender Kraft. Damit bricht das Deutsche Reich mit dem verfassungsmäßigen Grundsatz[30]. Auch diese Notverordnungen tragen noch nicht die Unterschrift des Reichspräsiden-

ten. Neben den kommunistischen Zeitungen wird auch die sozialdemokratische Presse[31] verboten, selbst in einigen bürgerlichen Zeitungsverlagen werden die Maschinen stillgelegt.
Nach der Kabinettssitzung am Morgen des 28. Februar läßt sich Reichskanzler Hitler mit Vizekanzler von Papen bei Hindenburg melden. In einem kurzen Vortrag schildert er, in welch tödlicher Gefahr das Reich sich in dieser Nacht befunden habe. Er versteht es, seine Ausführungen mit dramatischen Akzenten zu würzen. So behauptet er, im Jahre 1932 hätten die Kommunisten rund dreitausend Zentner Sprengstoff gestohlen, und wie der Reichstag, sollten auch die anderen öffentlichen Gebäude diese Nacht in Flammen aufgehen. Nur das blitzschnelle Zuschlagen Görings hätte das verhindert. Dann legt er dem Präsidenten die drei Notverordnungen vor, ohne zu sagen, daß auf Grund dieser noch nicht rechtsgültigen Verordnungen bereits Tausende verhaftet worden sind!
Der stark erschütterte Reichspräsident hört aufmerksam zu. Nachdem sein Kanzler geendet hat, sieht er auf Papen. Der bestätigt dem zögernden Staatsoberhaupt, daß es notwendig ist, die drei Notverordnungen zu unterschreiben. Der 85jährige Hindenburg greift zum Federhalter. Er unterschreibt, ohne noch eine Frage zu stellen, die ihm vorgelegten Dokumente. Zum ersten Male bewegt ihn so etwas wie Dankbarkeit gegenüber dem »böhmischen Gefreiten«, der in dieser Nacht das Reich vor dem Chaos gerettet hat. Gottes Wege sind doch wunderbar — er bedient sich für Deutschland sogar eines Österreichers[32].
Daß sich der Präsident mit seiner Unterschrift selbst ausschaltet, wird ihm nicht bewußt. Es ist ihm auch nicht klar, daß er mit diesen Notverordnungen die wichtigsten bürgerlichen Rechte in die Hände eines Menschen legt, der die letzten Jahre offen und verdeckt nichts anderes erstrebte als die Diktatur seiner Partei. Für Hindenburg bietet die Gegenwart Papens bei dieser Besprechung und als Vizekanzler in der Regierung genügend Sicherheit. Somit trifft gerade Papen ein wesentlicher Teil der historischen Verantwortung.
Kaum ein anderes Ereignis aus der kurzen Geschichte des »Tausendjährigen Reichs« ist so umstritten wie die folgenschwere

19 Staatsakt in der Potsdamer Garnisonkirche am 21. März 1933. Hitler spricht, im Sessel Hindenburg. Links im Bild hinter dem Reichspräsidenten sitzt Hermann Göring (u. a. Preußischer Ministerpräsident) und hinter diesem Staatssekretär Dr. Meissner.

20 Heldengedenktag Berlin 1933, vor dem Gefallenen-Ehrenmal, der »Neuen Wache« Unter den Linden. Ganz vorn Reichspräsident von Hindenburg bei Abnahme der Parade, vorn rechts Reichsminister Dr. Frick, Reichskanzler Hitler, Staatssekretär Dr. Meissner. In Marine-Uniform Admiral Raeder.

21 Das alte Reichstagsgebäude ist durch Brand zerstört, die erste Sitzung des neugewählten Reichstags am 21. März 1933 muß in der eilends umgebauten Krolloper stattfinden. Hier kommt es am 23. März 1933 zum »Ermächtigungsgesetz«, dessen weitgehende Vollmachten die Diktatur Adolf Hitlers und der NSDAP begründen. Hermann Göring in seiner Rolle als Reichstagspräsident verkündete die Annahme dieses Gesetzes durch die Mehrheit der Abgeordneten.

Brandstiftung am 27. Februar des Jahres 1933. Schon allein die Frage nach den wahren und wirklichen Urhebern des Reichstagsbrandes ist gleich der Berührung von nicht nur einem, sondern mehreren heißen Eisen. Trotz der darüber vergangenen Zeit glühen sie noch immer grellrot, so, als sei das Ganze erst gestern geschehen. Einerseits üben die für das deutsche Schicksal, ja für die meisten Völker Europas so schwerwiegenden Folgen und andererseits die Möglichkeit eines raffiniert angelegten Verbrechens auf sehr viele, auch ernsthafte Menschen eine Faszination aus, die mit den Jahren nicht vergeht, sondern eher noch zunimmt. Eine ganze Reihe von Büchern, darunter — wie mir scheint — geradezu Lebenswerke tiefschürfender Forscher, sind über diesen Brand, vor allem seine Urheberschaft, veröffentlicht worden. Dieses Buch hatte in seiner ersten Ausgabe dazu Stellung genommen, und zwar aus der geübten Feder von Harry Wilde, der jahrelang mit diesem Problem beschäftigt war. Doch andere Kenner der Materie vertraten eine völlig andere These, die mit ebenso glaubwürdigen Beweisen untermauert schien. Für mich war es unmöglich, im Widerstreit der Meinungen Stellung zu nehmen. Andere, weit bessere Kenner der Zusammenhänge haben es versucht, sind aber sogleich auf Verfechter von gegenteiligen Forderungen gestoßen. Trotz aller Akribie, trotz aller verdienstvollen Studien sämtlicher Hintergründe, Zeugnisse, Dokumente und sonstigen Beweismaterials scheint es unmöglich, die Wahrheit auch nur in Grundzügen zu erkennen.

Die so weit auseinanderklaffenden, ja gegeneinander stehenden Meinungen lassen sich im wesentlichen auf drei mit Vehemenz vertretene Ansichten konzentrieren.

Erstens: die Nationalsozialisten haben (wobei ganz verschiedene Personen und Gruppen genannt werden) den Reichstagsbrand von langer Hand geplant, in Einzelheiten vorbereitet und ausgeführt. Der im brennenden Plenarsaal gewissermaßen »auf frischer Tat« ertappte holländische Kommunist Marinus van der Lubbe war durch Drogen, durch Gewalt sowie durch Ausnutzung seiner latenten Geisteskrankheit zur Rolle des Feuerlegers veranlaßt worden. Allein und mit seinem beschränkten Verstand wäre ihm das »brandtechnisch« unter keinen Umständen möglich gewesen.

These Nummer zwei vertritt die Überzeugung, daß van der Lubbe, ein echter Kommunist der holländischen Rade-Bewegung, wirklich die Absicht hatte, ganz allein den Reichstag anzuzünden. Er hat ja, was nicht bestritten wird, schon vorher an drei Stellen in Berlin versucht, Brände zu legen. Sein Vorhaben jedoch, seine Vorbereitungen und auch seine leichte Lenkbarkeit waren von irgendwelchen Informanten, Spitzeln oder Zuträgern der nationalsozialistischen Führung erkannt worden. Daraufhin hat man besonders geschickte Leute auf den unglücklichen Lubbe angesetzt, die im »beratend und begleitend« zur Hand gingen. Während van der Lubbe seine Brandsätze im Reichstag verteilte — was allein in so schneller Zeit den Riesenbrand nicht hätte entflammen können —, in diesen entscheidenden zehn bis fünfzehn Minuten drang ein Trupp von SA-Leuten durch angeblich geheime, unterirdische Heizungsanlagen in das Riesengebäude ein, um dort mit schnell wirksamen Mitteln die gewünschte Wirkung zu erzielen. Demnach wäre sich Marinus van der Lubbe gar nicht darüber klar gewesen, daß er Helfer hatte, daß er nur ein mißbrauchtes Werkzeug gewesen war. Aber man brauchte ihn, den gläubigen Kommunisten, um durch ihn die Schuld auf eine kommunistische Verschwörung zu schieben.

Als dritte Behauptung bleibt noch die Lösung, es habe sich tatsächlich um eine wohlvorbereitete Tat der Kommunistischen Partei gehandelt, die ihrerseits van der Lubbe als willfährigen Brandstifter gebraucht und möglicherweise neben ihm noch andere eingesetzt hat.

Es würde mehrere Bücher füllen (und diese Bücher wurden geschrieben), um jede dieser Thesen zu begründen oder ihr eine Antithese gegenüber zu stellen. Das möchte ich zugunsten des Lesers vermeiden — sowie auch im eigenen Interesse unterlassen.

Wie dem letzten Endes auch sei, der brennende Reichstag war für Adolf Hitler und seine Bewegung ein hochwillkommenes Geschenk des Teufels. Hatten sie nicht selbst für die lodernden Flammen gesorgt, dann haben sie jedenfalls blitzschnell die sich

bietende Gelegenheit ergriffen, und dieses Ergreifen war sodann die eigentliche Machtergreifung.
Die Volksmeinung, auch in nationalsozialistischen Kreisen, hielt Herrn Göring für den eigentlichen Veranstalter des Unternehmens. Vermutlich deshalb, weil er Präsident des Reichstags war, unmittelbar daneben residierte und hinterher den Mund besonders vollnahm. Wer aber diesen Mann, wer seine Mentalität, seinen Lebensstil und seinen Hang zur Bequemlichkeit genügend gut kannte, war der Meinung, daß ihm dafür die Tatkraft, die List und auch die Erfindungsgabe fehlten. Dergleichen paßte weit mehr zur Art des Dr. Josef Goebbels, den man gewiß als ein Genie, wenn auch als »negatives Genie« bezeichnen darf. Auch der Obergruppenführer Ernst eignete sich ohne Frage für eine solche Aufgabe und hatte dafür auch die notwendigen Mittelsmänner, darunter eindeutig kriminelle Gehilfen, zur Hand.
Woran man am wenigsten zu glauben geneigt ist, scheint noch eine vierte Lösung des Rätsels zu sein, nämlich daß trotz aller Zweifel an der technischen Durchführbarkeit eben doch Marinus van der Lubbe allein und ganz aus eigenem Antrieb den Riesenbrand zu entfachen vermocht hat.
Aber das und nichts anderes ergab die Beweisaufnahme.
Mein Vater, Staatssekretär Dr. Otto Meißner, schreibt in seinem Buch: »Das Reichsgericht, vor dem das Verfahren wegen des Reichstagsbrands in gründlicher, wochenlanger Verhandlung durchgeführt wurde, verurteilte van der Lubbe, den die Sachverständigen zwar als schwachsinnig, aber als zurechnungsfähig erklärt hatten, zum Tode, sprach aber die Mitangeklagten, den deutschen Kommunistenführer und Reichstagsabgeordneten Torgler und die bulgarischen Kommunisten Dimitroff, Taneff und Popoff, mangels Beweisen frei. Göring, mit dem ich während unserer gemeinsamen Internierung im Lager Bad Mondorf über die Behauptungen der nationalsozialistischen Urheberschaft des Brandes sprach, versicherte mir auf sein Wort, daß er daran völlig unbeteiligt gewesen sei, gab aber die Möglichkeit zu, daß ein ›wildes Kommando‹ irgendeiner nationalsozialistischen Organisation, vielleicht die Berliner SA-Führer, Graf Helldorf und Karl Ernst, Urheber und Anstifter des

Reichstagsbrandes gewesen seien und sich des van der Lubbe hierbei als Werkzeug bedient hätten. Van der Lubbe hat sowohl während des gerichtlichen Verfahrens wie auch nach seiner Verurteilung jede Angabe verweigert.«

Die Vernehmung aller Beteiligten, der Zeugen und Sachverständigen, die Prüfung des Beweismaterials und auch die Gerichtsverhandlungen wurden in diesen ersten Monaten des Dritten Reichs noch durchweg von Beamten der »Alten Schule« durchgeführt. Alles bewegte sich — vorläufig noch — auf dem Boden des Rechtsstaates. Es kann keinem der Richter, der Staatsanwälte und der Geschworenen eine Rechtsbeugung auch nur geringster Art vorgeworfen werden. Trotz aller Ausfälle und Drohungen Hermann Görings wie auch anderer führender Nationalsozialisten wurden die angeklagten Kommunistenführer freigesprochen, und der für »äußert gefährlich« angesehene bulgarische Kommunistenführer Dimitroff konnte nach seinem Freispruch ungehindert ausreisen. Im übrigen waren maßgebliche Männer der KPD gar nicht geflüchtet, hatten sich teilweise sogar selber der Polizei gestellt. So auch Ernst Torgler, Vorsitzender der KPD-Fraktion im Reichstag.

All das spricht gegen die These eines kommunistischen Umsturzplans, für den die Flammen im Reichstag das auslösende Moment sein sollten. Was jedoch nicht auszuschließen vermag, daß die Brandstiftung das Werk eines roten Sonderkommandos gewesen ist, das mit der eigentlichen KPD-Führung nichts zu tun hatte.

Wir haben keine Klarheit und werden sie vermutlich nie erlangen.

13. Die Legalisierung

Durch Berlin schleicht die Angst. Allmählich spricht sich herum, wer alles verhaftet worden ist. Die Aufhebung jener Artikel der Weimarer Verfassung, welche die bürgerlichen Freiheiten garantieren, bedeutet diesmal weit mehr als 1923. Damals erließ der Reichspräsident Ebert gleichfalls Sonderbestimmungen und übertrug die vollziehende Gewalt der Reichswehr, doch niemand fühlte sich direkt bedroht, und Mißhandlungen Verhafteter waren selten[1]. Die Reichswehr legte nach kurzer Zeit die ihr zugestandenen Ausnahmerechte in die Hände des Präsidenten zurück. Zehn Jahre später, im März 1933, ist an Stelle der Reichswehr die SA getreten. Man fühlt, daß die NSDAP freiwillig nicht zu verfassungsmäßigen Zuständen zurückkehren und daß sie die drei Notverordnungen vom 28. Februar, die ihr die totale Macht zuspielten, niemals aufheben wird. Schnell spricht sich auch herum, daß Verhaftete grausam zugerichtet werden[2]. Die Frauen der Häftlinge finden kaum Anwälte, um die Sache ihrer Männer vor den Behörden zu vertreten.

Auch in den Redaktionen der Berliner Zeitungen ist man ängstlich geworden. Nur wenige Schriftleiter wagen es angesichts des Terrors der SA, Zweifel an den amtlichen Meldungen zu äußern. Am ehesten können noch die deutschnationalen Presseorgane zwischen den Zeilen ihre Bedenken anmelden. Doch werden die Hinweise nur von wenigen beachtet, auch nur von Eingeweihten verstanden. Das deutsche Volk hat noch nicht gelernt, »zwischen den Zeilen« zu lesen. Auf der Straße und an den Biertischen, in den Vorortzügen wie Untergrundbahnen hört man nur laute Zustimmung zu den Maßnahmen der Regierung. Dr. Goebbels triumphiert: der Staatsstreich ist gelungen, die absolute Gewalt in der Hand der neuen Männer.

Die Wahlreise Hitlers gleicht einem Triumphzug. Am 28. Februar spricht er in Leipzig, am 1. März in Breslau. Dr. Goebbels notiert in sein Tagebuch:

> »Die Versammlung in der überfüllten Jahrhunderthalle war wieder ein Erlebnis. Jede dieser Versammlungen zieht eine ganze Provinz in ihren Bann. Meine Aufgabe besteht jeweils darin, in einem geschickten Einleitungsbericht die Rundfunkhörer in die Atmosphäre einer solchen Versammlung geistig und seelisch einzuführen. Dann spricht der Führer und hat gleich zu Anfang ein bereites Publikum.«

Am 2. März wird Berlin noch einmal aufgeboten. Die »rote« Reichshauptstadt muß endlich den Stimmen nach erobert werden. Hitler spricht an diesem Abend im Sportpalast und in den riesigen Ausstellungshallen. Tags darauf ist Hamburg an der Reihe, ebenfalls eine »rote Hochburg«. Am Morgen des 4. März fliegt Hitler nach Berlin zurück. Seit Tagen ruhen die Regierungsgeschäfte, auch Kabinettssitzungen finden nicht statt. Einige Unterschriften sind zu leisten, dann bringt ihn seine Privatmaschine nach Königsberg.

Man muß es dem kleinen Doktor lassen, diesem negativen Genie, er hat wirklich verstanden, alle Register der Propaganda zu ziehen. Am Schluß seiner Ansprache kommt Hitler auf das Plakat zu sprechen, das Hindenburg, den greisen Generalfeldmarschall, und ihn, den Gefreiten, zeigt, wie sich beide die Hände reichen. Es war die raffinierteste Propagandaidee dieses Wahlkampfes, und Hugenberg ärgert sich schrecklich darüber. Das Plakat löscht alle Gerüchte aus, daß Hindenburg von dem neuen Reichskanzler nichts hält, und spricht Millionen Soldaten des Ersten Weltkrieges direkt an: der Gefreite und der Marschall, der gescheiterte Wiener Bohemien und der Repräsentant des preußischen Schwertadels in einer Front. So sieht es aus, das neue, das Klassen überwindende Deutschland.

Unmittelbar nachdem Hitler seine Rede beendet hat, erklingt das Niederländische Dankgebet, in das sich Glockengeläut des Königsberger Doms mischt. Alle deutschen Rundfunkstationen sind angewiesen, diese Schlußszene zu übertragen. Überall steht SA auf den Straßen und ruft in Sprechchören »Sieg-Heil«.

Die Stürme marschieren an diesem Abend zum zweiten Male durch das Brandenburger Tor und die Wilhelmstraße. Von den Gipfeln aller deutschen Berge lodern Feuerstöße, als hätten die Funken des Reichstagsbrandes das ganze deutsche Reich in Brand gesetzt.

Am Morgen des 5. März 1933 gibt Hitler seine Stimme in einem kleinen Wahllokal in Königsberg ab, dann eilt er zum Flugplatz. Das Ergebnis seines riesenhaften Propagandafeldzuges kann nur ein überwältigender Sieg sein, und die Meldungen über seinen Sieg will er in der Reichshauptstadt entgegennehmen. Wenn die NSDAP 60 Prozent aller Stimmen erhält, und daran zweifelt in der Partei keiner, wird aufgeräumt! Die Reichstagswahl wird den Staatsstreich vom 27./28. Februar 1933 legalisieren.

»Jetzt müssen wir aber fest zusammenhalten!«, hatte Göring dem Stahlhelmführer Duesterberg am 30. Januar in der Reichskanzlei zugerufen, und Hitler hatte versichert, daß er die dem ehemaligen Oberstleutnant der Kaiserlichen Armee wegen seiner nichtarischen Großmutter zugefügten Beleidigungen bedauere. Aber die kameradschaftliche Stimmung zwischen den beiden Verbündeten hielt keine Woche an. Göring ließ bald Duesterbergs Telefongespräche überwachen[3], die nationalsozialistischen Satrapen in den verschiedenen Gauen behandelten die »Bollejungens«[4] vom Stahlhelm gemäß Hitlers Anweisungen mehr als schlecht. In Braunschweig kam es deshalb schon zu Schlägereien zwischen SA und Stahlhelm. Als sich Duesterberg darüber bei Hitler beschwerte, machte dieser keinen Hehl daraus, daß die Gespräche zwischen dem Oberstleutnant und einem Braunschweiger Unterführer abgehört wurden. Duesterberg wußte also, was er zu erwarten hatte.

Auch das Geheimnis des Reichstagsbrandes glaubt er zu kennen. Von den amtlichen Verlautbarungen glaubte er kein Wort. Für die Wahlnacht des 5. März befürchtete er ein großes Blutbad. Fest entschlossen, das zu verhindern, gab er die Anweisung, am Wahlsonntag mittags 12 Uhr alle Stahlhelmer aus Brandenburg und Mitteldeutschland, insgesamt 30 000 Mann[5], in Berlin zusammenzuziehen und in der Siegesallee antreten zu lassen.

Als Hitler nachmittags in die Reichskanzlei fährt, sieht er die aufmarschierten Stahlhelmkolonnen und gibt die Anweisung, ein Marsch seiner »Verbündeten« durch die Wilhelmstraße habe unter allen Umständen zu unterbleiben. Dabei mußte der deutschnationale Polizeipräsident Admiral von Levetzow der SA gestatten, durch das Regierungsviertel zu marschieren. Die SA als Wehrorganisation der einen Regierungspartei darf es, der Stahlhelm als jene der anderen darf es nicht.
Am Abend besucht Hitler die Oper Unter den Linden. Es wird die Walküre gegeben. In der Pause hört man den Marschtritt der in ihre Quartiere abziehenden Stahlhelmer. Hitler wird gemeldet, daß sich der Aufmarsch auflöse, die Leute aber in Berlin blieben. Ohne eine Bemerkung zu machen, hört er sich mit düsterem Gesicht die Nachricht an. Erst auf der Fahrt zu Görings Wohnung legt sich sein Zorn.
Hitler betritt Görings Wohnung nach 10 Uhr abends. Beide sind guter Laune. Die ersten Teilergebnisse lauten recht günstig[6].
Görings Pressechef Sommerfeldt[7] stellt gemeinsam mit Erhard Milch die schnell einlaufenden vorläufigen Endergebnisse der 35 Wahlkreise zusammen. Sie erheben sich, als Hitler und Göring das Zimmer betreten. »Bitte, lassen Sie sich nicht stören«, sagt Hitler. »Wir sind auch schon fertig«, meint Milch, »am Endergebnis kann sich kaum noch etwas ändern.« »Nun?« fragt Hitler und sieht auf Sommerfeldt, der die Listen in der Hand hält.
»Der NSDAP fehlen an der Mehrheit etwa 50 Mandate«, antwortet Sommerfeldt. Mit einer solchen Möglichkeit hat man nicht gerechnet.
»An welcher Mehrheit?«, fragt Göring, in der Hoffnung, Sommerfeldt meine vielleicht die Zweidrittelmehrheit, die jede Verfassungsänderung gestatten würde.
»An der einfachen Mehrheit«, antwortet Sommerfeldt.
Hitler preßt die Lippen hart aufeinander. Mit den Fingerspitzen stützt er sich auf die Schreibtischplatte. »Hugenberg?«
»Ungefähr 50 Mandate, Herr Reichskanzler.«
Während seine Finger nervös auf die Schreibtischplatte trommeln, zwingt sich Hitler zur Ruhe: »Bitte, das gesamte Ergebnis.«

Sommerfeldt liest aus seinen Listen langsam vor: »Insgesamt gibt es etwa 650 Mandate. Davon entfallen auf die NSDAP 288, auf Hugenberg 52, das Zentrum 73, die SPD 121, die Kommune 81 und auf die kleinen Parteien insgesamt 33.«
»Danke!« sagt Hitler kurz und wendet sich ab. Noch in der Tür meint er zu Göring: »Solange der Alte Herr lebt, werden wir die Bande nicht los.«
»Die Bande« — das sind die deutschnationalen Koalitionskollegen, an die man sich ehrenwörtlich »für immer« gebunden hat. Das ist aber auch der Stahlhelm[8], der an diesem Tage wagte, demonstrativ gegen die SA aufzumarschieren und sie an Ausschreitungen zu hindern.
Goebbels betitelt seinen Leitartikel über die Reichstagswahl vom 5. März »Das Volk will es!« In Wirklichkeit ist er grenzenlos enttäuscht. Trotz schärfster Behinderung der Wahlpropaganda gegnerischer Parteien, trotz der Verbote der kommunistischen, sozialdemokratischen und der aufsässigen linksbürgerlichen Zeitungen, trotz Unterbindung nahezu aller gegnerischen Versammlungen, sogar solcher des Zentrums und der demokratischen Staatspartei, denen man nicht einmal die intellektuelle Mittäterschaft am Reichstagsbrand »anzuhängen« gewagt hätte, trotz einer kaum noch verhüllten Wahlbeeinflussung in den ländlichen Gemeinden und kleinen Städten, erreichte die NSDAP nur 43,9 Prozent der Stimmen. Am 5. März 1933 hat sich das deutsche Volk geweigert, Hitler und der NSDAP die Alleinmehrheit einzuräumen. Eine klar bewiesene Tatsache, die man keinesfalls vergessen sollte. Dennoch wird heute allenthalben geglaubt und häufig wiederholt, die Masse der Deutschen habe die Hitlersche Machtergreifung gewollt!
Das ist nicht wahr! Die Mehrheit unseres Volkes hat sich in der letzten, noch halbwegs freien Wahl dagegen ausgesprochen. Der kleine Doktor prüft die Wahlergebnisse. Die Mehrzahl konnte die NSDAP nur in den Wahlkreisen Ostpreußen, Frankfurt/Oder, Pommern, Breslau, Liegnitz, Schleswig-Holstein, Hannover-Ost und Chemnitz-Zwickau erringen. In den Wahlkreisen Berlin, Westfalen-Nord, München-Augsburg, Niederbayern, Pfalz, Leipzig, Württemberg, Baden und Hamburg er-

reichten die Nationalsozialisten nicht einmal mit ihren Koalitionspartnern 50 Prozent der Stimmen. Goebbels addiert. Im ganzen Reich gewann die Koalition nur insgesamt 51,9 Prozent. Das ist fürwahr ein mageres Ergebnis[9]!

Wenn sich die gegnerischen Kräfte sammeln, überlegt Dr. Goebbels, sind die Tage der nationalsozialistischen Herrschaft gezählt. Die größte Gefahr droht noch immer von seiten der Reichswehr. Er hat sichere Nachrichten, daß sich einzelne hohe Offiziere für die Vorgänge um den Reichstagsbrand lebhaft interessieren. Hier ist die Achillesferse des Nationalsozialismus, Dr. Goebbels muß alles daran setzen, weitere Beweise für die Täterschaft der Kommunisten zu erbringen. Peinlich ist auch der Eindruck auf das Ausland. Die gesamte Weltpresse, selbst die dem neuen Regime gewogenen Organe, glauben nicht mehr an eine Putschabsicht der Kommunisten am 27. Februar und bezweifeln deshalb auch die amtlichen deutschen Darstellungen über den Reichstagsbrand. Selbst das deutsche Volk gibt seinem Argwohn über das »brennende Geheimnis«[10] in ungezählten Witzen Ausdruck.

Ein Zufall spielt dem Propagandachef der NSDAP neue Vernebelungsmöglichkeiten in die Hand. In einem Lokal des alten Westens werden drei »verdächtige Ausländer« verhaftet, von denen einer als hoher Funktionär der Komintern entlarvt wird: Georgi Dimitroff.

Inzwischen laufen die Vorbereitungen für die Eröffnungssitzung des am 5. März gewählten neuen Reichstags auf vollen Touren. Am 21. März 1871 hatte Bismarck den ersten Reichstag des deutschen Kaiserreichs, des Zweiten Reichs, eröffnet. In seiner Vorliebe für historische Daten schlägt Goebbels vor, den ersten Reichstag des Dritten Reiches am gleichen Tag zu eröffnen.

Seit dem 13. März Propagandaminister[11], weiß der Listenreiche, daß er ein Meisterstück vollbringen muß, um sich seines neuen Amtes würdig zu erweisen. Ursprünglich dachte er an eine feierliche Eröffnung in der Krolloper, aber inzwischen ist ihm eine bessere Idee gekommen. Die Eröffnungssitzung des Reichstags soll in der Garnisonskirche zu Potsdam stattfinden, der Grabstätte ihrer Bauherren, des zweiten Preußenkönigs Friedrich

Wilhelm I. und seines Sohnes, Friedrich II., der Preußen zur Großmacht erhob. Ihn, den »Alten Fritz«, hatten die Nationalsozialisten in ihrer Propaganda schon immer für sich reklamiert, in völliger Verkennung der historischen Tatsachen.

Staatssekretär Dr. Meißner erfährt davon und macht dem Präsidenten Mitteilung. Hindenburg nimmt sofort Stellung gegen den Plan[12], die Grabstätte Friedrich des Großen, ein nationales Heiligtum, zu einer Szenerie des Parteigezänks zu erniedrigen. In der ehrwürdigen protestantischen Garnisonkirche der preußischen Residenzstadt[13] den seinerzeit katholisch getauften »böhmischen Gefreiten« Adolf Hitler mit »Sieg-Heil« begrüßen lassen? Niemals! Die Hakenkreuzfahne der NSDAP neben den siegreichen Fahnen der ruhmreichen preußischen Regimenter aufhängen[14]? Niemals! Hindenburg verlangt, daß die Eröffnungssitzung nur eine Feier sein darf. Es soll keine programmatischen Erklärungen geben, und der neue Kanzler muß sich jeder parteimäßigen Rede enthalten. Aber trotz dieser Einschränkungen gelingt es Goebbels, aus dem »Tag von Potsdam« eine Art Nationalfeiertag zu machen.

In der Nacht vom 20. zum 21. März regnet es in Strömen, aber am Morgen fegt der Wind den Himmel leer. Schon in den frühen Morgenstunden ergießt sich ein Strom von Schaulustigen aus der Reichshauptstadt nach Potsdam. Bald ist der weite Platz vor der Garnisonkirche überfüllt. Ins Innere des Gotteshauses haben selbstverständlich nur geladene Gäste Zutritt.

Vor der eigentlichen Feier sind, wie üblich, katholische und evangelische Gottesdienste angesetzt. Hitler und Goebbels bleiben diesen kirchlichen Feiern fern. Sie besuchen den Luisenstädtischen Friedhof in Berlin und legen an den Gräbern verstorbener oder »gefallener« Nationalsozialisten Kränze nieder[15]. Dann steigen sie in ihre Wagen und fahren nach Potsdam hinaus.

Die Wege sind gesäumt von hunderttausend SA-Leuten und einer großen Menschenmenge. Die Autokolonnen in den Straßen müssen hart an den Rand fahren, um Hitlers Wagenkonvoi durchzulassen. Die Häuserschluchten gleichen Fahnenwäldern. In Berlin überwiegen die Hakenkreuzfahnen, in Potsdam weht

dagegen viel mehr Schwarz-weiß-rot. Fast alle Hausbesitzer sind der Aufforderung nachgekommen und haben grüne Girlanden aufgehängt oder die Fenster mit Blumen und Teppichen geschmückt.
In der Nikolaikirche versammelten sich gegen halb elf Uhr die Mehrzahl der protestantischen Abgeordneten des deutschen Reichstags: fast alle Mitglieder der Regierungsparteien und der bürgerlichen Mitte! Auch Hindenburg nimmt daran teil. Die katholischen Abgeordneten, vornehmlich des Zentrums, zogen es vor, den Gottesdienst in der Katholischen Stadtkirche von Potsdam zu besuchen. Auch der Reichsführer SS, Heinrich Himmler, und andere Prominente der NSDAP weilen in diesem katholischen Gotteshaus. Die Sozialdemokraten haben auf die Teilnahme an der Feier verzichtet. Die 81 gewählten kommunistischen Abgeordneten sitzen entweder schon im Gefängnis oder sind geflüchtet oder untergetaucht. Ihre Partei ist verboten, ihre Mandate sind kassiert.
Generalsuperintendent Dibelius hält in der altehrwürdigen Nikolaikirche die Festpredigt. Als Bibelwort hat er ausgewählt: »Ist Gott für uns — wer mag gegen uns sein?« Zur selben Zeit, in welcher der Schlußchoral verklingt und die Orgel das Niederländische Dankgebet intoniert, passiert Hitlers Wagenkolonne, vom Luisenstädtischen Friedhof in Berlin kommend, die Potsdamer Stadtgrenze. Die Glocken beginnen zu läuten, und die Abgeordneten verlassen das Gotteshaus. Im langen Zug marschieren sie hinüber zur Garnisonkirche. Die meisten tragen SA- oder SS-Uniformen. Nach den Nationalsozialisten kommen die Deutschnationalen, der Stahlhelm und dahinter die übrigen Mitglieder der bürgerlichen Parteien.
Der Zug erreicht die Garnisonkirche, und die Abgeordneten zwängen sich durch die Portale. Das Schiff füllt sich schnell. Auf den Emporen sind nur geladene Gäste zugelassen: das Diplomatische Korps, die Generalität, höchste Regierungsbeamte, die keinen Ministerrang haben, Bevorzugte, denen es auf Grund irgendwelcher Beziehungen gelang, Eintrittskarten zu ergattern, dazu die Prominenz der NSDAP, der SA und SS. Das Volk steht draußen, hinter den aufmarschierten Ehrenkompanien der

Reichswehr, der Preußischen Schutzpolizei, der SA, der SS und des Stahlhelms. In den Reihen dieser deutschnationalen Kampforganisation stehen die kaiserlichen Prinzen Eitel Friedrich und Oskar. Einen anderen Kaisersohn, Prinz August Wilhelm — »Auwi« genannt — sieht man hingegen in brauner Uniform in einer SA-Kolonne. Auch an die Veteranen hat Goebbels gedacht. Auf Stöcke gestützt, teilweise in Rollstühlen, im Schmuck ihrer Orden und Ehrenzeichen aus den Kriegen 1864, 1866 und 1870/71, fast alle im feierlichen »Bratenrock«, auf dessen Schwarz sich die weißen Bärte abheben, erleben diese alten Krieger die »Wiederauferstehung des Reiches« — wie man ihnen gesagt hat, des Reiches, das sie durch ihre Siege vor den Düppeler Schanzen und bei Königgrätz, bei Vionville und Mars la Tour, bei Sedan und vor Paris errichten halfen. Einige von ihnen standen als blutjunge Burschen in Versailles Spalier, als die deutschen Fürsten in den historischen Spiegelsaal des Schlosses strebten, um Wilhelm I., König von Preußen, zum Deutschen Kaiser auszurufen. Auch Hindenburg war, als junger Offizier und Vertreter seines Regimentes, damals dabei. Während er nun als Staatsoberhaupt des Reiches in der Garnisonkirche den Ehrenplatz einnimmt, schauen jene Veteranen von der Loge zu.

Jetzt naht Hitler, im Cut und schwarzen Mantel, den Zylinder in der Hand. Das rechts gescheitelte Haar fällt ihm wirr in die Stirn. Zu seiner Linken schreitet Franz von Papen, auf der linken Seite geht ein Kirchenmann.

Noch immer läuten die Glocken. Ihr ehernes Dröhnen füllt die Luft. Dieser »Tag von Potsdam«[16] hat ein anderes Gesicht als jener »Tag von Weimar«, an dem der erste Präsident der Deutschen Republik auf den Balkon des Weimarer Nationaltheaters trat und das Volk grüßte, das unten auf dem Platz um das Goethe-Schiller-Denkmal zusammengeströmt war, um die Annahme der republikanischen Verfassung zu feiern, derselben Verfassung, unter der die neue Regierung an die Macht kam, die jetzt das grandiose Potsdamer Schauspiel in Szene setzt.

Der Anmarsch ist beendet, nur einer fehlt noch: der Reichspräsident, der preußische Generalfeldmarschall Paul von Hindenburg. Doch der Zeitplan wird auf die halbe Minute genau einge-

halten. Kaum ist Hitler die Stufen zum Kirchenportal hinaufgegangen, naht Hindenburg. Der Reichskanzler empfängt ihn zusammen mit den evangelischen Geistlichen der Garnisonkirche, deren einfache schwarze Talare mit den weißen Beffchen zu dem farbigen Bild der Umgebung merkwürdig kontrastieren.
Der Reichspräsident hat für diesen Tag seine alte, feldgraue Generalfeldmarschalls-Uniform angelegt. Auf dem Rock sieht man das breite Band des Schwarzen-Adler-Ordens. Die Uniform ist ihm zu eng geworden, aber gerade das zwingt ihn, noch aufrechter als sonst zu gehen. Von seiner hohen Gestalt geht Würde aus[17]. Den Marschallstab in der rechten Hand, steigt der legendäre Sieger von Tannenberg langsam die Stufen empor. Als er durch das Portal in das Innere der Kirche schreitet, die er 1866 als junger Gardeleutnant nach seiner Heimkehr aus dem Preußisch-Österreichischen Krieg zum ersten Male betrat, erhebt sich alles. In der Mitte des Kirchenschiffes wendet sich Hindenburg nach rechts und verneigt sich vor der ehemals kaiserlichen Hofloge. Mit dem Marschallstab grüßt er den Sohn seines ehemaligen Gebieters, den Kronprinzen Wilhelm, der in der Uniform der Danziger Totenkopf-Husaren hinter dem leeren Stuhle seines Vaters steht. Deutschlands letzter Kaiser, Wilhelm II., ist damals noch am Leben und verbringt seine alten Tage in Holland im Schloß Doorn. Am Rundfunk hört er sich an, was sich nun vor den Gräbern seiner großen Vorfahren abspielt. Kein gewöhnlicher Ansager, sondern der Reichsführer der Hitlerjugend, Baldur von Schirach, schildert mit schicksalsträchtiger Stimme die Szene. Auch das Raunen, das durch die Garnisonkirche geht, als Hindenburg die Kaiserloge grüßt, dringt an das Ohr des gestürzten Herrschers. Das Endziel des jungen Dritten Reiches ist also die Wiederherstellung der Monarchie! Einen anderen Sinn kann dieser Gruß Hindenburgs nicht haben, und . . . Kaiser Wilhelm glaubt ernstlich an Heimkehr ins Reich.
Neben dem Kronprinzen und seinen Brüdern stehen in der kaiserlichen Hofloge Kronprinzessin Cecilie, von der man weiß, daß sie, gleich ihrem Schwager Prinz Auwi, mit Hitler sympathisiert. Auch Göring und Goebbels erweisen den Mitgliedern des ehemaligen kaiserlichen Hauses ihre Reverenz: Göring, heute in

Zivil, einige Grade »revolutionärer« als der Alte Herr, mit dem Hitlergruß, und der Zivilist Goebbels, der nie Soldat war, mit einem zackigen Hochreißen des rechten Armes.

Der Organist spielt auf allen Registern den Choral von Leuthen: »Nun danket alle Gott ...!« Hindenburg nimmt in seinem Sessel Platz, links hinter ihm Göring. Zur Rechten des Präsidenten sitzt Hitler, dessen Gesicht bleicher ist als sonst. Sein fahriges Benehmen läßt Nervosität ahnen. Auch auf den Emporen und im Kirchenschiff nimmt alles wieder Platz. Dabei klingen die Sporen, Säbel und Orden wie die Glöckchen eines Schellenbaumes. Jetzt erst bemerkt man, wie erstaunlich wenig Damen anwesend sind. Das Dritte Reich ist eine Männersache, und da die Damen kein Amt haben, steht ihnen auch kein Sitzplatz zu. Die meisten von ihnen stehen in den Seitenschiffen oder lehnen an den Brüstungen. Glanzvoll wirkt die Diplomatenloge. Die durch die Fenster einfallenden Sonnenstrahlen lassen die bestickten, ordensgeschmückten Diplomatenfräcke aufleuchten. In der ersten Reihe sitzt der päpstliche Nuntius Orsenigo in seiner violetten Soutane[18].

An den girlandenumwundenen Pfeilern der Emporen stehen die Fahnen der alten »fritzischen« Regimenter. In der Tat, Potsdam ist »fritzisch«, wie schon Moeller van den Bruck feststellte, und diese Feier über dem Grabmal des großen Preußenkönigs soll ja dazu dienen, dem jungen Dritten Reich Griff und Glanz zu verleihen. Auch die Kränze hat man nicht vergessen, die später an den Sarkophagen niedergelegt werden sollen. Der Berliner Domchor beginnt zu singen: »Nun lob mein Seel' den Herrn!«

Der Domchor hat sein Jubellied beendet. Hindenburg erhebt sich und setzt seine Hornbrille auf. Auch alle anderen Anwesenden erheben sich von ihren Plätzen. Dr. Meißner reicht dem Präsidenten das Manuskript der Rede, die der Marschall nun mit todernstem Gesicht zu verlesen beginnt. Seine tiefe Stimme schwingt durch den Raum. Was er sagt, sind keine Lobeshymnen, sondern ernste Mahnungen, von Dr. Meißner vorsichtig eingepackt:

> »... Schwer und mannigfaltig sind die Aufgaben, die Sie, Herr Reichskanzler und Sie, meine Herren Reichsminister,

vor sich sehen. Auf innen- und außenpolitischen Gebieten, in der eigenen Volkswirtschaft wie in der Welt sind schwere Fragen zu lösen und bedeutsame Entschließungen zu fassen. Ich weiß, daß Kanzler und Regierung mit festem Willen an die Lösung dieser Aufgaben herangehen. Und ich hoffe von Ihnen, den Mitgliedern des neugebildeten Reichstags, daß Sie in der klaren Erkenntnis der Lage und ihrer Notwendigkeiten sich hinter die Regierung stellen und auch Ihrerseits alles tun werden, um diese in ihrem Werk zu unterstützen. Der Ort, an dem wir uns heute versammelt haben, mahnt uns zum Rückblick auf das alte Preußen, das in Gottesfurcht durch pflichttreue Arbeit, nie verzagenden Mut und hingebende Vaterlandsliebe groß geworden ist und auf dieser Grundlage die deutschen Stämme geeint hat. Möge der alte Geist dieser Ruhmesstätte auch das heutige Geschlecht beseelen, möge er uns frei machen von Eigensucht und Parteizank und uns in nationaler Selbstbesinnung und seelischer Erneuerung zusammenführen zum Segen eines in sich geeinten, freien, stolzen Deutschlands!

Mit diesem Wunsche begrüße ich den Reichstag zu Beginn seiner neuen Wahlperiode und erteile nunmehr dem Herrn Reichskanzler das Wort[19].«

Nachdem Hindenburg seine Ansprache beendet hat, faltet er das Manuskript bedächtig zusammen und nimmt wieder in seinem Sessel Platz. Parlamentseröffnungen sind in vielen Staaten Sache des Staatsoberhauptes, und die erste Sitzung dient nur dazu, eine Erklärung des Königs oder das Präsidenten entgegenzunehmen. Aber der Reichspräsident hat nachgegeben und zugestanden, daß auch der Reichskanzler eine Rede verliest. Zwar soll sie nicht übermäßig lang sein und der Würde des Versammlungsortes, einer Kirche, entsprechen. Doch Hitlers Begriffe von Würde und Länge einer Rede sind andere, als die Hindenburgs und seiner Berater. Noch bevor sich die Teilnehmer der Reichstagseröffnung gesetzt haben, steht Hitler am Rednerpult dem Präsidenten gegenüber, den Altar im Rücken. Dann beginnt er, beinahe tonlos. In seinem Bemühen, möglichst unpathetisch zu

22 Als am 20. April 1933 zum ersten Male nach der Machtergreifung Hitlers Geburtstag gefeiert wird, nimmt Dr. Joseph Goebbels — obwohl Atheist — am Gottesdienst im Berliner Dom teil. Hier beim Verlassen des Gotteshauses. Neben Goebbels rechts im Bild Prinz Christian zu Schaumburg-Lippe und neben ihm — ebenfalls in SA-Uniform — Prinz August Wilhelm von Preußen, einer der Söhne des letzten deutschen Kaisers. Im Bild links von Goebbels der Berliner SA-Obergruppenführer Karl Ernst, der im Verlauf des Röhm-Putsches am 30. Juni 1934 verhaftet und ohne Verhör erschossen wurde.

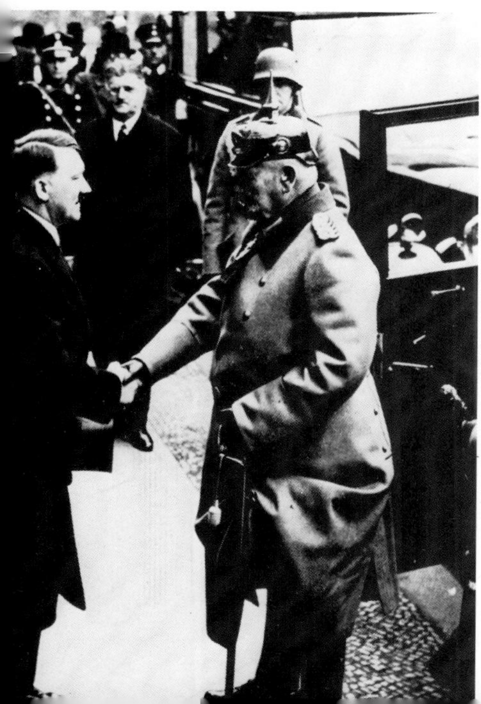

23 Hitler begrüßt Hindenburg am Volkstrauertag, 12. März 1934, vor der Berliner Staatsoper. In der Mitte dahinter Dr. Otto Meissner. Der Reichspräsident starb fünf Monate später.

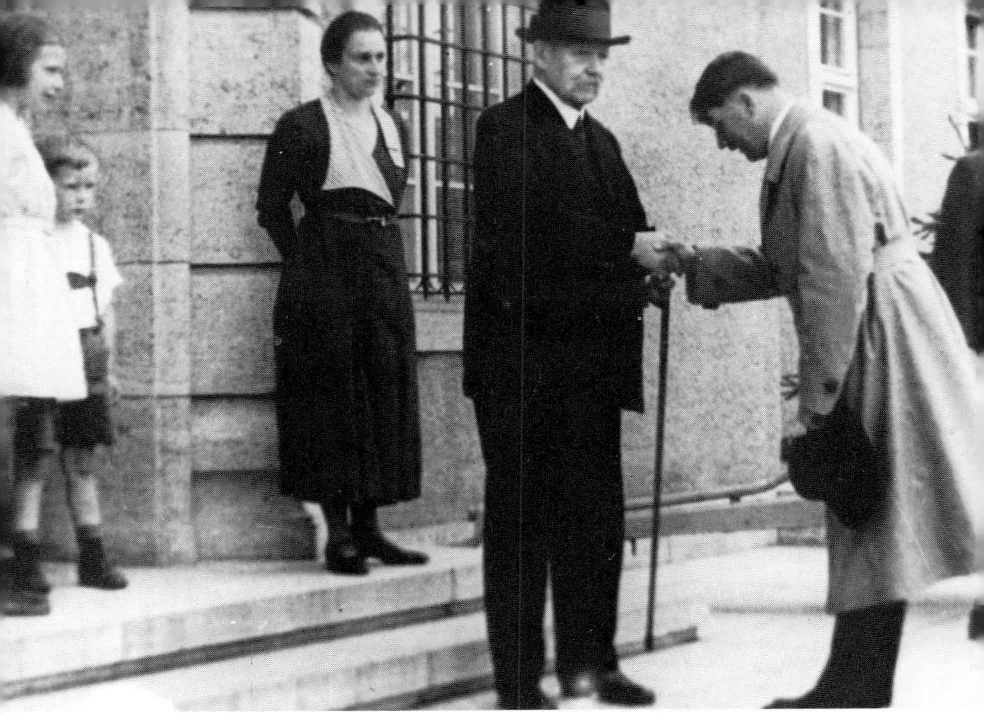

24 Reichskanzler Adolf Hitler begrüßt in äußerst respektvoller Haltung den Reichspräsidenten, den Hausherrn des Gutes Neudeck in Ostpreußen. Letzte Aufnahme Hindenburgs mit Hitler vor der zum Tode führenden Erkrankung des Reichspräsidenten. Rechts von Hitler Oberst Oskar von Hindenburg, Sohn des Präsidenten, links seine Schwiegertochter Margarete und zwei ihrer Kinder.

25 Reichspräsident von Hindenburg, gest. 2. August 1934, auf dem Totenbett, im Ornat des Johanniter-Ordens, neben ihm sein langjähriger Kammerdiener Oscar Putz.

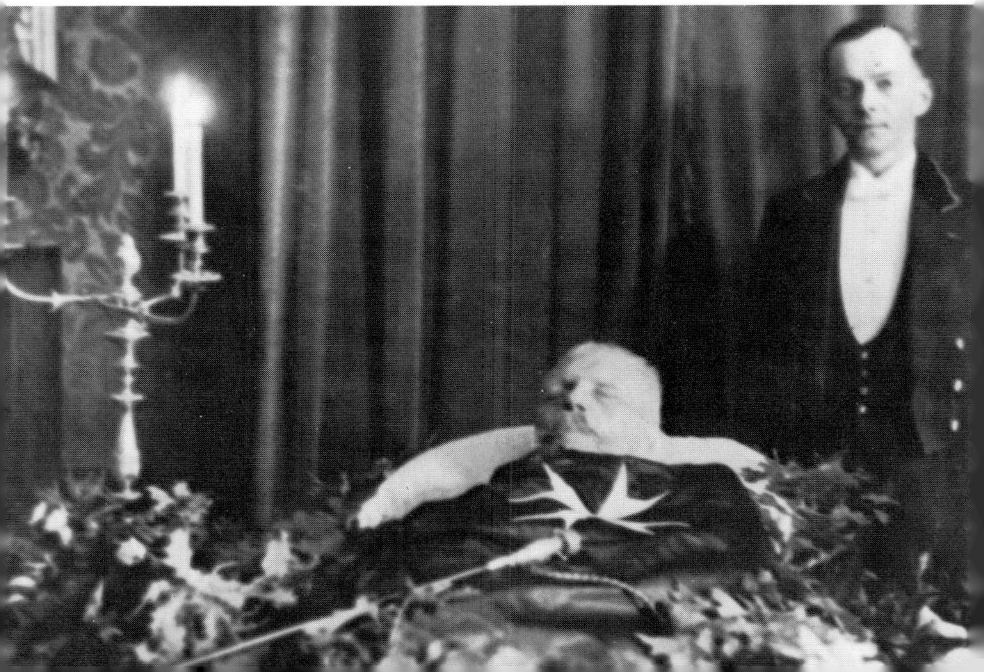

sprechen, fällt er erst recht in seinen österreichischen Dialekt zurück:

»... Nach einer Zeit stolzer Erhebung, reichen Blühens und Gedeihens auf allen Gebieten unseres Lebens sind — wie so oft in der Vergangenheit — wieder einmal Not und Armut bei uns eingekehrt.

... Und dieser innere Zerfall der Nation wurde ..., wie so oft, zum Verbündeten der Umwelt. Die Revolution des Novembers 1918 beendete einen Kampf, in den die deutsche Nation in der heiligsten Überzeugung gezogen war, nur ihre Freiheit und damit ihr Lebensrecht zu schützen.

Denn weder der Kaiser, noch die Regierung, noch das Volk haben diesen Krieg gewollt. Nur der Zerfall der Nation, der allgemeine Zusammenbruch zwangen ein schwaches Geschlecht, wider das eigene bessere Wissen und gegen die heiligste Überzeugung die Behauptung unserer Kriegsschuld hinzunehmen.

... Aber auch die übrige Welt ist durch das politische und wirtschaftliche Herausbrechen eines wesentlichen Gliedes ihrer Staatengemeinschaft nicht glücklicher geworden. Aus dem Aberwitz der Theorie von ewigen Siegern und Besiegten kam der Wahnsinn der Reparationen und in der Folge die Katastrophe der Weltwirtschaft.

... In der Überzeugung, daß aber auch das Volk selbst seine Zustimmung zur neuen Ordnung des deutschen Lebens erteilen muß, richteten wir Männer dieser nationalen Regierung einen letzten Appell an die deutsche Nation.

Am 5. März hat sich das Volk entschieden und in seiner Mehrheit zu uns bekannt. In einer einzigartigen Erhebung hat es in wenigen Wochen die nationale Ehre wiederhergestellt und dank Ihrem Verstehen, Herr Reichspräsident, die Vermählung vollzogen zwischen den Symbolen der alten Größe und der jungen Kraft.

... Im Bewußtsein, im Sinne des Willens der Nation zu handeln, erwartet die nationale Regierung von den Parteien der Volksvertretung, daß sie nach fünfzehnjähriger deutscher Not sich emporheben mögen über die Beengtheit eines doktrinären parteimäßigen Denkens, um sich dem eisernen Zwang unterzuordnen, den die Not und ihre drohenden Folgen uns allen auferlegen.

... Wir wollen wiederherstellen die Einheit des Geistes und des Willens der deutschen Nation!

... Wir wollen an die Stelle des ewigen Schwankens die Festigkeit einer Regierung setzen, die unserem Volke damit wieder eine unerschütterliche Autorität geben soll. Der Welt gegenüber wollen wir, die Opfer des Krieges von einst ermessend, aufrichtige Freunde sein eines Friedens, der endlich die Wunden heilen soll, unter denen alle leiden.

... in unserer Mitte befindet sich heute ein greises Haupt. Wir erheben uns vor Ihnen, Herr Generalfeldmarschall ... Sie erlebten einst des Reiches Werden, sahen vor sich noch des großen Kanzlers Werk, den wunderbaren Aufstieg unseres Volkes, und haben uns endlich geführt in der großen Zeit, die das Schicksal uns selbst miterleben und mit durchkämpfen ließ.

Heute, Herr Generalfeldmarschall, läßt Sie die Vorsehung Schirmherr sein über die neue Erhebung unseres Volkes. Dies Ihr wundersames Leben ist für uns alle ein Symbol der unzerstörbaren Lebenskraft der deutschen Nation. So dankt Ihnen des deutschen Volkes Jugend und wir alle mit, die wir Ihre Zustimmung zum Werk der deutschen Erhebung als Segnung empfinden. Möge sich diese Kraft auch mitteilen der nunmehr eröffneten neuen Vertretung unseres Volkes.

Möge uns dann aber auch die Vorsehung verleihen jenen Mut und jene Beharrlichkeit, die wir in diesem für jeden Deutschen geheiligten Raum um uns spüren, als für unseres Volkes Freiheit und Größe ringende Menschen zu Füßen der Bahre seines größten Königs.«

Nachdem Hitler seine Rede beendet hat, geht er auf den Reichspräsidenten zu, gibt ihm die Hand und verneigt sich tief vor ihm. Die Teilnehmer der Feier recken die Hälse, die Fotografen drücken auf ihre Auslöser, die Gesichter Görings und Goebbels', Papens und der anderen Minister drücken tiefe Ergriffenheit aus. Nur das Fuchsgesicht des alten Hugenberg bleibt unbewegt — und das des greisen Präsidenten. Zwar gefiel ihm, was der neue Kanzler da sagte, aber der alte Soldat hat zu viel in seinem Leben gesehen, um vorschnell sein Vertrauen zu verschenken.

Die Versammlung löst sich auf. Hindenburg geht auf den Eingang der Gruft zu. Zwei Offiziere tragen zwei schwere Kränze hinter ihm nach unten und legen sie auf die Särge des großen Preußenkönigs und seines Vaters. Während sie sich stumm zurückziehen, steht Hindenburg vor dem Sarkophag des großen Königs, vor dem sich einst auch Napoleon verneigte.

Nach Minuten schweigender Zwiesprache steigt der alte Mann schweren Schrittes die Stufen nach oben[20]. Auf dem Platz vor der Kirche begrüßt er den Kronprinzen. In respektvoller Entfernung warten einige Feldmarschälle der alten kaiserlichen Armee, bis auch sie dem greisen Staatsoberhaupt die Hand reichen dürfen. Die Regierungsmitglieder haben sich inzwischen auf der hölzernen Tribüne versammelt. Auf einem zweiten Podest stehen das Diplomatische Korps und die Ehrengäste. Von den fernen Kasernenhöfen ertönen Salutschüsse, die Parade beginnt.

Mit klingendem Spiel ziehen die Regimenter heran. Wirklich und wahrhaftig, Preußens Gloria und des Deutschen Reiches Glanz scheinen aus der Vergangenheit wiederzukehren. Alle Waffengattungen der Reichswehr: Infanterie, Artillerie, Kavallerie, marschieren auf. Ihnen folgen die Einheiten der Schutzpolizei, der SA und SS, des Stahlhelms, der Hitlerjugend und anderen nationalen Jugendverbände. Fast zwei Stunden dauert der erstklassig organisierte Vorbeimarsch.

Nach dem Richtfest zu Potsdam muß nur das Dach noch gedeckt werden, dann steht das Haus des Dritten Reiches im Rohbau fertig da. Es ist in der Tat eine enorme Leistung, die von den neuen Herren seit der Grundsteinlegung am 30. Januar 1933 vollbracht wurde. Kaum sieben Wochen sind vergangen, aber in dieser kurzen Spanne Zeit haben sie den Staat umgewandelt. Das Erstaunliche dabei ist, daß nicht einmal die deutschnationalen Minister merkten, Hugenberg vielleicht ausgenommen, was sich in einer bis dahin für Deutschland unbekannten Totalität vollzog, von den hohen bis zu den unteren Beamten und vom Volk ganz zu schweigen. Der nationalsozialistische Einfluß hat in diesen fünfzig Tagen den gesamten deutschen Volkskörper durchdrungen. Von der preußischen Polizei ausgehend, besetzten die Nationalsozialisten alle wichtigen Kommandostellen, erst im größten Land Preußen, dann in den süddeutschen Ländern und schließlich in den Hansestädten. Mit unheimlicher Konsequenz wechselten sie die Provinzialverwaltungen, und die staatlichen wie die privaten Nachrichtenzentren brachten sie in dieser kurzen Zeit unter ihre Botmäßigkeit.

Aber moderne Diktatoren, nicht nur Hitler, sind keine echten Rebellen, die »kraft revolutionären Rechts« die Macht ergreifen und behaupten. Sie haben Minderwertigkeitskomplexe gegenüber den juristisch gelehrten Herren und berufen sich, wie Shylock, gern auf ihren Schein, auf dem alles Recht, nach dem sie handeln, genau vermerkt steht. Man kam »legal« zur Macht. Es gab zwar langgesponnene Intrigen, aber keinen Marsch auf Berlin. Man wurde in aller Form zum Reichskanzler und Reichs- und preußischen Innenminister ernannt und feierlich vereidigt. Allerdings hat man ohne Rechtsgrundlagen in der Brandnacht Tausende verhaftet. Doch es gelang, diesen formalen Mißgriff schon am nächsten Tage mit der Unterschrift des Reichspräsidenten unter die Notverordnungen dürftig zu reparieren. Aber mit jenen, unter dem Vorwand eines kommunistischen Aufstandversuches dem greisen Hindenburg betrügerisch abgeluchsten Unterschriften unter die Notverordnungen des 28. Februar hat man die beschworene Reichsverfassung gleich mehrfach gebrochen. So spürten die neuen Herren jetzt das Bedürfnis, ihre Machtergreifung juristisch zu legalisieren und sanktionieren zu lassen. Zugleich will man die Berechtigung schaffen, alle anderen politischen Kräfte für die Dauer zu unterdrücken[21].

Die Oppositionsparteien, aber auch die Deutschnationalen wissen, daß es bei der Abstimmung über das von Hitler geforderte »Ermächtigungsgesetz« vor allem um die Existenz der Notverordnungen vom 28. Februar geht. Diese nahmen tatsächlich mehr voraus, als das neue Gesetz formell zugestehen soll. Die Notverordnungen sind unbefristet, das geplante Ermächtigungsgesetz dagegen ist terminiert: die Sondervollmachten der Regierung sollen nach vier Jahren erlöschen[22]. Wenn überhaupt, dann kann man nur mit Hilfe dieses neuen Gesetzes die Zurücknahme der Notverordnungen vom 28. Februar erreichen, und darauf kommt es den Nicht-Nationalsozialisten in erster Linie an! Gegen die »Dynamik« der Nationalsozialisten direkt vorzugehen, ist ausgeschlossen, aber vielleicht gelingt es, die Flutwelle im letzten Moment zu kanalisieren.

Der Reichspräsident vermag kaum mehr zu helfen. Aufheben kann er die Notverordnungen nur im Einverständnis mit dem Kanzler. Mit Sicherheit ist damit zu rechnen, daß die Nationalsozialisten ihre ganze Macht gegen den Präsidenten einsetzen werden, wenn er auch nur den Versuch machen sollte, etwas in dieser Richtung zu unternehmen. Formell könnte Hindenburg Hitler als Reichskanzler entlassen. Aber das wiederum könnte zu einem Klageantrag der NSDAP gegen den Reichspräsidenten führen, mit dem sie hinter den Kulissen drohen. Würde es zu einer Neuwahl kommen, erbrächte diese sicher die Reichspräsidentenschaft Hitlers. Eine Entlassung Hitlers als Kanzler liefe also faktisch darauf hinaus, den Teufel mit Beelzebub auszutreiben.

Aber noch zwei andere Probleme beeinflussen die Entscheidung der Abgeordneten. Erst einmal weiß man, daß die bewaffneten Verbände der SA zu allem entschlossen sind. Sie wollen die ihnen kampflos zugefallenen Positionen nicht nur halten, sondern darüber hinaus noch weitere erobern. Zu bändigen sind sie nur, indem man ihnen das, was sie erreichten, vorerst beläßt. Kommt Zeit, kommt vielleicht auch Rat. Schwerwiegender ist das außenpolitische Problem. Anfang März wurde bekannt, daß der polnische Marschall Pilsudski unmittelbar nach Hitlers Regierungsübernahme an Frankreich mit dem Vorschlag herantrat, gegen das Deutsche Reich eine militärische Aktion zu beginnen[23].

Das ist die »politische Landschaft«, aus der heraus die oppositionellen Abgeordneten des achten deutschen Reichstags am 23. März in die Krolloper gehen, am Platz der Republik, nicht weit

von der Ruine des Reichstagsgebäudes, um ihre Stimme für oder gegen das Ermächtigungsgesetz abzugeben.
Der Kampf um dieses Ermächtigungsgesetz begann schon früh. Es war, zusammen mit der Reichstagsauflösung, das Kernstück des sagenhaften »Planes in der Schublade«. Nach dem 30. Januar beauftragte der Reichsinnenminister Dr. Frick als der zuständige Ressortchef sofort seine Ministerialreferenten mit der Ausarbeitung eines solchen Gesetzes.
In der Kabinettssitzung am Tage vor Potsdam wurde der Entwurf gutgeheißen, ohne daß einer der Reichsminister dagegen Widerspruch erhob. Erst danach kamen einigen deutschnationalen Regierungsmitgliedern Bedenken, daß Gesetze in Zukunft sollten durch einfachen Kabinettsbeschluß erlassen werden können, selbst solche verfassungsändernden Charakters. Außerdem sieht der Entwurf noch vor, daß der Reichspräsident zugunsten des Reichskanzlers auf sein Recht verzichtet, die Gesetze auszufertigen und zu verkünden. Für die Deutschnationalen verschwindet damit der letzte Damm[24].
Noch vor der Feier in der Garnisonkirche tritt deshalb Dr. Oberfohren an Brüning heran und bespricht mit ihm die noch vorhandenen Möglichkeiten einer Opposition gegen das Gesetz. Das Ergebnis dieser Unterredung ist recht befriedigend. Gleich darauf wurde Brüning von einem anderen einflußreichen Mitglied der DNVP gebeten, am Abend in Hugenbergs Haus zu kommen, um mit dem Führer der Deutschnationalen die ernste Lage zu besprechen[25]. Hugenberg wagte es offensichtlich nicht mehr, diese Unterredung selber zu vereinbaren. Höchstwahrscheinlich befürchtete er, und sicher nicht zu unrecht, daß nicht nur sein privates wie sein ministerielles Telefon überwacht würden, sondern auch er selbst.
Die erste Sitzung des neuen Reichstags am 21. 3. ist für 17 Uhr in der Krolloper angesetzt, kaum eine Stunde nach Beendigung der Parade in Potsdam. Auf der Tagesordnung steht nur ein Punkt: die Wahl des Präsidenten. Das Gebäude ist in weitem Umfang abgesperrt. Draußen regeln SS-Leute die Anfahrt, in den Gängen stehen ganze Kolonnen brauner SA-Leute. Der Sitzungsraum ist mit einer riesigen Hakenkreuzfahne über dem Präsi-

dentenstuhl geschmückt. Nachdem Hitler auf seinem Abgeordnetensitz Platz genommen hat, wird die Sitzung als eröffnet erklärt. Auf Vorschlag Fricks wählt das Plenum — die Sozialdemokraten beteiligen sich nicht, obwohl sie anwesend sind — Hermann Göring erneut zum Präsidenten des Deutschen Reichstags. Er nimmt sofort seinen Platz ein. Als ersten Vizepräsidenten wählt die Versammlung den Zentrumsabgeordneten Esser, als zweiten Vizepräsidenten den Deutschnationalen Graef, als dritten den Nationalsozialisten Zörner. Göring hält eine kurze Rede und verkündet die Tagesordnung für die erste Arbeitssitzung: »Donnerstag, den 23. März 1933; Punkt 1: Änderung der Geschäftsordnung; Punkt 2: Entgegennahme einer Erklärung der Reichsregierung; Punkt 3: Beratung eines Ermächtigungsgesetzes.« Diese Tagesordnung wird ohne Widerspruch gutgeheißen. 17.40 Uhr schließt Göring die Eröffnungssitzung. Sie hat ganze 29 Minuten gedauert, einschließlich der dreimaligen »Heil«-Rufe für den Präsidenten Göring.

Draußen hat es zu dunkeln begonnen. Die SA-Stürme marschieren zum dritten Siegesmarsch durch das mit Scheinwerfern angestrahlte Brandenburger Tor. Dieser Berliner Ausklang des »Tages von Potsdam« ist als Auftakt zur entscheidenden Reichstagssitzung am Donnerstag gedacht. Man will der Opposition und den schwankenden Abgeordneten zeigen, wie »das Volk denkt«, will beweisen, daß mit dem Fest in der Potsdamer Garnisonkirche ein Umschwung eingetreten ist. Dabei spekuliert man vor allem auf die rechtsbürgerlichen Abgeordneten, nicht zu unrecht, wie sich bald zeigen wird. Bei der Unterredung zwischen Hugenberg und Brüning, an der noch einige andere Herren beider Parteien teilnehmen, wird beschlossen, als Voraussetzung für die Zustimmung zum Ermächtigungsgesetz auch durch die Parteien außerhalb der Regierung einen Zusatzantrag einzubringen, nach dem die staatsbürgerlichen Freiheiten wieder hergestellt werden sollen. Dieser Ergänzungsantrag scheint die einzige Möglichkeit zu sein, dieses Ziel zu erreichen. Ist die öffentliche Kritik nicht mehr unterbunden, wird man auch Mittel und Wege finden, die Regierung anzugreifen. Brüning und Dr. Bell setzen sich mit zwei anderen Mitgliedern des Zentrums zu-

sammen und entwerfen in aller Eile den Text des Zusatzantrages, der den Deutschnationalen übergeben wird, die sich, wie besprochen, bereit erklärt haben, den Antrag in der Reichstagssitzung einzubringen.
Rein rechnerisch besteht keine Möglichkeit, daß dieser Antrag, für sich allein gestellt, eine Mehrheit findet. Dafür stimmen werden nur die Sozialdemokraten mit 120 Abgeordneten, das Zentrum mit 73, die Bayerische Volkspartei mit 19 und bestenfalls 14 Abgeordnete der anderen bürgerlichen Parteien, mit den 52 Deutschnationalen sind das insgesamt 278. Ihnen stehen 288 Nationalsozialisten gegenüber. Da aber Hitler für das Ermächtigungsgesetz eine Zweidrittelmehrheit braucht, muß der Zusatzantrag von ihm akzeptiert werden. Selbst wenn man die kassierten 81 Mandate der Kommunisten abrechnet, sind 378 Stimmen für die Annahme notwendig, falls alle anderen 566 Abgeordneten anwesend sind. Diese Zahl erreicht er nicht einmal mit den Stimmen der deutschnationalen Koalitionspartner[26]. Auf dem Papier sieht diese Rechnung gut aus, doch nur auf dem Papier. Von den 120 Abgeordneten der SPD sind etwa 20 verhaftet oder krank[27]; sie fallen also aus, wodurch die Zweidrittelmehrheit auf 362 absinkt. Es kommt demnach alles darauf an, daß die Deutschnationalen fest bleiben. Ist das der Fall, erhält Hitler seine Zweidrittelmehrheit nur dann, wenn er sich mit der Ergänzung des Ermächtigungsgesetzes abfindet. Nimmt er sie aber an, dann fallen die furchtbaren Notverordnungen vom 28. Februar, die alle Grundrechte aufhoben und Hitler diktatorische Polizeigewalt verschafften.
Am nächsten Tag wird noch eine »Amnestie für Vergehen aus vaterländischen Gründen« veröffentlicht[28], womit sich die Zahl der Notverordnungen der neuen Regierung auf zwanzig erhöht[29]. Auch der preußische Landtag wird an diesem Tage eröffnet. Aber gegenüber dem Geschehen im Reich ist alles das so unbedeutend, daß Goebbels es nicht einmal in seinem Tagebuch vermerkt. Wichtig bleibt allein die Annahme des Ermächtigungsgesetzes.
Endlich ist der große Tag gekommen. Bereits um die Mittagsstunde des 23. März 1933 marschieren die SS- und SA-Verbände

auf. Um die Krolloper stauen sich wieder riesige Menschenmassen. Gegen 14 Uhr beginnt die Anfahrt der Abgeordneten. Fast alle Nationalsozialisten kommen im eigenen Auto, zumindest in einer Taxe[30]. Die bürgerlichen Abgeordneten und die Sozialdemokraten fahren mit der Straßenbahn oder gehen zu Fuß.
Es ist nicht leicht, die Absperrungen zu passieren. Die kontrollierenden SS-Leute geizen nicht mit ironischen Bemerkungen. Die SA-Massen auf der Straße brechen immer wieder in den Ruf aus: »Wir wollen das Ermächtigungsgesetz«. Im Inneren des Operngebäudes stehen die Männer im Braunhemd in den Gängen. Auf die oppositionellen Abgeordneten wirken sie breitbeinig und provozierend: Sieger, die nur ein Befehl von oben mit Mühe davon abhält, sich auf die Unterlegenen zu stürzen[31].
Der Plenarsaal ist, wie am 21. März, mit einer überdimensionalen Hakenkreuzfahne geschmückt, in den Gängen stehen Blattpflanzen, die Ränge sind von Diplomaten, Journalisten und bevorrechtigten Tribünenbesuchern überfüllt. Es herrscht Betrieb wie in einem Bienenhaus. In den Fraktionszimmern treffen sich die Abgeordneten der einzelnen Parteien, doch zu beraten ist eigentlich nichts mehr. Wie die Parteien abstimmen werden, steht fest: alle, außer der SPD, werden dem Gesetz zustimmen. Debattiert wird nur über den von Brüning entworfenen Zusatzantrag.
Um 14.05 Uhr eröffnet Reichstagspräsident Göring die Sitzung. Das Hohe Haus tritt sofort in die Tagesordnung ein. Doch Göring hat vorher noch etwas anderes zu erledigen. Er hält eine Gedenkrede auf den verstorbenen nationalsozialistischen Dichter Dietrich Eckart, der zufällig an diesem Tage vor 65 Jahren geboren wurde. Dann gibt er sich ganz als der geschäftsordnungskundige Parlamentspräsident, der auch die kleinsten Formalitäten genau beachtet. So gibt er in der herkömmlichen Weise bekannt, daß ein Rechtsanwalt Labowsky, Hamburg, gegen den nationalsozialistischen Reichstagsabgeordneten Karl Kaufmann die Vollstreckung eines Haftbefehls, und ein Walter Gross, ebenfalls in Hamburg, die Aufhebung der Immunität des kommunistischen Abgeordneten Maddalena zwecks Erzwingung des Offenbarungseides beantragen. Die Anträge werden dem

Geschäftsordnungsausschuß überwiesen[32]. Dann ruft Göring den ersten Punkt der Tagesordnung auf und erteilt dem Abgeordneten Stöhr, Mitglied der nationalsozialistischen Fraktion und Berichterstatter des Geschäftsordnungsausschusses, das Wort.

Stöhr besteigt die Rednertribüne und beginnt ohne Umschweife:

> »Meine Damen! Meine Herren! Der 3. Ausschuß hat sich in seiner gestrigen Sitzung mit den Anträgen Nr. 5 und 7 der Drucksachen des Hauses beschäftigt. Der Antrag Nr. 7 stammt von dem Abgeordneten Dr. Breitscheid und Genossen und verlangt die Aufhebung der Haft, die über eine Anzahl von Mitgliedern der sozialdemokratischen Fraktion verhängt worden ist. Der Ausschuß empfiehlt Ihnen, den Antrag abzulehnen, weil die Mehrheit, die diesen Beschluß faßte, der Meinung ist, daß es unzweckmäßig wäre, die Herren des Schutzes zu berauben, der ihnen durch die Verhängung dieser Haft zuteil geworden ist[33].«

Die nationalsozialistischen Abgeordneten verstehen diese Worte so, wie sie gemeint sind: offener Hohn, und sie lachen laut bei Stöhrs Worten: »daß es unzweckmäßig wäre, die Herren des Schutzes zu berauben«. Der Antrag Nr. 7, die verhafteten Mitglieder des Hohen Hauses zu entlassen, wird abgelehnt, wenn auch mit geringer Mehrheit. Für ihn stimmen auch die Mittelparteien, aber nicht die Deutschnationalen.

Dann kommt man zu Punkt 2: »Entgegennahme einer Erklärung der Reichsregierung.« Göring erhebt sich von seinem Sitz und ruft in den Saal: »Das Wort hat der Herr Reichskanzler.« Den Bruchteil einer Sekunde ist es totenstill, dann bricht ein Orkan los. Ein Abgeordneter ruft: »Unserem Führer ein dreifaches Heil!« Auch auf den Zuschauertribünen schreit man »Heil«[34].

Durch einen Wald von erhobenen Armen geht Hitler von seinem Abgeordnetenplatz zur Rednertribüne. Etwas gehemmt beginnt er:

> »Männer und Frauen des Deutschen Reichstags! Im Einvernehmen mit der Reichsregierung haben die Nationalsozialistische Partei und die Deutschnationale Volkspartei Ihnen durch einen Initiativantrag ein Gesetz zur Behebung der

Not von Volk und Reich zur Beschlußfassung unterbreitet. Die Gründe für diesen außerordentlichen Vorgang sind folgende:

Im November 1918 rissen marxistische Organisationen durch eine Revolution die vollziehende Gewalt an sich. Die Monarchen wurden entthront, die Reichs- und Landesbehörden abgesetzt und damit die Verfassung gebrochen. Das Gelingen der Revolution im materiellen Sinne sicherte die Attentäter vor dem Zugriff der Justiz. Die moralische Legitimierung suchten sie in der Behauptung, Deutschland beziehungsweise seine Regierungen, trügen die Schuld am Ausbruch des Krieges. Diese Behauptung ist wissentlich und sachlich falsch[35].«

Hitler kommt dann auf die »vierzehn Jahre« der Weimarer Republik zu sprechen. Deren Regierungen, behauptet er, hätten das Deutsche Reich immer tiefer in den Abgrund geführt, doch ihm und der NSDAP sei es schließlich gelungen, immer mehr Deutsche zu erfassen. Dann entschlüpft ihm ein Geständnis:

»Die NSDAP hat im Verein mit den anderen nationalen Verbänden ... innerhalb weniger Wochen die seit dem November 1918 herrschenden Mächte beseitigt und in einer Revolution die öffentliche Gewalt in die Hände der nationalen Führung gelegt. Am 5. März hat das deutsche Volk diesem Akte seine Zustimmung erteilt.«

Also doch eine Revolution und keine legale »Machtübernahme«? Noch kühner ist die Behauptung, das deutsche Volk habe am 5. März »seine Zustimmung« erteilt. Nach einem bis dahin nicht erlebten Propagandatrommelfeuer und nach der Unterbindung fast aller gegnerischen Versammlungen, Hand in Hand mit der Unterdrückung der oppositionellen Presse, konnten die Nationalsozialisten nur 43,9 Prozent der Stimmen erhalten. Die 8 Prozent der Deutschnationalen gehören nach der Hitlerschen Terminologie zu den »Liberalen«, die er gleich danach in Grund und Boden verdammt:

»Die völlig gegensätzliche Einstellung der einzelnen zu den Begriffen Staat, Familie, Wirtschaft, Eigentum, Gesellschaft, Religion, Moral reißt Differenzen auf, die zum Krie-

> ge aller gegen alle führen. Ausgehend vom Liberalismus des vergangenen Jahrhunderts als Schrittmacher der Sozialdemokratie, endet diese Entwicklung der Destruktion naturgesetzlich im kommunistischen Chaos. Denn in dieser letzten Definition des Marxismus erfolgt die Propagierung der permanenten Revolution gegen alle Grundlagen unseres seitherigen Gesellschaftslebens. Die damit verbundene Mobilisierung primitivster Instinkte führt zu einer Verbindung zwischen Auffassungen einer politischen Idee und den Handlungen wirklicher Verbrecher ...
>
> Die Brandstiftung im Reichstagsgebäude als mißglückter Versuch einer groß angelegten Aktion ist nur ein Zeichen dessen, was Europa vom Siege dieser teuflischen Lehre der Zerstörung zu erwarten hätte. Wenn eine bestimmte Presse — heute besonders außerhalb des Deutschen Reiches — versucht, entsprechend der durch den Kommunismus zum Prinzip erhobenen politischen Unwahrheit die nationale Erhebung Deutschlands mit dieser Schandtat zu identifizieren, dann kann mich das nur in meinem Entschluß bestärken, nichts unversucht zu lassen, um in kürzester Frist dieses Verbrechen durch die öffentliche Hinrichtung des schuldigen Brandstifters und seiner Komplizen zu sühnen.«

Zum ersten Male erhält Hitler während dieser Rede Beifall sowohl von den Nationalsozialisten als auch von den Deutschnationalen. Von der Welle der Zustimmung beflügelt, erklärt er es als oberste Aufgabe seiner Regierung, den Kommunismus in Deutschland, und zwar im Interesse von ganz Europa, auszurotten. Dann fährt er fort:

> »Der innere Zerfall unserer Volksgemeinschaft führte zwangsläufig zu einer immer bedenklicher werdenden Schwächung der Autorität der obersten Staatsführung. Das Sinken des Ansehens der Reichsregierung, das sich aus solchen unsicheren inneren Verhältnissen zwangsläufig ergeben mußte, regte bei verschiedenen Parteien in einzelnen Ländern Vorstellungen an, die mit der Einheit des Reiches unverträglich sind. Alle Rücksichtnahme auf die Traditionswerte der Länder kann die bittere Erkenntnis nicht be-

seitigen, daß solches Übermaß des zersplitterten eigenstaatlichen Lebens in der Vergangenheit der Welt- und Lebensstellung unseres Volkes nicht nur nicht nützlich, sondern oft wahrhaft verderblich war.

Es soll aber nicht die Aufgabe einer überlegenen Staatsführung sein, nachträglich das organisch gewachsene Gute nur wegen eines theoretischen Prinzips einer zügellosen Unitarisierung zu beseitigen ...

Die Reichsregierung beabsichtigt daher nicht, durch dieses Ermächtigungsgesetz die Länder aufzuheben. Wohl aber wird sie diejenigen Maßnahmen treffen, die von nun an und für immer eine Gleichmäßigkeit der politischen Intentionen im Reich und in den Ländern gewährleisten.«

Nachdem Hitler erklärt hat, welche Maßnahmen er zu treffen beabsichtige, spricht er weiter:

»Es führt ... zu einer völligen Entwertung der gesetzgebenden Körperschaften in den Augen des Volkes, wenn selbst unter Annahme normaler Zeiten innerhalb von vier Jahren entweder im ganzen Reich oder in einzelnen Ländern das Volk an die zwanzigmal zur Wahlurne getrieben wird. Die Reichsregierung wird den Weg finden, der aus einmal gegebener Willensäußerung der Nation für das Reich und für die Länder zu einheitlichen Konsequenzen führt ...

Die gesetzliche Legalisierung einer solchen Neugestaltung seiner Verfassung wird dem Volke selbst zugebilligt.«

Das ist die offene Drohung, den Ausgang der Wahl vom 5. März zur Grundlage einer dauernden nationalsozialistischen Herrschaft zu machen und auf kaltem Wege in Form eines Plebiszits eine neue Verfassung einzuführen[36]. Doch für den Fall, daß sich die Monarchisten — nach der ehrerbietigen Verneigung Hindenburgs vor dem Sessel des ehemaligen Kaisers in der Potsdamer Garnisonkirche — der Hoffnung hingeben sollten, Deutschland würde wieder ein Kaiserreich, erklärte Hitler:

»Die nationale Regierung ... sieht daher die Frage einer monarchistischen Restauration ... zur Zeit als undiskutabel an.«

Dann kommt Hitler auf die »politische Entgiftung« des öffentlichen Lebens zu sprechen:

»Unser gesamtes Erziehungswesen — das Theater, der Film, Literatur, Presse, Rundfunk —, sie werden als Mittel zu diesem Zwecke angesehen und demgemäß gewürdigt. Sie haben alle der Erhaltung der im Wesen unseres Volkstums liegenden Ewigkeitswerte zu dienen. Die Kunst wird stets Ausdruck und Spiegel der Sehnsucht oder der Wirklichkeit einer Zeit sein. Die Welt bürgerlicher Beschaulichkeit ist in raschem Schwinden begriffen ... Blut und Rasse werden wieder zur Quelle der künstlerischen Intuition ...«

Keiner der bürgerlichen und sozialdemokratischen Abgeordneten kann sich zu diesem Zeitpunkt unter dem Begriff »Blut und Rasse« etwas vorstellen. Hitler fährt dann fort:

»Die nationale Regierung sieht in den beiden christlichen Konfessionen wichtige Faktoren der Erhaltung unseres Volkstums. Sie wird die zwischen den Ländern abgeschlossenen Verträge respektieren ...

Die nationale Regierung wird in Schule und Erziehung den christlichen Konfessionen den ihnen zukommenden Einfluß einräumen und sicherstellen ... Der Kampf gegen eine materialistische Weltauffassung und für die Herstellung einer wirklichen Volksgemeinschaft dient ebensosehr den Interessen der deutschen Nation wie denen unseres christlichen Glaubens.

Unser Rechtswesen muß in erster Linie der Erhaltung dieser Volksgemeinschaft dienen. Der Unabsetzbarkeit der Richter auf der einen Seite muß die Elastizität der Urteilsfindung zum Zwecke der Erhaltung der Gesellschaft entsprechen. Nicht das Individuum kann der Mittelpunkt der gesetzlichen Sorge sein, sondern das Volk. Landes- und Volksverrat sollen künftig mit barbarischer Rücksichtslosigkeit ausgebrannt werden ...«

Der Beifall auf den Bänken der Nationalsozialisten nimmt ekstatische Formen an. Das ist die Verwirklichung der Forderung: »Recht ist, was dem deutschen Volke nützt!« Da sie sich als das

Volk schlechthin fühlen, fordert ihr Führer nichts anderes, als daß Recht ist, was der SA, SS und der NSDAP nützt.
Es dauert lange, bis der Beifall abebbt und Hitler fortfahren kann. Nach einer Verbeugung vor der Landwirtschaft kommt er auf wirtschaftliche Dinge zu sprechen. Diese Passagen haben ihm zweifelsohne Experten aufgesetzt. Etwas abrupt schwenkt er auch bald von dem ihm fremden Stoffgebiet zur Reichswehr über, die Deutschlands Grenzen schützt. Er verbindet seine Ausführungen mit der Versicherung, mit allen Völkern in Frieden leben zu wollen. Auf den Tribünen bemerkt man, daß diese Worte in den Diplomatenlogen Bewegung hervorrufen. Auch auf den Bänken der Sozialdemokraten wird man aufmerksam. Der Fraktionsvorsitzende Wels macht sich Notizen. Auf den Bänken der Rechten hört man gedämpftes Beifallsgemurmel und Zwischenrufe wie: »Sehr richtig! Bravo!« Hitler fährt fort:

> »Als ein Zeichen des Gefühls der Verantwortung und des guten Willens erkennen wir es an, daß die britische Regierung in ihren letzten Vorschlägen in Genf endlich den Versuch gemacht hat, die Konferenz zu schnellen Entscheidungen zu bringen. Die Reichsregierung wird jede Bemühung unterstützen, die darauf gerichtet ist, einer allgemeinen Abrüstung wirksam zu dienen und den schon längst fälligen Anspruch Deutschlands auf Gleichberechtigung sicherzustellen.
>
> Allein seit vierzehn Jahren sind wir abgerüstet, und seit vierzehn Monaten warten wir auf ein Ergebnis der Abrüstungskonferenz.
>
> Umfassender noch ist der Plan der italienischen Regierung, der großzügig und weitblickend versucht, der gesamteuropäischen Politik eine ruhige und folgerichtige Entwicklung zu sichern. Wir messen diesem Plan die ernsteste Bedeutung bei. Wir sind bereit, auf dieser Grundlage in voller Aufrichtigkeit mitzuarbeiten an dem Versuch, die vier Mächte Deutschland, Italien, England und Frankreich zu einer friedlichen politischen Zusammenarbeit zusammenzuschließen, die mutig und entschlossen an die Aufgaben herangeht, von denen das Schicksal Europas abhängt.

Aus diesem Anlaß empfinden wir besonders dankbar die verständnisvolle Herzlichkeit, mit der die nationale Erhebung Deutschlands in Italien begrüßt worden ist[37]. Wir wünschen und hoffen, daß die Gleichheit der geistigen Ideale die Grundlage für eine stetige Vertiefung der freundschaftlichen Beziehungen zwischen den beiden Ländern sein wird.«

Die Missionschefs der genannten Länder, die der Reichstagssitzung beiwohnen, nicken beifällig. Die Ausführungen des neuen Reichskanzlers machen einen guten Eindruck. Noch aufmerksamer werden die folgenden Sätze registriert, die eindeutig auf Konkordatsverhandlungen hinweisen[38].

»Ebenso legt die Reichsregierung, die im Christentum die unerschütterlichen Fundamente des sittlichen und moralischen Lebens unseres Volkes sieht, den größten Wert darauf, die freundschaftlichen Beziehungen zum Heiligen Stuhl weiter zu pflegen und auszugestalten.«

Man fragt sich in der Diplomatenloge, ob schon eine Fühlungnahme zwischen den beiden Vertragspartnern stattgefunden hat. Auf den Bänken des Zentrums ruft man »Bravo!«, doch in den Reihen der Nationalsozialisten regt sich keine Hand zum Beifall. Selbst für die Sowjetunion hat Hitler einige freundliche Bemerkungen in seinem Manuskript:

»Gegenüber der Sowjetunion ist die Reichsregierung gewillt, freundschaftliche, für beide Teile nutzbringende Beziehungen zu pflegen. Gerade die Regierung der nationalen Revolution sieht sich zu einer solchen positiven Politik gegen Sowjetrußland in der Lage. Der Kampf gegen den Kommunismus in Deutschland ist unsere innere Angelegenheit ...«

Zum Schluß seiner Rede kommt Hitler endlich auch auf das Ermächtigungsgesetz zu sprechen:

»Um die Regierung in die Lage zu versetzen, die Aufgaben zu erfüllen, die innerhalb dieses allgemein gekennzeichneten Rahmens liegen, hat sie im Reichstag durch die beiden Parteien der Nationalsozialisten und der Deutschnationalen das Ermächtigungsgesetz einbringen lassen. Ein Teil der be-

absichtigten Maßnahmen erfordert die verfassungsändernde Mehrheit. Die Durchführung dieser Aufgaben beziehungsweise ihre Lösung ist notwendig. Es würde dem Sinn der nationalen Erhebung widersprechen und dem beabsichtigten Zweck nicht genügen, wollte die Regierung sich für ihre Maßnahmen von Fall zu Fall die Genehmigung des Reichstags erhandeln und erbitten. Die Regierung wird dabei nicht von der Absicht getrieben, den Reichstag als solchen aufzuheben. Im Gegenteil, sie behält sich auch für die Zukunft vor, ihn von Zeit zu Zeit über ihre Maßnahmen zu unterrichten oder aus bestimmten Gründen, wenn zweckmäßig, auch seine Zustimmung einzuholen[39]. Die Autorität und damit die Erfüllung der Aufgaben der Regierung würden aber leiden, wenn im Volke Zweifel an der Stabilität des neuen Regiments entstehen könnten. Sie hält vor allem eine weitere Tagung des Reichstags im heutigen Zustand der tiefgehenden Erregung der Nation für unmöglich. Es ist kaum eine Revolution von so großem Ausmaß so diszipliniert und unblutig verlaufen, wie die Erhebung des deutschen Volkes in diesen Wochen . . .
Die Regierung beabsichtigt dabei, von diesem Gesetz nur insoweit Gebrauch zu machen, als es zur Durchführung der lebensnotwendigen Maßnahmen erforderlich ist. Weder die Existenz des Reichstags noch des Reichsrats soll dadurch bedroht sein. Die Stellung und die Rechte des Herrn Reichspräsidenten bleiben unberührt; die innere Übereinstimmung mit seinem Willen herbeizuführen, wird stets die oberste Aufgabe der Regierung sein[40]. Der Bestand der Länder wird nicht beseitigt, die Rechte der Kirchen werden nicht geschmälert[41], ihre Stellung im Staate nicht geändert. Da die Regierung an sich über eine klare Mehrheit verfügt, ist die Zahl der Fälle, in denen eine innere Notwendigkeit vorliegt, zu einem solchen Gesetz die Zuflucht zu nehmen, an sich eine begrenzte. Um so mehr aber besteht die Regierung der nationalen Erhebung auf der Verabschiedung dieses Gesetzes. Sie zieht in jedem Falle eine klare Entscheidung vor. Sie bietet den Parteien des Reichstags die Mög-

lichkeit einer ruhigen deutschen Entwicklung und einer sich daraus in der Zukunft anbahnenden Verständigung. Sie ist aber ebenso entschlossen und bereit, die Bekundung der Ablehnung und damit die Ansage des Widerstandes entgegenzunehmen.

Mögen Sie, meine Herren, nunmehr selbst die Entscheidung treffen über Frieden oder Krieg.«

Langsam geht Hitler zu seinem Sitz auf der Regierungsbank hinüber. Auf den Bänken der Nationalsozialisten bricht unbeschreiblicher Beifall aus. Ihre »Heil«-Rufe werden von den Tribünenbesuchern übernommen. Auch die Deutschnationalen klatschen in die Hände, doch erheblich temperierter. Auf den Bänken der zusammengeschmolzenen Mittelparteien bekunden die Abgeordneten ebenfalls ihre Zustimmung. Aber es ist mehr Tarnung, denn von der rechten Seite des Hohen Hauses sieht man zu ihnen herüber. Auf den Bänken der Sozialdemokraten bleibt alles stumm. Viele Mitglieder dieser Fraktion drängen zu den Ausgängen, um möglichst rasch noch vor dem allgemeinen Aufbruch ihr Fraktionszimmer zu erreichen, während die nationalsozialistischen Abgeordneten zur Regierungsbank nach vorn laufen, wo Hitler inzwischen Platz genommen hat.

In den Tumult hinein schwingt Göring die Präsidentenglocke und erklärt, daß sich das Hohe Haus für zwei Stunden vertage, also bis 17.10 Uhr. Der Zentrumsabgeordnete Esser widerspricht und verweist auf den einstimmigen Beschluß des Ältestenrats, eine Pause von drei Stunden einzulegen. Es bleibe dann immer noch genügend Zeit, um das Ermächtigungsgesetz in den drei vorgeschriebenen Lesungen zu verabschieden. Widerwillig stimmt Göring zu. Das Deutschlandlied[42] braust auf. Die Arme erhoben, stehen die nationalsozialistischen Abgeordneten wie eine Mauer. Die Sozialdemokraten haben den Sitzungssaal bereits verlassen. Jetzt streben auch die Mitglieder der anderen Fraktionen nach den Ausgängen. An Brünings Platz geht ein Mitglied der Deutschnationalen vorbei und flüstert dem Alt-Reichskanzler zu: seine Partei sehe sich leider nicht in der Lage, den besprochenen Zusatzantrag einzubringen. Bevor Dr. Brü-

ning Näheres erfragen kann, hat sich der Abgeordnete zum Ausgang begeben[43].
Den Abgeordneten liegt das von der Regierung eingebrachte Ermächtigungsgesetz als Drucksache vor. Es trägt den Titel »Gesetz zur Behebung der Not von Volk und Reich«. Die Mitglieder des Zentrums erfahren durch Dr. Brüning, daß der von ihm und Dr. Bell entworfene Antrag von den Deutschnationalen nicht eingebracht werden wird. Warum diese so plötzlich umfielen, weiß man noch nicht. Erst später hört man, daß eine der NSDAP nahestehende Gruppe drohte, aus der deutschnationalen Fraktion auszuscheiden, wenn die Mehrheit darauf beharre, den Antrag auf Aufhebung der Notverordnungen zu stellen. Damit ist die letzte Hoffnung geschwunden, Hitler durch einen Zusatzantrag zum Ermächtigungsgesetz zu bändigen. Zwar war seine Rede vor dem Plenum, an seinen Wahlreden vor dem 5. März gemessen, recht gemäßigt. Ganz gegen seine sonstige Gewohnheit las er sie vom Manuskript ab, ein Zeichen, daß er jedes Wort vorher abgewogen hatte. Dennoch waren die drohenden Untertöne nicht zu verkennen.
Schnell aufgestellte Berechnungen ergeben, daß selbst bei der Ablehnung des Gesetzes durch das Zentrum eine Zweidrittelmehrheit zustande kommen wird. Es bieten sich also nur geringe Chancen, den Reichskanzler zu binden, die verhängnisvollen Notverordnungen vom 28. Februar aufzuheben. Die größte liegt darin, daß die Regierung, wie man aus den Verhandlungen mit den Deutschnationalen weiß[44], auf die Zustimmung des Zentrums aus außenpolitischen Gründen besonderen Wert legt[45].
Der Vorschlag, den Zusatzantrag selber einzubringen, wird sofort verworfen. Er wäre erfolglos — mit Sicherheit würde ihn die nationalsozialistisch-deutschnationale Mehrheit ablehnen. Er hätte nur Demonstrationswert und würde Hitler und Göring gegen das Zentrum aufbringen[46]. Noch ist man sich nicht bewußt, daß Demonstrationen, auch wenn sie zunächst sinnlos scheinen, zur Klärung von Recht und Unrecht beitragen. Man wird es erst später wissen, wenn mutige Priester »sinnlos« Widerstand leisten. Auch muß der Prälat, den sich die Zentrumspartei zum Vorsitzenden und Verhandlungsführer gewählt hat, daran den-

ken, die eingeleiteten Besprechungen zwischen dem Reich und der Kirche nicht zu gefährden. Noch weiß man nicht, daß Hitler keinen Vertrag halten wird, mag er noch so feierlich gesiegelt und verbrieft sein. Auf der Suche, dennoch die Rücknahme der Notverordnungen zu erreichen, kommt man schließlich auf den Ausweg, den Reichskanzler um ein Schreiben zu ersuchen, in dem er die Aufhebung der Notverordnungen zusagt. Es setzen sich sofort einige Herren der Fraktion zusammen[47], um diesen Brief zu entwerfen. Prälat Dr. Kaas legt diesen Entwurf Hitler und Dr. Frick vor. Sie versprechen beide, einen derartigen Brief auszufertigen und ihn noch vor der dritten Lesung der Zentrumsfraktion zuzustellen[48]. So wichtig ist ihnen die Zustimmung des Zentrums zum Ermächtigungsgesetz. Noch ahnen in dieser Fraktion nur wenige, daß ihre Verhandlungspartner Lug und Trug nicht scheuen, um sie zu hintergehen.

In den beiden katholischen Fraktionen des Hohen Hauses, dem Zentrum und der Bayerischen Volkspartei, ist man von der Zusage Hitlers recht befriedigt. Nur wenige Abgeordnete, darunter Dr. Brüning, äußern ihre Bedenken, aber sie werden überstimmt. Um für schnelle Entscheidungen gerüstet zu sein, beschließt man noch, auch ohne weitere Fraktionsberatung geschlossen die Stimmen so abzugeben, wie der Sprecher der Partei entscheiden wird[49].

Kurz nach 18 Uhr rufen die Klingeln die Abgeordneten in den Sitzungssaal zurück. Wenige Minuten später — die Uhr zeigt auf 18.16 Uhr — eröffnet Göring wieder die Sitzung. Zuerst erteilt er dem Oppositionsführer von der sozialdemokratischen Partei, Otto Wels, das Wort. Die Gespräche hören auf, man vernimmt nur das Rascheln von Papieren. Auf den Tribünen reckt man die Hälse, die Gesichter der nationalsozialistischen Abgeordneten spiegeln offenen Hohn. Was wird der »marxistische Verbrecher« schon zu sagen haben? Sie können sich nicht vorstellen, daß er den Mut aufbringen wird, offen gegen ihren Führer zu sprechen.

Otto Wels weiß, das ist seine Stunde. Nicht nur seine Fraktionskollegen, nicht nur die Parteigenossen draußen im Lande, nein, die ganze Welt sieht auf ihn. Auf den überfüllten Pressetribünen sitzen Dutzende der in Berlin akkreditierten ausländischen Journalisten. Wels ist sich bewußt, seine Partei hat in den letzten Wochen viel an Prestige verloren. Mit beißender Ironie hat Goebbels die »Flucht« des »ungekrönten Königs von Preußen« Otto Braun ausgeschlachtet, weil er sich »in die Schweiz abgesetzt« habe. Auch Severing und Noske hat Goebbels diffamiert, ohne daß diese beiden sozialdemokratischen Politiker die Möglichkeit hatten, sich gegen die Lügen zu wehren.

Schweren Schrittes steigt Wels die Stufen zum Rednerpult hinauf. Sein Blick schweift einen Augenblick über das vollbesetzte Haus, die überfüllten Tribünen, um dann auf seinen Fraktionskollegen haften zu bleiben. Sie sind die einzigen, auf die er rechnen kann. Dann beginnt der mutige Mann:

> »Meine Damen und Herren! Der außenpolitischen Forderung deutscher Gleichberechtigung, die der Herr Reichskanzler erhoben hat, stimmen wir Sozialdemokraten um so nachdrücklicher zu, als wir sie bereits von jeher grundsätzlich verfochten haben. Ich darf mir wohl in diesem Zusammenhang die persönliche Bemerkung gestatten, daß ich als erster Deutscher vor einem internationalen Forum, auf der Berner Konferenz am 3. Februar des Jahres 1919, der Unwahrheit von der Schuld Deutschlands am Ausbruch des Weltkrieges entgegengetreten bin.
>
> Nie hat uns irgendein Grundsatz unserer Partei daran hindern können oder gehindert, die gerechten Forderungen der deutschen Nation gegenüber den anderen Völkern der Welt zu vertreten.
>
> Der Herr Reichskanzler hat auch vorgestern in Potsdam einen Satz gesprochen, den wir unterschreiben. Er lautet: ›Aus dem Aberwitz der Theorie von ewigen Siegern und Besiegten kam der Wahnwitz der Reparationen und in der Folge die Katastrophe der Weltwirtschaft.‹ Dieser Satz gilt für die Außenpolitik; für die Innenpolitik gilt er nicht minder. Auch hier ist die Theorie von ewigen Siegern und Besiegten, wie der Herr Reichskanzler sagt, ein Aberwitz ... Eine wirkliche Volksgemeinschaft läßt sich auf ihm nicht gründen. Ihre erste Voraussetzung ist gleiches Recht ...

Freiheit und Leben kann man uns nehmen, die Ehre nicht. Nach den Verfolgungen, welche die Sozialdemokratische Partei in der letzten Zeit erfahren hat, wird billigerweise niemand von ihr verlangen oder erwarten können, daß sie für das hier eingebrachte Ermächtigungsgesetz stimmt ... Kritik ist heilsam und notwendig. Noch niemals, seit es einen Deutschen Reichstag gibt, ist die Kontrolle der öffentlichen Angelegenheiten durch die gewählten Vertreter des Volkes in solchem Maße ausgeschaltet worden, wie es jetzt geschieht und wie es durch das neue Ermächtigungsgesetz noch mehr geschehen soll. Eine solche Allmacht der Regierung muß sich um so schwerer auswirken, als auch die Presse jeder Bewegungsfreiheit entbehrt ... Besser wäre es, wenn wir mit gutem Gewissen bezeugen könnten, daß die volle Rechtssicherheit für alle wiederhergestellt ist. Das, meine Herren, liegt bei Ihnen ...«

Die Abgeordneten der Linken gehen mehr und mehr aus sich heraus. Sie befeuern ihren Sprecher mit Beifall und zustimmenden Zurufen, aber auch von den Gesichtern der Abgeordneten der Mitte liest Wels Anerkennung. Hitler macht sich eifrig Notizen. Freier werdend fährt Wels fort:

»Aber dennoch wollen Sie vorerst den Reichstag ausschalten, um Ihre Revolution fortzusetzen. Zerstörung des Bestehenden ist aber noch keine Revolution ...

Wir Sozialdemokraten haben in schwerster Zeit Mitverantwortung getragen und sind dafür mit Steinen beworfen worden. Unsere Leistungen für den Wiederaufbau von Staat und Wirtschaft, für die Befreiung der besetzten Gebiete werden vor der Geschichte bestehen ...

Die Verfassung von Weimar ist keine sozialistische Verfassung. Aber wir stehen zu den Grundsätzen des Rechtsstaates, der Gleichberechtigung, des sozialen Rechtes, die in ihr festgelegt sind. Wir deutschen Sozialdemokraten bekennen uns in dieser geschichtlichen Stunde feierlich zu den Grundsätzen der Menschlichkeit und der Gerechtigkeit, der Freiheit und des Sozialismus. Kein Ermächtigungsgesetz gibt Ihnen die Macht, Ideen, die ewig und unzerstörbar sind, zu vernichten. Sie selbst haben sich ja zum Sozialismus bekannt. Das Sozialistengesetz hat die Sozialdemokratie nicht vernichtet. Auch aus neuen Verfolgungen kann die deutsche Sozialdemokratie neue Kraft schöpfen.

Wir grüßen die Verfolgten und Bedrängten. Wir grüßen unsere Freunde im Reich. Ihre Standhaftigkeit und Treue verdienen Bewunderung. Ihr Bekennermut, ihre ungebrochene Zuversicht verbürgen eine hellere Zukunft.«

Wels hat geendet und begibt sich mit festen Schritten auf seinen Platz. Links rauscht Beifall auf, verebbt aber schnell. Doch viele Abgeordnete der Mitte lassen Wels heimlich ihre Bewunderung zur Kenntnis bringen. Auf der Pressetribüne wagen nur die Auslandskorrespondenten, ihrer Zustimmung Ausdruck zu geben.

Es liegen noch Wortmeldungen anderer Parteiführer vor, aber Präsident Göring ruft in den Saal: »Das Wort hat der Herr Reichskanzler.« Hitler rafft seine Notizzettel zusammen und begibt sich zum Rednerpult. Mit lauter Stimme ruft er in den Sitzungssaal:

»Spät kommt Ihr, doch Ihr kommt! Die schönen Theorien, die Sie, Herr Abgeordneter, soeben hier verkündeten, sind der Weltgeschichte etwas zu spät mitgeteilt worden . . .«

Unter dem Beifallstosen seiner Anhänger hält er eine Parteirede. Als die Sozialdemokraten gegen seine offensichtlichen Entstellungen protestieren, erhebt sich der zur Objektivität verpflichtete Präsident Göring und schreit zu den Bänken der Linken hinüber: »Reden Sie keine Geschichten und hören Sie sich das jetzt an!«

»Sie sagen«, fährt Hitler fort, »wir wollen nun den Reichstag ausschalten, um die Revolution fortzusetzen. Meine Herren, dazu hätten wir es nicht nötig gehabt, erst zu dieser Wahl zu schreiten, noch diesen Reichstag einzuberufen, noch diese Vorlage hier einbringen zu lassen. Den Mut, uns auch anders mit Ihnen auseinanderzusetzen, hätten wir wahrhaftigen Gottes gehabt!«

Als die Sozialdemokraten erneut Zwischenrufe machen, schreit Göring: »Jetzt rechnet der Kanzler ab!«

Zu den Bänken der Linken gewendet, schließt Hitler seine Erwiderung, die längere Zeit in Anspruch nahm als die Rede von Wels, mit den Worten:

»Ich glaube, daß Sie für dieses Gesetz nicht stimmen, weil Ihnen Ihrer innersten Mentalität nach die Absicht unbegreiflich ist, die uns dabei beseelt. Ich glaube aber, daß Sie das nicht tun würden, wenn wir das wären, was heute Ihre Presse im Ausland über uns verbreitet, und ich kann Ihnen nur sagen: ich will auch gar nicht, daß Sie dafür stimmen! Deutschland soll frei werden, aber nicht durch Sie!«

Minutenlang schreien die Nationalsozialisten »Heil«. Auch die Tribünen beteiligen sich wieder an den Beifallskundgebungen. Die Mittelparteien, aber auch die bürgerlichen Minister auf der Regierungsbank, nehmen an diesen Beifallsbezeugungen nicht teil[50]. Instinktiv scheinen sie zu ahnen, was heute mit Wels geschah, kann morgen mit ihnen geschehen.

Nachdem sich das Hohe Haus beruhigt hat und auch die Tribünenbesucher sich wieder gesetzt haben, erteilt Präsident Göring dem Sprecher der Zentrumsfraktion das Wort, dem Prälaten Dr. Kaas. Dieser erhebt sich von seinem Platz und geht nach vorn. Der ihm von Hitler zugesagte Brief ist zwar noch nicht in seine Hände gelangt, aber Hitler und Dr. Frick versicherten noch vor wenigen Minuten, das Schreiben sei bereits im Hause eingetroffen[51].

Prälat Dr. Kaas bemüht sich um betonte Konzilianz, denn er will den dünnen Seidenfaden zum Kanzler nicht durch scharfe Formulierungen zerreißen. Ruhig und gesammelt erklärt er:

»Meine Damen und Herren! Im Namen der Zentrumsfraktion des Deutschen Reichstags habe ich die Ehre, vor diesem Hohen Hause folgende Erklärung abzugeben. Die gegenwärtige Stunde kann für uns nicht im Zeichen der Worte stehen. Ihr Gesetz, ihr einziges, ihr beherrschendes Gesetz ist das der raschen, bewahrenden, aufbauenden und rettenden Tat. Diese Tat kann nur geboren werden in der Sammlung . . .

Die einleitende Regierungserklärung, die Sie, Herr Reichskanzler, am heutigen Nachmittag gegenüber der deutschen

Volksvertretung abgegeben haben, enthielt manches Wort, das wir unterschreiben können, und manches andere — lassen Sie mich das in aller Offenheit sagen —, auf das einzugehen wir uns im Interesse der Sammlung, die das Gesetz dieser Stunde sein muß, bewußt versagen...

Manche der von Ihnen, Herr Reichskanzler, abgegebenen sachlichen Erklärungen geben uns, wie ich mit Befriedigung in aller Offenheit feststelle, bezüglich einzelner wesentlicher Punkte des deutschen Staats-, Rechts- und Kulturlebens — vor allem auch in Verbindung mit den bei den Vorverhandlungen gemachten Feststellungen — die Möglichkeit, eine Reihe wesentlicher Bedenken, welche die zeitliche und die sachliche Ausdehnung des Ermächtigungsbegehrens der Regierung bei uns ausgelöst hatte und auslösen mußte, anders zu beurteilen...«

Auf den sozialdemokratischen Bänken wird man aufmerksam. Welcher Art sind die »bei den Vorverhandlungen gemachten Feststellungen«, die dem Zentrum die Möglichkeit geben, »eine Reihe wesentlicher Bedenken anders zu beurteilen?« Dr. Kaas fährt fort:

»In der Voraussetzung, daß diese von Ihnen abgegebenen Erklärungen die grundsätzliche und die praktische Richtlinie für die Durchführung der zu erwartenden Gesetzgebungsarbeit sein werden, gibt die deutsche Zentrumspartei dem Ermächtigungsgesetz ihre Zustimmung[52].«

Nach Prälat Kaas besteigt Ritter von Lex als Sprecher der BVP das Podium. Nach einem Hinweis auf die »schmachvolle Revolution von 1918« warnt er:

»Dauer und Inhalt dieses Gesetzes haben in der deutschen Geschichte kein Vorbild. Nach unserer Anschauung muß auch die weitestgehende Ermächtigung dort ihre Grenze finden, wo die ewigen Fundamente einer christlichen und nationalen Volksgemeinschaft in Frage stehen. Wir hätten es aber für erforderlich erachtet, daß schon im Wortlaut des Ermächtigungsgesetzes die Grundrechte eines christlichen und nationalen Staates ausdrücklich gewährleistet worden wären. Wir rechnen hierher insbesondere die Freiheit und

Selbständigkeit der christlichen Religionsgemeinschaften, den Bestand der Länder als seit Jahrhunderten bewährter Grundpfeiler der deutschen Nation, die Gewährleistung der Rechtssicherheit durch ein unabhängiges Richtertum, die Erhaltung eines auf wohlerworbene Rechte vertrauenden Berufsbeamtentums als Rückgrat jeder nationalen Verwaltung, die freie Betätigung der auf der christlich-nationalen Weltanschauung fußenden politischen, ständischen und kulturellen Verbände und Einrichtungen sowie endlich die ausdrückliche Sicherung von Leben und Eigentum.«

Obwohl die Forderungen Ritter von Lex', die genau den Inhalt der von Prälat Kaas erwähnten »Feststellungen« in den »Vorverhandlungen« widerspiegeln, nicht im Gesetz verankert wurden, gibt der Bayerische Volksparteiler im Namen seiner Partei die Erklärung ab, dem Ermächtigungsgesetz zuzustimmen. Die Sprecher der parlamentarischen Gruppen der Staatspartei (hier der spätere Bundespräsident Theodor Heuss) und des christlichen Volksdienstes erklären, ebenfalls mit Ja zu stimmen. Die Deutsche Volkspartei verzichtet auf eine Erklärung. Von zwei Abgeordneten ist einer wegen Krankheit nicht anwesend. Die Deutschnationalen geben ebenfalls keine Erklärung ab. Für die NSDAP spricht nun der Abgeordnete Hermann Göring. Das Präsidium gibt er vorher an den dritten Vizepräsidenten Zörner ab.

Breitbeinig, die geballten Fäuste in die Seiten gestemmt, steht Göring hinter dem Rednerpult. Auch seine Ausführungen sind, wie die seines Herrn und Meisters, eine einzige Anklage gegen die Sozialdemokraten. Besonders angetan haben es ihm die Berichte in ausländischen Zeitungen, die ihn mehr oder minder verhüllt als einen der Hauptschuldigen am Reichstagsbrand hinstellen. Viele dieser Meldungen sind falsch oder übertrieben, aber Göring übertreibt die Übertreibungen noch mehr und stellt Dinge richtig, die nie behauptet wurden. Pathetisch schließt er:

»Darum hat die nationalsozialistische Fraktion zu dem Ermächtigungsgesetz nur eines zu erklären: Es ist jahrelang geredet worden, doch jetzt haben wir an der Spitze der deutschen Regierung einen Führer. Jetzt wird nicht mehr geredet, jetzt wird gehandelt. Mögen die anderen lügen, wir arbeiten, und unser Führer, der Kanzler des Reiches, kann überzeugt sein, daß auch die Fraktion nicht mehr reden, sondern nur arbeiten wird, daß sie ihm treue Gefolgschaft leisten wird in blinder Treue bis zum Siege Deutschlands.«

Während des Beifallssturms auf den Bänken der Nationalsozialisten geht Göring auf seinen Platz im Präsidium zurück und übernimmt wieder die Leitung der Sitzung. Mit seiner »Rede« ist die erste Lesung des Gesetzentwurfes abgeschlossen. Nun kommt alles darauf an, die zweite und dritte Lesung in einem Zug voranzutreiben. Den Fraktionen, vor allem der Zentrumsfraktion, darf keine Gelegenheit geboten werden, ihre Zusage zu revidieren. Göring ist sich bewußt, daß der Brief mit der Zusage des Reichskanzlers Prälat Kaas nicht ausgehändigt worden ist. Nun darf den der Regierung nicht angehörenden Fraktionen kein Augenblick Zeit zur Besinnung geboten werden. Sie dürfen gar nicht zu der Überlegung kommen, ob sie jetzt vor der zweiten oder danach, zwischen der zweiten und dritten Lesung einen Antrag auf Vertagung der Abstimmung stellen sollen. Es kommt alles darauf an, das Ermächtigungsgesetz in einem Atemzug durchzupeitschen. Die Glocke schwingend erhebt er sich und schreit förmlich in den Saal:

»Meine Damen und Herren! Weitere Wortmeldungen liegen nicht vor. Wir treten in die zweite Beratung ein. Ich rufe auf Artikel 1 und bitte diejenigen, die ihn annehmen wollen, aufzustehen. — — Das ist die Mehrheit. Artikel 2 — — desgleichen, Artikel 3 — — angenommen.

Zu Artikel 4 ist eine redaktionelle Änderung vorgeschlagen. Die Worte ›für die Dauer der Geltung dieses Gesetzes‹ sollen wegfallen, weil die Dauer der Geltung des Gesetzes im Artikel 5 festgelegt ist. Ich darf feststellen, daß der Artikel 4 mit dieser Änderung angenommen ist. — — Artikel 5 — — Einleitung und Überschrift — — desgleichen.

Ich schließe damit die zweite Beratung.

Wir kommen zur dritten Beratung. — — Wortmeldungen liegen nicht vor; ich schließe die allgemeine Aussprache in der dritten Beratung. Ich rufe in der besonderen Beratung auf Artikel 1, — — 2, — — 3, — — 4, — — 5, — — Einleitung und Überschrift — — und erkläre sie für angenommen.

Meine Damen und Herren! Wir kommen jetzt zur Schlußabstimmung. Hierfür ist namentliche Abstimmung erforderlich. Ich darf also bitten, daß diejenigen Damen und Herren, die dem Gesetzentwurf ihre Zustimmung geben wollen, eine Karte mit Ja, die ihn ablehnen wollen, eine Karte mit Nein abgeben ... Ich bitte die Herren Schriftführer, die Karten einzusammeln — — Die Abstimmung ist geschlossen[53].

So rasend eilig hatte es Göring, das Ermächtigungsgesetz durchzubringen, daß er mit seiner Feststellung: »Die Abstimmung ist geschlossen«, nicht wartete, bis die Schriftführer mit den Saaldienern von Bank zu Bank gegangen sind, um die Stimmkarten einzusammeln — so sehr war ihm darum zu tun, das hinterlistige Manöver gegen die Zentrumsfraktion erfolgreich zu Ende zu führen. Als dann die Stimmkarten ausgezählt werden, stehen die Abgeordneten in losen Gruppen in den Gängen des Sitzungssaales. Die Fraktion des Zentrums hat den zugesagten Kanzlerbrief nicht erhalten. Sie ist hintergangen und betrogen worden. Die Sozialdemokraten verlassen den Raum. Wenn sich die Türen öffnen, hört man Gesangsfetzen der vor der Krolloper aufmarschierten SA und SS.

Auch die Diplomatenloge leert sich. Auf den Zuschauertribünen dagegen harrt man aus. Die Frauen und Freunde der nationalsozialistischen Abgeordneten wollen den Triumph ihrer Partei bis zur Neige kosten, bis fünf Minuten nach zwölf.

Die Ja- und Nein-Karten sind schnell ausgezählt. Göring schwingt seine Glocke und bittet um Ruhe. Dann verkündet er mit stolzgeschwellter Brust:

»Meine Damen und Herren! Das vorläufige Ergebnis[54] der Abstimmung ist folgendes. Abgegeben wurden 535 Karten. Es haben gestimmt mit Nein 94, mit Ja 441 Abgeordnete ...«

Die Abgeordneten der NSDAP erheben sich von ihren Plätzen

und brechen in frenetischen Beifall aus. Auch auf den Bänken der Deutschnationalen schreit man Bravo! Göring winkt mit der Hand und ruft in den Tumult hinein:

»Da es sich um ein verfassungsänderndes Gesetz handelt, ist folgende Feststellung zu treffen. Die gesetzliche Mitgliederzahl des Hauses beträgt 566. Davon sind zwei Drittel 378, davon wiederum zwei Drittel 252. Somit ist das Ermächtigungsgesetz mit der verfassungsmäßigen Mehrheit von 441 Stimmen angenommen ...«

Nachdem Präsident Göring noch einige geschäftsordnungsmäßige Punkte erledigt hat, schließt er die Sitzung mit einer kurzen Ansprache:

»Meine Damen und Herren! Der Deutsche Reichstag des neuen nationalen Deutschlands hat in effektiver Arbeit in wenigen Stunden eine Leistung vollbracht, zu der er früher in Jahren nicht imstande gewesen wäre... Die Deutsche Reichsregierung hat bewiesen, daß sie im deutschen Volke nicht nur, sondern auch in der deutschen Volksvertretung über ein gewaltiges Vertrauen verfügt. Dieses Vertrauen wird die Reichsregierung in ihrer Arbeit stärken.

Ich entlasse damit den Reichstag bis zu seiner nächsten Sitzung mit den besten Wünschen.«

Die Mitglieder der nationalsozialistischen Fraktion stürmen nach vorn. Zu Füßen der Regierungsbank singen sie die erste Strophe des »Horst-Wessel-Liedes«. Die Arme zum deutschen Gruß erhoben, suchen ihre Augen den Führer, dem soeben die Mehrheit des deutschen Parlaments die Gewalt eines Diktators verliehen hat.

Neben ihm steht Franz von Papen. Als er vom Juni bis November 1932 Kanzler war, sparte die Presse der NSDAP nicht mit ironischen Angriffen auf »die vornehmen Kavaliere«, die den Führer noch immer von der Macht fernhielten. Nun aber scheinen sie Freunde zu sein, und der Page des Kaisers tritt dicht hinter Hitler wieder in die »gute Stube«, aus der man ihn am 22. November vorigen Jahres verdrängt hatte. Noch mag er glauben, daß es ihm und den anderen Mithelfern gelingen werde, das Ungestüm dieses Hitler und seiner Genossen zu bändigen.

Aber diese Hoffnung, wie sie damals noch von vielen anderen bürgerlichen Staatsmännern geteilt wurde, war nicht von langer Dauer. Schon im Juli 1933 mußte Franz von Papen in seiner Dresdner Rede öffentlich bekennen: »Wer von uns hätte es für möglich gehalten, daß die unwiderstehliche Angriffskraft des Nationalsozialismus ... in vier Monaten dieses Deutsche Reich mit Haut und Haar für sich eroberte, daß keine der bürgerlichen Parteien mehr das Feld behauptete, daß die Institutionen des demokratischen Jahrhunderts wie mit einem Federstrich ausgelöscht wurden, daß der Reichskanzler eine Machtfülle in sich vereinigt, die kein deutscher Kaiser vor ihm besessen hat[55].«
Der greise Reichspräsident, der sich skeptisch und mißtrauisch so lange gegen den aus der Tiefe emporgekommenen Demagogen wehrte, bis ihm nichts übrig blieb, als ihn ins Reichskanzleramt zu berufen, erlebte den Zusammenbruch nicht mehr. Am 2. August 1934 schloß er auf seinem Gut Neudeck in Ostpreußen die Augen für immer. Gegen seinen letzten Willen ließ Hitler den Toten mit großem Gepränge im Tannenbergdenkmal beisetzen.

Zwölf Jahre nach den Ereignissen, deren Zeugen wir auf diesen Blättern geworden sind, am Ende eines Krieges, der etwa vierzig Millionen Menschen das Leben gekostet hat, und vielen, sehr vielen anderen die Freiheit —, geht das Hitlerreich zugrunde. Sein furchtbares Ende reißt andere Völker mit ins Verhängnis. Der Sarg mit der sterblichen Hülle des Marschalls und letzten Reichspräsidenten muß vor den unaufhaltsam vorrückenden Armeen der Sowjets in Sicherheit gebracht werden. Erst nach langer Irrfahrt findet Paul von Hindenburg seine letzte Ruhe in der Elisabethkirche zu Marburg.

Jene Gartenmauer aber, von der Voßstraße bis zum Brandenburger Tor, hinter der sich das Ringen um die Zulassung des böhmischen Gefreiten zum Reichskanzler abspielte, ist heute Zonengrenze zwischen West- und Ost-Berlin, Teil der Trennungsmauer, die Deutschland und Europa in zwei Welten scheidet.

Anmerkungen

Der Vater des Autors, Staatssekretär Dr. Otto Meissner, wird in den Anmerkungen »Meissner« genannt (siehe biographischer Teil). HW = Harry Wilde.

1. Der Streik

1. Max Amann teilte dem Autor wie auch Harry Schulze-Wilde mit, der Betriebszellen-Obmann habe bei Goebbels angefragt, ob man sich am Streik beteiligen soll. Goebbels wiederum habe sich durch eine Rückfrage bei Hitler gesichert und dessen Zustimmung eingeholt, bevor er dem Betriebszellen-Obmann die Zustimmung gab.
2. Auch die preußische Verfassung sah den Volksentscheid vor: eine direkte Befragung des Volkes nach Schweizer Muster. Zuerst mußte das Volksbegehren von mindestens fünftausend Personen beantragt werden. Die Behörden legten dann Eintragungslisten auf. Trugen sich mindestens 10 Prozent der Wahlberechtigten ein, kam es zum Volksentscheid. Am 9. August 1931 erklärten sich 36,9 Prozent der Stimmberechtigten für die Auflösung des preußischen Landtages. Weil hierbei 50 Prozent der Wahlberechtigten nötig gewesen wären, war sie damit abgelehnt.
3. Die über interne Vorgänge oft ausgezeichnet informierte Margarete Buber-Neumann beschreibt (S. 287) den Umfall der KPD ausführlich und führt ihn auf Stalin persönlich zurück.
4. Von Berlin ausgehend bürgerte sich das Verfahren ein, arbeitslose SA-Leute behelfsmäßig in Heimen, meist leerstehenden Wohnungen, unterzubringen. Die in solchen Heimen wohnenden SA-Leute waren leicht zu kontrollieren und zu beeinflussen, und man hatte sie für Aufmärsche und »spontane« Aktionen schnell zur Hand.
5. Dem Verfasser mitgeteilt von Max Amann.
6. Mit »Sozialfaschisten« bezeichneten die Kommunisten die Sozialdemokraten.

2. Die Geburt der Republik

1. Ende Oktober 1918 wurden in der deutschen Hochseeflotte (Kriegsflotte) Vorbereitungen zu einem Vorstoß nach England getroffen. Da zu diesem Zeitpunkt bereits der Notenwechsel über den Abschluß eines Waffenstillstandes zwischen der Reichsregierung und dem amerikanischen Präsidenten Wilson lief, hielten die Matrosen eine Schlacht für ein nutzloses, sogar schädliches Opfer und verweigerten den Gehorsam. Die Revolte sprang kurz danach auf Hamburg über und verbreitete sich über das ganze Reich.

2. Prinz Max von Baden, S. 641, Gustav Noske, S. 78

3. Der wirkliche Grund seiner Ablehnung war, wie Prinz Max in seinem Buche schrieb, daß der Kaiser ihn nicht zu seinem Stellvertreter berufen hatte.

4. Verfasser folgt in seiner Schilderung der Ereignisse den Darstellungen des Prinzen Max von Baden in dessen Buch (S. 643) und privaten Ergänzungen, die Theodor Plivier vom letzten kaiserlichen Reichskanzler erhielt und später an H. Schulze-Wilde weitergab. Außerdem sprach der Verfasser im Jahr 1953 über dieses Thema mit Prof. Dr. Kurt Hahn in Salem, der seinerzeit Privatsekretär des Prinzen Max gewesen war.

5. Um den »revolutionären Charakter« der Ereignisse hervorzuheben, wurde am 10. November 1918 keine Reichsregierung, sondern ein »Rat der Volksbeauftragten« gebildet. Er wurde am 13. Februar 1919 durch die vom vorläufigen Reichspräsidenten Ebert berufene, parlamentarisch gebildete Reichsregierung abgelöst.

6. Freiwilligenkorps kämpften gegen die sogenannte »Volksmarinedivision«. Die unmittelbare Folge dieser Kämpfe war der Austritt der drei »Unabhängigen« aus dem Rat der Volksbeauftragten.

7. Die Deutsche Nationalversammlung wurde zum 6. Februar 1919 nach Weimar einberufen, um dort von den revolutionären Wirren der Reichshauptstadt ungestört beraten und beschließen zu können (u. a. Annahme dringender Gesetze, Ausarbeitung einer Verfassung, Beschluß über den Friedensvertrag).

8. Ende September 1918 sah die Oberste Heeresleitung ein, daß der Krieg nicht zu gewinnen sei, und verlangte unverzügliche Einleitung von Friedensverhandlungen. Prinz Max von Baden wandte sich am 3. Oktober 1918 wegen des sofortigen Abschlusses eines Waffenstillstandes zu Lande, zu Wasser und in der Luft an Wilson. Dieser antwortete am 8. Oktober mit der Rückfrage, ob Deutschland die Vierzehn Punkte annehme, und legte die Räumung der besetzten Gebiete vor einer Verhandlung nahe. In seiner Note vom 12. Oktober bejahte Deutschland Wilsons Frage und gestand die Räu-

mung der besetzten Gebiete zu. In einer zweiten Note forderte Wilson die Demokratisierung und in einer dritten die Beseitigung der monarchischen Staatsform in Deutschland. Der Waffenstillstand wurde am 11. November 1918 abgeschlossen.

9. Die »Großen Vier«: Clemenceau, Wilson, Lloyd George und für Italien Orlando.

10. Ursprünglich war das Hotel nicht abgesperrt, doch war es zu Vorfällen gekommen, an denen einige deutsche Delegationsangehörige nicht ganz unschuldig waren.

11. Die »Alliierten Mächte« waren England, Frankreich, Italien, Japan, Belgien, Serbien und Rumänien. Als »Assoziierte« galten: Portugal, Griechenland, Polen, die Tschechoslowakei, die USA, Brasilien, Peru, Bolivien, Uruguay, Kuba, Haiti, China, Liberia, Hedschas; Polen, die Tschechoslowakei und Hedschas hatten Deutschland nicht den Krieg erklärt, diese Staaten entstanden erst nach dem Waffenstillstand.

12. Im Jahre 1914, den letzten Tagen vor Ausbruch des Ersten Weltkrieges.

13. Am 15. Februar ernannte Friedrich Ebert Philipp Scheidemann zum »Reichsministerpräsidenten«. Später hießen die Regierungschefs wieder Reichskanzler.

14. Der Ausdruck von der »verdorrten Hand« wurde unverständlicherweise von der Rechten als Schimpfwort gebraucht. Dabei unterzeichnete Scheidemann den Vertrag nicht, sondern trat zurück.

15. Zu Beginn des Weltkrieges erklärte England die Blockade der deutschen Häfen. Nach dem Waffenstillstand wurde sie auf Betreiben Frankreichs noch lange nicht aufgehoben. Die Blockade ist ein völkerrechtlich zulässiges Mittel, ihre Anwendung nach der Waffenstreckung eines Staates widerspricht aber jedem Begriff der Humanität.

16. Außerdem noch sechs Enthaltungen. Da die Nationalversammlung 421 Abgeordnete zählte, fehlten 40 Abgeordnete. Für Annahme stimmten das Zentrum, die USPD, fast alle Abgeordneten der SPD und einige Demokraten. Dagegen die DVP, die DNVP und der größere Teil der Demokraten.

17. Da schon während des Krieges die Beschuldigung erhoben worden war, Deutschland sei am Ausbruch des Ersten Weltkrieges *allein* schuldig, ersuchte die deutsche Regierung am 29. November 1918 die Siegermächte, die Kriegsschuldfrage durch eine neutrale Kommission klären zu lassen. Das wurde am 17. März 1919 mit der Bemerkung abgelehnt, eine Untersuchung sei nicht notwendig, denn die deutsche Schuld stehe einwandfrei fest. Diese Erklärung schlug jedem Rechtsempfinden ins Gesicht. Der Versailler Vertrag legte sodann in der Präambel und im Artikel 231 die Schuld Deutschlands fest. Deutschland wurde zur Unterschrift gezwungen!

18. Die USA schlossen mit dem Deutschen Reich am 25. August 1921 in Berlin einen Sonderfrieden, in dem sie sich alle Rechte vorbehielten, die ihnen aus dem Versailler Vertrag zustanden. Sie machten jedoch davon keinen Gebrauch. Amerikanische Truppen beteiligten sich nur bis 1923 an der Rhein-

landbesetzung. Auch in der Reparationskommission hatte kein Vertreter der USA Sitz und Stimme.

19. Bei der Abwehr des Separatismus kam es teilweise zu wütenden Exzessen. Träger des Widerstandes war neben Rechtsextremisten vor allem die Arbeiterschaft. Bereits in jener Zeit kam es zu Anbiederungsversuchen zwischen Kommunisten und National(sozial)isten. Obwohl sich Hitler damals vollkommen zurückhielt – vgl. Anm. 20. –, lobte der sowjetische Emissär Karl Radek in einer damals vielgelesenen Broschüre »Hakenkreuz oder Sowjetstern« die Nationalsozialisten.

20. Schon in den zwanziger Jahren tauchten diese Gerüchte auf. Heiden (Hitler I, S. 253 ff.) schreibt: *»Im Jahre 1921 herrschte in der Partei ein merkwürdiger franzosenfreundlicher ... Ton ...«* Bemerkenswert ist, daß sich Hitler am Ruhrkampf nicht beteiligte. Während sich alle Parteien von den Deutschnationalen bis zu den Kommunisten hinter den von der Regierung proklamierten »passiven Widerstand« stellten, veranstaltete Hitler am Tage des Einmarschs der Franzosen ins Ruhrgebiet (11. Januar 1923) eine Großkundgebung, in der er kein einziges Wort gegen Poincaré fallen ließ, sodann erklärte, die »Novemberverbrecher« seien schuld und »das Gerede von nationaler Einheitsfront« sei Schwindel. Später allerdings machte Hitler aus dem von den Franzosen wegen Sabotage hingerichteten Schlageter einen Nationalsozialisten. Reichskanzler a. D. Dr. Brüning erklärt (S. 22): *»Einer der Hauptfaktoren bei Hitlers Aufstieg, den ich nur im Vorübergehen erwähnt habe, war die Tatsache, daß er große Geldsummen von fremden Ländern 1923 und später empfing und gut für die Sabotage des passiven Widerstandes im Ruhrgebiet bezahlt wurde.«* 1952 versicherte der ehemalige preußische Finanzminister Klepper HW, ihm sei im Quai d'Orsay — dem französischen Außenministerium in Paris – eine Quittung Hitlers für Geldbeträge gezeigt worden, die er von französischen Agenten erhalten habe.

21. Im ersten Wahlgang am 29. März 1925 wurden für die Kandidaten Jarres: 10,7, Braun: 7,8, Marx: 3,9, Thälmann: 1,8, Hellpach 1,5, Held 0,99, und Ludendorff: 0,21 Millionen Stimmen abgegeben.

22. Marx erhielt 13,7, Hindenburg 14,6 Millionen Stimmen. Die eine Million Wähler der bayerischen Volkspartei gab für den Preußen und Protestanten Hindenburg gegen den Führer der Zentrumspartei Marx den Ausschlag. Der Grund für die bayerische Wahlparole zugunsten des Generalfeldmarschalls war das enge Zusammengehen der Zentrumspartei mit der Sozialdemokratie in Preußen. Die preußische Zentrumsfraktion hatte zugesagt, für Otto Braun als preußischen Ministerpräsidenten zu stimmen, wenn die Sozialdemokratie ihre Anhänger bei der Präsidentenwahl Marx zuführe (Schwend, S. 308). Ob diese Zusammenhänge zur Erklärung ausreichen, steht freilich dahin.

23. Choltitz, S. 11: *»Seine (Hindenburgs) Person trat gleichsam an die Stelle des Monarchen.«* Nach der Wahl Hindenburgs zum Reichspräsidenten beschrieb eine Berliner Zeitung, in Abwandlung eines Wortes von Clausewitz, die Republik als »Fortsetzung des Kaiserreiches mit anderen Mitteln«.

24. Über die Vereidigung Hindenburgs s. Dr. Otto Meissner (S. 148).

3. Ausbruch der Wirtschaftskrise

1. Es wäre abwegig, eine Parallele gegenüber 1945 zu ziehen. Im Gegensatz zu 1939 herrschte im August 1914 eine echte Kriegsbegeisterung, weil sich das deutsche Volk als überfallen betrachtete.

2. Der Versailler Vertrag und vor allem die Schuldklausel wurden außerhalb Deutschlands zwischen den beiden Weltkriegen scharf verurteilt. So von den bekannten englischen Wirtschaftssachverständigen Sir Ernest Cassel (1852–1921) und John M. Keynes (1883–1946). Auch nach 1945 betonten verschiedene Staatsmänner, darunter der USA-Außenminister John Foster Dulles, daß der Versailler Vertrag falsch und verhängnisvoll gewesen sei. Der langjährige französische Botschafter in Berlin und nachmalige Hochkommissar und Botschafter in Bonn, Francois-Poncet, dagegen (Versailles, S. 51) hält *»den Vertrag von Versailles für ein Denkmal, das von großer geistiger Kraft Zeugnis ablegt«*.

3. Kassation bedeutet im französischen Prozeßrecht die Aufhebung eines Urteils durch den Kassationshof in letzter Instanz.

4. Die Veröffentlichung der Vorkriegsakten durch die Sowjetregierung erregte ungeheures Aufsehen. Aus den »Tagesaufzeichnungen des russischen Außenministers« ging die unheilvolle Wirksamkeit des französischen Botschafters am Zarenhof, Théophile Delcassé, hervor. Bei Kriegsausbruch hatte er triumphierend gerufen: »Das ist *mein* Krieg!«. Aus dem Schriftverkehr des russischen Botschafters in Paris, Aleksandr Iswolskij, mit dem russischen Außenministerium ließ sich nachweisen, daß auch französische Politiker und bestimmte von Iswolskij bestochene Zeitungen den Krieg herbeiführen halfen.

5. Reichspräsident Ebert beispielsweise war ein Gegner des Vertrages.

6. Verschiedene große Rüstungsfirmen, so die Junkers-Flugzeugwerke in Dessau, verlegten nach 1918 ihre Werke nach der UdSSR, um sie nicht an die Alliierten ausliefern zu müssen. Auch die Reichswehr nahm mit der Sowjetregierung, lange vor Rapallo, Verbindung auf, half ihr beim Aufbau der Roten Armee und erhielt dafür das Recht, mit Waffen, die Deutschland nach dem Versailler Vertrag verboten waren, zu üben und sie weiter zu entwickeln. Hohe Reichswehroffiziere weilten in den Jahren nach 1920 zu Übungs- und Schulungszwecken in Sowjetrußland. Scheidemann enthüllte diese Zusammenarbeit 1926 in einer Reichstagsrede, die zum Sturz der Regierung Marx führte. Erst 1934 hörte die Zusammenarbeit auf. Der Kontakt zwischen der Reichswehr und der UdSSR wirkte sich aber 1933 während und kurz nach der Regierungsbildung stark aus.

7. Die Angaben über Preise und Verträge sind den Büchern von Knickerbokker entnommen.

8. Eine Folge der Mißernte, aber auch Mißwirtschaft. Um die Zahlungsverpflichtungen aus den Einkäufen für den Fünfjahresplan leisten zu können, mußten Agrarprodukte um jeden Preis ausgeführt werden.

9. In einigen Staaten, so in Finnland und den USA, weigerten sich die gewerkschaftlich organisierten Arbeiter, russische Rohstoffe aus den Schiffen zu löschen, da es Produkte von »Sklavenarbeitern« seien.

10. Dem Baugewerbe kam damals allerdings nicht die Bedeutung zu wie nach 1945.

11. Meißner, S. 188.

12. Berndorff, S. 152, Stampfer, S. 159.

13. In den ersten Jahren der Weimarer Republik wurden nur sehr wenig Notverordnungen aufgrund des Artikels 48 der Verfassung erlassen, die wichtigsten im Dezember 1923, um die neue Währung zu sichern.

14. Von der Praxis, Wahlversammlungen mit Diskussionen durchzuführen, war man schon lange abgekommen. Es bürgerte sich die »Kundgebung« ein, in der nur »programmatische Erklärungen« abgegeben wurden. Um diese Kundgebungen interessanter zu gestalten, »umrahmte« man sie mit musikalischen und theatralischen Darbietungen. Fast alle großen Parteien unterhielten eigene Propagandatruppen. Um Sprengungen durch gegnerische »Stoßtrupps« zu verhindern, wurden die Kundgebungen von den halbmilitärischen Organisationen wie SA, SS, RFB, Reichsbanner etc. geschützt.

15. Der Großindustrielle Arnold Rechberg behauptete, Hitler habe für den Wahlkampf 1930 von Stalin über die Reichswehr vierzig Millionen Mark erhalten. Für diese Behauptung erbrachte er keinerlei Beweise. Merkwürdigerweise dementierte Schleicher diese in der Berliner Zeitung »Das kleine Journal« vom 10. April 1931 erhobene Beschuldigung nicht, noch klagte er. Rechberg, eifriger Befürworter eines deutsch-französischen Ausgleichs, verfaßte kurz vor seinem Tode (1947) ein Memorandum, in dem er seine Behauptung wiederholte. Vgl. Graf Schwerin von Krosigk, S. 116: *»Schleicher ... gewann aus der ersten Begegnung mit Hitler den Eindruck, den er in die bei ihm übliche, burschikose Form kleidete: ›Der nicht‹. Dabei blieb Schleicher auch, als er 1930 in seinem politischen Spiel die nationalsozialistische Partei finanziell unterstützte, um sie ›einfangen‹ zu können. Es könnte in Schleichers Bild passen, daß er das Geld zur Unterstützung Hitlers von den Sowjets erhielt.«* Es gibt aber auch ein Indiz, daß die Rechbergsche Behauptung zutreffend sein könnte. Es gehörte zur Taktik der KPD und der Komintern, durch eine apokryphe Schrift dem Gegner das anzulasten, was man selbst getan hat. 1933 erschien in den Niederlanden in einem seriösen Verlag das Buch »De Geldbronnen van het Nationalsozialime« (Die Geldquellen des Nationalsozialismus). Angeblich wurde es von J. G. Schoup aus dem Englischen ins Holländische übersetzt, der Autor sollte ein gewisser Sidney Warburg sein, Sohn des Bankiers Warburg in New York. In dem Buch wur-

de behauptet, Hitler habe von jüdischen Bankiers vierzig Millionen Mark bekommen. Unmittelbar nach seinem Erscheinen zog es der Verlag zurück, als er merkte, daß er einem Betrüger aufgesessen war. Einen Sidney Warburg gab es überhaupt nicht, Schoup, der Übersetzer, war Kommunist und wegen Betruges vorbestraft. Von jüdischer Seite hat Hitler nie Geld erhalten. Eine ausführliche Widerlegung des Warburg-Buches veröffentlichten die Vierteljahreshefte, 1954/IV. Auch Papen bringt, S. 257 ff., eine gutfundierte Darstellung der Fälschung.

16. Oberster SA-Führer.

17. Die braunen Uniformen entstanden durch Zufall. Vgl. Rossbach, S. 89. Die Spekulationen bezüglich der Wahl der Farbe sind abwegig.

18. Von Max Amann mitgeteilt.

19. Die Zitate wurden dem Buche von Hans Frank entnommen, fußen aber auch auf Angaben Meißners, einigen Zeitungsmeldungen und auf dem Buch von Stampfer.

20. Ob Hitlers Angabe in diesem Punkte den Tatsachen entspricht, ist nicht bewiesen. Immerhin waren 1923 Kräfte um den Generalstaatskommissar von Kahr am Werk, Bayern vom Reich zu trennen. (Schwend, S. 215 ff., 234 ff.).

21. Frank, S. 86. – Niemand nahm in diesen Jahren die Redensart vom »Köpfe rollen« ganz ernst. Wohl erwartete man, daß es bei einer Machtübernahme durch die SA zu Exzessen kommen würde, aber das, was dann wirklich geschah, hielt man für unmöglich.

22. Frank, S. 86.

23. Unter dem Tag X oder der »Nacht der langen Messer« verstand man in der SA die Abrechnung mit der »Reaktion« und dem »Spießertum«, die ihr Goebbels wie auch andere Führer versprochen hatten. Hindenburg stieß sich an diesem Begriff; er verstärkte seine Bedenken gegen eine Reichskanzlerschaft Hitlers erheblich.

24. Zwischen der SA und Rotfrontanhängern kam es oft zu einem Frontwechsel. Einige SA-Stürme setzten sich fast restlos aus ehemaligen Kommunisten zusammen, beispielsweise der Sturm Horst Wessel. Im Herbst 1932 gelang es dagegen einem Kommunisten, einige Stürme des Berliner Weddings dazu zu gewinnen, eine »Rote SA« zu bilden. Bevor es zum Bruch mit Hitler kam, wurde dieser bekannte, heute im Westen lebende Kommunist nach Moskau befohlen. Im Januar 1933 hatten natürlich auch die SA-Leute kein Verlangen mehr, an ihren roten »Flirt« erinnert zu werden. Nach dem Reichstagsbrand traten ungezählte Rotfront-Abteilungen geschlossen zur SA über.

25. Die Wilhelmstraße war die Berliner Regierungsstraße; der Reichspräsident, der Reichskanzler und vor allem das Außenministerium hatten dort ihre Amtsräume Die bei Kriegsende stark beschädigten, aber in der Bausubstanz größtenteils noch erhaltenen Gebäude (einige waren über 200 Jahre alt) wurden erst 1963 auf Anweisung der DDR-Behörden »abgeräumt«. An ihrer Stelle dehnt sich in der einstigen Wilhelmstraße – heute Otto-Grote-

wohl-Straße – eine trostlose Steppenlandschaft aus, deren Betreten verboten ist.
26. Stampfer S. 534.
27. Adolphe Légalité, Adolf Legalität, in sinngemäßer Umwandlung des Namens Philippe Egalité = Phillip Gleichheit, den sich in der Französischen Revolution der Herzog von Orleans zugelegt hatte. Er wurde trotzdem geköpft.

4. Die Harzburger Front

1. Am Freitag, dem 24. Oktober 1929, war es in den USA zu besonders großen Kurseinbrüchen gekommen. Daraus entstand das Schlagwort vom »Schwarzen Freitag«. Tatsächlich entwickelte sich die Krise seit Herbst 1928 in Etappen.

2. Die »Österreichische Creditanstalt«, 1855 gegründet, überstand den Zusammenbruch der Monarchie, aber nicht die Wirtschaftskrise. Da sie mit rund 60% der österreichischen Industrie verflochten war, hatten die Schwierigkeiten der Creditanstalt für ganz Österreich verheerende Folgen.

3. Meißner, S. 199.

4. Hitler berührte mit der einen Hand die sog. »Blutfahne«, die 1923 beim Münchner Putsch getragen und mit Blut getränkt worden war, mit der anderen die zu weihende Fahne oder Standarte.

5. Für diese Feiern stellte sich beispielsweise auch der große, damals allgemein bekannte Heinrich George zur Verfügung.

6. In der KPD war es üblich, einander mit »Du« anzureden. In der UdSSR dagegen sagte man »Sie«.

7. Die deutsche Ausfuhr sank von 14,0 Milliarden in 1928 auf 4,2 in 1933, die Einfuhr von 12,3 auf 4,9 Milliarden. Die Handelsbilanz war also negativ geworden; dazu kamen die politischen Zahlungsverpflichtungen.

8. Bullock, S. 194/5.

9. Kubizek (eine der wichtigsten und aufschlußreichsten Publikationen über Hitlers Jugendzeit), S. III. Grundlegend Maser.

10. Hitler, S. 206: »*Öfter als einmal quälte mich der Gedanke, daß, wenn mich die Vorsehung an die Stelle dieser unfähigen oder verbrecherischen Nichtskönner oder Nichtwoller unseres Propagandadienstes gestellt hätte, dem Schicksal der Kampf anders angesagt worden wäre.*« Diese »verbrecherischen Nichtskönner« waren Offiziere gewesen.

11. Hindenburg erzählte Hans Otto Meißner einmal, wie er als kleiner Bub im Stadtgarten zu Glogau den Geschichten eines alten Invaliden gelauscht habe, der noch unter Friedrich dem Großen gedient hatte. Als dem Reichspräsidenten bei einem Empfang in seinem Palais ein Fahnenjunker vorgestellt wurde, fragte er ihn: »Hoschwitz heißen Sie? Dann sind Sie wohl der Sohn jenes Hoschwitz, der mit mir in der Kadettenanstalt war?« – »Nein, Herr Reichspräsident«, antwortete der Fahnenjunker, »das war nicht mein Vater, es war ...« – »Natürlich«, erwiderte Hindenburg, »es muß Ihr Großvater gewesen sein.« — »Auch nicht, Herr Reichspräsident! Es war mein Urgroßvater.« Hindenburg lächelte. »Ja, aus Jungens werden eben Männer.«

12. Hitler, der von dieser Bezeichnung erfuhr, wunderte es, ein »Böhme« ge-

nannt zu werden. Er war in Braunau am Inn, unmittelbar an der bayerischen Grenze geboren. Hindenburg glaubte aber zunächst, Hitlers Geburtsort sei das Braunau in Nordböhmen, wo er während des Preußisch-Österreichischen Krieges im Quartier gelegen hatte.

13. Weizsäcker, S. 103.

14. Wahlergebnisse im Wahlkreis Stadt Berlin:

September 1930:	SPD	KPD	NSDAP	DNVP
Stimmen	346 000	409 000	158 000	145 000
in Prozenten	28,0	33,0	12,8	11,7
Abgeordnete	6	7	2	2
Juli 1932:				
Stimmen	319 000	383 000	282 000	76 000
in Prozenten	27,9	33,4	24,6	6,7
Abgeordnete	5	6	4	1

15. Gleichzeitig mit der Reichstagswahl September 1930 fand auch die Landtagswahl in Braunschweig statt. Auch sie brachte eine erhebliche Steigerung der nationalsozialistischen Stimmen, so daß in das neue, unter deutschnationaler Führung stehende Kabinett auch der NS-Minister Dr. Franzen eintrat. Er wurde später durch Klagges ersetzt.

16. Benito Mussolinis Schwarzhemden versammelten sich im Oktober 1922 in Neapel zu einem Kongreß und traten von dort aus den »Marsch auf Rom« an. Marschall Badoglio (der 1943 nach Mussolinis Sturz die Macht übernahm und Italien aus dem Kriege herausführte) wollte mit der königstreuen Armee gegen die Schwarzhemden vorgehen, doch der König genehmigte den Rücktritt des Ministerpräsidenten Facta und beauftragte den in Mailand weilenden Mussolini mit der Regierungsbildung.

17. Brüning, Brief, S. 6.

18. Duesterberg, S. 14.

19. Kriegskommunismus, ein Begriff aus der sowjetischen Terminologie für die Zeit nach 1918. Er wurde 1921 durch die NEP, die Neue Ökonomische Politik abgelöst, die gewisse wirtschaftliche Freiheiten vorsah. Ende der zwanziger Jahre verfiel man wieder in das andere Extrem. Die Folge waren neue Hungersnöte.

5. Brünings Sturz

1. Der Kaiserhof, ein Hotel zwischen dem Zieten- und Wilhelmsplatz, war Hitlers Berliner Hauptquartier bis Januar 1933. Im Krieg zerstört.
2. Meißner, S. 216 und nach Berichten an seinen Sohn.
3. Schimpfwort der Nationalsozialisten.
4. Zitiert nach Stampfer, S. 562.
5. Zitiert nach Stampfer, S. 566, und Groener-Geyer, S. 292.
6. Der Sportpalast in Berlin war schlechtweg *die* politische Tribüne der Reichshauptstadt.
7. Byrnes, S. 48 ff.
8. Wenn das ehemalige Rußland nicht sowjetisch geworden wäre, hätte man ihm höchstwahrscheinlich diese Gebiete nicht abgenommen. Durch sie wurde Polen zum Vielnationalitätenstaat.
9. Görlitz, Generalstab, S. 377.
10. Brüning, Brief, S. 5.
11. Stampfer, S. 546.
12. Es wurden 1928: 10 600, 1931: 19 300, 1932: 14 100 Konkurse eröffnet.
13. Stampfer, S. 609.
14. Groener-Geyer, S. 289.
15. Hans Otto Meißner von seinem Vater mitgeteilt; ferner Groener-Geyer, S. 294.
16. Vierteljahreshefte für Zeitgeschichte 3/1953, S. 271 (Carlowitz).
17. Groener-Geyer, S. 296/7. Es ist natürlich möglich, daß Schleicher das Verbot verteidigte, nachdem die Entscheidung gefallen war, obwohl er innerlich dagegen war.
18. Bis zur Stunde ist nicht bekannt geworden, wer die NSDAP informierte. Die Behauptung, es sei General von Schleicher gewesen, ist durch nichts bewiesen. Tatsächlich wurde die NSDAP bereits informiert, als General von Schleicher noch für das Verbot eintrat.
19. Groener-Geyer, S. 297.
20. Die Schließung der SA-Heime wurde tatsächlich zur Propagandaaktion für die SA.
21. Groener-Geyer, S. 300.
22. In Groener-Geyer, S. 303, ist das Protokoll dieser Sitzung wiedergegeben. Hieraus geht klar hervor, daß Schleicher zu diesem Zeitpunkt nicht gegen das Verbot war, sondern nur nach einem Weg suchte, Hitler den schwarzen Peter zuzuschieben, um den Reichspräsidenten nicht zu belasten.
23. Brüning, Brief, S. 4.
24. Goebbels' Tagebuch jener entscheidenden Monate enthält viel Klatsch.

Zweifelsohne wurde es nachträglich weitgehend redigiert; es kommt ihm also nur geringe Beweiskraft zu. So sind insbesondere Goebbels' Bemerkungen über Schleicher zu bezweifeln. Das Buch erschien Anfang 1934, also zu einem Zeitpunkt, als Goebbels daran gelegen war, General von Schleicher vor seinen Freunden als Verräter zu diffamieren.

25. Bullock, S. 200.

26. Görlitz/Quint, S. 340.

27. Wer Hindenburg den Vorschlag machte, ließ sich nicht feststellen.

28. Meißner verneint ganz entschieden, gegen Groener und Brüning intrigiert zu haben. Er erklärte seinem Sohn mehrere Male, er habe den Präsidenten in jenen Tagen nachdrücklich im Rahmen seiner beratenden Funktion gewarnt.

29. Oberstleutnant Ott bestätigte Harry Wilde, daß dieses Material aus seiner Abteilung stammte. General von Noeldichen behauptete in den Vierteljahresheften, 3 (1952), S. 274, General von Bredow habe es zusammengestellt.

30. Meißner (S. 219) bestätigte seinem Sohne gegenüber diese Darstellung und unterstrich die relative Harmlosigkeit des Materials gegen das Reichsbanner. Vgl. auch Groener-Geyer, S. 308.

31. Es konnte nicht geklärt werden, ob Schleicher dem Präsidenten das Material anbot oder ob er aufgefordert wurde, welches zu beschaffen. Hans Otto Meißner und Harry Wilde neigen der letzteren Auffassung zu. Leider wurde Meißner vor seinem Tode nicht mehr nach diesem Detail befragt. Interessant sind in diesem Zusammenhang die in den Vierteljahresheften (1953), S. 267–81, veröffentlichten Dokumente von Generalmajor H. v. Holtzendorff, einem engen Mitarbeiter Schleichers (S. 270).

32. Holtzendorff a. a. O., S. 272. Groener-Geyer, S. 309.

33. Vierteljahreshefte 1953, S. 273.

34. Groener-Geyer, S. 309.

35. Vierteljahreshefte 1953, S. 270. Das Kuratorium wurde erst am 23. September 1932 gegründet und dann nicht dem Reichswehrministerium, sondern dem Reichsarbeitsministerium unterstellt.

36. Vierteljahreshefte 3 (1953), S. 271.

37. Nach Heiden Hitler I, S. 290, und Berichten Meißners an seinen Sohn. Die sonstige Darstellung Heidens über den Rücktritt Groeners ist unzutreffend.

38. Vierteljahreshefte 3 (1953), S. 271.

39. Die im Versailler Vertrag vorgenommene deutsche Abrüstung sollte »der Beginn einer allgemeinen Abrüstung« sein. Die Februar 1932 nach Genf einberufene Abrüstungskonferenz verlief ergebnislos.

40. Nach Groener-Geyer, S. 320. Francois-Poncet bestreitet zwar diesen Vorgang, gibt ihn aber in seinem Buch (Botschafter, S. 42) indirekt zu.

41. Groener-Geyer bestreitet, daß ihr Vater schlecht gesprochen habe, und zitiert den General selbst. Vgl. Stampfer, S. 571.

42. Als es am 9. November 1918 um die Frage ging, ob der Kaiser mit den

Truppen in die Heimat zurückmarschieren könne oder ins Ausland gehen solle, kam es zu einem Disput über den Fahneneid.

43. Wörtlich einem Bericht Westarps vom 1. Juni 1932 entnommen, veröffentlicht in den Vierteljahresheften 1953, S. 282.

44. Groener-Geyer, S. 316.

45. Ebenda und Vierteljahreshefte, 1953, S. 282.

46. Von diesem Ausspruch gibt es verschiedene Versionen. Er wurde oft zitiert. Der Verfasser hielt sich an die Schilderung seines Vaters, die im übrigen Dr. Otto Meissner auch gleichlautend Harry Schulze-Wilde gegeben hatte.

47. Wer diesen angeblichen Referentenentwurf herstellte, konnte bis heute nicht geklärt werden. Es besteht der Verdacht, daß es sich um eine bewußte Provokation handelt, zumal der Text sofort Gayl und mindestens noch einer anderen Person zugänglich gemacht wurde, die in der Zeit vom 14. bis 24. Mai bei Hindenburg vorgesprochen haben muß. Der Text ist im Nachlaß des Freiherrn von Gayl erhalten geblieben. Er ist wiedergegeben in den Vierteljahresheften 1953, S. 276.

48. Geheimrat Reichard, Fachmann für Ostfragen und Vertreter des Reichskommissars für die Osthilfe, hält die Unterstellung Gayls für »geradezu widersinnig«. Ernährungsminister a. D. Freiherr von Braun ist in den Vierteljahresheften 1953, S. 281, anderer Ansicht.

49. Vierteljahreshefte 1953, S. 276.

50. Meißner, S. 223. Papen wandte sich in seinem 1952 erschienenen Buch unter Berufung auf den Nachlaß des Freiherrn von Gayl dagegen (S. 177). Jedoch sind seitdem weitere Materialien aus dem Nachlaß veröffentlicht worden. Darunter ein Brief Oldenburg-Januschaus an Gayl vom 21. Mai 1932 (Vierteljahreshefte 1953, S. 277). Darin bezeichnet O. das Kabinett Brüning als »erledigt« – also zehn Tage vor der Entlassung! Im Nachlaß fand sich ebendort weiter ein Brief Meißners vom 24. Mai an Gayl, wo er davon spricht, daß derartige Besorgnisse dem Reichspräsidenten auch schon von anderer Seite vorgetragen wurden. Die Darstellung Meißners in seinem Buch über den »wohlorganisierten Vorstoß« der Agrarier gegen Brüning ist also historisch belegt. – Übrigens hat Meißner seinem Sohn vor seinem Tode ausdrücklich die Richtigkeit seiner Darstellung bestätigt.

51. Meißner, S. 226.

52. Vierteljahreshefte 1953, S. 277, Brief Oldenburg-Januschaus an Gayl.

53. Vierteljahreshefte 1953, S. 263.

54. Meißner, S. 224.

55. Schwerin von Krosigk, S. 116.

56. Bullock, S. 205; Goebbels, S. 93 ff.; Groener-Geyer, S. 314.

57. Brüning, Brief, S. 9.

58. Meißner, S. 227.

59. Der Verfasser folgt hier den Darstellungen Groener-Geyers und glaubt, wie auch Deist in den Vierteljahresheften für Zeitgeschichte 3 (1957) ausführt, daß die Aktion dazu dienen sollte, Brüning zu stützen. Im Gegensatz

zu den Franzosen erkannten die Amerikaner klar, welche Gefahr eine Reichskanzlerschaft Hitlers bedeuten würde.

60. Groener-Geyer, S. 321.

61. Dr. Brüning schreibt in seinem Brief, S. 10: »*So brachte Herriots Annahme der Formel für die deutsche Abrüstung die letzte noch ausstehende größere Frage der auswärtigen Beziehungen in Ordnung.*« Dr. Deist – Vierteljahreshefte 3 (1957) – stellt fest, Herriot sei erst am 7. Juni 1932 Ministerpräsident geworden. Sein Vorgänger Tardieu war bereits am 10. Mai zurückgetreten, die Regierungskrise dauerte demnach sehr lange. Augenscheinlich hat Herriot schon vor seiner Ernennung zum Ministerpräsidenten eine prinzipielle Zustimmung zu einer Erweiterung der Reichswehr über die engen Versailler Grenzen hinaus in Aussicht gestellt. Nach Brünings Sturz dauerte es bis zum 11. Dezember 1932, bis Frankreich einer deutschen militärischen Gleichberechtigung auch nur prinzipiell zustimmte. Tatsächlich hat es, im Gegensatz zu England, auch eine nur teilweise faktische Aufrüstung des Reiches niemals bewilligt. Trotzdem bleibt Brünings Anschauung richtig, daß – wäre nicht gegen ihn intrigiert und sein Sturz von langer Hand vorbereitet worden – eine Regierung Herriot gerade ihm echte Konzessionen gewährt hätte, die Frankreich Papen und Schleicher nicht einräumte.

62. Brüning, S. 10: »*Diejenigen, die Hindenburgs letzte Entscheidung beeinflußten, wußten so gut wie ich, daß ich, wenn diese Annahme rechtzeitig käme, seine Haltung wieder ändern könnte ... In Kenntnis hiervon gelang es Personen in der Umgebung des Reichspräsidenten, obgleich sie nicht eine offizielle Stellung hatten, meinen Empfang bis wenige Minuten vor der Mittagsstunde zurückzustellen, zu der der Präsident wie üblich das Aufziehen der Marinewache am 31. Mai, dem Skagerrak-Tag, abnahm.*« Brüning irrt sich allerdings im Datum. Die letzte Unterredung fand am 30. und nicht am 31. statt. Meißner übernahm in seinem Buch diesen Irrtum, wie auch verschiedene andere Autoren. Den sachlichen Gehalt von Brünings Darstellung zu bestreiten, liegt kein Anlaß vor.

63. Brüning, Brief, S. 10, und Papen, S. 188.

64. Goebbels, Kaiserhof, S. 104.

65. Über ein Nachlassen der geistigen Fähigkeiten Hindenburgs sind vielerlei Meinungen geäußert worden. Meißner klärt (S. 213) die auch von Brüning (Brief, S. 7) geäußerte Ansicht von einem »geistigen Zusammenbruch« im Herbst 1931 dahin auf, daß es sich damals um eine Grippeerkrankung handelte, die den Alten Herrn jedoch nicht abhielt, Besucher zu empfangen und Amtsgeschäfte zu erledigen. Trotzdem bleibt es natürlich richtig, daß 1932—1934 öfter — aber stets nur für einige Tage — Ermüdungserscheinungen auftraten, wie sie bei so hohem Alter wohl selbstverständlich sind.

66. Brüning, Brief, S. 11.

6. Schleicher und sein Kabinett von Papen

1. Papen, S. 182, 183.
2. Vierteljahreshefte 3 (1953), S. 261 ff.
3. Nach der Geschäftsordnung des preußischen Landtags genügte bisher die relative Mehrheit zur Wahl eines Ministerpräsidenten. Da vor der Landtagsneuwahl am 24. April 1932 damit zu rechnen war, daß die NSDAP die stärkste Partei im Landtag werden würde, änderte die seit 1919 in Preußen fast ununterbrochen regierende Weimarer Koalition aus SPD, ZP und DDP die Geschäftsordnung, um der Wahl eines Nationalsozialisten zum Ministerpräsidenten durch einfache Mehrheit vorzubeugen und die Regierung Braun-Severing auch ohne eigentliche parlamentarische Mehrheit als geschäftsführende im Amte zu lassen.
4. Bracher gibt auf S. 528 ein Gespräch Schleichers wieder.
5. Bei der Beratung des Berichtes des Untersuchungsausschusses des bayerischen Landtages über den Hitlerputsch (1923) im Jahre 1928 teilte der SPD-Abgeordnete Dr. Hoegner die Äußerung des deutsch-nationalen Justizministers Gürtner mit: »Die NSDAP ist Fleisch von unserem Fleisch«. (Europ. Geschichtskalender, S. 102.)
6. Nach Berndorff, S. 182 ff. Von Hans Zehrer HW gegenüber im wesentlichen bestätigt.
7. Berndorff und Mitteilung Zehrers an HW.
8. Fast alle Berliner Zeitungen – mit Ausnahme der deutschnationalen – nahmen gegen Papen Stellung. Die nationalsozialistischen Organe schrieben mit außerordentlicher Reserve.
9. Nach Berndorff, S. 183.
10. Nach Berndorff (S. 183).
11. Der Verfasser folgt hier weitgehend den Erzählungen Schleichers gegenüber Dr. Otto Meissner. Der Vater hat sie später an seinen Sohn weitergegeben.
12. Obermann, S. 76.
13. Berndorff, S. 13.
14. Im alten kaiserlichen Heer galt eine kaufmännische und industrielle Betätigung als nicht »standesgemäß«. Als Bertha Krupp, die Tochter Alfreds, des letzten männlichen Inhabers der Firma, sich mit dem Legationsrat und Reserveoffizier Gustav von Bohlen und Halbach vermählte – die Familie Krupp trug danach den Namen Krupp von Bohlen und Halbach —, brachte der *Simplizissimus* eine Karikatur mit der Unterschrift: ›Muß er nun diesen janzen Klempnerladen mit übernehmen?‹ Der »Klempnerladen«, die Kruppwerke, beschäftigte damals 43 000 Menschen.

15. Wheeler-Bennett in seiner Hindenburg-Biographie The »Wooden Titan«, zitiert nach Geyer-Groener, S. 70.

16. Die berühmte Denkschrift Groeners stammte nicht von Schleicher, wie verschiedene Schriftsteller annehmen, darunter Berndorff. Der Reichskanzler Michaelis las sie wahrscheinlich gar nicht. Erst nach dem Ersten Weltkrieg tauchte sie wieder auf. Vgl. Groener-Geyer, S. 369.

17. Die deutsche Waffenstillstandskommission überschritt am 8. November 1918 die feindlichen Linien und wurde in einen Salonwagen im Walde von Compiègne geleitet. Die von General Foch übergebenen Bedingungen kamen einer bedingungslosen Kapitulation nahe.

18. Mitgeteilt von Meißner an seinen Sohn.

19. Punkt 3 des Erfurter Programms von 1891.

20. Die Revolutionäre begnügten sich im November 1918 damit, den Offizieren die Achselstücke, den Soldaten die Kokarden abzureißen. Die Gewehre trug man nach unten gehängt. Soweit bekannt, wurde nur ein Offizier auf dem Linienschiff ›König‹ von seinen Untergebenen getötet, weil er die kaiserliche Kriegsflagge verteidigen wollte. In der UdSSR wurden Zehntausende Offiziere erschlagen oder standrechtlich erschossen. Man sagte dazu: »Versetzt in den Stab des Generals Duchonin.« General Duchonin war ermordet worden.

21. Es kam tatsächlich unmittelbar nach dieser Besprechung zum Aufstand.

22. Bracher, S. 235.

23. Görlitz, Generalstab, S. 357, 358.

24. Ebenda, S. 369.

25. Schlagworte aus der damaligen Zeit.

26. Meißner, S. 164, 165.

27. Meißner, S. 188.

28. Meißner, S. 167 ff.

29. Zu denselben Feststellungen kommen die Vierteljahreshefte 3 (1953). Der Verfasser stützt sich in seiner Schilderung weitgehend auf mündliche Berichte seines Vaters (S. 226), obgleich dieser auf Grund von Berichten Schleichers Rolle für bedeutender hielt, als ihr die heutige Kenntnis der Vorgänge zugestehen kann.

30. Daß Schleicher gegen seinen väterlichen Freund Stellung nahm, führte nicht zu einer Feindschaft, sondern nur zu einer nicht lange dauernden Entfremdung. Bereits im Herbst 1932 söhnten sich Schleicher und Groener wieder aus. Nach der Regierungsübernahme durch Hitler suchten Groener, Schleicher und Brüning gemeinsam nach Möglichkeiten, um ihn wieder zu stürzen. Der zeitweilige Gegensatz Brüning-Groener zu Schleicher ist von fast allen Kommentatoren jener Zeit grotesk übertrieben worden und fand so Eingang in die Geschichtsbücher der Nachkriegszeit.

31. Schleicher strebte eine konstitutionelle Monarchie an, was Groener-Geyer bestätigt, S. 327.

32. Ob der Umfall Schleichers in der Nacht vom 8. zum 9. April 1932 auf Hindenburgs Haltung zurückzuführen war, bleibt fraglich.

33. Ilsemann, »Der Kaiser in Holland«.
34. Meißner zu seinem Sohn.
35. Zitiert nach Generalmajor a. D. H. v. Holtzendorff, Vierteljahreshefte 1953, S. 267.
36. Es ist nicht sicher, wer zuerst das Gerücht ausstreute, Schleicher sei ein Intrigant. Wenn es nicht die Kommunisten waren, so schürten sie doch diesen Vorwurf. Zwei mit der KPD sympathisierende Schriftsteller, Kurt Caro und Walter Oehme, schrieben ein Buch gegen den General, das Ende 1932 erschien und Material enthielt, das weitgehend aus kommunistischen Quellen stammen dürfte. Der Sowjetregierung waren die Generale Groener und Schleicher zu westlich eingestellt. Den Rücktritt des ausgesprochen östlich orientierten Seeckt hatte sie aufrichtig bedauert (Görlitz, S. 376).
37. Bracher, S. 581.
38. Papen, S. 182 ff.
39. Papen hatte verschiedene Rennen als Herrenreiter geritten (Papen, S. 28, 29).
40. Papen erklärt (S. 195), Hitler zum ersten Male in seinem Leben am 9. Juni 1932 gesehen und gesprochen zu haben. Dagegen vermerkte der allerdings nicht durchweg zuverlässige Goebbels, Hitler habe Papen am 31. Mai besucht und dann wieder am 13. Juni 1932. Das zweite Datum wird auch von anderen Autoren bestätigt.
41. Schwerin von Krosigk, S. 143 ff.
42. Meißner, S. 204.
43. Papen, S. 215, und kommunistisches Referentenmaterial aus jener Zeit, das den Autoren vorlag.
44. Papen, S. 214.

7. Der kleine Staatsstreich

1. Heiden, S. 283.
2. Im November 1932 verhängte Reichspräsident Ebert gegen die sozialistisch-kommunistischen Länderregierungen in Sachsen und Thüringen die Reichsexekutive und übertrug die vollziehende Gewalt General von Seeckt.
3. Mitgeteilt von Meißner an seinen Sohn.
4. Bracher, S. 581.
5. Altona gehörte damals noch zum Lande Preußen. Valtin (S. 290 ff.) behauptet, das Westeuropäische Büro der Komintern habe den Überfall auf die SA angeordnet.
6. Papen, S. 216.
7. Abegg erklärte Harry Schulze-Wilde gegenüber, die Bedeutung der Gespräche mit Caspar und Torgler sei ungeheuer übertrieben worden. Sie hätten nie konkrete Ergebnisse gezeitigt, wenn auch der Zweck gewesen sei, die Kommunisten zu bewegen, der Wahl eines sozialdemokratischen Ministerpräsidenten beizustimmen. Er, Abegg, habe das trotz der intransigenten Haltung der KPD gegenüber der SPD für durchaus möglich gehalten. Er hielt es auch noch 1945 für möglich, als HW Abegg befragte.
8. Bracher, S. 581.
9. Bracher, S. 581.
10. Stampfer, S. 577.
11. Ebenda. Die Minister, die »verbleiben« konnten, erklärten sich mit Otto Braun solidarisch.
12. Papen, S. 184.
13. Berndorff, S. 187. HW von Hans Zehrer bestätigt.
14. Bullock, S. 212.
15. Der Unterredung wohnte, soweit bekannt, keine dritte Person bei. Alle Behauptungen, Schleicher habe feste Zusagen gemacht, hält der Verfasser für reine Spekulation, vor allem Wheeler-Bennetts Darstellung, S. 179. Vgl. Goebbels, S. 139.
16. Mitteilung Meißners an seinen Sohn. Die Nationalsozialisten erklärten, man habe Hitler aufgefordert, nach Berlin zu kommen, aber Meißner gab in Nürnberg eidesstattlich zu Protokoll (Nürnberger Dokumente 3309–PS), Hitler habe die Bitte geäußert.
17. Papen, S. 222 ff.; Bullock, S. 217 ff.
18. mitgeteilt von Meißner an seinen Sohn. Allerdings soll dieser Ausspruch erst später gefallen sein. Meißner schreibt in seinem Buch, bei der Unterredung am 13. August 1931 sei Göring der Begleiter Hitlers gewesen. Das übernahm auch Bracher, während Goebbels in seinem Tagebuch vermerkte,

Frick und Röhm hätten Hitler begleitet; s. auch Stampfer, S. 589, und Heiden, S. 299.

19. Mitgeteilt von Meißner an seinen Sohn; Heiden, S. 299.

20. Mitgeteilt von Hans Zehrer.

21. In einer »Niederschrift« des Instituts für Zeitgeschichte in München über ein Gespräch mit Dr. Elbrechter heißt es: *»Die Zusammenkünfte zwischen Schleicher und Strasser fanden im Laufe von zwei bis drei Wochen dreimal statt.«* Leider enthält auch diese Niederschrift nicht das Datum, wann die Besprechungen stattfanden. Hans Zehrer erklärte Harry Wilde gegenüber, sie hätten im Spätsommer stattgefunden. Einen genauen Zeitpunkt konnte auch er nicht mehr angeben.

22. Göring war schwer verschuldet. Vgl. Berndorff, S. 213.

23. Vgl. auch Wheeler-Bennett, S. 267 Fußnote. Eine Kandidatur Papens auf der Reichsliste des Zentrums scheiterte an dem Widerspruch Karl Herolds, des Ehrenvorsitzenden der Partei.

24. Die fünf Verurteilten wurden nach der Machtergreifung freigelassen und als Märtyrer gefeiert.

25. Reichstagsprotokolle vom 12. Dezember 1932, S. 13 ff.

26. Wurde einem Antrag auf Abänderung der Tagesordnung auch nur von einem Abgeordneten widersprochen, so blieb sie unverändert. Daß keiner der deutschnationalen Abgeordneten aufstand und widersprach, ist heute unerfindlich. Fast könnte man meinen, daß auch die deutschnationale Reichstagsfraktion den Sturz Papens wünschte. Dafür liegt sogar ein Indiz vor. Der deutschnationale Abgeordnete Oberfohren erklärte später, er habe den Reichstag bewußt »auffliegen« lassen, um die gefürchtete Koalition zwischen Zentrum und NSDAP zu verhindern (Bracher, S. 628).

27. Papen, S. 235.

28. Mitgeteilt von Meißner an seinen Sohn.

29. Herkömmlicherweise wurde die Order zur Auflösung des Reichstags stets in einer besonderen Mappe aus rotem Leder befördert.

30. Anwesend waren 559 Abgeordnete von insgesamt 608. Davon stimmten von der DNVP 35 und von der DVP 7 für die Regierung. 512 stimmten gegen sie. Drei Christlich-Soziale, ein Deutschnationaler und ein Volksrechtler enthielten sich der Stimme. Die vier Demokraten nahmen an der Abstimmung nicht teil.

31. Die Freien Gewerkschaften hatten ihren Klassenstandpunkt von einst aufgegeben. Ein sozialdemokratischer Wirtschaftstheoretiker erklärte 1932, die SPD wolle »Arzt am Krankenbett des Kapitalismus« sein. Die Gewerkschaftsführer bemühten sich, die Forderungen der Arbeiterschaft den Notwendigkeiten der Wirtschaft anzupassen.

32. Zitiert nach Papen, S. 256. Dazu Stampfer, S. 586.

33. Gemessen an 1929 mit 100 Prozent als Vergleichszahl bewegte sich die Produktion im Jahr 1932 auf der Höhe von

	Weltproduktion	Deutschland	Frankreich	USA
	%	%	%	%
Juli	57,2	52,4	65,9	49,2
August	57,5	51,5	66,9	50,8
September	60,1	55,4	67,3	55,0
Oktober		59,1		
November		62,0		

34. Nach Bracher (S. 633/34) hat der Großindustrielle Silverberg Alvensleben gegenüber erklärt, die Wirtschaft brauche jetzt »Ruhe, Ordnung und eine gleichbleibende politische Linie«.

35. Nach Auskunft eines Mitarbeiters von Reichsschatzmeister Schwarz an Harry Wilde mußte die SA 1934 nach der Ermordung Röhms aus Reichsmitteln mit einhundert Millionen Mark saniert werden. Diese Zahl läßt darauf schließen, daß die Schulden der SA 1932 bereits viele Millionen betrugen.

36. Im ganzen wurden (Bracher, S. 590) 94 leitende Beamte zur Disposition gestellt und 11 weitere zwangsweise beurlaubt.

37. *›Der Angriff‹* vom 5. und 6. Oktober 1932, zitiert nach Wickert, S. 54.

38. Bracher, S. 504.

8. »Ich hatt' einen Kameraden«

1. Im Kaiserreich waren die Minister, auch jene der Länder, nicht den Parlamenten, sondern den Monarchen verantwortlich. Mit dem militärisch-politischen Zusammenbruch im Herbst 1918 wurde die Verantwortlichkeit der Minister vor der Volksvertretung eingeführt (Ende September 1918). Sie wurde in die Weimarer Verfassung übernommen.

2. Pluralwahlrecht, ein Wahlrecht, in dem nicht jeder *eine* Stimme hat wie beim gleichen Wahlrecht, sondern die Bürger wahlrechtlich verschieden gestellt sind. Beispielsweise hatten bis Herbst 1918 in Preußen die größeren Steuerzahler eines Bezirkes mehr Stimmrecht. Das von Papen geplante Wahlrecht sah je eine Zusatzstimme für Familienväter und für Kriegsteilnehmer vor.

3. Nach Marx standen die »Kapitalisten«, also die Ausbeuter, den »Proletariern«, den Arbeitern und Ausgebeuteten, gegenüber. Mit dieser Vorstellung wirtschaftlicher Klassen verband sich die Anschauung vom Obrigkeitsstaat einerseits und dem Untertan andererseits. In einer sozialen Demokratie werden diese Gegensätze überwunden. Aus den staatsbürgerlich und wirtschaftlich Rechtlosen werden gleichberechtigte Mitbürger, denen alle Möglichkeiten offen stehen.

4. Papen, S. 141.

5. Schleicher sprach Leipart, den Führer der Freien Gewerkschaften, zum ersten Male am 30. Juli 1932 (Bracher, S. 598). Daraus entwickelte sich ein gewisses Vertrauensverhältnis.

6. Mit einer Notverordnung vom 18. November 1932 wurden die Rechte, die das Urteil des Staatsgerichtshofes der alten preußischen Regierung belassen hatte, noch mehr eingeschränkt. Restlos beseitigt wurden sie erst am 6. Februar 1933. (Vgl. Anmerk. 17, Kap. 7.)

7. Goebbels, S. 198/99.

8. Bracher, S. 660.

9. Bis 1925 hieß diese Straße Budapester Straße, 1925 wurde sie nach Friedrich Ebert genannt, 1934 nach Hermann Göring nach 1945 für kurze Zeit Thälmannstraße, dann wieder Friedrich-Ebert-Straße.

10. Bismarck lebte 1862 bis 1875 im Nebenhaus, Wilhelmstraße 76, das einmal der Tänzerin Barberina gehörte.

11. Staatssekretär Dr. Meißner wohnte über 20 Jahre in der Wilhelmstraße, von Mai 1939 bis 1945 in einem Seitenflügel des Schlosses Bellevue.

12. Nach dem Russisch-Türkischen Krieg 1877/78 lud Bismarck auf Anregung Wiens die am Schicksal der Türkei interessierten Mächte nach Berlin zu einem Kongreß, der am 13. Juni 1878 begann und am 13. Juli 1878 ende-

te. Bismarck fungierte als »ehrlicher Makler«. Bekannt hierüber ist das Gemälde Anton von Werners im Berliner Rathaus.

13. Die Sowjets haben die Reste des Gebäudes total abgetragen und die Travertinplatten der Fassade zur Verkleidung ihres Siegesdenkmals im Treptower Park benutzt.

14. Manche Vorgänge sind nach 25 Jahren nur noch sehr schwer zu klären. Beispielsweise ließ sich nicht mit absoluter Sicherheit feststellen, wer Hitler am 13. August 1931 bei seinem Besuch im Reichspräsidentenpalais begleitete. Der Verfasser entschied sich für Röhm und Frick als die wahrscheinlichsten Begleiter. Der Verlauf der beiden Kabinettsitzungen vom 17. November und 2. Dezember 1932 blieb ebenfalls lange unsicher. Erst nach einer dem Institut für Zeitgeschichte vorliegenden Abschrift einer amtlichen Niederschrift über die Verhandlungen am 1. und 2. Dezember kann mit ziemlicher Sicherheit angenommen werden, daß Ott seinen Vortrag am 2. Dezember hielt. Vgl. auch Anmerk. 35.

15. Bracher, S. 671.

16. Mitgeteilt von Meißner.

17. Hitler in seinem Schlußwort vor dem Volksgerichtshof in München 1923 laut Prozeßprotokoll: *»Ich halte es eines großen Mannes nicht für würdig, seinen Namen der Geschichte nur dadurch überliefern zu wollen, daß er Minister wird ... Was mir vor Augen stand, das war vom ersten Tage an tausendmal mehr, als Minister zu werden. Ich wollte der Zerbrecher des Marxismus werden. Ich werde diese Aufgabe lösen, und wenn ich sie löse, dann wäre der Titel eines Ministers für mich eine Lächerlichkeit ... Nicht aus Bescheidenheit wollte ich ... ›Trommler‹ sein; das ist das Höchste; das andere ist eine Kleinigkeit.«*

18. Bracher, S. 663.

19. *Deutsche Zeitung* vom 28. Mai 1952: *»Herr Prälat Kaas hat bekanntlich Deutschland im Juli 1932 verlassen und ist erst vor den Septemberwahlen (wohl Septembersitzung des Reichstags gemeint — der Aut.) zurückgekehrt. Er hat es abgelehnt, irgendeine Verantwortung zu übernehmen, ebenso wie sein Parteiführeramt niederzulegen. Ebenso hat er wenige Tage nach dem Ermächtigungsgesetz Deutschland verlassen, sich aber wiederum geweigert, seine Stellung als Parteiführer abzugeben.«* Prälat Dr. Kaas spielte in der Tat eine undurchsichtige und wenig glückliche Rolle, sowohl 1932 als auch zur Zeit des Ermächtigungsgesetzes. Ob Dr. Kaas im Sommer 1932 in Rom weilte, ließ sich nicht sicher feststellen. Der Behauptung, Kaas habe sein Amt nicht niedergelegt, widersprechen andere Angaben (s. Brüning).

20. Bracher, S. 663.

21. Stampfer, S. 596; Papen, S. 242.

22. Bracher, S. 663.

23. Hitler sagte immer »Herr Feldmarschall«, wie er 1923 Kronprinz Rupprecht von Bayern mit »Majestät« anredete und von dessen verstorbenem Va-

ter als »Seiner Majestät Hochseligem Vater« gesprochen hatte (Heiden I, S. 157/58).

24. Mitteilung Meißners, vornehmlich über den zweiten Teil der Audienz. Hindenburg pflegte den über fünfzig Jahre alten Staatssekretär wie auch andere Vertraute gern mit »Kindchen« anzureden, nach einer ostpreußischen Gepflogenheit.

25. Bracher, S. 664.

26. Der Briefwechsel ist wiedergegeben im Europäischen Geschichtskalender.

27. Bracher, S. 667.

28. Brüning, S. 14. Allerdings nennt Brüning nicht den Namen des Besuchers. Hans-Otto Meißner glaubt, daß es sein Vater war. Vgl. Hammerstein, Frankfurter Hefte 2 (1956), S. 118.

29. Mitteilung Meißners an seinen Sohn.

30. Bracher, S. 667.

31. In den Berichten der Zeitgenossen klafft hier ein Widerspruch. Hans Zehrer behauptete Harry Wilde gegenüber, Gregor Strasser sei bereit gewesen, die NSDAP zu verlassen. Otto Strasser widersprach dieser Aussage. Fest steht, daß Schleicher tatsächlich an die Möglichkeit glaubte, die NSDAP zu spalten.

32. In seinem Interview sagt Carlowitz (Institut für Zeitgeschichte): *»Schleicher war zynisch genug, um sich ein neues Bürgerbräuunternehmen zu wünschen ... Dann wäre der Einsatz der absolut verfassungstreuen Reichswehr gegen Hitler und seine Partei auf Befehl des Hüters der Verfassung, Hindenburg, ohne weiteres möglich gewesen, und Schleicher war gewillt, in diesem Falle rücksichtslos vorzugehen.«* Das ist richtig, trifft aber nicht auf diesen Fall zu, denn für die Regierung Papen hätte sich niemand eingesetzt. Das lohnte also die Erschütterung nicht, die ein Einsatz der Reichswehr in jedem Falle mit sich bringen mußte. Übrigens wird nirgends behauptet, Schleicher habe Hitler zu einem Putsch zu verlocken gesucht. Der als »Intrigant« verschriene General war also nicht geneigt, Hitler auf diese Weise zu provozieren, obwohl es sehr naheliegend war.

33. Papen, S. 245.

34. Von Meißner seinem Sohn berichtet.

35. Für die dramatische Darstellung, die verschiedene Autoren diesem Treffen gaben, ließen sich – wie auch Bracher, S. 673, bemerkt – keine Unterlagen finden.

36. Die Details dieses Besuches wurden Harry Wilde von Botschafter a. D. Ott mitgeteilt. Ott berichtet noch (Bracher, S. 671/72), daß Göring Schleicher seinen Einfluß auf Hitler anbot, wenn man ihn zum preußischen Ministerpräsidenten und Luftfahrtminister machen würde.

37. Über die Bestrebungen, eine neue Partei zu gründen, wird noch ausführlicher gesprochen werden.

38. In einem Gespräch mit Harry Wilde meinte Ott, er habe nicht *nach* seinem Besuch in Weimar im Kabinett gesprochen (s. Anmerkung 14). Da aber

anzunehmen ist, daß sein Vortrag im Reichskabinett am 2. Dezember stattfand, liegt wohl ein Irrtum vor.
39. Papen, S. 246.
40. Nach einer Niederschrift Meißners vom 2. Dezember 1932, vgl. die Dokumentation »Zur Politik Schleichers gegenüber der NSDAP 1932«, in Vierteljahreshefte 6, 1958.
41. Ott erklärte Harry Wilde gegenüber, eine fertige Niederschrift der Kriegsspielergebnisse habe noch nicht vorgelegen; er habe frei gesprochen und sich nur auf Notizen gestützt. Verfasser folgte bei der inhaltlichen Wiedergabe der eigenen Niederschrift Otts, wiedergegeben bei Papen, S. 247 ff., und mündlichen Berichten von Dr. Otto Meißner.
42. Die Sozialdemokraten und Kommunisten standen bei allen Kämpfen gegen die separatistischen Bewegungen an der Spitze. Die Nationalsozialisten würden sich – nach der »Zurückhaltungsperiode« ihres Führers im Jahre 1923 – höchstwahrscheinlich 1932 ebenfalls mit aller Kraft gegen separatistische Bestrebungen gestellt haben.
43. Der englische Ministerpräsident Lloyd George schrieb in einer Denkschrift vom 26. März 1919: *». . . Der Vorschlag der polnischen Kommission, 2 100 000 Deutsche der Aufsicht eines Volkes von anderer Religion zu unterstellen, das noch nie im Laufe seiner Geschichte die Fähigkeit zur Selbstregierung bewiesen hat, muß meiner Beurteilung nach früher oder später zu einem neuen Kriege . . . führen.«*
44. Mitgeteilt von Dr. Meißner.
45. Papen, S. 279. Oberstleutnant Ott bemerkte dazu, Schleicher habe das Gefühl gehabt, daß er an diesem Tage das Vertrauen des Präsidenten verlor.
46. Papen, S. 250.
47. »Windbeutel« konnte, wie Meißner berichtete, bei Hindenburg »abfällig« und »anerkennend« gemeint sein, je nach der Stimmung. In den letzten Monaten des Jahres 1932 hatte man Hindenburg auch zahlreiche frühere Frauengeschichten Schleichers zugetragen, die nicht nach dem Geschmack des Präsidenten waren. Doch soll hier nicht näher darauf eingegangen werden. Stimmung gegen den General machte auch Hindenburgs Sohn Oskar. Hammerstein (Frankfurter Hefte 1956, S. 119) erklärt, die alte Freundschaft zwischen Oskar von Hindenburg und Schleicher habe sich schon Monate vorher ins Gegenteil verkehrt.
48. Frankfurter Hefte, 1956, S. 119.
49. Papen, S. 251.
50. Goebbels, S. 115.
51. »Die dem Tode Geweihten begrüßen dich.« Die Szene wurde Harry Schulze-Wilde von Ott mitgeteilt. Auch Papen spricht (S. 279) davon, nur variiert er das geflügelte Wort in ›Moriturus te salutat‹ (Der dem Tode Geweihte begrüßt dich).

9. »Da steckt der Wurm drin«

1. Das Palais des Reichspräsidenten, früher Ministerium des Königlichen Hauses, nach der Revolution zunächst noch Privateigentum Wilhelms II., wurde von diesem für etwa 7 Millionen Goldmark an den Staat verkauft. Von diesem Erlös erwarb der Ex-Kaiser seinen neuen holländischen Wohnsitz, das Schloß Doorn. Ursprünglich war das Haus Wilhelmstraße 73 um 1730 von einem General (von Massow?) erbaut worden, auf Wunsch König Friedrich Wilhelms I., der durch solch repräsentative Privatbauten seine Hauptstadt verschönen wollte. Die ganze Wilhelmstraße, damals eine Privatstraße, in der sich ein Adelspalais an das andere reihte, entstand auf Grund solch »königlicher« Anregungen. Allerdings wurden die auf der Gartenseite sehr weiten Grundstücke den Bauherren vom König geschenkt, und sie durften alles Bauholz kostenfrei aus den Staatsforsten beziehen. Der General hatte damals sein Berliner Stadtschloß als Einfamilienhaus gedacht, weshalb es sich bereits in wilhelminischer Zeit als höchst unbequem erwies. Zum ordentlichen Betrieb des weitläufigen Hauses mit insgesamt etwa hundert Zimmern und Kammern hätte man ganze Heerscharen von Bedienten gebraucht, die es in neuerer Zeit nicht mehr gab und die selbst ein Staatsoberhaupt kaum hätte bezahlen können. Im mittleren Teil des hufeisenförmigen Gebäudes wohnte der Reichspräsident, im linken Flügel war die Präsidialkanzlei untergebracht, im rechten befand sich die Privatwohnung des Staatssekretärs.

Unterirdische Gänge verbanden seit alter Zeit sämtliche Ministerien und Palais von Wilhelmstraße 71 bis 77 miteinander. Für Attentäter konnte es keinen besseren Weg als diesen geben. Aber offenbar wußte niemand davon. Bis zum Umbau 1932/33 gab es im Präsidentenpalais keinen Lift. Hindenburg hatte den Einbau nicht gewünscht, mit der Begründung, daß sich ein solcher Luxus für einen Mann nicht mehr lohne, der doch bald sterben werde. Als der Einbau trotzdem erfolgte, benutzte der sechsundachtzigjährige Präsident nach seinem Wiedereinzug eine Zeitlang noch die Treppe, bis er schließlich zur Benutzung des Lifts überredet werden konnte.

2. Der Reichsrechnungshof, eine selbständige Behörde mit dem Sitz in Potsdam, hatte die Aufgabe, den Haushalt des Reiches zu prüfen. Die Einrichtung des Rechnungshofes wurde 1706 in Sachsen eingeführt, 1717 von Preußen übernommen. Der Präsident des Preußischen Rechnungshofes war gleichzeitig Präsident des Reichsrechnungshofes. Er war unabsetzbar und in seiner Kritik völlig unabhängig.

3. Mitgeteilt von Dr. Otto Meißner. Auch Göring ließ später das Telephon des Präsidentenpalais überwachen. Hindenburg selber griff fast nie zum Telephon; er schrieb lieber kleine Zettel.

4. Aus der Tatsache des Wohnungswechsels sind von vielen Autoren abwegige Schlüsse gezogen worden. Nicht daß Hindenburg umzog, war entscheidend, auch nicht, daß Schleicher in seiner Privatwohnung blieb – er wäre dort auch geblieben, wenn Papen seine Amtswohnung mit seinem Rücktritt geräumt hätte –, sondern daß Papen wohnen blieb, während Meißner für fast ein Jahr in die Bendlerstraße zog und nicht mehr so leicht erreichbar war wie sonst.

5. Meißner, S. 246. Im Gegensatz zu den um den Reichspräsidenten lebenden Persönlichkeiten meinte die *Frankfurter Zeitung* am 20. November 1932, der Sturz Papens sei ein »Triumph des demokratischen und parlamentarischen Prinzips«.

6. Wie Ott Harry Wilde mitteilte, hatte Schleicher das Kriegsspiel nicht veranlaßt. Er hielt es ursprünglich nicht einmal für notwendig, ließ aber dann seinen Untergebenen gewähren.

7. Mitgeteilt von Dr. Hans-Otto Meißner, der bei diesem Gespräch dabei war. Schleichers Unterhaltungen mit Meißner (sen.) fanden häufig in dessen Privatwohnung statt, und Hans Otto Meißner war dabei öfters anwesend.

8. Mitgeteilt von Meißner.

9. Dr. Breitscheids Einstellung war unverständlich. KPD und NSDAP verfügten im Reichstag über die Mehrheit. Jeder Vorschlag, diesem Zustand auf irgendeine Weise ein Ende zu bereiten, dazu noch unter der Kontrolle oder sogar Mitwirkung der SPD, wäre mindestens einer Erörterung wert gewesen.

10. Dem Papenschen Monarchismus setzte Schleicher eine demokratische Auffassung von der monarchischen Staatsform entgegen. Meißner berichtete seinem Sohn, wiederholte auch gegenüber H. Schulze-Wilde: *»Bei einem Essen in Schleichers Wohnung in der Matthäi-Kirch-Straße, an dem der Kronprinz und sein Adjutant teilnahmen, erklärte der General, daß er die Monarchie anstrebe, da ein wiederhergestelltes Deutsches Reich ohne Kaiser für ihn nicht denkbar sei. Kronprinz Wilhelm bedankte sich für Schleichers Treue und für sein Eintreten für das Haus Hohenzollern. Als sich der Kronprinz dann mit seinem Adjutanten verabschiedet hatte, fragte ich Schleicher, ob es zu empfehlen sei, Hoffnungen zu erwecken, die sobald nicht erfüllt werden könnten. ›Stimmt!‹ antwortete der General. ›Aber warum soll ich dem Hohen Herrn nicht ein bißchen Freude machen? Er selbst kommt natürlich nicht mehr in Frage. Die zukünftige Majestät wird irgendein ordentlicher Hohenzollernbub sein, der erst dafür erzogen werden muß. Aber ohne Kadettenanstalt! Mit Volksschule und Fußballplatz soll das anfangen, und mit einem erstklassigen Doktor im Staatsrecht darf es noch lange nicht aufhören‹.«*

11. Papen, S. 118.

12. Berichtet von Dr. Otto Meißner. Die *Frankfurter Zeitung* vom 11. November 1932 schrieb: *»Die Regierung Papen stützt sich in personeller und materieller Hinsicht auf eine kleine, ausgesprochen klassenbewußte, konservative Minderheit . . .«*

13. Es handelte sich bei den Wahlen am 4. Dezember 1932 um Gemeindewahlen.

14. Am 6. Dezember wiederholte sich das Spiel vom 12. September nicht mehr. Schleicher hätte am 6. Dezember die Auflösungsorder von Hindenburg sofort bekommen. Schon im Mai spielte man mit dem Gedanken, die Reichstagsauflösung mehrmals zu wiederholen (Westarp, Vierteljahreshefte 1953, S. 286). Eine Auflösung im Dezember hätte höchstwahrscheinlich zum Zusammenbruch der NSDAP geführt. Es ließ sich nicht mehr feststellen, wer Hitler den Tip gab, daß der Präsident die Auflösungsorder ohne Zögern unterschreiben würde. Das veranlaßte Hitler, äußerst vorsichtig zu taktieren.

15. Bracher, S. 679; Stampfer, S. 602.

16. 403 Abgeordnete stimmten dafür, 103 dagegen. Zu dem Antrag bemerkte die *Frankfurter Zeitung* vom 8. Dezember, die NSDAP hätte ihn eingebracht, um ein Hindernis gegen die Übertragung des Kanzleramtes an Hitler wegzuräumen. Ohne Verfassungsänderung wäre ein Kanzler Hitler im Falle des Todes oder der Erkrankung des Reichspräsidenten automatisch sein Stellvertreter geworden. (1925, nach dem Tode Eberts, war verfassungsmäßig erst der Reichskanzler Dr. Luther, dann durch besonderes Gesetz der Reichsgerichtspräsident – damals Dr. Simons – zum Stellvertreter bestellt worden, bis der neugewählte Reichspräsident von Hindenburg sein Amt übernahm.) Vgl. auch Vierteljahreshefte 2, 1954, S. 428.

17. Nach der Inflation verlangten die 1918 abgedankten 22 deutschen Fürstenhäuser eine Aufwertung ihrer Renten in Reichsmark. Da eine reichsgesetzliche Regelung 1918 nicht getroffen worden war, mußten die einzelnen Länder ihre ehemaligen Fürstenhäuser abfinden. Neben berechtigten Ansprüchen stellten vor allem kleinere Fürstenhäuser Forderungen, die Empörung selbst in bürgerlichen Kreisen hervorriefen. Thüringen sollte sieben Fürstenhäuser abfinden. Insgesamt beliefen sich deren Ansprüche auf drei Milliarden Mark. Einzelne Posten waren grotesk. Die Kommunisten nützten die allgemeine Mißstimmung aus und kamen einem gemäßigten SPD-Antrag mit einem Volksbegehren auf entschädigungslose Enteignung zuvor. Da sich auch weite bürgerliche Kreise beteiligten, trugen sich 12,6 Millionen ein. Beim Volksentscheid im Juli 1926 stimmten sogar 14,4 Millionen dafür. Da es sich aber um einen Eingriff in das verfassungsmäßig geschützte Eigentumsrecht handelte, hätten über 50% der Wahlberechtigten dafür stimmen müssen. Doch kam es unter dem Eindruck dieser Massenbewegung bald zu einer Einigung zwischen den Ländern und den Fürstenhäusern.

18. Harry Wilde mitgeteilt von Max Amann. An den Namen der Herzogin konnte er sich nicht mehr erinnern.

19. 1932 war Oberleutnant Schulz Strassers Sekretär. Er hielt zu seinem Chef und wurde, gleich ihm, am 30. Juni 1934 verhaftet, in einen Wald geschleppt, und später dort schwerverwundet aufgefunden. Schulz lebt heute in Süddeutschland.

20. Goebbels, S. 215.

21. Gregor Strassers Bruder Otto gab in seinem Buch (Bartholomäusnacht, S. 40) eine ausführliche Schilderung der Beziehungen Gregors zu Schleicher, wie sie ihm sein Bruder erzählt haben soll. Otto versicherte an Eides Statt, nichts hinzugesetzt haben, doch hält die Schilderung der historischen Forschung nicht stand.

22. Strasser sagte niemals »Mein Führer«, sondern immer nur »Herr Hitler«. Außer ihm war das nur Heinrich Hoffmann gestattet.

23. Goebbels, S. 220.

24. Bullock, S. 237.

25. Harry Wilde mitgeteilt von Max Amann, der recht drastische Beispiele dafür anführte.

26. Mitgeteilt von Max Amann. Wie vorsichtig Hitler zu diesem Zeitpunkt taktierte, beweist, daß Goebbels am 10. Dezember 1932 einen in der Morgenausgabe des *»Angriff«* erschienenen Angriff auf Strasser in der Abendausgabe ändern mußte. Dann zwang ihn Hitler noch, sich im *Angriff* zu entschuldigen. (*Frankfurter Zeitung* vom 11. Dezember 1932.)

27. München war die ›Hauptstadt der Bewegung‹. Nach 1933 erhielten noch andere Städte solche Titel, Nürnberg: Stadt der Reichsparteitage, Stuttgart: Stadt der Auslandsdeutschen, Frankfurt am Main: Stadt des deutschen Handwerks, Leipzig: Reichsmessestadt, Goslar: Reichsbauernstadt, Celle: Stadt des Reichserbgerichtshofes, Graz: Stadt der Volkserhebung (nach 1938).

28. Die Schilderung der Sitzung im Reichstagspräsidenten-Palais stützt sich in der Hauptsache auf Max Amann.

29. Berndorff, S. 151. – Der österreichische Militärakt Hitlers verschwand kurz vor dem Einrücken der deutschen Truppen in Österreich. Professor Jetzinger veröffentlichte ihn 1957.

30. Mit dem Gedanken, eine neue Partei zu gründen, spielte auch Papen.

31. Mitgeteilt von Meißner.

32. Bracher, S. 684.

33. Das wäre praktisch nur einer Auflösung der SA gleichgekommen, da der RFB bereits 1929 verboten worden war.

34. Stampfer, S. 604.

35. Max Amann berichtete Harry Wilde, im Jahre 1923 sei der *Völkische Beobachter* in große Schwierigkeiten gekommen. Daraufhin habe der Chefredakteur Dietrich Eckart einen äußerst scharfen Angriff gegen Ebert geschrieben, und die Zeitung sei auch prompt verboten worden. Mit diesem Verbot habe man Zahlungsstundungen durchsetzen können, und der Verlag sei gerettet gewesen.

36. Hitler ließ sich die ersten Jahre nicht photographieren.

37. Mussolini predigte den Italienern den Begriff des ›vivere pericolosamente‹.

10. Die Kölner Intrige

1. Mitgeteilt von Meißner, nach Informationen Schleichers.
2. Eschenburg in den Vierteljahresheften, 1953, S. 163.
3. Wheeler-Bennett, S. 292, nach Groener-Geyer. Als Quellen nennt Wheeler-Bennett: Schriftliche Zeugenaussagen Schröders und Kepplers in Nürnberg. Papen bestritt in seinem Kreuzverhör am 18. Juni 1946, den ersten Schritt zu der Begegnung mit Hitler getan zu haben; die Initiative sei von Hitler ausgegangen.
4. Bullock, S. 241/2, behauptet ebenfalls, Papen sei an Schröder herangetreten.
5. Informationen von Schleicher an Meißner.
6. Mitgeteilt von Meißner.
7. Mitteilungen von Amann an Harry Wilde und Zitate aus verschiedenen Zeitungen.
8. Goebbels, S. 230.
9. Bracher, S. 691; Papen, S. 254.
10. Mitgeteilt von Meißner, nach späteren Informationen Schleichers.
11. Mitgeteilt von Meißner.
12. Bracher, S. 688.
13. Schleicher informierte Meißner später über den Besuch Strassers beim Präsidenten.
14. Eschenburg, in den Vierteljahresheften, 1953, S. 164.
15. Information Zehrers an Harry Wilde. Auch die Zeitschrift »Der Jungdeutsche« hat, wie die *Frankfurter Zeitung* vom 5. Januar 1933 berichtete, am 4. Januar, gleichzeitig mit der *Täglichen Rundschau*, auf das Kölner Treffen aufmerksam gemacht.
16. Zu dem Schritt einer Anzahl von führenden Männern der Wirtschaft zugunsten einer Regierungsübernahme von Hitler teilt die Zeitschrift für Geschichtswissenschaft, Berlin, 2 (1956) S. 366 ff. mit: »Die Initiative lag bei dem Bankier Kurt von Schröder und bei Hjalmar Schacht ... Bei den Akten des Büros des Reichspräsidenten im deutschen Zentralarchiv Potsdam (Akte 47, Bl. 258 bis 305) befinden sich ... gleichlautende Briefe (an Hindenburg – Verf.), die jeweils eigenhändige Unterschrift des jeweiligen Absenders tragen. Unterschrieben haben: Dr. Hjalmar Schacht, Kurt Freiherr von Schröder, Fritz Thyssen, der Vorsitzende des Landbundes Graf Kalckreuth, Bankdirektor Friedrich Reinhart, die Großreeder Kurt Woermann und Beindorff, Kurt v. Eichborn, E. Helfferich, Ewald Hecker, Carl Vincent Krogmann, Dr. E. Lübbert, Erwin Merck, v. Oppen-Dannenwalde, Dipl-Ing. Rudolf Ventzki, F. H. Witthoeft, Generaldirektor Rosterg, Graf v. Kaiser-

lingk-Cammerau, v. Rohr-Manze, Bechmann. (In einer Zuschrift, die Hans-Otto Meißner nach Erscheinen der ersten Ausgabe dieses Buches erhielt, soll zumindest eine, wenn nicht mehrere dieser Unterschriften geschickte Fälschungen gewesen sein.) Die Mehrzahl der Eingaben wurde am 19. November 1932 durch Bankdirektor Reinhart (Commerz- und Privatbank Berlin) dem damaligen Staatssekretär Meißner überreicht. Der Durchschlag des Bestätigungsschreibens Meißners an Reinhart vom 19. November liegt als Bl. 258 bei den Akten des Büros des Reichspräsidenten. In dem Schreiben heißt es: ›Die mir heute vormittag von Ihnen überreichte Kundgebung von Vertretern der deutschen Wirtschaft habe ich dem Herrn Reichspräsidenten vorgelegt. Der Herr Reichspräsident hat von ihr Kenntnis genommen und mich beauftragt, Ihnen den Empfang ergebenst zu bestätigen.‹

Am 21. November teilte Reinhart Dr. Meißner weiter mit (Blatt 291): ›Ich habe ferner den Auftrag, Ihnen, Herr Staatssekretär, namens der Herren Dr. Albert Vögler-Dortmund, Commerzienrat Dr. Paul Reusch-Oberhausen, Dr. Fritz Springorum-Dortmund zur Weitergabe an den Herrn Reichspräsidenten mitzuteilen, daß diese Herren grundsätzlich voll und ganz auf dem Boden der Eingabe stehen, aber nicht zu unterzeichnen wünschen, da sie politisch nicht hervortreten wollen.‹«

Dr. Meißner hatte dem Autor vor seinem Tode mitgeteilt, daß Hindenburg sehr beeindruckt war, während er, der Staatssekretär, die Aktion für verfehlt gehalten habe. Daraus erklärt sich, daß seine Empfangsbestätigung sehr kühl gewesen ist und sich auf die üblichen Höflichkeitsfloskeln beschränkt hat. Dr. Meißner selbst gab bis zu seinem Tode die Namen der Unterzeichner nicht preis; er wollte niemandem schaden. Erst durch die obige Veröffentlichung aus den Akten des ehemaligen Reichsarchivs in Potsdam wurden sie bekannt. Der Wortlaut des Dokumentes stimmt übrigens überein mit dem Entwurf, der 1945 im Tresor des Bankhauses Stein in Köln (Inhaber Kurt von Schröder) gefunden wurde. Dieser Entwurf lag dem Nürnberger Gericht vor (Dokumente, Band XXXIII, Dok. Nr. 3901 – PS, S. 531 ff). Aus ihm ergibt sich, daß außer den Unterzeichnern noch rund zwanzig weitere Persönlichkeiten der Wirtschaft für die Unterzeichnung vorgesehen waren. Unter denen, die ihre Unterschrift nicht gaben und sich damit weigerten, eine Machtübernahme Hitlers zu befürworten, befinden sich bedeutende Männer, wie Slomann, Cuno, Haniel, Krupp, Siemens, Busch, Keudell, Silverberg, Albert, Fink, Kiep, Tischbein, Jaenicke, Schmid, Ullrich, Lünnunck, Rabethge u. a.

Im übrigen wäre es falsch, der Aktion eine übertriebene Bedeutung beizumessen. Einen entscheidenden Einfluß auf die Berufung Hitlers und die spätere Entwicklung hatten die im Laufe des November 1932 während der Krise des Papen-Kabinetts eingegangenen Schreiben nicht. Dr. Meißner erklärte in seiner eidesstattlichen Versicherung vom 22. 7. 1947 im Spruchkammerverfahren gegen Dr. Hjalmar Schacht: »... Daß die politische Entwicklung später einen anderen Weg nahm, war damals nicht vorauszusehen und auch nicht zwangsläufig. Daß diese Wendung eintrat, ist – neben anderen Gründen – m. E. vorwiegend auf das zu weit gespannte Ermächtigungsgesetz, das Nachlassen jeden Widerstandes der Parteien des Reichstags und der Landtage und die Selbstauflösung der Parteien zurückzuführen.«

17. Der Chauffeur Schreck hatte eine gewisse Ähnlichkeit mit Hitler; er trug auch denselben Schnurrbart. Wie Heinrich Hoffmann Harry Wilde erklärte, wurde diese Ähnlichkeit aus Sicherheitsgründen noch durch die gleiche Autohaube bewußt unterstrichen. Die Fahrt nach Godesberg-Köln wurde Harry Wilde von Hoffmann geschildert; sie deckt sich mit den Schilderungen in Otto Dietrichs Buch.

18. Berndorff, S. 245, von Zehrer bestätigt.

19. Wickert, S. 22.

20. Papen, S. 255.

21. Hitler las fast nur Geschichtsbücher und verfügte dank seines erstaunlichen Gedächtnisses über umfangreiche, wenn auch ungeordnete historische Kenntnisse (s. Biographie Hitlers). Er wußte also, daß sich der Begriff Duumvirat – »Zweimänner« – auf gewisse Beamte im alten Rom bezog, die gemeinsam ein Amt verwalteten. Auch die höchsten, vom Volke gewählten Beamten – »Konsuln« – regierten gleichberechtigt nebeneinander.

22. Über den Verlauf der Unterredung berichtet Papen, S. 256. Schröders Aussage in Nürnberg (Dokument 3337-PS, jedoch in den Dokumentenbänden nicht veröffentlicht), zitiert in Wickert, S. 22, vgl. Meißner, S. 261, dazu Mitteilungen Meißners. Papen polemisiert (S. 261) gegen Meißner: »Seine Darstellung, als hätte ich Hitler am 4. Januar ein Duumvirat unter meiner Führung vorgeschlagen, beruht auf einem Irrtum.« Papen bestreitet also nicht, schon in Köln Hitler ein »Duumvirat«unter Führung *Hitlers* vorgeschlagen zu haben.

23. Papen, S. 256/7, erklärt: »Weder die NSDAP noch eine ihrer Organisationen noch Hitler selbst hat je einen Pfennig von mir erhalten. Und zu keiner Zeit habe ich mich für Subventionen dafür eingesetzt. Die Parteifinanzen sind während der Unterhaltung im Schröderschen Hause überhaupt nicht erwähnt worden.« Sicher ist richtig, jedenfalls ist es nicht zu widerlegen, daß Papen keine Gelder aus seiner Privatschatulle an die NSDAP abführte, und es ist durchaus wahrscheinlich, daß bei der Unterredung zu dritt von Geld nicht gesprochen wurde. Hitler dürfte sich gehütet haben, in Gegenwart Papens von seiner finanziellen Misere zu sprechen. Er hätte sich dann womöglich billiger geben müssen. Aber Hitler kam erheblich früher als Papen zu Schröder, in dessen Bankhaus der Führer der NSDAP ein persönliches Konto unterhielt. Der günstige Verlauf der Unterredung Hitler – Papen bedeutete jedoch schon die Rettung. Schröder dürfte bei der Aussicht auf eine Reichskanzlerschaft Hitlers nicht gezögert haben, eine größere Summe für das Unternehmen zu investieren, um so mehr der »Sozialist« Strasser in der Partei keinerlei Einfluß mehr hatte. Übrigens hat Papen – Bracher, S. 695 – nach der Kölner Unterredung »in Düsseldorf und Dort-

mund besonders mit den Großindustriellen Springorum und Vögler« verhandelt, »die ihm ihre Sorgen über den Wirtschaftskurs Schleichers mitteilten«.
24. Wenn Papen vermutet, daß Schleicher sein Telefon überwachen ließ (S. 260), so übersieht er dabei, daß damals Wallerfangen im Saarland und damit außerhalb des Reiches lag. Die einfachste Erklärung ist, daß die Kölner Begegnung durch den Gewährsmann Zehrers in der Umgebung Hitlers der *Täglichen Rundschau* vorher bekannt wurde.
25. *Frankfurter Zeitung* vom 6. Januar 1932.
26. Berndorff, S. 245, von Zehrer Harry Wilde gegenüber bestätigt. Vgl. Thyssen, S. 109.
27. Papen, S. 240.
28. Mitgeteilt von Meißner als Meinung Hindenburgs.
29. Schleicher ist nicht der Mann, sich über internationale Abmachungen hinwegzusetzen. Hans Otto Meißner war Zeuge eines Gesprächs, in dem Schleicher erklärte: *»Jeder Staat ist darauf angewiesen, daß man an seine Vertragstreue glaubt. Selbst über das Versailler Machwerk dürfen wir uns nicht gröblich hinwegsetzen, sonst verlieren auch vernünftige Verträge mit uns an ihrem Wert. Eines Tages werden wir Bündnisse abschließen wollen und müssen. Da muß man das absolute Vertrauen in uns haben, sonst wäre ja unsere Partnerschaft nur die Hälfte wert. Nur wenn wir jetzt ungünstige Verträge nicht brechen, wird man später, wenn es mal wieder um große Dinge geht, ein gesuchter Partner sein und können hohe Preise fordern.»*
30. Es konnte nicht festgestellt werden, wer Schleicher dazu brachte, den schon halbvergessenen Osthilfe-Skandal erneut aufzugreifen.
31. Bracher, S. 695.
32. Papen, S. 260/261; Berndorff, S. 246.
33. Papen, S. 262.
34. Bracher, S. 698.
35. Papen, S. 263. »Tatsächlich war die Wahl ein recht problematischer Erfolg, obwohl Hitler, Göring und Goebbels in Versammlungen mit weniger als dreißig Dorfbewohnern gesprochen hatten« (Frankfurter Hefte 1956, S. 118). Nach Bracher (S. 702) sah die prozentuale Beteiligung folgendermaßen aus:

Wahl	NSDAP	DNVP	DVP	Zentr.	Staatsp.	SPD	KPD	Wahlbeteilg.
Reichstagswahl								
6. Nov. 1932:	34,7	9,9	3,8	2,6	0,6	27,1	15,4	82,2%
Landtagswahl								
15. Jan. 1933:	39,5	6,1	4,4	2,6	0,8	30,1	11,2	85,1%
Zunahme: +	+13,8		+15,8		+33,3	+11,1		+3,5%
Abnahme: —		—38,4					—27,3	

36. Mitgeteilt von Meißner, vgl. Berndorff, S. 255 und Frankfurter Hefte 1956, S. 122.
37. Später erklärte Schleicher, er habe vom ersten Tage seiner Kanzlerschaft an mit dem Mißtrauen des Alten Herrn zu kämpfen gehabt. Richtiger ist

wohl, Hindenburg hatte zu seinem Kanzler-General nach Papens Rücktritt kein rechtes Vertrauen.

38. Papen, S. 265. Obwohl sich Papen bei dieser Darstellung auf Tagebuchnotizen bezieht und sogar die seiner Frau benutzt, so übergeht er doch manches. Nach den Aufzeichnungen in Ribbentrops Tagebuch waren die Beziehungen Papens zu Hitler viel enger, als es in Papens Buche zum Ausdruck kommt. Ribbentrop vermerkte am 16. einen Besuch Papens bei Lersner, der bereits bei dem Treffen Papen–Hitler in Köln assistierte, am 17. eine Reise nach Halle, ohne aber Hitler, der sich in Weimar aufhielt, zu sehen; am 18. eine Zusammenkunft zwischen Hitler, Röhm, Himmler, Papen bei Ribbentrop in Dahlem. Am 19. und 20. konferierte Ribbentrop mit Papen, am 21. sprach Ribbentrop mit Hitler, und am 22. fand endlich die große Unterredung statt.

39. Mitgeteilt von Meißner.

40. Mitgeteilt von Meißner. – Hindenburg jun. stellte in einer Zuschrift an das Weltbild – 1957, Nr. 26 – in Abrede, daß er mit Meißner *gemeinsam* von der Oper zur Villa Ribbentrop gefahren sei.

41. Dr. Mabuse war ein Spitzenfilm von Fritz Lang, der im Verbrechermilieu spielte.

42. Ribbentrop, S. 38.

43. Als Meißner dem Reichspräsidenten am folgenden Tage über den Verlauf des Abends berichtete und dabei auch erwähnte, daß Hitler Sprudelwasser statt Sekt getrunken habe, meinte der alte Herr: »Da sehen Sie, Kindchen, was für ein unvernünftiger Mensch dieser Hitler ist.«

44. Hitler regierte in den Formen der Weimarer Verfassung, die er aushöhlte und ins Gegenteil verkehrte. Ein ähnlicher Vorgang spielte sich in Frankreich ab, als dort ein Parlament, das 1936 eine »Volksfront-Regierung« hervorgebracht hatte, 1940 — im Krieg — einem »Ermächtigungsgesetz« zustimmte, das dem rechtsstehenden Marschall Petain als »Chef d'Etat français« weitgehende Vollmachten einräumte.

45. Der Inhalt des Gesprächs zwischen Hindenburg und Hitler ist unbekannt geblieben. Vor dem Gespräch vertrat Oskar die Meinung seines Vaters, Hitler könne nur Vizekanzler werden. Nach dem Gespräch hatte sich diese Meinung offensichtlich geändert. Vgl. Bullock, S. 245.

46. Mitgeteilt von Meißner, wie auch die Angaben über den Besuch bei Ribbentrop. Berndorff behauptet (S. 255), Zehrers Reporter hätten von dem Besuch Meißners bei Ribbentrop erfahren. Wenn das zutrifft, so wurde Schleicher über die Einzelheiten im Hause Ribbentrop durch die *Tägliche Rundschau* informiert.

47. Die Schilderungen in diesem Abschnitt beruhen auf Mitteilungen von Meißner. Vgl. Noske, S. 311.

48. Während Meißner seinem Sohn mitteilte, daß Hindenburg jun., wie er selbst und Herr von Papen, dem Reichspräsidenten über die Unterhaltungen in Dahlem berichtete, erklärt Hindenburg jun. in einer Zuschrift an das

Weltbild – 1957, Nr. 26 –: »Ich habe dem Reichspräsidenten über das Gespräch mit Hitler nicht berichtet.«
Inzwischen hatte aber der einzige Sohn des Reichspräsidenten ein Alter von 74 Jahren erreicht, und möglicherweise war sein Gedächtnis nicht mehr lükkenlos. Es wäre kaum zu verstehen, daß Oberst Oscar von Hindenburg seinem Vater in so entscheidenden Tagen über ein nahezu einstündiges politisches Gespräch unter vier Augen mit dem Kanzlerkandidaten Hitler nicht berichtet hat.

49. Mitgeteilt von Meißner.

50. Mitgeteilt von Meißner nach Informationen Schleichers.

51. Mitgeteilt von Meißner.

52. Verfasser hat erst gezögert, diese Szene mitzuteilen, glaubt aber doch, nicht darauf verzichten zu dürfen. Sie ist ein überzeugender Beweis für das religiös fundierte Verantwortungsbewußtsein Paul von Hindenburgs.

53. Noch bei den Vernehmungen in Nürnberg spürte man aus den Aussagen Görings den Ärger über die Zugeständnisse heraus, die Hitler machen mußte.

54. Mehrere Jahre später nahm Goebbels Rache und überreichte Hitler ein dickleibiges Dossier mit den minuziösen Aufzählungen von Dr. Meißners »Verfehlungen«. Hitler hat das Dossier jedoch nicht angerührt, dem Dr. Goebbels vielmehr erklärt, er wisse, daß Meißner kein Nationalsozialist sei, das brauche man ihm nicht erst zu beweisen. Doch wisse er gleichzeitig, daß Meißner ein loyaler Beamter sei und ihn niemals hintergehen werde. (Mitgeteilt von Oberst Brückner, dem Adjudanten Hitlers, der Meißner gestattete, das Dossier durchzublättern). Alle Versuche, Dr. Meißner zu stürzen, wurden daraufhin eingestellt. Als sich Meißner am 20. April 1945 auf Hitlers ausdrücklichen Befehl aus der schon fast völlig eingeschlossenen Reichshauptstadt nach Schleswig abgesetzt hatte und von dort nochmals mit der Reichskanzlei sprach, schaltete sich Goebbels in die Leitung ein, um Meißner zu sagen, er habe ihn von der ersten bis zur letzten Stunde gehaßt, leider aber nicht die Gelegenheit gehabt, mit ihm abzurechnen. Hans Fritzsche hat dieses Gespräch im Bunker der Reichskanzlei mitgehört und in seinem Buch wiedergegeben, außerdem Meißner junior während gemeinsamer Internierung bestätigt.

55. Schleichers Wappen zeigte eine Leiter.

56. Mitgeteilt von Meißner. Vgl. Kunrat v. Hammersteins Darstellung (Frankfurter Hefte 1956, S. 127).

57. Mitgeteilt von Meißner.

58. Das amtliche Kommuniqué im Europäischen Geschichtskalender.

59. Harry Wilde von Teilnehmern des Festes berichtet.

11. »Vorwärts mit Gott«

1. Meißner vertrat die Meinung, die Forderung Schleichers nach einer Reichstagsauflösung aufgrund der Verfassung, also ohne besondere Vollmachten, wäre ihm höchstwahrscheinlich vom Präsidenten bewilligt worden. Hindenburg habe sich an sein Wort gebunden gefühlt, das er Schleicher zu Beginn seiner Kanzlerschaft gab.

2. Frankf. Hefte, 1956, S. 128, 165.

3. Mitgeteilt von Meißner.

4. Seit dem 20. Juli 1932.

5. Papen, S. 270. Bracher S. 721.

6. Nach Meißner befürchtete Hindenburg, daß man ihm Röhm, Goebbels oder Streicher vorschlagen könnte. Röhm konnte er nicht ausstehen, weil dieser »als ehemaliger königlich-bayrischer Offizier eine Bürgerkriegsarmee aufgebaut« hatte. Goebbels war ihm wegen seiner Radaupropaganda und der Befürwortung des Verkehrsarbeiterstreiks widerwärtig, und Streicher verabscheute er wegen dessen übler antisemitischen Propaganda.

7. Der Verfasser folgte bei der Schilderung des nächtlichen Besuches der beiden Generale der Erzählung seines Vaters, der sehr plastisch wiedergab, was ihm Hindenburg am Tage darauf, Sonntag, dem 29. Januar, berichtete. Für die Darstellung des Staatssekretärs findet sich in der Literatur keine direkte Stütze. Hammerstein legt diesen Besuch (Fr. Hefte, 1956, S. 124) auf den 26. Januar, von dem Bussche (desgleichen, S. 125) auf den 27. Januar. Kunrat von Hammerstein behauptet, es habe nur *ein* Besuch stattgefunden, zitiert dann aber seinen Vater: »Meine Sorge ... verstand Hindenburg nicht. Ich verließ ihn mit verstärkter Sorge, denn Schleichers Rücktritt war beschlossen. Was danach kommen sollte, war offenbar völlig unklar.« Sollte nicht Hammerstein *nach* Schleichers Rücktritt, als Papens Kommen, das die gesamte Reichswehrführung ohne Ausnahme als Katastrophe betrachtete, sicher schien, vielleicht doch noch einmal zu Hindenburg gegangen sein?

Während Meißner schreibt, der Begleiter Hammersteins sei ein General von Stülpnagel gewesen, bestreitet Bussche das und sagt, Hammerstein habe ihn bei seinem turnusmäßigen Vortrag am 27. Januar begleitet. Daß Hammerstein bei seinem zweiten Besuch am 28. abends von einem Stülpnagel begleitet wurde, ist unwahrscheinlich, weil damals kein Stülpnagel im aktiven Dienst einen höheren Rang als Oberstleutnant hatte (Mitteilung aus dem Institut für Zeitgeschichte). Daß Hindenburg ungnädig war, wurde weder von Hammerstein *(Hindenburg verbat sich äußerst empfindlich jede politische Beeinflussung)*, noch von dem Bussche *(Wenn die Generale nicht parieren wollen, werde ich sie verabschieden)*, bestritten. Hammerstein hinterließ auch eine Niederschrift vom 28. Januar 1935 (Bracher, S. 733), in der er zwar nichts von einem zweiten Besuch schrieb, aber immerhin bemerkte: *»Wohl aber wäre ich bereit gewesen, mich beim Herrn Reichspräsidenten noch einmal sehr energisch durchzusetzen, wenn er die siebenprozentige Regierung* (Papen!) *ernannt hätte und nicht die nationalsozialistische Regierung.«* Überlegt man, zu welchem Zeitpunkt diese Niederschrift verfaßt wurde (sieben Monate nach Schleichers Ermordung), so ist es nicht verwunderlich, daß Hammerstein von dem zweiten Besuch, der sich gegen Hitler richtete, nichts vermerkt hat – s. auch Meißner S. 268.

8. Frankf. Hefte, 1956, S. 12. Er sei von »produktiver Faulheit«, stand in seiner Leutnantsbeurteilung.

9. Schwerin von Krosigk, S. 113.

10. Mitgeteilt von Meißner.

11. In der Reichswehr war Blomberg nicht sonderlich beliebt. Rundstedt sagte in Nürnberg darüber aus: Dokumente, Band XXI, S. 59; vgl. Brüning. S. 18. General von Blomberg weilte damals in Genf als militärisches Mitglied der deutschen Abrüstungsdelegation.

12. Meißner, S. 266. Blomberg traf erst am 30. Januar 1933 morgens in Berlin ein, die Unterredung kann also erst kurz vor der Vereidigung stattgefunden haben. Dazu Frankf. Hefte, 1956, S. 127.

13. In der englischen Ausgabe seiner Erinnerungen schreibt Papen, bei dieser Unterredung sei das Hauptthema gewesen, wie man den nationalsozialistischen Einfluß in der künftigen Regierung zurückschrauben könne, um den demokratischen Staat zu schützen.

14. Frankf. Hefte, 3/1956, S. 170: *»Erst durch die erfundene Putschdrohung wurde der Reichspräsident in der Nacht vom 29. zum 30. Januar für eine Kanzlerschaft Hitlers umgestimmt.«* Während für die Beteiligung sowohl von Goebbels, Göring, Hitler und Papen starke Indizien vorliegen, fehlen sie bei Dr. Meißner. Auch Hammerstein jun. bringt keine bei, im Gegenteil, die Bemerkung von Hammerstein sen. gegenüber Papen und Oscar von Hindenburg weisen in eine ganz andere Richtung. Hammerstein jun. fügt – vorsichtig nicht als eigene Meinung, sondern als die von Goerdeler – hinzu: *»Meißner wurde mit einer Million Mark traktiert.«* Diese Behauptung konnte bereits in Nürnberg einwandfrei widerlegt werden, so daß der Ankläger im Spruchkammerverfahren sie nicht mehr aufnahm. Es bleibt unverständlich, warum sie Hammerstein jun. wieder aufgriff.

15. Frankf. Hefte, 1956, S. 171, Fußnote 22.

16. Hammerstein jun. wies in den Frankf. Heften, 1956, S. 167, nach, daß Papens Darstellung der Berufung Blombergs falsch sein muß. Hammersteins Schilderungen decken sich jedoch mit Meißners mündlicher Darstellung gegenüber Hans Otto Meißner. Unabhängig von Hammerstein kam Harry Wilde bei der Nachprüfung der Fahrpläne zu denselben Ergebnissen.

17. Goebbels, S. 250, 251.

18. In Goebbels' Wohnung erschien Alvensleben zwischen 7 und 8 Uhr

abends (Goebbels, S. 251), in Schleichers Wohnung nach den Frankf. Heften, 1956, S. 168, zwischen 9 und 10 Uhr. Alvensleben wurde also zweifelsohne zu Schleicher geschickt. Wer ihn schickte, liegt auf der Hand.

19. Mitgeteilt von Dr. Meißner.

20. Im Laufe der Verhandlungen war es den Nationalsozialisten am Nachmittag gelungen, die Zusage zu Görings Ernennung zum Stellvertretenden Reichskommissar für Preußen, also gleichsam als Vizeministerpräsident für Preußen, und damit zum Preußischen Innenminister durchzusetzen; somit auch zum Chef der preußischen Polizei. Doch am 29. Januar abends hatte er noch keine Verfügungsgewalt. Später stellte sich heraus, daß Göring trotzdem durch den Polizei-Oberstleutnant Wecke, der Anhänger der NSDAP war, sechs Polizeibataillone aufgeboten und sie zum Schutze der Wilhelmstraße bereitgestellt hatte. (Wecke hatte sich schon Ende 1932 »Verdienste« erworben: in einem Strafprozeß gegen den Grafen Helldorf wegen der antisemitischen Kundgebungen in Berlin hatte Wecke unter seinem Beamteneid entlastende Aussagen gemacht.)

21. Duesterberg, S. 39.

22. Hugenberg machte kein Hehl daraus, daß er nicht viel vom Nationalsozialismus hielt. Vom NS-Parteiprogramm sagte er: »Da steht ja noch mehr Unsinn drin, als ohnehin in solchen Programmen zu stehen pflegt.« Als seine Aufgabe im künftigen Kabinett bezeichnete er, «den verunglückten österreichischen Maler an die Leine nehmen«.

23. Major Kuntzen war der erste Adjutant Hammersteins (und nicht Schleichers, wie Bracher S. 726 angibt). Mitteilung aus dem Institut für Zeitgeschichte.

24. Dieser Auftrag Hindenburgs, die Reichswehr unpolitisch und frei von jeder Parteibildung zu halten, kam auch in dem Aufruf Blombergs an die Reichswehr vom 1. Februar zum Ausdruck.

25. Damit entstand die groteske Situation, daß Blomberg anderthalb Stunden früher als sein zukünftiger Regierungschef Minister wurde und Schleicher um dieselbe Zeit länger Reichskanzler blieb als Reichswehrminister.

26. »Ich bin nur siebzig Tage in der Regierung geblieben, und an jedem der siebzig Tage bin ich siebzigmal verraten worden.« Äußerung von Schleicher. Vgl. François-Poncet, Botschafter, S. 66.

27. Dieses »fest zusammenhalten« dauerte nur wenige Wochen. Im Juli 1934 wurde Duesterberg sogar verhaftet, und Göring gab den Befehl, ihn zu erschießen. Als Meißner davon hörte, bewirkte er eine Intervention Hindenburgs und sorgte dafür, daß diese bis zum Konzentrationslager Dachau durchdrang. Duesterberg, S. 40.

28. Bracher, S. 726; Wheeler-Bennett, S. 305.

29. In der Tat spielte bei der Regierungsbildung Ende Januar die Beteiligung des Zentrums eine gewisse Rolle. Hitler taktierte so, daß er das Justizministerium für einen Zentrumsmann offen hielt. Tatsächlich blieb dieser Posten zunächst unbesetzt. Nach der amtlichen Mitteilung — vgl. *Frankf. Zeitung*

vom 31. Januar – ist der Justizminister nicht gleich ernannt worden. Hitler fragte dann beim Zentrum an, ob es eine einjährige Tolerierungsfrist bewillige. Als daraufhin von Kaas eine Reihe von Rückfragen gestellt wurden, faßte das Hitler als »Ablehnung« auf und ließ Gürtner vom Reichspräsidenten zum Reichsjustizminister ernennen.

30. Als Unterlagen für diesen Abschnitt dienten die Berichte von Meißner, ergänzt vornehmlich durch Duesterbergs Aufzeichnungen.

31. Berichtet von Meißner.

32. Schwerin von Krosigk, S. 147.

33. Berndorff, S. 268. Das Buch erschien nie, Schleichers Mörder waren schneller. Das Manuskript wurde angeblich am 30. Juni 1934 geraubt. Siehe auch Friedrich, S. 39.

34. Hitler, S. 200, 201/2, 652 und 653. »*Am allerschlechtesten jedoch begriff man die allererste Voraussetzung jeder propagandistischen Tätigkeit überhaupt: nämlich die grundsätzlich subjektiv einseitige Stellungnahme derselben zu jeder von ihr bearbeiteten Frage. ... Eine Lüge, die nur durch die unbedingte, freche, einseitige Sturheit, mit der sie vorgetragen wurde, der gefühlsmäßigen, immer extremen Einstellung des großen Volkes Rechnung trug, und deshalb auch geglaubt wurde ... Die Propaganda versucht eine Lehre dem ganzen Volke aufzuzwingen ... Der Sieg einer Idee wird um so eher möglich sein, je umfassender die Propaganda die Menschen in ihrer Gesamtheit bearbeitet hat ...*«

35. Harry Wilde hat bereits 1933 von einem SA-Mann berichtet. Von ihm wird noch im folgenden Kapitel gesprochen werden.

36. Goebbels, S. 254.

12. Der Reichstag brennt

1. Wheeler-Bennett, S. 313. Als Quelle ist angegeben Großadmiral Erich Raeder in »My Relationship with Adolf Hitler and the Party«, eine Studie, die er in Moskau geschrieben hat, wohin er nach seiner Gefangenschaft im Mai 1945 zunächst gebracht worden war. Kunrat Freiherr von Hammerstein bestätigt in den Frankf. Heften 1956, S. 12/13, indirekt Wheeler-Bennetts Darstellung.

2. Von den Biographien dieser Zeit geht nur Wheeler-Bennett auf den Besuch Hitlers in den Kasernen ein, obschon er doch recht charakteristisch ist. Er muß früh am Morgen stattgefunden haben. Auch Meißner glaubte, sich des Kasernenbesuches zu entsinnen. Dann erfolgte wahrscheinlich die ergebnislose Unterredung mit Kaas, danach der Besuch bei Hindenburg.

3. Ein Gerücht aus diesenTagen wollte wissen, daß sich Hindenburg erst geweigert habe, den Reichstag aufzulösen. Er habe Hitler gefragt, was Hugenberg dazu sage. Der Führer der NSDAP habe darauf geantwortet, Dr. Hugenberg mache noch gewisse parteipolitische Bedenken geltend. Hindenburg sei darüber sehr ärgerlich gewesen, habe zur Feder gegriffen und mit dem Bemerken unterschrieben: »Immer diese Parteien!« Diese Darstellung stimmt mit der Kordts (S. 27/28) überein, nur schiebt dieser, aufgrund einer Äußerung Hitlers, die entscheidende Bemerkung Dr. Meißner zu. Der Staatssekretär, dessen Rolle bei den entscheidenden Verhandlungen Ende Januar nur noch gering war, hat seinem Sohn und Schulze-Wilde ausdrücklich erklärt, er sei bei dem Zusammentreffen, in dem Hitler in Begleitung Papens den Wunsch nach Auflösung des Reichstages vortrug, im entscheidenden Moment nicht im Zimmer gewesen. Vgl. Meißner, S. 276. Papen übergeht in seinem Buch den Beschluß der Auflösung völlig.

4. Viele Darstellungen jener Tage übergehen die außerordentliche Bedeutung der Reichstagsauflösung. Hitler war ernannt worden, um auf parlamentarischer Grundlage zu regieren, und zwar mit dem im November 1932 gewählten Reichstag. Er hatte versprochen, mit den anderen Parteien Fühlung aufzunehmen. Damals standen 248 Abgeordneten der Regierungsparteien (NSDAP und DNVP) 221 Abgeordnete der Linken gegenüber. Dazu kamen 115 Abgeordnete der Mitte (unter Einschluß der DVP). Bei dieser Konstellation ein Ermächtigungsgesetz zu erlangen, wäre ausgeschlossen gewesen. Hitlers Ernennung ist zwar »legal« gewesen. Aber schon mit der Reichstagsauflösung regierte er aufgrund der präsidialen Ausnahmegewalt.

Seine wahren Ziele enthüllte Hitler in einer geheim gehaltenen Ansprache am 20. Februar 1933. Göring hatte etwa 25 Industrielle und Bankiers eingeladen, um von ihnen Wahlgelder zu erhalten. Dabei sagte Hitler: *»Wir ste-*

hen jetzt vor der Wahl. Sie mag ausfallen, wie sie will, einen Rückfall gibt es nicht mehr, auch wenn die kommende Wahl keine Entscheidung bringt. So oder so, wenn die Wahl nicht entscheidet, muß die Entscheidung eben auf einem anderen Wege fallen... Bringt die Wahl keine Lösung – gut. Deutschland wird nicht zugrunde gehen.« Göring wurde noch deutlicher. Er meinte, das erbetene Opfer würde der Industrie sicherlich um so leichter fallen, wenn sie wüßte, daß die Wahl am 5. März die letzte innerhalb 10 Jahren, voraussichtlich aber in 100 Jahren sei (zitiert nach Bracher, Machtergreifung, S. 15).

5. Harry Wilde mitgeteilt von Dr. Schacht.

6. Den Begriff der »Fünf-Jahres-Pläne« brachten die Sowjets auf. Der erste »Pjatiletka« begann 1928 und sollte 1933 enden, aber man führte ihn bereits in vier Jahren durch.

7. Hitler sprach am 23. Februar in Frankfurt a. M., am 24. in München, am 28. in Leipzig, am 1. März in Breslau, am 2. in Berlin, am 3. in Hamburg und am 4. in Königsberg. Die Versammlungskalender der anderen nationalsozialistischen Führer sahen ebenso aus. Am 27. Februar waren sie jedenfalls alle in Berlin oder in ihren sonstigen Standorten.

8. Brief Torglers an Harry Wilde. Wer den Plan verriet, konnte nicht einwandfrei geklärt werden. Einem Gerücht zufolge befragte Goebbels einen Feuerwerker der Reichswehr, wie man ungefährliche Bomben produziere. Dieser machte seinem Vorgesetzten Meldung. Von der Reichswehr aus soll der Militärattaché der sowjetischen Botschaft unterrichtet worden sein, der sein Wissen an die KPD weitergab. Diese Version hat viel für sich und erfährt eine gewisse Stütze durch eine Bemerkung François-Poncets (Botschafter, S. 99). Der von der Polizei zu fassende »Attentäter« sollte ein Mann sein, den man als Kommunisten, Sozialdemokraten oder Zentrumsmann ausgeben konnte, um eine Handhabe für ein Verbot dieser Parteien zu bekommen; auch ein Jude wäre recht gewesen. Die Nachricht über den Plan, eine Bombe zu produzieren, erhielt Harry Wilde von Willi Münzenberg 1937 in Paris, *nach* dessen Bruch mit der Komintern. Er erzählte Harry Wilde, der vorgesehene Attentäter habe aus Angst möglicherweise Wilhelm Pieck unterrichtet, doch bezweifelt Harry Wilde diese Version. Goebbels hätte einen solchen Mann nicht aus den Augen gelassen. Fest steht nur, daß die KPD informiert war (vgl. Braunbuch II, S. 105).

9. Diels, S. 171, 172 und Mitteilungen, die Diels kurz vor seinem Tode Harry Wilde gegenüber machte.

10. Diels, S. 179 f.

11. Papen, S. 329 ff. Das Recht zur Auflösung des preußischen Landtages lag bei einem Drei-Männerkollegium: dem Ministerpräsidenten, aufgrund des Urteils des Staatsgerichtshofes über Papens ›Kleinen Staatsstreich‹ noch immer der Sozialdemokrat Otto Braun; dem Präsidenten des Landtages, seit der Neuwahl am 24. April 1932 der Nationalsozialist Kerrl; und dem Präsidenten des Staatsrates, Dr. Adenauer. Papen erreichte durch eine

Hindenburg vorgeschlagene »Notverordnung zur Wiederherstellung geordneter Verhältnisse in Preußen«, daß Braun auch in dieser Funktion durch Papen ersetzt wurde. Er und Kerrl überstimmten dann Adenauer und beschlossen die Auflösung und Neuwahl des preußischen Landtages gleichzeitig mit der Reichstagswahl am 5. März 1933, um auch dort eine Rechtsmehrheit zu erzielen.

12. Schwend, S. 510.

13. Das war falsch. Der dritte Kanzler des deutschen Reiches, Fürst Chlodwig zu Hohenlohe-Schillingsfürst (1894–1900) war Bayer, wie auch der siebente, Graf Hertling (vom 1. November 1917 bis zum 3. Oktober 1918).
Im übrigen wäre es, wie Zeugen jener Zeit behaupten, schon zuvor mehrmals möglich gewesen, im überwiegend königstreuen Bayern die Monarchie wieder einzuführen, doch es fehlte dafür an der Entschlußkraft und auch am Mut für einen solchen Staatsstreich. Dr. Ernst (Putzi) Hanfstaengl hat dem Verfasser noch im März 1975 von einer Szene zwischen dem Kronprinzen Rupprecht, dem Militärkommandanten Ritter von Epp, einigen bayerischen Ministern, dem Kammerherrn von Redwitz und ihm, Hanfstaengl selbst, berichtet, die sich unmittelbar nach dem Hitler-Putsch von 1923 im Leuchtenbergpalais am Münchener Odeonsplatz abgespielt hat. Dabei sagte Ritter von Epp zum Kronprinzen:
»Da rollt jetzt die bayerische Königskrone über den Odeonsplatz ... aber der, dem sie gehört ... hebt sie nicht auf!«
Kein Wunder also, daß Hitler allen Mitgliedern des noch immer so beliebten Königshauses der Wittelsbacher tief mißtraute, sie verfolgte und teilweise einsperren ließ. Die Gattin des Kronprinzen Rupprecht starb in einem von Hitlers Konzentrationslagern.

14. Die Zitate sind dem Buche von Diels entnommen: S. 180 ff.

15. Frei, S. 182.

16. Einer der Beinamen Hanussens. U. a. hieß er »Rasputin der Reichshauptstadt«.

17. Von der Breitenwirkung, die von Hanussens Propaganda für Hitler in »besonderen Kreisen« ausging, können wir uns heute keine Vorstellung mehr machen, doch ist es kaum möglich, sie zu überschätzen. Durchaus ernst zu nehmende Leute, die klar erkannten, welches Verhängnis eine Regierung Hitler für das deutsche Volk darstellen müsse, beruhigten sich, nachdem sie mit Hanussen gesprochen hatten, »der es ja wissen muß«.

18. Der Mantel van der Lubbes, den er in Neukölln geschenkt bekam. Interessant war die Aussage des vereidigten Gerichtschemikers im Reichstagsbrandprozeß, Dr. Schatz. Er sagte, er habe im Plenarsaal Verbrennungsprodukte von elementarem Phosphor und Schwefel an sieben Stellen feststellen können, und auch am Mantel van der Lubbes seien Spuren derselben Flüssigkeit nachweisbar gewesen. Van der Lubbe wiederum sagte aus, seine Jakke und sein Mantel – in denen er die Kohlenanzünder verwahrt hatte – hätten von selbst zu brennen angefangen.

19. Dr. Wolff gelang es, einen nicht veröffentlichten Bericht der Berliner Feuerwehr über den Reichstagsbrand aufzufinden. Dieser Bericht stimmt völlig mit der Darstellung Dr. Sacks überein.

20. Die von Lubbe mit Kohlenanzündern gelegten Brandherde, die völlig ungefährlich waren. Die mit flüssigem Brandstoff gelegten Brandherde ließen sich nicht löschen.

21. Das Hartholz war mit Kohlenanzündern nie zum Brennen zu bringen. Außerdem hätte es für einen Mann Stunden gedauert, derart viele Brandherde zu legen.

22. Die erste amtliche Verlautbarung sprach nicht nur von einem Paß, sondern auch von einem Mitglied der KP. Dr. Sack nimmt mit seiner Darstellung indirekt gegen die Berichterstattung des Amtlichen preußischen Pressedienstes Stellung. Interessant ist der Zeitpunkt: Bereits zwischen 9 Uhr 30 und 9 Uhr 45 rief Hanussen den Chefredakteur des *»12-Uhr-Blattes«* an und behauptete, Kommunisten seien die Täter. Zu diesem Zeitpunkt hatte eine Vernehmung noch nicht stattgefunden (Braunbuch I, S. 115).

23. Ohne Zweifel war die Formulierung, die Sack in seinem Buche gibt, eher ein Hinweis, daß die Alarmierung der Feuerwehr *nicht* rechtzeitig stattfand, sonst hätte er kaum die verschiedenen Steigerungen der Alarmstufen, aus denen die Verzögerungen klar ersichtlich sind, so auf die Minute genau angegeben. Tatsächlich bestand eine Verordnung, daß bei Feuermeldungen in einem Regierungsgebäude *sofort* höchste Alarmstufe durchgegeben werden muß. Leutnant Lateit wußte davon vielleicht nichts, aber sicher die Beamten im Reichstag, vor allem Scranowitz. Es fällt auf, daß die Feuermelder im Reichstag nicht betätigt wurden. Wenn von verschiedenen Seiten Alarm gegeben wurde, dann auf Veranlassung der Polizisten.

Dr. Wolff stellte in seinem Forschungsbericht (S. 317) die verschiedenen Berichte zusammen. Daraus wird deutlich, wie die leitenden Beamten der Berliner Feuerwehr unter Druck gesetzt wurden, ihre erst der Presse gegebenen Darstellungen einzuschränken oder zu widerrufen.

24. Angeblich legte Goebbels beim ersten Anruf den Hörer auf, so daß Hanfstaengl ein zweites Mal anrufen mußte.

25. Papen war zweifelsohne nicht eingeweiht. Er würde dagegen protestiert und sicherlich den Reichspräsidenten informiert haben (s. auch Diels, S. 200).

26. Braunbuch I, S. 346.

27. Dieses Spiel mit der Liste wurde Harry Wilde von Hans Fritzsche 1947 in Langwasser mitgeteilt, wo der ehemalige Rundfunkkommentator interniert war. Von den Vorgängen im Reichstag wußte Fritzsche nur gerüchtweise, doch hielt auch er Goebbels, Helldorf und Ernst für die Haupttäter.

101. In der Münchener *»Abendzeitung«* – vgl. Anm. 64 – teilte Hanussens früherer Sekretär Kahan mit: *»Für Hanussen wurde das Problem, wann das Attentat gegen den Reichstag steigt, zu einem Wettrennen mit seinem bevorstehenden Prozeß gegen Bruno Frei. Ging das Parlamentsgebäude in*

Flammen auf, dann würden, das wußte er, alle Linkselemente bis zu den Demokraten ausgeschaltet, also auch Frei. Der Prozeß würde in diesem Falle nicht mehr stattfinden, und der ›Hellseher‹ war gerettet.« Bruno Frei bestätigte die Darstellung im »*Wiener Abend*« vom 24. Oktober 1955.

28. Am 28. Februar meldete der amtliche preußische Pressedienst jedoch: »*Unter den hundert Zentnern Zersetzungsmaterial, welches die Polizei bei der Durchsuchung des Karl-Liebknecht-Hauses entdeckt hat, fand sich die Anweisung zur Durchführung des kommunistischen Terrors nach bolschewistischem Muster. Hiernach sollen Regierungsgebäude, Museen, Schlösser und lebenswichtige Betriebe in Brand gesteckt werden. Es wird ferner die Anweisung gegeben, bei Unruhen und Zusammenstößen vor den Terrorgruppen Frauen und Kinder herzuschicken, nach Möglichkeit solche von Beamten der Polizei. Durch die Auffindung dieses Materials ist die planmäßige Durchführung der bolschewistischen Revolution gestört worden.*« Diese Angaben bezogen sich auf die Hausuntersuchung vom 24. Februar. Sie wurden in der Brandnacht ausgegeben, um die Behauptung von der kommunistischen Urheberschaft zu stützen. Demgegenüber erklärte die KPD am 3. März 1933: *Die KPD hatte bereits am 30. Januar 1933 alles auf ihre gegenwärtige politische Tätigkeit bezügliche Material aus dem Karl-Liebknecht-Haus entfernt und ihre gesamte Bürotätigkeit im Karl-Liebknecht-Haus eingestellt. Es waren lediglich in den Räumen des Zentralkomitees wie der Bezirksleitung Berlin-Brandenburg je ein bis zwei Personen zur Abwicklung und Weiterleitung von Anfragen, Besuchern und so weiter zurückgelassen.*«

Brüning forderte noch vor dem 5. März 1933 in einer Wahlrede, das angeblich im Karl-Liebknecht-Haus gefundene Material zu veröffentlichen. Am nächsten Tage antwortete Hitler: Dr. Brüning könne sich darauf verlassen, es werde veröffentlicht. Dazu kam es niemals – weil belastendes Material nicht vorhanden war. Erst im Herbst erschien eine Broschüre, die aber lediglich uraltes Material enthielt und nicht das, wovon Göring gesprochen hatte.

29. Die »Verordnungen zum Schutze von Volk und Staat« setzte die Artikel 114, 115, 117, 118, 123, 124 und 153 der Weimarer Verfassung außer Kraft. Art. 114 garantierte die Unverletzlichkeit der persönlichen Freiheit; Art. 115 die Unverletzlichkeit der Wohnung eines jeden; Art. 117 das Brief-, Post- und Telegraphengeheimnis; Art. 118 die Meinungsfreiheit; Art. 123 das Versammlungsrecht; Art. 124 die Freiheit, Parteien und Organisationen zu gründen; Art. 153 das Eigentum.

30. Nulla poena sine lege – Keine Strafe ohne Gesetz. Dieses von allen Kulturnationen anerkannte, ursprünglich römische Rechtsprinzip war bis dahin nur in der Sowjetunion beseitigt worden. In der Kabinettssitzung vom 15. März stand die »Bestrafung und Aburteilung der an der Inbrandsetzung des Reichstages beteiligten Täter« auf der Tagesordnung. Da die Notverordnung vom 28. Februar Brandstiftungen bereits mit dem Tode bedrohte, kann man nur vermuten, daß eine neue, speziell auf den Reichstagsbrand gemünzte Notverordnung die Grundlage schaffen sollte, diese Fälle zu erledi-

gen. Dr. Meißner nahm als Vertreter des Reichspräsidenten sofort dagegen Stellung und erklärte, der Präsident habe nach wie vor eine unüberwindliche Abneigung gegen eine Notverordnung, die für Brandstifter die Todesstrafe festsetze.

31. Göring ließ in der Nacht verlautbaren, van der Lubbe habe auch mit Sozialdemokraten in Verbindung gestanden. Die sozialdemokratische Partei nahm sofort dagegen Stellung. Der Untersuchungsrichter beim Reichsgericht, Vogt, ließ am 22. März verlautbaren: *»Dafür, daß nichtkommunistische Kreise mit dem Reichstagsbrand in Beziehung stehen, haben die Ermittlungen nicht den geringsten Anhalt ergeben.«*

32. Aus Papens Schilderungen (S. 291, 304) ergibt sich, daß er nicht auf den Gedanken kam, die Behauptungen Görings und Goebbels' über die kommunistische Urheberschaft in Zweifel zu ziehen. Auch Meißner tat das nicht (S. 281). Vor seinem Tode teilte er seinem Sohn wie auch Schulze-Wilde mit, daß er die Meldungen und Briefe über eine nationalsozialistische Urheberschaft an dem Brand zusammenstellte und dem Reichspräsidenten Vortrag hielt. Dieser hat daraufhin Hitler mündlich ersucht, zu diesen Beschuldigungen Stellung zu nehmen. Hitler erklärte sie als tendenziöse Erfindungen der Auslandspresse und berief sich auf die Protokolle der polizeilichen und staatsanwaltlichen Voruntersuchungen, welche starkes Beweismaterial für die Pläne der Kommunisten ergeben hätten, durch Terrorakte, bewaffnete Aufstände und Streiks einen bolschewistischen Staatsstreich vorzubereiten. Meißner (S. 283) teilt übrigens mit, Göring habe in der gemeinsamen Internierung in Bad Mondorf die Möglichkeit zugegeben, daß ein »Wildes Kommando« der SA, unter Ernst und Helldorf, Brandstifter gewesen sein könnten, bestritt aber, dabei beteiligt gewesen zu sein.

13. Die Legalisierung

1. Das Militär benahm sich 1923 durchaus korrekt.

2. Diels überschreibt ein Kapitel seines Buches: Der Aufstand der SA im März 1933. In diesem Kapitel, wie in anderen gibt er (S. 213, 220–255 und 265) grauenhafte Einzelheiten über das Wüten entmenschter SA-Horden gegen politische Gegner. Hitler und Göring behaupteten dagegen, die nationalsozialistische Revolution sei die »disziplinierteste und unblutigste« der Geschichte gewesen.

3. Diels, S. 230ff., S. 238 f.

4. »Bollejungens«, die Milchausträger der Firma Bolle in Berlin, trugen grüne Arbeitskittel. Als sich der Stahlhelm grüne Hemden anschaffte, die in der Farbe denen der »Bollejungens« glichen, erfanden die Kommunisten dieses Schimpfwort, das sich schnell in ganz Berlin einbürgerte.

5. Duesterberg, S. 46/47.

6. Die ersten durch das Radio bekanntgegebenen Teilergebnisse ließen in der Tat einen viel höheren Prozentsatz für die Nationalsozialisten erwarten, als bei den Endergebnissen herauskam.

7. Verfasser folgt in der Schilderung der Ereignisse in Görings Wohnung der Darstellung von Sommerfeldt, S. 41 f.

8. Am 26. April 1933 wurde Duesterberg als 2. Vorsitzender des »Stahlhelm« von Seldte seines Postens enthoben. Dem Reichspräsidenten meldete Seldte, Duesterberg sei aus »Gesundheitsgründen freiwillig zurückgetreten«. Am 21. Juni 1933 wurde der Stahlhelm der nationalsozialistischen Bewegung eingegliedert, gleichzeitig auch seine Jugendorganisation »Scharnhorst«. Reichsminister Seldte trat bereits Ende April der NSDAP bei.

9. Es widerspricht sowohl der langjährigen nationalsozialistischen Behauptung, die große Mehrheit des deutschen Volkes habe das Dritte Reich gewünscht, wie es auch die alliierte Propaganda Lügen straft, die im Kriege, nach dem Kriege und zum Teil noch jetzt das deutsche Volk kollektiv mit der Verantwortung an Hitlers totaler Macht belastet. Gerade das Gegenteil ist richtig: Selbst bei einer Wahl, die bereits unter stärkstem Druck der NSDAP stattfand, hat sich die Mehrheit aller deutschen Wähler nicht für Hitler entschieden. Als das deutsche Volk zum letzten Mal Gelegenheit hatte, zwischen verschiedenen Möglichkeiten zu wählen, hat es Hitler nicht die totale Macht gegeben, sondern sie ihm versagt! Niemand hat das klarer erkannt als die Führung der NSDAP selber.

10. Titel einer bekannten Novelle von Stefan Zweig.

11. Titel: »Reichsminister für Volksaufklärung und Propaganda«.

12. Duesterberg, S. 48 und Dr. Meißner an seinen Sohn.

13. François-Poncet, S. 106.

14. Anläßlich des Heldengedenktages sollten die Reichsfarben Schwarz-Rot-Gold durch das Hakenkreuz ersetzt werden. Während Reichswehrminister von Blomberg das ganz natürlich fand, gelang es Papen erst nach Einschaltung Hindenburgs mit äußerster Mühe, in dem Erlaß vom 12. März 1933 durchzusetzen, daß die Farben Schwarz-Weiß-Rot mit dem Hakenkreuz gleichberechtigt sein sollten. (Papen, S. 323 f.)

15. Goebbels, Kaiserhof, S. 284.

16. *Berliner Börsenzeitung*, 23. März 1933: *»Seit 14 Jahren war die Parole ›Freiheit und Friede‹. Das war keine preußische Devise. Preußen hat den Krieg gepredigt, den Gehorsam und die Entbehrungen. Heute haben Preußen, preußischer Geist, preußische Tradition die Leitung des deutschen Geschickes wieder übernommen. Es ist eine neue Taufe. Die Lüge von 1918 ist ausgelöscht. Das ist der Sinn des 21. März und der Grund, warum er in Potsdam gefeiert wird.«* Der Hinweis, daß es mit »Freiheit und Frieden« vorbei sei, gewinnt besondere Bedeutung, weil das die *Berliner Börsenzeitung* schrieb, die als das Blatt der Reichswehr galt. Sie konnte zu diesem Zeitpunkt noch wagen zu sagen, Preußen habe »den Krieg, die Entbehrungen und den Gehorsam« gepredigt. Welche bewußt hintergründigen Formulierungen – und welche Warnung!

17. Auch François-Poncet (S. 108) war stark beeindruckt.

18. Der Vatikan war die erste ausländische Macht, die mit der Regierung Hitler einen Vertrag schloß: das Reichskonkordat von 1933. Allerdings hielt sich das Dritte Reich nicht an die Abmachungen, was in der Folge zu erheblichen Spannungen zwischen der katholischen Kirche und den Behörden des Dritten Reiches führte.

19. Meißner versicherte seinem Sohn und Schulze-Wilde, daß Hindenburg das Manuskript der Rede vorher sehr genau durchgesehen und auch abgeändert habe. Bestimmte Wünsche Hitlers habe er unberücksichtigt gelassen. Ganz bewußt habe sich der Präsident nicht nur an »den Herrn Reichskanzler«, sondern auch an die »Herren Reichsminister« und die Abgeordneten gewandt und ebenso von dem »Beginn einer neuen Wahlperiode« gesprochen und damit ausdrücken wollen, daß dieser eine neue folgen würde. Allerdings habe er geglaubt, daß den nächsten Reichstag wieder ein deutscher Kaiser im Weißen Saal des Kaiserlichen Schlosses eröffnen würde. Da er das in seine Rede nicht mit aufnehmen konnte, habe er die kaiserliche Loge, in der der Kronprinz stand, in besonders auffallender Weise gegrüßt.

20. Ob Hindenburg bei seinem Besuch in der Gruft Friedrichs des Großen von Hitler begleitet wurde, ist nicht sicher festzustellen. Vgl. Goebbels, S. 285; Bullock, S. 266; Papen und Meißner gehen in ihren Büchern auf den Vorgang nicht ein. Dr. Meißner versicherte, es sei verabredet gewesen, daß Hindenburg als Staatsoberhaupt gemäß dem Protokoll die Gruft des toten Staatsoberhauptes von Preußen allein besuchen sollte. Ob sich Hitler doch anschloß, erwähnte er nie, so daß man annehmen darf, der Präsident ging

allein in die Gruft hinunter. Im anderen Falle hätte Goebbels höchstwahrscheinlich nachdrücklich darauf hingewiesen.

21. Vgl. Anmerkungen 110 und 111 in Kapitel 12.

22. Brüning, S. 18.

23. Brüning, S. 3: »*Die Tatsache, daß Marschall Pilsudski sich unmittelbar nach Hitlers Machtübernahme an die französische Regierung mit dem Vorschlag einer gemeinsamen militärischen Aktion wandte, zeigt, wie richtig unsere Befürchtungen waren. Die Kenntnis von Pilsudskis Vorschlag beeinflußte stark die Abstimmungen im Reichstag im März und im Mai 1933. Im Mai brachte die SPD das sehr große patriotische Opfer, mit allen andern Parteien für eine Resolution zu stimmen, die in vorsichtigen Ausdrücken den einmütigen Willen des Reichstags zum Ausdruck brachte, sich einer Aktion, wie sie Pilsudski den Franzosen vorgeschlagen hatte, zu widersetzen. Unzweifelhaft beeinflußte diese Abstimmung im Reichstag die französische Regierung, Pilsudskis Vorschlag zurückzuweisen.*« Die Resolution vom 17. Mai lautete: »*Der deutsche Reichstag als die Vertretung des deutschen Volkes billigt die Erklärung der Reichsregierung und stellt sich in dieser für das Leben der Nation entscheidenden Schicksalsfrage der Gleichberechtigung des deutschen Volkes geschlossen hinter die Reichsregierung.*«

24. Der Widerstand der Deutschnationalen war zu diesem Zeitpunkt nur noch auf Hindenburg aufgebaut.

25. Brüning, S. 17.

26. Brüning, S. 16: »Den vier Parteien, die Hitlers Regierung unterstützten, fehlten 33 Stimmen an der Zweidrittelmehrheit. Die Nationalsozialisten begannen dann, Abgeordnete der SPD zu verhaften, und drohten, die Verhaftungen fortzusetzen, bis die Regierungsparteien eine Zweidrittelmehrheit in dem Rumpf-Reichstag bilden würden.«

27. Von den 120 Abgeordneten der SPD fehlten in der Sitzung zwanzig. Neun waren verhaftet worden, elf hatten sich krank gemeldet.

28. Der Mörder Hanussens, der SA-Mann v. Ohst, wurde auf Grund dieser Amnestie begnadigt, obwohl der Hellseher erst am 24. März ermordet wurde. Man wandte die Amnestie auch gleich mit für Taten nach ihrem Erlaß an!

29. Besondere Bedeutung mißt Bracher der Reichstagsbrand-Verordnung zu.

30. Diels. S. 234.

31. Brüning, S. 16. Papen findet das Massenaufgebot von SA und SS, auf das auch andere Autoren hinweisen, nicht besonders auffällig (S. 309). Am 30. Juni 1934 wird Papens Amtssitz und Wohnung von SS umstellt werden, wie er in seinem Buche sehr dramatisch schildert (S. 353 ff.). Seine Darstellung, die zweifelsohne nicht übertrieben ist, zeigt, daß es doch eine Rolle spielt, ob man Entscheidungen unter Druck treffen muß.

32. Dazu erhielt Harry Wilde von Alt-Reichstagspräsident Löbe folgenden Brief: »*Wegen sehr kurzfristig einberufener Sitzung war eine größere Zahl der nationalsozialistischen Abgeordneten noch nicht anwesend. Darauf ver-*

kündete der Präsident Hermann Göring, er ermächtige die im Saal anwesenden Amtsträger der NSDAP, die Plätze der Abgeordneten einzunehmen und sich an den etwaigen Abstimmungen zu beteiligen, was im Laufe der Sitzung auch geschah ...« Ins Protokoll wurde dieser Vorgang nicht aufgenommen.

33. Verhaftet waren zu diesem Zeitpunkt die sozialdemokratischen Abgeordneten Finke, Fleißner, Kuhnt, Dr. Marum, Meier-Baden, Puchta, Seger, Soldtmann und Wagner. Die Zahl der verhafteten kommunistischen Abgeordneten ließ sich nicht feststellen.

34. Beifalls- oder Mißfallenskundgebungen der Tribünenbesucher sind in allen Parlamenten der Welt verboten und werden sofort mit der Räumung der Tribünen beantwortet.

35. Hitlers Behauptung war wissentlich und sachlich falsch. Zur Unterschrift war die Reichsregierung im Juni 1919 durch ein Ultimatum der Siegermächte mit der Drohung des Einmarsches gezwungen worden.

36. Hitler hielt es nie für nötig, eine neue Verfassung einzuführen. Soweit bekannt ist, wurden nicht einmal Referentenentwürfe in Auftrag gegeben. Die späteren Wahlen zum Reichstag waren keine wirklichen Wahlen.

37. Benito Mussolini, der »Duce«, hatte die »Machtergreifung« der Nationalsozialisten mit recht gemischten Gefühlen begrüßt. Die italienische Regierung befürchtete den »Anschluß« Österreichs und stellte sich sofort hinter die Regierung Dollfuß, die einen Kurs der Selbständigkeit steuerte. Während des Nationalsozialistischen Putsches im Jahre 1934 ließ der italienische Regierungschef einige Divisionen am Brenner aufmarschieren. Noch auf der Konferenz von Stresa nahm Mussolini eindeutig gegen das Dritte Reich Stellung. Erst während des abessinischen Krieges, der 1935 begann, besserten sich die Beziehungen zu Deutschland.

38. Papen, S. 307, Schneider, S. 10. Merkwürdig bleibt, daß wenige Tage vorher die dem Vatikan nahestehende Agentur »La corrispondenza« einen Artikel veröffentlichte, den verschiedene reichsdeutsche Zeitungen übernahmen und in dem die bisherige Einstellung des deutschen Episkopats zur NSDAP als revisionsbedürftig hingestellt wurde. Bracher (Machtergreifung) glaubt, im Gegensatz zu Schneider, einen ursächlichen Zusammenhang zwischen der Zustimmung des Zentrums zum Ermächtigungsgesetz und der Zusage Hitlers, ein Konkordat abzuschließen, feststellen zu müssen. Bald nach der Annahme des Ermächtigungsgesetzes fuhr Papen nach Rom. Das sehr umfangreiche Reichskonkordat konnte bereits am 8. Juli paraphiert und am 20. Juli 1933 unterzeichnet werden. Am 4. Juli hatte sich das Zentrum als politische Partei unter dem Druck der Verhältnisse »selbst aufgelöst«. Papen berichtet auch, daß Mussolini ihm zu einem schnellen Abschluß riet (S. 316).

39. Der Reichstag blieb als Einrichtung zwar bestehen, war aber bereits wenige Monate später nur noch Attrappe. Die Parteien, die am 21. März dem Ermächtigungsgesetz zustimmten, unterschrieben ihr eigenes Todesurteil. Nachdem bereits die KPD verboten und deren Mandate kassiert worden wa-

ren, folgte am 22. Juni 1933 das Verbot der SPD. Am 17. Juni löste sich die in Deutschnationale Front umbenannte DNVP selber auf, am 28. Juni folgte die Staatspartei, am 1. Juli der Christlich-Soziale Volksdienst, am 4. Juli die Deutsche Volkspartei und die Bayerische Volkspartei und am 5. Juli das Zentrum. Bestehen blieb nur die NSDAP. Am 14. November 1933 löste Hitler dann den achten deutschen Reichstag auf. Bei der Wahl am 12. November gab es nur noch eine Liste: NSDAP.

40. Der Reichspräsident war am 23. März praktisch schon entmachtet. Nach seinem Tode am 2. August 1934 gingen alle Rechte Hindenburgs auf Hitler über.

41. Die Gleichschaltung resp. Entmachtung der Kirchen und kirchlichen Organisationen begann unmittelbar nach Annahme des Ermächtigungsgesetzes.

42. Es war der sozialdemokratische Reichspräsident Ebert, der gegen den Widerspruch aus den Reihen der eigenen Partei, auf Anraten Meißners, das Deutschland-Lied als Nationalhymne durchsetzte.

43. Brüning, S. 17. Schneider, S. 11.

44. Meißner, S. 296. Brüning erwähnt diese Verhandlungen nicht.

45. Laut Meißner (S. 291) erklärte Hitler nach dem zusammenfassenden Protokoll der Kabinettssitzung: »Die Annahme des Ermächtigungsgesetzes durch das Zentrum werde eine Prestigestärkung gegenüber dem Ausland bedeuten. Am Mittwoch solle die Besprechung mit Vertretern des Zentrums über einzelne konkrete Fragen fortgesetzt werden.« Mit den »konkreten Fragen« werden wohl Fragen eines Reichskonkordates gemeint sein. In der Kabinettssitzung sprach er angesichts des Widerstandes evangelischer Minister nicht davon. In früheren Jahren war der Abschluß eines Reichskonkordates stets unmöglich gewesen (Bracher, Machtergreifung, S. 47, Fußnote).

46. Nach Meißner (S. 296) verhandelten Brüning und Kaas nicht nur mit Frick, sondern auch mit Göring. Doch werden mit diesem wohl andere als Konkordatsfragen behandelt worden sein (Schneider, S. 10, Fußnote).

47. Brüning, S. 19, S. 20. Meißner, S. 297.

48. Brüning, S. 19, S. 20.

49. Brüning, S. 19. Dem Fraktionszwang kam in diesem Augenblick besondere Bedeutung zu. Die Fraktion des Zentrums beschloß, so zu entscheiden, wie ihr Verhandlungsführer Kaas entschied. Welche Zusicherungen Hitler für die Zustimmung des Zentrums (und der Bayerischen Volkspartei) zum Ermächtigungsgesetz machte, steht dahin. Irgendwelche Verhandlungsprotokolle sind nie aufgefunden worden.

50. Meißner, S. 297.

51. Brüning, S. 19. Der hier geschilderte Vorgang – Frick unterrichtete Kaas, die Zusage Hitlers sei bereits im Büro abgegeben worden – muß sich jedoch unmittelbar vor der Rede Kaas' abgespielt haben, sonst wäre Kaas' Zustimmung nicht verständlich. Die Zentrumsfraktion erhielt den Brief niemals.

52. Laut amtlichem Protokoll an dieser Stelle: »Lebhafter Beifall im Zen-

trum, bei der Bayerischen Volkspartei und bei den Nationalsozialisten.«

53. Der Text ist wörtlich dem amtlichen Bericht entnommen. Nur an der mit ... gekennzeichneten Stelle ist ausgelassen, daß Göring mitteilte, wo die Abstimmungskarten erhältlich seien. Am 24. März bemerkt Goebbels: »Jetzt sind wir verfassungsmäßig die Herren des Reiches.«

54. Das endgültige Ergebnis lautete: Abgegebene Stimmzettel 538. Davon ungültig keine. Für Ja stimmten 444, für Nein 94, der Abstimmung enthielt sich niemand. Nur einige Sozialdemokraten gaben überhaupt keine Stimmzettel ab. Nach diesem Ergebnis wäre es unnötig gewesen, die kommunistischen Mandate zu kassieren. Am 5. März 1933 waren 647 Abgeordnete gewählt worden. Zwei Drittel davon waren 432.

55. Papen, S. 341.

Benutzte Bücher

Anklage gegen die Ankläger – Die Widerlegung der geheimen Anklageschrift des Reichstagsbrand-Prozesses – Herausgegeben vom Weltkomitee für die Opfer des Hitlerfaschismus – Paris 1933
Baden, Prinz Max von – Erinnerungen und Dokumente, Leipzig 1928
Barth, Emil – Aus der Werkstatt der deutschen Revolution – Berlin 1919
Berndorff, H. R. – General zwischen Ost und West – Hamburg o. J.
Boldt, Gerhardt – Die letzten Tage der Reichskanzlei – Hamburg 1947
Borkenau, Franz – Der europäische Kommunismus – Seine Geschichte von 1917 bis zur Gegenwart – München 1952
Boveri, Margret – Der Diplomat vor Gericht – Berlin 1948
Boveri, Margret – Der Verrat im XX. Jahrhundert – Rowohlts Deutsche Enzyklopädie – Hamburg 1956
Bracher, Karl Dietrich – Die Auflösung der Weimarer Republik – Stuttgart 1955
Bracher, Karl Dietrich – Nationalsozialistische Machtergreifung und Reichskonkordat – Nicht im Buchhandel; herausgegeben von der Hessischen Landesregierung, – Wiesbaden 1956
Braun, Otto – Von Weimar bis Hitler – New York 1940
Braunbuch (I) – Über Reichstagsbrand und Hitler-Terror – Basel 1933
Braunbuch (II) – Dimitroff contra Göring – Enthüllungen über die wahren Brandstifter – Paris 1934
Brecht, Arnold – Vorspiel zum Schweigen – Das Ende der deutschen Republik – Wien 1948
Bross, Werner – Gespräche mit Hermann Göring während des Nürnberger Prozesses – Flensburg 1950
Brüning, Dr. Heinrich – Memoiren 1918–1934 – Stuttgart 1970
Brüning, Dr. Heinrich – Ein Brief – Deutsche Rundschau 7/1947
Buber-Neumann, Margarete – Von Potsdam nach Moskau – Stuttgart 1957
Bullock, Alan – Hitler / Eine Studie über Tyrannei – Düsseldorf 1953
Byrnes, J. F. – In aller Offenheit – Frankfurt 1947
Caro, Kurt / *Oehme,* Walter – Schleichers Aufstieg – Berlin 1933
Choltitz, Dietrich von – Soldat unter Soldaten – Konstanz 1951
Ciano, Caleazzo – Tagebücher 1937/38 – Hamburg 1949
Ciano, Caleazzo – Tagebücher 1939/43 – Bern 1943
Darré, R. W. – Um Blut und Boden – München 1940
Diels, Rudolf – Lucifer Ante Portas – Stuttgart 1950
Dietrich, Otto – Mit Hitler in die Macht – München 1934
Dietrich, Otto – 12 Jahre mit Hitler – München 1955
Dimitroff, G. – Reichstagsbrandprozeß – Berlin 1946

Drexler, Anton – Mein politisches Erwachen – München 1923
Duesterberg, Th. – Der Stahlhelm und Hitler – Wolfenbüttel 1949
Erzberger, M. – Erlebnisse im Weltkrieg – Stuttgart 1920
Espe, Walter M. – Das Buch der NSDAP – Berlin 1933
Ewers, Hanns Heinz – Horst Wessel – Stuttgart 1933
Feder, Gottfried – Das Programm der NSDAP und seine weltanschaulichen Grundgedanken – München 1932
Fischer, Ruth – Stalin und der deutsche Kommunismus – Frankfurt 1948
Förster, W. – Ein General kämpft gegen den Krieg – München 1949
Foertsch, Hermann – Schuld und Verhängnis – Stuttgart 1951
François-Poncet, André –Von Versailles bis Potsdam – Mainz 1949
François-Poncet, André – Als Botschafter in Berlin – Mainz 1947
Frank, Dr. Hans – Im Angesicht des Galgens – München-Gräfelfing 1953
Frank, Karl Friedrich v. – Adolf Hitlers Ahnentafel – (»Adler« Monatsblatt d. Heraldisch-Genealog. Ges.) Bd. XI 1932
Frei, Bruno – Hanussen – Straßburg 1934
Friedrich, Dr. Julius – Wer spielte falsch? – Hamburg o. J.
Frischauer, Willi – Ein Marschallstab zerbrach – Ulm 1951
Fritzsche, Hans, s. Springer, Hildegard
Georg, Manfred – Der Fall Ivar Kreuger – Berlin 1932
Gisevius, Hans Bernd – Bis zum bitteren Ende – Zürich 1946
Goebbels, Joseph – Der Angriff – München 1935
Goebbels, Joseph – Vom Kaiserhof zur Reichskanzlei – München 1934
Goebbels, Joseph – Wetterleuchten – München 1939
Aus Görings Schreibtisch – Ein Dokumentenfund – Berlin 1947
Görlitz, Walter / *Quint,* Herbert A. – Adolf Hitler – Stuttgart 1952
Görlitz, Walter – Der Deutsche Generalstab – Frankfurt/Main o. J.
Görlitz, Walter – Hindenburg – Bonn 1953
Groener, Wilhelm – Lebenserinnerungen – Herausgegeben von Friedrich Frhr. Hiller von Gaertringen – Göttingen 1957
Groener-Geyer, Dorothea – General Groener – Frankfurt/Main 1955
Hammer, Walter – Die geheime Front – Linz 1950
Hammer, Walter – Hohes Haus in Henkers Hand – Frankfurt/Main 1956
Hanussen / Frei – Gedruckte Klageschrift von Dr. jur. Botho Laserstein in Sachen Steinschneider genannt Hanussen gegen Kosmos-Verlag (Bruno Frei)
Heiden, Konrad – Adolf Hitler (I) – Zürich 1936
Heiden, Konrad – Adolf Hitler (II) – Zürich 1937
Heiden, Konrad – Geschichte des Nationalsozialismus – Berlin 1932
Hindenburg, P. von – Aus meinem Leben – Leipzig 1934
Hitler, Adolf – Mein Kampf – München 1925
Der Hitler-Prozeß vor dem Volksgericht in München – München 1924
Hitler-Wolf, Paula – Mein Bruder Adolf – Wochenend 1949
Hossbach, Friedrich – Zwischen Wehrmacht und Hitler – Wolfenbüttel 1949

Ilsemann, Sigurd von – Der Kaiser in Holland – Biederstein-Vlg. München 1967
Jaensch, Erich – Über den Aufbau der Wahrnehmungswelt – Leipzig 1927
Jetzinger, Franz – Hitlers Jugend – Wien 1956
Keil, Wilhelm – Erlebnisse eines Sozialdemokraten (I) – Stuttgart 1947
Keil, Wilhelm – Erlebnisse eines Sozialdemokraten (II) – Stuttgart 1948
Kempka, Erich – Ich habe Adolf Hitler verbrannt – München o. J.
Kersten, Felix – Totenkopf und Treue – Hamburg o. J.
Kielmannsegg, Graf – Der Fritschprozeß 1938 – Hamburg 1949
Knickerbocker, H. R. – Der rote Handel droht! – Berlin 1931
Knickerbocker, H. R. – Kommt Europa wieder hoch? – Berlin 1932
Kogon, Eugen – Der SS-Staat; das System des deutschen Konzentrationslagers – München 1946
Kordt, Erich – Wahn und Wirklichkeit – Stuttgart 1947
Kordt, Erich – Nicht aus den Akten – Stuttgart 1950
Koestler, Arthur – Die Geheimschrift – München 1954
Kriegk, Dr. Otto – Hugenberg – Leipzig 1932
Krivitsky, W. G. – Ich war in Stalins Dienst! – Amsterdam 1940
Kubizek, August – Adolf Hitler / Mein Jugendfreund – Graz 1953
Kugler, Ferd. – Das Geheimnis des Reichstagsbrandes – Amsterdam-Leipzig o. J.
Ein Kulturvolk protestiert – Die öffentliche Meinung Englands über den Hitler-Terror – o. J. und Ort
Lange, Eitel – Der Reichsmarschall im Kriege – Stuttgart 1950
Last, Jef / *Wilde,* Harry – Kruisgang der jeugd – Rotterdam 1939
Leber, Annedore – Das Gewissen steht auf – 64 Lebensbilder aus dem deutschen Widerstand 1933–1945 – Frankfurt/Main 1954
Litwinow, Maxim – Memoiren – Aufzeichnungen aus den geheimen Tagesbüchern – München 1956
Löbe, Paul – Der Weg war lang / Lebenserinnerungen – Berlin-Grunewald 1954
Löbe, Paul –Erinnerungen eines Reichstagspräsidenten – Berlin 1949
Maser, Werner – Adolf Hitler – Legende – Mythos – Wirklichkeit, München u. Esslingen 1974[6]
Maser, Werner – Adolf Hitler – Mein Kampf. Der Fahrplan eines Welteroberers – Geschichte. Auszüge. Kommentare von Werner Maser. Esslingen 1974
Maser, Werner – Der Sturm auf die Republik, Frühgeschichte der NSDAP, Stuttgart 1973
Meissner, Otto – Staatssekretär unter Ebert–Hindenburg–Hitler – Hamburg 1950
Moeller van den Bruck, Das Dritte Reich – Hamburg 1931
Moeller van den Bruck – Der preußische Stil – Breslau 1931
Mommsen, Dr. Wilhelm – Deutsche Parteiprogramme – München 1952

Münzenberg, Willi – Propaganda als Waffe – Basel 1937
Neurohr, Jean F. – Der Mythos vom Dritten Reich – Stuttgart 1956
Noske, Gustav – Von Kiel bis Kapp – Berlin 1920
Noske, Gustav – Erlebtes aus Aufstieg und Niedergang einer Demokratie – Offenbach/Main 1947
Nowak, Karl Friedrich – Versailles – Berlin 1927
Obermann, Emil – Soldaten, Bürger, Militaristen – Stuttgart 1958
Olden, Rudolf – Hindenburg – Hof 1948
Oldenburg-Januschau, Elard von – Erinnerungen – Leipzig 1936
Papen, Franz von – Der Wahrheit eine Gasse – München 1952
Pechel, Rudolf – Deutscher Widerstand – Zürich 1947
Pem – Heimweh nach dem Kurfürstendamm – Berlin 1952
Picker, Dr. Henry – Hitlers Tischgespräche im Führerhauptquartier 1941–1942 – Bonn 1951
Rabitsch, Hugo – Jugenderinnerungen eines zeitgenössischen Linzer Realschülers – München 1938
Rauschning, Hermann – Gespräche mit Hitler – Zürich 1940
Reichstagsprotokolle
Reventlow, Graf E. – Der Deutsche Freiheitskampf – Karlsruhe o. J.
Ribbentrop, Joachim von – Zwischen London und Moskau – Leoni am Starnberger See 1953
Riess, Curt – Joseph Goebbels – Baden-Baden 1950
Ritter, Gerhard – Carl Goerdeler und die deutsche Widerstandsbewegung – Stuttgart 1934
Roodboek – Van der Lubbe en de Rijksdagbrand – Amsterdem o. J. (1933?)
Rossbach, Gerhard – Mein Weg durch die Zeit – Weilburg-Lahn 1950
Rothfels, Hans – Die deutsche Opposition gegen Hitler – Krefeld 1951
Rühle, Gerd – Das Dritte Reich – Die Kampfjahre 1918–1933 – Berlin o. J.
Rühle, Gerd – Das Dritte Reich – Das erste Jahr 1933 – Berlin o. J.
Sack, Dr. – Der Reichstagsbrand-Prozeß – Berlin 1934
Salomon, Ernst von – Die Geächteten – Berlin 1931
Salomon, Ernst von – Der Fragebogen – Hamburg 1951
Schacht, Dr. Hjalmar – Abrechnung mit Hitler – Berlin-Frankfurt/Main 1949
Scheidemann, Philipp – Memoiren eines Sozialdemokraten – Dresden 1930
Schmidt-Pauli, Edgar von – Geschichte der Freikorps 1918–1924 – Stuttgart 1936
Schneider, Hans – Das Ermächtigungsgesetz vom 24. März 1933 – Herausgeber: Bundeszentrale für Heimatdienst, Bonn
Schwend, Karl – Bayern zwischen Monarchie und Diktatur / Beiträge zur bayrischen Frage in der Zeit von 1919 bis 1933 – München 1954
Schwerin von Krosigk, Lutz Graf – Es geschah in Deutschland – Stuttgart 1951

Severing, Carl – Mein Lebensweg – Köln 1950
Sommerfeldt, Martin H. – Ich war dabei – Die Verschwörung der Dämonen 1933 bis 1939 – Darmstadt 1949
Springer, Hildegard – Es sprach Hans Fritzsche – Stuttgart 1949
Der Spruch von London – Der Reichstagsbrand im Spiegel des Urteils – Herausgeber: Ludmila Twrdik, Prag VII
Stampfer, Friedrich – Die vierzehn Jahre der ersten deutschen Republik – Karlsbad 1936
Strasser, P. Bernhard – Gregor und Otto Strasser – Kurze Darstellung ihrer Persönlichkeit und ihres Wollens – Külsheim/Baden o. J.
Strasser, Gregor – Kampf um Deutschland – München 1932
Strasser, Dr. Otto – Die deutsche Bartholomäusnacht – Zürich 1935
Strasser, Dr. Otto – Hitler und ich – Buenos Aires 1940
Thyssen, Fritz – I Paid Hitler – New York 1941
Valtin, Jan (Richard Vreber) – Tagebuch der Hölle – Köln 1957
Volkmann, Erich Otto – Revolution über Deutschland – Oldenburg 1930
Volz, Dr. Hans – Daten der Geschichte der NSDAP – Berlin/Leipzig 1938
Warburg, Sidney – De Geldbronnen van het Nationaal-Socialisme – Drie Gesprekken met Hitler – Amsterdam 1933
Weissbuch über die Erschießungen des 30. Juni 1934 – Paris 1935
Weizsäcker, Ernst von – Erinnerungen – München 1950
Westarp, Kuno Graf von – Das Ende der Monarchie am 9. November 1918 – Berlin 1952
Wheeler-Bennett, John W. – Die Nemesis der Macht – Die deutsche Armee in der Politik 1918–1945 – Düsseldorf 1954
Wheeler-Bennett, John-W. – Der Hölzerne Titan – Paul von Hindenburg — Tübingen 1969
Wickel, Helmut – Ein Nichts erobert die Welt – Berlin 1930
Wickert, Erwin – Dramatische Tage in Hitlers Reich – Stuttgart 1952
Wilde, Harry – siehe Last
Wolff, Dr. Richard – Der Reichstagsbrand 1933 / Forschungsbericht – Beilage *Das Parlament* – Bonn 1956 / B III
Wollenberg, Erich – Der Apparat / Stalins Fünfte Kolonne – Bonn 1952
Zoller, A. – Hitler privat – Düsseldorf 1949

Sacherläuterungen

ADGB = Allgemeiner Deutscher Gewerkschaftsbund – siehe Gewerkschaften.

AGITPROP – Aus den beiden Wortanfängen AGITation und PROPaganda zusammengesetztes neues Wort, von den Kommunisten für Propaganda verwendet.

Allgemeiner Deutscher Gewerkschaftsbund– siehe Gewerkschaften.

Anarchismus – Das Wort bedeutet Herrschaftslosigkeit, das heißt Befreiung des Menschen von jedem politischen, wirtschaftlichen und religiösen Zwang. Der Anarchismus lehnt jede staatliche Bindung ab und erstrebt eine freiwillige Verbindung freier Individuen. Väter dieser Bewegung in neuerer Zeit sind der Engländer Godwin, der Deutsche Stirner (»Der Einzige und sein Eigentum«), der Franzose Proudhon (»Eigentum ist Diebstahl«) und die Russen Bakunin und Fürst Kropotkin. In der zweiten Hälfte des 19. Jahrhunderts gewann der Anarchismus eine gewisse Bedeutung, vor allem in den romanischen Ländern. Auch eine Reihe Attentate, wie das gegen die Kaiserin Elisabeth von Österreich, wurden von Anarchisten verübt. Die Anarchisten standen im schärfsten Gegensatz zum Marxismus, der zwar ebenfalls ein »Absterben des Staates« propagiert, aber erst nach einer Periode der »Diktatur des Proletariats«. Nach dem Ersten Weltkrieg ging die anarchistische Bewegung immer mehr zurück, außer in Italien und Spanien. Die Fabrikbesetzungen in Italien 1920, die dem Faschismus Mussolinis ungeheuren Auftrieb gaben, waren stark vom Anarchismus beeinflußt. Der Wahlerfolg der Republikaner in Spanien 1936 erklärte sich daraus, daß sich die Anarchisten erstmals an der Wahl beteiligten, um die Macht der Kirche zu brechen. Bekanntlich löste der Wahlsieg der Linken die Revolution der Falange unter Franco aus.

Angriff – Das Blatt von Dr. Goebbels. 1927 als Wochenzeitung gegründet. Nach seiner Ernennung zum Reichsminister legte Goebbels die Redaktion nieder. 1935 wurde der A. Organ der Deutschen Arbeitsfront.

Apparat – Als »Apparat« bezeichnete man in der KPD nicht den Parteivorstand, sondern ein enges Gremium von Moskau ferngelenkter Kommunisten, die faktisch die Politik der KPD bestimmten. Diese Kommunisten nannte man spöttisch »Apparatschiks«. Wollenberg schildert diese Einrichtung der Komintern folgendermaßen (S. 3 ff.):

»Der ›Apparat‹ ist ein Instrument des unterirdischen politischen Machtkampfes, von dessen Aufgaben, Tätigkeit und Gefährlichkeit bisher nur wenige eine klare Vorstellung haben. Wer von ihm durch gelegentliche Hinweise erfuhr, mag eher geneigt sein, seine Existenz in den Bereich einer krankhaft mißtrauischen Phantasie zu verweisen ...

Der 2. Weltkongreß der Komintern 1920, auf internationaler Ebene organisiert, hat die planmäßige Koppelung von Partei und ›Apparat‹, von Legalität und Illegalität zur Methode des revolutionären Machtkampfes erhoben und damit die im 19. Jahrhundert noch lebendigen Begriffe politischer Moral korrumpiert und einseitig außer Kraft gesetzt. Diese Doppelgleisigkeit des Wirkens, auf öffentlicher und unterirdischer Ebene, im Rahmen der staatlichen Rechtsordnung und zugleich unter Nichtbeachtung und Zerstörung aller rechtlichen und moralischen Grundsätze, ist seit Jahrzehnten das Hauptmerkmal der kommunistischen Tätigkeit in der Welt. Während die Partei ideologisch, propagandistisch, parlamentarisch in der Öffentlichkeit von sich reden macht, bleibt der ›Apparat‹ namenlos und verborgen. Er kennt keine Agitatoren, keine Parlamentarier und keine ideologische Diskussion, er besteht aus einem Netz unsichtbarer Verschwörer, die als Berufsrevolutionäre die Vorbereitung und Durchführung von Revolutionen in anderen Ländern betreiben – geschult und trainiert in allen Methoden der Sabotage und Diversion, der anarchistischen Zersetzung und des Bürgerkrieges, zusammengehalten in eiserner Disziplin und zentral gelenkt aus der Sowjetunion.«

Bannmeile — Im Mittelalter die Umgebung eines Ortes, innerhalb dessen kein Fremder Handel oder Gewerbe treiben durfte. Neuerdings versteht man unter B. den Schutzbereich um ein Gebäude (Parlament) oder ein (Regierungs-) Viertel, in dem keine Demonstrationen stattfinden dürfen.

Bayerische Volkspartei (BVP) – Sie spaltete sich 1920 vom Zentrum ab, weil dessen Politik unter Erzbergers Führung ihr zu unitarisch war. Ihre Reichstagsfraktion unterstützte später meist die vom Zentrum gebildeten Regierungen. In Bayern herrschende Regierungspartei bis März 1933.

Berlin am Morgen – siehe Münzenberg.

Berliner Tageblatt — 1872 von Rudolf Mosse gegründet. Entwickelte sich unter der Chefredaktion von Arthur Levysohn und Theodor Wolff zu einem der deutschen Weltblätter. Im März 1933 gleichgeschaltet, stellte es 1939 sein Erscheinen ein.

Braunbücher — Das von Münzenberg (s. d.) in Paris im November 1933 herausgegebene Braunbuch I erschien wenige Tage vor Beginn des Reichstagsbrandprozesses in Leipzig. Es beeinflußte stark den Prozeßverlauf. Braunbuch II – Dimitroff gegen Göring – erschien nach dem Prozeß. Verfasser der Bände war Otto Katz (s. d.) Arthur Koestler, 1933 in Paris Mitarbeiter von Münzenberg und Katz, schreibt darüber (S. 206): »Das Braunbuch hatte wahrscheinlich die stärkste politische Wirkung, die jemals ein Pamphlet seit Tom Paines ›Common Sense‹ erzielt hatte. Es wurde anonym veröffentlicht... Das Material war vom Nachrichtenapparat der Komintern zusammengetragen worden... Es gründete sich auf Deduktion, Intuition und Bluff... Es wurde innerhalb von wenigen Wochen in siebzehn Sprachen übertragen... und wurde zur Bibel des antifaschistischen Kreuzzuges...« Über den Zweck der Braunbücher vgl. weiter Koestler S. 201.

Tatsächlich gelang es Katz, einige seiner Geschichtsfälschungen so hinzustellen, daß sogar Koestler zwanzig Jahre später noch daran glaubte. Als Katz (nicht der »holländische Apparat«) im Sommer 1933 nach Holland kam, fand er nichts, was sich gegen Lubbe hätte verwenden lassen. Lubbe war ein politischer Wirrkopf, aber persönlich ein hilfsbereiter und allgemein beliebter junger Mann. Aber Katz hatte die Weisung, ihn unter allen Umständen zu diffamieren. Da er nichts fand, erfand er. Aus dem Anarchisten machte er »den faschistischen Provokateur«, der schon in Holland – wo es noch kaum eine nennenswerte »faschistische Bewegung« gab – offen seine Neigung zum Nationalsozialismus bekannt hatte. Kommunistische Parteimitglieder wurden gezwungen, eidesstattliche Erklärungen in diesem Sinne abzugeben (Braunbuch I S. 60), in denen unterstellt wurde, daß jeder, der nicht für den Kommunismus eintrat, ein Faschist sei. Um die Brücke zwischen Lubbe und der NSDAP zu schlagen, machte Katz aus Lubbe den homosexuell veranlagten Lustknaben von Hauptmann Röhm, obwohl dafür nicht der geringste Beweis vorlag. Um seine These zu untermauern, fälschte und unterschlug er Protokolle über die Aussagen von Frauen und Männern, die mit Lubbe in Beziehungen gestanden hatten. So schrieb er:

»Izak Vink hat unserem Berichterstatter erzählt, daß er mit van der Lubbe oft in einem Bett geschlafen hat« (Braunbuch I S. 52).

Tatsächlich gab Vink, der übrigens verheiratet war, zu Protokoll:

»Ich habe verschiedene Male mit Lubbe in einem Bett geschlafen, ohne daß ich etwas von homosexuellen Neigungen wahrgenommen habe« (Roodboek S. 46).

Katz' »Kronzeuge« korrigierte seine ursprüngliche Aussage und erklärte in London vor den »Richtern« des Gegenprozesses (s. d.), er wisse nichts Bestimmtes, aber er habe angenommen, daß Lubbe »möglicherweise« homosexuell sei. Gegen die Darstellungen Katz' in den Braunbüchern protestierten sofort (ohne Erfolg): sämtliche Freunde Lubbes, seine Wirtsleute, seine Familie, die Polizei, sein Verteidiger, aber gegen Katz kam niemand auf. Er verteidigte seine »Theorie« hartnäckig, denn stimmte seine Behauptung nicht, brach sein ganzes Lügengebäude zusammen. Eine Reihe Verlage, die das Braunbuch I herausgebracht hatten, weigerten sich dann, Braunbuch II zu verlegen.

Katz handelte natürlich im Auftrag der Komintern. Die Gründe kann man nur vermuten: Die Sowjetunion unterhielt ausgezeichnete Beziehungen zur Reichswehr, die erst 1934 unterbunden wurden. Eine Diffamierung der SA via Lubbe-Röhm mußte der Reichswehr zugute kommen, über die man mit Hitler zu Abmachungen kommen wollte.

Braunes Haus – Sitz der Reichsleitung der NSDAP in München.

BVG – siehe Berliner Verkehrsgesellschaft.

BVP – siehe Bayerische Volks-Partei.

Christlich-nationale Bauern- und Landvolkpartei – Ging im Jahre 1930 durch Absplitterung von der DNVP hervor, und errang 19 Sitze. 1932 ver-

schwand sie; ihre Wähler gingen zur NSDAP über. 1933 aufgelöst.
Christlich-sozialer Volksdienst – Absplitterung der DNVP. Verschiedene Abgeordnete dieser Partei schlossen sich mit dem in Württemberg heimischen Chr.-soz.-V-D zusammen. 1933 aufgelöst.
DAF – siehe Deutsche Arbeits-Front.
DAZ – Deutsche Allgemeine Zeitung.
Dawesplan – Eine 1924 von Deutschland trotz größter Bedenken angenommene vorläufige Reparationsregelung. Er ging von dem Grundsatz aus, daß der deutsche Staatshaushalt ausgeglichen sein müsse. Zum Zwecke der endgültigen Stabilisierung erhielt Deutschland eine Anleihe von 800 Millionen Goldmark. Die Höhe der zu zahlenden Reparationen wurde nach einigen Übergangsjahren auf jährlich 2,5 Milliarden Mark festgesetzt. Die Hälfte davon sollte aus dem Haushalt, wofür Zölle und vier Verbrauchssteuern verpfändet wurden, aufgebracht werden, der Rest durch die Deutsche Reichsbahn, die in eine Gesellschaft umgewandelt wurde, und durch Industrie-Obligationen.
DDP – siehe Deutsche Demokratische Partei.
Deutsche Allgemeine Zeitung – Ehemals die im Reichsbesitz befindliche Norddeutsche Zeitung (gegr. 1861). 1919 in DAZ umgeändert, 1920 vom Hugo Stinnes-Konzern übernommen. 1945 eingegangen.
Deutsche Arbeits-Front (DAF) – siehe Gewerkschaften.
Deutsche Bauern-Partei – 1928 errang sie 8 Mandate, dann verschwand sie. Ihr Kern war der Bayerische Bauern-Bund.
Deutsche Demokratische Partei (DDP) – Ende 1918 aus der Fortschrittlichen Volkspartei und Teilen der Nationalliberalen als bürgerliche Sammelpartei liberaler Gesinnung entstanden. Parteiführer Friedrich Naumann. Bedeutende Persönlichkeiten und große Zeitungen bekannten sich zu ihren Zielen. In der Wirtschaftskrise verlor sie ihre Massenbasis. Auch der Zusammenschluß mit dem Jungdeutschen Orden als Deutsche Staatspartei 1930 hielt den Rückgang nicht auf. Im Juli 1933 löste sie sich wie die anderen Parteien auf.
Deutsche-Hannoverische Partei (DHP) – Ihre Mitglieder erstrebten die Wiederherstellung des alten Königreiches Hannover unter der Dynastie der Welfen. Im Reichstag vertreten 1872–1932. 1933 löste sie sich auf. 1945 als Niedersächsische Landespartei wiedererstanden, dann Deutsche Partei.
Deutsche Staats-Partei (DStP) – siehe Deutsche Demokratische Partei.
Deutsche Volks-Partei (DVP) – Im Dezember 1918 von dem Nationalliberalen Gustav Stresemann gegründet. Obwohl sie monarchistisch eingestellt war, beteiligte sie sich bereits 1920 an einem Kabinett; 1923 stellte sie den Reichskanzler. Von 1923 an saß ihr Gründer als Außenminister in allen Kabinetten bis zu seinem Tod (1929). 1932 verlor sie jede Bedeutung, 1933 löste sie sich selber auf.
Deutsch-Nationale Volks-Partei (DNVP). Nach 1918 gegründet als Ersatz für die konservativen Rechtsparteien des Kaiserreichs. 1930 spalteten sich eine

Reihe Abgeordnete ab. 1933 versuchte Papen, eine Kampffront Schwarzweiß-rot zustande zu bringen, um der DNVP wieder zu ihrer alten Bedeutung zu verhelfen. Im Januar 1933 löste sie sich auf.

DNVP – siehe Deutsche-Nationale Volks-Partei.

DSTP – siehe Deutsche Demokratische Partei.

DVP – siehe Deutsche Volks-Partei.

Einheit – siehe Roter Frontkämpfer-Bund.

Frankfurter Zeitung – 1856 von Sonnemann gegründet, erlangte sie Weltruf. Ursprünglich ein Kampfblatt gegen die Vormachtstellung Preußens; bekämpfte nach 1871 auch verschiedentlich die Politik Bismarcks. Berühmt war ihr Handelsteil, aber auch ihr Nachrichten- und literarischer Teil entsprach höchsten Ansprüchen. Nach 1933 galt sie als der Hort des getarnten Widerstandes. 1943 mußte sie ihr Erscheinen einstellen. Die jetzige *Frankfurter Allgemeine Zeitung* kann im gewissen Sinne als Fortführung der FZ angesehen werden.

Freikorps — Nach dem Ersten Weltkrieg bildeten sich zahlreiche Freikorps, die ein ziemlich selbständiges Leben führten und den Regierungen der Weimarer Republik mehr Schwierigkeiten bereiteten, als halfen. In einigen Fällen leisteten sie allerdings wertvolle Dienste, beispielsweise eine Zeitlang im Baltikum und in Oberschlesien. Bemerkenswert ist, daß sich 1933 die alten Freikorpskämpfer nur sehr zögernd Hitler zur Verfügung stellten. Ein ziemlich hoher Prozentsatz gab die Opposition gegen die NSDAP auch während des Dritten Reiches nicht auf. Eine Gruppe von Freikorpsleuten um Beppo Römer sympathisierte auch mit den Kommunisten, eine andere Gruppe machte mit der Weimarer Republik ihren Frieden und stellte sich der Regierung zur Verfügung.

Gegenprozeß – Münzenberg hatte 1933 den Einfall, noch vor dem Leipziger Reichstagsbrand-Prozeß in London einen Gegenprozeß zu starten. Koestler schreibt darüber (S. 207): »Während das Braunbuch vorbereitet wurde, vergrößerte Münzenberg seinen Wirkungskreis. Wiederum unter dem Deckmantel des philanthropischen ›Hilfskomitees für die Opfer des deutschen Faschismus‹ organisierten er und Katz das ›Komitee zur Untersuchung der Hintergründe des Reichstagsbrandprozesses‹. Es bestand aus Anwälten verschiedener Nationalität und von internationalem Ansehen. Am 4. September 1933 wurde die erste öffentliche Sitzung des Untersuchungskomitees im Gerichtssaal der Londoner ›Law Society‹ von Sir Stafford Cripps eröffnet. Das Komitee verhörte Zeugen, prüfte Dokumente und arbeitete tatsächlich wie ›ein unoffizielles Tribunal, dem sein Mandat vom Weltgewissen verliehen worden war‹ – wie Katz, der unsichtbare Organisator des Komitees, im ›zweiten Braunbuch‹ schrieb. Die Verhandlungen des Komitees wurden als der ›Gegenprozeß‹ bekannt. Ein öffentlicher Parallelprozeß dieser Art war etwas völlig Neues im Westen und wurde weltberühmt. Münzenberg war auf den Einfall gekommen, als er auf der Suche nach einem neuen Propagandamittel sich an die ›Geheimgerichte‹ der russischen Revolution in Zarenzeiten erinnerte.

Das Urteil des Gegenprozesses, das die Kommunisten für unschuldig und die Nazis für schuldig erklärte, wurde am 20. September in der Caxton Hall in London verkündet – am Tag vor Beginn des wirklichen Prozesses im Reichsgericht in Leipzig. Dank Münzenbergs genialem Einfall waren die Nazis daher von Anfang an in der Defensive.«

Das Untersuchungskomitee in London, dem nicht ein Kommunist angehörite, wurde schamlos betrogen. Beispielsweise trat ein »höherer SA-Führer« auf, der angeblich sein Gesicht nicht zeigen könne, da er wieder nach Deutschland zurückgehen werde. Der »Spruch von London« wurde als Broschüre herausgegeben. Natürlich wäre es falsch, alles, was in London zur Sprache kam, als Lüge hinzustellen. Ein wirklich objektiver Gegenprozeß hätte verdienstvoll sein können.

Germania — Führendes Zentrumsblatt, neben der *Kölnischen Volkszeitung* das wichtigste Organ dieser Partei. 1871 gegründet. Ein wesentlicher Teil der Aktien gehört Franz von Papen. 1938 eingegangen.

Gestapo – Geheime Staats-Polizei. Von Göring gegründet, wurde sie 1934 Himmler unterstellt, mit dessen Sicherheitsdienst (SD) sie zusammenarbeiten mußte. Oberste Behörde war das Geheime Staatspolizeiamt in Berlin, das völlig getrennt von der allgemeinen Polizei arbeitete. Das Polizeirecht fand auf sie keine Anwendung; ihre Verfügungen unterstanden nicht der richterlichen Nachprüfung. Die Gestapo war wohl die fürchterlichste Waffe des NS-Regimes gegen die Bevölkerung.

Gewerkschaften – (Stand von 1930):

Freie Gewerkschaften (durchweg sozialdemokratisch)

Allgemeiner Deutscher Gewerkschaftsbund (ADGB), 35 Verbände und zirka 5 Millionen Mitglieder,

Allgemeiner Freier Angestelltenbund (AFA), 14 Verbände, zirka 450 000 Mitglieder,

Allgemeiner Deutscher Beamtenbund (ADB), 23 Verbände, etwa 180 000 Mitglieder.

Christliche Gewerkschaften (sehr stark unter katholischem Einfluß):

Gesamtverband der christlichen Gewerkschaften Deutschlands, 18 Verbände mit rund 720 000 Mitgliedern,

Gesamtverband Deutscher Angestellten-Gewerkschaften (GEDAG), 14 Verbände mit rund 560 000 Mitgliedern.

Freiheitlich-Nationale Gewerkschaften

Verband der Deutschen Gewerkvereine (Hirsch-Duncker), 22 Verbände mit rund 170 000 Mitgliedern,

Gewerkschaftsbund der Angestellten mit sechs weiteren Verbänden, insgesamt über 360 00 Mitglieder,

Ring Deutscher Beamtenverbände mit 40 000 Mitgliedern.

Allgemeiner Eisenbahnerverband (mit 40 00 Mitgliedern, die teilweise aber auch zum Zentrum neigten).

Diese Zahlen aus dem Jahre 1930 dürften auch noch 1932 gültig gewesen sein. Die Versuche, vor allem von deutschnationaler Seite, eigene Gewerkschaften zu bilden, schlugen fehl.

Im Mai 1933 wurden alle Gewerkschaften »gleichgeschaltet«, zuerst die sozialdemokratischen, später auch alle anderen. Die im November gegründete Deutsche Arbeitsfront unter Dr. Ley, die Arbeitgeber und Gewerkschaften zusammenfaßte, soll einige Jahre später eine Mitgliederzahl von 24 Millionen gehabt haben.

GPU – auch TSCHEKA, NKWD und MWD genannt – sowjetische Geheimpolizei.

Herrenklub – Gegründet im November 1924 von dem konservativen Schriftsteller Heinrich von Gleichen-Rußwurm, einem Nachkommen Schillers, angeblich, um auf der Grundlage wissenschaftlicher Interessen gesellige Beziehungen zwischen führenden Persönlichkeiten der verschiedenen Berufsstände zu pflegen. Tatsächlich wuchs er sich nahezu ausschließlich zu einer Domäne rechtsstehender Aristokraten aus. Die Klubräume befanden sich im Regierungsviertel in der Voß-, Ecke Friedrich-Ebert-Straße. Das Klubhaus dient seit 1945 dem »Kulturbund zur demokratischen Erneuerung Deutschlands« (Papen, S. 138).

Horst-Wessel-Lied – siehe biographischer Teil: Wessel, Horst.

Internationale – siehe Kommunistische Internationale.

Internationale Arbeiter-Hilfe (IAH) – Hauptorganisation des Münzenbergschen »Konzerns«, sozusagen die Dachorganisation. Zwar trat die IAH bei Streiks immer wieder helfend in Erscheinung, doch eine Massenorganisation, wie die Rote Hilfe, war sie nicht, jedenfalls stand ihr Apparat in keinem Verhältnis zu der recht geringen Mitgliederzahl. Wertvoll waren allein die »Sympathisierenden«, die sie erfaßte. Darüber schreibt Margarete Buber-Neumann (S. 198):

»... Münzenberg (hat) als erster Kommunist erfaßt, welche Macht die mit kommunistischen Parteien sympathisierenden Intellektuellen darstellen. Von da an wandte er seine wesentliche propagandistische Tätigkeit ihnen zu.«

Karl-Liebknecht-Haus – Parteizentrale der KPD in Berlin am Bülowplatz.

Kommunistische Internationale (Komintern) – Die Komintern (Kommunistische Internationale = Dritte Internationale) wurde auf dem Kongreß der Kommunistischen Parteien am 2.–6. März 1919 in Moskau gegründet. Nach den Statuten sollte jede kommunistische Landespartei bei Abstimmungen gleichberechtigt sein, in der Praxis majorisierte aber die Sowjetunion die gesamte III. Internationale. Faktisch war die Komintern nur eine Filiale des sowjetischen Außenkommissariats. Während des Zweiten Weltkrieges wurde die Komintern aufgelöst, was bei den westlichen Alliierten der UdSSR als großes Zugeständnis gefeiert wurde. 1947 wurde das Kominform (Kommunistisches Informationsbüro) gegründet, also die alte Komintern reaktiviert, nur unter anderem Namen. Der ursprüngliche Sitz des Kominform war Belgrad, nach dem Absprung Jugoslawiens wurde es nach Bukarest verlegt. 1956 löste Moskau angeblich auch das Kominform auf.

Kommunistische Partei Deutschlands (KPD) – Die Keimzelle der KPD war der während des Ersten Weltkrieges entstandene Spartakusbund, der die SPD scharf bekämpfte. Am 1. Januar 1919 gründeten dann Karl Liebknecht und Rosa Luxemburg die KPD. Sie wurde im März 1933 verboten, ihr Vermögen beschlagnahmt.

Morgenpost – Größte deutsche demokratische Morgenzeitung der Zwischenkriegsjahre im Verlag Ullstein/Berlin.

Nationalsozialistische Betriebs-Organisation NSBO — Bestandteil der NSDAP. Eine NS-Betriebszelle wurde von den Parteimitgliedern eines Betriebes gebildet und unterstand in politischer Hinsicht dem Gauleiter, in Berlin also Goebbels. Diese Zellen waren der kommunistischen Zellengliederung nachgebildet. Die NSBO wurde nach der Gleichschaltung der Gewerkschaften ein wichtiges Instrument der Deutschen Arbeits-Front (DAF). Die »Führer« der einzelnen NS-Betriebszellen wurden in der Regel auch zu »Amtswaltern« der DAF bestellt. Auf diese Weise sicherte sich die NSDAP über die DAF auch in den Betrieben entscheidenden Einfluß.

Nationalsozialistische Deutsche Arbeiter-Partei (NSDAP) – Am 5. Januar 1919 gründeten der Schriftsteller Harrer und der Schlosser Drexler die Deutsche Arbeiterpartei, der später Hitler als Mitglied Nr. 555 beitrat. Am 29. Juli 1921 übernahm Hitler den Vorsitz. Die erste Massenversammlung brachte er jedoch schon im Februar 1920 zustande. Bei dieser Gelegenheit verkündete man auch das »Programm« der NSDAP, die sogenannten »unveränderlichen 25 Punkte«. Nach dem Putsch an der Feldherrnhalle in München am 9. November 1923 wurde die Nationalsozialistische Deutsche Arbeiter-Partei, wie sie sich jetzt nannte, verboten und aufgelöst, nach Hitlers Entlassung aus Landsberg wieder gegründet (26. 2. 25). Die Mitgliederzahl betrug im ganzen Reichsgebiet Ende 1925 25 000, 1927 erst 72 000. Nach Ausbruch der Wirtschaftskrise stieg die Mitgliederzahl Ende 1929 auf 176 000. Ein Jahr später hatte die NSDAP bereits 389 000 Mitglieder, um nach der Bankenkrise Ende 1931 auf über 800 000 emporzuschnellen. Ende 1932 registriert die NSDAP 1,4 Millionen eingeschriebene Mitglieder; ihre Zahl erhöhte sich nach der Machtübernahme auf 3,9 Millionen (um die sogenannten »Märzgefallenen«). Die Parteitage fanden 1923 in München, 1926 in Weimar und dann stets in Nürnberg statt. Die NSDAP gliederte sich in 32 Gaue, denen ein Gauleiter vorstand, der über ziemlich viel Machtvollkommenheit verfügte. Hitler war der Partei-Führer, sein Stellvertreter war Rudolf Heß. Daneben gab es noch einen Reichsorganisationsleiter, einen Stabsleiter, einen Reichsschatzmeister, einen Reichsgeschäftsführer, einen Vorsitzenden des Parteigerichts, einen Reichspropagandaleiter, einen Reichspressechef, einen Reichsleiter für die Presse, je einen Leiter der Rechtsabteilung, des Amtes für Agrarpolitik, des außenpolitischen Amtes und des kolonialpolitischen Amtes. Die Zentralkartei der NSDAP fiel den Amerikanern unversehrt in die Hände.

Nationalsozialistische Freiheits-Partei – Nach dem Verbot der NSDAP von Ludendorff, Graefe und Gregor Strasser gegründet; löste sich nach der Freilassung Hitlers auf.

National-Versammlung – Bezeichnung für ein Gremium von Volksvertretern, die nach außergewöhnlichen Ereignissen zusammentreten, um ein neues Staatsoberhaupt zu wählen oder eine neue Verfassung auszuarbeiten. Die 1919 nach Weimar einberufene Verfassungsgebende deutsche Nationalversammlung beschloß am 11. August 1919 die neue republikanisch-demokratische »Verfassung von Weimar«.

NSDAP – siehe Nationalsozialistische Deutsche Arbeiterpartei.

Reichsbanner – Wichtigste Organisation der Eisernen Front. Das »Reichsbanner Schwarz-Rot-Gold, Bund deutscher Kriegsteilnehmer« wurde am 22. Februar 1924 in Magdeburg gegründet. 1932 zählte es ungefähr 3,5 Millionen Mitglieder. Das RB war verfassungstreu und lehnte jeden gewaltsamen Umsturz ab.

Reichslandbund – Der RLB war die Spitzenorganisation landwirtschaftlicher Verbände. Er umfaßte 30 Einzelverbände mit 856 Haupt- und Kreisgeschäftsstellen, die insgesamt 5,6 Millionen Mitglieder in 1,7 Millionen landwirtschaftlichen Betrieben betreuten. Auch die landwirtschaftlichen Hausfrauenverbände gehörten ihm neben anderen Organisationen an.

Reichsrat – Der RR der Weimarer Republik war eine Nachbildung des alten »Bundesrates« im Kaiserreich. Er setzte sich aus den Vertretern der Länder zusammen. Er wirkte an der Gesetzgebung und Verwaltung mit, doch erlangte er nie große Bedeutung. Im Bewußtsein des Volkes existierte er nicht.

Reichsregierungen – siehe besonderes Blatt.

Reichstag – Im alten Deutschen Reich (bis 1806) die ständische Körperschaft. 1867 war der RT die Volksvertretung nach der Verfassung des Norddeutschen Bundes. 1871–1918 war der RT das Parlament des Kaiserreich. Seine Abgeordneten waren auf Grund des allgemeinen, gleichen, geheimen und direkten Wahlrechtes gewählt. In der Weimarer Republik war der RT der oberste Träger der Reichsgewalt. Erstmals waren auch die Frauen wahlberechtigt. Unter Brüning begann der Reichstag an Bedeutung zu verlieren. Das Ermächtigungsgesetz schaltete ihn als gesetzgebende Körperschaft gänzlich aus. Wohl wurde noch mehrfach »gewählt«, aber vertreten waren nur noch Mitglieder der NSDAP. Die boshaften Berliner nannten den Reichstag nach 1933 den »teuersten Gesangverein der Welt«, weil die Abgeordneten lediglich die Erklärungen Hitlers entgegennahmen und am Schluß einer Sitzung nicht mehr diskutierten, sondern nur noch die erste Strophe des Deutschland- und des Horst-Wessel-Liedes sangen. (Siehe Tabelle der Wahlergebnisse zum RT.)

Reichswehr – Nach dem Wehrgesetz vom 23. März 1921 die bewaffnete Macht der Weimarer Republik: Heer und Marine. Die RW wurde von Seeckt im allgemeinen innerhalb der Rüstungsbegrenzungen des Versailler Vertrages aufgebaut. Anfang der 20er Jahre gab es eine »Schwarze RW« – Bestände über die gesetzlichen Bestimmungen hinaus, sie hatten aber nur innenpolitische Bedeutung.

Reichswirtschaftsrat – Der RWR war ein von der Weimarer Verfassung in Art. 165 vorgesehenes Organ, um ein reibungsloses Zusammenspiel von Arbeitern und Angestellten einerseits und Unternehmern andererseits zu gewährleisten. Eine Bedeutung erlangte der Reichswirtschaftsrat nicht.

Revolutionäre Gewerkschaftsopposition (RGO) – Die RGO wurde 1929 gegründet, doch erlangte sie nie eine Bedeutung im Sinne einer Gewerkschaft. Die Mitglieder der RGO waren meist aus den Freien (sozialdemokratisch beeinflußten) Gewerkschaften Ausgeschlossene und kommunistische Parteiangestellte, Angehörige freier Berufe und sogar Hausfrauen. Viele RGO-Mitglieder waren gleichzeitig Mitglied anderer Gewerkschaften. Nur in einigen kommunistischen Hochburgen gewann die RGO Bedeutung, beispielsweise bei der BVG. Wie hoch sich die Mitgliederzahlen der RGO beliefen, ließ sich nirgends feststellen. Die RGO war der Roten Gewerkschaftsinternationale angeschlossen, der aber außerhalb der Sowjetunion keinerlei Gewicht zukam.

RFB – siehe Roter Frontkämpfer-Bund.

RH – siehe Rote Hilfe.

RJF = Rote Jung-Front – siehe Roter Frontkämpfer-Bund.

Röhmputsch – siehe Röhm.

Rote Armee – Die Armee der Sowjetunion, aber oft verstand man auch unter RA die revolutionären Verbände in den Kämpfen um München (1919), im Ruhrgebiet und in Mitteldeutschland (bis 1923).

Rote Fahne – Die RF wurde 1919 von Karl Liebknecht und Rosa Luxemburg gegründet und war das Zentralorgan der KPD. Die Abonnentenzahl dieser Zeitung war außerordentlich gering. Nicht einmal alle Mitglieder der KPD hielten die im »Partei-Turkestanisch«, also schwer lesbar geschriebene Zeitung. Sie wurde 1933 verboten.

Roter Frontkämpfer-Bund – Der RFB, die Wehrorganisation der KPD, wurde 1924 gegründet. Erster Bundesvorsitzender war Ernst Thälmann bis zur Auflösung 1929. Dem RFB gehörten Arbeiter über 23 Jahre an. Die jüngeren Arbeiter wurden der Roten Jung-Front überwiesen. Beide Organisationen umfaßten etwa 220 000 Mann. Nach dem Verbot durch die Innenminister der Länder existierte der RFB weiter. Der Parteideckname lautete »Einheit« im Volksmund hieß er »Rotfront«. Wie stark der illegale RFB war, läßt sich nicht sicher feststellen, doch wird von Sachkennern glaubhaft versichert, daß dem RFB nach 1929 mehr Mitglieder angehört haben sollen als vor dem Verbot. Waffen besaß der RFB fast keine: die wenigen Revolver und Maschinengewehre hätten für einen Kampf gegen die Polizei, von der Reichswehr ganz zu schweigen, niemals ausgereicht. Bis zum Verbot des RFB trugen die Mitglieder feldgraue Windjacken, feldgraue Hosen und Schirmmützen. Bemerkenswert waren die Schalmeienkapellen des RFB, die einem Aufmarsch der KPD ein ganz besonderes Gepräge gaben.

Rote Hilfe – Die RH war eine der stärksten kommunistischen Nebenorganisationen. Offiziell unterstützte sie politische Gefangene, half den Familien der Inhaftierten, stellte Rechtsanwälte zur Vertretung in politischen Verfahren und zahlte an politische Emigranten regelmäßig Gelder. Das hörte sich gut an, und so zahlten auch Tausende von Nichtkommunisten regelmäßig Unterstützungsbeiträge in die Kassen der RH. In Wirklichkeit verbarg sich aber hinter der RH eine rege politische Tätigkeit. Die RH wurde 1933 verboten, aber sie existierte noch jahrelang weiter. In zahlreichen Fällen zahlte sie laufend Unterstützungen an die Frauen von KZ-Insassen.

SA = Sturm-Abteilungen – Ende 1920 als Saalschutz gegründet. Ihr Gründer war merkwürdigerweise ein Halbjude, der auch eine Zeitlang Chauffeur bei Hitler war. Nach dem Hitlerputsch an der Feldherrnhalle verboten, 1925 wieder erlaubt, führte die SA 1929 nur ein Schattendasein. Erst mit dem Ausbruch der Weltwirtschaftskrise wuchs sie zu einem beachtlichen Instrument der NSDAP heran. Bis zur Übernahme der SA durch Hauptmann Ernst Röhm kam es verschiedentlich zu Revolten. Nach 1930 straff geführt und neu gegliedert, wuchs sie lawinenartig an und umfaßte bald über eine halbe Million Mitglieder. Die kleinste Einheit der SA war die Schar. Drei Scharen bildeten einen Trupp, drei bis vier Trupps einen Sturm. Die nächste Einteilung war der Sturmbann. Drei Sturmbanne bildeten eine Standarte, die etwa Regimentsstärke hatte. Die Brigaden deckten sich mit den Gauen der NSDAP. 1932 wurde die SA kurzfristig verboten. 1933 zur Hilfspolizei ernannt, spielte sie nach dem Reichstagsbrand eine verhängnisvolle Rolle (s. auch Röhm).

SAJ = Sozialistische Arbeiter-Jugend, siehe dort.

SAP = Sozialistische Arbeiterpartei, siehe USPD.

Schädlingsprozesse – Unter Sch-P., auch Schau-Prozesse genannt, verstand man eine Prozeßserie in den dreißiger Jahren, in denen Stalin ungezählte Alt-Bolschewisten zum Tode verurteilen ließ. Diese Prozesse erregten teilweise ungeheures Aufsehen. Die ersten fanden bereits vor 1933 statt und dienten Goebbels als Vorbild für den von ihm geplanten Reichstagsbrandprozeß.

SD = Sicherheitsdienst – Von Himmler errichteter Spionage-Apparat der SS.

Separatismus – Unter S. verstand man in den Jahren 1919–24 Bewegungen, die bestrebt waren, Teile des deutschen Staatsgebietes vom Reich zu lösen, teilweise um sich anderen Staaten anzugliedern, teilweise um »souveräne« Staaten zu errichten. Vornehmlich Frankreich unterstützte solche Bestrebungen. In Koblenz, Köln, Wiesbaden und in der Pfalz kam es zu heftigen Auseinandersetzungen.

Sozialdemokratische Partei Deutschlands (SPD) – 1875 in Gotha durch Zusammenschluß des Allgemeinen Deutschen Arbeitervereins (Lassalle) und der Sozialdemokratischen Arbeiterpartei (Liebknecht, Bebel) gegründet. Durch das Gesetz über die gemeingefährlichen Bestrebungen der S. von 1878 bis 1890 weitgehend unterdrückt, wenn auch an der Beteiligung bei Wahlen nicht behindert. 1890: 35 von 397 Reichstagsabgeordneten, 1903: 82, 1912: 110, bei 35% der Stimmen. Während ihr Parteivorsitzender und Altmeister Bebel der Revolutionstheorie noch weiter anhing, waren die Sozialdemokraten in der Praxis allmählich sozialreformerische »Revisionisten« geworden. Ihre organisatorische Leistung auf wirtschaftlichem (Konsum-Verein) und kulturellem Gebiet (Buchgemeinschaften, Volksbildungsvereine, Volksschulen, Volksbühnen und Sportvereinigungen) wurde von keiner anderen Partei der Welt erreicht. Am 4. August 1914 stimmte die SPD den Kriegskrediten zu und bekannte sich damit zur Landesverteidigung, womit sie allerdings nur die Haltung ihrer Mitglieder sanktionierte, die – von ganz wenigen Ausnahmen abgesehen – dem Einberufungsbefehl bereits widerspruchslos gefolgt waren. 1915 kündigte sich eine Spaltung an; der linke Flügel stimmte gegen weitere Kriegskredite. 1916 separierten sich die Linken und gründeten 1917 in Gotha die Unabhängige Sozialdemokratische Partei (USPD). Im Herbst 1918 traten Abgeordnete der »Mehrheitspartei« in die Regierung des Prinzen Max von Baden als Staatssekretäre ein. Nach der Revolution 1918 entschied sich die SPD eindeutig für die parlamentarische Demokratie, unter gleichzeitiger scharfer Ablehnung des bolschewistischen Rätesystems. Ihren höchsten Stand erreichte die SPD Ende 1928 mit nahezu einer Million Mitgliedern; ihr gehörten 189 Zeitungen. An mehreren Nachkriegsregierungen führend beteiligt, wurde die SPD nach dem Staatsstreich Hitlers am 23. Juni 1933 verboten. Viele der Führer flüchteten ins Ausland, in Deutschland existierte die SPD geheim weiter. Nach 1945 wurde sie unter Führung von Kurt Schumacher zur zweitstärksten Partei.

Sozialistische Arbeiter-Jugend (SAJ) – Jugendorganisation der SPD. 1930 etwa 50 000 Mitglieder. 1933 aufgelöst.

Sozialistische Arbeiter-Partei (SAP) – siehe USPD.

Spartakusbund – siehe KPD.

SPD – siehe Sozialdemokratische Partei Deutschlands.

SS = Schutzstaffel – 1925 gebildete Sonderformation zum persönlichen Schutz Hitlers. Die SS unterstand zuerst, unter dem Befehl Heinrich Himmlers, der SA-Führung, machte sich aber bald selbständig. Am 30. Juni 1934 führte sie die Erschießung der SA-Führer durch. Himmler schuf sich dann im Laufe der Jahre mit der SS ein einzigartiges Machtinstrument. In Nürnberg wurde sie 1946 zur verbrecherischen Organisation erklärt, doch machte man keinen Unterschied zwischen der politisch aktiven SS und der Waffen-SS, deren Mannschaften zum größten Teil erst während des Krieges dazu kommandiert worden waren, oft gegen ihren Willen.

Staatsgerichtshof – Der Stgh. war zuständig für Verfassungsstreitigkeiten, Streitigkeiten zwischen Reich und Ländern u. a. Auch hätte der Reichstag mit Zweidrittelmehrheit gegen den Reichspräsidenten, den Reichskanzler oder gegen Reichsminister wegen schuldhafter Verletzung der Reichsverfassung oder von Reichsgesetzen beim Stgh. Anklage erheben können.

Stahlhelm – Am 13. November 1918 in Magdeburg von dem Selterswasserfabrikanten Franz Seldte gegründet. Ursprünglich mehr ein freikorpsähnlicher Heimatschutzverband, entwickelte er sich schnell zur stärksten Wehrorganisation der Rechten. Politisch stand er den Deutschnationalen nahe. 1924 wurde dem Stahlhelm der Stahlhelm-Landsturm angegliedert, der die über 25 Jahre alten Nichtfrontsoldaten erfaßte. Dem Jung-Stahlhelm gehörten die 17- bis 25jährigen an. Die Vorstufe wiederum für diesen Jugendbund war der Bund deutscher Jungmannen Scharnhorst. Die Mitgliederzahl wurde 1932 auf insgesamt 200 000 geschätzt. Bemerkenswert war die soziale Selbsthilfe-Organisation des Stahlhelm. Im Herbst 1933 wurde der Bund aufgelöst, seine Mitglieder wurden in die SA überführt.

Stürmer – Antisemitisches Wochenblatt, herausgegeben von Julius Streicher. Der *Stürmer* war wohl das schmutzigste Organ, das bis dahin in deutscher Sprache erschienen war.

Tägliche Rundschau – 1924 Zeitung des evangelischen Bundes, 1931 im Verlag Volksdienstpresse, September 1932 von Hans Zehrer übernommen. 8. Juli 1933 für 3 Monate verboten, stellte sie ihr Erscheinen ein.

Tat – Monatszeitschrift, 1908 gegründet. 1912 übernahm sie der Verlag Eugen Diederichs in Jena, der sie bis 1934 betreute. Von 1929 an war Hans Zehrer Chefredakteur. Er sammelte eine Gruppe junger Publizisten um diese Zeitschrift, die bald zu einem Begriff wurde. 1934 ging »Die Tat« in »Das 20. Jahrhundert« über.

Technische Nothilfe – Die TN wurde am 30. November 1919 als Notmaßnahme gegen die überhand nehmenden Streiks auf freiwilliger Grundlage gegründet. Sitz der Reichsführung war Berlin (heute Koblenz). Ihr unterstanden 14 Landesführungen, denen wiederum viele hundert Ortsgruppen untergeordnet waren. 1932 erhielt die TN vom Reichsfinanzministerium auf Betreiben des Reichswehrministers Schleicher 5 Millionen Mark Beihilfe, um ihren Apparat weiter ausbauen zu können.

Ullstein – Vor 1933 einer der größten Zeitungsverlage Deutschlands mit dem Sitz in Berlin. 1877 von Leopold Ullstein (1826–1899) gegründet. 1932 erschienen im Ullstein-Verlag die *Morgenpost*, *BZ am Mittag*, *Vossische Zeitung*, einige Dutzend Zeitschriften und die Ullstein-Bücher. 1933 von Amann enteignet. 1952 wurde das Vermögen an die Familie zurückgegeben.

USPD = Unabhängige Sozialdemokratische Partei – Vgl. SPD und KPD. Erst im Oktober 1931 separierte sich von der SPD wieder eine radikalsozialistische Gruppe und gründete die Sozialistische Arbeiter-Partei (SAP), in gewissem Sinne eine Neuauflage der USPD, doch erlangte die USPD nie eine Bedeutung.

Vaterländische Verbände – Rechtsstehende Verbände, die für sich in Anspruch nahmen, das Vaterland zu repräsentieren.

Versailler Vertrag – Der VV legte in der Präambel und im Artikel 231 die Schuld Deutschlands fest. Dieser Artikel lautete:

»Die alliierten und assoziierten Regierungen erklären und Deutschland erkennt an, daß Deutschland und seine Verbündeten als Urheber für alle Verluste und Schäden verantwortlich sind, die die alliierten und assoziierten Regierungen und ihre Staatsangehörigen infolge des Krieges, der ihnen durch den Angriff Deutschlands und seiner Verbündeten aufgezwungen wurde, erlitten haben.«

Als sich Reichstag und Reichsregierung im Juni 1919 weigerten, die Kriegsschuldklausel zu unterzeichnen, wurden sie durch ein Ultimatum zur Unterzeichnung gezwungen.

Vierzehn Punkte – Friedensziele Präsident Wilsons vom 8. Januar 1918. Vgl. II, Anm. 12.

Völkerbund – Das Völkerbund-Statut war ein Bestandteil des Versailler Vertrages. Da die USA den Versailler Vertrag niemals ratifizierten, wurden sie auch nicht Mitglied des Völkerbundes, womit dieser Institution das Rückgrat gebrochen war. Die erste Vollversammlung fand im November 1920 in Genf statt. Insgesamt gehörten dem Vb. 60 Staaten an. Auf kulturellem Gebiet leistete er ersprießliche Arbeit, auf politischem versagte er. Das Deutsche Reich trat ihm im September 1926 bei, verließ ihn aber bereits wieder am 14. Oktober 1933. Die Sowjetunion wurde 1934 Mitglied, wurde aber nach dem Kriege gegen Finnland 1939/40 ausgeschlossen. Nach dem 2. Weltkrieg schuf man die UNO (United Nations – Vereinigte Nationen), Sitz New York.

Völkischer Beobachter – Zentralorgan der NSDAP im Eher-Verlag, München. Ursprünglich ein Lokalblatt, erschien bis 1923 zweimal wöchentlich. Seit 1922 war Alfred Rosenberg Chefredakteur.

Volkskonservative – Ende 1929 spalteten sich von der DNVP acht Abgeordnete ab und gründeten die Volkskonservative Vereinigung. Mitte 1930 nannte sie sich Konservative Volkspartei, doch konnte sie bei den Septemberwahlen nur vier Mandate erringen. Sie löste sich im selben Jahre auf.

Vorortsverträge – Alle Friedensverträge mit den Mittelmächten wurden in einem der Schlösser in einem Vorort von Paris abgeschlossen, mit Deutschland Ende Juni 1919 in Versailles, mit Österreich im September 1919 in St. Germain, mit Ungarn im Juni 1920 inTrianon, mit Bulgarien im September 1919 in Neuilly und mit der Türkei im August 1920 in Sèvres.

Vorwärts – Zentralorgan der SPD, 1884 gegründet.

Vossische Zeitung – 1704 als Wochenblatt gegründet, 1751 von Chr. Friedr. Voss herausgegeben. 1752–55 leitete Lessing die Zeitung. Seit 1824 täglich, seit 1914 im Ullstein-Verlag. 1934 eingestellt.

Welt am Abend – Vielgelesenes kommunistisches Boulevardblatt im »Konzern Münzenberg«.

Wirtschaftspartei – 1919 als Reichspartei des deutschen Mittelstandes gegründet, vertrat die Interessen des Kleinbürgertums. Ihr Führer war der Jurist Prof. Dr. Bredt, in Brünings Kabinett Justizminister. Ihren größten Erfolg errang die Wirtschaftspartei 1928 und 1930 mit je 23 Mandaten. 1932 hatte sie nur noch 2 Mandate. 1933 löste sie sich wie alle anderen Parteien auf.

Youngplan – Genannt nach dem Amerikaner Owen D. Young. Löste 1930 den Dawesplan ab. Der YP sah folgende Zahlungen vor: bis 31. 3. 30: 677 Millionen, bis 31. 3. 1931: 1641 Millionen, die dann jährlich gezahlt werden sollten und die sich bis zum Jahre 1966(!) auf 2352 Millionen steigern sollten. Dazu kamen noch die Zinsen und Rückzahlungen für die Dawes-Anleihe, die bis zum Jahre 1949 getilgt werden sollte. In den Jahren 1966 bis 1988 (!)sollte Deutschland jährlich die Beträge zahlen, die die Siegermächte an die USA zu zahlen hatten: rund anderthalb Milliarden Mark. Gegen diesen Plan reichten der Stahlhelm, die NSDAP, die DNVP und der Reichslandbund ein Volksbegehren ein, für das sich 10,2% der Stimmberechtigten eintrugen, 0,2% mehr, als das Gesetz es forderte. Es kam dann zum Volksentscheid, der aber nur 13,8% erbrachte und somit abgelehnt war. Der YP wurde ein Hauptmittel der Nazi-Propaganda gegen die Parteien, die ihn angenommen hatten.

Zeitfreiwillige – Auf Zeit eingestellte Freiwillige, die sonst ihren bürgerlichen Berufen nachgingen, aber in Zeiten der Not sich der Regierung zur Verfügung stellten.

Zentrumspartei – Die ZP geht auf Peter Reichensperger zurück, der im Juni 1870 die Bildung einer katholischen Partei anregte. Im ersten Reichstag des Deutschen Reiches trat sie bereits mit 58 Abgeordneten in Erscheinung und bildete den Kern der Opposition gegen Bismarck. 1874 erreichte sie sogar 90 Abgeordnetensitze, die sie auch bis zu ihrer Auflösung im Jahre 1933 behaupten konnte (die Bayerische Volkspartei eingerechnet). 1880 kam es zu einer Annäherung der ZP an die Regierung. Während des Ersten Weltkrieges entwickelte sie sich unter Führung von Matthias Erzberger zu einer linksbürgerlichen Partei. Nach der Revolution 1918 nahm die ZP eine Schlüsselstellung ein, obwohl sich 1920 der bayerische Teil abspaltete (Bayerische Volkspartei). Bis 1932 war die ZP an allen Regierungen, teilweise sogar führend, beteiligt, außerdem an einer Reihe Länderregierungen. Am 5. Juli 1933 löste sich die ZP auf.

REICHSTAG: Zusammensetzung von 1919—1933

National-Versammlung	Jan. 1919	Juni 1920	Mai 1924	Dez. 1924	Mai 1928	Sept. 1930	Juli 1932	Nov. 1932	März 1933
NSDAP	—	—	(32)[1]	(14)[1]	12	107	230	196	288
DNVP	42	66	106	111	78	44	39	54	53[5]
Deutsches Landvolk	—	—	—	—	9	19	1	—	—
Christl.-soz. Volksdienst	—	—	—	—	—	14	3	5	4
DVP	22	62	44	51	45	30	7	11	2
Wirtschaftspartei	—	—	7	11	23	23	2	2	—
Deutschhannoverische Partei	3	4	5	4	4	3	—	1	—
BVP	89	20	16	19	17	19	22	19	19
Zentrumspartei		69	65	69	61	68	75	70	73
Deutsche Bauern-Partei	5	4	3	6	8	6	2	3	2
DDP/DStP	74	45	28	32	25	14	4	2	5
SPD	165	113	100	131	153	143	133	121	120
USPD	22	8	—	—	—	—	—	—	—
KPD	—	2	62	45	54	77	89	100	(81)[6]
Sonstige Parteien	1	—	4[2]	—	2[3]	10[4]	1[4]	—	—
Insgesamt	423	466	472	493	491	577	608	584	647[7] (566)

[1] Einschließlich der »Völkischen« in Norddeutschland.
[2] Deutschsoziale Partei.
[3] Volksrechtspartei (Reichspartei für Volksrecht und Aufwertung).
[4] Konservative Volkspartei und Volksnationale Reichsvereinigung.
[5] Kampffront Schwarz-Weiß-Rot (Papen).
[6] Die KPD-Abgeordneten wurden nach der Wahl sofort ausgeschlossen.
[7] Die Gesamtzahl der Abgeordneten hing seit 1920 von der Wahlbeteiligung ab: es gab auf je 60 000 (gültige) Stimmen *einen* Abgeordneten.

Die Reichsregierungen 1926–1933

Ernannt	Reichskanzler	Vizekanzler	Reichsminister des Auswärtigen	Reichsminister des Inneren	Reichswehrminister	Reichswirtschaftsminister	Reichsjustizminister	Reichsfinanzminister
17. 5. 26	Marx Z	—	Stresemann V seit 13. 8. 23	Külz D	Geßler D seit 26. 3. 20	Curtius V	Bell Z	Reinhold D
28. 1. 27	Marx Z	—	Stresemann V	von Keudell DN	Geßler D Groener	Curtius V	Hergt DN	Köhler Z
28. 6. 28	Müller S	—	Stresemann V († 3. 10. 29) Curtius V	Severing S	Groener	Curtius V Moldenhauer V Schmidt S	Koch D	Hilferding Z Moldenhauer V
30. 3. 30	Brüning Z	Dietrich D	Curtius V	Wirth Z	Groener	Dietrich D Trendelenburg	Bredt W	Moldenhauer V Dietrich D
9. 10. 31	Brüning Z	Dietrich D	Brüning Z	Groener	Groener	Warmbold	Joël	Dietrich D
1. 6. 32	von Papen	—	von Neurath	von Gayl DN	v. Schleicher	Warmbold	Gürtner DN	von Krosigk
2. 12. 32	v. Schleicher	—	von Neurath	Bracht	v. Schleicher	Warmbold	Gürtner DN	von Krosigk
30. 1. 33	Hitler NS	von Papen	von Neurath	Frick NS	v. Blomberg	Hugenberg DN	Gürtner DN	von Krosigk

D = Deutsche Demokratische Partei; DN = Deutschnationale Volkspartei; NS = NSDAP; S = Sozialdemokratische Partei
V = Deutsche Volkspartei; W = Wirtschaftspartei; Z = Zentrum und Bayerische Volkspartei
Die Reichsminister für Ernährung und Landwirtschaft, Arbeit, Post und Verkehr sind aus Platzgründen weggelassen.

Biographischer Teil

Die folgenden, in der Geschichte und Vorgeschichte der »Machtergreifung« auftretenden Personen und handelnd eingreifenden Persönlichkeiten sind hier mit einer biographischen Notiz oder einer kurzen Biographie aufgeführt.

Adenauer, Konrad (* 1876, † 1967, 1917/33 Oberbürgermeister von Köln, 1920/33 Präsident des preußischen Staatsrates. Deutscher Bundeskanzler von 1949 bis 1963.

Alvensleben, Werner von, * 1875, † 1948, – A., Bruder des Herrenklub-Präsidenten Bodo von Alvensleben (Ring 1932, S. 434, 660 und 751), »verfolgte seine politischen Interessen völlig getrennt« von seinem Bruder. Er war (ebenda) weder Mitglied noch Generalsekretär des Herrenklubs, wie Görlitz (S. 365) behauptet, sondern nach seiner Rückkehr aus dem Ausland (Berndorff S. 265) Geschäftsführer des »Bundes zum Schutz der abendländischen Kultur«, Berlin. A. stand »der NSDAP und besonders ihrem Führer Adolf Hitler unbestritten sehr nahe« (Ring S. 660) und besaß ein Bild von ihm mit der Unterschrift »Meinem treuesten Freunde« (Papen S. 280). Er war ein Mann von weitreichenden Verbindungen und lebte in der Hauptsache von der Vermittlung von (»abendländischen«) Kontakten. Bei ihm traf sich am 6. Juni 1932 Reichskanzler Franz von Papen zum ersten Male mit Hitler (Papen S. 195). Papen versichert auffälligerweise, A. sei ein Freund und Verbindungsmann Schleichers zur NSDAP gewesen, was von Carlowitz nachdrücklich bestritten wird (Carlowitz S. 11). Bracher (S. 633) verweist auf eine Begegnung A.'s mit Silverberg, einem der großen Wirtschaftskapitäne jener Jahre. Hammerstein-Equord vermerkt in seinen Aufzeichnungen vom Januar 1935 (Bracher S. 734), am 29. Januar 1933 hätten Schleicher und er A. zu Hitler entsandt. Doch glauben die Autoren, daß A. bereits im Auftrag Hitlers zu Schleicher kam. Nach Papen (S. 358), der über A.'s Beziehungen offenbar gut Bescheid weiß, traf sich im Frühjahr 1934 in A.'s Jagdhaus der Stabschef der SA Ernst Röhm mit Generaloberst von Fritsch. Hitler nannte seinen »treuesten Freund« nach dem 30. Juni 1934 öffentlich einen »durch und durch korrupten Hochstapler«. A. war auch verhaftet worden, entkam aber dem Massaker. Vgl. Kunrat von Hammerstein, Frankf. Hefte, 1956, S. 169.

Amann, Max, * 1891 in München, † 1957 in München – A. war Hitlers Kompaniefeldwebel im Ersten Weltkrieg. 1921 übernahm er die Geschäftsführung der NSDAP, ein Jahr später den Parteiverlag Franz Eher Nachfolger, GmbH. Als gelernter Bankbeamter verstand er es, den Verlag nach rein kaufmännischen Gesichtspunkten zu leiten und die Zeitungen geschickt durch das Krisenjahr 1932 zu steuern. Später wurde er Präsident der Reichspressekammer. Die Mittel, die er anwandte, um die ungezählten Zeitungen in Privatbesitz in den parteiamtlichen Eher-Verlag zu überführen, der ihm zu einem Drittel gehörte, waren nicht korrekt und erfüllten oft den Tatbestand der Nötigung.

August Wilhelm, Prinz von Preußen (1887–1949), vierter Sohn Kaiser Wilhelms II., trat frühzeitig der SA bei.

Bakunin, Michael (1814–1876), russ. Agitator. Teilnehmer der Revolutionsbewegungen in Frankreich, Deutschland, Polen, Rußland.

Bellamy, Edward (1850–1898), amerik. Schriftsteller, Verfasser des utopischen Romans: »Ein Rückblick aus dem Jahre 2000«.

Bismarck, Otto Fürst von (1815–1898), preuß. Ministerpräsident, 1871–1890 dt. Reichskanzler.

Blomberg, Werner von (1878–1946), 1929 Generalleutnant, 1933 Reichswehrminister, 1935 Reichskriegsminister, 1938 verabschiedet.

Braun, Otto (1871–1955), SPD-Redakteur und Abgeordneter, 1919 preuß. Landwirtschaftsminister, 1919–1933 fast ununterbrochen preuß. Ministerpräsident.

Bredt, Viktor (1879—1940), Staatsrechtslehrer und Politiker, M. d. R., Führer der Wirtschaftspartei.

Breitscheid, Rudolf (1874–1944), Außenpolitiker der SPD, Fraktionsvorsitzender.

Brüning, Heinrich, * 1885 in Münster, † 1970, Dr. der Volkswirtschaft. Im Ersten Weltkrieg Hauptmann einer Maschinengewehrkompanie. 1920/30 Geschäftsführer des Gesamtverbandes der christlichen Gewerkschaften. Ab 1924 Abgeordneter des Zentrums im Reichstag. Anerkannter Steuer- und Finanzkenner. 1929 Vorsitzender der Zentrumsfraktion. März 1930 Reichskanzler eines vorwiegend auf das Vertrauen des Reichspräsidenten gestützten »Präsidialkabinetts«. Rücktritt Ende Mai 1932. Ab Mai 1933 Vorsitzender der Zentrumspartei (s. Sacherläuterung hierzu). Nach ihrer Auflösung im Juli 1933 ging B. nach USA und kehrte erst 1950 für kurze Zeit nach Deutschland zurück. B. gab in seinen 1970 erschienenen »Memoiren« wesentliche Aufschlüsse zu dieser Epoche deutscher Geschichte.

Cecilie, Prinzessin von Mecklenburg-Schwerin (1886–1954), 1905 vermählt mit Kronprinz Wilhelm von Preußen.

Clemenceau, George, *1841 in Mouilleron-en-Pareds (Vendée), † 1929 in Paris – Arzt in Paris, 1870 Bürgermeister des Stadtbezirks Montmartre. Stimmte in der Nationalversammlung 1871 gegen den Friedensvertrag. Gefürchtet als Ministerstürzer (seitdem »Tiger« genannt), Gegner kolonialer Aspirationen Frankreichs in Afrika, Anhänger einer starken Kontinentalpolitik gegen Deutschland, das er krankhaft haßte. 1902 Senator, nach 1906 verschiedentlich Minister. Er führte die Trennung von Kirche und Staat durch, entwickelte sich aber immer weiter zum ausgesprochenen Rechtspolitiker. 1917 zum zweiten Male Ministerpräsident, verkörperte er den Durchhaltewillen Frankreichs; er war die treibende Kraft für den harten Frieden von Versailles. Unterlag 1920 bei der Wahl zum Präsidenten der Republik.

Diels, Rudolf, * 1900 in Berghausen, 1957 auf der Jagd verunglückt. Jurist, wurde 1930 ins preußische Innenministerium berufen. Nach Papens Staatsstreich gegen Preußen Leiter der politischen Abteilung. Von Göring 1933 zum ersten Chef der Gestapo ernannt. Als solcher bestrebt, die unzähligen »wilden« Konzentrationslager der SA und SS aufzuheben oder unter staatliche Kontrolle zu bringen, um sie zu »humanisieren«. Das brachte ihn in Gegensatz zu Himmler. 1934 schied er als Chef der Gestapo aus und wurde Regierungspräsident in Köln, 1936 in Hannover. In erster Ehe mit einer Schwester Görings verheiratet. 1944 verhaftet, 1945 von den alliierten Truppen befreit.

Dietrich, Otto (1897–1952), 1931 Chefredakteur der *Nationalzeitung* in Essen, Reichspressechef der NSDAP.

Dimitroff, Georgi, * 1892 in Radomir (Bulgarien), † 1949 in einem Sanatorium der UdSSR. Ab 1929 als sowjetischer Agent in Berlin, in Verbindung mit dem Reichstagsbrand verhaftet. Dank seiner Schlagfertigkeit und seiner überragenden Intelligenz erwarb er sich bei der Verteidigung vor dem Reichsgericht viele Sympathien bei Pressevertretern und auch Nichtkommunisten. Er mußte freigesprochen werden und wurde in die Sowjetunion abgeschoben.

Duesterberg, Theodor (1875–1950), Oberstleutnant a. D., 1919/33 2. Bundesführer des Stahlhelm, deutsch-nationaler Kandidat zwischen Hindenburg und Hitler im 1. Wahlgang der Reichspräsidentenwahl.

Ebert, Friedrich, * 1871 in Heidelberg, † 1925 in Berlin – E. erlernte das Sattlerhandwerk. 1893 Redakteur der sozialdemokratischen *Bremer Bürgerzeitung,* 1900 Mitglied der Bremer Bürgerschaft, 1905 Sekretär des sozialdemokratischen Parteivorstandes. 1912 Reichstagsabgeordneter. Nach Bebels Tod 1913 Parteivorsitzender und, zusammen mit Scheidemann, Vorsitzender der sozialdemokratischen Reichstagsfraktion. Übernahm im November 1918 aus den Händen des Prinzen Max mit Zustimmung sämtlicher Staatssekretäre das Amt des Reichskanzlers. Am 11. Februar 1919 von der Nationalversammlung zum ersten Präsidenten der Weimarer Republik gewählt. Von sicherer Würde und absoluter Unbestechlichkeit, erwarb er sich auch im gegnerischen Lager Achtung. Starb im Februar 1925. In Heidelberg beigesetzt. Seine Witwe Luise, die sich bewußt von allen Repräsentationen ferngehalten hatte, starb 1953.

Eckart, Dietrich (1868—1923), Schriftsteller, 1921 Chefredakteur des *Völkischen Beobachters.*

Eitel-Friedrich, Prinz von Preußen (1883–1942), zweiter Sohn Kaiser Wilhelms II.

Eltz von Rübenach, Peter Paul Reichsfreiherr von (1875–1943), 1923 Ministerialrat im preußischen Ministerium für öffentliche Arbeiten. 1932/37 Reichspost- und Verkehrsminister.

Ernst, Karl, * 1904 in Berlin, † 1934 (von der SS in Lichterfelde erschossen) – Fahrstuhlführer und Hotelpage, ein typisches Berliner Kind der Nachkriegsjahre, kam er schon sehr früh mit dem Nationalsozialismus in Berührung, wahrscheinlich durch Hauptmann Ernst Röhm. E. gründete in der Roßstraße in Berlin-Mitte eines der ersten SA-Heime. Mit dreißig Jahren Gruppenführer in der SA-Hierarchie, also im Range eines Generals. Am 30. Juni 1934, auf der Hochzeitsreise nach Madeira, wurde er in Bremen vor der Einschiffung vom Schiff geholt, nach Berlin transportiert und erschossen. Nach unbestätigten Gerüchten soll er an einen Putsch g e g e n das Regime geglaubt haben und mit den Worten »Heil Hitler« gestorben sein. Sein im »Weißbuch über die Erschießungen am 30. Juni« erschienenes angebliches »Testament« (neuerdings veröffentlicht im Forschungsbericht von Wolff) ist zweifelsohne eine Fälschung.

Erzberger, Matthias (1875–1921), Zentrumsabgeordneter, 1918 Führer der deutschen Waffenstillstandskommission, 1919 Reichsfinanzminister; von Rechtsradikalen ermordet.

Feder, Gottfried (1883–1943), Theoretiker der NSDAP (»Brechung der Zinsknechtschaft«), 1933 Staatssekretär im Reichswirtschaftsministerium.

Foch, Ferdinand (1851—1929), französischer General, März 1918 Oberbefehlshaber der alliierten Truppen in Frankreich.

Frank, Hans, genannt Frank II., *1900 in Karlsruhe, † 1946 in Nürnberg (hingerichtet) – 1923 am Putsch an der Feldherrnhalle beteiligt. 1926 Anwalt in München, Rechtsbeistand Hitlers. Leiter der rechtspolitischen Abteilung der NSDAP (1933 Reichsleiter). 1928 gründet F. den Nationalsozialistischen Deutschen Juristenbund. 1933 bayerischer Justizminister. 1934 Reichsminister ohne Geschäftsbereich, Präsident der Akademie für deutsches Recht. 1939 Chef der Zivilverwaltung, kurz danach Generalgouverneur für Polen. 1945 von den Amerikanern verhaftet und in Nürnberg vor Gericht gestellt, zum Tode verurteilt und durch den Strang hingerichtet. Ursprünglich Alt-Katholik, trat F. im Nürnberger Gefängnis zur katholischen Kirche über. Ein Priester schmuggelte seine Memoiren aus dem Gefängnis, die seine Frau 1953 als Buch herausgab. Er war einer der wenigen, die ihre Taten bereuten.

Frick, Wilhelm (1877–1946), 1917 Oberamtmann in der Polizeidirektion in München, beim Hitlerputsch 1923 Polizeipräsident. 1924 M. d. R. der NSDAP, 1930 erster NS-Minister in einem Land, 1933 Reichsminister des Innern, Reichsprotektor in Böhmen. In Nürnberg hingerichtet.

Gempp, Walter, * 1878 in Rodach bei Coburg, † 1939 in Berlin (im Untersuchungsgefängnis erdrosselt) – Diplomingenieur bei Siemens-Schuckert. Motorisierte die Berliner Feuerwehr. 1923 Oberbranddirektor von Berlin. Kurz nach dem Reichstagsbrand von seinem Posten entfernt (Leber, S. 106). Bis

September 1937 in Untersuchungshaft, ohne daß man einen Anklagepunkt finden konnte. Ihn freizulassen, wagte man auch nicht, da er zu viel wußte. Am 2. Mai 1939 wurde er in seiner Zelle erdrosselt aufgefunden.

Goebbels, Joseph, * 1887 in Rheydt, † 1945 in Berlin – Sohn eines katholischen Werkmeisters, in beengten aber nicht ärmlichen Verhältnissen aufgewachsen. Nahm wegen schwacher Körperkonstitution und eines verkrüppelten Fußes am Ersten Weltkrieg nicht teil. Als begabter Schüler erhielt er von kirchlicher Seite dank der streng-religiösen Haltung seiner Eltern ein Stipendium, wobei die kirchlichen Behörden ausdrücklich das Studium der Theologie ausschlossen, da er kein religiöser Mensch sei. 1922 in Heidelberg zum Doktor der Philosophie promoviert. Arbeitslos, trat er im selben Jahre der NSDAP bei, mit der relativ »hohen« Mitgliedsnummer 8762. Anfangs von schwankender Treue gegenüber Adolf Hitler, wurde er auf Grund seiner Phantasie, seiner Rednergabe und seiner außergewöhnlichen Energie zum wichtigsten Propagandisten seiner Partei. 1926 schickte ihn Hitler als Gauleiter nach Berlin, wo es nur 500 Parteigenossen gab. Obwohl Dr. G. diese Zahl innerhalb weniger Jahre auf 50 000 erhöhte, nannten ihn die Nationalsozialisten zu Unrecht den »Eroberer des roten Berlin«. Was er eroberte, war das durch die Wirtschaftskrise erschreckte Bürgertum. Die festen Blökke der Berliner Sozialdemokraten und der Kommunisten konnte er im Kern nicht erschüttern. Sie wurden erst nach der Machtergreifung gewaltsam unterdrückt. Am 13. März 1933 erhielt Goebbels das eigens für ihn geschaffene »Reichsministerium für Volksaufklärung und Propaganda«. Mit Hilfe dieses machtvollen Instruments gelang es ihm, das gesamte deutsche Geistesleben gleichzuschalten. Sein Einfluß auf Hitler war großen Schwankungen unterworfen. Gegen Kriegsende wurde er »Reichsverteidigungskommissar« und für einen Tag sogar noch – nach Hitlers Tod – Reichskanzler. Dann beging er Selbstmord (am 1. Mai 1945).

Goebbels, Magda, * 1901 in Berlin, † 1945 in Berlin – Tochter des Diplomingenieurs Ritschel. Die Ehe der Eltern wurde geschieden. 1906 heiratete die Mutter den »Nichtarier« Friedländer, Magda wurde im Ursulinenkloster in Vilvorde (Belgien) erzogen und kehrte bei Kriegsausbruch 1914 nach Deutschland zurück. Durch ihren Vater Ritschel kam Magda mit dem Buddhismus in Berührung, andererseits fühlte sie sich zu ihrem Stiefvater Friedländer hingezogen, von dem sich ihre Mutter aber wieder scheiden ließ. Im Januar 1921 heiratete sie den Großindustriellen Günther Quandt (39 J.). Auch diese Ehe wurde geschieden. Magda lernte beim Besuch einer Versammlung Goebbels kennen, der sie als Sekretärin anstellte. Im Spätsommer 1930 war die Verlobung, im Dezember die Hochzeit. Damit verlor Magda ihre sehr erhebliche Unterhaltsrente von ihrem ersten Mann. Ihr Sohn Harald Q. mußte zum Vater zurückkehren, bis ihn später G. durch Drohungen zurückholte. Da er 1945 im Felde stand, entging er dem Tode im Bunker der Reichskanzlei. Magda G. blieb 1945 bei ihrem Mann. Als alles verloren war, ließ sie ihre sechs Kinder durch Giftspritzen töten und nahm sich dann, zusammen mit ihrem Mann, das Leben.

Goerdeler, Karl Friedrich (1884–1945), 1930/37 Oberbürgermeister von Leipzig, 1931/32 und 1934/35 Reichskommissar für Preisüberwachung. Im Februar 1945 hingerichtet.

Göring, Hermann, * 1893 in Rosenheim (Bayern), † 1946 in Nürnberg (Selbstmord). Sohn eines höheren Kolonialbeamten aus einer westfälischen Familie. Mit 19 Jahren Leutnant. Im Ersten Weltkrieg Flieger. Führte 1918 das berühmte Jagdgeschwader Richthofen und erhielt den »Pour le mérite«. Nach dem Krieg eine Zeitlang Berater des dänischen Flugwesens, 1920/21 arbeitete er für Fluggesellschaften in Schweden. Dort lernte er auch seine erste Frau kennen. 1925 mußte er sich in der Irrenanstalt Langbro einer Morphiumentziehungskur unterziehen, wurde aber nicht auf die Dauer geheilt, sondern blieb Morphinist bis zu seiner Inhaftierung in Nürnberg.

1922 trat G. in die NSDAP ein. Bei dem Putsch an der Feldherrnhalle (1923) wurde er leicht verwundet, floh nach Österreich und lebte in den nächsten Jahren in Italien und Schweden. Ab 1928 Mitglied des Reichstags, wurde er von seinem Parteiführer sehr oft für diplomatische Aktionen verwendet. Seit August 1932 Reichstagspräsident. Am 30. Januar 1933 Reichsminister ohne Portefeuille und kommissarischer preußischer Innenminister, im April preußischer Ministerpräsident und Reichsluftfahrtminister, Chef der Gestapo (Geheime Staatspolizei), die dann aber in Himmlers Hände überging, Reichsjägermeister, Reichsforstmeister und designierter Nachfolger des »Führers«, auch Beauftragter für den Vierjahresplan. Noch von Hindenburg zum General der Infanterie, von Hitler zum Oberbefehlshaber der Luftwaffe ernannt, erhielt er nach dem Siege über Frankreich den Titel eines »Reichsmarschalls«.

Im April 1935 heiratete er die Schauspielerin Emmy Sonnemann. G. arrangierte eine Hochzeit mit orientalischem Prunk. Er war sehr eitel, trug kostbare Ringe und Spangen, wechselte täglich mehrmals die Kleidung und trug die skurrilsten Phantasiekostüme. G.'s Sucht nach Orden und Ehrenzeichen war krankhaft. Der unvorstellbare Luxus, den er trieb, verschlang Dutzende von Millionen, ebenso der Bau und Ausbau seiner verschiedenen Landsitze, Stadtwohnungen, Schlösser und Burgen. Die Gehälter seiner verschiedenen Ämter reichten nur zu einem Bruchteil dafür aus. So blühte unter G. recht unpreußisch die Korruption wie noch nie zuvor in Deutschland. Seine Abstammung leitete er nach einem von ihm in Auftrag gegebenen Stammbaum von Karl dem Großen ab! Ende April 1945 verurteilte ihn Hitler noch zum Tode, weil er die Kapitulation anbieten wollte. G. wurde jedoch von einer Luftwaffeneinheit befreit und begab sich in amerikanische Gefangenschaft. In Nürnberg vor Gericht gestellt, stand er, im Gegensatz zu manchen anderen Angeklagten, zu seinen Handlungen. Zum Tode verurteilt, beging er in der Nacht vor der Hinrichtung Selbstmord.

Groener, Wilhelm, * 1867 in Ludwigsburg, † 1939 in Bornstedt bei Potsdam –

1884 württembergischer Fähnrich. 1912 Chef der Eisenbahn-Abteilung im Großen Generalstab, 1916 Chef des Kriegsamtes für Mannschafts-Ersatz und Beschaffung von Waffen und Munition. Ende Oktober 1918 Nachfolger des zurückgetretenen Generalquartiermeisters Ludendorff. 1920 und 1923 Reichsverkehrsminister, 1928 Reichswehrminister, 1931 auch noch Reichsinnenminister. Rücktritt Mai 1932.

Gürtner, Franz (1881–1941), 1922 bayer., ab 1932 Reichsjustizminister.

Hammerstein-Equord, Kurt Freiherr von, * 1878 in Hinrichshagen, † 1943 – Generalstabsoffizier im Ersten Weltkrieg. 1925 Oberst und Stabschef des Wehrkreiskommandos III, 1929 Stabschef (als Generalmajor) des Gruppenkommandos I in Berlin, 1930 Chef der Heeresleitung, General der Infanterie. Februar 1934 als Generaloberst in den Ruhestand. 1939 Chef einer Heeresgruppe im Westen.

Hanussen, Erik van (eigentlich Steinschneider, Herrschel) * 1889 in Wien, † 1933 (ermordet) – Sohn des Siegfried Steinschneider und seiner Ehefrau Julie geborene Kohn in Wien XVI, Yppenplatz 8 (laut Matrikelausweis der Israelitischen Kultusgemeinde in Wien). Vater Wanderbühnen-Schauspieler. Er nahm den jungen Herrschel mit auf Tournee. Dort lernte dieser die Tricks der Varietéleute und Zirkuskünstler kennen. Bereits als 21jähriger Chefredakteur der Zeitung *»Der Blitz«,* die angeblich von Erpressungen lebte. Im Kriege Soldat, wurde ST-H. bald »Truppenbetreuer«, später »Wünschelrutengänger«.

1917 gab er in Krakau eine Broschüre heraus »Worauf beruht das?«, worin er Telepathie und Hellseherei als Betrug entlarvte. Nach dem Kriege wies ihn die österreichische Polizei als Schwindler aus. Er wandte sich nach der Tschechoslowakei, seinem »Heimatland«. 1929 stand er in Leitmeritz wegen Betruges vor Gericht, wurde wegen Mangel an Beweisen freigesprochen. Seitdem nannte er sich »gerichtlich vereidigter Sachverständiger«. Nachdem er in einem zweiten Buch »Das Gedankenlesen« (Wien 1920) zum zweiten Male Telepathie und Gedankenlesen als Schwindel hingestellt hatte, warf er sich auf diesen »Berufszweig«. Er wandte sich nach Berlin und «eroberte» in wenigen Monaten die von der Wirtschaftskrise besonders mitgenommene Reichshauptstadt. Obwohl Jude, wurde er zum eifrigen Propagandisten der NSDAP, gab eine Wochenzeitung heraus und verkehrte mit hochgestellten Führern der SA und NSDAP. Ende 1931 nahm *»Berlin am Morgen«* den Kampf gegen ihn auf. Chefredakteur Bruno Frei enthüllte St-Hs. Abstammung und bezeichnete ihn öffentlich als Scharlatan, Betrüger, Schwindler und Hochstapler. St-H. mußte klagen. Auch der *»Angriff«* (Dr. Goebbels) nahm gegen ihn Stellung, aber am nächsten Tage, am 13. Dezember 1931, widerrief die Zeitung alles auf Veranlassung von Graf Helldorf, dem sich St-H. als Sproß eines uralten dänischen Adelsgeschlechtes vorgestellt hatte. Ende 1932 baute er sich in der Lietzenberger Straße eine phantastische Wohnung, den sogenannten »Palast des Okkultismus«. Bei der Einweihung am 26. Februar 1933 gab er die Privatséance, in der er »ein großes Haus brennen sah« – den Reichstag.

Nach dem Brand versuchte er noch, sich den Mosse-Konzern mit drei Tageszeitungen anzueignen, aber am 24. März 1933 wurde er verhaftet. Am 7. April fanden Waldarbeiter seine Leiche in einer Tannenschonung an der Landstraße von Baruth nach Neuhof bei Berlin. Wer den Mordbefehl gegeben hatte, ließ sich nicht mit Sicherheit klären. An der Beisetzung auf dem Friedhof in Stahnsdorf nahmen nur sieben Personen teil, darunter der evangelische Pfarrer, der ihn getauft hatte. Mit dem Taufschein hatte sich St.-H. die Mitgliedschaft in der NSDAP erschwindelt. Über das Vermögen des Toten mußte der Konkurs eröffnet werden. Den Forderungen der Gläubiger in Höhe von rund 150 000 Mark standen kaum nennenswerte Guthaben gegenüber. Die Schuldscheine Helldorfs waren verschwunden.

Heilmann, Ernst (1881–1940), Fraktionsvorsitzender der SPD im preuß. Landtag. Im Konzentrationslager Buchenwald ermordet.

Held, Heinrich (1868–1938), Fraktionsvorsitzender des Zentrums und der Bayer. Volkspartei im bayer. Landtag, 1924–33 bayer. Ministerpräsident.

Helldorf, Wolf Heinrich Graf, * 1896 in Merseburg, † 1944 (gehängt) – im Ersten Weltkrieg Offizier, dann Freikorps-Kämpfer. 1928–30 Leiter eines Gestüts. 1931 SA-Führer von Berlin-Brandenburg. Arrangierte 1932 die ersten antisemitischen Zusammenrottungen von Berlin, was den Abscheu Hindenburgs hervorrief. 1933 Polizeipräsident von Potsdam und Reichstagsabgeordneter. 1935 Polizeipräsident von Berlin. In dieser Situation schützte H. merkwürdigerweise viele Juden und verhalf einer Anzahl sogar zur Flucht. 1944 einer der führenden Männer des 20. Juli. Hingerichtet. Sein Tod hebt kaum seine üble Rolle auf, die er in Berlin vor und unmittelbar nach der Machtübernahme spielte.

Heydrich, Reinhard, * 1904 in Halle, † 1942 in Prag (Attentat) – Seeoffizier. Nach einem Ehrenverfahren entlassen. 1932 Chef des Sicherheitsdienstes (SD) der SS. 1933 mit Himmler im bayerischen Polizeidienst. Nach wenigen Monaten war H. seinem Chef Himmler ein unentbehrlicher Ratgeber. Viele der Erschießungen am 30. Juni 1934 gingen auf H. zurück. 1936 wurde er Leiter der Sicherheitspolizei und Chef der Gestapo. Er plante, die katholische Kirche durch die Infiltrierung von Priesterzöglingen, die vorher in besonderen Schulen trainiert werden sollten, von innen heraus auszuhöhlen. 1942 zum stellvertretenden Reichsprotektor von Böhmen und Mähren ernannt, wurde er wenige Monate später durch tschechische, von englischen Flugzeugen abgesetzte Widerstandskämpfer so schwer verwundet, daß er kurz darauf starb. Gewisse Umstände ließen darauf schließen, daß H.'s Tod einigen NS-Größen sehr recht kam. Das Attentat führte zur Vernichtung des Dorfes Lidice. Die Akten, die Heydrich gesammelt hatte, übernahm sein Nachfolger Kaltenbrunner. Es sollen darunter auch die Papiere gewesen sein, die die Vorfahren Hitlers hinwiesen. Wahrscheinlich war Heydrichs eigene Mutter oder Großmutter Jüdin. In NS-Kreisen wurde behauptet, Heydrich habe nach der Machtergreifung den Grabstein seiner Mutter oder Großmutter (mit der Inschrift Sarah Heydrich) auf dem Leipziger Friedhof durch einen solchen mit der Inschrift S. Heydrich ersetzen lassen und auch die Kirchenbücher der betreffenden Seiten beraubt.

Himmler, Heinrich, * 1900 in München, † 1945 (Selbstmord) –Volksschule, dann Gymnasium in München und Landshut, 1918 Fahnenjunker im II. Bayr. Inf.-Regiment. 1924 Diplomlandwirt. 1928 gründete er eine Geflügelfarm bei München. Nach Goebbels' Ernennung zum Gauleiter von Berlin Sekretär Gregor Strassers. 1930 Reichstagsabgeordneter. Im März 1933 wurde er Führer der noch unbedeutenden SS, Polizeipräsident von München, bald auch Kommandeur der politischen Polizei in Bayern und anderen Ländern. Seine große Stunde kam beim »Röhmputsch« 1934. Die SS, bis dahin nur eine untergeordnete NS-Einheit, spielte sich nach vorn. H. wurde Reichsleiter der SS und war Hitler damit direkt unterstellt. Im Laufe der Jahre baute er die SS zu einer gefürchteten Truppe aus. Sein Ziel war, alle bewaffneten Kräfte in Deutschland unter seine Befehlsgewalt zu bekommen. Als Chef der Geheimen Staatspolizei ging er mit beispielloser Grausamkeit gegen alle Gegner des Nationalsozialismus vor. Ihm unterstanden auch die Konzentrationslager. Während des Krieges begann er, alle Juden im Herrschaftsbereich des Dritten Reiches auszurotten. Als Helfer bei diesem grausigen Werk bediente er sich vornehmlich polnischer, litauischer und lettischer SS-Einheiten unter deutschem Kommando. 1944 Chef des Ersatzheeres, Ende des Jahres sogar Armeeoberbefehlshaber. Als Soldat verkleidet, versuchte er im Mai 1945 zu entkommen. Verhaftet, beging er Selbstmord, als man ihn erkannte.

Hindenburg, Oskar von Beneckendorff und von, * 1883 in Königsberg, † 1960, Offizier, Adjutant seines Vaters. 1934 Abschied als Generalmajor.

Hindenburg, Paul von Beneckendorff und von, * 1847 in Posen, † 1934 auf Neudeck – Leutnant im Kriege 1866 gegen Österreich, Oberlt. im Kriege 1870/71 gegen Frankreich. Als Vertreter seines Regiments Zeuge der Kaiserproklamation von Versailles am 18. Januar 1871. 1911 als Kommandierender General des IV. Armeekorps verabschiedet. 1914 reaktiviert. Siegte mit Ludendorff bei Tannenberg und im Winter in Masuren. Hindenburg wurde der volkstümlichste Heerführer des Ersten Weltkrieges. 1916 nach dem überraschenden Eintritt Rumäniens in den Weltkrieg auf Seiten der Alliierten zum Oberbefehlshaber aller deutschen Truppen ernannt, siegte er in Rumänien, Oberitalien und Rußland. Im Westen konnte er alle Angriffe abwehren, bis im Sommer 1918 sich das alliierte Übergewicht bemerkbar machte. 1918 blieb er nach Ludendorffs Abgang Oberbefehlshaber. Sein Generalquartiermeister wurde General Groener. Das Große Hauptquartier wurde nach Kassel verlegt, dann nach Kolberg, um von dort aus den Grenzschutz gegen die polnischen Insurgentenarmeen aufzubauen. Nach Unterzeichnung des Versailler Vertrages legte Hindenburg den Oberbefehl nieder. 1925 wurde er nach Eberts Tod zum Reichspräsidenten gewählt. Er hielt sich peinlich an seinen Eid auf die Weimarer Verfassung. Gegen den Rat seiner deutsch-nationalen Freunde unterstützte er Stresemanns Erfüllungspolitik und berief Dr. Brüning als seinen »Präsidialkanzler«, nachdem sich im Reichstag keine Mehrheit für eine kontinuierliche Politik mehr finden ließ. Am 2. August 1934 starb Hindenburg auf seinem Gut Neudeck. Hitler ließ ihn in einem Turm des Tannenbergdenkmals beisetzen. Sein Sarg steht jetzt in der Elisabethkirche in Marburg.

Hitler, Adolf, * 1889 in Braunau in Österreich, † 1945 in Berlin (Selbstmord) — Sohn des österreichischen Zollamts-Oberoffizials Alois Hitler und dessen dritter Ehefrau Klara, geborene Poelzl. Die Eltern wie auch deren Vorfahren stammten sämtlich aus dem sogenannten »Waldviertel« nordöstlich Linz.

Alois Hitler, also Adolf Hitlers Vater, wurde 1837 als das uneheliche Kind der Bauerntochter Maria Anna Schicklgruber geboren. Als er fünf Jahre alt war, heiratete diese den Müllersgesellen Johann Georg Hiedler. Maser weist nach, daß der Bruder von Johann Georg Hiedler, Johann Nepomuk Hüttler, der Vater von Alois war und Johann Georg zur Ehe veranlaßte, um die Kindsmutter »ehrlich« zu machen. 1876 änderte er seinen Namen in Alois Hitler um, im Einvernehmen mit den politischen und kirchlichen Behörden. Zu den vielschichtigen Fragen der Abstammung Hitlers und seiner Biographie, die, hätte man sie hier wie die übrigen biographischen Skizzen knapp gehalten, zu lückenhaft, Wesentliches weglassend, abgehandelt worden wäre, vgl. jetzt die ausführlichen und grundlegenden Werke Werner Masers, vor allem »Adolf Hitler, Legende, Mythos, Wirklichkeit«, 6. Auflage Esslingen 1974 und ferner »Der Sturm auf die Republik, Frühgeschichte der NSDAP«, Stuttgart 1973.

H. war zweifelsohne Eidetiker (griech.: eidos = Bild). Nach Prof. Jaensch ist ein Eidetiker ein Mensch, der »ein Bild oder ein anderes anschauliches Objekt nicht nur als Vorstellung, sondern anschaulich mit dem Charakter der Empfindung reproduziert«. Derartige Vorstellungen nennt J. Anschauungsbilder; sie machen auf den Eidetiker den gleichen Eindruck wie Wahrnehmungen. Ein Eidetiker verwechselt daher – was bei H. ständig der Fall war – Anschauungsbilder mit wirklichen Objekten. Eidetiker haben oft bedeutende künstlerische Anlagen und verfügen auch nicht selten über die Gabe der »Vorschau«, des »zweiten Gesichts«. (Daraus würde sich auch H. s »Ahnungsvermögen« und sein »Wissen« erklären, das ihn verschiedentlich Gefahren entgehen ließ.) Bei Kindern ist die eidetische Veranlagung ziemlich häufig (durchschnittlich jedes dritte Kind ist eidetisch), aber mit Eintritt der Pubertät oder mit zunehmendem Alter verliert sich diese Eigenschaft. H.s eidetische Begabung wurde zu seinen Lebzeiten nicht erkannt, obwohl es viele Beweise dafür gibt. Was H.s Umgebung für »Genialität« hielt, war zum Teil seine Fähigkeit, Bücher und Bilder sozusagen als »Photographien« in seinem Gehirn aufzustapeln und im geeigneten Moment Gebrauch davon zu machen.

Hugenberg, Alfred, *1865 in Hannover, †1952 – 1907 Vortragender Rat im preußischen Finanzministerium, dann Vorsitzender des Direktoriums der Krupp-Werke bis 1918. Nach der Revolution wandte sich H. der Politik zu. Deutschnationaler Abgeordneter seit 1919. 1928 Vorsitzender der Deutschnationalen Volkspartei. H. leitete einen großen Pressekonzern (Scherl), ein wichtiges deutsches Nachrichtenbüro (TU), die Universum-Filmgesellschaft (UFA) und andere Unternehmungen und Betriebe. Wegen seines grauen Bürstenhaares war er unter dem Spitznamen »der Silberfuchs« bekannt. H. vertrat konsequent eine rein auf wirtschaftliche Interessen ausgerichtete Politik.

Kaas, Ludwig, * 1881 in Trier, † 1952 in Rom – Katholischer Priester, Professor des Kirchenrechts. Seit 1919 Zentrumsabgeordneter, 1920 als Nachfolger von Marx Parteivorsitzender. Ging im Frühjahr 1933 nach Rom.

Katz, Otto, alias André Simone, 1933 etwa 40 Jahre alt, 1952 in Prag hingerichtet – Tschechischer Staatsbürger. Nach Koestler (S. 217) stammte er aus Prag, war in Berlin geschäftlicher Leiter der bekannten Wochenschrift »Das Tagebuch«, dann Direktor von Erwin Piscators kommunistischer Bühne, Direktor eines der Verlage des Münzenberg-Konzerns, Direktor von *Meschrabpom*-Film in Moskau; später in den Pariser Jahren Organisator der deutschen und spanischen »Hilfskomitees«, Direktor der spanischen Nachrichten-Agentur und Verteiler geheimer Propagandagelder der spanischen Regierung an französische Zeitungen und Politiker. Er war der reisende Botschafter des unsichtbaren Willy Münzenberg und fuhr regelmäßig nach England und nach Hollywood, um Gelder zu sammeln und antifaschistische Komitees zu gründen. »Er hatte überall politische Beziehungen, war attraktiv für Frauen, besonders für politisierende Damen in mittleren Jahren, und benutzte sie geschickt für seine Zwecke ...«

Katz war zumindest seit seiner Moskauer Zeit Kominternagent, wahrscheinlich aber schon nach seinem Eintritt bei Münzenberg. Er war einer der Gewissenlosesten dieser Gruppe. Von Frankreich aus emigrierte er nach Mexiko. Dort gab er zusammen mit anderen Kommunisten eine deutschsprachige Zeitung heraus. 1945 kehrte er nach Europa zurück. Eine Zeitlang hielt er sich in der Schweiz auf, dann ging er nach Prag. Dort wurde er im November 1952 vor Gericht gestellt. In seinem Schlußwort erklärte er:

»..ich halte mich für einen Verbrecher, der die strengste Strafe verdient ... Ich war Schriftsteller. Über die Aufgabe eines solchen sagt eine herrliche Formulierung, er sei Ingenieur der menschlichen Seelen. Doch was für ein Ingenieur ist jener, der die Seelen vergiftet? Ein Seeleningenieur wie ich gehört an den Galgen!«

Koestler schreibt dazu (S. 217):

»Als das Schicksal Otto Katz ereilte und er in Prag unter der absurden Anklage der britischen Spionage und zionistischen Verschwörungen gehängt wurde, erhob nicht ein einziger seiner früheren Freunde, Mitarbeiter und politischen Kameraden, die Stimme zu seiner Verteidigung.«

Der Verfasser eines halben Dutzends Bücher, darunter der Braunbücher (s. O.) wurde Ende 1952 gehängt, achtzehn Jahre nach dem Tode von Marinus van der Lubbe, den er mit seinen Fälschungen auf das Schafott bringen half.

Leipart, Theodor, *1867 in Neubrandenburg, †1947 in Berlin – Ursprünglich Holzarbeiter, 1893 Vorsitzender des Holzarbeiterverbandes im ADGB,

1919–20 württembergischer Arbeitsminister, seit 1921 Vorsitzender des ADGB.

Löbe, Paul, * 1875 in Berlin, † 1967 in Bonn. — Schriftsetzer, SPD-Redakteur, seit 1919 Mitglied des Reichstages. 1920—1932 fast ununterbrochen Präsident des Reichstags.

Lubbe, Marinus van der, * 1909 in Leiden, † 1934 (hingerichtet). Sohn des Hausierers Cornelis L. und seiner Ehefrau Petronella van Handel, als jüngstes Kind aus der zweiten, sehr unglücklichen Ehe seiner Mutter. Bevor diese 1921 starb, gab sie Marinus einer Tochter aus der ersten Ehe in Obhut. Bei seiner Halbschwester hatte es L. recht gut. Er wurde religiös erzogen und wollte sogar Pfarrer werden. Dieses Missionsbewußtsein blieb ihm Zeit seines Lebens erhalten, nur das Ziel wechselte später. Er wollte einem »schweren Beruf« nachgehen, da er über Bärenkräfte verfügte. Seine Kameraden nannten ihn »Dempsey« nach dem damaligen Weltboxmeister. Das Sendungsbewußtsein ließ ihn in den kommunistischen Jugendverband eintreten. Wegen seiner schlechten Augen konnte er nicht lange lesen. Sein Unvermögen, sich trotz der vielen freien Zeit theoretisch zu bilden, ließ ihn oberflächlich werden. Aber voller Tatendrang versuchte er, aufgeschnappte Leitsätze und Schlagworte ins praktische Leben umzusetzen.

1930 setzte die Zeitschrift Het Leven für den ersten holländischen Kanalschwimmer einen Preis von fünftausend Gulden aus. L. begann sofort zu trainieren. Er schwamm längs der holländischen Küste eine Strecke, die der Entfernung zwischen Calais und Dover entsprach. Mit dem Geld wollte er mit Arbeitslosen eine Siedlung gründen.

Als die »Saison« in Calais begann, machte er sich auf den Weg und fand – nach seinen Erzählungen – einen Wirt, der ihn in Pension nahm. Daß man jedoch nicht einfach ins Wasser steigen und losschwimmen konnte, war L. vor seiner Abreise nicht bewußt geworden. Eine Kanalüberquerung erforderte Tausende von Franken für das Begleitboot, die Gezeitenberechnungen, die Masseure etc., die er nicht hatte.

1931 beschloß er, mit dem Fahrrad auf Weltreise zu gehen, durchquerte Deutschland, Österreich, Jugoslawien und höchstwahrscheinlich Rumänien. Die Sowjetunion, die das Endziel sein sollte, erreichte er nie. Um die Weihnachtszeit 1932 mußte er die Augenklinik aufsuchen. Die Ärzte stellten Augentuberkulose fest, gegen die es kein Heilmittel gab und die unweigerlich zur Erblindung führt. Am 28. Januar 1933, dem Tage von Schleichers Rücktritt, wurde L. entlassen und ging auf seine letzte Reise: nach Deutschland.

Nach der Brandstiftung im Gefängnis von Berlin sitzend, schrieb er in der ersten Zeit recht fleißig Briefe an seine Freunde in Holland. Noch am 8. Juni 1933 gab er genaue Anweisungen, wie seine aufgelaufene Rente zu verteilen sei, dann brach der Briefverkehr ab. Offenbar kam ihm die Erkenntnis, daß er den schlimmsten Gegnern des Proletariats mit seiner Wahnsinnstat geholfen hatte. Im Bewußtsein auch, erblinden zu müssen, kämpfte er nicht um seinen Kopf, sondern wollte hingerichtet werden. In dem, für ihn am 22. September 1933 beginnenden, Hochverratsprozeß vor dem Reichsgericht machte er den Eindruck eines Geistesgestörten. Drei Monate später, am 23. Dezember 1933, wurde er wegen Hochverrates in Tateinheit mit Brandstiftung zum Tode verurteilt. Am 10. Januar 1934 fiel in Leipzig sein Kopf unter dem Beil des Scharfrichters. Seine Verurteilung zum Tode auf Grund der Notverordnung vom 28. Februar 1933 war ein Verfassungsbruch: nach dem an diesem Tage geltenden Recht hätte er nicht mit dem Tode bestraft werden dürfen.

Meißner, Hans-Otto, (* 1909 Straßburg, Elsaß) einziger Sohn des Staatssekretärs (später Minister) Dr. Otto Meißner, studierte Rechtswissenschaft in Freiburg, Bremen, Göttingen, Lausanne und Cambridge (Trinity-College), Referendar 1933, Dr. jur. 1934, Attaché im Auswärtigen Amt und in der Botschaft von London, Legationssekretär in den Botschaften Tokio und Moskau. Im Krieg Panzeroffizier an der Ostfront und nach Verwundung bis Kriegsende Deutscher Konsul I. Klasse in Mailand. Mai 1945 bis Ende 1947 in US-Internierung. Seither freier Schriftsteller mit bisheriger Gesamtauflage von 3,2 Millionen. Oberstleutnant der Reserve in der Bundeswehr, Deutschordensritter, Ehrenmitglied in der EBG (Europäische Bildungsgemeinschaft).

Meißner, Otto, * 1880 in Bischweiler (Elsaß), † 1953 in München – Vater Kaiserl. Oberpostrat, Hauptmann der Reserve. 1901 Gerichtsreferendar, Dr. jur., 1904 Regierungsassessor. Er lernte sieben Sprachen, darunter Russisch. In seiner Jugend einer der ersten deutschen Ski-Pioniere. 1908 Regierungsrat bei der Kaiserl. Eisenbahn-Verwaltung Elsaß-Lothringen. Im Ersten Weltkrieg Hauptmann, dabei erste Begegnung mit Hindenburg. Mitte August 1918 Kaiserl. Deutscher Geschäftsträger bei der autonomen Regierung der Ukraine in Kiew. Beim Einmarsch der Roten Truppen abenteuerliche Flucht quer durch das revolut. Rußland mit Personal, Akten und Kasse. Seine klug abwägenden Aufsätze in der DAZ über die russische Umwälzung erregten das Interesse des Reichspräsidenten Ebert. M. schied als Geheimrat aus dem Auswärtigen Amt aus, trat in das »Büro des Reichspräsidenten« ein und wurde bereits 1920 — nach Rudolf Nadolny — dessen Chef; 1923 mit dem Rang eines Staatssekretärs, dann dem eines Reichsministers. Nach Eberts Tod wurde M. auch Hindenburgs »rechte Hand« und blieb auch unter Hitler im Amt. Er verlor im Dritten Reich jeden politischen Einfluß. Auf formale Aufgaben beschränkt, unterstand ihm die Ordenskanzlei, er war Kurator der Hochschule für Politik und Präsident der Deutsch-Italienischen Gesellschaft. M. besaß mehr Orden als Göring, darunter 18 Großkreuze, trug aber nur seine Kriegsorden aus dem Ersten Weltkrieg. M. war passionierter Reiter, er besaß das Goldene Reitersport-Abzeichen. Diese Passion war ein Bindeglied zu den gleicherweise pferdebegeisterten Friedrich Ebert und General von Schleicher. Am 20. April 1945 zur Dönitz-Regierung in Schleswig-Holstein beordert, wurde er Ende Mai verhaftet. Internierung in Mondorf, Dachau, Plattling. Im sogenannten Wilhelmstraßen-Prozeß sprach ihn das amerikanische Militärgericht in Nürnberg frei. In der Gefängniszelle in Nürnberg fast erblindet, vollendete er 1949 seine Memoiren nach der zweiten Augenoperation, ohne irgendwelche Hilfsmittel zu besitzen und in erheblicher wirtschaftlicher Bedrängnis. Von der Spruchkammer wurde Dr. M. als Nichtbetroffener eingereiht (er war nie Mitglied der NSDAP). Im Mai 1953 starb er, ein Jahr nach seiner Gattin, in München. Er schrieb einen Kommentar zur Weimarer Verfassung, mehrere staatsrechtliche Werke und ein historisches Buch über Elsaß-Lothringen. Seine 1950 erschienenen politischen Erinnerungen konnten aus mancherlei Rücksichten und Gründen noch nicht jede Lücke schließen. So sind in dem hier vorliegenden Buch zahlreiche nachgelassene Notizen Otto Meißners verwandt sowie mündliche Informationen, die er vor seinem Tode dem eigenen Sohn, Hans-Otto Meißner und teilweise auch Harry Wilde gab, und zwar mit dem ausdrücklichen Wunsch, diese bei gegebener Gelegenheit literarisch zu verwerten.

Münzenberg, Willy, * 1889 in Erfurt, † 1940 in Frankreich (ermordet) – Gelernter Schuster; wandte sich schon sehr früh der sozialistischen Bewegung zu. Während des Ersten Weltkrieges lernte er in der Schweiz Lenin kennen. 1918 schloß sich M. der KPD an, wo er bald eine führende Stellung einnahm. Während der Hungerjahre in der Sowjetunion gründete er in Berlin die Künstlerhilfe.

Ott, Eugen, * 1889 in Lobenberg/Neckar, lebt in München – Offizier. 1932 einer der engsten Mitarbeiter Schleichers. Nach dessen Sturz Militärattaché in Tokio, später deutscher Botschafter. Dort eng befreundet mit Dr. Richard Sorge, der während Otts Botschafterzeit in Tokio als einer der erfolgreichsten Spione der Sowjetunion von den Japanern verhaftet wurde. (Hans-Otto Meißner schrieb darüber einen »Roman« nach Tatsachen. *Der Fall Sorge*, das Buch wurde verfilmt.)

Papen, Franz von, * 1878 auf dem Familiengut in Werl/Westfalen, † 1969 in Obersusbach – 1889 Kadett in Lichterfelde, während dieser Jahre Page bei kaiserlichen Hoffestlichkeiten, 1897 Leutnant im Düsseldorfer Ulanenregiment, 1913 Militärattaché in Washington. Dort erwuchsen ihm aus der Betreuung deutscher Agenten nach Kriegsausbruch Schwierigkeiten, so daß er abberufen werden mußte. Später nahm er an den Kämpfen an der Westfront teil. Bei Kriegsende Oberstleutnant. 1920–32 Zentrumsabgeordneter im preußischen Landtag. Nach Brünings Sturz schlug ihn Schleicher als Reichskanzler vor. Im Kabinett Hitler war er bis zu seinem Rücktritt 1934 Vizekanzler. Später ging er als Sondergesandter nach Wien, im April 1939 als Botschafter nach Ankara. Vor dem Nürnberger Tribunal als »Kriegsverbrecher« angeklagt, freigesprochen.

Popoff, Blagoi Simon, * 1902, weiteres Schicksal unbekannt. – Mit 16 Jahren Mitglied des bulgarischen kommunistischen Jugendverbandes. 1924 in Moskau, 1931 wieder in Bulgarien, 1932 Flucht nach Deutschland. Im Reichstagsbrand-Prozeß freigesprochen, überstellte man ihn in die Sowjetunion. Dort ist er verschollen. Angeblich wurde er hingerichtet.

Ribbentrop, Joachim von, * 1893 in Wesel, † 1946 in Nürnberg (hingerichtet) – Sohn eines preußischen Offiziers bürgerlicher Abkunft. Ging vor dem Ersten Weltkrieg nach Kanada und kehrte 1914 auf abenteuerliche Weise in die Heimat zurück, um ins Heer einzutreten. Leutnant. Nach Kriegsende übernahm er, auf Grund seiner Sprachkenntnisse, Vertretungen von Sektfirmen. Heiratete die Tochter des Sektfabrikanten Henkell. Über die Herkunft seines »von« wird gesagt, daß sich Ribbentrop von einer verarmten Tante aus dem adligen Zweige der Familie Ribbentrop adoptieren ließ. Trat 1932 der NSDAP bei. Zum Dank für seine Mitwirkung bei Hitlers Berufung zum Reichskanzler konnte er in der Wilhelmstraße das »Büro Ribbentrop« unterhalten. Es machte nicht nur dem »Außenpolitischen Amt der NSDAP« Konkurrenz, dessen Reichsleiter Alfred Rosenberg war, sondern mischte sich auch ständig in die Angelegenheiten des Auswärtigen Amtes ein. Im April 1934 Sonderbeauftragter für Abrüstungsfragen. Ende Mai 1935 schloß er in London das Flottenabkommen ab, was ihm Hitler als großen Erfolg anrechnete. Nach dem Tode des Herrn von Hoesch im August 1936 zum deutschen Botschafter in London ernannt. Im Februar 1938 Außenminister. 1945 in Nürnberg vor Gericht gestellt und hingerichtet.

Röhm, Ernst, * 1887 in München, † 1934 in München (erschossen). Im Ersten Weltkrieg an der Front, im Gesicht verwundet. 1919 gehörte er dem Freikorps Epp an. In diesem Jahr lernte er Hitler kennen und wurde sein Duzfreund. 1924 wegen Beteiligung am Hitlerputsch 1923 zu 1 Jahr und 3 Monaten Festungshaft verurteilt, stand er nach seiner Entlassung jahrelang abseits. 1929 ging er nach Bolivien, um dort die Armee zu reorganisieren. Von Hitler zurückgerufen, übernahm er 1931 die Führung der SA. Röhm erwies sich dabei als organisatorisches Genie und baute innerhalb eines Jahres eine »Armee« von 500 000 SA-Leuten auf. 1933 Reichsminister ohne Portefeuille. Am 30. Juni 1934 ließ ihn Hitler erschießen, angeblich weil er einen Putsch plante und sich »sittliche Verfehlungen zuschulden kommen ließ«. Der wirkliche Grund war die Spannung zwischen Reichswehr und SA: Röhm wollte die SA in die Reichswehr einbauen, die Generäle weigerten sich jedoch entschieden, das Heer zu politisieren. In diesem Zusammenhang mag Röhm gegenüber Hitler Drohungen ausgesprochen und die Einlösung politischer Zusagen verlangt haben. Außerdem wußte er zu viel! Unter anderem kannte er das Geheimnis des Reichstagsbrandes. Einen »Putsch« plante er jedoch nicht, jedenfalls nicht damals. Hinter dem Gerücht, daß ein Putsch unmittelbar bevorstehe, stand die SS (Heydrich), die ein Interesse daran hatte, die SA, der sie unterstand, zu überspielen und sich selber an die Spitze zu setzen. Nach der Beseitigung Röhms war die SA nur mehr eine zweitrangige Organisation.

Schacht, H. G. Hjalmar, * 1877 in Tingleff (Schleswig), † 1970, lebte nach dem Krieg in Düsseldorf und München – 1916 Direktor der Nationalbank, 1923 Reichswährungskommissar, bis 1930 Präsident der Reichsbank, desgleichen nach 1933. Seit 1937 in Opposition gegen Hitlers Aufrüstungspolitik.

Auf Befehl Hitlers 1944 in einem Sonderlager interniert, sodann von Alliierten verhaftet, im Nürnberger Kriegsverbrecherprozeß angeklagt und freigesprochen. Dennoch weitere zwei Jahre in einem deutschen Entnazifizierungslager festgehalten. Gründete später eine Privatbank, veröffentlichte mehrere Bücher.

Schäffer, Fritz, * 1888 in München, † 1967– 1920 bis 1933 Abgeordneter der Bayerischen Volkspartei im Bayerischen Landtag. Von 1931 bis 1933 Leiter des Bayerischen Finanzministeriums (Staatsrat). Mehrere Male verhaftet und im Konzentrationslager Dachau. 1945 ernannte ihn die amerikanische Militärregierung zum bayerischen Ministerpräsidenten. Er trat aber schon im September zurück. 1946 erhielt er sogar ein Verbot, sich politisch zu betätigen. 1949 wurde er in den ersten Bundestag gewählt. Von 1949 bis 1957 Bundesfinanzminister, dann Justizminister.

Schleicher, Kurt von, * 1882 in Brandenburg, † 1934 (ermordet durch SS) – 1913 im Generalstab, im Ersten Weltkrieg im Truppengeneralstab und in der OHL als Mitarbeiter General Groeners. Nach Kriegsende blieb Sch. aktiver Offizier. Im Reichswehrministerium leitete er viele Jahre hindurch die einflußreiche Politische Abteilung. Am 1. April 1929 von Reichswehrminister Groener zum Chef des neuerrichteten Ministeramts im Range eines Staatssekretärs ernannt. Militärisch rückte er zum Generalleutnant auf. Ende Mai 1932 Reichswehrminister, im Dezember Reichskanzler. Während des sogenannten Röhm-Putsches am 30. Juni 1934 wurde er zusammen mit seiner Frau in der eigenen Wohnung erschossen. Wer diesen von der SS durchgeführten Mord veranlaßte, ist nie geklärt worden. Schon mit Rücksicht auf den schlechten Eindruck im Ausland hat ihn Hitler wohl nicht gewünscht, erklärte dann aber auch dieses Verbrechen für »rechtens«.

Schröder, Kurt Freiherr von, * 1889 in Hamburg. — Nach den Spruchkammerakten in Bielefeld (Bracher S. 689) erst Jurist, dann aktiver Offizier; 1918 Rittmeister a. D. Nach seiner Heirat mit Edith von Schnitzler wurde er durch seinen Schwiegervater Teilhaber beim Bankhaus I. H. Stein, Aufsichtsrat bei den Mitteldeutschen Stahlwerken AG und nahm weiterhin eine stattliche Reihe anderer Aufsichtsratsposten ein. 1921 mit 500 000 Papiermark Teilhaber bei Stein. 1930 verfügte Schröder über rund 1 Million Mark Vermögen. 1939 schätzte man es auf 2 Millionen, bei 30% Gewinnbeteiligung und 50 000 RM Fixum, 1945 wurde sein Vermögen auf 2,5 Millionen Mark geschätzt, bei einem jährlichen Einkommen von 300 000 Mark. Schr. spielte nach Bracher eine »undurchsichtige Rolle in der sogenannten Separatistenbewegung von 1919«. 1928 Mitglied der Deutschen Volks-Partei, die er aber im Sommer 1932 wieder verließ. Mit Keppler, dem Wirtschaftsbeauftragten Hitlers, stand Schröder seit 1930 in Verbindung, nach einer anderen Version bereits 1928. Am 1. Februar 1933, einen Tag nach Bildung des Kabinetts Hitler, trat er der NSDAP bei. Himmler ernannte ihn später zum SS-Gruppenführer, zweifelsohne in Anerkennung der »nützlichen Dienste«, die Schröder, wie er selbst sagte, »der Partei und meinem Führer, den ich inzwischen persönlich kennengelernt hatte«, geleistet hatte.

Schulze-Wilde, Harry, * 1899, war nach kaufmännischer Lehre im Ersten Weltkrieg Soldat. 1918 an der Westfront verwundet. Nach Kriegsschluß Angestellter, ab 1925 Journalist, 1929 Sekretär Theodor Plieviers. 1933 unmittelbar nach dem Reichstagsbrand verhaftet. Flucht ins Ausland. 1938 ausgebürgert. Lebte in Prag, Wien, Zürich, Paris als Übersetzer, Bauernknecht, Hausdiener, Koch, Gelegenheitsarbeiter, Journalist. 1939 Mitarbeit an dem Buch über van der Lubbe (siehe Bücherverzeichnis unter Last). 1940 Konzentrationslager Curs. 1942 Flucht in die Schweiz. Bis 1944 interniert. 1945 Leiter von Schweizer Sammlungsaktionen für Deutschland. 1946 Rückkehr nach Deutschland. 1947–50 Chefredakteur *»Echo der Woche«.* Seit 1952 freier Journalist. Zweifellos ist H. S.-W. einer der besten Kenner jener Verhältnisse, wie sie in der Zeit zwischen 1920 und 1940 in linksradikalen Kreisen Berlins und anderen deutschen Großstädten geherrscht haben. Er war seinerzeit selbst aktiver Kommunist, wandte sich jedoch später ganz davon ab, um sodann eine mittlere, politische Linie einzuhalten.

Scranowitz, † 1955 – Der Hausinspektor des Reichstages spielte eine merkwürdige Rolle. Daß er ein direkter Mitwisser war, ist allerdings kaum anzunehmen. Ob einer der Söhne Scranowitz Mitglied der SA war, wie damals behauptet wurde, hat sich nicht nachprüfen lassen. Höchstwahrscheinlich wußte er, daß hinter dem Brand ein Geheimnis steckte, und stellte seine Aussagen vor Gericht darauf ein. Allerdings behauptete er bis zu seinem Tode im Jahre 1955, van der Lubbe sei der alleinige Attentäter gewesen. Vgl. Dr. Wolff S. 32.

Steinschneider, Herschel, siehe Hanussen.

Strasser, Gregor, * 1892 in Geisenfeld, † 1934 (ermordet) – Apotheker. Schloß sich bereits 1921 der NSDAP an. 1924 wurde er wegen Teilnahme am Hitler-Putsch 1923 verhaftet und zu anderthalb Jahren Festungshaft verurteilt. Nach seiner Wahl in den Bayerischen Landtag kam er im Herbst 1924 wieder frei. Bis zur Haftentlassung Hitlers im Dezember 1924 leitete er, zusammen mit von Graefe und General Ludendorff, die als Ersatz für die verbotene NSDAP gegründete Nationalsozialistische Freiheitspartei. 1924 Mitglied des Reichstages. Verlegte seinen Wohnsitz nach Berlin und baute dort zusammen mit seinem Bruder Otto die norddeutsche NSDAP auf. Hitler selbst konnte in Preußen wegen eines jahrelangen Redeverbotes nicht agitieren. Als Otto Strasser im Mai 1930 die Partei verließ, blieb Gregor Mitglied. Er glaubte, das »Pferd Hitler« werfe ihn nicht ab, obwohl Otto ihm sagte, nicht er sei der Reiter, sondern Hitler reite auf seinen Parteigenossen. Im Juni 1932 wurde Gregor St. von Hitler mit dem Amt eines Reichsorganisationsleiters der Partei betraut und war damit der mächtigste Mann innerhalb der NSDAP nach Hitler. St. vertrat einen radikalsozialistischen Kurs und sprach im Reichstag von der »antikapitalistischen Sehnsucht des deutschen Volkes«. Allerdings hatte er vom Sozialismus erheblich andere Vorstellungen als die Sozialdemokraten oder Kommunisten. Dennoch genoß der schwere vierschrötige Mann auch in diesen Reihen gewisse Sympathien. Schleicher hielt sehr viel von ihm, denn St. war duldsamer, wenn auf der anderen Seite auch konsequenter. Nach der Niederlegung seiner Parteiämter im Dezember 1932 zog er sich gänzlich aus der Politik zurück. Er wurde Direktor im Schering-Kalbaum-Konzern. Am 30. Juni 1934 ließ ihn sein ehemaliger Sekretär, der Reichsführer SS Himmler, ermorden. Hitler hatte die Ermordung wahrscheinlich nicht befohlen. Himmler dürfte seine Kompetenzen überschritten haben, doch wurde er nicht zur Rechenschaft gezogen.

Strasser, Otto, * 1897 in Windsheim, verstorben 1974 in München. Im Kapp-Putsch stand St. auf Seiten der Aufständischen. 1924 Mitglied der NSDAP. 1930 trat er aus und gründete die Kampfgemeinschaft revolutionärer Nationalsozialisten, auch Schwarze Front genannt (nicht wegen der Schwarzhemden, sondern weil sie unterirdisch – »schwarz« – wirken sollte). Sie wurde 1933 verboten. In Prag gründete Otto St. die Zeitung *»Deutschlands Erneuerung«.* Auch einen Schwarzsender unterhielt er. Dessen Leiter Formis wurde 1935 auf tschechischem Boden durch deutsche Agenten ermordet. 1940 emigrierte St. über Portugal nach Kanada. Kam 1954 nach Deutschland zurück, spielte aber nur noch eine nebensächliche Rolle.

Tanneff, Wassil, * 1898 in Gewgeli/Mazedonien – Schuhmacher. 1919 Mitglied der KP. 1925 und 1927 in Abwesenheit je 12½ Jahre Zuchthaus. Strafen später amnestiert. 1926 Emigration nach Wien, 1928–31 Moskau. 1931 in Bulgarien, 1932 wieder in Moskau. Am 23. Februar 1933 zum ersten Male in Deutschland. Am 8. März verhaftet. In Leipzig freigesprochen. Dann in die UdSSR überstellt. Weiteres Schicksal unbekannt.

Torgler, Ernst, * 1893, † 1963 – Im Ersten Weltkrieg Soldat, schloß er sich den Unabhängigen Sozialisten an, dem abgespaltenen linken Flügel der SPD. Ging mit der USPD 1920 zur KPD. Die KPD schickte ihn 1924 in den Reichstag. Später wurde T. Fraktionsvorsitzender der Kommunisten. Nach dem Reichstagsbrand der Mittäterschaft beschuldigt, stellte er sich freiwillig der Polizei. Im Reichtstagsbrandprozeß angeklagt, mußte er, von Dr. Sack verteidigt, freigesprochen werden. Bis 1945 arbeitete T. in untergeordneten Stellungen. Die Behauptung, T. habe sich zum Nationalsozialismus bekehrt, war eine Verleumdung.

Van der Lubbe, Marinus = siehe unter Lubbe.

Waschinski, Paul, 1933 etwa 25 Jahre, † 1934 – Nach dem 30. Juni traf H. Wilde in Paris einen geflüchteten SA-Mann, der behauptete, eine der Zentralfiguren des Reichstagsbrandes sei ein SA-Mann namens Waschinski. HW maß dieser Aussage zunächst keine Bedeutung bei, bis er beim Studium der zugänglichen Prozeßunterlagen immer wieder auf den Namen Waschinski stieß: Kugler (ihm unterläuft nur ein Schreibfehler: Maschinski statt Waschinski), Dimitroff, Braunbuch II, Sack. HW beauftragte dann Freunde in

Deutschland, nach Waschinski zu forschen. Es stellte sich heraus, daß sich die Beschreibungen des Asylwärters von Henningsdorf vollkommen mit denen des SA-Mannes deckten. Danach war Waschinski ein junger Mann von 22 bis 25 Jahren mit dunkelblondem, nach hinten gekämmtem Haar. Dem Dialekt nach war er Berliner. Er trug einen schwarz gefärbten Uniformmantel ohne Abzeichen und lange schwarze Stiefel. Der Gewährsmann von HW versicherte, Waschinski sei, gleich den anderen Helfern beim Reichstagsbrand, von der SS am 30. Juni 1934 liquidiert worden.

Wessel, Horst, * 1907 in Bielefeld, † 1930 in Berlin – Sohn eines Pfarrers, 1926 Student (Jura), Mitglied der NSDAP. Führer des SA-Sturmes 34 (Bln-Friedrichshain). Ihm gehörten besonders viele Arbeiter an. Dieser Sturm hatte bezeichnenderweise als einziger eine sogenannte Schalmeienkapelle. (Schalmeien waren eigentlich ein Reservat der Kommunisten.) W. dichtete nach einer alten kommunistischen Kampfweise das nachmals zur zweiten Nationalhymne erklärte Horst-Wessel-Lied. Eine Zeitlang lebte Horst W. mit einer Berliner Prostituierten zusammen, deren Zuhälter Ali Höhler gerade eine mehrjährige Gefängnisstrafe absaß. Doch ein Zuhälter war Horst W. nicht, wie später behauptet wurde. Ws. Verhältnis zu dieser Frau läßt sich nur aus der damaligen Atmosphäre der Reichshauptstadt erklären. Als Ali Höhler, ein übelbeleumdeter Berufsverbrecher und Mitglied der »Einheit« Berlin-Mitte, wieder freikam, fand er seine »Braut« in den Armen eines politischen Gegners. Er ging in dessen Wohnung. W. sah Ali Höhler vor der Tür stehen und machte eine Bewegung, als wollte er nach seinem Revolver greifen. Höhler war schneller und schoß seinen Nebenbuhler nieder. Dann floh er in die Tschechoslowakei, kam aber nach Berlin zurück und wurde verhaftet. Da Wessel erst einige Wochen später an Blutvergiftung starb, konnte Höhler nur wegen Körperverletzung mit tödlichem Ausgang verurteilt werden. Nach der Machtübernahme noch im Gefängnis, wurde er kurz darauf »umgelegt«. Dank der Propaganda von Dr. Goebbels, dem diese Eifersuchtstragödie – mehr war es nicht – gerade recht kam, wurde W. nach seinem Tode zu einer Art Nationalheros und als Opfer von Rot-Mord zu einem »Märtyrer der Bewegung« gemacht. Zu seinen Lebzeiten war Horst W. nur einer unter vielen Sturmführern der SA.

Zehrer, Hans, * 1899 in Berlin, † 1966, – außenpolitischer Redakteur der *Vossischen Zeitung*, 1929 Chefredakteur der Monatsschrift *»Die Tat«*, 1932 der *»Täglichen Rundschau«*. Nach Hitlers Staatsstreich zog sich Z. nach Kampen auf Sylt zurück. 1948 bis 1953 Chefredakteur der Wochenzeitung *»Sonntagsblatt«* (Hamburg), dann Chefredakteur der *»Welt«* (Hamburg).

Abb. 1 Diese Teilkarte der Berliner Innenstadt zeigt deutlich die — den meisten Berlinern völlig unbekannten — Ministergärten zwischen Wilhelmstraße und Friedrich-Ebert-Straße (zeitweise umbenannt in Hermann-Göring-Straße, Ernst-Thälmann-Straße, Budapester Straße).

Abb. 2 Der große, alte Park hinter dem Palais des Reichspräsidenten, von der Gartenterrasse aus gesehen. Am Brunnen die Enkel Hindenburgs. (Foto: O. Putz)

Abb. 3 Bisher unveröffentlichte Aufnahme der geheimen, d. h. der Öffentlichkeit, der Presse und sonstigen Beobachtern nicht bekannten Pforte hinter dem Palais des Reichspräsidenten, die seinen großen Garten mit den Parks hinter dem Reichsinnenministerium und durch weitere Pforten mit allen Ministergärten in der Wilhelmstraße verband. (Private Aufnahme des Kammerdieners O. Putz.)

Abb. 4 Reichspräsident von Hindenburg in der Felduniform eines Generalfeldmarschalls beim Reichswehrmanöver in Thüringen 1930. In Zivil neben ihm der Reichswehrminister General a. D. Groener. (Foto: Oscar Tellgmann, Eschwege)

Abb. 5 Ein besonders interessantes Dokument der Zeitgeschichte: die aus zwingenden Gründen in fliegender Eile formulierte Auflösung des Reichstages vom 12. September 1932, womit noch einmal die Regierung von Papen gerettet wurde. Die Verordnung ist handschriftlich von Staatssekretär Dr. Meissner verfaßt, der versehentlich als Ausstellungsort zunächst »Neudeck« schrieb, aber gleich wieder strich und Berlin daruntersetzte. Der Reichskanzler von Papen und der Reichsinnenminister mußten gegenzeichnen.

Abb. 6 Handzettel Hindenburgs an Staatssekretär Meissner. (Originale im Besitz von H. O. Meissner)

Abb. 7 Gartenfront der Alten Reichskanzlei in der Wilhelmstraße. Die Ernennung und Vereidigung Hitlers zum Reichskanzler am 30. Januar 1933 fand in diesem Hause statt — hinter den drei Fenstern links im ersten Stock —, weil gerade in diesen Wochen das Reichspräsidentenpalais renoviert wurde. (Foto: Günther Beyer, Weimar)

Abb. 8 Die Entscheidung ist gefallen. Umjubelt von seinen Anhängern verläßt der Wagen mit dem eben neu ernannten deutschen Reichskanzler Adolf Hitler die Alte Reichskanzlei in Berlin, wo Hindenburg den Führer der NSDAP mit der Regierungsbildung beauftragt hat. (Bilderdienst Süddeutscher Verlag)

Abb. 9 Am späten Abend des 30. Januar 1933, dem »Tag der Nationalen Erhebung«, formiert sich am Brandenburger Tor — von der NSDAP-Führung in aller Eile und mit großem Geschick organisiert — ein kilometerlanger Zug von SA, SS, Hitler-Jugend, Stahlhelm und anderen nationalen Verbänden, um die Ernennung Hitlers zum Reichskanzler zu feiern. Der Marschkolonne, die viele tausend Fackeln mitführt, folgt eine unabsehbare Menge Berliner Bürger. Man zieht durch die Linden und die Wilhelmstraße, wo Hitler und auch Hindenburg (an verschiedenen Fenstern) stehen. (Foto: Ullstein Bilderdienst)

Abb. 10 Die neue Reichsregierung am historischen 30. Januar 1933. (Foto: Zeitgeschichtliches Bildarchiv Heinrich Hoffmann)

Abb. 11 Nach der Vereidigung Adolf Hitlers als Reichskanzler (30. Januar 1933) wird in der Wilhelmstraße auch Reichspräsident von Hindenburg mit Jubel und Heilrufen bedacht. Am rechten Fenster seine Schwiegertochter mit Kindern. (Bilderdienst Süddeutscher Verlag)

Abb. 12 Hitler, vor wenigen Stunden Reichskanzler geworden, grüßt die jubelnde Menge von einem Fenster der Reichskanzlei. Wenige Monate danach läßt er vor dem gleichen Fenster einen Balkon anbauen, um sich besser der Menge zeigen zu können. (Foto: Zeitgeschichtliches Bildarchiv Heinrich Hoffmann)

Abb. 13 Titelseite des *»Völkischer Beobachter«* — Herausgeber Adolf Hitler — am Tage nach der Ernennung des Führers der NSDAP zum Reichskanzler. (Bilderdienst Süddeutscher Verlag)

Abb. 14 Sofort nach dem 30. Januar 1933 begannen die SA-Stürme, die ihnen seit Jahren bekannten Gegner in SPD und KPD zu verhaften. In diesen »wilden Konzentrationslagern«

kommt es zu zahlreichen Folterungen wie auch zur Ermordung von Häftlingen. (Foto: Bilderdienst Süddeutscher Verlag)

Abb. 15 Bald nach Hitlers Machtergreifung stapeln sich bei der Parteileitung im »Braunen Haus« die Aufnahmegesuche fast bis zur Decke. (Foto: Zeitgeschichtliches Bildarchiv Heinrich Hoffmann)

Abb. 16 Der Reichstag brennt — 27. Februar 1933. (Foto: Ullstein Bilderdienst)

Abb. 17 Marinus van der Lubbe, der Brandstiftung im Reichstag angeklagt, vor dem Reichsgericht in Leipzig (stehend, links in der Mitte, in Sträflingskleidung). (Foto: Zeitgeschichtliches Bildarchiv Heinrich Hoffmann)

Abb. 18: Nach dem Brand des Reichstags. Der zerstörte große Sitzungssaal. (Foto: Ullstein Bilderdienst)

Abb. 19 Staatsakt in der Potsdamer Garnisonkirche am 21. März 1933. Hitler spricht, im Sessel Hindenburg. Links im Bild hinter dem Reichspräsidenten sitzt Hermann Göring (u. a. Preußischer Ministerpräsident) und hinter diesem Staatssekretär Dr. Meissner. (Foto: Zeitgeschichtliches Bildarchiv Heinrich Hoffmann)

Abb. 20 Heldengedenktag Berlin 1933, vor dem Gefallenen-Ehrenmal, der »Neuen Wache« Unter den Linden. Ganz vorn Reichspräsident von Hindenburg bei Abnahme der Parade, vorn rechts Reichsminister Dr. Frick, Reichskanzler Hitler, Staatssekretär Dr. Meissner. In Marine-Uniform Admiral Raeder. (Foto: Bilderdienst Süddeutscher Verlag)

Abb. 21 Das alte Reichstagsgebäude ist durch Brand zerstört, die erste Sitzung des neugewählten Reichstags am 21. März 1933 muß in der eilends umgebauten Krolloper stattfinden. Hier kommt es am 23. März 1933 zum »Ermächtigungsgesetz«, dessen weitgehende Vollmachten die Diktatur Adolf Hitlers und der NSDAP begründen. Hermann Göring in seiner Rolle als Reichstagspräsident verkündete die Annahme dieses Gesetzes durch die Mehrheit der Abgeordneten. (Foto: Zeitgeschichtliches Bildarchiv Heinrich Hoffmann)

Abb. 22 Als am 20. April 1933 zum ersten Male nach der Machtergreifung Hitlers Geburtstag gefeiert wird, nimmt Dr. Joseph Goebbels — obwohl Atheist — am Gottesdienst im Berliner Dom teil. Hier beim Verlassen des Gotteshauses. (Foto: Zeitgeschichtliches Bildarchiv Heinrich Hoffmann)

Abb. 23 Hitler begrüßt Hindenburg am Volkstrauertag am 12. März 1934 vor der Berliner Staatsoper. In der Mitte dahinter Dr. Otto Meissner. Der Reichspräsident starb fünf Monate später.

Abb. 24 Reichskanzler Adolf Hitler begrüßt in äußerst respektvoller Haltung den Reichspräsidenten, den Hausherrn des Gutes Neudeck in Ostpreußen. Letzte Aufnahme Hindenburgs mit Hitler vor der zum Tode führenden Erkrankung des Reichspräsidenten. Rechts von Hitler Oberst Oskar von Hindenburg, Sohn des Präsidenten, links seine Schwiegertochter Margarete und zwei ihrer Kinder. (Foto: O. Putz)

Abb. 25 Reichspräsident von Hindenburg, gest. 2. August 1934, auf dem Totenbett, im Ornat des Johanniter-Ordens, neben ihm sein langjähriger Kammerdiener Oscar Putz. (Foto: O. Putz)

Namensregister

Efalin mit
umfangreichen Text-und
Kunstdruckabbildungen

Günter Böddeker

Die Flüchtlinge

Die Vertreibung der Deutschen im Osten

384 S., 44 s/w-Bildtafeln, 4 Karten

Echo auf die Veröffentlichung:

Dieses Werk zeigt die ungeschminkte Wahrheit. Es ist die Chronik aller Familien, die im Westen eine neue Heimat aufgebaut haben. Ein Dokument der Zeitgeschichte, damit auch die kommenden Generationen nicht vergessen, was ihre Vorfahren erlebt haben.

Weltbild-Bücherdienst

Wer weiß noch, was in Schlesien, Ostpreußen, im Sudetenland 1945/46 geschehen ist? Darum ist es gut und verdient weiteste Verbreitung, was jetzt ebenso nüchtern wie historisch wahr berichtet wird.

Herbert Hupka
Vorsitzender der Landsmannschaft Schlesien

Die Entwurzelung und Vertreibung von 15 Millionen Ost-, Sudeten- und Südostdeutschen hat das Gesamtgefüge Mitteleuropas von Grund auf erschüttert.

Dr. Walter Becher
Sprecher der Sudetendeutschen Landsmannschaft

Unser Interesse ist nicht, jemanden anzuklagen; wir suchen die geschichtliche Wahrheit. Sie soll für sich alleine sprechen.

Odo Ratza
Bundessprecher der Landsmannschaft Westpreußen

Entstanden ist ein Stück Zeitgeschichte, wie es so, so unverzerrt und realistisch, so gründlich und umfassend, wie es bei aller dargestellter Unmenschlichkeit noch nicht geschrieben worden ist.

Die Welt

HERBIG

Leinen, 328 Seiten
mit zahlreichen Dokumentarbildern
und Kartenskizzen